FRANCIA

Forschungen zur westeuropäischen Geschichte

deutsches
historisches
institut
historique
allemand

paris

FRANCIA

Forschungen zur westeuropäischen Geschichte

Herausgegeben vom
Deutschen Historischen Institut Paris
(Institut historique allemand)

Band 33/2 (2006)
Frühe Neuzeit – Revolution – Empire 1500–1815

Jan Thorbecke Verlag

Bibliografische Information der Deutschen Nationalbibliothek

Die Deutsche Nationalbibliothek verzeichnet diese Publikation in der Deutschen Nationalbibliografie; detaillierte bibliografische Daten sind im Internet über http://dnb.d-nb.de abrufbar.

ISSN 0937-7743 · ISBN 978-3-7995-8121-9

FRANCIA – Forschungen zur westeuropäischen Geschichte
Herausgeber: Prof. Dr. WERNER PARAVICINI
Redaktion: Priv.-Doz. Dr. ROLF GROSSE (Mittelalter), Priv.-Doz. Dr. RAINER BABEL (Frühe Neuzeit, 16.–18. Jh.), Dr. STEFAN MARTENS (Zeitgeschichte, 19./20. Jh.)
Anschrift: Deutsches Historisches Institut (Institut historique allemand), Hôtel Duret de Chevry, 8, rue du Parc Royal, F-75003 Paris
Aufsatzmanuskripte bitte an den Herausgeber adressieren, Zusendungen, die den Rezensionsteil betreffen, jeweils an den Redakteur des betreffenden Teilbandes (Mittelalter, Frühe Neuzeit, Zeitgeschichte).
FRANCIA erscheint jährlich in drei Teilbänden im Umfang von jeweils ca. 350 Seiten. Die Autoren erhalten kostenlos von den Aufsätzen 30 Sonderdrucke, von den Rezensionen zwei Belege. Bis zu 40 weitere Sonderdrucke liefert der Verlag zum Selbstkostenpreis, wenn die Bestellung spätestens mit der Rücksendung der Fahnenkorrektur erfolgt.
Herausgeber und Redaktion übernehmen keine Verantwortung für den Inhalt der Artikel und Rezensionen.
Prière d'adresser les manuscrits des articles au directeur de la revue, les envois destinés à la rubrique des comptes rendus, au rédacteur du tome correspondant (Moyen Âge, Époque moderne, Époque contemporaine).
Les trois tomes de la revue FRANCIA paraissant une fois par an, chacun comptant environ 350 pages. Les auteurs recevront à titre gratuit 30 tirés à part de leurs articles ou deux épreuves de leurs comptes rendus. L'éditeur fournira au prix de revient jusqu'à 40 tirés à part supplémentaires si la commande est effectuée, au plus tard, au moment du renvoi des épreuves corrigées.
Les textes publiés n'engagent que leurs auteurs.

Dieses Buch ist aus alterungsbeständigem Papier nach DIN-ISO 9706 hergestellt.

Umschlagabbildung: Votivtafel (1823) aus der Wallfahrt Gartlberg bei Pfarrkirchen/Niederbayern, Bayerisches Nationalmuseum, Sammlung Kriss, Inv. Nr. Kr. V 282
Institutslogo: Heinrich Paravicini, unter Verwendung eines Motivs am Hôtel Duret de Chevry

Verlagsadresse: Jan Thorbecke Verlag der Schwabenverlag AG, Senefelderstr. 12, D-73760 Ostfildern
www.thorbecke.de · info@thorbecke.de

Gesamtherstellung: Jan Thorbecke Verlag, Ostfildern
Printed in Germany

INHALTSVERZEICHNIS

AUFSÄTZE

ZUR FORSCHUNGSGESCHICHTE UND METHODENDISKUSSION

MISZELLEN

REZENSIONEN

(Les astérisques signalent les comptes rendus en langue française)

Roger Chartier

La »Nouvelle histoire culturelle« existe-t-elle?*

La catégorie de »new cultural history« est entrée dans le lexique commun des historiens en 1989 lorsque Lynn Hunt publia sous ce titre un ouvrage qui réunissait huit essais présentant différents modèles et exemples de cette nouvelle manière de faire de l'histoire[1]. Dans son introduction, elle soulignait les trois traits essentiels qui donnaient cohérence à des travaux dont les objets (textes, images, rituels, etc.) étaient fort divers.

Tout d'abord, en centrant l'attention sur les langages, les représentations et les pratiques, la »new cultural history« propose une manière inédite de comprendre les relations entre les formes symboliques et le monde social. À une approche classique, attachée au repérage objectif des divisions et des différences sociales, elle oppose leur construction mobile, instable, conflictuelle, à partir des pratiques sans discours, des luttes de représentation et des effets performatifs des discours. Ensuite, la »new cultural history« trouve des modèles d'intelligibilité chez des voisins que les historiens jusque-là avaient peu fréquentés: d'un côté, les anthropologues; de l'autre, les critiques littéraires. Aux alliances anciennes nouées entre l'histoire et les disciplines amies ou rivales qu'étaient la géographie, la psychologie ou la sociologie, sont ainsi substituées de nouvelles proximités qui obligent les historiens à lire de manière moins immédiatement documentaire les textes ou les images et à comprendre dans leurs significations symboliques les conduites individuelles ou les rites collectifs. Enfin, cette histoire, qui procède plus par études de cas que par théorisation globale, a conduit les historiens à réfléchir sur leurs propres pratiques et, en particulier, sur les choix conscients ou les déterminations méconnues qui commandent leur façon de construire les récits et analyses historiques.

Telles sont les trois caractéristiques fondamentales qui définissaient, pour Lynn Hunt, une nouvelle pratique historiographique. Elle affirmait ainsi la convergence entre des recherches nées dans des contextes sensiblement différents: ainsi, du côté américain, l'emploi par plusieurs historiens de concepts et de modèles puisés chez les anthropologues (Victor Turner, Mary Douglas, Clifford Geertz) ou, du côté français, les critiques adressées de l'intérieur de la tradition des »Annales« tant aux définitions classiques de la notion de mentalités qu'aux certitudes statistiques de l'histoire sérielle au troisième niveau – celui de la culture. Il faudrait ajouter (même si la référence est curieusement absente du livre édité par Lynn Hunt) les propositions faites au même moment quant aux effets cognitifs produits par la réduction de

* Conférence inaugurale de la 2e université d'été franco-allemande pour jeunes chercheurs à l'Institut Historique Allemand (Histoire des temps modernes et paradigme culturaliste), donné le 27 juin 2005.

1 Lynn Hunt (dir.), The New Cultural History, Berkeley, Los Angeles, Londres 1989.

l'échelle de l'observation telle que la prônait et pratiquait la »microstoria« italienne. En désignant sous une même notion des approches aux origines fort diverses, le livre de Lynn Hunt donnait visibilité et unité à un ensemble de mutations jusque-là inaperçues – ou mal perçues. Une dizaine d'années auparavant, en 1982, la catégorie de »new cultural history« n'apparaissait aucunement dans l'examen de conscience historiographique proposé par Dominick LaCapra et Steve Kaplan[2].

Splendeurs et misères de l'histoire des mentalités

Dans les années 80, la nouvelle histoire culturelle a été définie en rupture avec les postulats qui jusqu'alors avaient gouverné l'histoire des mentalités. Rappelons-les brièvement[3]. En premier lieu, à l'histoire intellectuelle classique, attachée aux idées qui résultent de l'élaboration consciente d'un esprit singulier, étaient opposés la mentalité, toujours collective, et le contenu impersonnel des pensées communes. De là, la possibilité pour l'histoire des mentalités de se lier à l'histoire quantitative. Ayant pour objet le collectif, l'automatique, le répétitif, l'histoire des mentalités peut et doit se faire sérielle et statistique. En cela, elle s'inscrit dans l'héritage de l'histoire des économies, des populations et des sociétés qui, sur l'horizon de la grande crise des années trente, puis sur celui de l'immédiat après-guerre, a constitué le domaine le plus innovateur de l'historiographie. Lorsque dans les années soixante l'histoire des mentalités définit un nouveau champ d'études, prometteur et original, elle le fait souvent en reprenant les méthodes qui ont assuré les conquêtes de l'histoire socio-économique: ainsi, les techniques de la statistique régressive et l'analyse mathématique des séries.

Du primat accordé aux séries, donc à l'établissement et au traitement de données homogènes, répétées et comparables à des intervalles temporels réguliers, découlent deux conséquences. La première est le privilège donné aux sources massives, largement représentatives et disponibles sur une longue période: par exemple, les inventaires après décès, les testaments, les catalogues de bibliothèques, les archives judiciaires, etc. La seconde consiste dans la tentative pour articuler, selon le modèle braudélien des différentes temporalités (longue durée, conjoncture, événement), le temps long de mentalités, qui le plus souvent résistent au changement, avec le temps court des abandons brutaux ou des transferts rapides de croyance et de sensibilité.

Une troisième caractéristique de l'histoire des mentalités en son âge d'or tient à sa manière ambiguë de penser son rapport à la société. La notion semble, en effet, vouée à effacer les différences afin de retrouver les catégories partagées par tous les membres d'une même époque. Parmi tous les praticiens de l'histoire des mentalités, Philippe Ariès est sans doute celui qui a marqué le plus fort attachement à une telle identification de la notion avec un sentiment commun. La reconnaissance des archétypes de civilisation partagés par une société entière, ne signifie certes pas l'annulation de toute différence entre les groupes sociaux ou entre les clercs et les laïques. Mais ces écarts sont toujours pensés à l'intérieur d'un processus de longue durée qui

2 Dominick LaCapra, Steven L. Kaplan, (dir.), Modern European Intellectual History. Reappraisals and New Perspectives, Ithaca, Londres 1982.

3 Jacques Le Goff, Les mentalités. Une histoire ambiguë, dans: Jacques Le Goff, Pierre Nora (dir.), Faire de l'Histoire, Paris 1974, tome III, p. 76–94.

produit des représentations et des comportements finalement communs. Postulant ainsi l'unité fondamentale (au moins tendancielle) de l'inconscient collectif, Philippe Ariès lit les textes et les images, non comme les manifestations de singularités individuelles, mais pour déchiffrer l'expression inconsciente d'une sensibilité collective ou retrouver le fonds banal de représentations communes qui était spontanément et universellement partagé[4].

Pour d'autres historiens des mentalités, plus directement inscrits dans l'héritage de l'histoire sociale, l'essentiel réside dans le lien noué entre les manières de penser et de sentir et les différences sociales. Une telle perspective organise le classement des faits de mentalités à partir des divisions établies par l'analyse de la société. De là, la superposition entre les frontières sociales qui séparent les groupes ou les classes et celles qui différencient les mentalités[5]. Ce primat du découpage social est sans doute la trace la plus nette de la dépendance de l'histoire des mentalités vis-à-vis de l'histoire sociale dans la tradition française.

Comment expliquer le succès, tant chez historiens que chez leurs lecteurs, en France et hors de France, de l'histoire des mentalités, dans les années 60 et 70? Sans doute parce qu'une telle approche permettait, dans sa diversité même, l'instauration d'un nouvel équilibre entre l'histoire et les sciences sociales. Contestée dans sa primauté intellectuelle et institutionnelle par le développement de la psychologie, de la sociologie et de l'anthropologie, l'histoire a fait face en annexant les questions des disciplines qui mettaient en cause sa domination. L'attention s'est donc déplacée vers des objets (systèmes de croyance, attitudes collectives, formes rituelles, etc.) qui jusque-là appartenaient à ses voisines mais qui entraient pleinement dans le programme d'une histoire des mentalités collectives. S'appropriant souvent des démarches et des méthodes d'analyse qui étaient celles de l'histoire socio-économique tout en marquant un déplacement du questionnaire historique, l'histoire des mentalités (au sens le plus englobant) a pu occuper le devant de la scène historiographique et constituer une réponse efficace au défi lancé par les sciences sociales.

Toutefois, contre ses postulats et intérêts, les critiques n'ont pas manqué. Les premières sont venues d'Italie. Dès 1970, Franco Venturi dénonçait l'effacement de la force créatrice des idées neuves au profit de simples structures mentales sans dynamisme ni originalité[6]. Quelques années plus tard, Carlo Ginzburg amplifiait la critique[7]. Il refusait la notion de mentalité pour trois raisons: d'abord, pour son insistance exclusive sur les éléments inertes, obscurs et inconscients des visions du monde, ce qui conduit à minorer l'importance des idées rationnellement et consciemment énoncées, et tout particulièrement celles des hommes et femmes des milieux populaires; ensuite, par ce qu'elle suppose indûment le partage par tous les milieux sociaux des mêmes catégories et représentations; enfin, pour son alliance avec la démarche quantitative et sérielle qui, tout ensemble, réifie les contenus de pensée, s'attache aux formulations les plus répétitives et ignore les singularités. Les historiens étaient ainsi

4 Philippe Ariès, L'Homme devant la mort, Paris 1977.

5 Robert Mandrou, Introduction à la France moderne, 1500–1640. Essai de psychologie historique, Paris 1961 (réédition 1998).

6 Franco Venturi, Utopia e riforma nell'Illuminismo, Turin 1970.

7 Carlo Ginzburg, Il formaggio e i vermi. Il cosmo di un mugnaio del'500, Turin 1976.

invités à privilégier les appropriations individuelles plus que les distributions statistiques, à comprendre comment un individu ou une communauté interprète, en fonction de sa culture propre, les idées et les croyances, les textes et les livres qui circulent dans la société qui est la sienne.

En 1990, Geoffrey Lloyd a durci encore le réquisitoire[8]. La critique porte sur les deux postulats essentiels de l'histoire des mentalités: d'une part, assigner à une société entière un ensemble stable et homogène d'idées et de croyances; d'autre part, considérer que toutes les pensées et toutes les conduites d'un individu sont gouvernées par une structure mentale unique. Les deux opérations sont la condition même pour qu'une mentalité puisse être distinguée d'une autre et pour que soit identifiable, dans chaque individu, l'outillage mental qu'il partage avec ses contemporains. Mais une telle manière de penser efface dans les récurrences du collectif l'originalité de chaque expression singulière et elle enferme dans une cohérence factice la pluralité des systèmes de croyances et des modes de raisonnement qu'un même groupe ou un même individu peut successivement mobiliser.

Lloyd propose donc de substituer à la notion de mentalité celle de styles de rationalité dont l'emploi dépend directement des contextes de discours et des registres d'expériences. Chacun d'eux impose des règles et des conventions propres, définit une forme spécifique de communication, suppose des attentes particulières. C'est pourquoi il est tout à fait impossible de ramener la pluralité des manières de penser, de connaître et d'argumenter à une mentalité homogène et unique.

Le procès était peut-être injuste dans la mesure où l'histoire des mentalités à la française n'a pas seulement retenu et mis en œuvre une définition globalisante de la notion. Elle a su être attentive aux écarts sociaux qui commandent, dans une même société, différentes manières de penser et de sentir ou diverses visions du monde et elle n'a pas toujours ignoré la possible présence, dans le même individu, de plusieurs mentalités, distinctes ou même contradictoires. Toutefois, même excessive, la critique menée contre cette modalité dominante de l'histoire a ouvert la voie à de nouvelles manières de penser les productions et les pratiques culturelles. De l'extérieur ou de l'intérieur de la tradition des »Annales«, ces perspectives neuves ont imposé un certain nombre d'exigences: ainsi, privilégier les usages individuels plus que les distributions statistiques, considérer, contre l'efficacité supposée des modèles et normes culturels, les modalités spécifiques de leur appropriation, tenir les représentations du monde social comme constitutives des différences et des luttes qui caractérisent les sociétés. Ce sont ces déplacements, mis en œuvre dans le découpage et l'analyse des objets historiques, que la catégorie de »new cultural history« entendait désigner et réunir en 1989.

L'histoire culturelle: une impossible définition

En ce début du XXIe siècle, comment apprécier les apports de l'histoire culturelle en sa nouvelle définition? Même si elle est devenue dominante aujourd'hui, il n'est guère aisé de la définir dans sa spécificité. Faut-il le faire à partir des objets et des pra-

8 Geoffrey LLOYD, Demystifying Mentalities, Cambridge 1990.

tiques dont l'étude constituerait le propre de cette histoire? Le risque est grand, alors, de ne pas pouvoir tracer une frontière sûre et nette entre l'histoire culturelle et d'autres histoires: l'histoire des idées, l'histoire de la littérature, l'histoire de l'art, l'histoire de l'éducation, l'histoire des médias, l'histoire des sciences, etc. Doit-on, dès lors, changer de perspective et considérer que toute histoire, quelle qu'elle soit, économique ou sociale, démographique ou politique, est culturelle, et cela, dans la mesure où tous les gestes, toutes les conduites, tous les phénomènes objectivement mesurables sont toujours le résultat des significations que les individus attribuent aux choses, aux mots et aux actions? Dans cette perspective, fondamentalement anthropologique, le risque est celui d'une définition impérialiste de la catégorie qui, en l'identifiant à l'histoire elle-même, conduit à sa dissolution.

Cette difficulté trouve sa raison fondamentale dans les multiples acceptions du terme »culture«. Elles peuvent être schématiquement distribuées entre deux familles de significations: celle qui désigne les œuvres et les gestes qui, dans une société donnée, sont soustraits aux urgences du quotidien et soumis à un jugement esthétique ou intellectuel; celle qui vise les pratiques ordinaires à travers lesquelles une communauté, quelle qu'elle soit, vit et réfléchit son rapport au monde, aux autres ou à elle-même.

Le premier ordre de significations conduit à construire l'histoire des textes, des œuvres et des pratiques culturelles comme une histoire à double dimension. C'est là ce que propose Carl Schorske: »The historian seeks to locate and interpret the artifact temporally in a field where two lines intersect. One line is vertical, or diachronic, by which he establishes the relation of a text or a system of thought to previous expressions in the same branch of cultural activity (painting, politics, etc.). The other is horizontal, or synchronic; by it he assesses the relation of the content of the intellectual object to what is appearing in other branches or aspects of a culture at the same time«[9]. Il s'agit donc de penser chaque production culturelle à la fois dans l'histoire du genre, de la discipline ou du champ où elle s'inscrit et dans ses rapports avec les autres créations esthétiques ou intellectuelles et les autres pratiques qui lui sont contemporaines.

La seconde famille de définitions de la culture s'appuie fortement sur l'acception que l'anthropologie symbolique donne de la notion – et en particulier Clifford Geertz: »The culture concept to which I adhere [...] denotes an historically transmitted pattern of meanings embodied in symbols, a system of inherited conceptions expressed in symbolic forms by means of which men communicate, perpetuate, and develop their knowledge about and attitudes towards life«[10]. C'est donc la totalité des langages et des actions symboliques propres à une communauté qui constituent sa culture. De là, chez les historiens inspirés par l'anthropologie, l'attention portée aux manifestations collectives où s'énonce de manière paroxystique un système culturel: rituels de violence, rites de passage, fêtes carnavalesques, etc[11].

9 Carl Schorske, Fin-de-siècle Vienna. Politics and Culture, New York 1979, p. XXI–XXII.
10 Clifford Geertz, The Interpretation of Cultures. Selected Essays, New York 1973, p. 89.
11 Natalie Zemon Davis, Society and Culture in Early Modern France, Stanford 1975; Robert Darnton, The Great Cat Massacre and Other Episodes in French Cultural History. New York 1982.

Représentations communes et œuvres singulières

Selon ses différents héritages et traditions, la »new cultural history« a privilégié des objets, des domaines et des méthodes différents. En dresser l'inventaire est une tâche impossible. Plus pertinent, sans doute, est le repérage de quelques questions communes à ces approches si diverses. Un premier enjeu concerne la nécessaire articulation entre les œuvres singulières et les représentations communes. La question essentielle ici posée est celle du processus par lequel des lecteurs, des spectateurs ou des auditeurs donnent sens aux textes (ou aux images) dont ils s'approprient. L'interrogation a porté, en réaction contre le strict formalisme de la *Nouvelle critique* ou du *New Criticism*, toutes les approches qui ont voulu penser la production de la signification comme construite dans la relation entre les lecteurs et les textes. Le projet a pris des formes diverses au sein de l'histoire littéraire, centrant l'attention sur la relation dialogique entre les propositions des œuvres et les attentes esthétiques et les catégories interprétatives de leurs publics[12], sur l'interaction dynamique entre le texte et son lecteur entendue dans une perspective phénoménologique[13], ou sur les transactions passées entre les œuvres elles-mêmes et les discours ou les pratiques ordinaires qui sont, à la fois, les matrices de la création esthétique et les conditions de son intelligibilité[14].

De semblables approches ont obligé à s'éloigner de toutes les lectures structuralistes ou sémiotiques qui rapportaient le sens des œuvres au seul fonctionnement automatique et impersonnel du langage, mais elles sont devenues, à leur tour, la cible de la critique. D'une part, elles considèrent le plus souvent les textes comme s'ils existaient en eux-mêmes, en dehors des objets ou des voix qui les transmettent, alors qu'une lecture culturelle des œuvres rappelle que les formes qui les donnent à lire, à entendre ou à voir, participent, elles aussi, à la construction de leur signification. De là, l'importance reconquise par les disciplines attachées à la description rigoureuse des objets écrits qui portent les textes: paléographie, codicologie, bibliographie[15]. De là, aussi, l'attention portée sur l'historicité première des textes, celle qui leur vient du croisement entre les catégories d'assignation, de désignation et de classement des discours propres à un temps et un lieu et leur matérialité, entendue comme la modalité de leur inscription sur la page ou de leur distribution dans l'objet écrit[16].

D'autre part, les approches critiques qui ont considéré la lecture comme une »réception« ou une »réponse« ont implicitement universalisé le processus de la lecture, le tenant pour un acte toujours semblable dont les circonstances et les modalités concrètes n'importent pas. Contre un tel effacement de l'historicité du lecteur, il est bon de rappeler que la lecture, elle aussi, a une histoire (et une sociologie) et que la signification des textes dépend des capacités, des conventions et des pratiques de

12 Hans Robert JAUSS, Literaturgeschichte als Provokation, Francfort/M. 1974.

13 Wolfgang ISER, Der Akt des Lesens, Munich 1976.

14 Stephen GREENBLATT, Shakespearean Negotiations: The Circulation of Social Energy in Renaissance England, Berkeley, Los Angeles 1988.

15 D. F. MCKENZIE, Bibliography and the sociology of texts, The Panizzi Lectures 1985, Londres 1986; Armando PETRUCCI, La Scrittura. Ideologia e rappresentazione, Turin 1986.

16 Margreta DE GRAZIA, Peter STALLYBRASS, The Materiality of the Shakepearean Text, dans: Shakespeare Quarterly 44/3 (1993), p. 255–283.

lecture propres aux communautés qui constituent, dans la synchronie ou la diachronie, leurs différents publics[17]. La »sociologie des textes«, entendue à la manière de D. F. McKenzie, a donc pour objet l'étude des modalités de publication, dissémination et appropriation des textes. Elle tient le »monde du texte« comme un monde d'objets et de »performances« et le »monde du lecteur« comme celui de la »communauté d'interprétation«[18] à laquelle il appartient et que définit un même ensemble de compétences, de normes et d'usages.

Appuyée sur la tradition bibliographique, la »sociologie des textes« met l'accent sur la matérialité du texte et l'historicité du lecteur avec une double intention. Il s'agit, d'une part, d'identifier les effets produits sur le statut, le classement et la perception d'une œuvre par les transformations de sa forme manuscrite ou imprimée. Il s'agit, d'autre part, de montrer que les modalités propres de la publication des textes avant le XVIIIe siècle mettent en question la stabilité et la pertinence des catégories que la critique associe spontanément à la littérature: ainsi celles d'»œuvre», d'»auteur«, de »personnage«, etc.

Cette double attention a fondé la définition de domaines d'enquête propres à une approche culturelle des œuvres (ce qui ne veut pas dire spécifiques à telle ou telle discipline constituée): ainsi les variations historiques des critères qui définissent la »littérature«; les modalités et les instruments de constitution des répertoires d'œuvres canoniques; les effets des contraintes exercées sur la création littéraire par le mécénat, le patronage, l'académie ou le marché; ou encore, l'analyse des divers acteurs (copistes, éditeurs, typographes, correcteurs, etc.) et des différentes opérations impliqués dans le processus de publication des textes.

Produites dans un ordre spécifique, les œuvres s'en échappent et prennent existence en étant investies par les significations que leur attribuent, parfois dans la très longue durée, leurs différents publics. Ce qu'il faut donc penser est l'articulation paradoxale entre une *différence* – celle par laquelle toutes les sociétés, en des modalités variables, ont séparé un domaine particulier de productions, d'expériences et de jouissances – et des *dépendances* – celles qui rendent l'invention esthétique ou intellectuelle possible et intelligible en l'inscrivant dans le monde social et dans le système symbolique de ses lecteurs ou spectateurs[19]. Le croisement inédit d'approches longtemps étrangères les unes aux autres (la critique textuelle, l'histoire du livre, la sociologie culturelle), mais rassemblées par le projet de la »nouvelle histoire culturelle«, a un enjeu fondamental: comprendre comment les appropriations particulières et inventives des lecteurs singuliers (ou des spectateurs) dépendent, tout ensemble, des effets de sens visés par les œuvres elles-mêmes, des usages et des significations imposés par les formes de leur publication et circulation, et des compétences, catégories et représentations qui commandent le rapport que chaque communauté entretient avec la culture écrite.

17 Guglielmo Cavallo, Roger Chartier (dir.), Storia della lettura nel mondo occidentale, Rome, Bari 1995; Fernando Bouza, Comunicación, conocimiento y memoria en la España de lo siglos XVI y XVII, Salamanca 1999.

18 Stanley Fish, Is There a Text in This Class? The Authority of Interpretive Communities, Cambridge, Londres 1980.

19 Roger Chartier, Au bord de la falaise. L'histoire entre certitudes et inquiétude, Paris 1998.

Le savant et le populaire

Une seconde question qui a mobilisé la »new cultural history« est celle des relations entre culture populaire et culture savante. On peut ramener les façons de les concevoir à deux grands modèles de description et d'interprétation. Le premier, désireux d'abolir toute forme d'ethnocentrisme culturel, traite la culture populaire comme un système symbolique cohérent, qui s'ordonne selon une logique étrangère et irréductible à celle de la culture lettrée. Le second, soucieux de rappeler l'existence des relations de domination et des inégalités du monde social, comprend la culture populaire à partir de ses dépendances et de ses manques par rapport à la culture des dominants. D'un côté, donc, la culture populaire est pensée comme autonome, indépendante, fermée sur elle-même; de l'autre, elle est entièrement définie par sa distance vis-à-vis de la légitimité culturelle. Les historiens ont longtemps oscillé entre ces deux perspectives comme le montrent, à la fois, les travaux menés sur la religion ou la littérature tenues pour spécifiquement populaires et la construction d'une opposition, réitérée au cours du temps, entre l'âge d'or d'une culture populaire libre et vigoureuse et les temps des censures et des contraintes qui la condamnent et la démantèlent.

Les travaux d'histoire culturelle ont conduit à refuser des distinctions aussi tranchées. Tout d'abord, il est clair que le schéma qui oppose splendeur et misère de la culture populaire n'est pas propre à l'âge moderne. Il se retrouve chez les historiens médiévistes qui désignent le XIIIe siècle comme le temps d'une acculturation chrétienne destructrice des traditions de la culture populaire laïque des XIe–XIIe siècles. Il caractérise, également, le basculement qui fait passer entre 1870 et 1914 les sociétés occidentales d'une culture traditionnelle, paysanne et populaire, à une culture nationale homogène, unifiée, désenclavée. Et un semblable contraste est supposé distinguer au XXe siècle la culture de masse imposée par les nouveaux médias et une ancienne culture orale, communautaire et créatrice. Comme le phénix, la culture populaire semble renaître après chacune de ses disparitions. Le véritable problème n'est donc pas de dater la disparition irrémédiable d'une culture dominée, par exemple en 1600 ou 1650[20], mais de comprendre comment à chaque époque, se nouent les rapports complexes entre des formes imposées, plus ou moins contraignantes, et des identités sauvegardées, plus ou moins altérées.

La force des modèles culturels dominants n'annule pas l'espace propre de leur réception. Toujours, un écart existe entre la norme et le vécu, le dogme et la croyance, les commandements et les conduites. C'est dans cet écart que s'insinuent reformulations et détournements, appropriations et résistances[21]. À l'inverse, l'imposition de disciplines inédites, l'inculcation de nouvelles soumissions, la définition de nouvelles règles de comportement doivent toujours composer ou négocier avec les représentations enracinées et les traditions partagées. Il est donc vain de vouloir identifier la culture, la religion ou la littérature »populaire« à partir de pratiques, de croyances ou de textes qui leur seraient spécifiques. L'essentiel est ailleurs, dans l'attention portée aux mécanismes qui font intérioriser par les dominés leur propre infé-

20 Peter Burke, Popular Culture in Early Modern Europe, Londres 1978.
21 Michel de Certeau, L'Invention du quotidien, 1: Arts de faire, Paris 1980 (réedition Paris 1990).

riorité ou illégitimité et, contradictoirement, aux logiques grâce auxquelles une culture dominée parvient à préserver quelque chose de sa cohérence symbolique. La leçon vaut tout autant pour l'affrontement entre les clercs et les populations rurales dans la vieille Europe[22] que pour les relations entre vaincus et vainqueurs dans le monde colonial[23].

Discours et pratiques

Un autre défi lancé à l'histoire culturelle, quels qu'en soient les approches et les objets, tient à l'articulation entre les pratiques et discours. La mise en question des certitudes anciennes a pris la forme du »linguistic turn« qui repose sur deux idées essentielles: que le langage est un système de signes dont les relations produisent d'elles-mêmes des significations multiples et instables, hors de toute intention ou de tout contrôle subjectifs; que la »réalité« n'est pas une référence objective, extérieure au discours, mais qu'elle est toujours construite dans et par le langage. Une telle perspective considère que les intérêts sociaux ne sont jamais une réalité préexistante mais toujours le résultat d'une construction symbolique et linguistique, et elle affirme que toute pratique, quelle qu'elle soit, est située dans l'ordre du discours[24].

Contre ces postulats, il est nécessaire de rappeler que si les pratiques anciennes ne sont, le plus souvent, accessibles qu'à travers les textes qui entendaient les représenter ou les organiser, les prescrire ou les proscrire, cela n'implique pas pour autant d'affirmer l'identité de deux logiques: celle qui gouverne la production et la réception des discours, celle qui règle les conduites et les actions. Pour penser cette irréductibilité de l'expérience au discours, des logiques de la pratique à la logique logocentrique, les historiens ont pu trouver appui sur la distinction proposée par Foucault entre »formations discursives« et »systèmes non discursifs«[25] ou celle établie par Bourdieu entre »sens pratique« et »raison scolastique«[26].

De telles distinctions mettent en garde contre un usage incontrôlé de la notion de »texte«, souvent appliquée indûment à des pratiques dont les procédures ne sont en rien semblables aux stratégies qui gouvernent l'énoncé des discours. La construction des intérêts par les langages disponibles en un temps donné est toujours bornée par les ressources inégales (matérielles, linguistiques ou conceptuelles) dont disposent les individus. Les propriétés et les positions sociales qui caractérisent, dans leurs écarts, les différents groupes sociaux ne sont donc pas seulement un effet des discours, elles en désignent, également, les conditions de possibilité.

L'objet fondamental d'une histoire qui vise à reconnaître la manière dont les acteurs sociaux donnent sens à leurs pratiques et à leurs énoncés se situe donc dans la tension entre, d'une part, les capacités inventives des individus ou des communautés et, d'autre part, les contraintes et les conventions qui limitent – plus ou moins forte-

22 Carlo GINZBURG, I Benandanti. Stregoneria e culti agrari tra Cinquecento e Seicento, Turin 1966.
23 Serge GRUZINSKI, La colonisation de l'imaginaire. Sociétés indigènes et occidentalisation dans le Mexique espagnol, XVIe–XVIIIe siècles, Paris 1988.
24 Keith Michael BAKER, Inventing the French Revolution: Essays on French Political Culture in the Eighteenth Century, Cambridge 1990.
25 Michel FOUCAULT, L'Archéologie du savoir, Paris 1969.
26 Pierre BOURDIEU, Méditations pascaliennes, Paris 1997.

ment selon la position qu'ils occupent dans les rapports de domination – ce qui leur est possible de penser, de dire et de faire. Le constat vaut pour les œuvres lettrées et les créations esthétiques, toujours inscrites dans les héritages et les références qui les rendent concevables, communicables et compréhensibles. Il vaut, également, pour toutes les pratiques ordinaires, disséminées, silencieuses, qui inventent le quotidien.

C'est à partir d'un tel constat qu'il faut comprendre la relecture par les historiens des classiques des sciences sociales (Elias, Weber, Durkheim, Mauss, Halbwachs) et l'importance d'un concept comme celui de »représentation« qui en est presque venu à désigner par lui-même la nouvelle histoire culturelle. Cette notion permet, en effet, de lier étroitement les positions et relations sociales avec la façon dont les individus et les groupes se perçoivent et perçoivent les autres. Les représentations collectives, définies à la manière de la sociologie durkheimienne, incorporent dans les individus, sous forme de schèmes de classement et de jugement, les divisions même du monde social. Ce sont elles qui portent les différentes modalités d'exhibition de l'identité sociale ou de la puissance politique telles que les donnent à voir et à croire les signes, les conduites et les rites. Enfin, ces représentations collectives et symboliques trouvent dans l'existence de représentants, individuels ou collectifs, concrets ou abstraits, les garants de leur stabilité et de leur continuité.

Les travaux d'histoire culturelle ont fait, en ces dernières années, un large emploi de cette triple acception de la représentation – avec ou sans le terme. Il est à cela deux raisons essentielles. D'une part, le recul de la violence entre les individus qui caractérise les sociétés occidentales entre Moyen Âge et XVIIIe siècle et qui découle de la confiscation (au moins tendancielle) de l'État sur l'emploi légitime de la force, a remplacé (au moins partiellement) les affrontements directs, brutaux et sanglants par des luttes qui ont les représentations pour instrument et enjeu[27]. D'autre part, c'est du crédit accordé ou refusé aux représentations qu'il propose de lui-même que dépend l'autorité d'un pouvoir ou la domination d'un groupe. La »new cultural history« a ainsi proposé à l'histoire politique et à l'histoire sociale de traiter les relations de pouvoir comme des rapports de force symboliques, comme l'histoire de l'acceptation ou du rejet par les dominés des représentations qui visent à assurer et perpétuer leur assujettissement.

L'attention donnée à la violence symbolique, qui suppose que celui ou celle qui la subit contribue à son efficacité en intériorisant sa légitimité[28], a profondément transformé la compréhension de plusieurs réalités essentielles: ainsi, l'exercice de l'autorité, fondée sur l'adhésion aux signes, aux rites et aux images qui la donnent à voir et obéir[29]; la construction des identités sociales ou religieuses, située dans la tensions entre les représentations imposées par les pouvoirs ou les orthodoxies et la conscience d'appartenance de chaque communauté[30]; ou encore les relations entre les sexes, pensées comme l'inculcation, par les représentations et les pratiques, de la

27 Norbert Elias, Über den Prozess der Ziviliation. Soziogenetische und pychogenetische Untersuchungen, Bâle 1939 (rééditions Berne 1969, Francfort/M. 1979).

28 Pierre Bourdieu, La Noblesse d'État. Grandes écoles et esprit de corps, Paris 1989.

29 Louis Marin, Le Portrait du roi, Paris 1981; Fernando Bouza, Imagen y propaganda. Capítulos de historia cultural del reinado de Felipe II, Madrid 1998.

30 Bronislaw Geremek, Inutiles au monde. Truands et misérables dans l'Europe moderne (1350–1600), Paris 1980.

domination masculine et comme l'affirmation d'une identité féminine propre, énoncée hors ou dans le consentement, par le refus ou l'appropriation des modèles imposés[31]. La réflexion sur la définition des identités sexuelles, que Lynn Hunt désignait en 1989, comme l'un des traits originaux de la »new cultural history« constitue une illustration exemplaire de l'exigence qui habite aujourd'hui toute pratique historique: comprendre, à la fois, comment les représentations et les discours construisent les rapports de domination et comment ils sont eux-mêmes dépendants des ressources inégales et des intérêts contraires qui séparent ceux dont ils légitiment la puissance et ceux dont ils assurent (ou doivent assurer) la soumission.

La cohérence de la »new cultural history« est-elle aujourd'hui aussi forte que le proclamait Lynn Hunt? La diversité des objets de recherche, des perspectives méthodologiques et des références théoriques qui ont porté en ces dix dernières années l'histoire culturelle, quelle qu'en soit la définition, permet d'en douter. Il serait bien risqué de rassembler sous une même catégorie les travaux que mentionne ce bref essai.

Ce qui demeure, pourtant, est un ensemble de questions et d'exigences partagées par-delà les frontières. En ce sens la »new cultural history« n'est pas, ou n'est plus définie par l'unité de son approche. Elle l'est par l'espace d'échanges et de débats construit entre des historiens qui ont pour identité commune leur refus de réduire les phénomènes historiques à une seule de leurs dimensions et qui se sont éloignés tant des illusions du tournant linguistique que des héritages contraignants qui postulaient la toute-puissance du social ou, plus récemment, l'absolu primat du politique.

31 Georges Duby, Michèle Perrot (dir.), Storia delle donne, Rome, Bari 1990–1992; Joan Scott, Only Paradoxes to Offer: French Feminists and the Rights of Man, Cambridge (Mass.), Londres 1996; Pierre Bourdieu, La domination masculine, Paris 1998.

Dorothea Nolde

Andächtiges Staunen – Ungläubige Verwunderung

Religiöse Differenzerfahrungen in französischen und deutschen Reiseberichten der Frühen Neuzeit

Schilderungen religiöser Differenzerfahrungen finden sich in nahezu sämtlichen Reiseberichten im Europa des 16. und 17. Jahrhunderts. Zwar traten genuin religiöse Reiseanlässe wie Pilgerreisen und Wallfahrten zunehmend in den Hintergrund und die meisten Reisenden waren aufgrund ganz anderer Reisemotive unterwegs, zu denen etwa diplomatische Missionen, militärische Feldzüge, Verwandtenbesuche, Heiratsanbahnungen, Handelsgeschäfte, Studienreisen oder auch Bäderaufenthalte zählten. Dennoch fehlen in kaum einem frühneuzeitlichen Reisebericht umfangreiche Bemerkungen über Kirchenbesichtigungen, Ordensgemeinschaften, Wallfahrtsorte, religiöse Feiertage, Prozessionen und religiöse Rituale aller Art. Viele dieser Schilderungen erschöpfen sich keineswegs in rein deskriptiven oder gar repetitiven Länderbeschreibungen. Religion erweist sich in frühneuzeitlichen Reiseberichten vielmehr als einer der stärksten Indikatoren für kulturelle Fremdheit.

Dies ist vor dem Hintergrund der großen Bedeutung zu sehen, die der Religion in der Gesellschaft der Frühen Neuzeit insgesamt zukam[1]. Die Reformation hatte eine religiöse Ausdifferenzierung ausgelöst, in deren Folge die Zugehörigkeit zu einer Kirche nicht mehr selbstverständlich gegeben war, sondern Begründungen und Entscheidungen verlangte. Im Zuge von Reformation und Gegenreformation intensivierten sowohl die protestantischen Kirchen als auch die katholische Kirche ihre pädagogischen und mitunter auch juristischen Bemühungen, Einfluß auf die Lebensgestaltung der Menschen zu gewinnen. Parallel dazu nutzten Fürsten und städtische Obrigkeiten die Religion als Herrschafts- und Disziplinierungsinstrument. In den zahlreichen Kriegen, die im 16. und 17. Jahrhundert das Leben vieler Menschen in Europa bestimmten und beeinträchtigten, ging es nicht nur, aber auch, um religiöse Dominanz, angefangen von den französischen Religionskriegen, über den dreißigjährigen Krieg bis hin zum niederländischen Unabhängigkeitskrieg. Religiöse Auseinandersetzungen und die Auseinandersetzung mit Religion waren

1 Siehe beispielsweise Kaspar von Greyerz, Religion und Kultur, Europa 1500–1800, Göttingen 2000; Heinz Schilling, Nationale Identität und Konfession in der europäischen Neuzeit, in: Bernhard Giesen (Hg.), Nationale und kulturelle Identität. Studien zur Entwicklung des kollektiven Bewußtseins in der Neuzeit, Frankfurt a. M. [2]1991, S. 192–252. Die Literatur zu Religiosität und Konfessionalisierung in der Frühen Neuzeit ist zu umfangreich, um sie an dieser Stelle aufzuzählen.

daher im Alltag weiter Bevölkerungskreise omnipräsent, und die Religionszugehörigkeit stellte ein zentrales Element frühneuzeitlicher Identitäten dar[2].

Reisende des 16. und 17. Jahrhunderts waren dementsprechend für religiöse Differenzen und deren identitätsstiftende Bedeutung sensibilisiert. Das Interesse, das viele Reisende religiösen Fragen entgegenbrachten, wurde noch befördert durch die apodemische Literatur, welche die Religion neben den Sitten und der politischen Ordnung zu einem zentralen Element des Studiums fremder Länder erklärte. In zahlreichen Reiseberichten sind daher Darstellungen der religiösen und der politischen Ordnung eines Landes eng miteinander verknüpft, manche Autoren widmen der Religion sogar ein eigenes Kapitel[3]. Auf Kavalierstouren gehörte die Auseinandersetzung mit fremden Religionen zum festen Ausbildungsprogramm[4], und gelehrte Reisende suchten häufig gezielt das Gespräch mit Einheimischen, um Informationen über deren Religion zu sammeln[5]. Gelegenheiten, religiöse Differenzen festzustellen, gab es im Europa der Frühen Neuzeit in der Tat genug. In einem einzigen Reisebericht werden bisweilen Begegnungen mit bis zu fünfzehn verschiedenen Religionen genannt, unter anderem mit Katholiken, Orthodoxen, Calvinisten, Lutheranern, Mennoniten, Hussiten, Wiedertäufern und Anglikanern sowie Juden und Muslimen, um nur eine kleine Auswahl zu nennen.

Dabei fällt auf, daß es stets religiöse Praktiken waren, die als fremd wahrgenommen wurden, während theologische Argumente und Glaubensinhalte demgegenüber eher in den Hintergrund traten. Besonders häufig und ausführlich wurden fremde Praktiken im Zusammenhang mit Beerdigungen, Hochzeiten, Fastenbräuchen und Abendmahlsritualen beschrieben. Auf die zentrale Bedeutung von Ritualen hat bereits Clifford Geertz in seinem Plädoyer für eine Analyse von Religion als kulturellem System hingewiesen[6]. Wenn daher im folgenden in erster Linie von Religionen und nicht von Konfessionen im frühneuzeitlichen Europa die Rede ist, so erfolgt dies nicht nur in Anlehnung an den Sprachgebrauch frühneuzeitlicher Reiseberichte, sondern auch an das ethnologische Verständnis von Religion als einem kulturellen System. Geertz zufolge haben religiöse Rituale die doppelte Funktion, die soziale und symbolische Ordnung der Welt zugleich zu repräsentieren und zu prä-

2 Siehe beispielsweise Gabriel AUDISIO (Hg.), Religion et identité, Aix-en-Provence 1998.

3 So beispielsweise Nicolas PAYEN, Les Voyages de Monsieur Payen, Paris, E. Loyson, 1663; Les Voyages de Monsieur Des Hayes, Baron de Courmesvin, en Dannemarc […] Par le Sieur P.M.L., Paris, Iean Promé, 1664.

4 Antje STANNEK, Konfessionalisierung des ›Giro d'Italia‹? Protestanten im Italien des 17. Jahrhunderts, in: Rainer BABEL, Werner PARAVICINI (Hg.), Grand Tour. Adeliges Reisen und europäische Kultur vom 14. bis zum 18. Jahrhundert, Ostfildern 2005, S. 568.

5 So beispielsweise Michel de Montaigne: Michel DE MONTAIGNE, Journal de voyage, hg. von Fausta GARAVINI, Paris 1983, passim; Jacques-Auguste DE THOU, Mémoires de la Vie de Jacques-Auguste de Thou, in: Histoire Universelle de Jacques-Auguste de Thou, avec la Suite par Nicolas Rigault; Les Mémoires de la Vie de l'Auteur, un Recueil de Pièces concernant sa Personne et ses Ouvrages […], Den Haag, Henri Scheurleer, 1740, S. 2f.; Vgl. auch Charles DÉDÉYAN, La religion dans le ›Journal de voyage‹ de Montaigne, in: Centre interuniversitaire de recherche sur le voyage en Italie (Hg.), Montaigne e l'Italia, Genf 1991, S. 391–418; Michel HERMANN, L'attitude de Montaigne envers la Réforme et les Réformés dans le Journal de Voyage, in: François MOUREAU (Hg.), Autour du Journal de voyage de Montaigne, Genf 1982, S. 37–54.

6 Clifford GEERTZ, Religion As a Cultural System, in: DERS., The Interpretation of Cultures, London (1993), S. 112–114.

gen[7]. Für den hier behandelten Zeitraum betont Kaspar von Greyerz den rituellen Aspekt frühneuzeitlicher Religiosität, die primär in Alltagssituationen erfahren worden sei[8].

Orientierende Wirkung entfalteten Rituale jedoch offenbar auch in Situationen, die außerhalb des Alltagshorizontes lagen, wie es auf Reisen der Fall war. Im Zentrum der folgenden Überlegungen steht daher die Frage nach dem Umgang frühneuzeitlicher Reisender mit religiösen Differenzerfahrungen. Untersucht werden soll, an welchen Aspekten von Religiosität sich Fremdheit festmachte, welche Reaktionen religiöse Differenzerfahrungen auslösten und welche Interaktionen sie in Gang setzten.

Diesen Fragen soll anhand einer Auswahl französischer und deutscher Reiseberichte von der Mitte des 16. Jahrhunderts bis zum Ende des 17. Jahrhunderts nachgegangen werden. Sie entstammen, mit einer Ausnahme, dem Kontext adeligen Reisens, wobei das Spektrum der Reisenden vom kleinen Landadeligen bis hin zu Landesfürsten reicht. Die Reiseanlässe umfassen Kavalierstouren ebenso wie diplomatische Missionen, militärische Aktivitäten, Gelehrten- und Studienreisen, Bäderreisen sowie Vergnügungsreisen. Gemeinsam ist diesen Reisen, daß sie in einer Epoche stattfanden, die gemeinhin als Konfessionelles Zeitalter bezeichnet wird, und in der religiöse Differenzen in ganz Europa zunehmend an Bedeutung und an Schärfe gewannen – ein Umstand, der sich auch in den hier untersuchten Reiseberichten niederschlägt[9].

Französische und deutsche Adelige gingen, gerade was die Religion anbelangt, von unterschiedlichen Standpunkten aus: Französische Reisende sowohl katholischer als auch reformierter Religionszugehörigkeit waren aus ihrem Heimatland zwar an religiöse Konflikte, damit verbunden aber auch an das Modell einer dominanten Religion gewöhnt. Bei der Reise durch deutsche sowie darüber hinaus in zentraleuropäische Territorien stand daher zunächst nicht primär die Konfrontation mit einzelnen, ihnen fremden Religionen im Vordergrund, sondern die Wahrnehmung der Pluralität von Religionen als einem grundsätzlich anderen Ordnungsmodell. So markiert für den Katholiken de Marca, der 1599 auf dem Weg zu einer Militärkampagne Deutschland durchquerte, der Beginn der »deutschen Freiheit«, »mit allen möglichen Arten von Religionen«, die Grenze zwischen Frankreich und Deutschland[10]. Umgekehrt reagierten die mit einem religiösen Mosaik vertrauten deutschen Reisenden, insbesondere die Protestanten unter ihnen, bei der Reise nach Frankreich und in andere katholische Länder oft nicht in erster Linie auf den ihnen auch aus ihrem Herkunftsland bekannten Katholizismus, sondern auf dessen als monolithisch wahrgenommene Dominanz. Da die meisten Reisenden mehrere Länder besuchten, beschränkten sich die Reaktionen auf fremde Religionselemente

7 Ibid., S. 114.

8 Kaspar von Greyerz, Religion und Kultur. Europa 1500–1800, Göttingen 2000, S. 11f.

9 Mit Bezug auf die europäische Dimension des Konfessionellen Zeitalters vgl. Michael Maurer, Voraussetzungen und Grundlegung eines europäischen Bewußtseins im Konfessionellen Zeitalter, in: Reiner Berndt (Hg.), Petrus Canisius SJ (1521–1597). Humanist und Europäer, Berlin 2000, S. 240–257.

10 *Voyage de M. de Marca en Allemagne (1599–1608)*, Bibliothèque Nationale de France, Manuscrits français, Ms. 24717, f. 60r.

indes nicht auf das jeweilige Nachbarland, sondern setzten dieses im Verlauf der Reise ins Verhältnis zu weiteren europäischen Ländern.

Fremde Praktiken

Religiöse Fremdheit wird in frühneuzeitlichen Reiseberichten in erster Linie als kulturelle Fremdheit wahrgenommen und anhand von Praktiken und Ritualen thematisiert. Interesse für Hochzeiten und Taufen bekunden beispielsweise Balthasar de Monconys und Michel de Montaigne auf ihren Reisen[11]. Pierre Bergeron schildert die Einzelheiten einer Beerdigung, deren Zeuge er im Juli 1600 im Dorf Frauenberg in Böhmen wurde[12]. Ein französischer Reisender schließlich verlängerte im Jahr 1656 sogar eigens seinen Venedigaufenthalt um einige Tage, um die Beerdigung des kurz zuvor verstorbenen Dogen sehen zu können[13].

Ein namentlich nicht genannter Reisebegleiter des Baron de Courmesvin, der 1629 im Auftrag des französischen Königs nach Dänemark reiste, um mit dem dänischen König über Durchfahrtsrechte für französische Handelsschiffe durch den Øresund zu verhandeln, berichtet ebenfalls ausführlich von dänischen Hochzeits-, Tauf- und Beerdigungsbräuchen[14]. Er schildert eine Beerdigungsprozession, die unter seinem Fenster vorbeizog und hält in allen Details die genaue Marschordnung und die Kleidung der Mitglieder des Trauerzuges fest. Seine Beschreibung beschließt er mit der eigentlichen Beerdigung:

[...] *estant parvenus à l'Eglise ils mettent le corps en terre, & prient Dieu qu'il luy donne repos jusques au bout du Iugement. Ils cessent leurs prieres, car ils ne croyent pas qu'elles servent à l'ame des Trespassez. Ils se séparent, & s'en reviennent en desordre, se rendre au lieu préparé pour le disner ou le souper, où toute la compagnie se met à table, & l'on boit selon la coustume à la santé des morts, cela leur fait grand bien*[15].

Während der Autor bei der vorhergehenden Schilderung des Trauerzuges wie auch in seinen übrigen Beobachtungen die beteiligten Personen und Gruppen jeweils einzeln benennt, markiert der wiederholte Gebrauch des abstrakten Personalprono-

11 Balthasar DE MONCONYS, Iournal des voyages de Monsieur de Monconys, Lyon, Horace Boissat & George Remeus, 1666, Bd. 2, S. 223, 237, 238–239; Michel DE MONTAIGNE, Journal de voyage (wie Anm. 5), S. 118f., 132.

12 Pierre BERGERON, *Le discours de ce qui s'est passé au voiage d'Allemaigne et d'Italye*, Bibliothèque Nationale de France, Manuscrits français, Ms. 5562, f. 10r; ähnlich auch *Voyage de M. de Marca* (wie Anm. 10), f. 85v–86r.

13 *Relation de mes voyages*, Bibliothèque Nationale de France, Manuscrits français, Ms. 12606 (IV), S. 53.

14 Les Voyages de Monsieur Des Hayes, Baron de Courmesvin, en Dannemarc. [...] Par le Sieur P.M.L. Paris, Iean Promé, 1664, S. 66–68, 70–78.

15 Ibid., S. 67f.: »[...] wenn sie bei der Kirche angekommen sind, legen sie den Leichnam in die Erde und bitten Gott, daß er ihn ruhen lasse bis zum jüngsten Gericht. Sie stellen dann ihre Gebete ein, denn sie glauben nicht, daß sie der Seele der Verstorbenen dienen. Sie trennen sich und gehen ungeordnet zurück, um sich an den Ort zu begeben, der für das Abendessen bereitet ist, wo die ganze Gesellschaft sich zu Tisch setzt und man nach ihrer Sitte auf das Wohl der Toten trinkt; dies tut ihnen sehr gut.«

mens »sie« (»ils«) hier eine deutliche Distanz. Der Reisebegleiter Courmesvins, der sich an anderer Stelle klar als überzeugter Katholik zu erkennen gibt und die lutherische Religion als »Häresie« und »Gift« bezeichnet[16], erwähnt indes den theologischen Hintergrund der beobachteten Differenz – daß nämlich die Lutheraner nicht an die Möglichkeit der Fürsprache für die Seele der Verstorbenen glaubten – lediglich in einem Nebensatz. Stattdessen verweist er mit dem Verstummen der Gebete und dem nachfolgenden Leichenschmaus auf die Ebene ritueller Praktiken – nicht ohne jedoch mit dem Hinweis auf die »Unordnung« der sich auflösenden Trauergemeinde erneut implizit eine Distanz zu seiner eigenen Kultur zu konstatieren. Verstärkt wird diese Distanzierung noch durch die Anspielung auf das Stereotyp der Trunksucht, das in frühneuzeitlichen Reiseberichten wahlweise auf Deutsche, Niederländer oder Polen Anwendung fand, und in Anlehnung an Tacitus' »Germania« die betreffenden Völker als Barbaren, das heißt als dem eigenen Kulturkreis grundlegend Fremde, auswies[17].

Ebenfalls anhand einer Beerdigung, jedoch aus der Perspektive eines überzeugten Lutheraners, schildert der ostfriesische Landadelige Ulrich von Werdum seine erste Begegnung mit der orthodoxen Kirche, von ihm als »russische oder griechische Religion« bezeichnet, in der Gegend zwischen Lublin und Lemberg, nordöstlich von Warschau, im November 1670. Der damals achtunddreißigjährige Ulrich von Werdum reiste insgesamt sieben Jahre lang im Dienste verschiedener Herren durch Deutschland, Polen, Frankreich, England, die Niederlande, Dänemark, Schweden und Österreich. In Polen stand er im Dienste des französischen »Abt von Paulmier«, der mit dem geheimen Auftrag des französischen Hofes in Polen unterwegs war, dort eine Verschwörung gegen den kürzlich gewählten polnischen König anzustiften[18]. Die orthodoxe Religion schildert von Werdum wie folgt:

Neben dem irrthumb, darin Sie stecken, daß der H. Geist nicht von Gott dem Sohn so wohl alß von Gott dem Vatter ausgehe, haben Sie mit bildern, undt andern Ceremonien, noch viel mehr gaukelwerck alß die Römische Kirche. St. Nicolaus ist ihr universeller Patron, dessen Bildt in allen Kirchen undt Häusern die Oberstelle hat. In ihren Leichbegängnissen gehen die Popen undt andere geistliche, so viel Sie davon können zusammen kriegen, die gemeinlich wohl gebartet sindt, vor der Leiche her, alle mit brennenden Kertzen in der handt, undt heulen ihre Klaglieder erbärmlich gnug. Hernach gehen die Verwandt undt andere manspersonen, auch alle mit brennenden lichtern, gleichfallß vor der Leiche, undt hat jedweder träger auch sein ange-

16 Les Voyages de Monsieur Des Hayes (wie Anm. 14), S. 266.

17 Tacitus, Germania. De origine et situ Germanorum liber, 22, 23, Stuttgart 1972, S. 34; Zur Tradierung des Stereotyps der germanischen Trunksucht in der frühen Neuzeit siehe auch Waldemar Zacharasiewicz, Die Klimatheorie in der englischen Literatur und Literaturkritik von der Mitte des 16. bis zum frühen 18. Jahrhundert, Wien 1977, S. 82.

18 In Polen war nach der Abdankung Johann-Kasimirs, sehr zur Überraschung und zum Ärger des französischen Königshauses, statt des französischen Kandidaten, dem Fürsten von Condé, der Pole Michael Wiśniowiecki zum neuen König gewählt worden. Dessen Sturz sollte der Abt von Paulmiers nun vorbereiten und an seiner Stelle dem neuen französischen Wunschkandidaten, dem Herzog von Longueville, auf den Thron verhelfen, ein Vorhaben, das schließlich im Juni 1672 mit dem Tod des Herzogs von Longueville endgültig scheiterte. Vgl. dazu auch Ézéchiel Spanheim, Relation de la cour de France, hg. von Émile Bourgeois, Paris 1973, S. 90–91 und S. 316, Anm. 1.

zündetes licht in der handt, wie gleichfalß die weiber, die allein hinter der Leich folgen : undt hat gemeinlich die ganze procession sich mit brandtwein schon so wohl getröstet, daß Sie mit allen ihren lichtern, bey hellem tage den todten kaum zu grabe leuchten können[19].

Auch Ulrich von Werdum erwähnt die theologische Diskrepanz nur nebenbei, macht die religiöse Differenz an rituellen Praktiken fest und verstärkt die Distanz noch durch den Rückgriff auf das Stereotyp der Trunksucht.

In Ausdrücken wie »Gaukelwerk« und »Heulen« kommen Unverständnis und Befremden zum Ausdruck. Ulrich von Werdum war zwar überzeugter Protestant, aber keineswegs ein religiöser Eiferer. Er begab sich nicht nur in den Dienst des Abt von Paulmiers, eines katholischen Geistlichen, sondern war zu seiner eigenen Sicherheit auf Reisen sogar bereit, selbst in die Verkleidung eines Laienbruders zu schlüpfen und den Mönchsdiener seines Herrn zu mimen, jedenfalls, solange es nicht den Kern seiner eigenen Religion, vor allem das Abendmahl betraf, wie er schreibt: *Ich must auch geistlich werden, undt agierte den Moine servant, in aller andern aufwartung, außgenommen da eß die ceremonien so meiner Religion zuwieder waren, betraf, alß darinn ich nix im geringsten nicht heucheln wöllen*[20]. Die unterschiedlichen religiösen Praktiken, die er unterwegs beobachtete, beschrieb er in der Regel mit großer Aufgeschlossenheit. Wenn dagegen, wie in der zitierten Passage, ebenso abwertend wie undifferenziert von »Gaukelwerk«, »Heulen« und Ähnlichem die Rede ist, so markiert dieser Sprachgebrauch unmißverständlich Fremdheit und Distanz.

Religiöse Praktiken als rituelles Idiom

Religiöse Praktiken können in Anlehnung an Erving Goffman als rituelles Idiom verstanden werden[21]. In seiner Interaktionsanalyse geht Goffman davon aus, daß die an einer Interaktion Beteiligten ihre Beziehung zueinander mit Hilfe so genannter Beziehungszeichen regeln. Darunter faßt er all jene verbalen und nonverbalen Äußerungen, die nicht der Übermittlung inhaltlicher Mitteilungen dienen, sondern dazu, die Stellung der Interaktionspartner zueinander zu definieren und auszuhandeln. Es kann dabei beispielsweise um die Regelung von Nähe und Distanz, des Ranges und der hierarchischen Ordnung oder auch von Ein- und Ausgrenzung gehen. Dazu gehört auch die Schaffung und Aufrechterhaltung eines Zusammenhaltes vermittels religiöser Praktiken – mit Blick auf die Frühe Neuzeit denke man nur an die gemeinschaftsstiftende Funktion des Abendmahls[22]. Die innerhalb einer

19 [Ulrich von Werdum], Das Reisejournal des Ulrich von Werdum (1670–1677), hg. von Silke Cramer, Frankfurt a. M. 1990, S. 78f.

20 Ibid., S. 67.

21 Erving Goffman, Das Individuum im öffentlichen Austausch, Frankfurt a. M. 1974, S. 301.

22 Oliver Kaul, Undankbare Gäste. Abendmahlsverzicht und Abendmahlsausschluß in der Reichsstadt Ulm um 1600. Ein interkultureller Prozeß, Mainz 2003; Frank Lestringant, Une sainte horreur ou Le voyage en eucharistie, XVIe–XVIIIe siècle, Paris 1996; Piero Camporesi, L'enfer et le fantasme de l'hostie. Une théologie baroque, Paris 1989.

sozialen Gruppe nach bestimmten Regeln verwendeten Beziehungszeichen bilden zusammengenommen ein rituelles Idiom. Goffman bezieht dies auf verschiedene soziale Gruppen innerhalb einer Kultur. In analoger Weise zeichnen sich jedoch auch verschiedene Kulturen durch den Gebrauch jeweils unterschiedlicher ritueller Idiome aus, und die Zugehörigkeit zu einer bestimmten Kultur macht sich nicht zuletzt an der Beherrschung dieses Idioms fest.

Als fremd beschrieben frühneuzeitliche Reisende religiöse Praktiken immer dann, wenn sie das rituelle Idiom der Anderen nicht kannten. Oft kommt dieses Unverständnis ganz bildlich in der Sprache zum Ausdruck, so etwa wenn Ulrich von Werdum über die Katholiken in Polen schreibt:

> [...] *wenn Sie beten oder die Messe hören, schnarchen undt gruntzen sie im seufzen, daß manß von ferne höret, fallen nieder, schlagen mit dem kopf wieder die wandt undt bäncke, geben sich selbst ohrfeigen, undt treyben mehr dergleichen Ungeberden, die von den Papisten auß andern Nationen verlachet werden*[23].

Ganz ähnlich beschreibt der Jurist und Geograph Pierre Bergeron, der im Jahre 1600 im Gefolge eines französischen Gesandten Italien und die Territorien des deutschen Reiches bereiste, die Juden in der Prager Synagoge: »Sie singen und machen dabei großen und sehr unangenehmen Lärm und schneiden tausend Grimassen«[24]. Auch Montaigne bezeichnet die Gesänge der Juden in Rom, deren religiöse Bräuche er ansonsten interessiert und vorurteilsfrei schildert, als unharmonisches Stimmengewirr[25]. In gleicher Weise charakterisiert Sophie von Hannover in einem Brief vom 6. Dezember 1664 an ihren Bruder Karl Ludwig von der Pfalz die Religionspraktiken der katholischen Bevölkerung Roms, deren Sinn sich ihr als calvinistischer Protestantin nicht erschließt und die sie als reine Äußerlichkeit betrachtet, als Gemurmel und Grimassen[26].

Vergleicht man diese Passagen mit den übrigen Äußerungen der genannten Autoren, die hier der Länge wegen nicht vollständig wiedergegeben werden können, so stellt man fest, daß es sich hier keineswegs um eine pauschale Diskriminierung von Katholiken oder Juden handelt, die an anderer Stelle durchaus differenziert dargestellt werden. Lediglich dort, wo sich der Sinn der Gebete den Autoren nicht erschließt, werden diese zu unverständlichem Schnarchen, Grunzen oder schlicht zu Lärm, und die Gebärden zu Ungebärden oder Grimassen.

Das Eigene im Fremden

Im Gegensatz dazu war es für Bergeron ein leichtes, beispielsweise das jüdische Neujahrsfest Rosch-ha-Schana sowie Pesach mit dem christlichen Neujahr und mit

23 von Werdum, Reisejournal (wie Anm. 19), S. 107.
24 Bergeron, *Discours* (wie Anm. 12), f. 22r.
25 Montaigne, Journal (wie Anm. 5), S. 203.
26 [Ils] *ne négligeraient à faire des grimaces dues dans les églises aux jours destinés pour cela, ce qui consiste à barbotter* [=marmotter] *un Pater noster tant de fois que le confesseur l'a ordonné* [...]. (Sophie de Hanovre [Sophie von Hannover], Mémoires et Lettres de voyage, hg. von Dirk van der Cruysse, Paris 1990, S. 231.)

Ostern gleichzusetzen und damit gewissermaßen eine Übersetzung in das eigene rituelle Idiom vorzunehmen[27]. Der Eindruck der Vertrautheit, der durch das Wiedererkennen des Eigenen im Fremden hervorgerufen wurde, tritt besonders deutlich im ›Brandenburgischen Ulysses‹ zutage, dem Bericht der Kavalierstour Christian Ernsts von Brandenburg, der von Sigmund von Birken auf der Grundlage der Reisediarien des Hofpredigers (?) Caspar von Lilien verfaßt worden war[28]. Der Bericht, der gewissermaßen als Subtext fortlaufend die lutherische Erziehung des vierzehnjährige Prinzen betont, schildert eine Begebenheit in der katholischen Stadt Oberehenheim im Elsaß, wo der Reisende im Ratssaal eine deutsche Bibel aufgeschlagen auf dem Tisch liegend vorfindet. Dem Kommentar des Verfassers zufolge, habe Christian Ernst von Brandenburg angesichts dieser Entdeckung *eine sonderbare Erfrölichung verspüre*[t][29]. Die erfreute Reaktion des Prinzen dürfte nicht allein auf den Inhalt des aufgeschlagenen Bibeltextes – einem Kapitel aus dem Buch Exodus über die erforderlichen Tugenden für das Richteramt – zurückzuführen sein, sondern vor allem auf den Umstand, in einem katholischen Umfeld eine deutsche Bibelübersetzung, die bekanntlich eines der Kernelemente lutherischer Religionspraxis darstellte, vorzufinden[30].

Eine Übersetzung in das eigene rituelle Idiom fand auch statt, wenn französische Katholiken wie Pierre Bergeron, Balthasar de Monconys, der anonyme Reisebegleiter des Barons Courmesvin und Nicolas Payen lutherische oder auch hussitische Religionspraktiken, wie etwa die Liturgie oder die Ausstattung der Kirchen mit Altären und Bildern, in die Nähe katholischer Bräuche rückten[31]. Nicolas Payen etwa, Richter in Meaux und Protégé von Hugues Lionne, einem der französischen Botschafter während der Verhandlungen für den Westfälischen Frieden, schreibt über die Lutheraner in Schweden:

Leurs Eglises ne sont point diferentes des nostres; ils chantent la Messe en Musique, & observent quantité de Ceremonies Romaines dans l'administration du S. Sacrement de l'Autel, & du Baptesme.

Aux grandes Festes de l'année ils vont à confesse; ils se rencontres dix ou douze aux pieds de leur Ministre, & s'y mettent à genoux. Le Ministre leur fait une petite exhortation, & leur demande s'ils ne reconnoissent pas devant Dieu qu'ils sont des pecheurs, ils le confessent; s'ils ne sont pas bien faschez d'avoir offensé sa divine bonté, ils l'asseurent; s'ils veulent s'abstenir du peché, ils le promettent; s'ils croyent qu'il a la puissance de les absoudre, ils l'avoüent; & alors le Prestre leur decalre que toutes leurs fautes leur sont remises. Ils se levent enduite, s'embrassent, & se reconcilient ensemble, apres l'avoir fait avec Dieu.

27 BERGERON, *Discours* (wie Anm. 12), f. 22v.

28 Sigismund VON BIRKEN, Hochfürstlicher Brandenburgischer Ulysses, Bayreuth, Johann Gebhard, 1668. Zum »Brandenburgischen Ulysses« siehe Jill BEPLER, Ferdinand Albrecht, Duke of Braunschweig-Lüneburg (1636–1687). A Traveller and his Travelogue, Wiesbaden 1988, S. 327–329.

29 VON BIRKEN, Hochfürstlicher Brandenburgischer Ulysses, S. 37.

30 Ohne die deutsche Übersetzung wäre, den Informationen über seinen Ausbildungsstand zufolge, dem Reisenden vermutlich auch der Inhalt des Bibeltextes gar nicht zugänglich gewesen.

31 BERGERON, *Discours* (wie Anm. 12), f. 7v., f. 28r., 30v.; MONCONYS, Iournal (wie Anm. 11), Bd. 2, S. 213, 219; Les Voyages de Monsieur Des Hayes, Baron de Courmesvin (wie Anm. 3), S. 75.

Le principal poinct de leur heresie consiste à croire l'impanation au Tres-Saint Sacrement de l'Eurcharistie[32].

Diese Schilderung ist umso aufschlußreicher, als sie von einem glühenden Vertreter des Katholizismus stammt, der jede andere Konfession als Häresie bezeichnet und nur die katholische als, so wörtlich, »wahre Religion« gelten läßt. Doch auch hier tritt der theologische Aspekt, der doch immerhin für Payen den »Hauptpunkt ihrer Häresie« darstellt, in den Hintergrund und wird quasi nur en passant erwähnt. Überdies fehlen Payen für die theologische Differenz buchstäblich die Worte, da er für die lutherische Auffassung vom Abendmahl keinen anderen Begriff findet als eine analoge Wortbildung zur katholischen »Fleischwerdung« Christi, nämlich die Brotwerdung (im französischen Original »impanation«). Die religiösen Praktiken dagegen schildert er mit großer Ausführlichkeit, und hier meint Payen durchaus sein eigenes rituelles Idiom wieder zu erkennen. Ein solches Wiedererkennen des Eigenen im Fremden und die Übersetzung fremder Praktiken in das eigene rituelle Idiom bewirkten im Ergebnis eine Reduktion kultureller Distanz.

Dies konnte sogar soweit gehen, daß es zu einer imaginierten Verschmelzung des Eigenen und des Fremden kam, wie etwa im Bericht des Reisebegleiters des Baron de Courmesvin. Der Verfasser widmet der Religion ein ganzes Kapitel seines Reiseberichtes über Dänemark, dessen Hauptaussage darin besteht, daß die dänischen Lutheraner, inklusive der Geistlichen, dem Katholizismus noch so nahe stünden, daß eine Re-Konversion zum Katholizismus leicht zu bewerkstelligen wäre[33]. Kulturelle Distanz wird hier perspektivisch in einer Integration des Fremden in das Eigene aufgehoben.

Das Fremde im Eigenen

Im umgekehrten Fall, wenn nämlich Reisende auf das Fremde im vermeintlich Eigenen stießen, fiel die Fremdheitserfahrung umso drastischer aus. Dies scheint vor allem bei katholischen Reisenden der Fall gewesen zu sein, die offenbar stärker als protestantische Reisende von einer Einheit der katholischen Religionskultur ausgingen – eine Erwartungshaltung die durch den Universalitätsanspruch der katholischen Kirche und die einheitlich lateinische Liturgie befördert wurde. Umso größer war dann das Erstaunen, wenn es in katholischen Messen oder Prozessionen andernorts ganz anders zuging, als die Reisenden es aus ihren Heimatländern

32 »Ihre Kirchen sind von den unseren nicht verschieden; sie singen die Messe mit Musik und befolgen zahlreiche Römische Zeremonien bei der Verabreichung des Heiligen Altarsakramentes und der Taufe. Zu den großen Festtagen des Jahres gehen sie zur Beichte; sie versammeln sich zu zehnt oder zwölft zu Füßen ihres Pastors und knien nieder. Der Pastor hält ihnen eine kleine Ermahnung und fragt sie, ob sie nicht vor Gott zugeben, daß sie Sünder sind, sie beichten es; [er fragt] ob sie sich nicht ärgern, Gottes Güte beleidigt zu haben, sie versichern es; [er fragt] ob sie sich der Sünde enthalten wollen, sie versprechen es; [er fragt] ob sie glauben, daß er die Macht hat, ihnen zu vergeben, sie gestehen es; und dann erklärt der Priester ihnen, daß all ihre Sünden ihnen erlassen sind. Sie erheben sich dann, umarmen einander und versöhnen sich miteinander, nachdem sie es zuvor mit Gott getan haben. Der Hauptpunkt ihrer Häresie besteht darin, daß sie an die Brotwerdung des Heiligen Eucharistiesakramentes glauben.«: Nicolas PAYEN, Voyages (wie Anm. 3), S. 96f.

33 Les Voyages de Monsieur Des Hayes (wie Anm. 12), S. 265–278.

gewohnt waren. Religiöse Differenzerfahrungen dieser Art prägen beispielsweise den Bericht eines Mitgliedes einer französischen Gesandtschaft, die sich 1669 zu diplomatischen Verhandlungen in Spanien aufhielt. Der namentlich nicht genannte Verfasser äußert sein Befremden über andersartige Fastengebote ebenso wie über die Eigentümlichkeiten der Prozessionen in der Karwoche, der Semana Santa, denen er in Madrid beiwohnte[34]. Aus der Fülle der Beispiele sei hier nur eines herausgegriffen. Gegen Ende seines insgesamt neunmonatigen Aufenthaltes ging der Reisende, der in der Zwischenzeit Spanisch gelernt hatte, gelegentlich zur Predigt, von der er bemerkt: [Le Sermon] *ressemble bien peu aux nôtres & [...] donne peu d'édification aux gens d'esprit*[35]. So berichtet er von einer Predigt, die während der Karwoche auf einem Platz in der Nähe seiner Herberge stattfand. Der Prediger habe sich selbst und seinen Zuhörern Undankbarkeit gegenüber Gott vorgeworfen, denn statt bußfertig zu leben, verfielen sie stets wieder in Sünde. Plötzlich habe er begonnen mit sich selbst zu sprechen und sich vor Gott als undankbar und böse zu schelten, um sich dann selbst eine mächtige Ohrfeige zu versetzen. In dem Moment sei auf dem ganzen Platz ein Hagel von Ohrfeigen zu hören gewesen, da sich alle 4000 Anwesenden ebenfalls selbst ohrfeigten. Der Reisende kommentiert, diese Überraschung habe ihn sehr zum Lachen gereizt, aber ein befreundeter Offizier habe ihn angewiesen, den Kopf zu senken und sich sein Taschentuch vor das Gesicht zu halten – ein Rat, den er auch befolgte, denn, so schreibt er weiter: [...] *si l'on se fut aperçu que je riois, j'aurois été haché en mille piéces: car il n'y a point de raillerie sur le fait de la Religion* [...][36].

Doch auch in protestantischen Reiseberichten finden sich gelegentlich Schilderungen der Fremdheit im vermeintlich Eigenen. Während die Forschung nach wie vor von einer klaren Trennung zwischen katholischen und protestantischen Reiseländern auszugehen scheint[37], zeugen die Reiseberichte durchaus auch von Brüchen in der Wahrnehmung protestantischer Religionsverwandtschaft, insbesondere wenn lutherische Autoren calvinistische Religionspraktiken beschreiben. So berichtet Johann Wilhelm Neumayr von Ramßla über einen Besuch Johann Ernsts des Jüngeren von Sachsen-Weimar in der Stadt Breda, bei dem dieser am 18. Februar 1614 auch eine calvinistische Kirche besichtigte[38]. Er vergleicht das leere Gebäude, aus dem Altäre und Bilder entfernt wurden, mit einer leeren Scheune und mißbilligt, das Jung und Alt diese als Spazier- und Tummelplatz benutzten. In den Augen des

34 Voyages faits en divers temps en Espagne, en Portugal, en Allemagne, en France, et ailleurs par Monsieur M.****, Amsterdam, George Callet, 1699, S. 87, 92f., 121f.

35 Ibid., S. 93: »Die Predigt gleicht den unseren sehr wenig und bietet geistvollen Menschen wenig Erbauung.«

36 Ibid., S. 123: »Wenn man bemerkt hätte, daß ich lachte, wäre ich in tausend Stücke gehackt worden, denn in Sachen Religion verstehen sie keinen Spaß.«

37 Antoni Mączak, Travel in Early Modern Europe, Cambridge 1995, S. 222–236; Michael Maurer, Italienreisen. Kunst und Konfession, in: Hermann Bausinger et al. (Hg.), Reisekultur. Von der Pilgerfahrt zum modernen Tourismus, München 1991, S. 221–229, hier: S. 226; Maurer, Voraussetzungen (wie Anm. 9), S. 250.

38 Johann Wilhelm Neumayr von Ramssla, Wahrhaftige Beschreibung der Reise, Welche Der weyland Durchlauchtigste Herzog von Sachsen Weimar Johann Ernst der Jüngere genandt In Franckreich, Engelland und Niederland [...] glücklich hinterleget, Jena, Johann Rudolph Cröker, 1734, S. 399.

lutherischen Verfassers war diese Kirche offenkundig kein sakraler Ort mehr und wird damit sogar ganz aus dem Bereich des Religiösen ausgegrenzt.

Die Fremdheit der Reisenden

Die Reisenden nahmen jedoch nicht nur Fremdes wahr und auf, sie trugen auch ihre eigene Fremdheit in die Kultur des Gastlandes hinein. Auch die Einheimischen sahen sich daher durch den Besuch von Reisenden mit Elementen einer fremden Kultur konfrontiert. Um erneut mit Goffman zu sprechen: Der gesellschaftlichen Ordnung einer sozialen Gruppe bzw. einer Kultur droht grundsätzlich eine Störung, wenn einer der Interagierenden das rituelle Idiom nicht beherrscht[39]. Genau dieses Störungspotential aber brachte jeder Reisende, der einer anderen Kultur angehörte, zwangsläufig mit. Angesichts des hohen Identitätswertes der Religion im Europa des 16. und 17. Jahrhunderts ist es daher wenig verwunderlich, daß gerade in diesem Bereich das fremdartige Verhalten der Reisenden besonders häufig Reaktionen der Einheimischen hervorrief und damit umgekehrt wiederum den Reisenden ihre eigene Fremdheit vor Augen führte. Die Religion stellt denn auch einen der ganz wenigen Themenbereiche dar, anhand derer frühneuzeitliche Reisende auch die Tatsache reflektierten, daß in einem anderen Land sie selbst – und nicht die Einheimischen – die Fremden waren.

Der bereits erwähnte französische Gesandte in Spanien berichtet davon, daß die Franzosen in dem am südwestlichen Pyrenäenrand gelegenen spanischen Dorf Villa Real Anstoß erregten, weil sie am 8. Dezember, dem Marienfest der Unbefleckten Empfängnis, nicht ruhten, sondern ihre Reise fortsetzten. Die Einheimischen hätten sie deshalb für Häretiker gehalten. Um weiteren Belästigungen oder gar einer Verfolgung durch die Inquisition zu entgehen, hätten sie ihre Rosenkränze als Beweis ihrer Rechtgläubigkeit vorzeigen müssen[40].

Ähnlich schildert auch Ulrich von Werdum, wie er in Polen in erster Linie als Religionsfremder behandelt worden sei:

Wenn Sie jemandt in außländischer Kleydung sehen nennen Sie denselben Pogonni, oder Paganum, einen heyden, undt meinen er wisse nichts von Gott : wie mir dan in der Stadt Zolkiew wiederfahren, daß ein altes weib, das voll von brandtwein war, auß der Leichprocession zu mir an die thüre kam, undt auß mitleiden anfing mich zu unterweisen waß ich gläuben müste [...][41].

Ulrich von Werdum sah sich als Ausländer sofort als Heide, der nichts von Gott weiß, identifiziert und damit in die Sphäre des vollkommen Anderen verwiesen. Wie diese Beispiele zeigen, stellte Religion nicht nur aus der Perspektive der Reisenden, sondern auch aus Sicht der Einheimischen ein Kriterium der Fremdheit dar, nämlich der Fremdheit des Reisenden.

39 Erving Goffman, Interaktionsrituale, Frankfurt a. M. 1971, S. 47.
40 Voyages faites en divers temps (wie Anm. 34), S. 24f.
41 von Werdum, Reisejournal (wie Anm. 19), S. 79.

Ein weiteres Beispiel aus Ulrich von Werdums Reisebericht macht deutlich, wie sehr die eigene Fremdheit von Reisenden auch als Exklusion erlebt werden konnte: Als Ulrich von Werdum in Jowarow, bei Lemberg, an hohem Fieber erkrankte, war sein Herr nicht nur um sein Leben besorgt, sondern auch darum, daß er im Todesfall als Protestant auf den beiden örtlichen Friedhöfen, einem katholischen und einem griechisch-orthodoxen, nicht angenommen würde[42]. Bedenkt man, wie sehr in der Frühen Neuzeit die Verweigerung eines Begräbnisses auf dem Kirchhof – wie sie beispielsweise Selbstmörder oder hingerichtete Straftäter traf – mit gesellschaftlicher Ächtung und, schlimmer noch, dem Ausschluß aus der Heilsgemeinschaft der Christen verknüpft war, wird die Tragweite einer solchen Aussicht deutlich.

Befürchtungen und Ängste

Die Erfahrung der eigenen Fremdheit war zugleich Quelle zahlreicher Ängste und Befürchtungen. Insbesondere protestantische Reisende äußerten ihre Sorge vor religiöser Verfolgung in katholischen Territorien. So wird in einer Reiseinstruktion für den Hofmeister Hans Ernst von Knoche, der den Prinzen Johann Georg (IV.) von Sachsen 1685–1686 auf Kavalierstour begleitete, ausdrücklich vor den *gefährlichen conjuncturen* in römisch katholischen Ländern, namentlich Frankreich, gewarnt[43]. Vor dem Hintergrund der zahlreichen Religionskonflikte im Europa des 16. und 17. Jahrhunderts waren derartige Bedenken zum Teil durchaus berechtigt und führten etwa dazu, daß Frankreich nach dem Widerruf des Ediktes von Nantes als Reiseland von protestantischen Fürstensöhnen auf Kavalierstour zunehmend gemieden wurde[44]. Nicht selten jedoch folgten die Schilderungen der Bedrohungen, denen die Reisenden ausgesetzt waren, dem gleichen Muster wie beispielsweise die Darstellung der Gefahr von Raubüberfällen auf Reisen[45]. Von tatsächlichen Repressalien ist selten die Rede, dafür werden jedoch die vermeintlich ausgestandenen Gefahren umso mehr ausgeschmückt.

Der jüngere Bruder Johann Georgs (IV.), Friedrich August, brach allerdings seinen Parisaufenthalt im Herbst 1688 wegen der sich zuspitzenden Lage im Pfälzischen Erbfolgekrieg vorzeitig ab[46]. Die Gründe für die vorgezogene Weiterreise nach Italien waren durchaus handfest, befürchtete man doch, daß der Prinz in Paris festgehalten werden könne, wie es einigen österreichischen Adeligen bereits geschehen war[47]. Allerdings scheint auch hier die unmittelbare Gefahr längst nicht so akut gewesen zu sein, wie insbesondere der Vater des Reisenden, Kurfürst Johann

42 Ibid., S. 253f.; vgl. auch Dieter RICHTER, Die Angst des Reisenden, die Gefahren der Reise, in: BAUSINGER, Reisekultur (wie Anm. 37), S. 103.

43 Katrin KELLER (Hg.), »Mein Herr befindet sich gottlob gesund und wohl«. Sächsische Prinzen auf Reisen, Leipzig 1994, S. 24.

44 STANNEK, Konfessionalisierung (wie Anm. 4), S. 560.

45 Vgl. Dieter RICHTER, Angst (wie Anm. 42), S. 100–108.

46 Briefwechsel zwischen dem Kurfürsten Johann Georg III. von Sachsen und Christian August von Haxthausen, in: KELLER (wie Anm. 43), S. 322–347.

47 Schreiben Haxthausens an den Kurfürsten Johann Georg III. von Sachsen vom 1. Oktober 1688 und Schreiben Johann Georgs III. an Haxthausen (Konzept) vom 4. Oktober 1688 neuer Zeitrechnung, in: Ibid., S. 327f.

Georg III. annahm, der in seinen Briefen wiederholt auf sofortige Abreise drängte[48]. Demgegenüber hielt es der Hofmeister, Christian August von Haxthausen, für angebracht, zumindest so lange in Paris zu bleiben, wie es ein standesgemäßer Abschied seines Schützlings vom französischen Königshof erforderte[49]. Tatsächlich scheint es keinerlei Repressalien oder sonstige Schwierigkeiten seitens des französischen Königshauses gegeben zu haben. Wie der Hofmeister in seinen Schreiben betont, wurde der Prinz mit großen Ehren und Freundschaftsbezeugungen verabschiedet, was den Verfasser jedoch nicht davon abhält, in dem gleichen Bericht auch die Gefahr, der es sich durch eine Änderung der Reisepläne zu entziehen galt, herauszustreichen[50].

Noch größer scheint der Anteil der Imagination zu sein, wenn Ulrich von Werdum schildert, wie er und sein Herr, der Abt von Paulmiers, in Lowicz, westlich von Warschau, von ihren Wirtsleuten beschimpft worden seien, als diese sie an einem Freitag, also einem Fastentag, Käse aßen sahen[51]. Ulrich von Werdum fühlte sich sofort an die Geschichte des Brandenburgischen Stadthalters zu Königsberg erinnert, der zusammen mit dreißig seiner Leute nur knapp der Ermordung durch die orthodoxen »Masuren« entgangen wäre, die ihn umbringen wollten, weil er als Protestant an einem Fastentag Fleisch gegessen hätte. Ulrich von Werdum befürchtete das Schlimmste, und erst als der Abt mit Hilfe eines Dolmetschers den Gastgebern versicherte, daß er als Geistlicher um nichts in der Welt das Fasten brechen würde, daß aber in Deutschland Milchspeisen an Fastentagen nicht verboten seien, rettete sie dies aus ihrer mißlichen Lage. Der Abt, der bekanntlich in geheimer Mission in Polen unterwegs war, gab sich als Deutscher aus, um nicht als Franzose enttarnt zu werden. Das hatte in dieser Situation freilich zugleich den Vorteil, daß die weniger strengen deutschen Fastengebote zwar in einem polnischen Sprichwort, das von Werdum ebenfalls zitiert, als läppisch und halbherzig verspottet wurden, dadurch aber immerhin bekannt waren, so daß sich die Wirte mit dieser Erklärung schließlich zufrieden gaben. Letztlich wurde den Reisenden offenbar kein Haar gekrümmt, doch suggeriert der Verweis auf die Beinahe-Ermordung des Brandenburgischen Statthalters, daß auch Ulrich von Werdum und sein Reisegefährte in Todesgefahr schwebten.

Abschirmung und Ausgrenzung

Während Reisende, die wie Ulrich von Werdum allein oder in einer sehr kleinen Gruppe reisten, sich mit der eigenen Fremdheit und der damit potenziell verbundenen gesellschaftlichen Exklusion oder sogar weitergehenden Bedrohungen konfrontiert sahen, umgaben sich andere Reisende, vor allem Angehörige des Hochadels, mit großen Gruppen von Reisebegleitern. Dafür gab es zahlreiche praktische und

48 Schreiben Johann Georgs III. an Haxthausen (Konzept) vom 4., 14. und 31. Oktober 1688 neuer Zeitrechnung, in: Ibid., S. 328f., 331f., 338f.
49 Schreiben von Haxthausen an Johann Georg III. vom 8. Oktober sowie vom 1. und 19. November 1688, in: Ibid., S. 330, 340–342, 347.
50 Ibid.
51 von Werdum, Reisejournal (wie Anm. 19), S. 100f.

statusbedingte Gründe, zugleich aber hatte es auch den Effekt, daß diese Reisenden in der Interaktion nicht als Einzelne auftraten, sondern eingebettet in eine aus mehreren Personen gebildete Einheit – ein ›Miteinander‹ in der Terminologie Goffmans[52]. Diese Gruppe schirmte die Reisenden ab, die so der fremden Umwelt weniger umfassend ausgesetzt waren. Zugleich versetzte diese Konstellation die Reisenden in die Lage, eine Grenze zwischen einem ›Wir‹ und den ›Anderen‹ zu ziehen, und im Rückzug auf dieses ›Wir‹ nun ihrerseits die Einheimischen als die Anderen auszuschließen.

Diese Art der Abschirmung war fester Bestandteil vieler Fürstenreisen und insbesondere nahezu sämtlicher Kavalierstouren deutscher Fürstensöhne, die selbst dann noch, wenn sie mit reduziertem Aufwand inkognito unterwegs waren, mit einem nicht unerheblichen Gefolge reisten. Darunter befand sich in aller Regel auch ein Hofgeistlicher, der für die seelische und nicht zuletzt konfessionelle Stabilität des jungen Reisenden verantwortlich war. Die Prinzen Christian Ernst von Brandenburg sowie Johann Georg und Friedrich August von Sachsen beispielsweise, die in der zweiten Hälfte des 17. Jahrhunderts auf Kavalierstour gingen, reisten jeweils mit einem Hofprediger im Gefolge[53].

Sowohl der Hofmeister Hans Ernst von Knoche als auch der Hofprediger Christian Gotthelf Birnbaum, die Johann Georg (IV.) von Sachsen 1685–1686 auf seiner Reise nach Frankreich und England begleiteten, erhielten ausdrückliche Instruktionen, jeglicher Auseinandersetzung mit dem religiösen »Gegner« (*adversiorum*) aus dem Weg zu gehen[54]. Die Empfehlung, sich in fremden Territorien religiöser Dispute zu enthalten, findet sich auch in der apodemischen Literatur der Zeit wieder[55]. Mitreisende Hofprediger hatten daher die ausdrückliche Aufgabe, etwaige fremde Religionseinflüsse oder gar Versuchungen zur Konversion von ihren Schützlingen fern zu halten, die, wie es in der Instruktion für Christian Gotthelf Birnbaum hieß *wieder alles verführerische gifft irriger lehre und ärgerlicher exempel verwahret* werden sollten[56]. Insbesondere in Rom sahen sich reisende Fürsten und Fürstensöhne einer Konversionspolitik der römischen Kurie ausgesetzt[57]. Der Hofmeister Hans Ernst von Knoche äußerte denn auch in einem Brief an den Kurfürsten Johan Georg III. vom 20. September 1686 neuer Zeitrechnung seine Bedenken gegenüber einer Italienreise: *So ist auch nicht ohne ursach zubefahren, daß bey lan-*

52 Goffman, Individuum (wie Anm. 21), S. 45.

53 Siehe beispielsweise von Birken, Hochfürstlicher Brandenburgischer Ulysses (wie Anm. 28), S. 22–23, 46; Keller (wie Anm. 43), S. 26, 189.

54 Ibid., S. 24, 26.

55 Stagl, Eine Geschichte der Neugier: Die Kunst des Reisens 1550–1800, Wien 2002, S. 99; Stannek, Konfessionalisierung (wie Anm. 4), S 557–558; Michel Bastiaensen, Introduction, in: Nathan Chytraeus, Voyages en Europe, hg. von Michel Bastiaensen, Brüssel 1994, S. 54.

56 Keller (wie Anm. 43), S. 26.

57 Stannek Konfessionalisierung (wie Anm. 4), S. 564; Irene Fosi, Conversions de voyageurs protestants dans la Rome baroque, in: Babel, Paravicini, Grand Tour (wie Anm. 4), S. 589–578; Günter Christ, Fürst, Dynastie, Territorium und Konfession. Beobachtungen zu Fürstenkonversionen des ausgehenden 17. und beginnenden 18. Jahrhunderts, in: Saeculum 24 (1973), S. 367–387, hier: S. 369f.; siehe auch die Beispiele in: Markus Völkel, Individuelle Konversion und die Rolle der »Famiglia«. Lukas Holstenius (1596–1661) und die deutschen Konvertiten im Umkreis der Kurie, in: Quellen und Forschungen aus italienischen Archiven und Bibliotheken 67 (1987), S. 221–281.

ger reyse der eyffer in der gottesfurcht könte lauliges [sic], *und bey ihrer Durchlaucht zarten jahren durch den euserlichen catholischen scheinheyligen gottesdienst, sonderlich in Rom wiedrige impressiones gemacht werden*[58].

Die geplante Reise nach Italien fand trotzdem statt und die Befürchtung des Hofmeisters scheint in diesem Fall unbegründet gewesen zu sein; zumindest ist in den erhaltenen Quellen nichts Gegenteiliges überliefert. Anders dagegen auf der Reise Christian Ernsts von Brandenburg, bei dessen Romaufenthalt im Februar 1661 offenbar versucht wurde, über den Hofmeister Ernst Heinrich Borke Einfluß auf den Prinzen zu gewinnen[59]. Zwar versichert der Verfasser des »Brandenburgischen Ulysses«, daß »man / der Religion halber / in Rom keine Gefahr oder Anfechtung zu fürchten hatte[60]«, doch zeugt der Umfang der darauf folgenden Schilderung katholischer Konversionsbemühungen, die hauptsächlich dem Jesuiten Johann Paul Oliva zugeschrieben werden, von dem Gewicht, das diesem Vorfall beigemessen wurde. In diesem Fall bewährte sich einmal mehr die Abwehrstrategie des ›Miteinanders‹, indem der Hofmeister sich nicht ohne den theologisch bewanderten Hofprediger in die religiösen Streitgespräche, zu denen er geladen wurde, begab. Die Episode wird in dem Bericht als eine erfolgreich überstandene Gefahr geschildert[61]. Paradoxerweise scheint gerade auf Kavalierstouren, in deren Erziehungsprogramm das Studium verschiedener Religionen einen festen Bestandteil bildete[62], der Kontakt mit fremden Religionspraktiken eine besonders starke Rahmung erfahren zu haben. Bedienstete und Hofprediger hielten fremde Religionseinflüsse auf Distanz.

Die Abschirmung der Reisenden äußerte sich unter anderem darin, daß in katholischen Ländern wie Frankreich und Italien stets eigene Gottesdienste in den privaten Gemächern protestantischer Reisender auf Kavalierstour abgehalten wurden, während beispielsweise Johan Georg (IV.) von Sachsen in England gemeinsam mit dem Kronprinzen Georg an Gottesdiensten teilnahm[63]. Auch unter katholischen Reisenden war es üblich, in protestantischen Territorien eigene Gottesdienste abzuhalten. Balthasar de Monconys etwa nahm gemeinsam mit seiner Reisegesellschaft am 9. Oktober 1663 in Hamburg im Hause des dortigen französischen Residenten, Pierre Bidal, an einer Messe teil, die auf Initiative der Ehefrau des französischen Residenten in Dänemark, Madame Courtin, abgehalten wurde[64]. Bei den separaten Gottesdiensten der Reisenden waren in der Regel die Bediensteten anwesend und nicht selten stießen, wie in Hamburg, weitere Landsleute gleicher Konfession hinzu. So schildert Sigmund von Birken im »Brandenburgischen Ulysses« folgende Begebenheit während eines krankheitsbedingten Aufenthaltes in Angers auf der Kavalierstour Christian Ernsts von Brandenburg:

58 Keller (wie Anm. 43), S. 125.
59 von Birken, Hochfürstlicher Brandenburgischer Ulysses (wie Anm. 28), S. 126–128, 164f.
60 Ibid., S. 126.
61 Die Episode zog freilich noch weitere Auseinandersetzungen nach sich, da die inkriminierten Jesuiten mit Hilfe einer Protestschrift Einspruch gegen die Darstellung erhoben und Christian Ernst von Brandenburg zur Publikation einer Verteidigungsschrift nötigten: Bepler (wie Anm. 28), S. 333.
62 Stannek, Konfessionalisierung (wie Anm. 4), S. 568.
63 Keller (wie Anm. 43), passim.
64 Monconys, Iournal (wie Anm. 11), Bd. 2, S. 218f.

So lange Sie sich zu Angiers aufgehalten / ist an allen Sonn- und FestTagen der Gottesdienst / in des Hochfürstlichen Prinzens Gemach / verrichtet und geprediget worden / worbey sich alle anwesende Teutschen fleissig eingefunden. Und ob zwar der Bischof daselbst solches erfahren / hat ers doch / ohne einiges Widersprechen / geschehen lassen[65].

Ein solcher Zusammenschluß von Landsleuten gleicher Konfession im Ausland verstärkte noch den abschirmenden Effekt der Bildung eines ›Miteinanders‹. Gleichzeitig jedoch gingen die hier beschriebenen Versammlungen bereits über eine bloße Festigung des inneren Zusammenhaltes hinaus und entfalteten als semi-öffentliche Veranstaltungen eine Außenwirkung, deren Tolerierung durch das Gastland keineswegs selbstverständlich war.

In manchen Fällen geriet die Bildung eines ›Miteinanders‹ vollends zum Versuch einer Durchsetzung der eigenen Kultur gegenüber der fremden. Ein anschauliches Beispiel hierfür liefert die Reise von Marie-Louise de Gonzague, die – gerade frisch vermählt mit dem polnischen König Wladislaw IV. – als neue Königin von Polen von Paris nach Warschau fuhr. Aufgezeichnet wurde die Reise, die sie durch verschiedene europäische Länder führte, von dem Sekretär Jean Le Laboureur, der unter anderem ihren Aufenthalt in der holländischen Stadt Vianen bei Utrecht an Weihnachten 1645 schildert[66]. Der protestantische Stadtherr von Vianen, Heinrich von Brederode, tolerierte zwar die Ausübung des katholischen Glaubens in Privathäusern, nicht aber in der Öffentlichkeit. Le Laboureur war im Haus eines katholischen Priesters untergebracht, wo er am Weihnachtstag zunächst gemeinsam mit einheimischen Katholiken die Messe auf einem Dachboden feierte. Anschließend kam es jedoch zum Eklat:

Leur Service finy, ils voulurent encor venir en foule au chasteau pour assister aux devotions de la Royne, & de toute sa Cour; autant ravis de voir une Princesse Catholique faire triompher sa Religion dans le chasteau & dans la chambre mesme du Seigneur protestant, que si le grand Iour fut arrivé du retour du peuple de Dieu hors de captivité, de son restablissement en sa Loy, & de la repurgation du Temple. Les Officiers & les Gardes eu chasteau, qui avoient desia murmuré en voyant apporter de la Ville un Autel & quelques autres meubles de Chappelle, trouverent mauvais que tant de Catholiques y arrivassent : Ils se mirent en devoir de les empescher, & en frapperent quelques-uns; mais Mr de Fleury Confesseur de la Royne, leur en fit reprimende: Il leur fit entendre que c'estoit violer la dignité Royale, & qui qui reçoit Roy ou Royne dans sa maison y perd son authorité tant qu'ils y demeurent[67].

65 von Birken, Hochfürstlicher Brandenburgischer Ulysses (wie Anm. 28), S. 63.

66 Jean Le Laboureur, Histoire et relation du Voyage de la Royne de Pologne [...], Paris, R. de Nain, 1648, S. 62f.

67 Ibid., S. 63: »Nach der Messe wollte noch die ganze Menge zum Schloß kommen, um der Andacht der Königin [Marie-Louise] und ihres Hofstaates beizuwohnen. Sie waren so entzückt, daß eine katholische Fürstin ihrer Religion im Schloß und im eigenen Zimmer des protestantischen Stadtherrn zum Sieg verhalf, als sei der große Tag gekommen, an dem das Volk Gottes aus der Gefangenschaft zurückkehrt, Gottes Gesetze wieder hergestellt werden und der Tempel seine Reinheit wieder erlangt. Die Offiziere und Schloßwachen, die bereits gemurrt hatten, als sie sahen, wie aus der Stadt ein Altar und andere Kirchenmöbel herbeigebracht wurden, befanden es für schlecht, daß so viele Katholiken ins Schloß kamen. Sie machten es sich zur Pflicht, sie daran zu hindern und schlu-

Als quasi-offizieller Chronist war Le Laboureur selbstverständlich bemüht, den Überlegenheitsanspruch des französischen und polnischen Königshauses und ihrer Religion herauszustreichen. Gleichzeitig jedoch macht dieser Konflikt einmal mehr das Störpotenzial deutlich, das die Reisenden mit ihrer Fremdheit in die einheimische Kultur hineintrugen. Dies umso mehr, wenn, wie in Vianen und an vielen anderen Orten im frühneuzeitlichen Europa, die Positionen der Interaktionspartner vor Ort noch nicht gefestigt waren, sondern sich noch im Prozeß des Aushandelns befanden, und die Fremden nun ihrerseits in diesen Prozeß eingriffen.

Spott und Distanzierung

Spott stellte eine weitere Form der Abgrenzung gegenüber dem kulturell Fremden dar. Besonders häufig, wenn auch nicht ausschließlich, ist diese Distanzierungsstrategie bei Reisenden anzutreffen, die ohne oder in kleiner Begleitung unterwegs waren, oder sich in bestimmten Situationen ohne Gefolge dem Kontakt mit fremden Religionsbräuchen aussetzten.

Ein französischer Reisender auf Kavalierstour, der während seines Aufenthaltes in Venedig im Jahr 1656 wegen einer Erkrankung das Bett hüten mußte und von den Bußprozessionen der Karwoche nur durch seinen Diener erfuhr, bezeichnet sie dennoch als: *mille fois plus plaisantes par les grimaces et les choses ridicules qu'on y faisoit que tout les plaisirs du Carnaval*[68]. Und obwohl er seinen Aufenthalt in Venedig eigens verlängerte, um die Beerdigung des gerade verstorbenen Dogen sehen zu können, verglich er diese mit einer Maskerade und mokierte sich über die »Extravaganzen« und »Grimassen« der dem Sarg folgenden Mönche[69]. Der konfessionelle Standpunkt dieses Reisenden ist nicht eindeutig auszumachen. Er stand dem protestantischen Haus Trémoille nahe und war – ausgestattet mit einem Empfehlungsschreiben Emilie von Hessen-Kassels (der Ehefrau Charles-Henri de la Trémoilles) – in Deutschland an mehreren protestantischen Höfen zu Gast. Dem wiederholten Gebrauch des Ausdrucks »Häretiker« für Lutheraner und Kalvinisten nach zu urteilen, scheint es sich jedoch um einen Katholiken zu handeln, der die katholischen Bräuche Italiens als lächerlich darstellt.

Der bereits erwähnte katholische Teilnehmer einer französischen Gesandtschaft in Spanien reagierte wiederholt mit Spott auf die religiösen Bräuche im ebenfalls katholischen Spanien. Insbesondere die Geißelungen während der Bußprozessionen der Karwoche, die er in allen Einzelheiten schildert, erschienen ihm lächerlich:

Ils font passer sur la fin l'Image de la Vierge, laquelle est représentée fort affligée de la mort de son cher fils nôtre Redempteur. Mais ce que la pluspart de nos François trou-

gen einige von ihnen. Aber Monseigneur de Fleury, der Beichtvater der Königin, rügte sie dafür. Er gab ihnen zu verstehen, daß dies eine Verletzung der Königswürde sei, und das derjenige, der einen König oder eine Königin in seinem Haus empfängt, solange seine Autorität im Hause verliert, wie diese dort bleiben.«

68 »[...] tausend mal unterhaltsamer als alle Vergnügungen des Karnevals, wegen der Grimassen und Lächerlichkeiten, die man dort veranstaltete«: *Relation de mes voyages* (wie Anm. 13), S. 51.

69 Ibid., S. 53.

vèrent de ridicule & dont même quelques Espagnols conviennent, c'est de voir certains Penitens vétus de blancs, qui portent un grand capuchon de Toile fort haut, fort long, & fort droit, où tient aussi un masque de Toile qui couvre tout leur visage. [...] *Ceux qui se maltraitent le plus, sont estimez les plus braves*[70].

Die Distanzierungsstrategie der Ironie und des Lächerlichmachens wird hier noch dadurch verstärkt, daß der Verfasser sich ganz allgemein auf seine Landsleute beruft. Daß angeblich auch einige Spanier die Lächerlichkeit spanischer Religionspraktiken eingeständen, unterstreicht den impliziten Überlegenheitsanspruch der französischen Religionskultur, der in diesem Kommentar zum Ausdruck kommt. In der Beschreibung der Fronleichnamsprozession delegiert der Verfasser seine Distanzierung über die eigenen Landsleute hinaus dann sogar an die Gesamtheit »anderer Länder«, welche die Posen und Gesten der bunt gekleideten Narren im Prozessionszug nicht billigen würden[71].

In ähnlicher Weise delegiert auch der Protestant Ulrich von Werdum seinen Spott gegenüber den polnischen Katholiken an die *Papisten auß andern Nationen*, von denen diese angeblich verlacht würden[72]. Mit Gelächter reagierte er auch, als er wegen seiner fremden Kleidung von den Einheimischen als »Heide« identifiziert wurde[73]. Bei Ulrich von Werdum zeigt sich sehr deutlich, daß Spott auch als Schutzmechanismus fungieren konnte, der geeignet war, das Bedrohliche am Fremden auf Distanz zu halten.

Spott war schließlich auch ein Mittel, um etwaigen Beeinflussungen durch fremde Religionen vorzubeugen und sich der eigenen kulturellen Identität durch bewußte Abgrenzung gegenüber dem Fremden zu versichern. In dieser Funktion entwickelte sich der Spott gegenüber katholischen Religionspraktiken im Laufe der Frühen Neuzeit zu einem Topos protestantischer Reiseberichte[74]. Insbesondere in der protestantischen Reiseberichterstattung über Italien hatte sich die Auseinandersetzung mit der katholischen Religion im 18. Jahrhundert bereits als fester Bestandteil des Kanons zu kommentierender Reiseeindrücke etabliert[75], doch läßt sich eine Tradition des Spottens über katholische Bräuche bereits seit der zweiten Hälfte des 16. Jahrhunderts beobachten.

70 »Am Ende lassen sie das Bild der Jungfrau vorüberziehen, die sie sehr betrübt über den Tod ihres teuren Sohnes unseres Retters darstellen. Was aber die Mehrzahl von uns Franzosen lächerlich fanden, und womit sogar einige Spanier überein stimmen, ist manche weißgewandeten Büßer zu sehen, die eine große Kapuze aus Stoff tragen, die sehr hoch, sehr lang und sehr gerade ist, an dem auch eine Stoffmaske befestigt ist, die ihr ganzes Gesicht verdeckt. [...] Diejenigen, die sich am meisten mißhandeln, werden für die tapfersten gehalten.«: Voyages faits en divers temps (wie Anm. 34), S. 86f.

71 Ibid., S. 89.

72 S. o. Anmerkung 23.

73 S. o. Anmerkung 41.

74 Vgl. MAURER, Voraussetzungen (wie Anm. 9), S. 250.

75 Heide HOLLMER, Zwischen Enthusiasmus und Dilettantismus. Die Briefe über Italien der Herzoginmutter Anna Amalia von Sachsen-Weimar-Eisenach, in: Klaus HEITMANN, Teodoro SCAMARDI (Hg.), Deutsches Italienbild und italienisches Deutschlandbild im 18. Jahrhundert, Tübingen 1993, S. 76; STANNEK, Konfessionalisierung (wie Anm. 4), S. 567.

Auf Skepsis stießen bei protestantischen Reisenden insbesondere Wundererzählungen jeder Art. Die Gründungslegende der Kölner »Corpus Christi«-Kirche etwa, die an der Stelle errichtet worden sei, wo ein betrunkener Bauern, der eine Hostie verspeiste, dann zusammen mit dieser ein kleines Kind ausspie, bezeichnet Jacques Esprinchard als *chose non moins ridicule que meschante*[76]. Der Spott richtete sich, wie in diesem Fall, häufig auf volkstümliche Religionspraktiken, die viele Reisende mindestens ebenso sehr aus ihrer Position sozialer und kultureller Überlegenheit heraus belächelten, wie aus der Perspektive konfessioneller Gegensätze. Der Verfasser des »Brandenburgischen Ulysses« bezeichnet beispielsweise die Legende, die sich um den Namen des Berges ›Monte Christi‹ am Averner See, westlich von Neapel, rankte, der zufolge der gekreuzigte Christus durch diesen Berg zur Hölle und mit den Seelen der erlösten Heiligen wieder hinausgestiegen sei, als eine dem »Pöbel« zuzuschreibende »Fabel«[77]. Doch auch offizielle kirchliche Riten riefen mitunter Spott hervor[78]. Im »Brandenburgischen Ulysses« ist etwa die Rede davon, daß die »Evangelischen« es als »seltsames Spectacul« empfunden hätten, daß in der römischen Kirche St. Antonius Pferde mit Weihwasser besprengt wurden[79].

Gleichzeitig gehörten jedoch gerade Wallfahrtsorte wie Loreto oder Tschenstochau auch auf Reisen von Protestanten zu den unverzichtbaren Fixpunkten, ganz unabhängig vom jeweiligen Reiseanlaß[80]. Die Anziehung, die diese Orte selbst auf Protestanten ausübten, spiegelt sich in den ausführlichen und oft bewundernden Schilderungen der Kirchenausstattung, einschließlich der Heiligenfiguren, und der detaillierten Widergabe der an dem jeweiligen Ort erzählten Legenden. Angesichts der Ambivalenz zwischen andächtigem Staunen und ungläubiger Verwunderung, die etlichen Schilderungen deutlich anzumerken ist, läßt sich vermuten, daß der Spott nicht zuletzt die Funktion hatte, eine kulturelle Distanz herzustellen oder aufrecht zu erhalten, die ansonsten nicht ohne weiteres gegeben war.

Allgegenwärtig ist der Spott über katholische Religionspraktiken in den »Hodoeporica« des Nathan Chytraeus[81]. Chytraeus, der aus einer lutherischen Theologenfamilie stammte, und später zumindest Sympathien für den Kalvinismus entwickelte[82], unternahm 1565 im Alter von 22 Jahren eine Studienreise durch Europa, die ihn zu einem Reisebericht in Form einer lateinischen Versdichtung inspirierte. Die Legende vom Martyrium des angeblich in Montmartre enthaupteten Heiligen Dionysios von Paris, der mit seinem Kopf unter dem Arm bis zu dem nach ihm

76 Léopold CHATENAY (Hg.), Vie de Jacques Esprinchard, Rochelais, et Journal de ses voyages, Rennes 1957, S. 93.

77 VON BIRKEN, Hochfürstlicher Brandenburgischer Ulysses (wie Anm. 28), S. 149; vgl. auch Ibid., S. 68f.

78 Siehe beispielsweise Sophie VON HANNOVER, Mémoires et Lettres de voyage (wie Anm. 26), S. 193.

79 VON BIRKEN, Hochfürstlicher Brandenburgischer Ulysses (wie Anm. 28), S. 122.

80 STANNEK, Konfessionalisierung (wie Anm. 4), S. 566f.

81 CHYTRAEUS, Voyages (wie Anm. 55); vgl. auch BASTIAENSEN (wie Anm. 55), S. 54.

82 Ibid., S. 25–27; siehe auch Ernst KOCH, Der Weg von Nathan Chytraeus von Rostock nach Bremen auf dem Hintergrund der kirchlichen und theologischen Bewegungen der Zeit, in: Thomas ELSMANN, Hanno LIETZ, Sabine PETTKE (Hg.), Nathan Chytraeus, 1543–1598. Ein Humanist in Rostock und Bremen, Bremen 1991, S. 53–59. Hermann Wiegand bezeichnet Nathan Chytraeus als Kryptokalvinisten. (Hermann WIEGAND, Hodoeporica. Studien zur neulateinischen Reisedichtung, Baden-Baden 1984, S. 464.)

benannten Ort Saint Denis gelaufen sei, kommentiert er mit dem Satz: *Haec credat quicumque volet*! – Das glaube, wer will[83]. In den Versen über Argenteuil macht er sich darüber lustig, daß ein Priester sich vor »einem Stück Stoff«, dem angeblichen Gewand Christi, verneigte, und in seiner Darstellung Roms schildert er nicht ohne Ironie, wie eine französische Gesandtschaft den Fuß des Papstes küßte:

> *Nobilitas comitata ducem, ter poplite flexo,*
> *Praesulis ante pedes procumbit, et oscula figit,*
> *Et plane affectam summo se credit honore*[84].

Interessanterweise machte auch ein theologisch so bewanderter Autor wie Nathan Chytraeus, Verfasser zahlreicher religiöser Schriften[85], religiöse Fremdheit auf Reisen in erster Linie an den Praktiken fest.

Ein weiteres prägnantes Beispiel protestantischen Spottes findet sich bei Sophie von Hannover. Vom April 1664 bis zum März 1665 begleitete sie ihren Mann, Ernst August von Hannover, auf einer Vergnügungsreise nach Venedig. Sie berichtete davon sowohl in Briefen, die sie während der Reise an ihren Bruder Karl Ludwig von der Pfalz schrieb, als auch in ihren 1680 verfaßten Memoiren[86]. Dabei spottet sie über die Verehrung der Madonna von Loreto, wo das eigentliche Wunder in der Dummheit der Wallfahrer bestehe: *On s'arrêta un jour en ce lieu-là pour bien considérer le miracle qui était effectivement bien grand, de voir des gens assez sots pour venir de si loin pour adorer une si vilaine figure de la Vierge qui avait le nez cassé, pour y chercher leur salut*[87]. Kurz darauf spricht sie von der *prétendue sainte chapelle de la dame au nez cassé*, der angeblich heiligen Kapelle der Dame mit der kaputten Nase[88]. Dies ist zum einen ein Wortspiel, das auf die offizielle, abwertende französische Bezeichnung für Hugenotten anspielt, die »prétendue religion réformée«, das heißt die angeblich reformierte Religion. Zum anderen bezieht diese Äußerung sich darauf, daß die Nase der Madonnenfigur von den vielen Berührungen beschädigt war. Im folgenden macht Sophie von Hannover sich dann darüber lustig, daß der Schatz der Madonna, trotz der von den Pilgern im Überfluß mitgebrachten wertvollen Geschenke, nicht besonders groß sei, weil die kostbaren Gegenstände regelmäßig eingeschmolzen würden, um ihren Hofstaat zu unterhalten. Die Madonna habe sogar ihre eigene sechsspännige Kutsche, die sie aber gar nicht benutze, um ihren Standort zu verlassen. Denn seit die Madonna den Engeln befohlen habe, sie mitsamt ihrem Haus, der Santa Casa, von Jerusalem nach Loreto zu fliegen, wolle sie immer nur dort bleiben.

83 CHYTRAEUS, Voyages (wie Anm. 55), S. 100.

84 »Der Adel, der ihren Anführer [den Botschafter] begleitete, beugte drei Mal das Knie, warf sich dem Papst zu Füßen und küßte diese. Sie glaubten wirklich, damit höchste Ehre erworben zu haben.«: Ibid., S. 168.

85 Ibid., S. 28.

86 Sophie VON HANNOVER, Mémoires et Lettres de voyage (wie Anm. 26), S. 95f.; Brief an ihren Bruder Karl-Ludwig vom 1. November 1664, in: Ibid., S. 218f.

87 Ibid., S. 95: »Wir hielten einen Tag an diesem Ort an, um das Wunder recht zu betrachten, das in der Tat sehr groß war, so viele Menschen zu sehen, die dumm genug waren, von so weit her zu kommen, um eine so häßliche Statue der Jungfrau anzubeten, die eine kaputte Nase hatte, um dort ihr Heil zu suchen«.

88 Ibid.

Über den üblichen protestantischen Spott hinaus, stellt Sophie von Hannovers Schilderung zugleich eine politische Stellungnahme dar. Sophie von Hannovers Haltung zum Katholizismus war nämlich ansonsten durchaus von Toleranz geprägt. Sie pflegte beispielsweise gute Beziehungen zu ihrer zum Katholizismus konvertierten Schwester Louise-Hollandine, die in Frankreich Äbtissin von Maubuisson geworden war, und korrespondierte mit Gottfried Wilhelm Leibniz über die Möglichkeit einer Wiedervereinigung aller christlichen Konfessionen. Als Tochter Friedrichs des V. von der Pfalz, des Führers der protestantischen Union und sogenannten Winterkönigs, und von Elisabeth Stuart, der Tochter des englischen Königs James I., sowie als Ehefrau von Ernst-August von Braunschweig-Lüneburg, Herzog von Hannover gehörte Sophie jedoch dreien der einflußreichsten protestantischen Dynastien im Europa des 17. Jahrhunderts an und verstand sich auf Auslandsreisen stets als deren Repräsentantin. Wenn sie sich in einer solchen Situation explizit als »Hugenottin«, wie sie sich selbst bezeichnete, stilisierte und demonstrativ vom Katholizismus distanzierte, so instrumentalisierte sie religiöse und kulturelle Fremdheit für eine politische Geste.

Hierarchien und Ambivalenzen

Die genannten Beispiele, denen sich noch viele weitere hinzufügen ließen, machen deutlich, daß Religion, als einer der zentralen Faktoren frühneuzeitlicher Identitäten, zugleich einen sensiblen Indikator für kulturelle Fremdheit darstellte. Die Auseinandersetzung mit religiösen Differenzerfahrungen erfolgte indes in frühneuzeitlichen Reiseberichten keineswegs wertneutral, sondern ging einher mit der Etablierung kultureller Hierarchien.

So enthält der Spott über fremde Religionspraktiken per definitionem nicht nur eine Distanzierung gegenüber dem Fremden, sondern auch dessen Abwertung. Und immer dort, wo sich fremde Bräuche den Reisenden nicht erschlossen, wurde das eigene Unverständnis im Sinne eigener kultureller Überlegenheit interpretiert. Übersetzungen des Fremden in das eigene rituelle Idiom wiederum konnten ebenfalls zur Darstellung der eigenen kulturellen Überlegenheit genutzt werden, indem kulturelle Distanzen perspektivisch in einer imaginierten Integration des Fremden in das Eigene aufgehoben wurden. Desgleichen diente die Bildung eines ›Miteinanders‹ nicht allein der Abschirmung der Reisenden gegenüber dem Fremden, sondern konnte in Umkehrung der Verhältnisse zu einer Exklusion der Einheimischen als der ›Anderen‹ oder sogar zu einer Durchsetzung eigener kultureller Praktiken in einer fremden Kultur führen. Die Feststellung von Fremdem im vermeintlich Eigenen schließlich wurde in der Regel ebenfalls im Sinne eigener Überlegenheit interpretiert. Die kulturelle Hierarchie war in diesen Fällen jedoch nicht konfessioneller Art, sondern wies bereits Züge einer ›nationalen‹ Ausdifferenzierung religiöser Identitäten auf.

Ganz so eindeutig unerschütterlich, wie es auf den ersten Blick scheinen mag, standen die kulturellen Hierarchien auch aus Sicht der Reisenden nicht fest. Verunsicherungen durch den Kontakt mit fremder Religiosität sind in ihren Berichten allenthalben sichtbar, und die Konfrontation mit der eigenen Fremdheit löste bei vielen Reisenden Ängste vor Exklusion, Repression oder auch vor religiösen Versuchungen aus. Die zahlreichen Strategien der Abgrenzung und der Behauptung eigener kultureller Überlegenheit in Reisenberichten sind daher nicht zuletzt als Reaktionen auf diese Verunsicherungen zu verstehen.

Das Wechselspiel von Verunsicherungen und Selbstvergewisserung, wie es in Reiseberichten des 16. und 17. Jahrhunderts sichtbar wird, läßt erkennen, daß die eigene wie auch fremde religiöse Identitäten für viele Reisende von Ambivalenzen gekennzeichnet waren. Die Annahme, daß im Europa des Konfessionellen Zeitalters die konfessionelle Identität als Protestant oder Katholik für Reisende wichtiger war als die Herkunftsnation[89], bestätigt sich in dieser Eindeutigkeit nicht. Zwar zeugt die Häufigkeit der Auseinandersetzung mit religiösen Differenzerfahrungen in Reiseberichten von dem Stellenwert, welcher der Religion und nicht zuletzt religiösen Differenzen für frühneuzeitliche Identitäten zukam. Gerade auf Reisen jedoch mischte sich religiöse mit kultureller Fremdheit. Die Grenzen dessen, was im Bereich der Religion als fremd galt, wurden dabei keineswegs ausschließlich oder auch nur primär entlang konfessioneller Grenzen gezogen. Wie bereits die hohe Zahl der Konversionen im ausgehenden 16. und vor allem im 17. Jahrhundert[90], so zeigt auch der Umgang mit religiöser Fremdheit auf Reisen, daß die Grenzen religiöser Identität in diesem Zeitraum noch keineswegs gefestigt waren, sondern Prozessen des Aushandelns unterworfen waren. Die Reisenden berichteten dementsprechend nicht von einem religiös bzw. konfessionell klar definierten Beobachterstandpunkt aus über fremde Religionspraktiken, sondern waren als Handelnde in Prozesse wechselseitiger Inklusion und Exklusion sowie der Hierarchisierung involviert.

Ihre Positionen und Handlungsspielräume wurden dabei, wie die Beispiele französischer und deutscher Reisender zeigen, nicht allein von ihrer konfessionellen Zugehörigkeit bestimmt, sondern ebenso vom dominanten, minoritären oder oppositionellen Status der jeweiligen Konfession in ihrem Heimatland, von der gesellschaftlichen Stellung der Reisenden selbst, sowie von ihren persönlichen und politischen Abhängigkeiten, Loyalitäten und Interessen.

Résumé français

Dans les récits de voyage des Temps modernes la religion s'avère être l'un des plus forts indicateurs de la différence culturelle. Les récits de voyage français et allemands des XVIe et XVIIe siècles, étudiés ici, montrent que ce sont toujours les pratiques et rituels religieux qui furent perçus comme étant différents, tandis que les arguments et dogmes théologiques étaient plutôt relégués au second plan. En même temps, la religion était un des très rares sujets qui amenaient les voyageurs à réfléchir sur le fait que, dans un autre pays, c'étaient *eux*, les étrangers. Cette réflexion approfondie sur les expériences de différence religieuse s'accompagnait de l'établissement d'hiérarchies religieuses, qui, en revanche, ne furent jamais sans ambiguïté. Ce jeu alterné entre incertitudes et confirmation de soi perceptibles dans les récits de voyages des XVIe et XVIIe siècles montre que pour de nombreux voyageurs les identités religieuses personnelles et étrangères étaient ambivalentes. L'idée répandue selon laquelle dans l'Europe de l'ère confessionnelle les voyageurs accordaient plus d'importance à l'identité confessionnelle en tant que

89 Maurer, Voraussetzungen (wie Anm. 9), S. 250.

90 Dieter Breuer, Konversionen im konfessionellen Zeitalter, in: Friedrich Niewöhner, Fidel Rädle (Hg.), Konversionen im Mittelalter und in der Frühen Neuzeit, Hildesheim 1999, S. 59–69; Christ, Fürst, Dynastie, Territorium und Konfession (wie Anm. 57).

protestant ou de catholique qu'à leur nation d'origine ne peut pas être confirmée telle quelle. Quant à leurs observations de pratiques religieuses à l'étranger, les voyageurs ne définissaient pas clairement leur point de vue comme religieux ou confessionnel; ils étaient plutôt intégrés en tant qu'acteurs dans des processus d'inclusion et d'exclusion alternées ainsi que dans des processus d'hiérarchisation.

Guido Braun

LA CRISE DE LA DIPLOMATIE FRANÇAISE EN 1646–1647

Introduction: Le congrès, la France, ses alliés et ses adversaires

À peu près cinq ans après l'arrivée des premiers plénipotentiaires dans les deux villes de Münster et d'Osnabrück en Westphalie, et au bout de négociations longues et difficiles auxquelles avaient participé la plupart des États européens, trois traités de paix furent signés en 1648: d'abord, le 30 janvier, les plénipotentiaires espagnols et néerlandais mirent fin à la guerre d'indépendance des Provinces-Unies qui avait secoué le nord-ouest de l'Europe pendant 80 ans[1]; puis, le 24 octobre, la France, la Suède et l'Empereur, ainsi qu'un certain nombre de princes et de villes d'Allemagne, signèrent les deux traités de paix qui devaient par la suite porter, d'après le lieu de leur conclusion, le nom de »traités de Westphalie« proprement dits[2]; ainsi s'acheva la guerre de Trente Ans dans l'Empire. Si la paix de Westphalie mérite bien d'être qualifiée de »première paix d'un caractère européen« d'après Georges Pagès (1949)[3], et de »code des nations« au dire de Gaëtan de Flassan (1809)[4], le congrès ne se termina pourtant pas par un accord européen. L'Espagne et la France continuèrent la guerre jusqu'à la paix des Pyrénées, en 1659. Ce fut donc un échec pour tous ceux qui avaient aspiré, en France comme en Europe, à un véritable accommodement européen.

Certes, tandis que la diplomatie française célébrait à Münster son plus grand succès jamais obtenu, l'éclatement de la Fronde, les combats entre les factions politiques et l'exil du »créateur« de la paix, Mazarin, contribuèrent à ce que le gouvernement ne

1 Ce traité est publié en français dans: J[ean] Dumont, Corps Universel Diplomatique Du Droit Des Gens [...], t. VI, première partie, Amsterdam, La Haye 1728, p. 429–441; en néerlandais dans: C. Smit, Diplomatieke geschiedenis van Nederland, inzonderheid sedert de vestiging van het Koninkrijk. Met 14 kaartjes, 's-Gravenhage 1950, p. 30–60.

2 La meilleure édition de ces traités est: Acta Pacis Westphalicae. Hg. von der Nordrhein-Westfälischen Akademie der Wissenschaften in Verbindung mit der Vereinigung zur Erforschung der Neueren Geschichte e.V. durch Max Braubach (†), Konrad Repgen und Maximilian Lanzinner (= APW), Serie III, Abteilung B: Verhandlungsakten, Band 1: Die Friedensverträge mit Frankreich und Schweden, Teil 1: Urkunden, bearbeitet von Antje Oschmann, Münster 1998.

3 Georges Pagès, La guerre de Trente Ans, 1618–1648, Paris [2]1949 (Bibliothèque historique), p. 242.

4 Gaëtan de Raxis comte de Flassan, Histoire générale et raisonnée de la diplomatie française, depuis la fondation de la monarchie, jusqu'à la fin du règne de Louis XVI. Avec des tables chronologiques de tous les traités conclus par la France, 6 vol., Paris 1809, t. III, p. 177 (7 vol., ibid. [2]1811); vers la fin de l'Ancien Régime, Koch porta un jugement identique (cf. Christophe Guillaume Koch, Abrégé de l'histoire des traités de paix entre les puissances de l'Europe depuis la paix de Westphalie, 4 vol., Paris, Bâle, Leipzig 1796, t. I, p. 124).

pût pas en tirer tous les avantages qu'on avait escompté. Cependant, il n'est pas vrai que la nouvelle de sa conclusion passe complètement inaperçue en France[5]. Bien au contraire, la richesse des publications qui apparaissent en France à ce moment-là atteste de l'attention que le public français y prête[6], et les litiges des éditeurs pour s'assurer le droit de publier les textes des traités vont jusqu'à avoir leurs répercussions dans les correspondances du nonce du pape à Münster, le médiateur Fabio Chigi[7]. Il est naturel que le public français s'intéresse avant tout à l'article 3 de la paix de Münster, qui stipule la séparation des deux branches de la maison de Habsbourg, Vienne et Madrid[8], car dans un avenir immédiat ce fut la clause principale du traité qui priva l'Espagne du soutien de l'Empereur dans sa guerre contre la France. En effet, on aperçut seulement plus tard bon nombre des avantages que la France avait acquis en 1648 par le traité de Münster (anciens droits des Habsbourg en Alsace, souveraineté sur les Trois-Évêchés, influence durable en Allemagne en tant que garante des clauses constitutionnelles de la paix). Ce traité n'apparaissait en effet pas encore comme »la gloire de la France« (Voltaire) ou comme »le plus grand traité du plus grand siècle de la diplomatie française« (Henri Martin). De plus, le chemin que les diplomates français avaient à parcourir pour arriver à leurs fins était plus laborieux et le bon succès moins assuré que l'historiographie postérieure ne semble avoir tendance à croire. En réalité, une année avant la conclusion du traité, la diplomatie française n'apparut point en position de force au congrès, car elle dut traverser, en 1646–1647, une période de grave crise dans ses relations avec ses principaux alliés, ce qui compromettait la réalisation de ses objectifs politiques et militaires.

Les historiens se sont à juste titre interrogés sur les raisons qui ont conduit à la longueur des négociations de Westphalie, et à la conclusion tardive des traités de paix. Dans un chapitre consacré à »L'Europe en guerre, 1618–1660«, Jean Bérenger, analysant la faiblesse de l'armée impériale, devenue flagrante au moins dès 1645, met en relief l'intransigeance de l'Empereur, soulignant que »dans cette crise [à la suite de la retentissante défaite des Impériaux à Jankau, en mars 1645] Ferdinand III fit

5 Fritz Dickmann, Der Westfälische Frieden, Münster [7]1998, p. 2 (première édition: 1959).

6 Cf. Guido Braun, Les traductions françaises des traités de Westphalie (de 1648 à la fin de l'Ancien Régime), in: XVIIe siècle 190 (1996), p. 131–155; Id., Die »Gazette de France« als Quelle zur Rezeptionsgeschichte des Westfälischen Friedens und des Reichsstaatsrechts in Frankreich, in: Historisches Jahrbuch 119 (1999), p. 283–294.

7 Cf. Archivio Segreto Vaticano, Segreteria di Stato, Nunziatura per le Paci, t. 24, fol. 732–733': avis *Di Parigi li 13. di Novembre 1648* (envoyé à Rome avec la dépêche de Chigi au secrétaire d'État Panzirolo, de Münster le 27 novembre 1648, original: ibid. fol. 730), ici fol. 733–733': *Mentre litigano insiem il Cramoisy stampatore regio et il Renaudot gazzettante a chi di loro s'aspetti l'impressione de' capitoli della pace firmata, e pubblicata tra l'Imperio, e le corone collegate; il signor ambasciatore di Svezia ne ha fatti stampare molti esemplari, e li va distribuendo a' suoi amici.* Le soin avec lequel Servien veilla à l'impression du traité est également mentionné par le nonce: ibid. fol. 695–697': rapport du nonce, de Münster le 6 novembre 1648, ici fol. 695: *Mando anco la stampa dell'istromento di pace, che concordemente ambe due queste parti soscrissero, e che poi hanno fatto stampare in Munster; di cui però il signor Servien con la sua accuratezza fece mutare, e ristampare il frontispizio, con aggiognervi il titolo di Maestà, e di Sacra per il suo re, e col metterlo al pari con quello dell'Imperatore, che per avanti era stato messo con la sola enunciatione di Regis Galliarum.*

8 Voir l'édition établie par Oschmann, APW III B 1/1 (voir n. 2), ici p. 5.

preuve de son obstination en ne signant pas immédiatement la paix à Münster«[9]. En revanche, à d'autres moments, ce furent d'autres puissances qui se montrèrent obstinées. Plus généralement, la conception historiographique traditionnellement sous-jacente à l'analyse des négociations de Westphalie est celle d'un antagonisme entre deux camps d'alliés: les Habsbourg d'Autriche et d'Espagne d'une part, la France, la Suède et les Provinces-Unies d'autre part, ainsi que leurs alliés allemands respectifs. Or, en regardant de plus près, le jeu s'avère plus compliqué et les intérêts des alliés ne coïncident pas forcément; parfois un pays est même plus proche de ses adversaires que de son propre camp. Un coup de projecteur sur la situation de la diplomatie française d'automne 1646 à l'été 1647 s'avère révélateur à cet égard, et permet une relecture des enjeux mêmes du congrès[10].

Quelle était précisément la situation de la France dans cette période fatidique? À la fin du mois de novembre 1646, les États-Généraux des Pays-Bas décidèrent d'aspirer à la conclusion d'un traité de paix (au lieu d'un cessez-le-feu) avec l'Espagne. Cette décision mit en péril l'alliance franco-néerlandaise et détermina largement les objectifs, les préoccupations, les possibilités d'agir et les contraintes de la diplomatie française dans les mois à venir. Ce n'est que vers la fin du mois de juin 1647 que Servien, qui se trouvait à La Haye depuis début janvier pour négocier un traité de garantie réciproque de la future paix, put ouvrir, avec sa déclaration aux États-Généraux en date du 24 juin, la voie menant au traité franco-néerlandais du 29 juillet qui sembla sceller cette alliance. Or, le projet de traité de paix présenté par l'ambassadeur impérial Trauttmansdorff à Münster en juin 1647 et envoyé en cour par les diplomates français le 24 du même mois, marqua la fin de l'espoir d'une coopération limitée avec les Impériaux qui était né au cours de l'hiver et du printemps 1647.

Durant cette période, le principal souci de la diplomatie française fut d'éviter la décomposition de son système d'alliances. Tandis que le principal plénipotentiaire du roi de France au congrès, le duc de Longueville, conduisait seul, à Münster, les négociations avec le principal adversaire de la France, c'est-à-dire l'Espagne, de janvier à avril 1647, les autres ambassadeurs français se rendirent respectivement à Osnabrück[11] et à La Haye[12], pour s'assurer l'appui des principaux alliés de la France, la Suède et les États-Généraux des Pays-Bas.

Dans les négociations primordiales avec l'Espagne, la France put enregistrer de notables progrès à l'automne 1646, mais durant l'hiver ces négociations entrèrent dans une période de crise, notamment après la signature de l'accommodement provisionnel signé par les plénipotentiaires espagnols et leurs homologues néerlandais le 8 janvier 1647. Ainsi, au cours du printemps, un éventuel échec s'esquissa.

9 Lucien Bély, Jean Bérenger, André Corvisier, Guerre et paix dans l'Europe du XVIIe siècle, t. I, Paris ²1991 (Regards sur l'histoire, 77), chapitre III par Jean Bérenger, p. 147–185, citation p. 173.

10 Dans cet article, nous reprenons certains résultats de notre thèse de doctorat, dans laquelle nous avons publié la correspondance entre les plénipotentiaires français et le gouvernement à Paris dans la période allant du 24 novembre 1646 au 24 juin 1647: APW, Serie II, Abteilung B: Die französischen Korrespondenzen, Band 5, 1. Teil: 1646–1647, 2. Teil: 1647, bearbeitet von Guido Braun unter Benutzung der Vorarbeiten von Kriemhild Goronzy und Achim Tröster, unter Mithilfe von Antje Oschmann am Register, Münster 2002.

11 D'Avaux y séjourna du 16 janvier à fin avril 1647.

12 Servien y négocia de début janvier à début août 1647.

En revanche, les négociations que menaient les Français avec les Impériaux jouèrent d'abord un rôle secondaire. Les soi-disant articles provisionnels dont les deux parties belligérantes étaient convenues le 13 septembre 1646 n'avaient pas constitué un règlement juridiquement valable, mais ils avaient bien constitué la base d'un futur accommodement entre la France et l'Empereur. Par conséquent, la diplomatie française tablait sur une issue plutôt facile de ces négociations. Ce ne fut qu'en mai 1647 que certains problèmes des pourparlers franco-impériaux réapparurent au premier plan de l'agenda du congrès.

En substance, la sûreté de la paix (en latin *assecuratio pacis*) était le principal point, aussi bien dans les négociations avec les ennemis que dans les relations avec les alliés.

Contrairement à ce qui s'était passé pendant la campagne militaire de 1646, la diplomatie française ne pouvait plus agir sur la base d'une position militaire forte: en novembre 1646, les troupes espagnoles contraignirent les Français à lever le siège mis devant Lérida, en Catalogne; la campagne de 1647 commença sans l'appui des troupes néerlandaises, qui vivaient déjà pratiquement en situation de paix avec l'Espagne; le soulèvement survenu dans l'armée de Turenne priva la France du succès remporté avec la conclusion de l'armistice avec la Bavière. Cependant, contrairement aux craintes exprimées par Mazarin et par d'autres, une catastrophe put être évitée, malgré la perte de certaines positions.

I. La France et ses alliés

La France – rappelons-le brièvement – avait conclu plusieurs traités d'alliance avec les Provinces-Unies des Pays-Bas (le dernier à La Haye, en 1644)[13], avec la Suède (le dernier à Hambourg, en 1641)[14] et avec un certain nombre d'états territoriaux du Saint Empire romain germanique, comme la Hesse-Cassel calviniste (notamment, le traité de Dorsten signé en 1639)[15]. La conception de ce système d'alliances avec des puissances protestantes remontait à l'époque de Richelieu qui y avait vu une nécessité pour défendre la France contre la maison de Habsbourg, dynastie régnante en Espagne et dans l'Empire, et une étape sur la voie qui devait mener à une paix chrétienne universelle. Les Pays-Bas n'étaient liés à la France que pour la guerre contre l'Espagne qui se déroulait aux Pays-Bas (espagnols), alors que la Suède et les états protestants n'était ses alliés que dans la guerre que la France menait contre l'Empe-

13 Publié dans: Dumont, Corps, t. VI/1 (voir n. 1), p. 294–296; cf. aussi le traité d'alliance conclu à Paris, en 1635: ibid. p. 80–85.

14 Publié dans: Sverges Traktater med främmande magter jemte andra dit hörande handlingar. Femte delens senare hälft: 1632–1645, utgifven af C[arl] Hallendorff, Stockholm 1909, p. 471–477; le premier traité d'alliance, conclu à Bärwalde, en 1631, est publié: ibid. Femte delens förra hälft: 1572–1632, utgifven af O[lof] S[imon] Rydberg och C[arl] Hallendorff, Stockholm 1903, p. 438–440.

15 Publié dans: Dumont, Corps, t. VI/1 (voir n. 1), p. 178–180; pour cette alliance, voir aussi Sven Externbrink, Kleinstaaten im Bündnissystem Richelieus: Hessen-Kassel und Mantua 1635–1642. Ein Vergleich, in: Klaus Malettke (dir.), Frankreich und Hessen-Kassel zur Zeit des Dreißigjährigen Krieges und des Westfälischen Friedens, Marbourg 1999 (Veröffentlichungen der Historischen Kommission für Hessen, 46; Kleine Schriften, 5), p. 135–157; Jörg Ulbert, Französische Subsidienzahlungen an Hessen-Kassel während des Dreißigjährigen Krieges, in: Malettke (dir.), Hessen-Kassel, p. 159–174.

reur dans l'Empire. L'entrée en guerre ouverte de la France s'était produite en 1635, après qu'elle eut soutenu plus ou moins secrètement ses alliés, notamment par le versement de subsides. Les problèmes confessionnels était normalement exclus des traités d'alliance.

Comme pour les périodes antérieure et postérieure, on ne peut pas parler d'une politique française homogène, en 1646–1647, ni à l'égard des alliés de la France ni envers ses ennemis. Au total, Servien se montrait plus intransigeant que ses collègues, d'un côté peut-être à cause de sa propre position sociale plus fragile (sans clientèle propre, il dépendait entièrement de Mazarin et il était par conséquent quasi condamné au succès), de l'autre à cause de certaines conceptions politiques et religieuses et surtout à cause de son caractère certainement plus impulsif et moins conciliant. Servien pouvait toujours compter sur Mazarin qui se rangea de son côté et avertit Longueville que la reine Anne d'Autriche et tout le Conseil étaient du même avis que le cardinal et Servien[16]. Or, la répartition entre trois lieux de négociation faisait que Longueville et d'Avaux pouvaient mener une politique plus indépendante qui n'était pas toujours approuvée à Paris; à cela s'ajoutaient des problèmes de communication entre les ambassadeurs eux-mêmes et entre ceux-ci et Paris qui ne restèrent pas sans répercussions sur les négociations. De toute façon, Mazarin ne pouvait et ne voulait pas toujours imposer sa volonté aux diplomates. Le cardinal lui-même et d'Avaux étaient bien conscients de cette particularité de la diplomatie française qui consistait à convaincre les propres diplomates plutôt que de leur donner des ordres secs, et dans leurs dépêches ils exprimaient explicitement, malgré quelques réserves qui ne pouvaient manquer, leur attachement à ce style français, conscients que celuici différait considérablement de celui adopté, par exemple, par la diplomatie suédoise[17]. Or, parfois, la différence des opinions exprimées sur certaines questions en différents lieux ne découlait pas d'une certaine liberté accordée aux diplomates ou aux problèmes de communication, mais du fait qu'à Paris même, on manquait d'objectifs politiques clairs et d'une démarche précise. Il en va ainsi pour la demande d'une trêve pour le Portugal où les diplomates reçurent des ordres ambigus, voire contradictoires. Parmi les diplomates, seul Servien eut toutes les informations de la chancellerie de Mazarin, qui eut en juin 1647 pour la première fois[18] l'idée de laisser son protégé terminer seul les négociations; le cardinal faillit même chasser de la cour le secrétaire du comte d'Avaux, disant qu'il ne voulait plus y voir de ses agents. Si nous considérons les différentes positions des ambassadeurs français, il faut donc bien voir que c'est la position de Servien qui l'emporta finalement; néanmoins, ses collègues avaient une influence considérable sur les relations entre la France et respectivement ses alliés et ses ennemis pendant toute la période étudiée.

Par ailleurs, une certaine hétérogénéité caractérisait aussi la situation des alliés de la France, particulièrement celles de la Suède et des Provinces-Unies où il y avait une faction de la guerre et une faction de la paix. Le dilemme de la France était de ne

16 Cf. APW II B 5/1 (voir n. 10), n° 107.

17 Ils s'y réfèrent à plusieurs reprises dans les correspondances publiées dans APW II B 5 (voir n. 10); cf. l'index, en particulier 5/2 n° 186 et 303.

18 Du moins c'est la première fois que les dépêches nous laissent entrevoir cette pensée; cf. APW II B 5 (voir n. 10), passim (cf. l'index), et en particulier une lettre adressée par Lionne à Servien: ibid. 5/2 n° 343.

devoir pas seulement trouver un équilibre entre les aspirations de ses alliés respectivement à la conclusion de la paix ou à la poursuite de la guerre, mais aussi de soutenir modérément les factions dont les intérêts coïncidaient le plus avec ceux de la France sans trop choquer la ou les parties adverses. La situation était particulièrement compliquée aux Pays-Bas où il y avait un plus grand nombre de factions, dont les intérêts n'étaient, en outre, que partiellement compatibles avec ceux de la France.

Depuis la fin de la campagne de 1646, et pendant celle de 1647, la France se trouvait sur la défensive sur pratiquement tous les théâtres de la guerre (Catalogne, Italie[19], Flandre) ou n'avait aucun avantage politique à tirer de ses succès militaires (Empire). Cette situation n'affaiblissait pas seulement sa position dans les négociations avec l'Espagne. La faiblesse en Flandre, qui suscita même la crainte d'une invasion espagnole en France, diminuait son influence sur l'allié néerlandais[20]; et le fait que seule la Suède pût tirer des avantages de la situation militaire dans l'Empire, ne faisait qu'augmenter la crainte de son hégémonie et par conséquent, les tensions avec la France. Mais les ennuis de la France ne venaient pas seulement des alliés néerlandais et suédois: les Portugais eux aussi se refusèrent à joindre leurs bateaux à la flotte française. Pourtant, les alliances néerlandaise et suédoise constituaient les problèmes majeurs; car de la fidélité de ses deux alliés dépendait principalement l'issue du congrès entier.

a. La France et les États-Généraux des Pays-Bas

Les traités d'alliance conclus en 1635 et 1644 stipulaient la conclusion commune de la paix ou de la trêve avec l'Espagne et sa garantie mutuelle. Mais ces principes risquaient de ne pas être respectés au congrès de Westphalie si les négociations d'une partie avançaient plus vite que celles de l'autre. Pour cette raison, les Français avaient d'emblée regardé avec beaucoup de circonspection les négociations entamées entre les Espagnols et les députés néerlandais, dès l'arrivée de ces derniers à Münster, en janvier 1646. En effet, ces pourparlers avançaient assez rapidement, notamment depuis mai 1646. Les Français supposaient que le but des Espagnols était de séparer les États-Généraux de la France, et que les Néerlandais étaient prêts à négliger les intérêts de la France pour obtenir eux-mêmes de meilleures conditions dans leur traité avec l'Espagne. Entre le 1er et le 7 juillet 1646, les deux parties tombèrent d'accord sur un accommodement »provisoire« contenant 70 articles signés par trois députés néerlandais (sur huit)[21]. Or, un changement fondamental s'opéra au moment

19 En Italie, la révolte dite de Masaniello à Naples modifia profondément la situation en faveur de la France, mais seulement à partir de juillet 1647.

20 Le 28 mai 1647, Servien écrivit de La Haye à Mazarin: *Sy la guerre des Pays-Bas estoit considérée toute seulle, elle ne seroit pas si importante et sy sensible au roy d'Espagne que celle de Catalogne, ny mesme que celle d'Italie. Mais parce qu'il ne s'agist pas tant aujourd'huy des advantages qu'on y peult remporter sur l'ennemy comme il s'agist de tenir les amys en devoir par l'appréhension de nous voir faire des conquestes sans eux, par mon foible advis, le plus considérable intérest de la France est aujourd'huy dans les Pays-Bas. Car pourveu que cette république ne fasse point de traicté particulier, nous obtiendrons certainement tout ce que nous voudrons dans le général; mais si elle avoit traicté séparément, il seroit bien à craindre que les Espagnolz, et peut-estre aussi les Impériaux, ne devinssent plus difficiles*; lettre publiée dans: APW II B 5/2 (voir n. 10), n° 296, citation p. 1375–1376.

21 Meinerswijk, Pauw et Knuyt. Le texte est imprimé en français dans: Negociations Secretes Touchant La Paix De Munster Et D'Osnabrug [...], 4 vol., La Haye 1725–1726 (= NS), ici t. III,

où les États-Généraux prirent la résolution de conclure un traité de paix au lieu d'une trêve avec les Espagnols. En effet, avant cette décision, il avait déjà été assez difficile pour les Français de convaincre les Néerlandais de reconnaître leurs obligations militaires qui découlaient de leur alliance avec la France, et d'agir en conséquence; or, dès novembre 1646, ils avaient perdu leur seul moyen de pression, à savoir la garantie que la France devait accorder aux Néerlandais et dont ceux-ci auraient besoin au moment de l'expiration de la trêve. Qui plus est, entre le 15 et le 27 décembre 1646 les Espagnols et les Néerlandais résolurent la plus grande partie de leurs litiges, et ces derniers n'en informèrent même pas complètement leurs alliés. Enfin, le 8 janvier 1647, les plénipotentiaires espagnols et sept plénipotentiaires néerlandais[22] signèrent les articles de paix dont ils étaient convenus en décembre, et renvoyèrent un petit nombre de questions irrésolues à un règlement ultérieur. Pratiquement il s'agissait déjà d'un traité de paix, bien que sous la pression des Français, ces articles ne fussent pas rédigés en forme de traité unique. En fait, les plénipotentiaires signèrent quatre documents qui portaient chacun une date différente, en néerlandais et en français, et dans les deux exemplaires fut introduite une clause suspensive qui lia sa validité à la conclusion de la paix franco-espagnole. Mais, tout d'abord, les Français ignoraient cette forme particulière ainsi que la clause en leur faveur; ce ne fut que le 11 mars 1647 que Longueville put en envoyer une copie à Paris, copie qu'il avait reçue peu de jours avant de la part des Néerlandais[23]. À la conclusion de cet accommodement, les plénipotentiaires français réagirent en remettant à leurs homologues néerlandais deux notes dans lesquelles ils exprimaient leur mécontentement[24]; après mûre réflexion ils évitèrent pourtant de présenter une protestation officielle. Tout en portant le titre d'*articles provisionnels* (c'est-à-dire provisoires), l'accommodement hispano-néerlandais mit pratiquement fin aux opérations militaires opposant les deux pays et équivalait de ce point de vue, sinon à un traité de paix, du moins à un cessez-le-feu. En outre, les dernières questions restées en suspens le 8 janvier 1647 furent résolues au cours du printemps. C'est pourquoi d'Avaux, dans une lettre du 24 juin 1647, qualifia ces articles de *cessation*[25]. L'historiographie a elle aussi

p. 435–441; en espagnol dans: Colección de documentos inéditos para la historia de España. Por el Marqués de la Fuensanta del Valle, José Sancho Rayon y Francisco de Zabalburu (= CDI), vol. 82, Madrid 1884 (ouvrage réimprimé à Vaduz, en 1966), p. 382–399. Les ambassadeurs français envoyèrent une copie de cet accommodement à Paris le 13 août 1646; cf. APW, Serie II, Abteilung B: Die französischen Korrespondenzen, Band 4: 1646, bearbeitet von Clivia Kelch-Rade und Anuschka Tischer unter Benutzung der Vorarbeiten von Kriemhild Goronzy und unter Mithilfe von Michael Rohrschneider, Münster 1999, n° 110 avec la pièce jointe n° 4; cf. aussi APW II B 5/1 (voir n. 10), p. 80–81 n. 4.

22 Seul Nederhorst, meilleur ami des Français, s'y refusa.

23 APW II B 5/1 (voir n. 10), pièce n° 1 jointe à la lettre n° 169. Le texte français est publié dans: Dumont, Corps, t. VI/1 (voir n. 1), p. 360–365; le texte néerlandais dans: Dutch Pamphlets ca. 1486–1648, Section I, The collection in the Royal Library, The Hague, [Édition sur microfiches] s.l. s.d. (numérotation des documents d'après le catalogue de W. P. C. Knuttel, Catalogus van de Pamfletten-Verzameling berustende in de Koninklijke Bibliotheek [...], 9 vol., 's-Gravenhage 1890–1920; réimprimé à Utrecht, en 1978), n° 5430, 5430A, 5431 et 5432. Pour d'autres publications et des copies manuscrites conservées dans les archives françaises, cf. APW II B 5/1 (voir n. 10), pièce n° 1 jointe à la lettre n° 169.

24 Ces deux notes sont publiées ibid. pièces n° 1a et 1b jointes à la lettre n° 57.

25 APW II B 5/2 (voir n. 10), n° 346.

utilisé des expressions qui traduisent mal le titre des *articles provisionnels*: c'est ainsi que, par exemple, Adolphe Chéruel, parle de la conclusion d'une trêve qu'il met sur le même plan que le cessez-le-feu conclu à Ulm, le 14 mars 1647, entre la France, la Suède et la Bavière notamment[26]; et Groenveld dit que les Espagnols et les Néerlandais auraient »paraphé« leur traité de paix le 8 janvier 1647[27]. Ces assertions sont certainement incorrectes du point de vue de l'histoire du droit, mais elles traduisent bien la situation réelle qui se présenta dès janvier et février 1647; en fait, Longueville souligna déjà début février que les Espagnols ne se souciaient plus de surveiller la frontière séparant les Pays-Bas espagnols des Provinces-Unies[28]. Servien se trouvait dans l'embarras; depuis janvier 1647 il avait reçu le plein pouvoir de négocier à La Haye un traité pour la future campagne militaire avec les Néerlandais. Pourtant, il ajourna à plusieurs reprises la présentation d'une proposition allant dans le sens d'une participation néerlandaise aux opérations militaires, puisqu'il en jugeait le succès incertain, surtout à cause de l'opposition que manifestait la Hollande, la plus grande et plus importante des sept provinces qui constituaient les Provinces-Unies, et maîtresse des délibérations dans l'assemblée des États-Généraux. Finalement, en avril 1647, il présenta sa proposition, à l'instigation de Guillaume II d'Orange, le successeur en quête de gloire militaire du prince Frédéric Henri d'Orange décédé le 14 mars. Ce fut pourtant un échec complet pour la diplomatie française puisque non seulement la Hollande réussit à faire transférer la discussion aux assemblées provinciales, de sorte qu'une décision avant le début de la campagne était d'ores et déjà exclue, mais aussi puisque le principal soutien de la politique française, le nouveau prince d'Orange, craignant l'opposition qui s'annonçait forte, avait jugé opportun de s'abstenir de la séance des États-Généraux. Malgré cet échec retentissant qui rendit vulnérable la position de Servien, celui-ci pouvait toujours compter sur la protection de Mazarin. Servien comprit bien que la province de Hollande n'avait plus rien à gagner dans la poursuite des opérations militaires; au contraire, partisans d'une restriction de la présence française dans les Pays-Bas, les Hollandais montrèrent publiquement leur joie quand les Espagnols mirent le siège devant Armentières, fin mai[29]. Servien imagina des solutions alternatives qui prévoyaient une contribution minimale des Provinces-Unies à la guerre en échange de concessions françaises[30], solutions qui étaient surtout destinées à faire comprendre à la population des Provinces-Unies que la guerre hispano-néerlandaise n'était pas encore terminée; mais il ne put jamais convaincre la Hollande, et ne voulait ou ne pouvait pas comprendre la consti-

26 A[dolphe] Chéruel, Histoire de France pendant la minorité de Louis XIV, 4 vol., Paris 1879–1880, ici t. II, p. 329.

27 S[imon]Groenveld, Spanjes nederlaag en Hollands success, 1640–1648, in: Id., H[iub] L. Ph. Leeuwenberg, De bruid in de schuit. De consolidatie van de Republiek 1609–1650, Zutphen 1985 (De Tachtigjarige Oorlog, 2), p. 108–128, ici p. 124.

28 APW II B 5/1 (voir n. 10), n° 112. C'est pourquoi les ambassadeurs français en mission à l'étranger tout comme le gouvernement à Paris imaginaient dès février 1647 des solutions alternatives pour compenser la défaillance de l'allié traditionnel; c'est ainsi que Servien suggérait par exemple de donner l'ordre à Turenne de se mettre en route vers les Pays-Bas, une solution que d'Avaux soutenait pour d'autres raisons, en particulier pour exercer une pression plus forte sur les Suédois.

29 Cf. le rapport de Servien dans ibid. 5/2 n° 296.

30 Par exemple, on proposait de leur permettre la conquête des places aux Pays-Bas espagnols que la France s'était réservées dans les traités d'alliance franco-néerlandais.

tution des États-Généraux qui rendait impossible la décision d'entreprendre des opérations militaires, sinon à l'unanimité, du moins avec le consentement de la plus grande province (la Hollande) qui soutenait à elle seule plus de la moitié des charges militaires. Il était donc inutile de s'assurer des voix d'autres provinces comme de la Zélande ou d'Utrecht; de plus, le prince d'Orange qui avait dépêché un petit contingent à la frontière en mai, fut humilié par la Hollande qui le contraignit à retirer immédiatement ses troupes. Enfin, les États-Généraux allèrent jusqu'à interdire à la France de mettre à son propre service les troupes qui ne servaient plus aux Provinces-Unies, et de décliner, en mai 1647, les subsides offertes par la France pour regagner leur indépendance politique et militaire. L'intransigeance de la position française peut surprendre dans cette situation délicate; mais il convient de souligner qu'en 1646 déjà, la France avait mené une campagne en Flandre avec un soutien seulement limité de la part de son allié, et que pourtant cette campagne avait marqué, notamment avec la prise de Courtray, l'un des succès les plus éclatants de la minorité de Louis XIV[31]. Or, la France ne réussit pas à répéter un tel succès, ce qui fut un échec grave si l'on considère la mise en garde de Servien qui, fondant toute sa politique sur une présence forte des troupes françaises dans les Pays-Bas, avertit Mazarin, le 11 juin, du danger que *si nous ne faisons quelque grand effort pour réparer ce malheur* [sc. l'abstention des Provinces-Unies des opérations], *nous n'aurons raison ny des ennemis ny des amys, et serons réduictz ou à n'avoir point la paix, ou à la faire à des conditions désadvantageuses*[32]. Étant donné le rapprochement constant des Néerlandais et des Espagnols, favorisé par des mesures du gouvernement de Bruxelles afin de brouiller les relations franco-néerlandaises, la situation dans laquelle se trouvait la France constituait un mauvais point de départ pour les pourparlers menés avec l'Espagne à Münster ainsi que pour les négociations franco-néerlandaises au sujet du traité de garantie à La Haye.

Quand, le 29 décembre 1646, Servien[33] partit à La Haye pour négocier directement avec les États-Généraux le traité de garantie, il quitta le congrès et fut nommé ambassadeur extraordinaire de France à La Haye, mais ne fut pas formellement révoqué de Münster ni n'eut aucune instruction particulière pour sa nouvelle mission[34], puisqu'on la considérait initialement être une affaire de quelques semaines seulement. À La Haye, Servien fut aidé par Brasset, ministre résident de France auprès des États-Généraux et de la maison d'Orange[35]. Nous ne pouvons donner ici qu'un aperçu de

31 Cf. Chéruel, Minorité, t. II (voir n. 26), p. 306.

32 APW II B 5/2 (voir n. 10), n° 325, citation p. 1472; le texte est chiffré dans l'original.

33 Mazarin choisit certainement lui-même son protégé pour cette mission délicate. Pourtant, celui-ci avait multiplié les signes pour montrer son intérêt d'en être chargé; cf. Servien à Lionne, [Münster 1646 décembre], minute, en partie *manu propria*: Paris, Ministère des Affaires étrangères, série Correspondance politique (AE, CP), sous-série Allemagne origine – 1870 (All.), t. 103, fol. 405–408.

34 Servien minuta pourtant lui-même un texte d'instruction qui, s'il ne fut pas retenu à Paris où l'on ne considérait pas comme indispensable une instruction particulière, montre parfaitement les objectifs que Servien poursuivait en se mettant en route; une autre minute élaborée sur la base de celle de Servien dans la chancellerie de Mazarin, un texte d'un intérêt majeur, est publiée intégralement dans: APW II B 5/2 (voir n. 10), p. 1558–1564; les leçons de la version minutée par Servien y sont notifiées en bas de page.

35 Depuis le départ de La Thuillerie, en été 1646, il n'y avait plus d'ambassadeur français à La Haye.

ses négociations de garantie assez complexes, qui manquent d'études particulières, surtout en langue française[36]. Nous nous restreignons à en retracer les lignes principales, et à corriger les erreurs les plus grossières que l'historiographie a retenues jusqu'à nos jours. La première erreur consiste en l'objectif de cette mission supposé dans l'historiographie. Il se serait agi d'éviter la signature ou la ratification des articles provisionnels hispano-néerlandais, qui furent effectivement signés le 8 janvier 1647, le jour même de l'arrivée de Servien à La Haye[37]. En réalité, la ligue-garantie fut le premier et principal objectif que Servien devait atteindre. En effet, les préparatifs du voyage remontaient à une époque bien antérieure au rapprochement entre l'Espagne et les Provinces-Unies, et l'objectif de la mission dépendait moins de la situation éphémère du moment. On avait déjà réfléchi à un éventuel voyage à La Haye d'un ambassadeur français accrédité en Westphalie à l'automne 1645, prévoyant le danger d'une défection de l'allié néerlandais. Cependant, cette idée ne se concrétisa progressivement qu'à partir de l'été 1646, puisque l'ambassadeur en place, La Thuillerie, repartit en France. À l'automne 1646, le problème de la garantie de la paix franco-espagnole par les Provinces-Unies se posa dans toute son acuité, et on dut constater qu'il était impossible de le résoudre avec les envoyés néerlandais à Münster. Dès le 21 septembre 1646, Servien posa sa candidature, pour ainsi dire,

36 Seul un historien néerlandais a traité cette mission d'une manière plus approfondie, dans le cadre d'une histoire générale des Pays-Bas: J. P. Arend, Algemeene geschiedenis des vaderlands, van de vroegste tijden tot op heden. Achtereenvolgens voortgezet door O. van Rees en W. G. B[n]ill. Deerde deel. Van het jaar 1581 tot 1795 na Christus. Vijfde stuk. Met platen, kaarten en portretten, Amsterdam 1868, p. 696–748; cf. aussi J[an] J[osef] Poelhekke, De vrede van Munster, 's-Gravenhage 1948, chapitres 8–10 (= p. 321–457); en français, voir le bref récit dans: Albert Waddington, La république des Provinces-Unies, la France et les Pays-Bas espagnols de 1630 à 1650, vol. II (1642–50), Paris 1897 (Annales de l'Université de Lyon), p. 184–203; voir aussi prochainement notre article »La mission d'Abel Servien à La Haye (janvier–août 1647)«, à paraître dans le volume »L'incident diplomatique«, publié sous la direction de Lucien Bély, Presses universitaires de la Sorbonne.

37 Cf. A[naïs de Raucou, dit] Bazin, Histoire de France sous Louis XIII et sous le ministère du cardinal Mazarin 1610–1661, 4 vol., Paris ²1846, ici t. III, p. 547; Johann Gustav Droysen, Geschichte der Preußischen Politik. Dritter Theil: Der Staat des großen Kurfürsten. Erste Abtheilung, Leipzig 1861, p. 314; P[etrus] J[ohannes] Blok, Geschichte der Niederlande. Vierter Band: Bis 1648, Gotha 1910 (Allgemeine Staatengeschichte. Erste Abteilung: Geschichte der europäischen Staaten, 33), p. 527; Dickmann, Frieden (voir n. 5), p. 440: »Serviens offizieller Auftrag lautete deshalb [weil ein förmlicher Protest gegen die Provisional-Artikel vermieden werden sollte] nur auf Verhandlungen über einen Garantiepakt zur Sicherung des künftigen Friedens, aber die Absicht war, auf diese Weise die Ratifikation des Friedens durch die Generalstaaten möglichst zu verhindern.«; cf. aussi Smit, Geschiedenis (voir n. 1), p. 20. Des jugements similaires, mais plus différenciés dans: A[lberic] de Truchis de Varennes, Un diplomate franc-comtois au XVIIe siècle: Antoine Brun 1599–1654, Besançon 1932, p. 349–350; Waddington, République, t. II (voir n. 36), p. 184–185; Poelhekke, Vrede (voir n. 36), p. 364, pense que la conclusion de la ligue-garantie ne fut que le motif officiel (»Het officieele motief«), du voyage de Servien, tandis que le véritable objectif était d'empêcher la conclusion de la paix hispano-néerlandaise. Il se réfère à Bougeant, historien du XVIIIe siècle, et aux médiateurs, sources peu fiables, d'autant plus que le médiateur Contarini avouait que même les collègues de Servien ne connaissaient pas les intentions secrètes de son voyage (cf. aussi ibid. p. 373–374); désormais, on connaît la correspondance du principal négociateur à La Haye, Servien, avec la cour: elle infirme l'hypothèse selon laquelle la ligue-garantie n'aurait été qu'un »motif officiel«.

d'être chargé de la mission à La Haye. Mazarin retint sa candidature sans aucune discussion. Il est vrai que le comportement maladroit du comte d'Avaux lors d'un discours tenu à La Haye en 1644[38], ne semble pas l'avoir prédisposé à prendre cette charge, mais on ignore les raisons qui ont conduit Mazarin à sa décision. De toute façon, le secrétaire d'État Brienne en fut exclu, et Servien lui annonça seulement quelques jours avant son départ dans une dépêche mensongère que le *sort* [était] *tumbé sur* [lui] *pour la corvée du voyage de La Haye*[39]. Le projet d'instruction clarifiait sans aucun doute le véritable but du voyage qui fut la conclusion du traité de garantie mutuelle; la première phrase de cette instruction stipule en effet: *Le Roy estime que le sieur Servien, qui doit aller à La Haye par ordre de Sa Majesté pour traicter avec Messieurs les Estatz, doit avoir pour principal objet de les porter à la garentye réciproque et esgale du traicté qui sera faict avec l'Espagne, sans distinction de lieux ny d'intérestz, en leur déclarant que la France ne peut estre plus obligée envers les Provinces-Unyes qu'elles le seront envers la France*[40]. La France tenait pour indispensable la conclusion d'un traité de garantie puisqu'il y avait de différentes interprétations des articles dans les traités d'alliance franco-néerlandais signés en 1635 et 1644 réglant la garantie du futur traité de paix avec l'Espagne, divergences qui faisaient craindre à Mazarin et aux ambassadeurs français qu'un jour la guerre ne recommençât avec l'Espagne sans que la France jouît de l'assistance des Provinces-Unies. Par conséquent, il semblait nécessaire de clarifier les obligations respectives des alliés avant la signature de la paix avec l'Espagne. À cette époque, les deux monarques les plus puissants de la chrétienté, les rois très-chrétien et catholique, étaient donc en lice pour gagner ou pour s'assurer l'amitié des républiques calvinistes des Provinces-Unies. Il est évident qu'après la signature des articles provisoires, le 8 janvier 1647, Servien dut réagir, et prendre position vis-à-vis de cet acte. Mais il faut bien distinguer les objectifs avec lesquels il était venu à La Haye de ce qu'il y faisait réellement, parce qu'en mettant l'accent sur le rapprochement hispano-néerlandais, l'historiographie méconnaît l'importance éminente de la garantie comme élément de l'*assecuratio pacis*, qui faisait que Mazarin envoya un ambassadeur extraordinaire à La Haye. Cet objectif était d'ailleurs plus ambitieux que celui d'éviter que les Provinces-Unies ne concluent de traité de paix particulier avec l'Espagne, parce qu'il fallait obligatoirement atteindre ce dernier objectif afin de pouvoir lier les Provinces-Unies à la France après la conclusion d'un accord commun avec l'Espagne. De la même façon, on ne pourra plus s'étonner dorénavant, comme l'a fait Dickmann[41], du fait que Servien n'évoqua pas la signature des articles du 8 janvier dans son discours inaugural prononcé devant les États-Généraux, le 14 janvier 1647,

38 Cf. APW, Serie II, Abteilung B: Die französischen Korrespondenzen, Band 1: 1644, bearbeitet von Ursula Irsigler unter Benutzung der Vorarbeiten von Kriemhild Goronzy, Münster 1979, p. LV et LXX–LXXII; Anuschka Tischer, Französische Diplomatie und Diplomaten auf dem Westfälischen Friedenskongress. Außenpolitik unter Richelieu und Mazarin, Münster 1999 (Schriftenreihe der Vereinigung zur Erforschung der Neueren Geschichte e.V., 29), p. 128–134, 212 et 318.

39 Lettre adressée par Servien à Brienne, de Münster le 24 décembre 1646; publiée dans: APW II B 5/1 (voir n. 10), n° 38, citation p. 187.

40 Citée ibid. 5/2, p. 1559.

41 Dickmann, Frieden (voir n. 5), p. 441. Pour l'audience du 14 janvier 1647, cf. aussi Poelhekke, Vrede (voir n. 36), p. 388–390.

puisque les documents qui sont maintenant accessibles prouvent qu'il ne savait encore rien de précis de cette signature et qu'il ne pouvait donc pas y faire référence[42]; et étant donné ses ordres, on ne peut pas non plus s'étonner qu'il y ait proposé un traité de garantie franco-néerlandais. En revanche, une fois au courant de ce qui s'était passé exactement, la réaction de Servien fut plus farouche que celle de ses collègues; au lieu de reprocher aux Néerlandais un *manquement* (aux obligations des traités d'alliance qui voulaient qu'on négociât *pari passu*), il parla plus clairement d'une *défection* et d'une *infraction scandaleuse*[43]. La réaction de la France à ce pas dangereux de l'allié néerlandais fut loin d'être homogène. Tout en admettant qu'il s'agissait d'un *accord particulier* [...] *achevé de tout point*[44], Mazarin donna l'ordre de manifester publiquement l'insouciance des Français, étant donné le caractère provisoire des articles signés, et il fit publier deux articles dans la »Gazette de France« censés apaiser le public[45]. Les ambassadeurs français devaient critiquer personnellement l'action des députés néerlandais qui s'étaient déclarés prêts à la signature, sans remettre en question l'intégrité des États-Généraux mêmes. Or, Servien attaqua si vivement les députés que sa critique retomba finalement sur les États-Généraux qui s'en sentirent intéressés, puisqu'il proposa d'engager des poursuites judiciaires contre certains députés, et ainsi il envenima les relations franco-néerlandaises. Mais, dans ce contexte encore, il faut corriger la tradition historiographique. D'un côté, il est tout à fait juste que Servien – d'un caractère impatient et intempestif –, déjà dans son premier discours du 14 janvier, et moins encore après celui-ci, n'ait pas su trouver le bon ton à l'égard de ses interlocuteurs. De l'autre, il convient de combler une lacune historiographique en ajoutant que la fermeté avec laquelle il agissait fut bien approuvée à Paris, notamment par Mazarin, et que les mémoires du roi adressés à Servien l'autorisaient à procéder ainsi[46]. Cette observation n'est pas gratuite puisque certains contemporains, aux Pays-Bas, reprochaient déjà à Servien de suivre ses propres impulsions au lieu de représenter les positions du gouvernement[47]. Pourtant, étant donné le manque de succès de la mission de Servien, il convient d'imaginer une alternative. De toute façon, Brienne se montra plus prudent, et il n'est pas exclu qu'il fasse l'écho de voix critiques qui s'étaient peut-être fait sentir dans le Conseil, quand il déclare par exemple: *de trop baisser ou de trop présumer de ses forces sont deux choses qu'il faut craindre, car l'une faict préjudice à la grandeur du maistre et l'aultre l'expose à perdre un allié qui a esté jusques à présent beaucoup considéré*[48]; ou bien: *je crains que vous ne vous engagiez à faire retentir noz plaintes*

42 Cf., en particulier, APW II B 5/1 (voir n. 10), n° 64.

43 Cf. ibid. n° 91.

44 Lettre envoyée par Mazarin à Longueville, de Paris le 25 janvier 1647, document inédit, copie: AE, CP All. (voir n. 33), t. 98, fol. 185–186; minute: ibid. t. 80 fol. 373–373'; résumé dans: Lettres du cardinal Mazarin pendant son ministère. Publiées par A[dolphe] CHÉRUEL, vol. II, Paris 1879 (Collection de documents inédits sur l'histoire de France. Première série: Histoire politique), p. 849.

45 GAZETTE [DE FRANCE] 1647, n° 11 du 26 janvier, articles de Münster, le 13 janvier, et de Bruxelles, le 18. Le fait que Mazarin soit l'instigateur de ces articles, découle de la lettre citée dans la note précédente.

46 Cf., par exemple, APW II B 5/1 (voir n. 10), n° 140, 153, 167; ibid. 5/2 n° 206, 257, 258.

47 Cf. ibid. 5/1 n° 162.

48 Brienne à Servien, Paris 4 janvier 1647, document inédit, cité ibid. p. 367 n. 1.

de beaucoup plus hault que nous ne le désirons, et si vous vous modérez, il faudra advouer que vostre prudence et vostre lumière est toutte extraordinaire[49]. Mais l'éventuelle critique du Conseil est une hypothèse que rien ne permet de vérifier, et de toute façon l'opinion de Mazarin et de Servien fut décisive. Dans un climat politique des plus difficiles, et face à une opinion publique qui s'était dangereusement échauffée contre la France à La Haye, Servien n'hésita pas à mettre le feu aux poudres[50] en accusant non seulement les députés hollandais, mais la princesse d'Orange même de corruption, et en transformant par plusieurs actions toute la province de Hollande en un ennemi irréconciliable (entre autres en adressant une lettre à toutes les autres provinces sauf à celle de Hollande)[51]. Servien ne réussit jamais à convaincre les Néerlandais de la volonté française de conclure la paix; en effet, on supposait aux Pays-Bas que la négociation d'un traité de garantie était surtout destinée à éviter qu'on ne mît la dernière touche au traité avec l'Espagne. En revanche, en France, on voyait non seulement le danger d'une paix séparée entre l'Espagne et les États-Généraux, mais même celui d'une future coalition hispano-néerlandaise qui serait dirigée contre la France[52]. En fait, la situation à laquelle Servien devait faire face, invite à une analyse nuancée de sa politique; les difficultés étaient multiples, et les incertitudes nombreuses. Il était pratiquement impossible de savoir quelle position prendrait finalement Guillaume II d'Orange, qui n'obtint que successivement les charges de son père et dont certains voulaient limiter les prérogatives; était-ce utile ou plutôt dangereux de se prononcer en sa faveur?

Nous n'entrerons pas ici dans les détails de la négociation du traité de garantie, que Servien entama le 20 janvier avec les propositions[53] qu'il soumit aux commissaires députés par les États-Généraux pour traiter avec lui. Mazarin avouait lui-même que les Provinces-Unies n'avaient aucun avantage à tirer d'un tel traité[54]; par conséquent, elles n'en voulaient pas, et au moins jusqu'en mars 1647 elles le refusaient par principe[55]. Les Provinces ne préféraient aucun accommodement, ou alors une ligue incluant l'Espagne. Face à cette opposition, la France avait deux options: soit de convaincre les États-Généraux du danger d'une nouvelle guerre contre l'Espagne; soit de les contraindre à reconnaître leurs obligations qui découlaient des traités d'alliance de 1635 et 1644. On tenta les deux moyens. Le premier échoua; le dernier aboutit finalement, le 29 juillet 1647, à la signature d'un accommodement dont Servien même ne crut ce jour-là que les Provinces-Unies le respecteraient.

49 Brienne à Servien, Paris 18 janvier 1647, document inédit, cité ibid. p. 399 n. 6.

50 Cette expression n'est pas trop forte; Servien disait lui-même, entre autres, de mener *une guerre ouverte* contre ses adversaires en Hollande (ibid. n° 175, citation p. 823).

51 Lettre en date du 26 avril 1647; publiée plusieurs fois au XVIIe siècle, dans plusieurs langues (cf. ibid. 5/2 pièce n° 1 jointe à la lettre n° 250), et en français, au XVIIIe siècle, cf. par exemple: NS IV (voir n. 21), p. 86–88, 306–308 et 314–316 (c'est trois fois le même texte, avec des datations toujours erronées).

52 Cf. APW II B 5/1 (voir n. 10), n° 93 et 258.

53 À plusieurs reprises imprimées au XVIIe siècle, en néerlandais, en latin, et en italien (cf. ibid. pièce n° 2 jointe à la lettre n° 75); en français: [Lieuwe van Aitzema], Verhael van de Nederlantsche Vreede-Handeling. Het Tweede Deel, 's-Gravenhage 1650, p. 249–254.

54 Cf. par exemple APW II B 5/1 (voir n. 10), n° 96, 126.

55 Arend, Geschiedenis (voir n. 36), p. 718, renvoie à leurs résolutions allant dans ce sens, prises les 20 et 21 mars 1647.

Comme jusqu'au 19 février, la Hollande avait seulement offert de confirmer le traité de 1635, un mémoire du roi fixa les concessions que Servien pourrait faire si la garantie générale qu'on souhaitait s'avérait impossible à obtenir[56]. Mais le diplomate français évita longtemps d'utiliser cette possibilité puisque même avec des concessions, il ne croyait pas pouvoir arriver à ses fins. Effectivement, les négociations traînaient en longueur jusqu'à ce que le retour de Pauw à La Haye n'aggravât la situation avec les reproches réciproques que lui et Servien se firent, et les séances houleuses des États-Généraux qui en résultèrent. Les négociations furent interrompues fin avril, et Servien dut barricader sa maison parce que le peuple exigeait qu'on le jetât à l'eau. Seulement, afin d'éviter la discussion d'une proposition hollandaise de conclure de la paix séparée avec l'Espagne, Servien soumit alors sa nouvelle proposition pour le traité de garantie aux États-Généraux, le 22 mai[57]. Or, avec cette proposition, les négociations entrèrent dans leur phase décisive. Rappelons que jusqu'au mois de mai, Servien n'avait encore obtenu aucune offre des États-Généraux! Le 28 juin, les États-Généraux décidèrent de rédiger un projet de traité, qui fut approuvé le 4 juillet[58]. Accepté par la France, le traité fut signé le 29 juillet par Servien et par La Thuillerie, retourné à La Haye avant le 13 du même mois[59]. Ce traité ne devait jamais entrer en vigueur; Servien s'en doutait certainement lorsque le lendemain de la signature, les représentants de la Hollande boudaient le banquet auquel il les avait invités. Finalement, la mission de Servien fut un échec. Il ne réussit ni à vaincre l'antagonisme qui existait entre les Provinces-Unies et le Portugal, autre allié de la France dont les intérêts, surtout au Brésil et au Pacifique, n'étaient pas conciliables avec ceux des États-Généraux (ses ordres obligeaient Servien à promouvoir à La Haye un accommodement entre les deux pays, mais il hésita toujours d'en faire une proposition, tant l'affaire lui semblait délicate), ni surtout à améliorer les relations entre la France et les États-Généraux. Si Smit dit que le traité d'alliance du 29 juillet 1647 était de peu d'importance[60], il a certainement raison. Mais ce jugement ne doit pas se fonder sur la teneur même du traité, puisque les documents publiés récemment montrent que la France était prête à concéder encore plus qu'elle n'avait fait; le problème était que l'accommodement ne devait entrer en vigueur qu'en cas de paix franco-espagnole, que ses stipulations étaient trop molles et surtout que l'alliance franco-néerlandaise avait trop souffert pour qu'on pût y faire confiance.

56 Du 1er mars 1647; publié dans: APW II B 5/1 (voir n. 10), n° 153.

57 Cette proposition a été publiée, datée du 24 mai, dans: Aitzema, Verhael (voir n. 53), p. 351. Pour d'autres publications, cf. les références dans: APW II B 5/2 (voir n. 10), pièce n° 1 jointe à la lettre n° 294.

58 Arend, Geschiedenis (voir n. 36), p. 736–737.

59 Le texte français du traité se trouve par exemple dans: Dumont, Corps, t. VI/1 (voir n. 1), p. 396–397.

60 Smit, Geschiedenis (voir n. 1), p. 20; jugement similaire dans Tischer, Diplomatie (voir n. 38), p. 319–320. Pour les documents de la fin de ces négociations, voir aussi APW, Serie II, Abteilung B: Die französischen Korrespondenzen, Band 6: 1647, bearbeitet von Michael Rohrschneider unter Benutzung der Vorarbeiten von Kriemhild Goronzy und unter Mithilfe von Rita Bohlen, Münster 2004.

b. La France et la Suède

En ce qui concerne les relations avec la Suède, depuis l'été 1646 l'opinion commune des Français était que l'ambassadeur Johan Oxenstierna, qui se montrait intransigeant dans les négociations, suivait les ordres secrets de son père, le chancelier Axel Oxenstierna. En revanche, on supposait que la reine Christine voulait sincèrement la paix, comme le disaient les dépêches de Chanut, envoyé français à Stockholm. Les Français cherchaient par conséquent à soutenir discrètement la faction de la paix, dirigée par le maréchal Jakob Pontusson de La Gardie, et représentée à Osnabrück par le plénipotentiaire Salvius. Cette ligne de conduite avait été suggérée par Servien en septembre et octobre 1646, et Mazarin l'avait finalement adoptée. Or, avec le voyage du comte d'Avaux à Osnabrück en janvier 1647, celui-ci prit la direction des négociations avec les Suédois. Pour autant, Servien, à partir de La Haye, continua de préconiser la modération vis-à-vis des Suédois et des protestants, arguant que l'Empereur et l'Espagne profiteraient au détriment de la France d'une critique plus nuancée à l'égard de son allié. Par contre, d'Avaux considérait que la France devait mener nécessairement une propre politique impériale et confessionnelle pour faire barrage à une éventuelle hégémonie suédoise dans l'Empire. Ce n'étaient donc pas des sentiments religieux différents ou des opinions divergentes concernant la relation entre religion et raison d'État en général, mais des conceptions différentes de la situation politique et militaire concrète, et des futurs rapports de force dans l'Empire et en Europe, qui étaient à la base de la politique adoptée respectivement par d'Avaux et par Servien et qui reviennent constamment, comme un leitmotiv, dans leurs dépêches[61]. En novembre et décembre 1646, les ambassadeurs français cherchèrent d'abord à avancer les négociations au sujet du dédommagement de la Suède à Münster[62]; ils envoyèrent aussi Saint-Romain, ministre résident de France à Münster, en mission auprès de l'électeur de Brandebourg. En effet, les Impériaux avaient sollicité à deux reprises leur intervention dans cette partie des négociations avec la Suède, qui s'annonçaient très difficiles. Or, la proposition alternative que Salvius accepta[63] (selon laquelle la Suède devait retenir, entre autres, ou une partie de la Poméranie avec le consentement de l'électeur de Brandebourg, ou toute la Poméranie avec la garantie de l'Empereur et de l'Empire, au cas où l'électeur refuserait de donner son consentement), fut rejetée par le Brandebourg[64]. Dans cette situation,

61 Leurs positions respectives sont décrites par TISCHER, Diplomatie (voir n. 38), p. 296–297; cf. aussi leurs correspondances dans APW II B 5 (voir n. 10), passim (voir l'index).

62 J. Oxenstierna y séjourna du 14 au 21 novembre 1646, Salvius du 2 novembre au 1er décembre.

63 La Suède n'insista donc pas (toujours) sur la cession de la Poméranie entière, contrairement à ce qu'a récemment suggéré, en simplifiant la position suédoise, Paul SONNINO, From D'Avaux to Dévot: Politics and Religion in the Thirty Years War, in: History 87 (2002), p. 192–203, ici p. 201. Mais après avoir une fois acceptée l'alternative, les Suédois la remirent bien en question; pour l'évolution de leur position qui changea à plusieurs reprises, cf. l'introduction et les documents publiés dans: APW, Serie II, Abteilung C: Die schwedischen Korrespondenzen. Band 3: 1646–1647, bearbeitet von Gottfried LORENZ, Münster 1975; cf. également: Sven LUNDKVIST, Die schwedischen Friedenskonzeptionen und ihre Umsetzung in Osnabrück, in: Heinz DUCHHARDT (dir.), Der Westfälische Friede. Diplomatie – politische Zäsur – kulturelles Umfeld – Rezeptionsgeschichte, Munich 1998 (aussi publié dans: Historische Zeitschrift, Beiheft 26), p. 349–359.

64 Saint-Romain offre un résumé de cette réponse brandebourgeoise dans la relation qu'il rédigea à la fin de sa mission, le 31 décembre 1646; le texte est publié dans APW II B 5/1 (voir n. 10), pièce n° 2

J. Oxenstierna sembla préférer une autre solution qui paraissait beaucoup plus dangereuse aux Impériaux et aux Français: le dédommagement de la Suède en biens d'Église. Tandis que Servien partit, le 29 décembre 1646, à La Haye où il discuta de l'affaire personnellement avec l'électeur, d'Avaux suivit, le 16 janvier 1647, Trauttmansdorff qui était parti peu de temps avant à Osnabrück. C'est là qu'on devait mettre la dernière touche à l'accommodement au sujet du dédommagement territorial de la Suède. Dans ces négociations, le rôle du comte d'Avaux n'était pas celui d'un médiateur; le terme de »bons offices«, un concept du droit international que le comte utilise lui-même dans ses lettres, convient mieux pour traduire ses différentes interventions pour promouvoir la paix. D'un côté, d'Avaux intervenait dans les négociations entre les Suédois et les Brandebourgeois, ainsi que dans celles menées entre les Suédois et les Impériaux sur le dédommagement de la Suède, de l'autre dans les pourparlers entre catholiques et protestants concernant les *gravamina*, c'est-à-dire les demandes religieuses. Contrairement à un médiateur, d'Avaux n'exerçait pas une fonction qui lui était formellement accordée avec le consentement de toutes les parties, et il n'était pas informé de tous les aspects de la négociation, bien qu'il convienne de souligner, dans ce contexte, que contrairement à une idée reçue, il fut immédiatement informé de la teneur de l'accommodement au sujet du dédommagement de la Suède conclu le 18 février 1647[65]. Dans d'autres circonstances, d'Avaux y intervenait comme partie prenante, par exemple en discutant avec Trauttmansdorff du dédommagement de la Hesse-Cassel, alliée de la France. D'Avaux a un autre style de rendre compte de ses actions, qui diffère notamment de celui de Servien, dont les rapports sont plutôt remplis de réflexions politiques, de suppositions, de justifications, de jugements personnels. Par contre, d'Avaux décrit minutieusement le fil des négociations, avec des datations précises, des citations des documents sur lesquels on avait négocié, etc.; pour autant, ses mémoires et lettres ne sont pas moins subjectifs que ceux de ses collègues – au contraire, il procède seulement selon une manière plus subtile, et le choix bien réfléchi des détails qu'il rapporte est destiné à démontrer la nécessité de mener une politique religieuse indépendante dans l'Empire. À Osnabrück, il cherchait à imposer cette politique vis-à-vis des Suédois et des états protestants de l'Empire, contre les ordres qu'il reçut de Paris.

La France était tenue par ses traités d'alliance d'aider son allié à obtenir sa »satisfaction«, c'est-à-dire son dédommagement en territoires et en argent pour les coûts de la guerre. Mais l'intervention du comte d'Avaux s'explique aussi par la nécessité de résoudre le problème de la cession de la Poméranie d'une manière qui ne choque pas trop l'autre allié de la France, les Provinces-Unies, calvinistes comme la maison régnante de Brandebourg qui devait céder ce territoire, et liées par leur »dynastie« (la maison d'Orange) au Brandebourg, puisque l'électeur avait épousé, en 1646, une fille du prince Frédéric Henri. D'Avaux réussit vite à s'assurer la bienveillance de l'électeur qui reconnut sa gratitude envers la France pour n'avoir pas perdu toute la

jointe à la lettre n° 41. Il avait entamé sa première mission auprès de l'électeur, en compagnie de son collègue Courtin, le 8 novembre 1646.

65 Ce texte fut communiqué à d'Avaux par les Suédois, durant la semaine qui suivit sa signature, malgré le secret dont ces derniers étaient convenus avec les Impériaux. Nous avons pu nous-même démontrer ce fait: ibid. p. XCIX–C.

Poméranie. D'Avaux constatait aussi que les Impériaux étaient *plus civilz que les Suédois*[66], et Longueville[67], Brienne[68] et Mazarin[69] jugeaient de la même manière de l'intransigeance manifestée par ces derniers. Les Suédois donnèrent finalement leur accord à l'accommodement au sujet de leur dédommagement territorial qui fut conclu le 18 février, et qui leur assurait entre autres la Poméranie occidentale; leurs nouvelles prétentions de compensations en argent pour leur armée, jugées exorbitantes non seulement par les Impériaux, mais aussi par les Français, nourrirent cependant la crainte que la Suède ne comptât nullement licencier ses troupes.

c. La France et ses alliés allemands: le cas de la Bavière

Or, une fois le problème des cessions territoriales réglé, les négociations d'Osnabrück se concentrèrent sur les questions religieuses. D'Avaux proposa de s'opposer ouvertement aux demandes des alliés protestants de la France, soutenus par la Suède. Selon lui, la France risquait de perdre toute sa *réputation* en s'abstenant d'une prise de position claire[70]. Son collègue Servien était aussi d'avis que les prétentions des protestants et des Suédois pouvaient aboutir à des situations dans l'Empire que la France ne pourrait tolérer ni par *raison d'Estat* ni par *conscience*[71]. La différence qui opposait les deux ambassadeurs était peut-être partiellement due à leurs conceptions respectives des relations entre le politique et le religieux, mais il est certain qu'elle découlait surtout d'une perception divergente des possibilités pour une politique confessionnelle indépendante de la France en 1647, et des risques qu'elle comportait sur les plans diplomatique et militaire. C'est pourquoi Servien n'avança aucunement un refus de principe à l'égard de la politique proposée par d'Avaux, mais il y posa certaines conditions: selon lui, une telle politique n'était possible qu'après la conclusion du traité de garantie avec les Provinces-Unies et après la signature de la paix avec l'Espagne. Pourtant Servien, tout en disposant d'un bon ami dans l'entourage du comte d'Avaux à Osnabrück (il s'agit du ministre résident de France, La Court), ne put empêcher que son collègue ne prît la défense du catholicisme. Or, le soutien plutôt moral et une certaine assistance diplomatique mesurée que d'Avaux pouvait accorder aux états catholiques de l'Empire et aux Impériaux, ne modifiaient pas profondément la situation puisque

66 Mémoire du comte d'Avaux envoyé en cour, d'Osnabrück le 22 février 1647; publié ibid. n° 143, citation p. 679.

67 Dans une lettre adressée à Brienne, de Münster le 4 février 1647, Longueville souligne *les difficultez qui se trouvent dans la négotiation plus grandes souvent avec noz alliez qu'avec les parties mesmes*; original: Paris, Bibliothèque de l'Assemblée nationale, ms. 277, fol. 171–171'; publiée dans: NS IV (voir n. 21), p. 77 (le PS manque dans cette publication).

68 Cf. APW II B 5/1 (voir n. 10), n° 122.

69 Mazarin se plaignait des *peines indicibles* que les alliés causaient à la France soit en voulant trop vite (Provinces-Unies), soit en ne voulant pas du tout (Suède) la paix; cf. sa lettre adressée à Longueville, de Paris le 8 février 1647; publiée ibid. n° 108, citation p. 530.

70 D'Avaux revient fréquemment sur ce sujet; cf. ses lettres publiées dans APW II B 5 (voir n. 10), cf. l'index, et en particulier ibid. 5/1 n° 143. Pour sa politique religieuse en général, cf. également: Sonnino, d'Avaux (voir n. 63); malheureusement, Sonnino ne connaît pas encore l'étude de Tischer, Diplomatie (voir n. 38) publiée trois ans plus tôt. Pour la dichotomie religion/politique dans la première moitié du XVIIe siècle, en particulier dans la pensée de Richelieu, cf. également: William F. Church, Richelieu and Reason of State, Princeton 1972.

71 Cf. sa lettre adressée à Mazarin, de La Haye le 2 avril 1647; publiée dans: APW II B 5/2 (voir n. 10), n° 204, citation p. 970.

la France continuait à donner une assistance militaire et des subsides à ses alliés protestants. C'est pourquoi le comte durcit le ton de ses dépêches en disant qu'avec l'aide de la France, on finirait par élire un Empereur protestant[72]. Tout en partageant le mécontentement du comte d'Avaux envers les Suédois, peu enclins à la paix, Mazarin jugeait dangereux de critiquer ouvertement l'allié et de voir peut-être profiter les ennemis de la mauvaise intelligence qui en résulterait. Cependant, d'Avaux ne pouvait pas supporter de voir les protestants et les Suédois prétendre tant de biens d'Église; c'est pourquoi il déclara franchement à Johan Oxenstierna que la France ne payerait plus de subsides à la Suède[73], et que les traités d'alliance conclus par la France et la Suède ne comportaient aucune obligation de soutenir la politique confessionnelle suédoise. Le 15 mars 1647, Mazarin lui adressa un mémoire d'une forme particulière, voire unique parmi les correspondances des années 1646–1647; ce mémoire est intitulé: *Sentimentz de monsieur le cardinal Mazarin proposez et approuvez dans le Conseil du Roy et envoyez à monsieur d'Avaux à Osnabruck*[74]. Le titre et la teneur du mémoire expliquent les fondements juridiques des ordres transmis à d'Avaux, ce qui ne se faisait normalement jamais dans les dépêches adressées aux plénipotentiaires; Mazarin se fondait en effet sur le consentement du Conseil et sur un ordre royal; d'Avaux devait impérativement suivre la ligne de conduite fixée envers les Suédois dans ce mémoire, et il ne pouvait la modifier que si le changement de la situation le requérait et avec le consentement du duc de Longueville. La politique définie dans le mémoire ne semble pas être loin des conceptions du comte. Mazarin souligne que la France ne peut plus payer les subsides ordinaires à la Suède ni entretenir une aussi grande armée dans l'Empire; mais en ajoutant que pour la fermeté envers les Suédois, il est nécessaire de s'assurer préalablement du soutien des Impériaux, il pose une condition qui peut être expliquée différemment, en fonction de l'analyse subjective de la situation politique et militaire concrète. En effet, une semaine après, Mazarin se montra beaucoup moins optimiste au sujet d'une possible collaboration avec les Impériaux[75]. Et le cardinal jugeait mineure l'influence que la France pouvait exercer sur les Suédois, et par là sur le parti protestant dans l'Empire, puisque les Suédois savaient – selon lui – que la France, tout en avançant des menaces, ne romprait jamais avec eux, et même les soutiendrait en cas de difficultés, pour rétablir *l'équilibre* [des forces dans l'Empire] *qui luy convient*[76]. En tout cas, Mazarin excluait d'intervenir ouvertement contre les Suédois, mais il proposait de soutenir secrètement le parti catholique. Pour s'entendre discrètement avec le comte de Trauttmansdorff du procédé à tenir envers les protestants, il voulait se servir du député bavarois Krebs. Mais le moment n'y était pas propice: en effet, la Bavière venait de rompre avec l'Empereur.

72 Cf. ibid. 5/1 n° 172.

73 Cf. ibid. 5/2 n° 227; pour les payements de subsides en général, voir Gottfried LORENZ, Schweden und die französischen Hilfsgelder von 1638 bis 1649, in: Konrad REPGEN (dir.), Forschungen und Quellen zur Geschichte des Dreißigjährigen Krieges, Münster 1981 (Schriftenreihe der Vereinigung zur Erforschung der Neueren Geschichte e.V., 12), p. 98–148.

74 C'est le titre du duplicata envoyé à Servien, l'original n'étant pas conservé; publié dans: APW II B 5/2 (voir n. 10), n° 179.

75 Cf. le mémoire du roi adressé à d'Avaux, de Paris le 22 avril 1647; publié ibid. n° 191.

76 Cf. la lettre envoyée par Mazarin à d'Avaux, de Paris le 12 avril 1647; publiée ibid. n° 218, citation p. 1039.

Le plus grand succès de la politique française dans l'Empire, dans la période considérée ici, fut la conclusion de l'armistice avec la Bavière. La France avait déjà proposé aux Bavarois un armistice général au printemps 1646 puisqu'elle n'avait rien à gagner à affaiblir encore ce plus important état de l'Empire resté catholique. Malgré l'opposition suédoise, des négociations sur un cessez-le-feu particulier furent entamées en octobre 1646. Entre-temps, la situation militaire de la Bavière était devenue dramatique: le pays était occupé par les forces étrangères, et l'électeur avait dû fuir Munich. Par conséquent, en novembre, il notifia à l'Empereur qu'il voulait traiter d'un cessez-le-feu particulier. Les négociations d'armistice furent transférées en janvier 1647, à Ulm, en Souabe, où la France était représentée par Croissy et par Tracy, qui recevaient en partie leurs instructions directement de Münster, mais le plus souvent de Mazarin. Les Français constataient la volonté des Bavarois, mais aussi des Impériaux, qui étaient également présents à Ulm, de parvenir à un traité de paix. Le rôle principal des plénipotentiaires en Westphalie consistait à s'assurer du soutien des ambassadeurs suédois que les Français tenaient pour capricieux; leur objectif était d'obtenir que des ordres clairs et sans équivoque soient transmis au général suédois Wrangel pour favoriser les négociations d'Ulm auxquelles assistait une délégation suédoise[77], ou pour tolérer au moins un cessez-le-feu franco-bavarois sans participation suédoise. Les Impériaux suivant malgré leur bonne disposition de principe une démarche trop lente au goût des Bavarois, ces derniers agirent de plus en plus indépendamment dès la fin janvier, et confirmèrent la séparation complète en signant les deux traités de trêve respectivement avec la Suède et avec la France, le 14 mars 1647. Pour la France, qui avait escompté compenser la quasi-défection de l'allié néerlandais en se débarrassant d'un ennemi dans l'Empire et libérer ainsi l'armée de Turenne pour des opérations aux Pays-Bas, ce ne fut pourtant qu'un succès éphémère et apparent, puisque les troupes de Turenne refusèrent de repasser le Rhin et, dès l'été 1647, les Bavarois se rapprochèrent de nouveau des Impériaux. Or, à Paris, l'on considérait que *la suspention conclue avec Bavières sera sans doute la crise des affaires de l'Empire de façon ou d'autre*[78], non seulement à l'égard des États-Généraux, mais aussi des Suédois dont on croyait maintenant pouvoir contredire plus ouvertement la politique pro-protestante, et des Espagnols dont on avait affaibli – apparemment – le parti dans l'Empire. Et, bien évidemment, on se croyait en position de force envers l'Empereur au point de ne plus considérer comme un problème urgent la conclusion du traité de paix avec l'Empire[79]. Malgré une certaine euphorie, la prudence prit vite le dessus côté français: immédiatement après la ratification de l'armistice par l'électeur de Bavière, le 27 mars, on dépêcha Croissy à sa cour, craignant une intelligence secrète entre Bavarois et Impériaux. Une délégation bicéphale

77 Ces délégués rendaient apparemment la vie difficile à leurs homologues français puisque Tracy remarque dans une lettre adressée à Mazarin, d'Ulm le 8 mars 1647, qu'on avait eu *jusques à présent plus de difficultez avec nos alliez qu'avec nos ennemis*; original: AE, CP Bavière (voir n. 33), t. 2, fol. 65–66.

78 Mémoire du roi adressé à Longueville et d'Avaux, de Paris le 5 avril 1647; publié dans: APW II B 5/2 (voir n. 10), n° 205, citation p. 981.

79 Un long mémoire du roi, adressé à Longueville et d'Avaux, de Paris le 12 avril 1647, résume parfaitement la position du gouvernement français après la conclusion de l'armistice; il a été publié ibid. n° 215.

bavaroise envoyée en France peu de temps après ne réussit pas à dissiper les nuages qui réapparurent vite dans les relations franco-bavaroises. La situation des Français était en effet des plus difficiles puisqu'il s'agissait de nouer des relations plus étroites avec la Bavière catholique tout en ne rebutant pas l'allié suédois, l'ennemi acharné de la Bavière à laquelle l'opposait non seulement la différence confessionnelle, mais aussi d'autres litiges politiques. La France ne pouvait donc pas agir en toute liberté, d'autant plus que le député bavarois Haslang colporta la rumeur disant que les Suédois aspireraient à un traité d'armistice avec les Impériaux, dans l'intention de rompre celui conclu avec la Bavière. Tout en n'accordant pas entière créance à cette rumeur, les ambassadeurs français constatèrent en juin 1647 un certain rapprochement entre Impériaux et Suédois, qui voulaient remettre la discussion du problème du dédommagement de leur armée à un moment ultérieur à la signature de la paix. L'armistice d'Ulm ne rapporta donc pas à la France les avantages escomptés, ni sur le plan politique ni sur celui militaire, mais ce traité eut une certaine répercussion sur les négociations du congrès au sujet des questions religieuses ainsi que sur le début des pourparlers concernant le Palatinat; la France entama ainsi avec beaucoup d'optimisme ses négociations avec l'Espagne et avec l'Empereur en mai et juin 1647[80].

II. La France et ses ennemis

La France avait déclaré la guerre au roi d'Espagne en 1635. Sans déclaration de guerre formelle, elle était aussi entrée, la même année, en guerre ouverte contre l'Empereur avec lequel, juridiquement, elle était toujours en guerre depuis trois quarts de siècle. Les négociations pour parvenir à une paix, entamées en 1644/45, en plein conflit militaire, avaient déjà abouti à un certain nombre de succès dans le cas de l'Empereur, tandis que les pourparlers avec l'Espagne traînaient le pied. Voyons comment les choses évoluèrent en 1646/47.

a. La France et l'Espagne

Nous revenons seulement brièvement sur ce point-là, étant donné qu'un historien allemand a soutenu récemment une thèse d'habilitation traitant des négociations franco-espagnoles à Münster[81]. Pendant la période considérée, les envoyés néerlandais exerçaient la fonction de médiateurs, ou plutôt d'*interpositaires*, pour reprendre le terme utilisé dans les sources, dans les pourparlers entre la France et l'Espagne, à côté des médiateurs ordinaires, le nonce et l'ambassadeur de Venise, parfois qualifiés d'*anciens médiateurs* dans les correspondances et dont la médiation était passée au second plan, faute de succès. Les Néerlandais se servaient d'un document qu'ils avaient reçu le 22 septembre 1646 de la part des Français et qui résumait les principaux points litigieux entre France et Espagne[82]. Bien que durant l'automne les par-

80 Cf. le mémoire du roi à Longueville et d'Avaux, Paris 26 avril 1647; publié ibid. n° 242.

81 Michael Rohrschneider; jusqu'à la publication de son travail, on pourra se reporter à l'excellente synthèse d'Anuschka Tischer qui fait non seulement l'état des connaissances actuelles, mais a aussi dépouillé un grand nombre de documents inédits et apporté des connaissances nouvelles; cf. Id., Diplomatie (voir n. 38), p. 321–410.

82 Cf. APW II B 4 (voir n. 21), pièce n° 1 jointe à la lettre n° 171.

ties continuent de présenter des propositions et d'y répondre par écrit, les négociations semblent au point mort au début du mois de décembre, personne ne voulant renoncer à ses conceptions fondamentales, par exemple au sujet de la sûreté du traité. Une proposition élaborée par les Néerlandais pour faire redémarrer les pourparlers échoue. Qui plus est, un article présenté par la France *aux Holandois pour délivrer aux plénipotentiaires d'Espagne touchant la rétention des conquestes*[83] bloqua complètement les négociations, puisque la demande étendait la cession des places occupées par les Français en y ajoutant les lieux qui en dépendaient juridiquement. Pour cette raison, les Espagnols supposaient que chacune de leurs concessions ne causerait que de nouvelles demandes de la part de la France, et pour cette raison ils ne répondaient même plus aux propositions françaises. Du temps des négociations on était passés à celui des justifications: d'abord les Espagnols se justifièrent envers les Néerlandais[84]; peu de temps après, le député néerlandais Pauw résuma les positions respectives des deux pays dans un mémoire provoquant la colère des Français qui reprochèrent à Pauw d'avoir pris position en faveur des Espagnols[85]. Apparemment, les Espagnols et les Néerlandais voulaient imputer la faute de l'échec à la France seule pour préparer et justifier la signature de leurs propres articles de traité le 8 janvier 1647. En tous cas, il était évident que les Néerlandais voulaient la paix à tout prix. Les Français avaient commencé en décembre 1646 à rédiger un projet de traité franco-espagnol. Minuté aussi par Servien et d'Avaux, le projet fut présenté par Longueville resté seul à Münster, fin janvier 1647. Le fait que Longueville ait mené seul les négociations avec l'Espagne pendant une période cruciale, de janvier à avril 1647 (presque quatre mois!), remet sérieusement en question l'image traditionnelle que l'historiographie s'est faite de ce prince qualifié de simple représentant des splendeurs de la France au niveau des festivités et du cérémonial, sans emprise sur les vraies questions politiques[86]. La première décision importante du duc, de remettre aux Néerlandais son projet de traité[87], fut certainement la plus contestée pendant les quatre mois qu'il se trouva seul à Münster. Cette décision fit couler beaucoup d'encre, d'abord de la part de Servien qui attaqua vivement le duc, non seulement pour des raisons politiques proprement dites, mais aussi personnelles (Servien voulait lui-même négocier ce projet à La Haye)[88], et de la part du gouvernement à Paris,

83 APW II B 5/1 (voir n. 10), pièce n° 2 jointe à la lettre n° 35; publié en italien dans: Vittorio SIRI, Il Mercurio Ouero Historia De' correnti tempi, vol. VIII–IX, Casale 1667, ici t. VIII, p. 1241–1244.

84 Cf., au sujet de ce mémoire inédit, présenté le 23 décembre 1646: APW II B 5/1 (voir n. 10), pièce n° 1 jointe à la lettre n° 37.

85 Cf., au sujet de ce mémoire de début janvier 1647, inédit en langue française: ibid. pièce n° 1 jointe à la lettre n° 49; publié en italien dans: SIRI, Mercurio (voir n. 83), t. IX, p. 54–58 (première partie), et p. 84–86 (deuxième partie).

86 Martin PHILIPPSON le qualifie même de »zéro brillant« (»glänzende Null«); ID., Der Grosse Kurfürst Friedrich Wilhelm von Brandenburg. Erster Teil: 1640 bis 1660, Berlin 1897, p. 100. C'est TISCHER qui a commencé à nuancer ce jugement; ID., Diplomatie (voir n. 38), p. 104–105.

87 Longueville présenta en réalité le projet entier, non pas seulement »some definite articles«, comme écrit Paul SONNINO qui ne connaît pas les exemplaires complets de ce document, ce qui l'a induit en erreur; cf. ID., Prelude to the Fronde. The French Delegation at the Peace of Westphalia, in: DUCHHARDT (dir.), Friede (voir n. 63), p. 217–233, ici p. 229 et n. 19.

88 La première lettre critique envoyée de La Haye est publiée dans: APW II B 5/1 (voir n. 10), n° 118; d'autres lettres de Servien s'y réfèrent passim, cf. ibid. 5/2 l'index.

qui critiqua d'abord d'une manière modérée le fait que la remise du projet n'avait été concertée avec personne, ni avec le gouvernement, ni avec les collègues du duc[89]; puis ce dernier dut prendre la peine de rédiger de longues justifications, qui provoquèrent finalement la colère de Mazarin qui constata que le duc, dont il appréciait plus les capacités de capitaine militaire que de diplomate, ne suivait point ses bons conseils. Seul d'Avaux s'abstint de tout commentaire, ne se rangeant du côté de Mazarin qu'a posteriori, quand il apparut clairement que ce pas n'avait pas servi à débloquer la situation. De plus, Longueville choisit non seulement le moment de présenter le projet, mais décida aussi du texte même; en effet, malgré la participation des trois ambassadeurs à sa rédaction[90], on avait prévu des solutions alternatives dans certains cas. Il revenait donc à Longueville de décider quelle version serait finalement adoptée; ce fut le cas notamment pour l'article concernant le Portugal (avec ou sans nomination du roi Jean IV). Longueville prit sa décision sur les instances des Néerlandais et de Contarini. Le texte présenté intégralement, le soir du 25 janvier, aux Néerlandais, puis, quelques jours après, aux médiateurs »ordinaires«, ne fut transmis que par tranches d'articles aux Espagnols[91], qui reçurent les vingt premiers articles le 26 janvier 1647[92]. Pour juger du succès ou plutôt du manque de succès de la démarche entreprise par Longueville, on doit prendre en considération que son issue dépendait non seulement des représentants français et espagnols à Münster, mais aussi de la bonne volonté des Néerlandais sur lesquels le duc ne pouvait exercer presque aucune influence, d'autant plus que le gouvernement suivait la ligne de conduite proposée par Servien dans ses mémoires expédiés de La Haye préconisant l'intransigeance envers les Espagnols. Même si la présentation du projet français incita les Espagnols à répondre de nouveau par écrit aux propositions françaises et à présenter eux-mêmes un projet de traité, aucune des questions indécises (concernant par exemple le Portugal, les conquêtes françaises en Toscane, etc.) ne put être résolue. Qui plus est, en ordonnant aux ambassadeurs de menacer l'augmentation des demandes françaises, le gouvernement détruit lui-même complètement la confiance que les Espagnols pouvaient prendre dans les propositions françaises, et il les confirmait dans l'opinion qu'ils avaient prise que de toute façon, la France ne voulait pas la paix. Il paraissait aussi inacceptable aux Espagnols que la France introduise un élément dynamique dans ses demandes, en soutenant que la cession des places conquises devait aussi s'appliquer aux futures conquêtes qui interviendraient avant la signature de la paix, voire jusqu'à l'échange des ratifications, comme le prétendait Longueville fin avril 1647 sur l'ordre qu'il en avait reçu de la cour, ordre qui fut

89 La première lettre de Paris à ce sujet se trouve ibid. 5/1 n° 97; puis passim, cf. ibid. 5/2 l'index.

90 Il est difficile de saisir exactement la participation de chacun d'entre eux, puisque les brouillons font défaut. Cependant, les lettres publiées dans APW II B 5 (voir n. 10) donnent des indices précieux à ce sujet. En revanche, ces lettres sont parfois à interpréter avec prudence parce que, par exemple, Servien ne connaissait pas le texte définitif présenté par Longueville, de sorte qu'il fut lui-même parfois induit en erreur en commentant, même publiquement (au moins dans un cas), le projet français; cf. ibid. 5/2 n° 229, 276 et 282.

91 Au sujet des nombreuses copies dans les archives européennes et en particulier françaises ainsi que pour deux publications de ce document au XVIIe siècle, cf. ibid. 5/1 pièce n° 1 jointe à la lettre n° 86, en particulier p. 440–441 n. 7.

92 Ibid. n° 112.

réitéré début mai[93]. Si l'on considère, par contre, la modération des Néerlandais qui renoncèrent à toute prétention semblable dans les articles qu'ils signaient avec l'Espagne, et se montraient un partenaire saturé, fiable et dont la politique était prévisible, on tient peut-être une clé pour comprendre les raisons de l'échec des négociations franco-espagnoles. Or, Longueville, à certains égards plus prudent que le gouvernement à Paris[94], introduisit lui-même un second élément dynamique dans les pourparlers avec l'Espagne, en déclarant les propositions françaises non valables au cas où les Néerlandais refuseraient de signer un traité de garantie avec la France[95]. Même en acceptant les demandes françaises, l'Espagne ne pouvait être sûre d'avancer sur le chemin vers la paix, et la France garderait de toute façon les mains libres. Quoi qu'il en soit, l'Espagne présenta une réplique[96] au projet français et un propre projet de traité[97] qui furent à leur tour rejetés par les Français[98]. Longueville, assisté par d'Avaux qui séjourna à Münster du 18 mars au 3 avril, obtint que le projet français servît de base aux négociations, mais en avril 1647 les pourparlers entrèrent de nouveau dans une grave crise, bien que la médiation par Chigi et Contarini, qui avaient de nouveau pris la direction des négociations franco-espagnols, fût couronnée d'un certain nombre de succès au début du mois; notamment, Français et Espagnols étaient pour la première fois convenus de la teneur exacte de certains articles[99]. En mai et juin les négociations n'avancèrent plus du tout. La France, qui avait fourni le texte dont on devait discuter, était tellement sur la défensive que Longueville et d'Avaux déclarèrent dès la mi-avril ne plus être *maistre des termes et des paroles* des pourparlers[100]. Le principal problème substantiel des négociations était le Portugal, et notamment le droit d'assister cet allié après la conclusion de la paix, que la France voulait se réserver. Un problème pratique dont les Français n'avaient pas encore pris connaissance était le fait que les Espagnols avaient intercepté 90 lettres échangées entre la cour de France et ses plénipotentiaires dans la période allant du 4 janvier au 22 juin 1647[101].

Substantiellement, les négociations de mai et de juin 1647 tournaient donc autour d'un allié de la France, le Portugal. En ce qui concerne le droit d'assister son allié auquel la France prétendait après la signature de la paix franco-espagnole, deux

93 Cf. ibid. 5/2 n° 247 et 255.
94 Il hésitait par exemple, en février 1647, à menacer l'Espagne d'augmenter les prétentions au sujet du Portugal; cf. ibid. 5/1 n° 129.
95 Cf. ibid. n° 112, 127 et 129.
96 Présentée à Longueville le 16 mars 1647. Document inédit; cf. ibid. 5/2 pièce n° 1 jointe à la lettre n° 189.
97 En date du 24 février 1647, et remis aux Français le 26 du même mois. Le projet bilingue (en français et en espagnol) a été publié dans: NS IV (voir n. 21), p. 224–233; pour les copies manuscrites et une traduction italienne cf. APW II B 5/1 (voir n. 10), pièce n° 1 jointe à la lettre n° 156.
98 Longueville ne répondit même pas par écrit au projet espagnol; le contraire a été soutenu à cause de notes internes que le duc avait rédigées et aussi montrées à ses interlocuteurs; cf. ibid. p. CXXXV–CXXXVI n. 410. Aussi sur ce point-là, l'historiographie antérieure est donc à corriger sur la base de nos recherches.
99 Il s'agit des articles 1 à 20 selon la numérotation du projet français; cf. ibid. 5/2 pièce n° 1 jointe à la lettre n° 225.
100 Mémoire envoyé en cour par Longueville, de Münster le 15 avril 1647; publié ibid. n° 225, citation p. 1059.
101 Cf. ibid. 5/1 p. CXXXVIII.

points furent discutés: premièrement un article du traité de paix permettant en général l'assistance d'un allié[102]; deuxièmement une attestation des médiateurs, des *interpositaires* et des Impériaux confirmant que ce droit exprimé de manière générale dans le traité, devait s'appliquer particulièrement au Portugal. En outre, la France voulait obtenir une courte trêve pour le Portugal et la libération du prince Édouard de Bragance, frère de Jean IV. Or, ces prétentions constituaient un obstacle insurmontable, l'Espagne ne voulant point céder dans ces questions qui concernaient la péninsule Ibérique et donc le cœur même des intérêts espagnols, d'autant plus que le prétendu roi de Portugal était un simple rebelle dans l'optique de Philippe IV; pourquoi la France tenait-elle tellement à cette alliance? Les correspondances récemment publiées sont très claires sur ce point-là: le problème du Portugal faisait partie de l'*assecuratio pacis*, de la sûreté de la paix. On ne voulait pas donner à l'Espagne la possibilité de recommencer la guerre contre la France, ou lui fournir un prétexte pour la faire. Étant donné l'intransigeance des Espagnols, les ambassadeurs français se désistèrent formellement, fin mai, dans une conférence avec les médiateurs, de la prétention d'une trêve, tout en maintenant celle du droit d'assistance. Toutefois, les succès remportés par l'Espagne dans les Pays-Bas à ce moment-là[103] n'incitèrent guère ses ambassadeurs à reprendre les négociations, d'autant plus que tous les *interpositaires* néerlandais étaient retournés dans leur pays dès le mois de juin. Celles-ci étaient pratiquement suspendues jusqu'en septembre 1647. À part ces pierres d'achoppement dans les pourparlers avec les ennemis, Servien fit une remarque significative des tensions qui existaient entre la France et ses alliés: en effet, il pensait qu'il serait extrêmement difficile d'obtenir l'attestation concernant le droit d'assistance de la part des *interpositaires* néerlandais, puisque les États-Généraux étaient eux-mêmes sur le point d'entrer en guerre contre le Portugal, de sorte qu'ils devaient craindre de certifier à la France un droit qui permettrait à celle-ci de fournir au Portugal des troupes auxiliaires françaises pour combattre l'armée néerlandaise. En outre, Servien affirmait que la Suède approuverait une paix particulière entre l'Espagne et les Provinces-Unies. Même si l'on peut à juste titre douter de cette dernière assertion, les ambassadeurs suédois arrivés à Münster début juin poussèrent effectivement à ce moment-là les Français à conclure la paix, et le 24 juin les plénipotentiaires français en Westphalie rapportèrent même que tout le congrès désirait que la France se désistât de ses prétentions au sujet du droit d'assistance[104]. La diplomatie française se trouvait donc dans une situation très délicate à cause des liens existant entre les différents problèmes qui se négociaient parallèlement avec différents partenaires; c'est ainsi que dans les négociations avec l'Espagne, la France ne voulait pas renoncer à demander la restitution des enclaves occupées par les Espagnols au diocèse de Liège, tout en ne tenant pas véritablement à cette prétention, puisque les États-Généraux étaient obligés de garantir les stipulations de la paix concernant les Pays-Bas; il paraissait donc nécessaire de tenir à cette demande jusqu'à la conclusion du traité de garantie réciproque avec les Provinces-Unies.

102 La France voulait d'ailleurs formuler cet article d'une manière qu'en soit exclue la Lorraine, alliée de l'Espagne.

103 Notamment le siège mis devant Armentières.

104 APW II B 5/2 (voir n. 10), n° 345 et 346.

Le fait que les envoyés néerlandais servaient d'*interpositaires* ou d'*entremetteurs* dans les pourparlers franco-espagnols traduisait la position de quasi-neutralité des Provinces-Unies qui, de iure, étaient – rappelons-le – toujours l'allié d'une partie (la France) et l'ennemi en guerre avec l'autre (l'Espagne)! Or, de facto, au moins selon l'avis de Servien et de Mazarin, les *interpositaires* néerlandais étaient plutôt *espagnols* que neutres. En particulier, Servien attaqua publiquement Pauw et Knuyt, les accusant non seulement de partialité, mais aussi de corruption, envenimant ainsi les relations franco-néerlandaises. Comme Mazarin soutenait cette position, Longueville décida, le 17 mars 1647, d'exclure de l'interposition Pauw, resté seul envoyé néerlandais à Münster. Critiqué pour cette décision qu'il avait lui-même prise à contrecœur, Longueville justifia son procédé en expliquant que les prises de position adoptées par Servien et par le gouvernement ne lui laissaient guère d'autre choix. Puis, quand, avec Meinerswijk, un autre représentant néerlandais revint à Münster, Servien n'hésita pas à adresser un mémoire aux États-Généraux dans lequel il l'accusait de mensonges. On voit mal comment Longueville aurait pu mettre en pratique la solution suggérée par Servien, basée sur une distinction subtile consistant à laisser l'interposition entre les mains des États-Généraux, et en exclure seulement les diplomates dont la France se méfiait, c'est-à-dire pratiquement tous leurs envoyés qui se trouvaient sur le lieu de la négociation. Pour assurer les Provinces-Unies de l'amitié de la France et de la confiance qu'on avait prise en elles, on imaginait alors d'autres solutions, par exemple un arbitrage de l'assemblée des États-Généraux pour régler les litiges qui opposaient les Français aux Espagnols. Cependant, les précautions qui accompagnaient cette offre faite d'abord en avril 1647, pour répondre à une proposition analogue de la part de l'Espagne, et précisée en mai et juin, témoignaient plutôt de la méfiance française envers les États-Généraux. C'est ainsi que la France voulait se réserver le choix des arbitres, exclure plusieurs points de leur jugement et obtenir un certain nombre de concessions de la part de l'Espagne avant de se soumettre à l'arbitrage. Il est hautement significatif que du côté français, on attendait seulement des décisions en faveur de l'Espagne d'un arbitrage néerlandais[105]. On ne sera pas étonné de savoir que ni cette offre d'arbitrage ni d'autres projets proposés par Servien pour régler les litiges franco-espagnols à La Haye n'eurent aucun succès, mais qu'ils finirent tous par dégrader encore plus les relations franco-néerlandaises[106] tout en n'avançant en aucune manière les négociations avec l'Espagne.

b. La France et l'Empereur

Pendant toute la période que nous considérons, il n'y avait de négociations intenses entre Français et Impériaux qu'en mai et juin 1647. Les deux parties se servaient toujours de la médiation de Chigi et de Contarini. En outre, durant leur séjour à Osnabrück, d'Avaux et Trauttmansdorff entretenaient des contacts personnels assez régu-

105 Tandis que la plupart des précautions qui traduisent cette crainte sont suggérées par Servien et par Mazarin, cette attente est aussi clairement exprimée dans un mémoire envoyé en cour par Longueville et d'Avaux, de Münster le 17 juin 1647; publié ibid. n° 332.

106 Un autre projet d'arbitrage, cette fois initialement conçu pour courtiser la princesse d'Orange, déclencha finalement une telle dispute entre celle-ci et Servien que même Mazarin s'étonna du procédé de son protégé; cf. sur ce projet en particulier ibid. n° 284 et l'index.

liers, mais c'était plutôt pour échanger leurs opinions respectives, par exemple au sujet d'une éventuelle assistance impériale accordée à l'Espagne en cas de séparation des deux branches de la maison d'Autriche, et pour préparer les véritables négociations qui devaient se faire à Münster à l'aide des médiateurs. Quand Trauttmansdorff retourna à Münster, les Français attendaient de lui qu'il employât son autorité sur les Espagnols pour promouvoir les négociations entre ces derniers et la France. Mais cette emprise était bien inférieure aux espoirs français. Au contraire, le retour de Trauttmansdorff fit ressurgir des problèmes dans les pourparlers franco-impériaux. Les ambassadeurs français étaient bien conscients de n'avoir conclu avec les Impériaux, en septembre 1646, qu'un accommodement avec une durée déterminée[107]. Cependant, on était sûr d'avoir quasi assuré la »satisfaction« française dans l'Empire, bien qu'on s'attendît à la discussion de certains détails, et malgré quelques incertitudes à la cour où l'on demandait l'avis des diplomates sur le caractère obligatoire des stipulations dont on était convenu, et où on voulait par exemple savoir s'il était toujours possible de tenir l'Alsace en fief de l'Empire[108]. L'opinion de Longueville et du comte d'Avaux était qu'il convenait d'éviter les changements souhaités par les Impériaux, mais qu'il était difficile de modifier en faveur de la France les clauses une fois arrêtées[109]. Le 1er juin 1647, la cour donna effectivement l'ordre de ne pas se désister du compromis trouvé en septembre 1646, même dans une situation militaire plus favorable à la France[110]. Or, sur certains points, les interprétations respectives des deux délégations française et impériale différaient considérablement; il était donc nécessaire de clarifier les articles ou, faute de compromis, de laisser ces questions en suspens. C'était notamment vrai pour la cession de Metz, Toul et Verdun à la France: les ambassadeurs français tenaient que les Impériaux devaient céder les diocèses; les Impériaux, pour leur part, attribuaient aux mots employés dans l'article de cession, le sens de »district temporel« des évêques, qui recouvrait un territoire et des droits moins importants. En effet, le 31 août 1646, les Impériaux avaient cherché à trancher le problème de la cession des Trois-Évêchés en leur faveur, en insérant le mot *temporales* derrière *districtus*. Cette adjonction étant refusée par les négociateurs du roi, l'ambiguïté persista, et ce différend ne fut pas résolu en septembre 1646. Pourtant, les Impériaux continuèrent à chercher à imposer leur interprétation. Après la consultation d'un juriste néerlandais, Servien soutint la cession de tous les droits de l'Empereur et de l'Empire dans les diocèses et dans tout le territoire qui dépendait de leur juridiction spirituelle et temporelle; pour cette raison, il refusa la proposition que les Impériaux avaient faite de nouveau dans leur projet de cession des Trois-Évêchés allant dans le sens contraire, d'ajouter dans l'instrument de cession, derrière le mot *districtus*, celui de *temporales*[111]. La cour adopta cette position et donna des ins-

107 Cf. Konrad REPGEN, Die kaiserlich-französischen Satisfaktionsartikel vom 13. September 1646 – ein befristetes Agreement, in: DUCHHARDT (dir.), Friede (voir n. 63), p. 175–216.

108 Cf. APW II B 5/2 (voir n. 10), n° 267.

109 Cf. par exemple ibid. n° 313, 320, 344 et 346.

110 Ibid. n° 298.

111 Cf. ibid. n° 295, 297, 309 et 323. Pour le déroulement de ces négociations et les termes utilisés cf. aussi: Konrad REPGEN, Salvo iure Sanctae Sedis? Die Zessionsbestimmungen des Westfälischen Friedens für Metz, Toul und Verdun als Konkordatsrechts-Problem. Article d'abord publié en

tructions en conformité aux ambassadeurs de Münster[112]. Le deuxième problème dans les négociations franco-impériales de mai et juin 1647 fut l'assistance que l'Empereur pourrait donner à l'Espagne après la signature de la paix franco-impériale. La France voulait interdire à l'Empereur de donner cette assistance, en qualité d'Empereur, voire en celle de prince de l'Empire, mais non seulement les Impériaux s'y opposaient farouchement, mais aussi les médiateurs et les Suédois poussaient les Français à ne pas faire autant de difficultés et d'en venir à la conclusion de la paix. Rosenhane, ministre résident suédois à Münster, déclara publiquement qu'il n'approuvait pas la clause d'interdiction demandée par la France, et qu'il ne tenait pas pour raisonnable d'ajourner la signature de la paix dans l'Empire pour attendre la fin des négociations franco-espagnoles. Or, d'après les traités d'alliance, la Suède était tenue de soutenir cette demande française puisqu'elle concernait la sûreté de la paix. Tout en n'acceptant aucun compromis, la France ne put tirer aucun avantage de sa fermeté en mai et juin 1647. Les deux projets de traité de paix présentés par Trauttmansdorff respectivement le 11 (traité sans la nomination du pape)[113] et le 12 (traité avec sa nomination)[114] juin 1647, témoignèrent de la multitude des problèmes qui persistaient entre la France et l'Empereur et qu'on avait peut-être sous-estimés. Or, si dans leur critique de ces projets, Longueville et d'Avaux soulignaient la *quantité de choses à réformer dans ce project*[115], cela signifiait bien qu'on avait encore beaucoup de travail à faire, mais aussi que les projets constituaient la base sur laquelle on pouvait négocier, une base que les Espagnols n'avaient pas fournie. Or, ces projets de Trauttmansdorff montrèrent clairement que Mazarin avait mal interprété la situation de l'Empereur qui n'était finalement pas si désespéré qu'il l'avait pensé, en écrivant par exemple au comte d'Avaux que l'Empereur devait donner son accord à toutes les conditions pour éviter sa ruine, et que, pour cela, *la paix de l'Empire est indubitable*[116]. Mais on n'en était pas encore arrivé à ce point, et l'Empereur continuait par exemple à refuser l'autonomie confessionnelle demandée par les protestants dans les pays héréditaires des Habsbourg, demande dont Mazarin avait estimé qu'il l'accorderait. Or, face à cette faiblesse supposée de l'Empereur, la question se posait de savoir quelle position la France devait ou pouvait adopter face aux demandes religieuses de ses alliés qui semblaient menacer la survie même du catholicisme dans l'Empire, et qui mettaient ainsi la France devant un choix difficile entre politique et religion.

1991, puis dans: Id., Dreißigjähriger Krieg und Westfälischer Friede. Studien und Quellen. Hg. von Franz Bosbach und Christoph Kampmann, Paderborn et al. 1998 (Rechts- und Staatswissenschaftliche Veröffentlichungen der Görres-Gesellschaft. Neue Folge, 81), p. 562–596 (ibid. ^{2}1999). Nous précisons ainsi notre propre étude de ce problème dans: Braun, Traductions (voir n. 6), p. 152–153.

112 APW II B 5/2 (voir n. 10), n° 326.

113 Document inédit; cf. ibid. pièce n° 2 jointe au mémoire n° 345.

114 Publié dans sa version latine originale dans: Johann Gottfried von Meiern (verfasset und beschrieben von), Acta Pacis Westphalicæ Publica. Oder: Westphälische Friedens=Handlungen und Geschichte. Erster – Sechster Theil, Hanovre 1734–1736 (réimprimé à Osnabrück, en 1969), ici t. V, p. 130–140; une traduction française partielle se trouve dans: NS IV (voir n. 21), p. 344–353; cf. aussi APW II B 5/2 (voir n. 10), pièce n° 1 jointe au mémoire n° 345.

115 Cf. leur mémoire adressé à Louis XIV, de Münster le 17 juin 1647; publié ibid. n° 332, citation p. 1495.

116 Lettre de Mazarin à d'Avaux, Paris 12 avril 1647; publié ibid. n° 218, citation p. 1038.

III. Politique et religion

Pendant ses deux séjours à Osnabrück, entre le 16 janvier et le 23 avril 1647, le comte d'Avaux se sentait très proche du comte de Trauttmansdorff, plus proche de toute façon que des alliés suédois, parmi lesquels il préférait Salvius. Il prit au sérieux les menaces de Trauttmansdorff de quitter le congrès, étant donné l'intransigeance du parti protestant. La France, elle aussi, aspirait à la paix dans l'Empire parce qu'elle n'attendait aucun avantage de la poursuite des opérations. Les Suédois souhaitant par contre la poursuite de la guerre, les intérêts de la France coïncidaient plutôt avec ceux de l'Empereur. Du côté français, on était d'avis que de toute façon, les états protestants de l'Empire penchaient du côté suédois. Pour cette raison, il aurait été trop périlleux de s'opposer seul à leurs prétentions de biens d'Église et de droits confessionnels dans l'Empire. Se méfiant de l'Espagne dont on était sûr qu'elle exploiterait des tensions religieuses au détriment de la France, les Français ne pouvaient recourir qu'aux Impériaux et à certains états catholiques comme la Bavière. On peut supposer qu'une politique confessionnelle menée contre les propres alliés et en collaboration avec l'ennemi[117], était une affaire tellement délicate, que Mazarin allégua le consentement royal et du Conseil – comme nous l'avons vu – dans les ordres qu'il transmit à d'Avaux, lui ordonnant de s'assurer avant tout de la confiance qu'on pouvait prendre en Trauttmansdorff. Mazarin et d'Avaux pensaient que de toute façon, sans l'aide de l'Empereur et sans la conclusion rapide de la paix, la France perdrait toute emprise sur les états protestants de l'Empire. Si la France ne s'opposait pas aux protestants, la Suède deviendrait le champion du protestantisme triomphant dans l'Empire et pourrait tranquillement jouir de son hégémonie. Si elle s'y opposait, les états protestants et la Suède deviendraient ses ennemis. C'est pourquoi l'Empereur était l'instrument indispensable pour mettre en pratique une politique que la France ne pouvait pas elle-même mener ouvertement. Or, la conclusion de l'armistice d'Ulm compromit pendant un certain temps cette coopération que Mazarin entendait commencer par l'intermédiaire de l'ambassadeur bavarois à Münster. Mais généralement, Longueville et d'Avaux n'excluaient pas cette collaboration, puisque selon eux, on pouvait se fier aux Impériaux dans les questions religieuses. Fin mars, les Impériaux prirent aussi une initiative dans ce sens: l'ambassadeur impérial Nassau demanda officiellement, via les médiateurs, le soutien français dans les négociations concernant les *gravamina*, ajoutant au nom de Trauttmansdorff que l'aide diplomatique des Français n'était pas utile s'ils continuaient à favoriser militairement et financièrement le parti protestant. Les sûretés qu'on demandait à Paris rendirent impossible cette collaboration; même les plénipotentiaires à Münster se fiaient bien à Trauttmansdorff, mais non pas à l'ambassade impériale toute entière, et notamment pas à Lamberg, tenu pour *espagnol* et qu'ils voulaient exclure de la coopération. Ce fut pourtant Servien qui détermina la position adoptée par le gouvernement; il doutait de l'intégrité per-

117 C'est cet élément de la coopération notamment avec les Impériaux, à maintes reprises évoqué dans les correspondances de 1647, que Sonnino néglige complètement; cf. Id., d'Avaux (voir n. 63). Nous n'aborderons pas ici la question de savoir si la France était véritablement sur le point de favoriser ou de tolérer une guerre de religion: Mazarin s'en serait bien défendu; mais il est important de noter que d'Avaux exerça une pression sur le cardinal pour qu'il prenne position, et de voir que Mazarin prit ses précautions en lui répondant, mesurant bien le poids et la portée de cette décision.

sonnelle de Trauttmansdorff (en réalité, Trauttmansdorff, qui jouissait d'un respect énorme auprès de Mazarin, était un homme intègre). Ne se fiant pas aux Impériaux, Servien nia la possibilité de mener une politique confessionnelle qui ne tînt pas compte des alliances. La cour reprit en partie mot à mot son argumentation dans les dépêches envoyées en Westphalie[118]. Or, s'il est peut-être exagéré de dire que d'Avaux se fichait de ses ordres, il est certain qu'il prit une certaine liberté dans leur interprétation: il faisait ce qu'il pouvait pour soutenir le catholicisme dans les marges de manœuvres étroites qui lui étaient fixées. Mazarin confia à Servien son opinion que d'Avaux contrevenait à ses instructions[119], mais il ne l'attaqua pas directement. D'Avaux, qui flairait probablement le vent, se justifia dans un très long mémoire, le 29 avril 1647, soulignant qu'il avait bien pu se fier à Trauttmansdorff et qu'il n'avait pas pu mener une politique plus modérée vis-à-vis des protestants sans devenir lui-même Luthérien[120]. D'Avaux exagère certainement un peu, et s'il pouvait convaincre au moins Brienne de sa conception de politique confessionnelle, les résultats de celle-ci furent bien maigres: on ne réussit jamais à établir une vraie politique religieuse commune entre les pays catholiques belligérants, et les Impériaux durent céder aux exigences protestantes dans de nombreuses questions. Cependant, ce fut certainement durant la période allant de janvier à avril 1647 que la France avançait le plus vers une politique impériale et religieuse indépendante au congrès de Westphalie; ceci permet peut-être d'expliquer pourquoi on considérait déjà au XVIIe siècle les négociations du comte d'Avaux à Osnabrück comme une unité et qu'on leur consacrait une propre compilation de dépêches, dont les copies se trouvent aujourd'hui dans de nombreuses archives et bibliothèques françaises et étrangères[121]. Dans le contexte de la politique religieuse, il est d'ailleurs difficile de saisir l'impact des ecclésiastiques. Si Servien se plaint que, au lieu de suivre ses conseils, Longueville et d'Avaux persistent dans *d'autres opinions que leur persuadent les moynes*[122], on peut supposer une certaine influence par exemple de l'aumônier qui accompagnait d'Avaux, François Ogier[123], mais la genèse des prises de position des différents ambassadeurs et de Mazarin, au niveau personnel, reste largement dans l'ombre. En outre, la question qui consiste à savoir si d'Avaux aspirait seulement dans la situation concrète (les négociations sur les *gravamina*), à une révision momentanée et ponctuelle de la politique française envers les protestants, ou s'il remettait en question le principe même de la politique d'alliances imaginée par Richelieu et qu'il avait lui-même soutenue comme diplomate pendant plusieurs décennies, reste posée; plutôt qu'un »changement de politique« (»change of politics«), on peut probablement voir dans ses prises de position en 1647, avec Sonnino, une évaluation de la situation qui

118 Cf. APW II B 5/2 (voir n. 10), n° 204 avec ibid. n° 215.
119 Ibid. n° 259.
120 Ibid. n° 249.
121 Nous avons pu trouver 14 manuscrits contenant cette collection de dépêches; cf. ibid. 5/1 p. CLXXI–CLXXII.
122 Ibid. 5/2 n° 274, citation p. 1297.
123 Cf. Hermann Weber, Friede und Gewissen, in: Forschungen und Studien zur Geschichte des Westfälischen Friedens. Vorträge bei dem Colloquium französischer und deutscher Historiker vom 28. April–30. April 1963 in Münster, Münster 1965 (Schriftenreihe der Vereinigung zur Erforschung der Neueren Geschichte e.V., 1), p. 85–108.

différait du temps de Richelieu – une réévaluation de la guerre de Trente Ans qui se serait annoncée, toujours d'après Sonnino, dès 1645 pour déboucher sur un débat entre d'Avaux d'un côté, Mazarin et Servien de l'autre partiellement clos en été 1646 et rouvert dès l'automne de la même année et surtout au début de 1647[124]. En revanche, malgré ces incertitudes, les correspondances montrent bien la genèse de la politique confessionnelle de la France au niveau des échanges épistolaires des protagonistes: elle y apparaît avec ses hésitations et ses contradictions, dans la recherche d'une position conciliant le politique et le religieux, la raison d'État et la conscience.

Conclusion: De la crise au succès remporté par la diplomatie française dans les traités de paix de Westphalie

La situation que nous avons décrite, dans cet article, montre clairement que les jeux n'étaient pas encore faits en 1646–1647; bien au contraire, la France vivait un moment de crise diplomatique et les succès qu'elle devait remporter le 24 octobre 1648 n'étaient point encore assurés. Le départ de Trauttmansdorff du congrès, le 19 juillet 1647, marqua une rupture dans la politique du congrès en général, et aussi pour la France en particulier. L'arrivée du principal plénipotentiaire de l'Empereur, qui était en fait son »alter ego«[125], avait nourri, deux ans auparavant, de grands espoirs en France, de sorte que la cour avait dépêché, le 23 novembre 1645, une nouvelle instruction aux ambassadeurs qui tenait compte de ce changement de situation[126]. Or, au moment où Mazarin pensait *qu'on va fondre la cloche*[127], il subit comme un choc le départ du ministre impérial. Adolphe Chéruel, tout en commettant quelques erreurs dans le récit des événements, dépeint magistralement et avec des couleurs vives cette situation dramatique que la France vécut en été 1647; il cite notamment le jugement de l'ambassadeur vénitien à Paris, Nani, qui décrit physiquement le cardinal Mazarin, disant que son visage était devenu pâle et ses cheveux, blancs *(scolorito nel viso, et imbiancato nel capo)*[128]. Le titre que Fritz Dickmann a

124 Sonnino, d'Avaux (voir n. 63), p. 194 (citation), et p. 198–201. L'historien américain reconnaît – à juste titre, me paraît-il – une différente application des principes de Richelieu dans la politique de Mazarin et dans celle du comte d'Avaux (»differences in its application«, p. 199), et va jusqu'à dire que Mazarin aurait trahi la cause de Richelieu (»If we listen to the voice of D'Avaux, however, Mazarin betrayed the cause of Richelieu«, p. 203). Si cette dernière assertion reste hypothétique, il semble tout à fait juste de dire que d'Avaux ne voulait pas accepter autant de concessions accordées aux protestants que Mazarin n'était prêt à tolérer, et que les deux hommes d'État avaient une différente idée des rapports entre *conscience*, *nécessité* et *loi*.

125 Hans Wagner, Die kaiserlichen Diplomaten auf dem Westfälischen Friedenskongreß, in: Erich Zöllner (dir.), Diplomatie und Außenpolitik Österreichs. 11 Beiträge zu ihrer Geschichte, Vienne/Autriche 1977 (Schriften des Instituts für Österreichkunde, 30), p. 59–73; Konrad Repgen, Maximilien, comte de Trauttmansdorff, négociateur en chef de l'empereur aux traités de paix de Prague et de Westphalie, in: Lucien Bély, Isabelle Richefort (dir.), L'Europe des traités de Westphalie. Esprit de la diplomatie et diplomatie de l'esprit, Paris 2000, p. 347–361.

126 Publié dans: APW II B 5/2 (voir n. 10), n° 267.

127 Cf. Mazarin à Servien, Paris 15 mars 1647; publié ibid. n° 181, citation p. 849. Des jugements similaires se trouvent aussi à d'autres moments et dans d'autres documents de la période novembre 1646–juin 1647.

128 Chéruel, Minorité, t. II (voir n. 26), p. 465–469, citation p. 466 n. 1.

choisi dans le chapitre de sa grande monographie sur la paix de Westphalie qui traite de la même période que nous venons de considérer, semble bien propre à traduire non seulement la situation de la politique impériale, mais aussi de celle française; il s'intitule en effet »Krise und Neubeginn«[129] (»crise et nouveau commencement«). La crise de la diplomatie française résulta des intérêts divergents de ses alliés. En réalité, on peut observer une constellation étonnante: les intérêts de l'Espagne coïncidaient dans de nombreux points avec ceux des Provinces-Unies; il en allait de même pour la France et l'Empereur (ou, du moins, c'était l'opinion qui prévalait en France). Depuis septembre 1646, les problèmes les plus épineux semblèrent réglés, et les Français et les Impériaux avaient un objectif commun: une paix rapide dans l'Empire. Mais pour cela, il aurait fallu tenir en bride les Suédois et les états protestants, afin d'éviter leur future hégémonie en Allemagne. On voyait bien à Paris que hormis certains états (comme la Hesse-Cassel ou la Bavière) seul Trauttmansdorff pouvait soutenir la politique française. Dans cet état des choses, les projets de traité présentés par Trauttmansdorff aiguisèrent le sentiment de crise; mais finalement, il en résulta plutôt un nouveau commencement, une nouvelle étape sur la marche vers la paix qui mena d'abord au traité préliminaire conclu entre les Impériaux et les Français le 14 novembre 1647[130]. Cependant, le fait qu'on allât négocier sur un projet présenté par les Impériaux et non pas par la France, montrait que la France se trouvait sur la défensive et qu'elle réagissait plutôt qu'elle n'agissait elle-même. Son principal objectif était de ne pas perdre ses alliés, ce qui lui coûtait largement la liberté d'agir sur d'autres fronts. À la question de savoir pourquoi il s'avéra impossible de débloquer les négociations avec l'Espagne, les contemporains mêmes, dont Mazarin, ne savaient donner de réponse. Pourtant, jusqu'en juin 1647, on n'abandonna pas, en France, l'idée d'aspirer à une paix universelle négociée *pari passu* avec l'Empereur et le roi d'Espagne[131]. Et notamment Mazarin et Servien tenaient à deux principes fondamentaux: premièrement, de ne pas faire de concessions aux ennemis même en cas de séparation (éventuelle) d'un allié; deuxièmement, de ne conclure aucun traité de paix avec l'Espagne *par force ou par appréhention*[132], mais seulement par *inclination*[133]. Cela impliquait la nécessité de montrer aux alliés et aux ennemis que la France pouvait continuer seule la guerre. Partant de ces principes, les Français devaient prendre en considération l'éventualité de la conclusion d'un ou de plusieurs traités de paix séparés, et d'en analyser les conséquences diplomatiques et militaires. Tandis que la cour préconisa fin mai 1647 d'avancer parallèlement les négociations avec l'Empereur et avec l'Espagne[134], Servien mit en relief au moins la possibilité de conclure séparément: *Nous sommes en guerre ouverte tant avec l'Espagne qu'avec la maison d'Austriche d'Allemagne. Ce sont à la vérité deux guerres séparées qui peuvent estre terminées l'une sans l'aultre, et en chacune desquelles nous avons des alliez*

129 Dickmann, Frieden (voir n. 5), chapitre XIV (= p. 396–431).
130 À ce sujet, voir aussi APW II B 6 (voir n. 60).
131 Cf. Mazarin à Servien, Amiens 22 juin 1647; publié dans: APW II B 5/2 (voir n. 10), n° 319.
132 Ibid. 5/1 n° 103, citation p. 511.
133 Ibid. n° 102, citation p. 502.
134 Cf. le mémoire du roi à Longueville et d'Avaux, Amiens 25 mai 1647; publié dans: APW II B 5/2 (voir n. 10), n° 286.

qui sont obligez pour l'une, et ne le sont pas pour l'aultre, comme les Hollandois pour celle d'Espagne seulement, et les Suédois pour celle de l'Empire[135]. Bien que la cour n'abandonnât pour le moment pas l'idée d'une paix universelle, l'observation des deux principes fondamentaux que nous venons d'esquisser contribua à aboutir, en 1648, à la conclusion de traités de paix séparés entre la France, la Suède et l'Empereur d'une part, et entre l'Espagne et les Provinces-Unies d'autre part. Cette issue n'était pas devenue inévitable en 1646/47, mais les documents récemment publiés servent à comprendre comment et pourquoi l'on commença à se diriger vers cette fin.

135 Servien à Longueville et d'Avaux, [La Haye] 17 juin 1647; publié ibid. n° 335, citation p. 1504.

Christophe Duhamelle

LE PÈLERINAGE DANS LE SAINT-EMPIRE AU XVIIIe SIÈCLE

Pratiques dévotionnelles et identités collectives*

Le pèlerinage semble être une idée vieillie au XVIIIe siècle. Il peut donc paraître étrange d'en parler à propos du pays de l'*Aufklärung*, alors que les Lumières allemandes n'ont pas trouvé de mots assez durs pour condamner des pratiques pèlerines rejetées du côté de la superstition, de la paresse et de la licence. Quittons néanmoins le jugement porté sur les pèlerinages pour nous intéresser aux pèlerins eux-mêmes. Leur nombre est surprenant. La moitié du Saint-Empire – incluant l'Autriche et la République Tchèque actuelles – est alors catholique et voit se déplacer des masses énormes vers les sanctuaires situés en son sein.

Plus de 100 000, parfois plus de 200 000 communiants par an à Mariazell[1] ou Maria Taferl, dans les États des Habsbourg, mais aussi à Altötting, à Dorfen, à Bettbrunn en Bavière, ou au pèlerinage de la Wies, ou encore à Maria Hilf, à Passau, et à Kevelaer, le grand sanctuaire de la Rhénanie du Nord[2]. Lorsque les chiffres sont connus, d'autres lieux de pèlerinage, plus modestes, attirent encore des foules considérables: 70 000 communiants en 1770 au Kreuzberg, dans la Rhön, au nord de la Franconie[3]; 70 000 également se confessent en 1746 à Straze, au sud de la Styrie[4]; 60 à 80 000 par an vers 1767 à Eberhardsklausen sur la Moselle[5]; 58 000 hosties distribuées à Maria

* Conférence à l'Institut Historique Allemand le 3 février 2005.

1 Le Jubilé de Mariazell aurait même attiré en 1757 un nombre record de 373 000 pèlerins; Klaus Guth, Geschichtlicher Abriß der marianischen Wallfahrtsbewegungen im deutschsprachigen Raum, dans: Wolfgang Beinert, Heinrich Petri (dir.), Handbuch der Marienkunde, Ratisbonne 1984, p. 721–848, p. 818.

2 Dominique Julia, Pour une géographie européenne du pèlerinage à l'époque moderne et contemporaine, dans: Philippe Boutry, Dominique Julia (dir.), Pèlerins et pèlerinages dans l'Europe moderne, Rome 2000 (Collection de l'École Française de Rome, 262), p. 3–126, p. 48–50. Rebekka Habermas, Wallfahrt und Aufruhr. Zur Geschichte des Wunderglaubens in der frühen Neuzeit, Francfort/M., New York 1991 (Historische Studien, 5), p. 77.

3 Michael Renner, Wie das Bier auf den Heiligen Kreuzberg kam. Eine Miszelle zur Geschichte des Franziskanerklosters und Wallfahrtsortes auf dem Kreuzberg in der Rhön, dans: Würzburger Diözesangeschichtsblätter 64 (2002), p. 405–411, p. 410.

4 Eduard Friess, Gustav Gugitz, Die Franz-Xaver-Wallfahrt zu Oberburg. Eine untersteirische Barockkultstätte und die räumliche Reichweite ihres Einflusses, dans: Österreichische Zeitschrift für Volkskunde 61 (1958), p. 83–140, p. 97.

5 Peter Dohms, Die Geschichte des Klosters und Wallfahrtsortes Eberhardsklausen an der Mosel. Von den Anfängen bis zur Auflösung des Klosters im Jahre 1802, Bonn 1968 (Rheinisches Archiv, 64), p. 163.

Steinbach en 1736, six ans seulement après la naissance de ce pèlerinage[6]; 20 000 communiants au modeste sanctuaire bavarois de Hohenpeißenberg en 1767[7] – et ce ne sont que quelques exemples.

Car c'est un véritable fourmillement de lieux de pèlerinage qui, au XVIIIe siècle, parsème l'Empire catholique. On estime par exemple leur nombre, pour les seuls actuels *Länder* de Bavière et de Bade-Wurtemberg (soit un peu plus de 100 000 km^2), à 2500 ou 3000[8]. Certains d'entre eux sont anciens, beaucoup sont nés ou ont été ressuscités au XVIIe siècle, mais plusieurs, et non des moindres, naissent et prospèrent au XVIIIe siècle[9]. Pour autant qu'on puisse l'évaluer, la fréquentation suit la même courbe: celle des deux plus importants pèlerinages de l'évêché de Spire, Michaelsberg et Wagheusel, prend par exemple son essor après 1700[10].

L'été, les »humeurs vagabondes«[11] des catholiques allemands semblent sans bornes. En 1767, les trois États d'où viennent la plupart des pèlerins de Walldürn, grand sanctuaire du Saint Sang, comptent environ 700 000 habitants dont 130 000 se retrouvent pendant les deux semaines où est exposé le corporal miraculeux[12]; au sanctuaire marial d'Albendorf dans le comté de Glatz, en Silésie, 67 000 personnes reçoivent la communion en 1770, 76 000 en 1792, alors qu'Albendorf atteint 1000 habitants en 1768 et que le comté en abrite moins de 100 000 en 1798[13]. Les paroisses des diocèses de Ratisbonne et Passau, selon une enquête des années 1710, effectuent en moyenne 15 processions par an, dans et surtout hors de leur finage[14], Traubing, en Bavière, fait 18 pèlerinages en groupe par an au milieu du XVIIIe siècle[15] et les autorités de l'Eichsfeld, une enclave catholique en Thuringe appartenant à l'archevêque-

6 Ludwig Dorn, Die ersten drei Jahrzehnte der Wallfahrt Maria Steinbach (1728–1758). Eine Kirchen- und kulturgeschichtliche Studie, dans: Jahrbuch für Augsburger Bistumsgeschichte 6 (1972), p. 188–204, p. 204.

7 Habermas, Wallfahrt und Aufruhr (voir n. 2), p. 77.

8 Daniel Drascek, Räumliche Horizonte. Zur Konstruktion von Räumlichkeit durch frühneuzeitliche Mobilität zu süddeutschen Kultstätten, dans: Jahrbuch des italienisch-deutschen historischen Instituts in Trient XXIX (2003), p. 287–306, p. 289.

9 Dans la petite région de Friedberg par exemple, la majorité des pèlerinages sont nés aux XVIIe et XVIIIe siècles: Robert Böck, Volksfrömmigkeit und Wallfahrtswesen im Gebiet des heutigen Landkreises Friedberg (Schwaben). 1. Teil – Von den Anfängen bis zum 18. Jahrhundert, dans: Bayerisches Jahrbuch für Volkskunde (1969/1970), p. 22–79, p. 38.

10 Marc R. Forster, The Counter-Reformation in the Villages. Religion and Reform in the Bishopric of Speyer, 1560–1720, Ithaca, New York, Londres 1992, p. 240–241.

11 Daniel Roche, Humeurs vagabondes. De la circulation des hommes et de l'utilité des voyages, Paris 2003.

12 Il s'agit de l'archevêché-électorat de Mayence, de la principauté-évêché de Wurtzbourg et de la principauté-abbaye, puis principauté-évêché de Fulda. Wolfgang Brückner, Die Verehrung des Heiligen Blutes in Walldürn. Volkskundlich-soziologische Untersuchungen zum Strukturwandel barocken Wallfahrtens, Aschaffenbourg 1958 (Veröffentlichungen des Geschichts- und Kunstvereins Aschaffenburg, 3), p. 154.

13 Emanuel Zimmer, Albendorf. Sein Ursprung und seine Geschichte bis zur Gegenwart, Breslau 1898 (je remercie Étienne François de m'avoir procuré cet ouvrage), p. 185, 186 et 218.

14 Walter Hartinger, Kirchliche und staatliche Wallfahrtsverbote in Altbayern, dans: Winfried Becker, Werner Chrobak (dir.), Staat – Kultur – Politik. Beiträge zur Geschichte Bayerns und des Katholizismus. Festschrift zum 65. Geburtstag von Dieter Albrecht, Kallmünz 1992, p. 119–136, p. 123 et 125.

15 Habermas, Wallfahrt und Aufruhr (voir n. 2), p. 86.

électeur de Mayence, rapportent en 1781 »que les sujets de l'électeur en Eichsfeld se livrent aux processions et aux pèlerinages lors de chaque jour férié ou presque, tout au long de l'été«[16].

Les convergences massives vers les grands sanctuaires, la multitude des petits pèlerinages locaux, le déplacement répété de paroisses entières, voilà qui représente un phénomène majeur, dont il faut s'imaginer qu'il jetait sur les routes et les chemins, aux grandes fêtes du printemps et de l'été tout un peuple marchant, chantant, priant, se croisant, se saluant ou se battant, mangeant et dormant. Au cours du siècle, ces pèlerins sont de plus en plus souvent des paysans. Ils développent avec leurs pèlerinages, qui au départ ont été initiés par d'autres, une relation exemplaire des identités confessionnelles qui s'approfondissent après 1648 et que les résistances contre les mesures restrictives de la fin du XVIIIe siècle mettent en pleine lumière.

Ce phénomène de masse sera abordé ici sous l'angle des pratiques sociales de l'espace au moins autant que dans une perspective d'histoire religieuse. Une première partie dressera un état des lieux en présentant la forme prise par le pèlerinage en Allemagne et la manière dont se construit le dense maillage de sanctuaires qui atteint son apogée au XVIIIe siècle. La seconde partie, davantage tournée vers les pratiques de l'espace et les aspects concrets du déplacement, nous permettra d'approcher la relation entre pèlerin et pèlerinage. La troisième partie enfin, à partir des réactions envers les mesures de l'*Aufklärung*, montrera comment s'est effectuée l'appropriation identitaire du pèlerinage par les communautés rurales.

I. Une dissémination du sacré

Le pèlerinage allemand du XVIIIe siècle présente deux aspects majeurs: il s'effectue en groupe; c'est un pèlerinage de proximité. La langue allemande dispose d'un mot pour dire le pèlerinage en groupe: le *Wallfahrt* – dont l'équivalent le plus proche serait le »pardon« breton[17]. Il se différencie ainsi de la procession, similaire dans ses manifestations, mais généralement restreinte aux bornes du terroir, et du pèlerinage au long cours, le *Pilgerfahrt*, plus individuel. La frontière entre tous ces termes est à vrai dire un peu floue, certains événements, comme le déplacement pèlerin de centaines de hongrois, tous les sept ans, vers Aix-la-Chapelle et Cologne[18] – un voyage au long cours, donc, mais régulier et en groupe – perturbent ces catégories. Dans le cas des Hongrois, on dit *Wallfahrt;* et l'on ne s'interdit pas de parler de *Pilger* pour celles et ceux qui, tout au long de l'année, vont seuls au sanctuaire du voisinage où ils retourneront en groupe, avec leur paroisse, à la date habituelle.

16 Landesarchiv Magdeburg, Außenstelle Wernigerode, A37a–XXII–148, 3.

17 Georges PROVOST, La fête et le sacré. Pardons et pèlerinages en Bretagne aux XVIIe et XVIIIe siècles, Paris 1998 (Histoire religieuse de la France, 13); Georges PROVOST, Dévotion de groupe et piété personnelle dans les pèlerinages bretons de la Réforme catholique, dans: Revue de l'histoire des religions 217 (2000), p. 473–487.

18 Elisabeth THOEMMES, Die Wallfahrten der Ungarn an den Rhein, Aix-la-Chapelle 1937; Dieter P. J. WYNANDS, Geschichte der Wallfahrten im Bistum Aachen, Aix-la-Chapelle 1986 (Veröffentlichungen des Bischöflichen Diözesanarchivs Aachen, 41), p. 72–83.

Disons d'emblée que le pèlerinage d'un individu seul – généralement un homme – ou de plus en plus de toute une famille[19] vers les grands sanctuaires de la Chrétienté se maintient au XVIIIe siècle après avoir beaucoup décru au XVIe siècle. À Rome et à Lorette, les pèlerins venus du Saint-Empire constituent tout au long du siècle un groupe important[20]. Ils sont des milliers tous les ans à entreprendre ce voyage, qui à l'échelle d'une vie constitue une rupture, ou parfois la consacre, comme le montre le flux modeste mais constant de convertis au catholicisme vers Rome (quelques dizaines par an)[21]. Le pèlerinage vers Saint-Jacques de Compostelle persiste également[22]. Dans l'Empire même, Aix-la-Chapelle et Cologne, qui représentaient autrefois deux centres majeurs dans la géographie pèlerine de l'Europe, ont perdu de leur lustre, mais continuent toutefois à attirer des foules nombreuses et lointaines. Nous avons parlé des Hongrois, et Cologne, qui abrite un impressionnant ensemble de reliques dominé par celles des trois Rois Mages transférées ici en 1164[23], cultive son image de seconde Rome. Un circuit pèlerin des sept églises majeures, imité de la même dévotion romaine initiée au XVIe siècle, est ainsi codifié au tout début du XVIIe siècle[24].

Partir, seul ou en famille, et pour longtemps, par vœu, par goût ou par défi, reste donc inscrit dans l'horizon des catholiques allemands. Mais il s'agit là d'un déplacement exceptionnel qui demeure marginal à l'échelle des foules pèlerines. Celles-ci entreprennent avant tout le *Wallfahrt* (qui est ce dont il sera principalement question ici quand apparaîtra le terme »pèlerinage«) dont les caractéristiques se sont répandues, pour l'essentiel, au XVIIe siècle. Ces caractères sont au nombre de quatre.

Tout d'abord, il s'agit d'un pèlerinage de groupe, constitué, organisé et reprenant le modèle de la procession. La bannière est brandie, le chant retentit, les rangs sont bien ordonnés, tout au moins à l'approche du sanctuaire et au moment de traverser les lieux habités. Les maîtres des confréries rhénanes de saint Matthieu, chargés de conduire le pèlerinage annuel vers le monastère du même nom à Trèves, ont par exemple, selon le manuel des confrères de Siegburg en 1727, l'autorité de punir, voire

19 Christophe DUHAMELLE, Les pèlerins de passage à l'hospice Zum Heiligen Kreuz de Nuremberg au XVIIIe siècle, dans: Philippe BOUTRY et al. (dir.), Rendre ses vœux. Les identités pèlerines dans l'Europe moderne (XVIe–XVIIIe siècle), Paris 2000, p. 39–56.

20 Antje STANNEK, Les pèlerins allemands à Rome et à Lorette à la fin du XVIIe et au XVIIIe siècle, dans: BOUTRY, JULIA (dir.), Pèlerins et pèlerinages (voir n. 2), p. 327–354.

21 EAD., Migration confessionnelle ou pèlerinage? Rapport sur le fonds d'un hospice pour les nouveaux convertis dans les Archives secrètes du Vatican, dans: BOUTRY et al. (dir.), Rendre ses vœux (voir n. 19), p. 57–74.

22 Dominique JULIA, Sanctuaires et lieux sacrés à l'époque moderne, dans: André VAUCHEZ (dir.), Lieux sacrés, lieux de culte, sanctuaires. Approches terminologiques, méthodologiques, historiques et monographiques, Rome 2000 (Collection de l'École Française de Rome, 272), p. 241–295, p. 266–267; Ilja MIECK, Kontinuität im Wandel. Politische und soziale Aspekte der Santiago-Wallfahrt vom 18. Jahrhundert bis zur Gegenwart, dans: Geschichte und Gesellschaft 3 (1977), p. 299–328, p. 310–316.

23 Jakob TORSY, Achthundert Jahre Dreikönigenverehrung in Köln, dans: Kölner Domblatt 23/24 (1964), p. 15–162.

24 Susanne CARELL, Die Wallfahrt zu den sieben Hauptkirchen Roms. Aufkommen und Wandel im Spiegel der deutschen Pilgerführer, dans: Jahrbuch für Volkskunde NF 9 (1986), p. 112–150; Gérald CHAIX, De la cité chrétienne à la métropole catholique. Vie religieuse et conscience civique à Cologne au XVIe siècle, thèse d'État manus., 3 vol., Strasbourg 1994.

d'exclure les indisciplinés et les répartissent en rangées alternées »afin que toute prière ou tout chant reçoive des répons dans tout le cortège, de telle sorte que chacun ne se mette pas à faire ce qui lui plaît, ce qui crée souvent bien du dérangement«[25]. On voit là des hommes et des femmes, une partie des enfants également, que l'on retrouve dans ces règlements et dans les livres de miracle[26]. Émanation d'une paroisse ou d'une confrérie, le groupe acquiert cependant une unité et une dynamique propres, nous y reviendrons. Gardons pour l'instant présente à l'esprit cette image du groupe en marche, image qui devient majoritaire au XVIIe même là où, auparavant, les pèlerins venaient sans ordre particulier et domine au XVIIIe siècle[27].

Le pèlerinage se distingue ensuite par la présence d'un encadrement clérical. Le groupe pèlerin est le plus souvent accompagné par son curé, s'il s'agit d'une paroisse, par un autre ecclésiastique dans le cas des confréries urbaines qui initient le mouvement – accompagné, mais pas forcément dirigé, on vient de le voir. Les Jésuites, très présents dans l'Allemagne de la Contre-Réforme, ont en particulier fait du pèlerinage une des dévotions majeures proposées aux membres des sodalités qu'ils créent en grand nombre[28]. Au XVIIIe siècle, les confréries gagnent les campagnes, liées souvent à un sanctuaire où les confrères vont chaque année[29]. La confrérie de Wessobrunn, pèlerinage bavarois né au début du XVIIIe siècle, compte ainsi 600 000 membres en 1753[30].

25 Cité dans Birgit Bernard, Die Wallfahrten der St.-Matthias-Bruderschaften zur Abtei St. Matthias in Trier. Vom 17. Jahrhundert bis zum Ende des Zweiten Weltkrieges, Heidelberg 1995, p. 178. Voir aussi Alois Döring, Wallfahrtsleben im 18. Jahrhundert, dans: Frank Günter Zehnder (dir.), Hirt und Herde. Religiosität und Frömmigkeit im Rheinland des 18. Jahrhunderts, Cologne 2000 (Der Riss im Himmel, 5), p. 37–58, p. 42–45.

26 Habermas, Wallfahrt und Aufruhr (voir n. 2), p. 45 et suiv.

27 Les premières mentions de pèlerinages en groupes datent certes de l'extrême fin du XVe siècle (Klaus Guth, Die Wallfahrt – Ausdruck religiöser Volkskultur. Eine vergleichende phänomenologische Untersuchung, dans: Ethnologia Europea 16 [1986], p. 59–82, p. 63), mais la pratique que nous décrivons ici est en général attestée à partir du XVIIe siècle seulement. Quelques exemples: Eduard Hegel, Prozessionen und Wallfahrten im alten Erzbistum Köln im Zeitaler des Barock und der Aufklärung, dans: Zeitschrift des Aachener Geschichtsvereins 84/85 (1977/1978), p. 301–319, p. 309 (les premiers pèlerinages-processions vers Kevelaer partent de Cologne en 1672, de Bonn en 1699); Werner Freitag, Volks- und Elitenfrömmigkeit in der Frühen Neuzeit. Marienwallfahrten im Fürstbistum Münster, Paderborn 1991 (Veröffentlichungen des Provinzialinstituts für westfälische Landes- und Volksforschung des Landschaftsverbandes Westfalen-Lippe, 29), p. 111 et 129; Christophe Duhamelle, Les Jésuites de Heiligenstadt et le pèlerinage du Hülfensberg à l'époque moderne, dans: Revue Mabillon 14 (2003), p. 203–224, p. 207 (la chronique jésuite date de 1649 le premier pèlerinage-procession). À Aufkirchen les premiers vœux collectifs apparaissent au XVIIIe siècle: Hans Roth, Die Marienwallfahrt zu Aufkirchen am Starnberger See und ihre Mirakelüberlieferungen, dans: Alexandra Kohlberger (dir.), Kulturgeschichten. Festschrift für Walter Pötzl zum 60. Geburtstag, vol. 1, Augsbourg 1999 (26. Jahresbericht des Heimat-Vereins für den Landkreis Augsburg 1997–99), p. 418–436, p. 429.

28 Brückner, Die Verehrung (voir n. 12), p. 110 et 139. Louis Châtellier, L'Europe des dévots, Paris 1987, p. 169–170.

29 Habermas, Wallfahrt und Aufruhr (voir n. 2), p. 93–98. Ce sera là d'ailleurs l'un des arguments avancés contre le pèlerinage par les réformateurs éclairés: s'il est constamment sur les routes, le curé ne peut assurer pleinement la pastorale paroissiale que ces réformateurs placent au centre de leurs efforts.

30 Guth, Geschichtlicher Abriß (voir n. 1), p. 815.

Collectif et encadré, le *Wallfahrt* – et c'est sa troisième caractéristique – est avant tout conçu comme un exercice spirituel, une *Andacht*. Non que l'aspect plus ancien associant le pèlerinage au vœu et au miracle ait disparu. Il reste d'ailleurs des lieux spécialisés où l'on vient de loin et de manière individuelle. C'est le cas des reliques de sainte Anastasie (Benediktbeuren) pour les malades mentaux et les possédés[31], ou encore des sanctuaires à répit, accordant au nouveau-né mort trop tôt les quelques instants de vie qui permettront de le baptiser et où, comme à Ursberg, la défiance des autorités ecclésiastiques parvient mal à tarir le flux des pèlerins[32]. Le déplacement individuel coexiste alors avec le *Wallfahrt*, mais les deux ne s'excluent pas: les livres de miracles regorgent de cas où c'est le vœu de suivre le pèlerinage collectif régulier qui provoque le miracle concernant un individu[33]. Pour tous les autres cependant, l'essentiel est devenu non pas l'espérance d'un bienfait particulier ici-bas, mais l'indulgence et la grâce générales associées aux dévotions faites ensemble, chaque année, au lieu saint. Ce qui domine, et c'est une évolution majeure, c'est la confession et la communion – à tel point que la consommation des hosties est au XVIIIe siècle le plus sûr moyen d'évaluer la fréquentation des sanctuaires. Le pèlerinage s'inscrit ainsi dans la promotion de la dévotion eucharistique et de la communion fréquente, que mène en particulier la compagnie de Jésus[34]. Ce qui suppose d'ailleurs une forte présence ecclésiastique sur place: une communauté religieuse, qu'elle ait créé le sanctuaire ou qu'elle en récupère le bénéfice après coup[35], confesse et absout, le jour, et parfois la nuit. Altötting, dès 1638, abrite une vingtaine de Jésuites et vers 1700 en compte une trentaine, ainsi qu'autant de Franciscains[36]; à Walldürn, en 1728, les Capucins sont cinquante à entendre en confession pendant le pèlerinage[37], au Hül-

31 Karl-Sigismund Kramer, Ein Mirakelbuch der heiligen Anastasia in Benediktbeuren, dans: Bayerisches Jahrbuch für Volkskunde (1991), p. 111–136.

32 Jacques Gélis, Lebenszeichen – Todeszeichen. Die Wundertaufe totgeborener Kinder im Deutschland der Aufklärung, dans: Jürgen Schlumbohm et al. (dir.), Rituale der Geburt. Eine Kulturgeschichte, Munich 1998, p. 269–288. Le sanctuaire de saint Apollinaris en Rhénanie est spécialisé dans les maux de tête (Hegel, Prozessionen und Wallfahrten [voir n. 27], p. 310–311), et bien d'autres encore fondent leur réputation sur une efficacité particulière.

33 St. Rasso à Grafrath en Bavière, dont les notices de miracles conservées (plus de 12 800 réparties entre 1444 et 1728), attestent la durable spécialité (les problèmes de fécondité et, par extension, les maladies du bas-ventre), constitue un bon exemple de pèlerinage à la fois spécialisé et généraliste, collectif et individuel; Rudolf Kriss, Volkskundliches aus altbayrischen Gnadenstätten. Beiträge zu einer Geographie des Wallfahrtsbrauchtums, Augsbourg 1930, p. 76–82.

34 Voir en particulier Châtellier, L'Europe des dévots (voir n. 28), p. 154–156. Friedhelm Jürgensmeier, Die Eucharistie in der Barockfrömmigkeit am Mittelrhein, dans: Archiv für mittelrheinische Kirchengeschichte 23 (1971), p. 103–119. David Myers, Die Jesuiten, die häufige Beichte, und die katholische Reform in Bayern, dans: Beiträge zur altbayerischen Kirchengeschichte 42 (1996), p. 45–58.

35 La manière dont le monastère de Rottenburg a en quelque sorte annexé le pèlerinage du Hohenpeißenberg après en avoir constaté le succès constitue un bon exemple de ces pratiques: Habermas, Wallfahrt und Aufruhr (voir n. 2), p. 29.

36 Guth, Geschichtlicher Abriß (voir n. 1), p. 788 et 817.

37 Brückner, Die Verehrung (voir n. 12), p. 64. Autre exemple: les Augustins d'Eberhardsklausen, qui ne dispensent l'eucharistie que depuis 1590, disposent en 1800 de douze confessionnaux – une innovation assez récente; Dohms, Die Geschichte des Klosters und Wallfahrtsortes Eberhardsklausen (voir n. 5), p. 154.

fensberg, plus modeste, ce sont quatre, puis six Jésuites qui restent plusieurs jours et, selon un témoignage, »confessent dans l'église jusqu'à huit ou neuf heures du soir, et recommencent le matin à trois ou quatre heures«[38].

La quatrième caractéristique du *Wallfahrt* concerne l'objet de la dévotion. Si les reliques des saints gardent leurs adeptes, ce sont désormais avant tout les images, peintes, sculptées, voire imprimées, qui dominent. Les figures de la Vierge sont, et de loin, les grandes bénéficiaires de cette évolution. On s'épuiserait à faire l'inventaire de ces images, objets de légendes d'invention (la statue trouvée dans un champ), de translation refusée (l'image qui revient seule là où on l'a trouvée), d'animation (larmes ou sang versés par une statue, mouvement des yeux), sans compter les copies. L'essentiel est que l'image, mais aussi le sanctuaire dans son efficacité propre, sont désormais supports de piété collective, au moins autant qu'acteurs de miracles singuliers. La dernière caractéristique s'accorde donc à la troisième: l'image support de dévotion tend à supplanter la relique opératrice de miracle tout en reprenant certaines de ses fonctions.

On le voit, les caractères mêmes du *Wallfahrt* vont de pair avec la multiplication des lieux de pèlerinage. En effet, le pèlerinage collectif, mobilisant jeunes et moins jeunes, intégré dans l'année et ses travaux et non plus en rupture, s'accorde mal de distances trop lointaines. La promotion du pèlerinage eucharistique et celle de l'image sainte, qui peut être reproduite, contribuent également à expliquer la multiplication des sanctuaires. Tout concourt donc à faire du *Wallfahrt* un pèlerinage local ou régional et du sanctuaire qui accueille cette dévotion un lieu reproductible, certes marqué par de très anciennes caractéristiques (l'éminence topographique, par exemple[39]), mais avant tout sanctifié par la pratique religieuse qui y trouve sa place. La topographie plus dense des lieux saints accompagne ainsi l'évolution du *Pilgerfahrt* vers le *Wallfahrt*, ce qu'illustre parfaitement le transfert sur place, par le truchement de copies dévotionnelles, des grands sanctuaires de la Chrétienté – un clonage répétitif qui fournit une part notable des nouveaux pèlerinages.

L'imitation de sanctuaires majeurs, mais lointains, n'est certes pas une chose nouvelle, ni dans l'Empire, ni ailleurs. Les copies du Saint-Sépulcre, par exemple, sont nombreuses au Moyen Âge et les sanctuaires dédiés à saint Michel, à l'imitation du Monte Gargano italien, sont précoces: le Michelsberg de Bamberg date ainsi de l'an 1017[40]. Pourtant, c'est peu de choses face à l'explosion de l'époque moderne.

Il s'agit d'abord des lieux les plus saints, ceux de la vie du Christ et de sa mère. Après une période d'arrêt au XVIe siècle, les imitations du Saint-Sépulcre reprennent de plus belle: près d'une centaine sont édifiées entre 1598 et 1772[41]. La variante inau-

38 DUHAMELLE, Les Jésuites (voir n. 27), p. 221.

39 Alphonse DUPRONT, Du sacré. Croisades et pèlerinages, images et langages, Paris 1987, p. 379–380.

40 Annemarie BRÜCKNER, St. Michael vom Monte Gargano in Deutschland, dans: Jahrbuch des italienisch-deutschen historischen Instituts in Trient XXIX (2003), p. 337–343. Les disséminations à l'intérieur de l'Empire ont également débuté au Moyen Âge: au milieu du XIVe siècle, un pèlerin offre par exemple une reproduction du Christ en croix du Hülfensberg aux dominicaines de Bamberg; Elisabeth ROTH, Das Eichsfeld. Kulttradition und Beziehung zu Franken, Bamberg 2001, p. 29.

41 Michael RÜDIGER, Nachbauten des Heiligen Grabes in Jerusalem in der Zeit von Gegenreformation und Barock. Ein Beitrag zur Kultgeschichte architektonischer Devotionalkopien, Ratisbonne 2003.

gurée par Sixte Quint à Sainte-Marie-Majeure et superposant la chapelle de la Nativité à Bethléem, en crypte, et celle du Saint-Sépulcre, est également importée, par exemple à Neersen, en Rhénanie, par un prélat revenant de Rome[42]. Mais le succès principal, révélé par le grand nombre des imitations, revient à la Santa Casa de Lorette, dont la légende tôt traduite en allemand dit qu'elle fut le théâtre de l'Annonciation avant d'être transportée, par les Anges, à Lorette en Italie. La première copie est construite à Hall, au Tyrol, en 1589 et au nord des Alpes c'est à Kobel, près d'Augsbourg, qu'une imitation de la Santa Casa est édifiée pour la première fois en 1602. Le mouvement s'étend ensuite avec rapidité, si bien que pour la seule Bavière une cinquantaine de chapelles loretanes sont érigées entre 1602 et 1753[43]. Une majorité de ces répliques font naître un pèlerinage.

Mais le mouvement ne s'arrête pas là. Il concerne vite d'autres sanctuaires étrangers, plus mineurs, comme celui de la Vierge saignant de Rée, datant de la fin du XVe siècle, qui engendre plusieurs répliques, dont celle de *Unsere Liebe Frau vom Blut*, à Dillingen, à partir de 1697[44]. Il concerne également les plus grands lieux saints de l'espace germanique, comme Altötting, dont on a pu identifier une douzaine de répliques[45], la madone Maria Hilf (peinte par Cranach l'Ancien) dont des copies engendrent des pèlerinages importants à Passau (1622), Maria Eck (1627), Amberg (1634), etc.[46] ainsi que Straze, dédié à saint François Xavier et dont en 1738, vingt-sept ans après sa création, la filiation de Dux, en Bohême, génère à son tour un pèlerinage[47]. Même des lieux saints nés au XVIIIe siècle ont donc commencé leur dissémination quelques années plus tard. Il faudrait y ajouter le pèlerinage de la Wies, dont une copie de l'image est transférée en grandes pompes en 1761 à Stans, occasionnant immédiatement la mise en place d'un *Wallfahrt*[48], ou encore la multiplication des »corps secondaires«, en cire, imitant la présentation des reliques de saint Jean Népomucène, le plus grand succès sans doute parmi les nouveaux saints du XVIIIe[49].

42 Hans OST, Vom Rheinland über Rom nach Bethlehem. Zur Bedeutung der Wallfahrtskapelle in Neersen, dans: Annalen des historischen Vereins für den Niederrhein 204 (2001), p. 157–171; WYNANDS, Geschichte der Wallfahrten (voir n. 18), p. 312–318.

43 Walter PÖTZL, Loreto in Bayern, dans: Jahrbuch für Volkskunde 2 (1979), p. 187–218. La Santa Scala du Latran, elle aussi, est imitée, en particulier à Bonn; HEGEL, Prozessionen und Wallfahrten (voir n. 27), p. 311–312.

44 Helmut LAUSSER, Die Wallfahrten des Landkreises Dillingen. Der Versuch einer Wallfahrtstypologie unter dem Gesichtspunkt ihrer Verwendung als Mittel zum Ausbau oder zur Festigung von Herrschaft durch ideologische Einflußnahme auf die Untertanen, dans: Zeitschrift für Bayerische Landesgeschichte 40 (1977), p. 75–119, p. 99.

45 Michael RÜDIGER, Nachbauten der Heiligen Kapelle in Altötting. Zum Problemkreis architektonischer Devotionalkopien, dans: Jahrbuch für Volkskunde NF 16 (1993), p. 161–188.

46 GUTH, Geschichtlicher Abriß (voir n. 1), p. 794–795.

47 FRIESS, GUGITZ, Die Franz-Xaver-Wallfahrt (voir n. 4), p. 104–109.

48 Hansjakob ACHERMANN, Translationen heiliger Leiber als barockes Phänomen, dans: Jahrbuch für Volkskunde NF 4 (1981), p. 101–111, p. 110–111.

49 Franz MATSCHE, Sekundärleiber des heiligen Johannes von Nepomuk. Effigies und Wachsfigur im Heiligenkult, dans: Jahrbuch für Volkskunde NF 6 (1983), p. 107–148.

La liste est encore longue des copies d'images vénérées[50] qui sont pour beaucoup dans la multiplication impressionnante des lieux de pèlerinage. Mais cherchons plutôt à repérer les acteurs et les relais de ce mouvement, qui favorisent et exaltent le cousinage entre tous ces lieux saints, vus par eux comme autant de rayons d'une même grâce suscitée par la dévotion active.

Au premier rang d'entre eux: les princes. Le Saint-Empire n'en manque pas, et la fragmentation territoriale joue aussi pour beaucoup dans la multiplication des sanctuaires: rares sont en effet les dynastes catholiques qui n'ont pas tenu à avoir leur pèlerinage, et les convertis se sont particulièrement distingués en ce domaine. Les modestes princes de Nassau-Hadamar, par exemple, ont encouragé la naissance de deux pèlerinages vers les nouveaux sanctuaires des ordres introduits à Hadamar après la conversion princière de 1629, la chapelle des Jésuites en 1676, celle des Franciscains à Niederzeuzheim en 1706[51]. Là où le catholicisme est réinstauré, le sanctuaire, créé ou rénové, est conçu comme signe de victoire et point de ralliement pour une ferveur catholique que le prince entend ranimer. À peine a-t-il par exemple chassé les protestants de Dettelbach que le prince-évêque de Bamberg y fait reconstruire (1611–1613) une église destinée, par son ampleur, à devenir avec l'aide des sodalités jésuites le centre d'un *Wallfahrt* marial majeur en Franconie[52]. Rarement le lien entre pouvoir princier et pèlerinage n'a d'ailleurs été si parfaitement mis en scène qu'à Bonn, résidence de l'archevêque-électeur de Cologne, où le sanctuaire de Kreuzberg est placé en point de fuite, dans l'axe même du nouveau palais de l'électeur[53]. Pourtant, les grandes familles de noblesse jouent un rôle au moins aussi important que les dynasties princières, en particulier dans la diffusion des copies dévotionnelles. La noblesse est ainsi à l'initiative directe d'une majorité des copies du Saint-Sépulcre, de Lorette ou d'Altötting[54], si bien que la topographie des lieux de pèlerinages est souvent précédée d'une généalogie, celle des liens familiaux qui canalisent, entre les grandes familles de l'Empire, la diffusion de modèles de dévotion.

Princes et nobles assurent ainsi l'essentiel des fondations. Les religieux sont loin derrière, mais leur rôle ne saurait être négligé pour autant puisque, s'ils commanditent assez rarement les constructions, ils diffusent et promeuvent en revanche les

50 Ainsi de l'image de Marie des neiges de Sainte-Marie-Majeure de Rome en Souabe (Böck, Volksfrömmigkeit und Wallfahrtswesen [voir n. 9], p. 45), ou de la Vierge de Bon Conseil de Genazzano dont se rapproche, entre autres, la Vierge-déliant-les-nœuds placée au début du XVIIIe siècle dans l'église St. Peter am Perlach, à Augsbourg, et qui suscite un pèlerinage: Leopold Kretzenbacher, Maria als Knotenlöserin. Überlegungen einer vergleichenden Volkskunde zur Wallfahrt in St. Peter am Perlach in Augsburg, dans: Zeitschrift für Bayerische Landesgeschichte 62-2 (1999), p. 583–596.

51 Matthias Theodor Kloft, Staat und Kirche in Nassau-Hadamar, dans: Archiv für mittelrheinische Kirchengeschichte 38 (1986), p. 47–106 et 39 (1987), p. 107–156, p. 89–91.

52 Guth, Geschichtlicher Abriß (voir n. 1), p. 790–791.

53 Uta Scholten, Überlegungen zu Struktur, Funktion und Entwicklung der rheinischen Sakrallandschaft im 17. und 18. Jahrhundert, dans: Zehnder (dir.), Hirt und Herde (voir n. 25), p. 117–140, p. 132–134.

54 Cela vaut aussi pour d'autres répliques, jusque tard dans le XVIIIe siècle. Les barons von Trips lancent ainsi, avec succès, à Kinsweiler près d'Aix-la-Chapelle, un nouveau pèlerinage autour d'une copie de la Vierge du Bon Conseil de Genazzano; ils se procurent l'image, obtiennent une indulgence pontificale, et font imprimer un livret la même année, en 1767, Wynands, Geschichte der Wallfahrten (voir n. 18), p. 151–154.

nouvelles dévotions et les nouveaux sanctuaires. Les Franciscains, chargés du tombeau en Terre Sainte, font circuler le modèle du Saint-Sépulcre; les Jésuites, gardiens spirituels de Lorette depuis 1554, en assurent la promotion. En fait, c'est la coopération entre pouvoir politique et action cléricale qui contribue le plus souvent à la réussite. La création d'un pèlerinage relève alors d'une véritable campagne d'incitation, à coup de constructions, d'indulgences et d'événements retentissants, comme c'est le cas, pour la Lorette de Schönenberg fondée en 1639, sous l'action conjuguée du prince-prévôt d'Ellwangen et des Jésuites[55]. L'exemple du sanctuaire marial de Teltge, en Westphalie, est encore plus probant. Les premiers pèlerinages en processions, organisés en 1609 par les Jésuites de Münster, font long feu; lorsque en revanche le prince-évêque de Münster, avec la collaboration des Franciscains puis des Jésuites, prend directement en main en 1651 l'organisation du *Wallfahrt*, celui-ci se pérennise et prend la première place dans la principauté[56]. Dans ce domaine comme en d'autres, les plus actifs sont les Jésuites. Ce sont également eux qui illustrent le mieux un troisième facteur de densité des pèlerinages: la redéfinition et l'inventaire.

Le pèlerinage de la Contre-Réforme se caractérise en effet également par une refonte des pèlerinages anciens et par leur systématisation en une topographie sacrée. L'emblème en est le père Jésuite Gumppenberg: son *Atlas Marianus*, paru pour la première fois en 1657 et enrichi ensuite, propose une revue savante et dévote des sanctuaires de la Chrétienté[57]. Mais de nombreux Jésuites ont œuvré à l'étude et à la promotion d'autres lieux saints, comme le père Crombach qui publia entre autres sur les Rois Mages de Cologne[58]. La compagnie fait preuve d'un grand pragmatisme, réanimant ici un sanctuaire ancien, fondant là un nouveau lieu saint, favorisant partout la forme nouvelle du *Wallfahrt* et son orientation plus spirituelle, en entendant les foules en confession. Le cas des Jésuites de Münstereifel en est une bonne illustration: ils ressuscitent, d'une part, à partir de 1632, l'ancien pèlerinage du Michelsberg, étayé par une confrérie, des indulgences et une catéchèse dominicale[59]; ils créent, d'autre part, à partir de 1652, un pèlerinage à saint Donat, un des rares en Allemagne à s'être développé autour de reliques des catacombes[60].

55 Georg OTT, Die Wallfahrtsgeschichte auf dem Schöneberg bei Ellwangen von ihrer Entstehung bis zum Dritten Reich, dans: Wallfahrt Schöneberg 1638–1988, Festschrift zum 350jährigen Jubiläum, Ellwangen 1988, p. 13–51, p. 19–22.

56 FREITAG, Volks- und Elitenfrömmigkeit (voir n. 27), p. 109–163, spécialement p. 120 et 123–125. Voir aussi Werner FREITAG, Die Telgter Wallfahrt im 18. Jahrhundert. Kultwandel und Zentraldirigierung, dans: Rheinisch-westfälische Zeitschrift für Volkskunde 32/33 (1987/1988), p. 155–163.

57 JULIA, Sanctuaires (voir n. 22), p. 241–295, p. 260–262. Gumppenberg place Lorette en tête.

58 Publication de 1652: TORSY, Achthundert Jahre Dreikönigenverehrung (voir n. 23), p. 22. D'autres ouvrages de Crombach sont étudiés dans Beate PLÜCK, Der Kult des Katakombenheiligen Donatus von Münstereifel, dans: Jahrbuch für Volkskunde NF 4 (1981), p. 112–126. Sur l'action des Jésuites pour le culte des saints: Edgar HARVOLK, »Volksbarocke« Heiligenverehrung und jesuitische Kultpropaganda, dans: Peter DINZELBACHER, Dieter R. BAUER (dir.), Heiligenverehrung in Geschichte und Gegenwart, Ostfildern 1990, p. 262–278.

59 Andreas SCHÜLLER, Die Wallfahrt auf den Michelsberg bei Münstereifel zur Jesuitenzeit, dans: Bonner Zeitschrift für Theologie und Seelsorge 3 (1926), p. 58–69.

60 Autre exemple, beaucoup plus tardif, le pèlerinage local développé à Montjoie (Monschau), dans l'Eifel autour des reliques du saint des catacombres Libérat, transférées là en 1760: Dieter

Mais il demeure un dernier facteur, et non le moindre, de cette multiplication des pèlerinages – un facteur dont l'importance va croissant au XVIIIe siècle: les fidèles eux-mêmes, ou encore les curés de village, tous ceux qui ont créé la plupart des petits pèlerinages locaux, encore mal connus, ceux qui attirent quelques paroisses et animent le temps des rogations. C'est par exemple un curé qui, à Reistingen en Souabe, consacre sa vie à faire vivoter un petit *Wallfahrt* autour d'une relique de saint Vitus, qu'il a acquise en 1759[61]. Tous ces humbles sanctuaires sont pourtant les plus nombreux de ceux vers qui les pèlerins, pour quelques heures ou plusieurs jours, prenaient la route.

Prenons-la désormais avec eux. Nous venons d'étudier quelle forme adoptait le *Wallfahrt* qui connaît son apogée au XVIIIe siècle, d'esquisser sa topographie et de montrer comment s'est construit le maillage extrêmement dense des sanctuaires. Voyons désormais de plus près quelles pratiques de l'espace sont à l'œuvre dans le mouvement pèlerin.

II. Pratiques de l'espace

Que des millions de gens aient chaque année parcouru, parfois sur des centaines de kilomètres, la moitié de l'Empire, voilà qui n'a que marginalement retenu l'attention des historiens. Comment ces gens trouvaient-ils leur chemin, où dormaient-ils, qui les nourrissaient, quels obstacles se dressaient devant eux – tout cela n'est pourtant pas sans importance. Au-delà même des problèmes de logistique, ces parcours complexes et multiples révèlent tout un rapport à l'espace, inséparable d'ailleurs de l'expérience religieuse, et particulièrement intéressant dans un Empire volontiers décrit comme cloisonné entre ses multiples territoires, mais où le pèlerinage est un des phénomènes qui incitent à discerner une unité. Les flux, les réseaux, l'intendance et les rugosités permettent de mieux cerner l'espace du déplacement pèlerin.

L'image du pèlerin s'accorde assez bien à celle du chemin – celui de Compostelle ou d'ailleurs, où va le marcheur solitaire. Lorsqu'il s'agit de se déplacer par dizaines ou par centaines, la route est cependant préférable, et c'est elle qui structure le *Wallfahrt*, du moins dans sa version la plus massive. Sur ce point, le XVIIIe siècle est favorable au pèlerinage: les belles routes bien entretenues se multiplient, davantage et plus précocement d'ailleurs dans le sud-ouest territorialement morcelé que dans les grandes principautés du nord[62]. Entre 1658 et 1663, le prince-évêque de Münster fait même aménager la route de Münster à Teltge pour promouvoir le pèlerinage[63]. Sur la route, le pèlerin est avant tout un piéton. Rare est le *Wallfahrt* qui se termine en voiture, comme celui des Viennois qui, à partir de 1690, vont au Loreto hon-

P. J. Wynands, Zur Verehrung des hl. Liberatus von Monschau, dans: Rheinisch-westfälische Zeitschrift für Volkskunde 29 (1984), p. 185–194.

61 Lausser, Die Wallfahrten des Landkreises Dillingen (voir n. 44), p. 103.

62 Wolfgang Behringer, Im Zeichen des Merkur. Reichspost und Kommunikationsrevolution in der Frühen Neuzeit, Göttingen 2003 (Veröffentlichungen des Max-Planck-Instituts für Geschichte, 189), p. 512–549; Bernd Wunder, Der Kaiser, die Reichskreise und der Chausseebau im 18. Jahrhundert, dans: Zeitschrift für Neuere Rechtsgeschichte 18 (1996), p. 1–22.

63 Freitag, Volks-und Elitenfrömmigkeit (voir n. 27), p. 140–142.

grois[64]. Il est en revanche un peu plus fréquent que le retour se fasse en bateau, en particulier sur la Moselle, le Rhin et le Main – les sanctuaires sont d'ailleurs souvent au bord de l'eau[65].

Pour les marcheurs, la voie est balisée non seulement par l'habitude – le *Wallfahrt* est généralement annuel –, mais aussi par les indications des manuels que diffusent en particulier les confréries et qui constituent de véritables feuilles de route[66], ainsi que par une multiplication de signes à l'approche des sanctuaires et sur les routes qui y conduisent. On appelle *Bildstöcke* ces poteaux indicateurs munis d'une reproduction de l'image vénérée: ils apparaissent dès 1600 sur les chemins de Walldürn[67], ils connaissent une véritable floraison dans la première moitié du XVIIIe siècle autour de Telgte[68] et sans doute un peu partout[69]. Ces *Bildstöcke* n'ont d'ailleurs pas pour unique objet d'indiquer le chemin, ils servent également à le rythmer, en offrant l'occasion de ce qui est nécessaire au voyage autant qu'à la dévotion: une pause-prière.

Car ces routes forment de vrais réseaux, scandés, structurés, hiérarchisés, dont les lieux saints peuvent être les centres, ou de simples étapes. C'est le cas des petits sanctuaires méconnus qui sont les plus nombreux et ne sont pas si mal fréquentés quand on peut le savoir[70]. Mais ils vivent souvent dans la dépendance des grands: on s'y arrête, on y fait une étape pieuse inscrivant dans l'espace la démarche spirituelle qui est devenue, pour ses promoteurs, la raison d'être du *Wallfahrt*. Le lieu saint d'Engelberg, par exemple, vit en symbiose avec Walldürn, et accueille ses pèlerins[71]. Encore plus nette est l'évolution de Kornelimünster, qui s'est coulé dans le rythme particulier du pèlerinage vers Aix-la-Chapelle, dont le temps fort a lieu tous les sept ans[72]. Enfin, toujours autour de Walldürn, le flux a secrété ses propres étapes puisque des stations, celles des sept douleurs du Christ, ont été édifiées par les confréries les plus importantes sur le chemin de ce sanctuaire eucharistique[73].

64 Gabor Tüskés, Éva Knapp, Österreichisch-ungarische interethnische Verbindungen im Spiegel des barockzeitlichen Wallfahrtswesens, dans: Bayerisches Jahrbuch für Volkskunde (1990), p. 1–42, p. 24.

65 Le pèlerinage de la sodalité de Coblence vers Bornhofen, qui existe depuis 1610 sous sa forme collective, nécessite le rassemblement d'une vraie flotille de barques pour ramener les participants au bercail, Heinz Weber, Wallfahrten und Prozessionen auf dem Rhein, dans: Jahrbuch des Kölnischen Geschichtsvereins 45 (1974), p. 49–62, p. 50–51. D'autres exemples dans Ferdinand Pauly, Die Pfarrgemeinde Senheim a. d. Mosel und ihre Wallfahrt nach Eberhards-Klausen im ausgehenden 18. Jhd., dans: Annalen des historischen Vereins für den Niederrhein 177 (1975), p. 92–102, p. 94.

66 Bernard, Die Wallfahrten der St.-Matthias-Bruderschaften (voir n. 25), p. 183.

67 Brückner, Die Verehrung (voir n. 12), p. 201–202.

68 Freitag, Volks-und Elitenfrömmigkeit (voir n. 27), p. 249 et 264–266.

69 Guth, Die Wallfahrt (voir n. 27), p. 70–72.

70 2000, par exemple, dans un sanctuaire mineur de l'Eichsfeld, Germershausen: Marianne Jacoby, Die Wallfahrt Germershausen in Geschichte und Gegenwart. Ein Beitrag zur Volksfrömmigkeit auf dem Eichsfeld, Göttingen 1987 (Schriftenreihe der Volkskundlichen Kommission für Niedersachsen e.V., 2; Beiträge zur Volkskunde in Niedersachsen, 1), p. 32. Autre exemple: 5000 à 7000 dans la chapelle de Maria Kappel, près de Schmiechen: Böck, Volksfrömmigkeit und Wallfahrtswesen (voir n. 9), p. 44.

71 Brückner, Die Verehrung (voir n. 12), p. 211.

72 Hegel, Prozessionen und Wallfahrten (voir n. 27), p. 305.

73 Brückner, Die Verehrung (voir n. 12), p. 216–219.

La route ou le fleuve ne constituent donc pas seulement des trajets, mais ils dessinent de véritables itinéraires, en un réseau structuré où les petits et les grands sanctuaires sont des stations dévotes autant que des étapes du voyage. Ces réseaux irriguent des bassins de sacralité, si l'on peut appeler ainsi les aires de recrutement des différents sanctuaires. Ils surprennent par leur irrégularité: prenons la Maria Dolorosa d'Oberelchingen, près d'Ulm, un pèlerinage secondaire, né au XVIIe siècle, un de ces nombreux lieux saints qui rayonnent dans une région de taille modeste – 60 000 pèlerins, tout de même, y convergent lors du jubilé de 1744. Rares sont pourtant ceux qui arrivent des villages environnants – 0,3% seulement parcourent moins de dix kilomètres; plus de la moitié, en revanche, ont fait entre 20 et 60 kilomètres pour venir, ce qui confirme le rôle primordial de l'itinéraire dans le *Wallfahrt*[74]. Le recrutement ne diminue en effet pas nécessairement avec la distance: chaque lieu saint, chaque bassin de sacralité, a sa logique propre et son rapport particulier au chemin qui y mène.

Une chose est sûre: plus l'on vient de loin, plus l'on vient en troupes nombreuses. Les pèlerins se rejoignent, s'attendent au fil de la route et finissent par former des groupes très importants, plus de 1000 personnes parfois[75], 2000 pour ces pèlerins qui vont à Vierzehnheiligen et font étape à Stans, excitant la verve critique de Nicolaï, un *Aufklärer* berlinois qui passait par là[76]. Ces déplacements supposent donc que des dizaines, des centaines, voire des milliers de personnes, passent la nuit et se nourrissent. Ayant décrit le réseau et les flux qui le parcourent, il nous faut désormais nous tourner vers ces problèmes d'intendance et donc vers les incidences économiques du pèlerinage.

L'infrastructure traditionnelle, celle des hospices spécialisés pour les pèlerins, date pour l'essentiel de la fin du Moyen Âge[77]. Ces établissements continuent d'accueillir les pieux voyageurs, comme l'hospice d'Ipperwald, à Cologne[78]. Qu'une ville, entre temps, soit devenue protestante n'est d'ailleurs pas forcément un obstacle, ainsi que le montre le maintien de l'hospice de la Sainte-Croix à Nuremberg[79]. Mais ce réseau ancien, peu renouvelé, accueille principalement les *Pilger*, les pèlerins au long cours, seuls, en famille, ou en petits groupes de rencontre.

74 Drascek, Räumliche Horizonte (voir n. 8), p. 290–285.

75 Brückner, Die Verehrung (voir n. 12), p. 153.

76 Barbara Goy, Aufklärung und Volksfrömmigkeit in den Bistümern Würzburg und Bamberg, Wurtzbourg 1969 (Quellen und Forschungen zur Geschichte des Bistums und Hochstifts Würzburg, 21), p. 143.

77 Une première vague, plus ancienne, mais moins spécialisée, a évolué auparavant, sous l'égide des pouvoirs urbains, vers des établissements d'assistance moins accueillants aux pèlerins: Arnold Lassotta, Pilger- und Fremdenherbergen und ihre Gäste. Zu einer besonderen Form des Hospitals vom Spätmittelalter bis in die Neuzeit, dans: Lenz Kriss-Rettenbeck, Gerda Möhler (dir.), Wallfahrt kennt keine Grenzen. Themen zu einer Ausstellung des Bayerischen Nationalmuseums und des Adalbert Stifter Vereins München, Munich 1984, p. 128–142.

78 Id., Pilger in Köln: Das Hospital zum Ipperwald und seine Passantenlisten aus den Jahren 1770–1790. Ein Beitrag zum Wallfahrtswesen am Ende des alten Reiches, dans: Die Heiligen drei Könige – Darstellung und Verehrung. Katalog zur Ausstellung des Wallraf-Richartz-Museums in der Josef-Haubrich-Kunsthalle Köln, Cologne 1982, p. 81–96. Voir aussi Thoemmes, Die Wallfahrten der Ungarn (voir n. 18), p. 76–80.

79 Duhamelle, Les pèlerins (voir n. 19); Bertold Frhr. von Haller, Das Nürnberger Pilgerspital zum Heiligen Kreuz, dans: Klaus Arnold (dir.), Wallfahrten in Nürnberg um 1500. Akten des

Pour les masses du *Wallfahrt*, il faut autre chose, que l'on connaît mal. Plusieurs indices portent à penser que les pèlerins savent des granges accueillantes, ou dorment à la belle étoile – un témoin décrit en 1778 des pèlerins campant et chantant, toute la nuit, sur la montagne qui porte un lieu saint[80] et le rénovateur d'Albendorf loge les pèlerins dans un petit bois, avant que soient construits un hospice puis une auberge en 1683–1685[81]. Car une infrastructure se met vite en place pour accueillir les marcheurs et étancher leur soif. Rares sont les grands sanctuaires auprès desquels on ne brasse pas la bière et ce sont souvent les ordres religieux qui assurent à la fois la communion, et la boisson. Entre beaucoup d'exemples possibles[82], prenons celui des Franciscains du Kreuzberg, dans la Rhön, qui finissent en 1731 par obtenir d'autorités réticentes la permission de brasser eux-mêmes, sur le mont, l'aubergiste domanial ayant de toute façon renoncé à faire monter de la bière[83]. Les Augustins d'Eberhardsklausen, non loin de la Moselle, disposent quant à eux de plusieurs établissements saisonniers accueillant les masses estivales et leur vendant le vin de la collégiale, qui en tire en 1769 un considérable revenu de 1 385 talers[84]. *A contrario*, la plainte des aubergistes bavarois qui, après que leur prince a restreint les pèlerinages, déplorent cette mesure comme cause de leur ruine prochaine[85], dit assez l'importance des déplacements pèlerins pour le développement de cette activité économique.

Une fois arrivé, désaltéré et restauré, le pèlerin anime encore d'autres commerces. On a vu que la démarche spirituelle du *Wallfahrt* s'accompagnait toujours d'une pratique plus ancienne, celle du vœu qu'il faut rendre. Partout, ou presque, l'offrande est partie intégrante du pèlerinage, et elle s'effectue principalement en cire, soit sous forme de cierges – une évolution encouragée par l'Église –, soit sous forme de pieds, de mains, d'animaux imitant la partie du corps ou la pièce de bétail pour laquelle on espère, ou solde, un soulagement. La cire voyageant mal, c'est sur place que le pèlerin achète son offrande et ce sont ainsi des quantités considérables de cire qui changent de main près des sanctuaires allemands; les lourds cierges votifs, offrandes communautaires, font en revanche le voyage[86]. Mais les offrandes sont

interdisziplinären Symposions vom 29. und 30. September 2000 im Caritas-Pirckheimer-Haus in Nürnberg, Wiesbaden 2002 (Pirckheimer Jahrbuch für Renaissance- und Humanismusforschung, 17), p. 105–132.

80 Cité dans August Ludwig Schlözer (dir.), Briefwechsel, meist historischen und politischen Inhalts, vol. 3, livraison 18, Göttingen 1778, p. 364.

81 Zimmer, Albendorf (voir n. 13), p. 102–103.

82 Peter Hersche, Die Lustreise der kleinen Leute. Zur geselligen Funktion der barocken Wallfahrt, dans: Wolfgang Adam (dir.), Geselligkeit und Gesellschaft im Barockzeitalter, vol. 1, Wiesbaden 1997 (Wolfenbütteler Arbeiten zur Barockforschung, 28), p. 321–332, p. 325–328.

83 Renner, Wie das Bier (voir n. 3).

84 Le taler d'Empire vaut un peu plus de trois livres tournois du XVIIIe siècle. Là aussi, un conflit oppose de 1735 à 1771 les Augustins et l'administration princière, qui a installé ses baraques pour vendre son propre vin; Dohms, Die Geschichte des Klosters und Wallfahrtsortes Eberhardsklausen (voir n. 5), p. 154–155.

85 Hersche, Die Lustreise der kleinen Leute (voir n. 82), p. 325–326.

86 Celui de Mayen pour St. Matthieu de Trèves a coûté en 1768 12 Taler, celui de Bad Honnef en 1664 pour le même sanctuaire pèse 18 livres (Bernard, Die Wallfahrten der St.-Matthias-Bruderschaften [voir n. 25], p. 188), Westbevern porte même un cierge de 32 livres à Teltge en 1754 (Freitag, Volks- und Elitenfrömmigkeit [voir n. 27], p. 267).

aussi en fer, en argent, en terre cuite, en céréales, en vêtements et en images votives; elles couvrent une gamme impressionnante de formes, de tailles et de matières[87]. S'y ajoutent enfin les dons en numéraire et les fondations de messe; ainsi, au début de 1789, Eberhardsklausen doit rattraper un retard de 11 102 messes à célébrer[88].

Tout aussi importantes sont les transactions sur ce que, un peu vite, on pourrait appeler les souvenirs dévotionnels, qu'on rapporte chez soi en particulier pour se soigner. La liste en est sans fin, et on aimerait en savoir plus sur la fabrication et la diffusion de ces *Agnus Dei* – non pas ceux de cire bénis par le Pape, rares et précieux, mais les médaillons où l'on peut enfermer une formule de vœu ou de protection[89] –, de ces *Figurpfennig*, médailles de deux sous frappées d'une effigie grossière de l'image sainte[90], de ces amulettes dont Augsbourg semble s'être fait une spécialité[91] et de la gamme innombrable des vignettes pieuses, sur papier ou sur tissu. La commercialisation en est saisonnière (plus le pèlerinage est collectif, plus il se concentre en effet sur les beaux jours), mais suffit à faire vivre, dans le cas d'un grand sanctuaire, toute une bourgade.

C'est par exemple le cas de Kevelaer, le grand sanctuaire du nord, où l'on compte en 1770 76 debits de boissons pour environ 1500 habitants. À Walldürn, en 1785, le *Heilig-Blut-Markt* (marché du Saint-Sang) rassemble au moment du pèlerinage 297 baraques et la ville, qui est sensiblement de la même taille que Kevelaer, compte 61 aubergistes, une cinquantaine de cordonniers, et davantage de modeleurs de cire que de boulangers. À Teltge, il faut en 1724 obliger les vendeurs de cire à déplacer leurs échoppes; elles obstruent l'accès au sanctuaire et les boniments des commerçants gênent l'office[92]. Encore la ville ne suffit-elle pas à absorber le flux de pèlerins dont beaucoup doivent dormir dans les environs. Si nous répétons, sans grand risque de se tromper, les mêmes chiffres pour tous les sanctuaires de cette importance, et ils sont des dizaines, et si nous supposons une activité similaire aux étapes, dans les lieux saints plus modestes, et sur toutes les routes, nous devrons constater que le *Wallfahrt*, en pleine saison, constituait une activité économique majeure. Il faudrait de surcroît ajouter la construction, la rénovation, l'agrandissement et l'embellissement incessants de toutes ces églises de pèlerinage, éléments essentiels du baroque germanique, et chantiers ouverts aux métiers du bâtiment. La bourgeoisie de Trèves chiffra donc en 1788 à 30 000 talers les pertes de revenus consécutives à l'interdiction des pèlerinages par l'archevêque-électeur en 1784; ce sont en effet de 15 000 à 30 000 clients – en comptant seulement les pèlerins venus en procession – qui affluaient

87 Descriptions et images étonnantes de cette diversité dans KRISS, Volkskundliches (voir n. 33).

88 DOHMS, Die Geschichte des Klosters- und Wallfahrtsortes Eberhardsklausen (voir n. 5), p. 153.

89 Wolfgang BRÜCKNER, Christlicher Amulett-Gebrauch der frühen Neuzeit. Grundsätzliches und Spezifisches zur Popularisierung der Agnus Dei, dans: Frömmigkeit. Formen, Geschichte, Verhalten, Zeugnisse. Lenz Kriss-Rettenbeck zum 70. Geburtstag, Munich 1993 (Forschungshefte des Bayerischen Nationalmuseums, 13), p. 89–134.

90 BRÜCKNER, Die Verehrung (voir n. 12), p. 78–79.

91 Hanns Otto MÜNSTERER, Das Caravacakreuz und seine deutschen Nachbildungen, dans: ID., Amulettkreuze und Kreuzamulette. Studien zur religiösen Volkskunde (éd. par Manfred BRAUNECK avec la coll. de Hildegard BRAUNECK), Ratisbonne 1983, p. 69–115, p. 87.

92 FREITAG, Volks- und Elitenfrömmigkeit (voir n. 27), p. 139. À Eberhardsklausen, les Augustins eux-mêmes ont au XVIIIe siècle installé leur échoppe pour vendre leur cire: DOHMS, Die Geschichte des Klosters und Wallfahrtsortes Eberhardsklausen (voir n. 5), p. 155.

auparavant dans la semaine précédant Pâques, celle précédant la Pentecôte et les alentours du 29 juin, et emplissaient une ville comptant alors 7000 habitants[93].

Des flux, des réseaux, une logistique – mais aussi des obstacles, car l'espace du *Wallfahrt* s'inscrit dans des délimitations politiques et confessionnelles qui constituent autant de rugosités opposées au déplacement pèlerin.

C'est d'abord le cas des frontières territoriales, si nombreuses en terre d'Empire et omniprésentes en Rhénanie, en Souabe ou en Franconie. Force est cependant de constater que le pèlerinage les traverse souvent. Lorsqu'on peut les mesurer, les bassins de recrutement des sanctuaires, grands et moins grands, ne se calquent pas sur les principautés[94]. Les autorités territoriales tentent pourtant de garder leurs pèlerins chez eux en conférant à leurs lieux saints – comme à leurs manufactures ou leurs universités – une sorte de privilège d'exclusivité. Dans un édit de 1701, le prince-évêque de Münster oblige ainsi ses sujets à ne plus aller vers Kevelaer, situé sous une autre obédience, mais bien à Telgte, qui se trouve sur ses terres; la mesure, pour une fois, est efficace et détourne vers Telgte le pèlerinage collectif naissant des paroisses rurales[95]. Le prince-abbé de Salem va jusqu'à fermer en 1746 le sanctuaire de Birnau, proche de l'abbaye mais situé sur le territoire de la ville libre (catholique) d'Überlingen, pour déplacer l'image mariale sur ses terres, dans une nouvelle église baptisée Neu-Birnau[96]. Il est d'autres occasions de fermer les frontières, face à ses propres sujets, ou face à ceux qui traversent; les épidémies en font partie[97] et les guerres ou les famines limitent également les déplacements. Les mesures de restriction des pèlerinages, dans le dernier tiers du siècle, prennent souvent le même tour et, tout au moins dans les plus grandes principautés, interdisent le *Wallfahrt* hors des frontières (dès 1771 dans l'électorat de Trèves, en 1772 en Autriche, en 1780 pour la Bavière). Il n'en reste pas moins que les délimitations territoriales, à l'échelle du siècle et de l'Empire, ne constituent pas des obstacles majeurs au déplacement pèlerin.

En est-il de même des frontières confessionnelles? On se représente le Saint-Empire comme partagé entre un Nord-Est protestant et un Sud-Ouest catholique. Dans l'ensemble, l'image est pertinente; dans le détail, elle rend mal compte de l'intrication des confessions, en Souabe, en Rhénanie, en Franconie. Là, il est bien rare qu'on puisse voyager un peu longuement sans quitter les terres catholiques; ce qui ne

93 Guido Gross, Prozessionen und Wallfahrten nach Trier im Widerstreit geistiger Strömungen und ökonomischer Interessen, dans: Zwischen Andacht und Andenken. Kleinodien religiöser Kunst und Wallfahrtsandenken aus Trierer Sammlungen, Trèves 1992, p. 79–88, p. 81–84. Dans le faubourg Saint-Matthieu, on compte 15 auberges sur 30 maisons.

94 Pour prendre un exemple entre mille, les habitants de la vallée du Lech, aux confins de la Bavière et de la Souabe, partent en pèlerinage dans toutes les directions; Ferdinand Kramer, Zur Entwicklung einer Grenzregion. Der Lechrain an der bayerischen Grenze zu Schwaben, dans: Wolfgang Schmale, Reinhard Stauber (dir.), Menschen und Grenzen in der Frühen Neuzeit, Berlin 1998, p. 210–227, p. 222.

95 Freitag, Volks- und Elitenfrömmigkeit (voir n. 27), p. 127.

96 Lancé à grand renfort de publicité, le pèlerinage de Neu-Birnau rencontra un plein succès (12 000 confessions par an entre 1750 et 1760); Marc R. Forster, Kirchenreform, katholische Konfessionalisierung und dörfliche Religion um Kloster Salem 1650–1750, dans: Rottenburger Jahrbuch für Kirchengeschichte 16 (1997), p. 93–110, p. 107–108.

97 Le prince-abbé de Fulda n'hésite alors pas, par exemple en 1772, à bloquer les pèlerins aux bornes de son territoire: Landesarchiv Magdeburg, Außenstelle Wernigerode, A40I-I6-40, 10.

pose en temps normal guère de problèmes. Mais il s'agit dans le cas du *Wallfahrt*, on s'en souvient, de groupes parfois très nombreux, en rangs serrés, rangés derrière une bannière, et entonnant en chœur leurs cantiques. On conçoit que les princes ou les villes protestants et leurs pasteurs s'en soient émus. Pourtant, on ne trouve guère d'interdictions pures et simples; tous, après tout, sont sujets de l'Empire. Près des frontières, quelques pèlerinages locaux de catholiques vers un lieu saint en terre protestante sont même tolérés – ainsi en Franconie, où les pasteurs de Wieseth, entre autres, servent au XVIIIe siècle aux visiteurs un sermon sur les superstitions, tout en sachant que l'on puisera à la source de saint Guy, qui guérit les yeux, dès qu'ils auront le dos tourné, et tout en empochant les offrandes[98]. Si le déplacement est rarement empêché, des précautions sont en revanche souvent prises, comme dans la principauté de Wied-Runkel, où les pèlerinages ont un temps été escortés par les forces armées[99]. Généralement, et malgré quelques conflits, c'est un accord entre principautés qui prévaut, dont le traité conclu entre l'archevêché-électorat de Mayence et le landgraviat de Hesse-Darmstadt en 1718 fournit un excellent exemple: les pèlerins sont autorisés à traverser la principauté protestante, à condition qu'ils rangent leurs bannières et s'abstiennent de chanter des cantiques – bref, à condition qu'ils ne prétendent pas à une manière d'exercice public de leur religion, privilège ressortissant au prince[100]. Les pèlerins ne se conforment pas toujours à ces règles, on le verra, mais la frontière confessionnelle n'est donc pas un obstacle absolu à leur déplacement. En revanche, le repliement des bannières et l'instauration du silence sont une des occasions les plus marquantes, pour un catholique, d'éprouver la diversité confessionnelle de l'Empire.

Finalement, le *Wallfahrt* instaure un espace qui rassemble plus qu'il ne sépare et qui propose une unité sacrale (illustrée par l'abondance des copies dévotionnelles) au-delà des divisions territoriales, confessionnelles, voire nationales: les catholiques des Pays-Bas, interdits de pèlerinage et d'exercice public chez eux, déploient leur bannière et se mettent à chanter en arrivant en terre catholique, peu avant Kevelaer, devenu lieu saint de substitution[101]. Quant aux Habsbourg, ils ont longtemps fait des pèlerinages un instrument majeur pour promouvoir une unité nouvelle entre leurs diverses possessions danubiennes[102]. La mise en place progressive du *Wallfahrt* hongrois, bâti sur le modèle autrichien et suscitant de nombreuses circulations à travers la frontière, en est une parfaite illustration, et le grand lieu saint hongrois du XVIIIe siècle, Dömölk, né après 1740, est une copie de Mariazell en Autriche[103].

98 Elisabeth ROTH, Wallfahrten zu evangelischen Landkirchen in Franken, dans: Jahrbuch für Volkskunde NF 2 (1979), p. 135–160, p. 148–150.

99 HEGEL, Prozessionen und Wallfahrten (voir n. 27), p. 307.

100 BRÜCKNER, Die Verehrung (voir n. 12), p. 207. Les autorités prussiennes de Clèves-Mark imposent en 1746 la même restrictions aux pèlerins d'Alt-Lünen (FREITAG, Volks- und Elitenfrömmigkeit [voir n. 27], p. 200).

101 Marc WINGENS, Franchir la frontière: le pèlerinage des catholiques néerlandais aux XVIIe et XVIIIe siècles, dans: BOUTRY et al. (dir.), Rendre ses vœux (voir n. 19), p. 75–85.

102 Anna CORETH, Pietas Austriaca. Ursprung und Entwicklung barocker Frömmigkeit in Österreich, Munich ²1982, p. 62–70.

103 TÜSKÉS, KNAPP, Österreichisch-ungarische interethnische Verbindungen (voir n. 64), p. 20–23.

L'unité de la Bohême et ses liens avec la dynastie sont, depuis les années 1620, mis en scène et en processions au sanctuaire marial de Stara Boleslav[104].

La dissémination du sacré, la multiplication du pèlerinage proche, régulier et collectif, nourrissent donc des pratiques spécifiques de l'espace: un déplacement structuré, des itinéraires hiérarchisés, une infrastructure importante et, en définitive, un mouvement saisonnier qui dépasse les frontières confessionnelles et territoriales. Le *Wallfahrt* s'inscrit certes dans une communauté locale, celle du groupe de pèlerins, mais il la rassemble et la transporte, au propre et au figuré. Pour reprendre les termes des habitants de Dingelstädt et Küllstedt demandant en 1781 le rétablissement de leur pèlerinage vers Walldürn, il en fait, sous la bannière, »comme une armée chrétienne«[105].

C'est en cela que le *Wallfahrt* est également affirmation identitaire, c'est-à-dire qu'à travers lui, et pour le temps du pèlerinage, le groupe donne à lui-même et aux autres une représentation épurée de ce qui le soude et le distingue. Les pèlerins s'approprient l'itinéraire qu'ils parcourent autant vers eux-mêmes que vers le sanctuaire et les autres. C'est à ce rapport entre pèlerinage et identité que sera consacrée la troisième partie.

III. Pèlerinage et identité

Le temps des Lumières fait apparaître, et accentue, ce rapport – bien contre le gré des réformateurs. L'offensive des autorités ecclésiastiques et territoriales catholiques contre les pèlerinages commence dans les années 1760, avec les premières réductions drastiques du nombre de jours fériés. Elle se renforce dans les années 1770 et, surtout, 1780: interdiction des pèlerinages rendant nécessaire de dormir en chemin ou de passer les frontières, défense faite aux femmes d'y participer, puis suppression de certains pèlerinages particuliers. Ces mesures varient beaucoup selon les États mais tous ou presque y ont recours, y compris les principautés ecclésiastiques quoiqu'avec moins de rigueur. Bien que le clergé ait parfois précocement préconisé de telles décisions, c'est toujours l'intervention des autorités séculières qui marque une vraie césure dans l'histoire du *Wallfahrt*: le diocèse de Ratisbonne a eu beau interdire dès 1725 aux paroisses de passer la nuit dehors, cette mesure n'est suivie d'effet qu'après que le gouvernement de Munich l'a reprise à son compte en 1780[106]. L'essor initial et la condamnation finale du pèlerinage baroque ont été avant tout une affaire de princes; sa survie, en revanche, est imposée par les fidèles.

Les restrictions édictées au temps des Lumières sont toutes fondées sur les mêmes prémisses: le pèlerinage est un prétexte à la paresse, une occasion de gaspillage, un chaudron de toutes les débauches. Il relève de la superstition la plus noire, propre à susciter la dérision des protestants; au mieux, le pauvre peuple y est grugé par des moines avides, au pire, la populace y révèle son vrai visage, celui de la stupidité, faute

104 Marie-Élizabeth Ducreux, L'ordre symbolique d'un pèlerinage tchèque dans l'espace habsbourgeois au XVIIe siècle: Stara Boleslav, dans: Boutry et al. (dir.), Rendre ses vœux (voir n. 19), p. 87–122.

105 Landesarchiv Magdeburg, Außenstelle Wernigerode, A37a–XXII–148, 1.

106 Hartinger, Kirchliche und staatliche Wallfahrtsverbote (voir n. 14), p. 128–132.

d'éducation. Enfin, la vraie *Andacht*, la vraie dévotion, doit se tourner vers Dieu, et Dieu n'est pas au bout de quelque route, il est partout, surtout d'ailleurs dans les églises paroissiales. Tels sont, à gros traits, les arguments d'une *Aufklärung* catholique qui promeut une religion raisonnable et sobre, érigeant en valeurs suprêmes l'utilité, l'économie, la sédentarité et la discipline[107].

Tout cela n'a rien de surprenant. Nombre de ces arguments étaient ceux de la Réforme protestante et certains d'entre eux ont déjà présidé à l'évolution amenant au *Wallfahrt* collectif, encadré, spiritualisé. Plus inattendues sont les franches résistances qui se font jour[108]. Car toutes les innovations ne se heurtent pas de la part des fidèles à la méfiance ou au refus, pas plus celles de l'*Aufklärung* que les autres; ce sont les autorités éclairées elles-mêmes qui construisent l'image d'un paysan obtus refusant toute nouveauté. C'est donc que le pèlerinage n'est pas une dévotion interchangeable, et qu'il est devenu un bien collectif pour les communautés qui s'y livrent. Les mouvements de résistance permettent d'ailleurs de saisir les arguments avancés par ceux qui veulent conserver leur *Wallfahrt*. En fonction de cette parole, mais en considérant surtout les pratiques, on essaiera ici d'étudier en quoi le pèlerinage au XVIIIe siècle est le support d'une affirmation de soi ainsi qu'un facteur de distinction et d'autonomie.

En premier lieu, le pèlerinage comporte une dimension essentielle: celle de l'adhésion et du choix. Cela ne revient pas seulement à dire qu'il est malaisé de forcer des hommes et des femmes à marcher ensemble sur des dizaines de kilomètres. Il s'agit avant tout d'autre chose: si l'on ne peut guère choisir sa paroisse, on peut en revanche choisir son pèlerinage. Cet aspect est primordial pour comprendre comment les fidèles ont pu autant tenir à »leurs« pérégrinations. Face à une offre surabondante de milliers de sanctuaires[109] et face à la concurrence régnant entre les lieux saints, ce sont en effet bien eux qui les ont choisies.

Bien sûr, on a fait avant tout l'histoire des pèlerinages à succès, mais on trouve bien des cas où celui-ci n'a pas été au rendez-vous. Dans l'Eichsfeld, par exemple: après avoir renouvelé le grand sanctuaire local, celui du Hülfensberg, les Jésuites ont un temps beaucoup misé sur une chapelle de saint Ignace, à Wingerode, qu'ils prennent en main en 1664. Ils y conduisent les élèves du collège, ils ne ménagent pas leurs efforts pour faire venir les pèlerins. Rien n'y fait. Wingerode végète, puis s'étiole, et le Hülfensberg, où officient également les Jésuites, conserve sa primauté[110]. Alt-Lünen, en Westphalie, ne se remet pas des conflits frontaliers qui ont paralysé le lieu saint de 1729 à 1735[111]. Quant au pèlerinage tardif et »éclairé« que des Dominicains

107 Rudolf Reinhardt, Die Kritik der Aufklärung am Wallfahrtswesen, dans: Bausteine zur geschichtlichen Landeskunde von Baden-Württemberg, Stuttgart 1979, p. 319–345.

108 Voir entre autres Habermas, Wallfahrt und Aufruhr (voir n. 2), p. 129 et suiv.

109 L'exemple du sanctuaire d'Elchingen est éclairant. Il est entouré, dans un rayon de 50 km à vol d'oiseau, de 26 autres lieux saints dont au moins six attirent largement plus de 10 000 pèlerins par an au milieu du XVIIIe siècle. Ces sanctuaires connaissent des conjonctures rapides et fluctuantes: vers 1750 Kirchhaslach est en chute libre, Steinbach en pleine ascension, Ursberg se maintient, etc. Drascek, Räumliche Horizonte (voir n. 8), p. 298–304.

110 Johannes Freckmann, Die Geschichte der Ignatius-Wallfahrt in Wingerode, dans: Unser Eichsfeld 29 (1934), p. 225–237; Duhamelle, Les Jésuites (voir n. 27), p. 214–215.

111 Freitag, Volks- und Elitenfrömmigkeit (voir n. 27), p. 195–202.

tentèrent en 1768 de lancer à Lauingen vers une relique d'Albert le Grand, saint savant, il ne vécut qu'une saison[112].

La concurrence est donc rude pour attirer le pèlerin. Le déploiement baroque des nefs, des ors et des stucs s'explique aussi par la nécessité de rehausser le prestige des lieux saints, ainsi que l'accumulation des indulgences. Lorsque cela est possible, on ajoute une autre image, ou des reliques secondaires, comme celles des catacombes[113], voire tout un ensemble qui modifie le caractère du lieu saint: le pèlerinage marial d'Albendorf en Silésie, ressuscité après la guerre de Trente Ans, prend son véritable essor après que le seigneur du lieu, Daniel Paschasius von Osterberg, a non seulement fait reconstruire l'église mais lui a adjoint, sur la colline adjacente, une réplique de Jérusalem pour laquelle, entre 1681 et 1708, sont édifiés 101 chapelles, stations, portes etc. où Osterberg accumule les reliques, les copies d'images vénérées, les *Agnus Dei* pontificaux[114]. Il faut aussi veiller au grain dans le voisinage: nombreux sont les récits de création d'un sanctuaire qui signalent les plaintes, les accusations et les dénigrements émanant des ecclésiastiques des environs[115]. À l'opposé, les livres de miracles sont un excellent moyen d'assurer une plus grande publicité et constituent par conséquent un genre florissant. Ces imprimés, rapportant des miracles, parlent de gens modestes afin d'être lus par eux et de les faire venir[116] – ce sont donc les pèlerins qu'il faut convaincre et si le miracle est de moins en moins l'objectif direct des déplacements collectifs et annuels, il en reste l'aiguillon. Certains de ces ouvrages vont jusqu'à pratiquer la publicité comparative: en 1725, le livre de miracles du sanctuaire de la Sainte-Croix, à Schambach, n'omet pas de préciser que celui-ci a réussi là où la *Wallburgiöl* des bénédictins d'Eichstätt, à 15 kilomètres de là, avait échoué[117]. Reste enfin le bouche-à-oreille, difficilement maîtrisable, qu'il est

112 Lausser, Die Wallfahrten des Landkreises Dillingen (voir n. 44), p. 111.

113 Walter Pötzl, Katakombenheilige als »Attribute« von Gnadenbildern, dans: Jahrbuch für Volkskunde NF 4 (1981), p. 168–184.

114 Certains de ces ajouts laissent rêveur, comme la »poussière tombée du corps de saint Norbert« ou les »deux épines provenant du buisson qui a servi à faire la couronne d'épines du Christ«; Zimmer, Albendorf (voir n. 13), p. 96–101 et p. 108. L'accumulation se poursuit par la suite; en 1775 par exemple, une copie de l'Enfant Jésus de Prague est installée dans l'église d'Albendorf (ibid. p. 193).

115 Robert Böck, Die Wallfahrt zu Unserer Lieben Frau in der Aich bei Oberbernbach (Landkreis Aichach-Friedberg), dans: Bayerisches Jahrbuch für Volkskunde (1996), p. 169–184, p. 171; Dorn, Die ersten drei Jahrzehnte (voir n. 6), p. 191; Rüdiger, Nachbauten der Heiligen Kapelle in Altötting (voir n. 45), p. 183. La chapelle de Brudersbrunn, en Bavière, fut même incendiée au milieu du XVIIIe siècle par le clergé d'un pèlerinage concurrent: Kriss, Volkskundliches (voir n. 33), p. 259.

116 Un exemple précoce: en 1628 une pèlerine à St. Benno de Munich déclare être venue »car … sa maîtresse Margaretha Seebauer a lu lors de plusieurs nuits de Noël les miracles de St. Benno«; Robert Böck, Die Verehrung des hl. Benno in München. Wallfahrtsgeschichte und Mirakelbücher, dans: Bayerisches Jahrbuch für Volkskunde (1958), p. 53–73, p. 58. La publication de livres de miracles, massive pour les grands sanctuaires, concerne également les lieux saints plus modestes, comme par exemple celui d'Aufkirchen à l'ombre d'Andechs en Bavière (publications en 1638, 1666 et 1757); Roth, Die Marienwallfahrt zu Aufkirchen (voir n. 27), p. 427.

117 Helmut Flachenecker, Vom alltäglichen Leiden in einer bäuerlich geprägten Region. Die Heilig-Kreuz-Wallfahrt nach Schambach im 18. Jahrhundert, dans: Kohlberger (dir.), Kulturgeschichten (voir n. 27), p. 437–457, p. 448. Voir aussi Dohms, Die Geschichte des Klosters und Wallfahrtsortes Eberhardsklausen (voir n. 5), p. 159–160, ou encore Kramer, Ein Mirakelbuch (voir n. 31), p. 132.

parfois possible de reconstituer[118] et qui montre combien le pèlerinage nourrit le pèlerinage, en mettant en contact des pèlerins d'origine et d'expériences différentes.

Dans cette situation de concurrence, le succès fait boule de neige, puisque les offrandes des fidèles permettent de financer de nouvelles constructions, un meilleur accueil spirituel, des publications plus nombreuses. Mais la réussite n'est jamais acquise, et la conjoncture des sanctuaires est souvent fluctuante. Dans certains cas, la courbe des malheurs détermine celle des fréquentations: les sanctuaires dédiés à saint Léonard, spécialisés dans le bétail, connaissent leurs années de vaches grasses lors des épizooties[119]. Ailleurs, l'apparition voisine d'un lieu saint à succès entraîne le déclin: en Westphalie, Kevelaer se développe aux dépens de Marienbaum[120] et Vinnenberg s'étiole au XVIIIe siècle à l'ombre de Teltge, puis de Warendorf[121]. Certains ne sont que des feux de paille[122]. D'autres comptent sur les jubilés et leurs pompes pour relancer leur renom[123].

Finalement, c'est le pèlerin qui a le dernier mot. Si certains historiens du pèlerinage n'hésitent pas à parler pour le XVIIIe siècle de »phénomènes de mode«, c'est bien parce que les créations spontanées au succès retentissant s'y multiplient. Ce sont ainsi les fidèles qui, à la suite d'une manifestation miraculeuse, ont assuré le succès éclatant de pèlerinages aussi importants que celui de la Wies, à partir de 1738/39[124], ou celui de Maria Steinbach après 1730[125]. Dans la principauté-évêché de Münster, le contraste est frappant entre le XVIIe siècle, dominé par les initiatives des autorités (promotion de Teltge) et le XVIIIe, marqué par l'éclosion brutale de deux pèlerinages mariaux spontanés de grande ampleur après une succession de guérisons miraculeuses à Stadtlohn (1739–1745) et Warendorf (1752)[126]. La ratification par les autorités religieuses, c'est-à-dire l'autorisation du culte, l'octroi d'indulgences, l'envoi de confesseurs, intervient parfois du bout des lèvres, après des années d'attente – mais elle intervient, emportée par le succès de dévotions qui sont, à elles-mêmes, un miracle suffisant. L'impression générale qui se dégage est celle d'une prise en mains accrue, par les pèlerins, du succès voire de la naissance des pèlerinages – alors même que les fondations par les princes et les nobles sont plutôt en recul. Mais cette liberté croissante s'exprime également dans d'autres domaines.

118 Freitag, Volks- und Elitenfrömmigkeit (voir n. 27), p. 239–242; Böck, Die Wallfahrt zu Unserer Lieben Frau in der Aich (voir n. 115), p. 175.

119 Lausser, Die Wallfahrten des Landkreises Dillingen (voir n. 44), p. 94.

120 Burkhard Schwering, »En jaeght den Oorlogh uyt de Landen ...«. Zur Entstehung und Entwicklung einer Wallfahrt im Dreißigjährigen Krieg, dans: Rheinisch-westfälische Zeitschrift für Volkskunde 42 (1997), p. 85–102, p. 99.

121 Freitag, Volks- und Elitenfrömmigkeit (voir n. 27), p. 242–253, courbes des offrandes p. 381–385.

122 Comme cette chapelle du Saint Nom en Rhénanie, qui suscite l'engouement à la fin du XVIIe siècle, mais sans lendemains; Hegel, Prozessionen und Wallfahrten [voir n. 27], p. 308.

123 Par exemple celui de Kevelaer en 1754 (Freitag, Volks- und Elitenfrömmigkeit (voir n. 27), p. 151–163), ou les deux jubilés de 1738 et 1782 à Schönenberg (Ott, Die Wallfahrtsgeschichte auf dem Schöneberg [voir n. 55], p. 39–42).

124 Habermas, Wallfahrt und Aufruhr (voir n. 2), p. 7.

125 Dorn, Die ersten drei Jahrzehnte (voir n. 6); Marc R. Forster, Wer bestimmt den Sinn der Wallfahrten? Die Steinbacher Maria, 1733, dans: Norbert Haag et al. (dir.), Ländliche Frömmigkeit. Konfessionskulturen und Lebenswelten 1500–1850, Stuttgart 2002, p. 229–238.

126 Freitag, Volks- und Elitenfrömmigkeit (voir n. 27), p. 230–237.

Le *Wallfahrt* est en effet, pour organisé qu'il soit, un moment de libération – de licence, disent les *Aufklärer*: certaines statistiques établissant un lien entre le moment du pèlerinage et un léger pic des naissances illégitimes sembleraient leur donner raison[127], si la plupart des témoignages ne soulignaient pas au contraire la relative tenue du groupe. Ce qui revient en revanche avec plus d'insistance, c'est l'abus d'alcool, et en particulier de bière, qu'on a vue être brassée près des sanctuaires et qui ne constitue pas, le reste du temps, une boisson quotidienne dans les campagnes. Le moment du *Wallfahrt* est celui de la libéralité autant que de la liberté: on y consomme des nourritures inhabituelles, comme ces petits gâteaux spécialement concoctés à Walldürn, les *Schiffele*[128]. Libéralité de la dépense corporelle aussi: certains itinéraires s'apparentent à des exploits sportifs, comme le pèlerinage des quatre montagnes (en un jour) en Carinthie[129].

Ces éléments d'adhésion, de choix et de liberté témoignent d'une appropriation du pèlerinage par les pèlerins. Au-delà des modes et des débordements, qui font pleinement partie du phénomène, c'est plus profondément une autonomie croissante dans le choix des voies du Salut, ici-bas et au-delà, qui s'exprime dans le *Wallfahrt*.

Avant toute chose, il montre que les catholiques allemands ne renoncent pas à la liberté de choisir leur confesseur. Celle-ci n'est jamais remise en cause par les autorités ecclésiastiques, mais elles cherchent constamment à la restreindre. La nécessité de fournir au prêtre de sa paroisse une attestation si l'on est allé se confesser ailleurs est fréquemment rappelée. Pourtant, la pratique du pèlerinage permet d'échapper sans cesse à ce monopole paroissial. La place que tient le refus de se confesser – on oserait dire le boycott – dans les nombreux conflits entre une paroisse et son curé montre, par l'objet du chantage, combien l'importance de l'eucharistie a été intériorisée par les fidèles.

En outre, les souvenirs dévotionnels dont nous avons parlé ne sont pas purs objets de transactions économiques. Ils sont aussi la marque d'une attitude active envers le sanctuaire et la démarche pèlerine, d'une manière pour le pèlerin de ramener chez soi, à soi, son pèlerinage. Cela vaut sans doute pour les multiples utilisations thérapeutiques des images et autres objets achetés au lieu saint[130] ou de leurs associations en inventives breloques mêlant, par exemple, la croix de Caravaca importée d'Es-

127 Hersche, Die Lustreise der kleinen Leute (voir n. 82), p. 329.
128 Brückner, Die Verehrung (voir n. 12), p. 82.
129 Drascek, Räumliche Horizonte (voir n. 8), p. 305.
130 On citera le saucisson de martyrs, une pâte d'herbes et de poudre de reliques des catacombes (Brückner, Christlicher Amulett-Gebrauch [voir n. 89], p. 115–117), ou les petites images de saint François Xavier, patron des saignées, qu'on appliquait sur les plaies (Friess, Gugitz, Die Franz-Xaver-Wallfahrt [voir n. 4], p. 128, Elfriede Grabner, Sankt Franciscus Xaverius, ein »Schutzhaber in der Aderlaß«. Zur Entstehung und Verbreitung eines seltenen ikonographischen Motivs in der Andachtsgraphik des 18. Jahrhunderts, dans: Österreichische Zeitschrift für Volkskunde XLVI/95 [1992], p. 435–460, p. 451). Ces pratiques, liées au pouvoir très ancien du contact (on frottait des images par exemple à Cologne sur le reliquaire des Rois Mages, Torsy, Achthundert Jahre Dreikönigenverehrung [voir n. 23], p. 24, à Schönenberg en 1747 c'est l'imprimerie du prince-prévôt d'Ellwangen qui imprime des vignettes destinées à être frottées sur la statue de la Vierge, Ott, Die Wallfahrtsgeschichte auf dem Schöneberg [voir n. 55], p. 23, des coupons de soie sont passés sur le corporal de Walldürn, Brückner, Die Verehrung [voir n. 12], p. 96), permettent au pèlerin de ramener chez lui son pèlerinage et de l'incorporer à ses façons de faire face aux aléas de l'existence.

pagne par les Jésuites à la *Casa* de Lorette ou à la madone d'Altötting[131]. Mais cela vaut surtout pour les cas où cette appropriation équivaut à une recréation. Il n'est pas de meilleurs exemples de ce phénomène que les pèlerinages qui sont nés non d'une copie d'image sainte, commanditée par un prélat ou un seigneur, mais d'un de ces souvenirs dévotionnels, une image de quatre sous d'où surgit un culte spontané, parfois de grande ampleur, et finalement cautionné par l'Église. C'est le cas, très tôt, à Kevelaer, l'un des plus grands sanctuaires du XVIIIe siècle, né en 1642 d'une mauvaise vignette imprimée représentant la Vierge de Luxembourg, elle-même copie de celle de Scherpenheuvel, dans le Brabant[132]. C'est le cas également du sanctuaire de Notre Dame d'Aich, développé à partir d'une image dévote qu'après un sermon entendu en pèlerinage un fils de maître d'école colle sur une planchette et cloue en 1691 à un chêne[133]. Même histoire, ou presque, à Planegg, où en 1710/12 un pèlerinage naît d'une pauvre image de la madone de Lorette accrochée à un chêne par deux fils de forgeron[134]. Une invocation même peut parfois suffire: c'est parce qu'en 1753 un chasseur, confronté à un lièvre diabolique, y a invoqué les noms de Jésus et de Marie qu'est née la chapelle de Kohlstattbrunn, aussitôt lieu de pèlerinage[135]. Ce sont désormais les pèlerins qui assurent la dissémination du sacré, et ils témoignent ainsi de leur identification croissante avec la pratique du *Wallfahrt*. La profondeur de cet attachement est pour beaucoup dans les réactions négatives envers les mesures restrictives édictées, à la fin du siècle, à l'encontre des pèlerinages.

Un élément supplémentaire vient cependant renforcer cette appropriation: elle n'est pas seulement individuelle, elle est aussi communautaire. L'intériorisation du caractère collectif et organisé du pèlerinage-procession, pourtant récent et en partie imposé par le clergé et les princes, s'exprime parfaitement dans une requête de 1801, où plusieurs paroisses de l'Eichsfeld expriment leur désir de restaurer leur *Wallfahrt* vers le Hülfensberg: »car il est vraiment plus édifiant que le peuple fasse l'ascension ensemble et en procession, plutôt que chacun y aille tout seul de son côté«[136]. Ce sens collectif attribué au pèlerinage est, en outre, désormais spécifique aux communautés rurales. Alors que peu avant nobles et princes rivalisaient de zèle pèlerin, et alors que les premiers pèlerinages collectifs, au début du XVIIe siècle, partaient surtout des villes, ce sont désormais les paroisses rurales et les confréries des campagnes, plus tardives, qui animent le *Wallfahrt*. La dévotion à saint Benno, à Munich, offre un bon exemple de cette évolution. Le pèlerinage-procession prend son essor au début du XVIIe siècle lorsqu'une confrérie est créée à Munich en 1603 et surtout lorsque les villes de Freising (1601), Landshut (1603) et Augsbourg (1605) instaurent une procession solennelle et annuelle vers les reliques du saint. Mais très vite le *Wallfahrt* de paroisses rurales l'emporte en nombre: 63,3% des 564 miracles publiés au XVIIe siècle concernent déjà des ruraux[137]. Ce mouvement est général, s'amplifie

131 Münsterer, Das Caravacakreuz (voir n. 91), p. 90.

132 Schwering, »En jaeght den Oorlogh uyt de Landen ...« (voir n. 120), p. 94.

133 Qu'on gardera soigneusement dans la chapelle construite puis agrandie ultérieurement; Böck, Die Wallfahrt zu Unserer Lieben Frau in der Aich (voir n. 115), p. 170–173.

134 Pötzl, Loreto in Bayern (voir n. 43), p. 201.

135 Kriss, Volkskundliches (voir n. 33), p. 263–264.

136 Archiv des Geistlichen Kommissariats des Eichsfelds, Heiligenstadt, Fach 274–14–I, 10.

137 Böck, Die Verehrung des hl. Benno (voir n. 116), p. 60–62.

encore au XVIIIe siècle et entraîne une dévaluation sociale du pèlerinage qui est cependant moins rapide et moins complète qu'en France. Même un grand prélat éclairé comme Erthal continue à le pratiquer[138]. Mais que l'électeur de Bavière puisse en 1773 faire construire un observatoire sur le Hohenpeißenberg, puis venir l'inspecter sans se soucier du sanctuaire tout proche[139], dit assez cet éloignement des élites – une distance que le discours de l'*Aufklärung* fait bien sentir. Le pèlerinage collectif, à la fin du XVIIIe siècle, est devenu avant tout affaire de paysans.

Ils en ont fait, de leur côté, un facteur de distinction offrant à chaque communauté rurale l'occasion de poser son originalité et de défendre son honneur. Son originalité, puisque chaque village a élaboré sa combinaison spécifique de trajets et de dévotions. L'irrégularité des bassins de recrutement est un indice de ces choix dont les raisons, souvent, nous échappent. Les localités faisant en 1762 le voyage de saint Matthieu à Trèves, par exemple, sont presque toutes situées au Nord, sur la rive gauche du Rhin: les villages proches de Trèves sont quasi absents (ils vont plutôt à Eberhardsklausen), alors que les confrères les plus éloignés sont à 170 kilomètres à vol d'oiseau[140]. Tous les villages d'un même pays ne vont pas au même endroit et deux villages voisins se rendent rarement au même sanctuaire[141], si bien que les bassins de recrutement se recoupent souvent[142], mais ne coïncident pas. Les quelques localités de l'Eichsfeld qui font le grand voyage de Walldürn, par exemple, tiennent à cette singularité comme à la prunelle de leurs yeux, et y font résider une partie de leur esprit de clocher. Car il y va aussi de l'honneur: partout, au moins dans le voisinage, et aux abords du sanctuaire, le groupe pèlerin attend qu'on l'accueille dans les autres villages, qu'on sonne les cloches à son passage, qu'on prie avec lui. Gare à ceux qui ne le font pas. Ainsi, en juin 1732 les paroissiens de Küllstedt négligent de venir dans les formes à la rencontre des habitants des villages voisins, de retour de Walldürn, qui se répandent alors dans le village en proférant des insultes et en causant de nombreux dégâts[143]. L'interdiction de sonner les cloches, une des mesures les plus fréquentes du temps des Lumières, est donc également une de celles qui suscitent le plus de résistances.

Le pèlerinage représente par conséquent un élément majeur de distinction et d'honorabilité pour la communauté paysanne, face à ses voisines. Il l'est aussi face aux protestants, à ces voisins étrangers que séparent non seulement la religion déterminée par le prince, mais, de plus en plus, la construction culturelle multiforme qui accompagne, depuis 1648 surtout, l'incorporation des différences confessionnelles dans de

138 Goy, Aufklärung und Volksfrömmigkeit (voir n. 76), p. 131–132. Joseph II, avant de restreindre considérablement les pèlerinages en 1772, s'est encore rendu à Mariazell en 1764, 1766 et 1767, Coreth, Pietas Austriaca (voir n. 102), p. 69.

139 Habermas, Wallfahrt und Aufruhr (voir n. 2), p. 109–111.

140 Bernard, Die Wallfahrten der St.-Matthias-Bruderschaften (voir n. 25), p. 276.

141 Exemples: Drascek, Räumliche Horizonte (voir n. 8), carte p. 293; Böck, Die Verehrung des hl. Benno (voir n. 116), carte p. 61; Id., Volksfrömmigkeit und Wallfahrtswesen (voir n. 9), carte p. 64–65 pour Herrgottsruh; Id., Die Wallfahrt zu Unserer Lieben Frau in der Aich (voir n. 115), carte p. 177.

142 Une carte éclairante surimposant les bassins de Taxa, Benediktbeuren, St.-Benno de Munich et St.-Rasso de Grafrath dans Kramer, Ein Mirakelbuch (voir n. 31), p. 121.

143 Archiv des Geistlichen Kommissariats des Eichsfelds, Heiligenstadt, Fach 255–28–I, 6.

nombreux domaines, du prénom à la fête, du chant à, bientôt, la culture politique. Toute l'année, on commerce sans problèmes majeurs, mais le jour du pèlerinage permet une confrontation ponctuelle, un de ces moments où se forge ce que c'est que d'être catholique. Alors que les princes, dans la seconde moitié du XVIIIe siècle, s'accordent à réprimer ces bagarres, elles restent très fréquentes[144] – d'autant que plusieurs sanctuaires, comme le Hülfensberg en Eichsfeld ou le Kreuzberg dans la Rhön[145], doivent une partie de leur succès à leur position de bastion face à la frontière confessionnelle ou à la renommée de reliques récupérées en pays protestants, comme celles de Benno, évêque de Meissen au XIe siècle canonisé en 1523, qui furent acquises par le duc de Bavière en 1576 et offertes à la vénération des fidèles à Munich en 1580[146]. Ces pèlerinages de frontière, instaurés, on l'a vu, par la volonté des princes, sont désormais défendus comme tels par les fidèles. Ainsi, alors qu'au XVIIe siècle les princes et les Jésuites suscitaient des pèlerinages autour de statues importées de terre protestante, comme le duc de Juliers-Clèves en 1661 à Werl[147], c'est en 1710 un aubergiste qui fait de même autour d'une image de la Vierge qui lui a été donnée par un de ses clients, un pasteur protestant[148]. On comprend mieux, dès lors, un des *leitmotive* des protestations populaires contre les mesures éclairées: »nous ne voulons pas devenir luthériens«, disent-ils ou écrivent-ils[149], montrant ainsi que le pèlerinage fait partie intégrante de leur identité catholique.

Davantage encore: il fait partie de leurs droits acquis et de leurs possessions aux deux sens du terme. Au sens matériel, tout d'abord. Ce sont les fidèles qui ont, de leurs dons, financé les sanctuaires qu'on veut leur faire déserter, qui ont payé les cloches qu'on veut leur interdire de faire sonner, qui rémunèrent leurs curés pour les accompagner en pèlerinage. Ils ne manquent pas de le rappeler crûment. La *possessio* juridique ensuite, c'est-à-dire le droit acquis par un long usage, supérieur au droit territorial en matière de religion puisque c'est lui qui, sur la base de l'année normative de 1624, règle depuis 1648 la répartition des droits confessionnels. L'argument est sans cesse opposé aux suppressions de pèlerinage, surtout lorsque s'y adjoint l'existence d'un vœu collectif à l'origine du *Wallfahrt*. La force du vœu est en effet

144 GOY, Aufklärung und Volksfrömmigkeit (voir n. 76), p. 157–158; BRÜCKNER, Die Verehrung (voir n. 12), p. 208; Christophe DUHAMELLE, Frontière, territoire, confession: l'exemple de l'Eichsfeld, dans: Christine LEBEAU (dir.), L'espace du Saint-Empire du Moyen Âge à l'époque moderne, Strasbourg 2004, p. 175–192, p. 186–187; DÖRING, Wallfahrtsleben (voir n. 25), p. 45.

145 RENNER, Wie das Bier (voir n. 3), p. 409. Les pèlerinages de Unsere Liebe Frau im Moos zu Kicklingen et de St.-Léonard à Unterliezheim ont été suscités par la dynastie convertie de Palatinat-Neubourg comme autant de bastions face aux Öttingen protestants; LAUSSER, Die Wallfahrten des Landkreises Dillingen (voir n. 44), p. 77 et 94.

146 BÖCK, Die Verehrung des hl. Benno (voir n. 116), p. 55–56. Les Jésuites ont également fait transférer en 1649 à Munich les reliques des saints Cosme et Damien et leur ont consacré un pèlerinage à Kaufbeuren, HARVOLK, »Volksbarocke« Heiligenverehrung (voir n. 58), p. 263–264.

147 HEGEL, Prozessionen und Wallfahrten (voir n. 27), p. 310.

148 LAUSSER, Die Wallfahrten des Landkreises Dillingen (voir n. 44), p. 106.

149 HABERMAS, Wallfahrt und Aufruhr (voir n. 2), p. 134 et 143; Peter HERSCHE, »lutherisch werden« – Rekonfessionalisierung als paradoxe Folge aufgeklärter Religionspolitik, dans: Gerhard AMMERER, Hanns HAAS (dir.), Ambivalenzen der Aufklärung. Festschrift für E. Wangermann, Vienne, Munich 1997, p. 155–168.

reconnue en droit[150] et, tout en rappelant son aspect propitiatoire, les communautés ne manquent pas non plus de citer la date du vœu et sa validité formelle, donc juridique. Bref, lorsque les communautés rurales défendent leur pèlerinage, elles ont le sentiment de se battre pour leur possession et pour leur droit.

Elles affirment en outre leur autonomie et leur cohésion. Cet aspect apparaît en premier lieu dans la forme même que prennent les résistances aux suppressions de pèlerinages. La plupart du temps ce sont les chefs de la communauté qui sont à la tête de la désobéissance, et ils s'assurent du soutien collectif en recourant, si besoin est, à de véritables scrutins organisés dans le village[151]. La lutte pour le *Wallfahrt* est parfois l'occasion d'une véritable émancipation politique, perçue comme telle par les autorités qui n'hésitent pas, lorsqu'elles en disposent, à envoyer la troupe. Ces troubles de la fin du XVIIIe siècle s'inscrivent d'ailleurs dans une tradition plus longue liant les exigences politiques locales et la pratique du pèlerinage: tout au long du siècle, les paysans du comté de Hauenstein, en Forêt-Noire, accompagnent par de spectaculaires pèlerinages mariaux les députations qu'ils envoient, pour revendiquer leurs droits, auprès de l'Empereur[152]. Devenu inséparable de la communauté, le pèlerinage s'est mué en mode d'expression sublimé de l'unité villageoise face aux autorités extérieures.

Cette affirmation d'autonomie, qui montre l'ancrage d'un rite religieux dans les représentations sociales et politiques de la communauté villageoise, rejaillit à son tour sur le rite religieux lui-même lorsque les fidèles n'hésitent pas à continuer leur *Wallfahrt* en se passant d'accompagnement ecclésiastique. Certes, la suppression de la compagnie de Jésus, en 1773, puis l'interdiction faite aux curés d'accompagner leurs ouailles, ont incontestablement réduit les déambulations pèlerines. Mais de nombreux laïcs, déjà accoutumés à organiser et discipliner le pèlerinage-procession dans le cadre des confréries par exemple, se sont également substitués au clergé pour en assurer la conduite spirituelle afin d'en conserver la forme collective. La paroisse de Senheim, passant outre l'interdiction des pèlerinages prononcée par l'archevêque-électeur de Trèves en 1784, entreprend ainsi le voyage vers Eberhardsklausen sous la direction de son maire en 1788 et en 1792, avant d'obtenir une dérogation partielle en 1793[153]. Vienne, qui a déjà limité les pèlerinages, doit en 1784 explicitement interdire cette pratique[154].

150 Louis Carlen, Wallfahrt und Recht im Abendland, Fribourg 1987 (Freiburger Veröffentlichungen aus dem Gebiete von Kirche und Staat, 23), p. 60–63.

151 Habermas, Wallfahrt und Aufruhr (voir n. 2), p. 137 et 144–150. Un autre exemple de scrutins internes: Christophe Duhamelle, Konfessionelle Identität als Streitprozess. Der Gesangbuchstreit in Wendehausen (Eichsfeld), 1792–1800, dans: Historische Anthropologie 11-3 (2003), p. 397–414.

152 David Luebke, Naïve Monarchism and Marian Veneration in Early Modern Germany, dans: Past and Present 154 (1997), p. 71–106.

153 Pauly, Die Pfarrgemeinde Senheim (voir n. 65), p. 96–101 et Dohms, Die Geschichte des Klosters und Wallfahrtsortes Eberhardsklausen (voir n. 5), p. 168. Autres exemples: Goy, Aufklärung und Volksfrömmigkeit (voir n. 76), p. 156; Hartinger, Kirchliche und staatliche Wallfahrtsverbote (voir n. 14), p. 134.

154 Georg Schreiber, Wallfahrt und Volkstum in Geschichte und Leben, Düsseldorf 1934 (Forschungen zur Volkskunde, 16/17), p. 77. Les pèlerins du Hülfensberg, eux, cherchent un remplaçant aux Jésuites tout en continuant leur *Wallfahrt*; Duhamelle, Les Jésuites (voir n. 27), p. 223.

Dans ces conditions, les mesures visant à amenuiser la pratique du pèlerinage n'obtiennent qu'un succès mitigé – comment empêcher, d'ailleurs, les paysans de prendre la route, surtout quand on les a si longtemps incités à le faire? Face à la continuation larvée, ou tonitruante, de ces pratiques, les autorités laïques et surtout ecclésiastiques bégaient leurs interdictions comme autant d'aveux d'échec[155], ou choisissent de faire semblant d'ignorer ce qui se passe, quand elles ne sont pas contraintes à reculer: sept ans après l'avoir interdit, le prince-évêque d'Augsbourg autorise à nouveau partiellement le pèlerinage à Andechs en 1787[156]; en 1793, le prince-évêque de Wurtzbourg, après cinq ans d'efforts, renonce à supprimer le *Wallfahrt* vers Kreuzberg[157]; en 1790, les gens d'Aschaffenbourg obtiennent à nouveau le droit d'aller en groupe à Walldürn, où le pèlerinage est théoriquement interdit[158]; même les Habsbourg doivent céder en rétablissant le pèlerinage de Mariazell en 1796, la Bavière autorise en 1801 un pèlerinage de plusieurs jours par paroisse et par an[159] et la liste pourrait être longuement poursuivie[160]. Les mesures du dernier tiers du XVIIIe siècle n'ont pourtant pas été sans effet, et le déclin quantitatif du *Wallfahrt* est encore amplifié par les bouleversements de la période révolutionnaire et, surtout, par les sécularisations de 1803, qui privent de nombreux sanctuaires de leurs desservants. La rupture n'est pas assez grande, toutefois, pour ne pas laisser subsister de continuités avec la reprise pèlerine du XIXe siècle, mais il s'agit là d'une autre histoire.

Adhésion et choix, distinction et honneur collectif, possession et autonomie communautaires: le *Wallfahrt* est tissé de trop de choses pour pouvoir disparaître sur la simple injonction d'autorités qui, elles, s'en sont largement détachées. Ce que leur disent les protestations des paysans ressemble bien souvent à ce que les autorités de naguère disaient lorsqu'elles encourageaient le pèlerinage dans sa forme nouvelle. En ce sens, la résistance aux mesures de restriction montre combien les formes de dévotion de la Réforme catholique ont été intériorisées par les individus, et appropriées par les communautés.

Conclusion

Le pèlerinage du XVIIIe siècle en Allemagne a été étudié avant tout par les ethnologues, les *Volkskundler*, soucieux d'un inventaire précis des pratiques populaires, par les historiens de l'Église, tournés principalement vers les jugements sur les pèlerinages, et beaucoup moins par les historiens, sans parler des historiens de l'économie, si bien que la tentative que nous avons effectuée de relier tous ces aspects reste incomplète et lacunaire, mais peut-être pas inutile.

155 L'interdiction émise par l'archevêque de Cologne en 1765 à l'encontre des pèlerinages durant plus d'une journée doit être répétée en 1769 (avec une menace d'amende), en 1782 (sous peine de prison), en 1784 et en 1785 – en vain, semble-t-il; Bernard, Die Wallfahrten der St.-Matthias-Bruderschaften (voir n. 25), p. 66–67.

156 Schreiber, Wallfahrt (voir n. 154), p. 67.

157 Goy, Aufklärung und Volksfrömmigkeit (voir n. 76), p. 151.

158 Brückner, Die Verehrung (voir n. 12), p. 153.

159 Hartinger, Kirchliche und staatliche Wallfahrtsverbote (voir n. 14), p. 133.

160 Reinhardt, Die Kritik (voir n. 107), p. 338–341.

Ce qui frappe en effet est la multiplicité des domaines auxquels touche le *Wallfahrt*, la religion, bien sûr, mais aussi l'espace, sa connaissance, son organisation, le goût de le parcourir, qui se prolonge dans cette affection bien allemande pour le *Wandern*, mais encore la communauté rurale, son affirmation, et la place du pèlerinage dans l'articulation subtile entre individuel et collectif, entre quotidien et temps de l'affirmation identitaire, entre sacré et profane.

À travers le *Wallfahrt*, phénomène massif, évolutif, complexe, c'est donc un mouvement plus vaste que l'on aperçoit, et qui compte au nombre des originalités majeures de l'histoire du Saint-Empire après 1648, c'est-à-dire l'appropriation progressive de la distinction confessionnelle, ainsi que son expansion osmotique vers tous les domaines de la vie sociale – une autonomisation du confessionnel, donc, qui devient une structure essentielle de la diversité sociale, spatiale, et culturelle.

Zur Forschungsgeschichte und Methodendiskussion

Guido Braun

NEUERE PUBLIKATIONEN ZU NAPOLEON I. UND ZUM SACRE VON 1804

Ein Forschungsbericht

Die napoleonische Epoche zählt zu den Zeitaltern, die nicht nur von der Geschichtswissenschaft verhältnismäßig gut erforscht sind und sich des ungebrochenen Interesses der Fachwelt erfreuen, sondern auch in sehr bedeutendem Maße ein nicht wissenschaftliches Publikum ansprechen. Die napoleonischen Jubiläen zu Beginn des 21. Jahrhunderts bieten daher den Anlaß für zahlreiche wissenschaftliche Unternehmungen und Publikationen, für Kolloquien und Ausstellungen und finden daneben einen beachtlichen Niederschlag in Rundfunk und Presse[1]. Dabei versuchen auch die Autoren und Verlage, die fachwissenschaftlichen Ansprüchen genügen möchten, eine allgemeine, historisch interessierte Leserschaft zu erreichen und sind dabei offensichtlich recht erfolgreich. Daher wird jeder Bicentenaire von einer beachtlichen Zahl einschlägiger Publikationen begleitet. Aus Anlaß der 200-Jahr-Feier der Kaiserkrönung Napoleons I. am 2. Dezember 1804 in Notre-Dame de Paris erschienen mindestens sechs selbständige Veröffentlichungen, die es hier zu besprechen bzw. anzuzeigen gilt: zwei Monographien zum *Sacre* von David Chanteranne[2] und von Laurence Chatel de Brancion[3]; ein durch Thierry Lentz herausgegebener und von einer Forschergruppe der Fondation Napoléon bearbeiteter Sammelband[4]; der umfangreiche Katalog einer Ausstellung

1 »Le Monde« gab zum 2. Dezember 2004 ein Dossier »Napoléon, regards d'Europe« heraus (Le Monde, 2 décembre 2004, S. 1 und S. I–VIII), und zeigte in seiner Literaturbeilage eine Reihe von Neuerscheinungen, u. a. zum *Sacre*, an (vgl. Emmanuel de Waresquiel, Le jour où Bonaparte devint Napoléon. De nombreux ouvrages paraissent pour célébrer le bicentenaire du sacre, le 2 décembre 1804, in: Le Monde des livres, 29 octobre 2004, S. VIII). Zu den Gründen für das ungebrochene Interesse an Napoleon I. vgl. das Interview von Emmanuel de Roux mit Jean Tulard unter dem Titel »Le mythe de Napoléon Ier a deux siècles« in: Le Monde, 29 octobre 2004, S. 31 (und S. 1). Sogar ein politisches Magazin wie »L'Express« machte den Bicentenaire zur Titelgeschichte; vgl. L'Express, n° 2787, 29 novembre 2004, Titel und S. 22–41 das Dossier »200 ans après le sacre. Ce que l'on ne vous a pas dit sur Napoléon«, mit einer Sammelbesprechung von Neuerscheinungen zu *Sacre* und Napoleon unter dem Titel »Bibliothèque Empire« von Jacques Duquesne, S. 32.

2 David Chanteranne, Le Sacre de Napoléon, Paris (Tallandier) 2004 (Bibliothèque Napoléonienne), 344 S.

3 Laurence Chatel de Brancion, Le Sacre de Napoléon. Le rêve de changer le monde, Paris (Perrin) 2004 (Pour l'Histoire), 335 S.

4 Émilie Barthet, Pierre Bontemps, Irène Delage, Peter Hicks, Karine Huguenaud, Chantal Lheureux-Prévot, Le Sacre de Napoléon: 2 décembre 1804, sous la direction de Thierry Lentz, avant-propos du baron Gourgaud, [Paris] (Nouveau Monde Éditions*) 2003, 192 S. (Die mit einem

zum *Sacre* im Musée Fesch in Ajaccio[5]; sowie zwei von Jean Tulard[6] respektive von Patrick Rambaud und Pierre-Jean Chalençon[7] herausgegebene Bildbände.

Eine gewisse Konzentration auf die Jubiläen (Code civil und Kaiserkrönung 1804, Austerlitz und Trafalgar 1805, Reichsende 1806 etc.) führt jedoch keineswegs dazu, daß andere Themen der napoleonischen Zeit vernachlässigt würden. Im Gegenteil scheint das weit verbreitete Interesse an dieser Epoche eine ohnehin schon rege Forschungs- und Publikationstätigkeit zusätzlich zu stimulieren. Besonders das biographische Genre profitiert hiervon, welches gerade im Hinblick auf Napoleon nicht zu Unrecht in dem Rufe steht, ein unwägbares und gefahrvolles Unterfangen zu sein. Neben den Neuerscheinungen zum *Sacre* werden daher hier zwei neuere Biographien vorgestellt: eine deutsche Geschichte Napoleons aus der Feder von Johannes Willms[8] und ein italienisches, kürzlich ins Französische übertragenes Œuvre, das dem neapolitanischen Napoleonspezialisten Luigi Mascilli Migliorini zu verdanken ist[9]. Schließlich sind zwei speziellere Veröffentlichungen zu rezensieren, welche die Diversität der in den Publikationen zur napoleonischen Zeit behandelten Themen veranschaulichen: erstens eine kleine Monographie Bernard Chevalliers zu den napoleonischen Residenzen[10], zweitens die Dissertationsschrift von Michael Hecker zum napoleonischen Konstitutionalismus in Deutschland[11].

Der Herrschaftsantritt im Frankreich des Ancien Régime basierte im wesentlichen auf den konstitutiven und Legitimität stiftenden Elementen der Krönung und der Salbung des Herrschers[12]. Das Empire führte diese doppelte Tradition fort. Im Gegensatz zu den Engländern und zu den Deutschen pflegen sich die Franzosen jedoch auch heute noch in ihrem Sprachgebrauch eher auf die Salbung *(Sacre)* als auf die Krönung zu beziehen, wie der Kunsthistoriker David Chanteranne in der Einleitung seiner Monographie zum *Sacre* Napoleons I. betont[13]. Im Vordergrund stehe bei den Franzosen, so Chanteranne, mit der Herrschersalbung eher der

Asterisk gekennzeichneten Verlage stellten freundlicherweise ein Rezensionsexemplar der hier besprochenen Schriften zur Verfügung).

5 Napoléon. Le Sacre. Musée Fesch, Ville d'Ajaccio 23 avril–3 octobre 2004, Ajaccio (Musée Fesch*) 2004, 200 S. (Musée Fesch, Le Sacre).

6 Jean Tulard, Le Sacre de l'empereur Napoléon. Histoire et légende, Paris (Éditions de la Réunion des musées nationaux/Librairie Arthème Fayard) 2004, 200 S. Da Jean Tulard zu meinen akademischen Lehrern gehört, beschränke ich mich an dieser Stelle auf eine kurze Anzeige; der Titel wird im vorliegenden Band der »Francia« von Rainer Brüning ausführlich besprochen.

7 Patrick Rambaud, Pierre-Jean Chalençon, Le Sacre de Napoléon, Préface de Jean Tulard, Avant-propos du Comte Alexandre Walewski, Introduction de son Altesse Impériale le Prince Napoléon, Paris (Éditions Michel Lafon) 2004, 157 S. Da dieser Titel zum Zeitpunkt der Anfrage eines Rezensionsexemplars durch die Redaktion der »Francia« an den Verlag im August 2005 bereits vergriffen war, beschränke ich mich auch in diesem Falle auf eine Anzeige.

8 Johannes Willms, Napoleon. Eine Biographie, München (C. H. Beck*) 2005, 839 S. mit 36 Abbildungen und 21 zweifarbigen Karten.

9 Luigi Mascilli Migliorini, Napoleone, Rom (Salerno Editrice*) ^{2}2002 (Collana »Profili«, Nuova serie, 29), 654 S. und 8 Abbildungen. Die Erstauflage erschien ibid. 2001. Eine französische Übersetzung erschien unter dem Titel: Napoléon, traduit de l'italien par Jean-Michel Gardair, en collaboration avec l'Istituto Italiano per gli Studi Filosofici, Paris (Perrin) 2004, 669 S. (ohne die Abbildungen der Originalausgabe).

10 Bernard Chevallier, Napoléon, les lieux du pouvoir, [Versailles] (Éditions Artlys*) 2004, 128 S.

11 Michael Hecker, Napoleonischer Konstitutionalismus in Deutschland, Berlin (Duncker & Humblot*) 2005, 205 S. (Die Schriften von Willms, Chevallier und Hecker wurden der Redaktion der »Francia« durch die Verlage motu proprio zur Besprechung eingereicht).

12 Vgl. zu den Königskrönungen und -salbungen zusammenfassend Richard A. Jackson, Vivat Rex. Histoire des sacres et couronnements en France, 1364–1825, traduit par Monique Arav, Straßburg 1984 (Association des Publications près les Universités de Strasbourg).

13 Chanteranne, Le Sacre (wie Anm. 2), S. 11f.

religiöse, kirchliche und liturgische Aspekt, bei den Engländern und Deutschen mit seiner Krönung der verfassungsmäßige, politische Akt (»aspect constitutionnel«, »acte civil«)[14]. Die Salbung trenne den Gesalbten von den gewöhnlich Sterblichen, wohingegen die Krönung die Verbindung des Souveräns mit der Nation symbolisiere, deren Zusammenhalt durch den Krönungseid – das dritte konstitutive Element – zusätzlich verstärkt werde.

Nachdem durch das Senatus consultum vom 3. Mai 1804 die Errichtung eines französischen Kaisertums beschlossen worden war, verfolgte Napoleon unmittelbar und mit allem Nachdruck den Plan einer Kaiserkrönung unter Beteiligung des Papstes. Noch vor der offiziellen Proklamation des Kaiserreiches am 18. Mai 1804 erläuterte er diesen Plan dem päpstlichen Gesandten Kardinal Caprara (am 10. Mai in Saint-Cloud) und ließ sogleich Schmuckstücke für die Kathedralen von Notre-Dame de Paris und Aachen anfertigen. Der Kaiser der Franzosen bereitete mit aller gebotenen Sorgfalt und Umsicht eines der zentralen Ereignisse seiner Herrschaft vor[15].

Der ereignisgeschichtliche Ablauf von Napoleons *Sacre* war bereits vor den Neuerscheinungen zum Jubiläum von 2004 sehr gut bekannt[16]; neben zahlreichen Einzelstudien zu den verschiedensten Facetten dieses Ereignisses (diplomatische Verhandlungen im Vorfeld, Kostüme und musikalische Darbietungen der Krönungsfeierlichkeiten, das Ereignis festhaltende Gemälde etc.) nahmen sich im 19. und 20. Jahrhundert mehrere Monographien des Themas an[17]. Dieser Befund, daß der *Sacre* gut erforscht ist, galt jedoch, wie Chanteranne betont, lange Zeit nicht für die interpretative Durchdringung der Ereignisse in seinem Umfeld[18], einer Aufgabe, der sich im Grunde genommen, zumindest im Hinblick auf die Interpretation der Herrschaftsinszenierung, erst Jean Tulard gestellt habe, wie Chanteranne zugespitzt formuliert[19]. Sicherlich wäre es verfehlt zu behaupten, daß sich die frühere Geschichtswissenschaft nicht um die Interpretation des *Sacre* bemüht habe, aber es ist

14 Bei dieser Gegenüberstellung der Bedeutungen von Salbung und Krönung kann CHANTERANNE, ibid. S. 12, sich auf den 1805 in Paris erschienen »Cérémonial de l'Empire françois« stützen.

15 Eine konzise neue deutschsprachige Studie zu diesem Ereignis liefert aus allgemeinhistorischer und rechtsgeschichtlicher Perspektive: Hans HATTENHAUER, »Unxerunt Salomonem« – Kaiserkrönung Napoleons I. am 2. Dezember 1804, in: Klaus GRUPP, Ulrich HUFELD (Hg.), Recht – Kultur – Finanzen. Festschrift für Reinhard Mußnug zum 70. Geburtstag am 26. Oktober 2005, Heidelberg 2005, S. 629–651.

16 So konnte 2004 in einem Überblick über die einschlägigen Forschungen zu Recht festgestellt werden: »Pas une minute de la célébration qui n'ait donné lieu à un court commentaire dans tel ou tel article ou ouvrage ayant trait à la période du Consulat ou de l'Empire, pas la moindre anecdote entrée dans la légende qui n'ait été omise« (CHANTERANNE, Le Sacre [wie Anm. 2] S. 13).

17 Vgl. Ronald J. CALDWELL, The Era of Napoleon. A Bibliography of the History of Western Civilization, 1799–1815, 2 Bde., New York, London 1991 (Garland Reference Library of the Humanities, 1097), zur Krönung von 1804: Bd. I, S. 60, Nr. 1969–2007; Chantal LHEUREUX-PRÉVOT, Sacre et couronnement de Napoléon Ier à Notre-Dame, le 11 frimaire de l'an XII (2 décembre 1804). Sources et bibliographie, in: Revue de l'Institut Napoléon 187/II (2003), S. 27–60. Die Monographien sind u. a. mit den klangvollen Namen Frédéric Massons und Henri Gauberts verbunden; in Frankreich und Deutschland gaben namentlich die Zentenarfeiern von 1904 den Anlaß für mehrere einschlägige Publikationen.

18 »Mais à travers l'étude des mémoires inédits, des pièces d'archives et de l'ensemble des documents dont les collections privées sont pourvues, en mettant l'accent sur tel événement plutôt que sur tel autre, en cherchant à illustrer plutôt qu'à expliquer, donc moins sans doute à comprendre la signification et la portée politique, institutionnelle et dynastique aux yeux des principaux acteurs du temps, ces ouvrages avaient souhaité présenter dans le menu les éléments constitutifs de la fête, davantage que décortiquer la pensée profonde des acteurs et des témoins« (CHANTERANNE, Le Sacre [wie Anm. 2] S. 15).

19 »Il a fallu attendre Jean Tulard pour qu'apparaissent les notions de ›mise en scène du pouvoir‹ et de ›représentation officielle‹, concepts qui avaient définitivement scellé le passage d'une ›dictature de salut public‹ à une ›monarchie héréditaire‹«; ibid.

zweifellos zutreffend, daß sich jede Generation nicht nur ein eigenes Bild von der Person Napoleons, sondern auch vom *Sacre* macht und daß in dieser Hinsicht seit Jean Tulard gerade die Erforschung der politischen Symbolik bedeutende Fortschritte erzielen konnte (dies wurde selbstverständlich nicht zuletzt erst aufgrund der fundierten Aufarbeitung der Fakten möglich, welche die vorhergehende Forschung geleistet hatte).

Anstelle einer bloßen Wiederholung der bekannten ereignisgeschichtlichen Abläufe legt Chanteranne in seiner Monographie zum 2. Dezember 1804 daher den Schwerpunkt auf die Analyse der kaiserlichen Machtinszenierung, die er durch die Interpretation der Textdokumente, Bildquellen und anderen »productions« im Zusammenhang mit den Vorgängen im Dezember 1804 mit dem Ziel einer »approche globalisante de la fête inaugurale du régime« zu leisten versucht[20].

Chanteranne untersucht – nach einer präzisen Einleitung zur Entscheidung des Kaisers bezüglich der politischen und zeremoniellen Gewichtung der konstitutiven Elemente *Sacre* und *Couronnement* und einem ersten Kapitel zur Genese der politischen Bewußtseinsbildung, welche zur Kaiserkrönung führte – in den drei folgenden Kapiteln die verschiedenen, darin zusammenfließenden Traditionsstränge: das karolingische und das monarchische Erbe[21] sowie die jungen, aber nicht zu vernachlässigenden republikanischen Traditionen. Trotz dieser systematischen Ordnung, welche die Kapitelüberschriften suggerieren, stellt das Buch die Vorbereitungen und die Geschichte des *Sacre* im wesentlichen chronologisch dar. Schließlich wird der *Sacre* in den beiden letzten Kapiteln als mediales Ereignis betrachtet, und zwar erstens im Hinblick auf die Botschaften, die durch militärische Darbietungen, Volksfeste, Malerei etc. transportiert wurden, und zweitens in bezug auf die Reaktionen der Zeitgenossen. Chanteranne untersucht in diesem Kontext sowohl die Ikonographie als auch die Printmedien (offizielle Publikationen, Zeitungen, Memoirenliteratur etc.) und hanschriftliche Quellen (Briefe u. ä.).

Der Verfasser eröffnet sein erstes Kapitel mit der Anekdote, derzufolge Beethoven bei der Nachricht von der bevorstehenden Kaiserkrönung Napoleons einen Wutausbruch erlitten und den Namen Bonapartes aus dem Titel seiner »Sinfonia grande«, d. h. der 3. Symphonie, getilgt haben soll. Am Beginn des Buches steht damit die Frage, warum Napoleon – zumindest nach dem Urteil vieler Zeitgenossen – am 2. Dezember 1804 endgültig Bonaparte und seine republikanischen Ideale verriet und unter dem Giebel von Notre-Dame begrub. Die Antwort auf diese provokatorische Frage – die jedoch im Grunde nicht mehr provoziert, als der *Sacre* selbst es 1804 tat, und die sowohl Napoleons Zeitgenossen als auch die Historiographie seit 200 Jahren umtreibt – erweist sich als komplex, und es wird deutlich, daß der Prozeß, welcher zur Etablierung der »vierten Dynastie« und ihrer imperial-monarchischen Strukturen führte, nicht immer gänzlich von Bonaparte selbst gesteuert werden konnte, jedoch insbesondere im Verlauf des Jahres 1804 dezidiert von ihm betrieben wurde. Die angesichts der laizistischen Revolutionsideologie unerhörte Einladung an den Papst und die religiöse Komponente der Salbung verhalfen ihm, wie es bereits José Cabanis prägnant formulierte[22], dazu, Ludwig XVIII. eine Heerschar von Priestern als Gefolgsleute zu rauben und die Katholiken den Royalisten zu entfremden, denen viele unter ihnen noch eng verbunden waren[23]. *Sacre* und *Couronnement* dienten in dieser Hinsicht bekanntlich der Herr-

20 Ibid. S. 16f.

21 Letzteres meint die Tradition des französischen Königtums des Ancien Régime.

22 Vgl. José Cabanis, Le Sacre de Napoléon, 2 décembre 1804, [Paris] (Éditions Gallimard) 1970 (Collection »Trente journées qui ont fait la France«, 21); Paris (Le Grand Livre du Mois) 1998; [Paris] (Gallimard) 1994 (Collection »Folio/Histoire«, 59). Dieses Buch gehörte in der Taschenbuchausgabe von 1994 (ohne die Illustrationen) neben den Neuerscheinungen zu den Titeln, welche die Pariser Buchhandlungen 2004/05 in der Regel zum *Sacre* ausstellten.

23 Chanteranne, Le Sacre (wie Anm. 2), S. 45.

schaftssicherung. Chanterannes Darstellung, die hier Bekanntes, aber für das Verständnis der Zusammenhänge Unerläßliches referiert, ist in einem anderen Punkt innovativ, nämlich in dem Bestreben, mit einem sehr hohen Maß an Präzision die verschiedenen Traditionsstränge zu differenzieren, die sich im *Sacre* verquickten. Das karolingische Erbe war nach Chanteranne für Napoleon von sehr großem Gewicht, und zwar sowohl bei der ideologischen Vorbereitung des *Sacre* (man denke z. B. an Napoleons Reise nach Aachen im September 1804) als auch bei den konkreten diplomatischen Verhandlungen, insbesondere mit dem Papst[24]. Der *Sacre* von 1804 ist daher nicht nur als Verbindung von Napoleon fortentwickelter und zu etwas Neuem umgestalteter französisch-monarchischer und revolutionärer Elemente zu verstehen, sondern beruhte auch auf einer dritten (karolingischen) Grundkomponente – eine Tatsache, die bislang selbstverständlich keineswegs unbekannt war, von Chanteranne jedoch mit aller wünschenswerten Klarheit herausgearbeitet und dargelegt wird.

In seiner Schlußbetrachtung interpretiert der Autor den *Sacre* als Manifestation des französischen Wunsches nach nationaler Eintracht, als eine Zeremonie, in der sich »un désir de concorde nationale« ausdrücke[25]. Diese zugespitzte These läßt sich sicherlich im einzelnen diskutieren, jedoch erscheint es zweifellos begrüßenswert, daß der Verfasser nach einer differenzierten Analyse des *Sacre*, seiner Vor- und Wirkungsgeschichte, eine dezidierte Gesamtinterpretation versucht, die das Geschehen und seine Wahrnehmung in die französische Geschichte einordnet. Der *Sacre* konstituierte nach Chanteranne eine idealtypische Verbindung der Grundzüge des Premier Empire, ein wahrhaftes Spiegelbild der gesamten napoleonischen Herrschaft, deren Grundlagen sowohl in der monarchischen Tradition des Ancien Régime als auch in der republikanischen Ideologie zu finden seien[26]. Doch gerade diese innere Widersprüchlichkeit habe weniger die Zeitgenossen[27] als vielmehr die Nachwelt zu überzeugen vermocht[28]. Letztlich sei der *Sacre* für Napoleon eher ein Mißerfolg gewesen: Für seine Bewunderer habe dem *Sacre* nicht die gleiche symbolische Kraft angehaftet, wie sie die Salbungen des 16. Jahrhunderts in den zeitgenössischen Chroniken deut-

24 Pius VII. erwies sich diesbezüglich durchaus als Anhänger der Tradition und ließ durch seinen Legaten Caprara zunächst den Tag der Krönung Karls des Großen, den 25. Dezember, für den *Sacre* vorschlagen. Napoleon selbst war natürlich für die wichtigste Abweichung von dieser Tradition verantwortlich: die Selbstkrönung des Kaisers anstelle der Krönung durch den Papst.

25 Chanteranne, Le Sacre (wie Anm. 2), S. 231.

26 Ibid.: »Conçue dans la plus stricte observance des traditions royales d'Ancien Régime et révélatrice d'une idéologie fondamentalement républicaine, la solennité napoléonienne [konkret richtet der Verfasser seinen Blick auf den *Sacre*] représente à elle seule un parfait résumé historique du régime tout entier«.

27 Ibid. S. 243: »Le message délivré en 1804 reste ambigu pour la majorité des témoins. Il n'a pas convaincu la population. En revanche, il a permis une totale identification entre l'image de Napoléon et l'exercice du pouvoir«.

28 Ibid. S. 245f.: »La cérémonie, image fidèle des débuts du régime impérial, sera donc passée d'un paradoxe manifeste à une passagère ambiguïté en ce qu'elle aura favorisé la fusion d'éléments apparemment contradictoires – la tradition d'Ancien Régime et la culture républicaine – en une formidable ambivalence théorisée. À long terme, cette solennité laïque et religieuse aura tenu le difficile pari de faire cohabiter deux théories politiques que tout opposait au départ. [...] Deux siècles plus tard, la journée du 2 décembre 1804 aura tenu son rôle. Il aura simplement fallu attendre pour que le triomphe à la romaine et une certaine sacralisation du pouvoir puissent définitivement être acceptés par les consciences«. Dies belegt Chanteranne mit Hinweisen auf die Verbindung zeremonieller monarchischer Bezüge und republikanischer Diskurse in der Fünften Republik. Gerade diese letzte These erscheint jedoch durch die Zurückhaltung der staatlichen Autoritäten bei den jüngsten Jubiläums-Feierlichkeiten und die aktuellen Debatten um die historische Rolle Napoleons, zugespitzt formuliert die Polarisierung, die sich in der französischen Gesellschaft in den Jahren 2004 und 2005 in bezug auf die Interpretation der napoleonischen Epoche abzuzeichnen scheint, keineswegs unanfechtbar.

lich werden ließen. Den Oppositionellen sei die innere Widersprüchlichkeit des usurpatorischen Regimes vor Augen geführt worden. Im Grunde sei Napoleon fast mit einem Monarchen des 18. Jahrhunderts vergleichbar gewesen, der die in Europa von der Französischen Revolution verursachten Transformationen nicht akzeptiert habe[29]. Doch im nachhinein wurde der *Sacre* dem Urteil zufolge, dem Chanteranne sich zu Recht anschließt, zum »événement mystérieux, presque légendaire, qui s'impose à l'imagination des peuples, qui paraît reculé à l'infini dans les temps et qui grandit par l'éloignement«[30].

Verschiedene als Appendices abgedruckte, unkommentierte Quellen – darunter eine die Repräsentations- bzw. Perzeptionsperspektive wiederaufgreifende Auswahl von Memoiren, sowohl die prunkvolle Zeremonie des *Sacre* verherrlichender als auch kritischer Zeitzeugen, Volksliedern[31] und Gedichten – sowie ein Archivalienverzeichnis, eine systematische Bibliographie und ein Personenregister runden den Band ab[32]. Das Buch, welches sich als »essai d'analyse politique« versteht[33], geht auf eine 1996 in Straßburg bei Jean-Claude Waquet verteidigte maîtrise zurück.

Der Verfasser, der in den letzten Jahren mit einer ganzen Reihe von Publikationen zum Premier Empire hervorgetreten ist[34], erweist sich als ausgezeichneter Kenner der Forschungsgeschichte zum *Sacre*, mit der er sich seit langen Jahren befaßt[35]. Insgesamt handelt es sich um eine solide, allen wissenschaftlichen Ansprüchen genügende, mit ausgezeichneter Kenntnis der einschlägigen (auch ungedruckten) Quellen und der Literatur geschriebene, zugleich sehr gut lesbare Darstellung.

Eine zweite umfassende Monographie zum *Sacre* wurde 2004 von Laurence Chatel de Brancion vorgelegt, die der Forschung bereits seit über zehn Jahren als Spezialistin für Cambacérès bekannt ist[36]. In diesem mit Illustrationen, graphischen Darstellungen und Karten anschaulich gemachten Buch versucht die Verfasserin nachzuweisen, daß die Zeremonie des *Sacre* sehr improvisiert war, was nicht bedeutet, daß sie nicht eingehend geplant und geprobt worden wäre[37], sondern vielmehr, daß sie sich deutlich von allen Vorbildern

29 Ibid. S. 241f.

30 Zitiert nach ibid. S. 244 (ohne Beleg).

31 D. h. zum größten Teil für das einfachere Volk geschriebener, mehr oder minder offizieller bzw. offiziöser Liedtexte, die durch ihre Publikation im Umfeld des *Sacre* bzw. aufgrund gelehrter Anspielungen als nicht genuin volkstümlich erscheinen; zum geringeren Teil handelt es sich um Lieder, deren Provenienz nicht eindeutig der Machtzentrale oder der Elitenkultur zuzuschreiben ist. Diese Lieder entwerfen ein durchgängig positives Bild von Napoleon und vom *Sacre*. Ist diese Ausschließlichkeit repräsentativ für die Liedkultur im Dezember 1804, oder ist sie der schriftlichen Überlieferung oder der Auswahl Chanterannes geschuldet? Wie sieht es gegebenenfalls mit Parodien aus? Dazu wäre ein Kommentar des Verfassers wünschenswert gewesen.

32 Auch liefert Chanteranne ein Verzeichnis der Tonaufnahmen der Musik des *Sacre*, ein Verzeichnis der Filme mit einschlägigen szenischen Darstellungen und eine siebenseitige Chronologie der Ereignisse um die Kaiserkrönung von 1804. Eine Karte im vorderen Einband zeigt den Weg, den Napoleon am 2. Dezember 1804 durch Paris nahm. Das Titelbild stellt ein Detail aus dem bekannten »Sacre« von David (d. h. der Krönung Joséphines) dar, das sich auch auf dem Einband von Lentz, Le Sacre (wie Anm. 4), wiederfindet – es ist das Gemälde schlechthin, welches das Bild des *Sacre* in der Nachwelt prägte und von den Herausgebern und Verlagen, vermutlich aufgrund des hohen Wiedererkennungswertes bei einem breiten Publikum, immer wieder aufgegriffen wird.

33 Chanteranne, Le Sacre (wie Anm. 2), S. 20.

34 Vgl. zuletzt David Chanteranne, Renaud Faget, Austerlitz, Paris 2005.

35 Vgl. z. B. den kurzen Überblick über die Interpretationen des *Sacre* von Adolphe Thiers bis Jean Tulard und Thierry Lentz in Chanteranne, Le Sacre (wie Anm. 2), S. 13–16.

36 1999 publizierte sie bei Perrin die »Mémoires de Cambacérès« in zwei Bänden, 2001 die durch die Académie française ausgezeichnete Biographie »Cambacérès maître d'œuvre de Napoléon«.

37 Gleichwohl waren die konkreten Vorbereitungen für den *Sacre* Napoleons, wie Chatel de Brancion betont, deutlich kürzer bemessen als bei Ludwig XVI., dessen Planungen mehr als ein Jahr in Anspruch genommen hatten; vgl. Chatel de Brancion, Le Sacre (wie Anm. 3), S. 99.

abhob. Selbstverständlich geht Chatel de Brancion in vielerlei Hinsicht denselben Grundfragen nach wie Chanteranne. Sie fragt, warum Napoleon in einem laizistischen Staat diesen von den liberalen Eliten als Rückkehr zum Ancien Régime gefürchteten liturgischen Akt vollziehen wollte[38]. Sie fragt desgleichen, warum er Joséphine einbezog. Die Verfasserin würdigt ebenso gebührend den Anteil der karolingischen Tradition. Nachdem Napoleon entschieden habe, von dem Krönungsprotokoll der französischen Könige abzuweichen, habe er sich demjenigen Karls des Großen mit seinen byzantinischen Zügen genähert und Elemente der Romantik darin eingebunden. Diese Betonung der Romantik zeigt aber auch eine deutlich eigenständige Tendenz der Verfasserin, die sich bei Chanteranne kaum widerspiegelt: Goethes »Werther« und die Gedichte Ossians, denen Chatel de Brancion für das napoleonische Denken eine prägende Kraft unterstellt, kommen in dessen Buch gar nicht vor[39].

Ziel der Verfasserin ist es, die Details des Dekors, der Musik, der Kleidung, der Gesten und der Worte, welche bei der Zeremonie des *Sacre* gebraucht wurden, minutiös zu entschlüsseln und das Ereignis auf diesem Hintergrund neu zu interpretieren.

Das Buch ist in 24 kurze Kapitel unterteilt; diese Gliederung vermag weniger zu überzeugen als die von Chanteranne gewählte, weil die Hauptlinien des Gedankenganges sich darin nicht deutlich widerspiegeln. Bei Chanteranne verrät bereits das Inhaltsverzeichnis wichtige Thesen, z. B. die Verbindung der drei Traditionslinien Karl der Große – Ancien Régime – Republik. Diese Thesenbildung und -verifizierung wird von Chanteranne in der Einleitung, im Hauptteil und in den Schlußfolgerungen weitgehend durchgehalten, obwohl bisweilen die minutiöse Detailrekonstruktion und mancher Exkurs zu Lasten der Klarheit (aber zugunsten der Genauigkeit) ausfallen. Hingegen fehlen bei Chatel de Brancion nicht nur eine pointierte Gliederung, sondern auch eine Einleitung und ein Schluß, die dem Œuvre einen erkenntnisleitenden Rahmen zu geben vermöchten; ein knapper Prolog, der anstelle von Thesen drei »Überraschung[en]« (»surprise«) formuliert, welche die nähere Untersuchung des *Sacre* biete[40], und ein fast ebenso kurzer Epilog, der im Grunde genommen die Entstehungsgeschichte des Gemäldes von David referiert, erfüllen diese Aufgabe nur zum Teil. Dennoch bewegt sich auch Chatel de Brancion keineswegs nur in bekanntem Fahrwasser.

Beide Autoren haben sich der Mühe unterzogen, gedruckte und archivalische Quellen extensiv zu studieren. Es handelt sich daher keineswegs um ›publications de circonstances‹,

38 Nach Chatel de Brancion gab Napoleon seit Mai 1804 zu verstehen, daß er keine reine Zivilzeremonie, sondern eine förmliche Krönung und Salbung wünsche, und bezog sich dabei nicht allein auf das Vorbild Karls des Großen, sondern auch auf die Salbung Pippins des Kurzen 754 durch Stefan II. in Soissons; nach Cambacérès stand dies in unmittelbarem Zusammenhang mit der Tatsache, daß auch Pippin der Begründer einer neuen Dynastie war, ein Argument, das auch Napoleon selbst im Staatsrat vorbrachte. Napoleon hielt an diesem religiös-mystischen Vorhaben trotz des Hinweises seines neuen Erzkanzlers auf die sich vermutlich in den politischen Eliten regenden Widerstände, namentlich durch die allbekannte Kritik Condorcets an der religiösen Symbolik des *Sacre*, fest, um mit seinem Volk eine mystische Verbindung einzugehen und somit im Sinne Kantorowicz' die Unvergänglichkeit der Monarchie zu begründen; vgl. ibid. S. 68f. und 71.

39 Das dépôt légal ist in beiden Büchern auf September 2004 datiert, so daß die beiden Autoren sehr wahrscheinlich keine Kenntnis von der Arbeit des jeweils anderen nehmen konnten.

40 Erstens der grundlegende Einfluß, den Louis de Bonald, ein Joseph de Maistre nahestehender, napoleonkritischer Autor, auf das napoleonische Verständnis von Monarchie und *Sacre* ausgeübt habe; zweitens die sich in der Zeremonie des *Sacre* widerspiegelnde Faszination Napoleons für die im Widerspruch zu den Lumières stehende (deutsche) Romantik; drittens der kaiserliche Wille zur Verbindung von politischer und religiöser Macht unter gleichzeitigem öffentlichem Bezug auf das Erbe von 1789, so daß Napoleon während der Restauration trotz seiner Rücknahme gewisser Errungenschaften der Revolution geradezu zu ihrem Vollstrecker stilisiert werden konnte.

welche sich in der Regel aus Anlaß von Jubiläen darauf beschränken, die vorhandene Forschung zusammenzufassen und für ein interessiertes Publikum aufzubereiten. In beiden Arbeiten tritt das Bestreben hervor, einen gut bekannten Forschungsgegenstand neu zu interpretieren und dafür auch abgelegene Quellen heranzuziehen[41]. Beide Autoren schließen ihre Darstellung nicht mit dem *Sacre* selbst ab, sondern beziehen seine Wirkungs- und Rezeptionsgeschichte ein[42].

In bezug auf die mediale Inszenierung und deren Rezeption wäre zu betonen, daß die kaiserliche Propaganda in erster Linie nicht den *Sacre*, sondern die Krönung malen und damit für die Nachwelt festhalten ließ, und dieses Bild wirkte tatsächlich prägend: die Franzosen sprechen daher gemeinhin vom *Sacre*, haben aber die Krönung vor Augen. Dieser Umstand wird nach Ansicht des Rezensenten weder von Chanteranne noch von Chatel de Brancion gebührend herausgearbeitet[43]. Chatel de Brancion begründet jedoch überzeugend, warum die Salbung für die kaiserliche Propaganda untauglich war: »Le sacre ne sera pas peint afin de ne pas laisser dans l'Histoire l'image de l'Empereur inférieur au Pape«. Dennoch sind auch Darstellungen überliefert, die den Kaiser der Franzosen mit einem gebeugten Knie darstellen, wie er von Pius VII. die dreifache Salbung erhält[44].

Chatel de Brancion greift in der Darstellung der Vorgeschichte des *Sacre* und der sich darin verbindenden persönlichen und ideologischen Komponenten sehr weit aus und läßt sie mit Bonapartes Ausbildung in der Militärschule von Brienne beginnen. Die Geschichte des *Sacre* gerät somit an mehreren Stellen zu einer Biographie Napoleons und schlägt bisweilen, in der Schilderung des Atmosphärischen, geradezu den Ton des historischen Romans an. Dennoch ist sie in bezug auf die historischen Fakten zuverlässig. Chatel de Brancion beweist ihre profunde Quellenkenntnis; die Quellenzitate sind trefflich ausgewählt und entstammen diversen Kategorien (französische Staatsratsprotokolle, Memoiren etc., aber auch ausländische Quellen wie die britische Presseberichterstattung kommen zu Wort). Chatel de Brancion zeichnet nicht nur minutiös die Vorbereitung des *Sacre* nach, sondern sie berücksichtigt auch die letztlich verworfenen alternativen Pläne und Projekte, z. B. bezüglich des Ortes für die Zeremonie[45], und zeichnet auf diese Weise den Entscheidungsfindungsprozeß detailliert nach. Dies gilt auch für die Vorbereitung der medialen Inszenierung, der »campagne médiatique«, die – wie bereits mehrfach hervorgehoben worden ist – von Napoleon methodisch wie eine große Schlacht geplant wurde.

Sowohl bei Chanteranne als auch bei Chatel de Brancion wird die mittelalterliche Komponente des Ereignisses vom 2. Dezember 1804 nachdrücklich betont. Die Argumentation

41 Die Arbeit von Chatel de Brancion ist in dieser Hinsicht leichter zu rezipieren, weil die Quellenbelege in den Fußnoten auf derselben Seite zu finden sind, während sie bei Chanteranne am Ende des Buches stehen.

42 Im Gegensatz zu Chanteranne hat das Buch von Chatel de Brancion keine Bibliographie, keinen Quellenanhang und keinen Index; in den Anmerkungen werden jedoch genaue bibliographische Angaben gemacht.

43 Vielleicht bedarf es bisweilen des Blicks von außen, um die Besonderheit des (scheinbar) Vertrauten hinreichend zu erkennen.

44 Vgl. in Chatel de Brancion, Le Sacre (wie Anm. 3), die Abbildungen zwischen S. 176 und 177, hier die Salbung Napoleons aus dem »Livre du Sacre« von Percier und Fontaine, 1807, mit dem Kommentar Chatel de Brancions (die nicht paginierten Abbildungen sind offenbar nicht in allen Exemplaren des Buches an derselben Stelle eingefügt worden).

45 Als Ort für den *Sacre* des Kaisers war Reims als Ort der bourbonischen Königssalbungen von vornherein ausgeschlossen. Chatel de Brancion referiert, daß das vom Kaiser bevorzugte Paris sich schließlich gegen Lyon, Orléans und das in die engere Wahl gezogene Aachen durchsetzen konnte, obwohl die einzige zuvor in Notre-Dame de Paris vollzogene Salbung (nämlich die Heinrichs VI. von England 1431), zu den dunkleren Punkten der französischen Geschichte zählte. Aus klimatischen Gründen und um die Menschenmassen von der Zeremonie fernzuhalten, wurde der Champ-

Chatel de Brancions vermag zu überzeugen. Gleichwohl wird man den antikisierenden Kaiser und den Erben der französischen Monarchie und der Revolution nunmehr nicht durch den mittelalterlich-romantischen ersetzen, sondern die verschiedenen Facetten der Herrschaftsrepräsentation und der politischen Ideologie neben- und ineinander fügen müssen.

An Jean-Baptiste Isabey, den Napoleon zum »Dessinateur du cabinet de l'Empereur et des cérémonies« ernannt hatte, richtete der Kaiser die Worte: »Entre le sublime et le ridicule il n'y a qu'un pas«[46]. Gleiches ließe sich auch in bezug auf die Symbolik konstatieren, die in ihrer Verbindung der verschiedensten Traditionsstränge und historischen Anspielungen zwischen Symbiose und Eklektizismus oszilliert.

Die reichen Illustrationen der Monographien, Ausstellungskataloge und sonstigen Publikationen zum zweihundertjährigen Jubiläum von 1804 zeigen die verschiedensten Aspekte der Kaiserkrönung und der kaiserlichen Herrschaftsrepräsentation. Sehr selten ist jedoch die Dekonstruktion der kaiserlichen Autorepräsentation vertreten; Chatel de Brancion liefert dafür gleichwohl als sehr schönes Beispiel die berühmte Karikatur des Krönungszuges durch den englischen Karikaturisten James Gillray[47].

Thierry Lentz, der *Grand Dauphin* der französischen Napoleonforschung und Directeur de la Fondation Napoléon[48], legte gemeinsam mit einer sechsköpfigen Forschergruppe dieser Stiftung einen sehr reich illustrierten Sammelband vor. Dieser Band löst den selbst gestellten Anspruch ein, auch wenig bekannte Kunstwerke und Objekte zu präsentieren und in den einzelnen Essays zu kommentieren; die Verfasser können daher zu Recht behaupten: »Cet ouvrage original, à la fois essai historique et étude de l'iconographie impériale, est illustré de près de 180 œuvres, pour beaucoup rares ou inconnues«[49]. Aber auch bekannte Objekte werden selbstverständlich aufgegriffen. Den Kern des Buches bilden acht Essays, die mit einer solchen Kohärenz und Stringenz geschrieben sind, daß sie dem Gesamtwerk durchaus den Charakter einer Monographie verleihen und zu Recht als »chapitre« bezeichnet werden. Der Aufbau ist im wesentlichen chronologisch. Die ersten beiden Kapitel behandeln die Grundlagen: Kapitel I »Un empire pour le successeur de Charlemagne« befaßt sich mit der Proklamation des Kaiserreiches, seinem karolingischen Bezug und Napoleons Reise nach Aachen; Kapitel II behandelt die Grundfrage, der sich Napoleon nach dieser Proklamation bezüglich der Anlage der Zeremonie stellen mußte: »Sacre ou cérémonie révolutionnaire?«. Die folgenden Kapitel untersuchen die Vorbereitungen in den letzten drei Monaten vor dem *Sacre* (III), das Bild, welches Paris am 2. Dezember 1804 darbot (IV), die Prozession nach Notre-Dame (V), den *Sacre* selbst (VI), die sich daran anschließenden öffentlichen Feierlichkeiten (VII) und seine unmittelbare

de-Mars ausgeschlossen. Aufgrund des Widerstandes mehrerer für die Entchristianisierung verantwortlicher Staatsräte gegen eine Zeremonie in einer dem Klerus gehörenden Kirche wurde zunächst der staatliche Invalidendom ausgewählt. Doch die räumliche Enge gab schließlich den Ausschlag für Notre-Dame, das dem Kaiser ohnehin angesichts der Einladung an den Papst geeigneter erschien; die Architekten schufen einen Dekor, der sich im wesentlichen an mittelalterlichen statt antiken Vorbildern orientierte, um den geeigneten Rahmen für den Empfang des neuen Karl des Großen abgeben zu können; vgl. ibid. S. 69f., 98–101 und 105–107.

46 Zitiert nach ibid. S. 79.

47 Vgl. die betr. Abbildung zwischen S. 176 und 177 (s. oben).

48 Lentz zeichnet auch für eine der bemerkenswertesten napoleonischen Neuerscheinungen des Jahres 2004 verantwortlich – den ersten Band der Neuausgabe der allgemeinen Korrespondenz Napoleons; vgl. Napoléon BONAPARTE, Correspondance générale, présentation du baron Gourgaud, introduction générale de Jacques-Olivier Boudon, Bd. I: Les apprentissages, 1784–1797, volume placé sous la direction de Thierry LENTZ, assisté d'Émilie Barthet et de François Houdecek, Paris 2004.

49 Vgl. LENTZ, Le Sacre (wie Anm. 4), Werbetext auf dem hinteren Einband.

Wirkungsgeschichte (VIII). Eine der wenigen kritischen Anmerkungen, die man gegen dieses Buch vorbringen könnte, betrifft dieses letzte Kapitel, das nicht über das Ende des Premier Empire hinausreicht und daher nichts über die weitere Rezeptionsgeschichte des *Sacre* aussagt. Ist es nicht bemerkenswert, daß 200 Jahre nach diesem Ereignis mindestens ein halbes Dutzend selbständige Publikationen seiner gedenken, während es sich 1804 um einen klaren Mißerfolg handelte, um eine Inszenierung, die nicht einmal Napoleon selbst ganz zu überzeugen vermochte, wie in Kapitel VIII völlig richtig konstatiert wird: »Et finalement, Napoléon lui-même n'en fit pas grand cas, en dépit de la commande à David et des beaux livres. Il fut embarrassé par les résultats mitigés de l'opération qui n'apportait rien de plus à sa légitimité personnelle et risquait de lui aliéner certains de ses soutiens sans lui en gagner de nouveau«[50]?

Neben diesen acht Kapiteln oder Essays (I, II und VIII stammen von Thierry Lentz, III, IV und VII von Irène Delage, V und VI von Peter Hicks) enthält das Buch eine Émilie Barthet zu verdankende Chronologie der Jahre 1802–1804[51], einen Überblick über die einschlägigen archivalischen Quellen sowie eine Bibliographie, die von den zeitgenössischen Veröffentlichungen – darunter auch gegen den *Sacre* gerichtete Pamphlete – und Augenzeugenberichten bis zu den jüngsten Forschungen reicht; das Werk wird durch einen Personen- und Ortsindex erschlossen[52].

Obwohl die Texte dieses Bandes durchweg von hoher Qualität sind, liegt der Schwerpunkt eindeutig auf den Illustrationen. Neben bekannten Meistern und Objekten – wie dem unvermeidlichen David[53] – überzeugt das Buch auch durch weniger bekannte, ikonographisch interessante Abbildungen und schöne, pertinent kommentierte Detailaufnahmen[54] sowie durch die (gleichwohl sehr moderate) Einbeziehung der napoleonkritischen Karikatur[55].

Zu den schönen Bildbänden, die der Bicentenaire des *Sacre* hervorgebracht hat, gehört der sehr reich illustrierte Ausstellungskatalog zu der in Bonapartes Geburtsstadt Ajaccio vom 23. April–3. Oktober 2004 veranstalteten Sonderausstellung[56]. Der Katalogteil dieses Bandes enthält Fotos und kurze Beschreibungen der 74 Ausstellungsstücke[57]; dieser Teil ist, der Aufteilung der Ausstellung auf drei Räume entsprechend, in drei Kapitel gegliedert: »Des rois de France à l'Empereur des Français«; »La symbolique du Sacre«; »Le jour du Sacre«. Eingeleitet wird diese Präsentation der Ausstellungsstücke durch neun Essays renommierter Napoleonforscher[58], von denen zumindest zwei auch andere Publikationen

50 Ibid., S. 159.

51 Ihr oblag auch die *coordination éditoriale*; Thierry Lentz übernahm die Einleitung, der Président de la Fondation Napoléon, Baron Gourgaud, das Vorwort.

52 Positiv ist auch hervorzuheben, daß die Anmerkungen sich auf denselben Seiten befinden wie der betr. Fließtext; leider sind in mehreren der hier besprochenen Publikationen die Anmerkungen en bloc dem Text nachgestellt, was die Lektüre ungemein erschwert.

53 Der »Sacre« von David wird in vierzehn Detailaufnahmen und Vorstudien präsentiert (Lentz, Le Sacre [wie Anm. 4], S. 118–135 Abb. 110–123). Zu Davids Gemälde vgl. nunmehr: Le Sacre de Napoléon peint par David, Paris (Musée du Louvre) 2004.

54 Vgl. z. B. die Großaufnahme der auf ein anläßlich des *Sacre* benutztes Kissen aufgestickten merowingischen Biene, eine Adaptation der im 1653 in Tournhout geborgenen Schatz von Childerich, dem Begründer der merowinigischen Dynastie (457), aufgefundenen Grillendarstellungen (Lentz, Le Sacre [wie Anm. 4], S. 22 Abb. 17).

55 Vgl. *La médaille de N° Ier / Les chiens couchans de la cour du grand Cirus* (ibid. S. 42 Abb. 38) und die auch bei Chatel de Brancion, Le Sacre (wie Anm. 3, s. o.), abgebildete Karikatur von Gillray (bei Lentz, Le Sacre [wie Anm. 4], S. 162, Abb. 149).

56 Musée Fesch, Le Sacre (wie Anm. 5).

57 Ibid. S. 105–194.

58 Ibid. S. 9–104; auch diese Essays werden durch zahlreiche Abbildungen schön illustriert. Zudem ist dem Band ein Vorwort des Bürgermeisters von Ajaccio vorangestellt (ibid. S. 7). Zumindest in die-

zum *Sacre* herausgegeben haben: Thierry Lentz befaßt sich in diesem Band mit der Proklamation des Kaiserreiches; David Chanteranne analysiert in seinem Beitrag zur Zeremonie des *Sacre* die vier Grundelemente (Salbung, Krönung, Thronbesteigung und Verfassungseid), ihre technische Umsetzung, ihre Darstellung für die Nachwelt in Text und Bild sowie die zeitgenössische Wahrnehmung. Jean-Marc Olivesi, *Commissaire de l'exposition*, untersucht den *Sacre* als Legitimität stiftendes Ritual, Annie Jourdan als Gesellschaftsvertrag (»pacte social«). Jacques-Olivier Boudon[59] widmet sich dem Thema Pius VII., die französische Kirche und der *Sacre* (ein Beitrag, der angesichts des Anteils des Kardinals Joseph Fesch, der als Botschafter in Rom die Verhandlungen mit Kardinalstaatssekretär Consalvi führte, an den Vorbereitungen des *Sacre* bei einer Ausstellung im Musée Fesch keinesfalls fehlen durfte). Auch Bernard Chevallier beteiligt sich mit einem Essay zu den Vorbereitungen der von der Stadt Paris anläßlich des *Sacre* veranstalteten Feierlichkeiten. Claudette Joannis präsentiert die beim *Sacre* getragenen Kostüme, Danielle Gaborit-Chopin die Insignien und die sich darin widerspiegelnde karolingische Tradition. Sylvain Laveissière widmet sich der Darstellung des *Sacre* in der Malerei.

Die Ausstellungsobjekte (Gemälde, Skizzen, Bücher, Gegenstände der Zeremonie des *Sacre*) legen offensichtlich besonderen Wert darauf, historische Traditionslinien aufzuzeigen; daher wird die Ausstellung durch ein Ölgemälde Karls des Großen durch Louis-Félix Amiel eröffnet[60]. Es folgen Skizzen karolingischer und anderer Insignien von Jean-Auguste-Dominique Ingres. Aber auch das Gegenbild, von dem Napoleon sich absetzen wollte und mußte, wird nicht ausgespart: der *Sacre* des letzten bourbonischen Königs im Ancien Régime, Ludwigs XVI., und »Le Cérémonial François« von Théodore Godefroy (Paris 1619). Die Objekte konzentieren sich nicht ausschließlich auf den *Sacre*, sondern zeichnen auch den Weg vom Ancien Régime zum Premier Empire nach: Daher fehlen weder die Hinrichtung Ludwigs XVI. noch der 18. Brumaire[61] und die Exekution des Herzogs von Enghien. Die Beschreibungen zur Symbolik des *Sacre* fallen bisweilen etwas knapp aus, beispielsweise im Hinblick auf die Bienenmotive[62].

Insgesamt handelt es sich jedoch um einen erstklassigen Ausstellungskatalog zu einer von der Zahl der Exponate her betrachtet relativ kleinen Ausstellung. Er wird durch eine kurze Bibliographie zum *Sacre* abgerundet[63].

Kurz anzuzeigen sind des weiteren zwei sehr schöne Bildbände, die unter Beteiligung von Jean Tulard, dem *Doyen* der französischen Napoleonforschung, zustande kamen. Der von Patrick Rambaud und Pierre Jean Chalençon bearbeitete »Sacre de Napoléon«, mit einem Vorwort von Tulard[64], trägt unverkennbar hagiographischen Charakter, ein Eindruck, der nicht nur durch die direkte Beteiligung der kaiserlichen Familie an seinem Zustandekommen entsteht[65]. Der prunkvoll illustrierte Band verfolgt explizit die Absicht, die 200-Jahr-Feier des *Sacre* »avec éclat« zu begehen[66]. Das Buch setzt sich aus zwei Kapi-

sem Falle wird die allgemeine politische Zurückhaltung gegenüber den Veranstaltungen zum *Sacre* also aufgegeben.

59 Im Jahr 2000 legte Jacques-Olivier Boudon bei Perrin [Paris] eine gewichtige »Histoire du Consulat et de l'Empire, 1799–1815« vor (collection »Pour l'Histoire«), die sich S. 145–161 mit dem *Sacre* befaßt; auch erschienen ibid. ²2003 (collection »Tempus«, 30) und Paris (Le Grand Livre du Mois) 2000.

60 Es wurde allerdings erst 1837 für das Schloß Versailles in Auftrag gegeben.

61 Staatsstreich vom 9. November 1799.

62 Vgl. Musée Fesch, Le Sacre (wie Anm. 5), S. 146, 155 und 157.

63 Ibid. S. 196f. Die Anmerkungen sind den jeweiligen Essays nachgestellt.

64 Rambaud, Chalençon, Le Sacre (wie Anm. 7).

65 Nachfahren des Kaisers steuerten einen »Avant-propos« und eine »Introduction« bei.

66 So formuliert es der Werbetext auf dem hinteren Einband des Buches: »Un livre unique, qui célèbre avec éclat le bicentenaire du sacre de Napoléon«.

teln zusammen, die dem Tag des 2. Dezember 1804 im allgemeinen und den Stunden des *Sacre* im besonderen gewidmet sind. Auch in diesem ohne Anmerkungen geschriebenen Band werden die verschiedenen Traditionen ikonographisch belegt: Napoleon als Nachfolger Karls des Großen[67] und als »empereur à la romaine«, wie ihn eine Sammlung klassizistischer Büsten im römischen Stil darstellen[68]. Von den Kostümen des *Sacre* über die Insignien bis zum Tafelgeschirr bieten die Abbildungen einen Rundumschlag um die kaiserliche Herrschaftsrepräsentation und -propaganda. Abgerundet wird das Buch durch eine Chronologie und eine kurze Bibliographie.

Jean Tulard selbst legte schließlich zum Jubiläum des *Sacre* einen weiteren Bildband vor, in dem neben einer historischen Einleitung und weiteren Text- und Bildquellen v. a. der offizielle, vom Großzeremonienmeister Louis-Philippe de Ségur 1805 verfaßte »Procès-Verbal« und der »Livre du Sacre« von Étienne Aignan mit den historischen Ansichten der Krönungszeremonie und den entsprechenden Kostümbildern reproduziert werden[69]. Der »Procès-Verbal« wurde bekanntlich bereits 1993 durch Tulard, den großen Napoleon-Biographen, neu herausgegeben[70].

Neuere, genuin französische Biographien Napoleons fehlten trotz des Bicentenaire des *Sacre* im Jahre 2004. Immerhin sind Thierry Lentz die ersten beiden Teile einer auf drei Bände angelegten, umfassenden Geschichte des Premier Empire geglückt[71]. Die Lücke wurde durch französische Übersetzungen gefüllt, die immerhin eine sehr glückliche Hand beweisen: Übersetzt wurden die englische Napoleon-Biographie von Steven Englund[72] und die italienische von Luigi Mascilli Migliorini, von der unten die Rede sein wird[73]. Mit Emil Ludwig wurden bekanntlich auch einem deutschen Biographen bereits die höheren Weihen zuteil, seine Biographie Napoleons ins Französische übersetzt zu sehen[74]. Von deutscher Seite nahm sich nun Johannes Willms der überaus schwierigen Aufgabe an, eine neue deutschsprachige Napoleon-Biographie vorzulegen – eine Initiative, die umso mehr zu begrüßen und zu würdigen ist, als Willms bis vor wenigen Jahren keineswegs zu den ausgewiesenen deutschen Napoleonspezialisten zählte[75].

67 Vgl. z. B. ibid. S. 93.

68 Vgl. ibid. S. 110f.

69 TULARD, Le Sacre (wie Anm. 6).

70 Vgl. Jean TULARD, Procès-verbal de la cérémonie du Sacre et du couronnement de Napoléon. Présentation et notes, Paris 1993 (Collection »Acteurs de l'Histoire«).

71 Vgl. Thierry LENTZ, Napoléon et la conquête de l'Europe (1804–1810), Paris 2002; DERS., L'effondrement du système napoléonien (1810–1814), Paris 2004 (Nouvelle histoire du Premier Empire, 1–2). (Der zweite Bd. wird in dieser Ausgabe der »Francia« von Bernd WUNDER rezensiert). Folgender Titel ist eher ein essayistischer Bildband als eine Biographie im strengen Sinne: Dimitri CASALI (Hg.), Antoine AUGER, Jacques GARNIER, Vincent ROLLIN, Napoléon Bonaparte, préface de Jean Tulard, Paris 2004.

72 Steven ENGLUND, Napoléon, traduit de l'américain par Pierre Arnaud et Jean Bourdier, Paris 2004 (das Original erschien unter dem Titel: Napoleon, a political life).

73 Letztere verdient m. E. besondere Beachtung, weil Englunds englisches Werk schon aufgrund seiner (fast) universellen Sprache in Deutschland leichter seine Leser finden wird.

74 Emil LUDWIG, Napoleon, Berlin 1925. Französische Ausgabe erschienen unter dem Titel: Napoléon, traduction de Alice Stern, préface de Henry Bidou, Paris (Payot) 1928; [Paris] (Club des Libraires de France) 1960 (Histoire, 26 [mit zahlreichen Abbildungen]); Paris (Payot) 1985 (Bibliothèque historique [ohne das Vorwort von Henry Bidou zu Person, Werk und Übersetzung]).

75 In einer im Jahre 2000 erschienenen Monographie beschäftigte sich Willms mit Exil, Tod und Vermächtnis Napoleons I. Vgl. Johannes WILLMS, Napoleon. Verbannung und Verklärung, München 2000.

Willms streng chronologisch angelegte[76], erzählerisch fast einwandfreie Darstellung ist in drei Bücher gegliedert, die jeweils eine Facette der Persönlichkeit Bonapartes herausstellen: Das erste Buch »Der Zauberlehrling« trägt einen enigmatischen Titel, der vielleicht auch die – berechtigten – Schwierigkeiten Willms' widerspiegelt, den jungen Napoleon zu verstehen; die beiden weiteren Bücher sind mit »Der Diktator« und »Der Imperator« herkömmlicher, nüchterner und für eine wissenschaftliche Biographie angemessener betitelt[77]. Buch I handelt von den korsischen Anfängen bis zum 18. Brumaire, Buch II bis Austerlitz, Buch III bis zum »Vermächtnis von Sankt Helena«. Der Verfasser verzichtet völlig auf Einleitung und Schluß; am Beginn des Werkes steht die Geburt Napoleons, am Ende sein Tod. Es fehlen daher jeder ordnende Gedanke zu Anfang und eine wirkliche zusammenfassende Würdigung[78]; noch schwerer fällt der sich aufdrängende Eindruck ins Gewicht, daß der heutige Biograph Napoleons Leben erzählen könne, ohne sich der prägenden Napoleon-Bilder der dazwischen liegenden Generationen nicht nur selbst bewußt zu sein, sondern diese auch in seiner Erzählung zu reflektieren und damit ins Bewußtsein seiner Leser zu rufen. Doch gerade in diesem Punkt liegt eine der folgenreichsten Schwächen des Buches: Während Willms sich als ausgezeichneter Kenner der zeitgenössischen Korrespondenzen, Akten und Memoiren erweist und Quellenmaterial in einem Umfang herangezogen hat, der höchsten Respekt verdient, handhabt er die Sekundärliteratur, die er z. T. nur lückenhaft anführt, mit deutlich weniger Souveränität[79].

Zu hinterfragen ist des weiteren ein gewisser Determinismus, der Aufstieg und Niedergang Napoleons und des Premier Empire nach Willms' Darstellung zu kennzeichnen scheint. Der Verfasser arbeitet keine übergeordnete Idee im Streben und Handeln Napoleons heraus und verneint sogar deren Existenz, denn Napoleon habe mit dem alleinigen, pathologischen Ziel der steten Machtsteigerung und mit den Mitteln des politischen Opportunismus operiert[80]. In dieser Hinsicht ist es keineswegs nur eine störende Nebensache, daß Willms gleich an einer Reihe von Orten und Ereignissen – sei es die siegreiche Schlacht von Austerlitz oder der verlorene Guerillakrieg in Spanien – entweder den »Anfang vom Ende« seiner Herrschaft oder den »Zenit« seiner Macht verortet[81], denn diese Formulierungen unterstellen, daß damit ein unumkehrbarer Niedergang eingeleitet wurde; so urteilt der Verfasser, daß mit dem preußischen Verzicht auf die Ratifikation des

76 Im Gegensatz zu anderen Rezensenten sehe ich keinen Grund, der prinzipiell gegen eine solche Anlage spricht, die auch andere jüngere Napoleon-Biographen (z. B. ENGLUND, Napoléon [wie Anm. 72]) gewählt haben.

77 Diese drei Teile machen jeweils etwa ein Drittel des Werkes aus. Obwohl Willms sicherlich (auch) ein allgemein gebildetes Publikum anvisiert und trotz gewisser Schwächen, die im folgenden nicht verschwiegen werden sollen, handelt es sich doch (auch) um eine wissenschaftliche Biographie.

78 Die Betrachtungen im letzten Kapitel »Das Vermächtnis von Sankt Helena« vermögen diese Funktion nicht ganz auszufüllen.

79 Unvorteilhaft ist es auch, daß auf eine Bibliographie verzichtet wurde. Im Hinblick auf die reichen Quellenzitate ist es bedauerlich, daß die im Fließtext übersetzte Literatur auch in den Anmerkungen nicht durchgehend im Original zitiert wird.

80 Vgl. zur Macht als einzigem Ziel Napoleons z. B. WILLMS, Napoleon (s. Anm. 8), S. 434, 446f., 457, 530, 604. Das zweite Kapitel des ersten Buches trägt den Titel »Der Opportunist«. Immerhin gesteht Willms zu, daß der Kaiser sich selbst im entlegenen Finkenstein 1807 »mit vergleichsweise abwegigen Fragen wie einer Förderung der Geisteswissenschaften« befaßte, aber gerade in solchen Umtrieben zeige sich möglicherweise seine eigene Einsicht in die Ziel- und Sinnlosigkeit seines Tuns, die ihn zu stetiger, rastloser Arbeit antreibe (ibid. S. 461).

81 Vgl. z. B. ibid. S. 429, 468, 522, 549, 563, 583, 598; im Grunde genommen sei der Mißerfolg bereits in dem jegliche politische Rücksichtnahme vermissen lassenden Ziel unbeschränkter Machtexpansion angelegt gewesen: »Dieses zutiefst unpolitische Denken wurde sein Verderben und war die wichtigste Ursache seines Scheiterns« (ibid. S. 96).

preußisch-russischen Allianzvertrages vom 17. Oktober 1811 »der Untergang Napoleons bereits besiegelt« war[82].

Zu den stärkeren Passagen des Werkes zählt sicherlich das dritte Kapitel des ersten Buches: ein – nicht dem chronologischen Ordnungsprinzip verpflichteter – Exkurs zu Napoleon als Feldherr. Willms beschreibt darin in einer für den Biographen ungewöhnlichen, aber angesichts der Bedeutung des Militärischen berechtigten Ausführlichkeit Napoleons strategische Prinzipien und bevorzugte Formationen *(bataillon carrée, manœuvre sur les derrières, manœuvre sur position centrale)* und arbeitet dabei seine Stärken ebenso heraus wie seine Schwächen (z. B. in der Gefechtsfeldtaktik).

Willms bedient sich der verständlichen Sprache des deutschen Bildungsbürgertums, ohne einen akademischen oder journalistischen Jargon zu pflegen, und argumentiert im wesentlichen sachlich-nüchtern, ohne einer Heroisierung oder Verdammung Napoleons Vorschub zu leisten. Im Gegensatz zu dem herkömmlichen Urteil, demzufolge die Napoleon-Biographen zu einer dezidierten Bewertung neigen, beweist er bis zu einem gewissen Grade die Fähigkeit, zu einer abgewogenen Einschätzung von Napoleons Person und Wirken zu kommen. Positiv hervorzuheben sind auch die Anschaulichkeit der Darstellung[83] und – soweit ich sehe – ihre sachliche Richtigkeit[84]; dem stehen jedoch in negativer Hinsicht gegenüber eine sich in mehreren Passagen manifestierende Reduktion komplexer (politik-, sozial- oder wirtschaftsgeschichtlicher) Sachverhalte und die Vernachlässigung von Forschungsdiskussionen[85].

Schwächen weist das Buch vor allem an den Passagen auf, in denen der Autor zu einem saloppen, überzogenen Urteil neigt[86]. Auch aus deutscher Sicht sollte man es Willms nicht zum Vorwurf machen, daß er den unglücklichen und unzutreffenden Vergleich Napoleons mit Hitler nicht explizit thematisiert, denn nicht jeder Irrweg verdient, durch stetige (auch seine Pertinenz negierende) Wiederholung petrifiziert zu werden. Wenn seine Unangemessenheit nur beiläufig konstatiert wird[87], wäre es jedoch besser gewesen, ihn nicht an anderer Stelle zu suggerieren[88].

82 Ibid. S. 539. Dieses Urteil ist ausschließlich auf Vermutungen aufgebaut, die darauf basieren, daß bei der Ratifikation des Vertrages der Krieg früher ausgebrochen wäre und Napoleon ihn hätte für sich entscheiden können.

83 Dieser Anschaulichkeit dienen auch die 21 Karten, die in das Buch aufgenommen wurden (Willms, Napoleon [s. Anm. 8] S. 691–713).

84 Wenige, kleinere Fehler sind in einer solch umfangreichen Monographie unvermeidlich; z. B. datiert das Schreiben Napoleons an Daru, das ibid. S. 597 zitiert wird, vom 25. Dezember 1813 (nicht von 1814); statt Placentia (S. 625) würde man heute Piacenza sagen; Österreich müßte m. E. auf Karte 17 (S. 709) als der Koalition 1813 wieder beitretendes Land schraffiert werden.

85 Angesichts der konträren Reaktionen, die das Buch in der allgemeinen Presse (von »Neue Zürcher Zeitung«, 16. März 2005, über »Die Zeit«, 17. März 2005, bis z. B. zur »Frankfurter Rundschau«, 19. April 2005) erfahren hat, scheint eine gewisse Versachlichung durchaus vonnöten zu sein; subtiler und ausgewogener ist das Urteil von: Gerrit Walther, »N[apoleon], schlecht weggekommen. Johannes Willms mißbilligt den bindungslosen Napoleon«, in: Frankfurter Allgemeine Zeitung, 26. August 2005, S. 35. Zu den stark verkürzenden, anfechtbaren Einschätzungen Willms' zählt beispielsweise, daß er Napoleon aufgrund der von ihm durchgesetzten Anerkennung der »natürlichen Grenzen« Frankreichs nach dem Frieden von Amiens als »Testamentsvollstrecker Richelieus« apostrophiert und damit unterstellt, schon der Kardinal habe sich dieses Ziel gesetzt; vgl. Willms, Napoleon [s. Anm. 8] S. 303. Damit wird mindestens ein halbes Jahrhundert Forschungsgeschichte zur Richelieuschen Rheingrenzpolitik ignoriert.

86 Das napoleonische Erbkaisertum wird zur »lächerlichen Afferei« degradiert (ibid. S. 380), Napoleon selbst zum »Sohn eines korsischen Winkeladvokaten« (S. 384), Jérôme gerierte sich im Königreich Westfalen wie ein »Prinz Karneval« (S. 527).

87 Vgl. ibid. S. 338 und 677.

88 »Er [Napoleon] kleidete sich etwa im Gegensatz zur auffälligen Pracht seiner Umgebung stets einfach, so wie die Diktatoren des 20. Jahrhunderts, denen er darin zum Vorbild diente«; ibid. S. 148.

Diese Inkohärenzen zeigen, daß es sich gewiß nicht um ein Jahrhundertwerk handelt. Insgesamt ist Willms jedoch sowohl in bezug auf die profunde Quellenkenntnis als auch auf die erzählerische Leistung durchaus eine sehr respektable Biographie zu einem richtigen Zeitpunkt gelungen.

Mascilli Migliorinis Napoleon-Biographie ist die Frucht einer jahrzehntelangen Beschäftigung des Autors mit der französischen und italienischen Geschichte des 19. Jahrhunderts im allgemeinen und mit Napoleon im besonderen, einer Persönlichkeit, die zunehmend Raum in seinem Œuvre einnahm. Der neapoletanische Historiker ist der internationalen Forschung bereits seit den frühen 80er Jahren als ausgewiesener Kenner Napoleons und der napoleonischen Zeit bekannt[89]. Thierry Lentz konstatiert daher im Hinblick auf die Entwicklung der persönlichen Forschungsschwerpunkte Mascilli Migliorinis zu Recht »que la figure du premier empereur des Français – qui fut aussi roi d'Italie – était devenue centrale, presque obsédante, dans la recherche de Mascilli Migliorini«[90]. Das vorgelegte Werk gleicht also einer Summa in langem Studium gereifter Einsichten, und es erscheint zwar zugespitzt, aber keineswegs falsch oder reine literarische Konvention, wenn Thierry Lentz Mascilli Migliorini im Vorwort zu seiner französischen Ausgabe attestiert, die erste »akademische« Napoleonbiographie in französischer Sprache seit Jean Tulards »Napoléon ou le mythe du sauveur«[91], d. h. seit einem Vierteljahrhundert, vorgelegt zu haben[92].

Wie Willms, so erzählt auch Mascilli Migliorini das Leben Napoleons (in 16 Kapiteln) chronologisch von der korsischen Kindheit bis zum Exil auf Sankt Helena und den dort verfaßten *res gestae*. Von der inhaltlichen Anlage her ist das Buch europäisch ausgerichtet; eine Präferenz für Italien scheint nur gelegentlich, und dann jeweils in bereichernder Weise auf[93]. Der bestechende Vorzug des Werkes, der es zu den bedeutendsten Napoleon-Biographien überhaupt macht, liegt darin, daß die Historiographie der vorangehenden zwei Jahrhunderte stets mit reflektiert wird, und zwar nicht in der herkömmlichen Form eines Forschungsüberblicks als Exkurs, sondern verwoben in die biographische Erzählung. Auf Schritt und Tritt begegnet man somit nicht nur Mascilli Migliorinis Napoleon, sondern auch dem Napoleon der Zeitgenossen und der Historiographie[94].

»Dass die Nachkommen dieses [mediatisierten deutschen] Adels nach Ende der Monarchie in Deutschland 1918 alles andere als musterhafte Demokraten waren, sondern vielmehr in hellen Scharen Hitlers NSDAP zuliefen [...] gehört zu den mittelbaren Spätfolgen der napoleonischen Herrschaft. [...] Es fällt jedenfalls auf, dass ausgerechnet die beiden Länder, die zu Beginn des 19. Jahrhunderts am nachdrücklichsten dem napoleonischen ›Modernisierungsprogramm‹ ausgesetzt waren, identisch sind mit jenen, die im 20. Faschismus und Nationalsozialismus hervorbrachten. Auch wenn Napoleon nicht unmittelbar für diese Entwicklung verantwortlich gemacht werden kann, so handelt es sich dabei dennoch *auch* um eine langfristige Nebenfolge seiner ausschließlich auf die eigene Macht bezogenen Reformtätigkeit«; ibid. S. 446.

89 Vgl. namentlich Luigi MASCILLI MIGLIORINI, Il mito dell'eroe. Italia e Francia nell'età della Restaurazione, Neapel 1984, ²2003 (Collana »Passaggi e percorsi«, 3). Auch dieses Buch erschien in französischer Übersetzung unter dem Titel: Le mythe du héros. France et Italie après la chute de Napoléon, traduit de l'italien par Laurent Vallance, Paris 2002 (La Bibliothèque Napoléon, Série »Études«).

90 Vgl. Thierry LENTZ, Préface, in: MASCILLI MIGLIORINI, Napoléon (wie Anm. 9), S. 7–11, hier S. 8.

91 Jean TULARD, Napoléon ou le mythe du sauveur, Paris (Fayard) 1977; mehrere Neuauflagen, zuletzt Nouvelle édition revue et complétée, avec une chronologie, une filmographie et des tableaux annexes, Paris (Éditions France Loisirs) 2004.

92 Vgl. LENTZ, Préface (wie Anm. 90), S. 10.

93 Zum Themenkomplex des napoleonischen Italien ist nunmehr zu konsultieren: Michael BROERS, The Napoleonic Empire in Italy, 1796–1814. Cultural imperialism in a European context? Basingstoke 2005.

94 Aufgrund dieses reflexiven Charakters und der Öffnung des biographischen Genres in eine allgemeine Geschichte des Zeitalters hinein stellt Jourdan in Frage, ob das Buch wirklich im strengen

Ein detaillierter und fundierter Anmerkungsapparat von knapp 170 Seiten, in dem Quellen und Forschungsgeschichte gleichermaßen hervorragend dokumentiert werden, eine Bibliographie (13 Seiten), ein Namenregister und acht Abbildungen runden das Werk ab. Die systematische Bibliographie ist innerhalb der einzelnen Abteilungen streng chronologisch geordnet, was einen guten Zugriff auf die Forschungsgeschichte erlaubt. Die Historiographiegeschichte ist zudem über das Register gut zu erschließen[95].

Eine weitere Gemeinsamkeit zwischen den Biographien von Willms und Mascilli Migliorini besteht darin, daß beide Biographen als zentrales Charakteristikum die weitgehende Prägung eines Zeitalters durch eine einzelne Persönlichkeit, aber auch die historische Bedingtheit ihrer Existenz, herausarbeiten. Willms stellt seiner Biographie als Motto ein Diktum Jacob Burckhardts voran: »Die Geschichte liebt es bisweilen, sich auf einmal in einem Menschen zu verdichten, welchem hierauf die Welt gehorcht«[96]. Dieses Motto ist keineswegs untypisch für die bis zu einem gewissen Grade fatalistische Geschichtsschreibung Willms'. Mascilli Migliorini betont hingegen das Singuläre, ja das Unerhörte, welches der Verdichtung der europäischen Geschichte auf eine Person schon aus Sicht der Zeitgenossen anhaftete: »Duecento anni sono trascorsi dal tempo in cui l'intera Europa sembrò riassumersi nella vita di un uomo. Questa condizione parve già allora, a chi la condivise o la subí, del tutto singolare«[97]. Aber Mascilli Migliorini geht noch weiter: unter Bezug auf Charles de Rémusat konstatiert er die Unvorhersehbarkeit dieser Wandlung eines Individuums zum mythologischen Halbgott – eine Entwicklung, die nicht zuletzt durch die Revolution ermöglicht worden sei[98].

Im Gegensatz zu Willms ist bei Mascilli Migliorini das stete Bemühen erkennbar, die Rolle des Biographen kritisch zu reflektieren und ihre historische Bedingtheit zu betonen: Jede Zeit stellt ihre eigenen Fragen an die Geschichte und schafft sich ihr eigenes Bild von Napoleon, und unser heutiges Napoleon-Bild ist durch das Prisma der Geschichtsschreibung zweier Jahrhunderte mit geprägt worden, schickt er seiner eigenen Biographie mahnend voraus.

Am Anfang dieser Biographie steht im Grunde nicht Napoleon, sondern Korsika, genauer gesagt die europäische, insbesondere französische Perzeption Korsikas um 1760/70. Konkret setzt der Verfasser beim Verfassungsprojekt Jean-Jacques Rousseaus von 1765 für das nach Unabhängigkeit strebende Gemeinwesen und die an dessen Beginn gestellte, für das europäische Lesepublikum bestimmte Beschreibung der seinerzeit wenig bekannten Mittelmeer-Insel ein, die gleichwohl unter ihren Kennern weiterhin als Hort der Rechtspflege und der Humanitas galt. Die Betonung der Wurzeln der napoleonischen Herkunft und des napoleonischen Denkens – *insularità* und *italianità* – haben in der Historio-

Sinne als Biographie bezeichnet werden könne – soweit würde ich nicht gehen, wenngleich es sicherlich vorteilhaft ist, über die grundlegenden biographischen Fakten informiert zu sein, bevor man zu Mascilli Migliorinis oft recht abstraktem Buch greift; vgl. Annie JOURDAN, Napoléon vu d'Italie. Un regard étranger sur le destin extraordinaire du petit Corse, in: Le Monde des livres, 8 octobre 2004, S. IX.

95 Dabei findet auch die jüngere Forschung gebührende Berücksichtigung: der Indice dei nomi enthält z. B. 28 Einträge s.v. Tulard, 6 s.v. Lentz.

96 WILLMS, Napoleon (s. Anm. 8), S. 9. Im Zusammenhang wird dieses Motto zitiert ibid. S. 674 (im griechischen Zitat wurde dort ς jeweils mit ζ verwechselt, Akzente und Spiritus fehlen).

97 MASCILLI MIGLIORINI, Napoleone (wie Anm. 9), S. 9.

98 Vgl. ibid.: »Era imprevedibile – scriverà qualche anno piú tardi un uomo come le cui simpatie politiche non andavano certo alle autoritarie istituzioni dell'Impero napoleonico – che in un ›siècle de critique et d'analyse‹, in un secolo, dunque, di forte impronta razionalista si fosse assistito alla trasformazione di un individuo, Bonaparte, in un ›demi-dieu de la fable‹, un semidio mitologico. Questa trasformazione doveva molto alla Grande Rivoluzione che nel suo travaglio aveva generato e poi travolto autentiche et forti individualità«.

graphie eine lange Tradition, wie der Verfasser – unter anderem mit dem Rekurs auf Edgar Quinet – belegt. Diese korsischen Ursprünge an den Beginn ihrer Biographien zu stellen, sind Willms und Mascilli Migliorini vollauf berechtigt. Doch wo Willms stärker die familiären Bande betont, stehen bei Mascilli Migliorini deutlicher die insularen Bindungen des mediterranen Menschen im Vordergrund. Mascilli Migliorini zeigt jedoch in den ersten Kapiteln, wie Napoleon sich während seiner militärischen Ausbildung vom Korsen *auch* zum Franzosen entwickelte, auf seinem Weg »durch die Revolution« (»Attraverso la Rivoluzione«[99]) die Insel als integrierenden Bestandteil Frankreichs zu betrachten begann und während des Italienfeldzuges – neben der strategischen Kriegsführung – eigene europäische politische Perspektiven entwickelte. Mascilli Migliorini hält zu Recht gerade die Periode vom Beginn des Jahres 1794 bis zum Vendémiaire 1795 für die im Hinblick auf die Ausbildung der Persönlichkeit Napoleons entscheidende Phase; vielleicht wäre der Italienfeldzug noch zu dieser Phase zu rechnen. Die militärischen und strategischen Neuerungen des Feldherrn Bonaparte stellt Mascilli Migliorini im Kontrast zu den früheren französischen Italien-Feldzügen zutreffend heraus, gelangt jedoch im Punkt der Kriegstechnik nicht zu einer ebenso differenzierten Analyse wie Willms, der auch sein Beharren auf gewissen Traditionen, z. B. in der Waffentechnik, berücksichtigt.

Galt die Beherrschung der österreichischen Poebene Bonaparte zunächst als Schlüssel für die Kontrolle Italiens, gelangte er nach Mascilli Migliorini sicherlich seit 1797 zur Einsicht, daß Italien auch einen Vorposten in dem sich abzeichnenden Antagonismus mit England, im Kampf um die Seeherschaft im Mittelmeer und um die Kolonien sein würde. Insofern sei die Ägypten-Expedition keineswegs, wie Georges Lefebvre behauptete, ein Fanal der Ambitionen Napoleons und seines Bruches mit den Idealen der Revolution, sondern – mit Albert Sorel – eine Antwort auf die neuen Fragen der internationalen Politik gewesen, die sich gerade aus der Revolution ergeben hatten, aber unter Überwindung ihrer ideologischen Schemata. Die Seiten, die der Verfasser dem Beginn der ägyptischen Expedition und dem Ägyptenbild des späten 18. Jahrhunderts als Sonderfall der Antikenrezeption im Frankreich der Spätaufklärung und der Revolution widmet – ein Bild, das im Gegensatz zu den konkreten Erfahrungen stand, welche die napoleonischen Soldaten mit den verschlossenen Arabern tatsächlich machen sollten – belegen die gelungene Einbindung der Vita Napoleons in eine allgemeine Darstellung seines Zeitalters[100].

Beide Biographien – Willms' und Mascilli Migliorinis – haben durchaus ihren Wert. Doch wird man abschließend mit Recht behaupten können, daß Willms überzeugend eine Person – Napoleon – erfaßt hat, Mascilli Migliorini jedoch nicht nur die Person, sondern sein gesamtes Zeitalter und ihre historiographische Spiegelung und Brechung durch zwei Jahrhunderte hindurch[101].

Mascilli Migliorinis zugleich korsischer, französischer und europäischer Napoleon erscheint dabei weniger als eine Figur des 18. Jahrhunderts, obwohl er dies sicherlich auch in vielerlei Hinsicht war, als vielmehr als Begründer des 19. und bisweilen sogar als eine ins 20. Jahrhundert vorausweisende Persönlichkeit. Die Französische Revolution gilt Mascilli Migliorini als »Stunde Null« und Napoleon als Archetyp der anbrechenden neuen Zeit.

99 So lautet der Titel des zweiten Kapitels.

100 Vgl. ibid. insbesondere S. 137–146. Ebenso interessant erscheinen die nach der Zerstörung der französischen Flotte durch Nelson bei Abukir am 1. August 1798 einsetzende »intellektuelle Kontamination« (»contaminazione intellettuale«; S. 151) zwischen Besatzern und Besetzten und die kulturelle Assimilation, die sich u. a. in der Annahme orientalischer Würzung der Speisen oder in der Übernahme der weiten Beinkleider durch die Franzosen manifestiert (vgl. S. 150–154).

101 Bei der überaus trefflichen Interpretation des *Sacre* als einer die Revolution von 1789 zugleich als abgeschlossenen Fundamentalvorgang in die französische Geschichte integrierenden und ihren eigentlichen symbolischen Höhepunkt bildenden Zeremonie, welche die Integrität der »memoria«

Neben den unmittelbar dem *Sacre* gewidmeten Publikationen inspirierte der Bicentenaire von 2004 auch eine Reihe thematisch breiter angelegter Veröffentlichungen. Dazu gehört das Werk von Bernard Chevallier zu den kaiserlichen Residenzen, das im Werbetext auf dem hinteren Einband explizit als Publikation zum Gedenken an den *Sacre* ausgewiesen ist; des weiteren rahmen François Pascal Simon Gérards Gemälde Kaiser Napoleons I. und Kaiserin Joséphines in den Krönungsgewändern von 1805 respektive 1808 die Einleitung Chevalliers ein[102], und der Verfasser vergißt nicht, Ereignisse aus dem Umfeld des *Sacre*, z. B. den Papstbesuch in den Tuileries, gebührend zu würdigen[103]. Kaum ein Herrscher in der Weltgeschichte sei soviel gereist wie Napoleon, betont Chevallier in der »Introduction«[104]: von Kairo bis Moskau, von Warschau bis Madrid (nicht zu vergessen St. Helena) habe er die Welt bereist. Die unterschiedlichsten Orte, an denen Napoleon sich als Kaiser aufgehalten habe, seien auf diese Weise zu kaiserlichen Palästen (»palais impériaux«) geworden, worunter Chevallier auch eine einfache Strohhütte versteht, wenn nur der Kaiser dort geweilt hat. Von diesen Residenzen aus regierte der Kaiser sein Empire, traf politische Entscheidungen und erließ Dekrete. Da Napoleon die französische Nation verkörpert habe, so Chevallier, seien die »lieux du pouvoir« des Kaiserreiches stets die Orte gewesen, an denen der Kaiser geweilt habe; trotz seiner zahlreichen Feldzüge und Reisen sei das französische Kaisertum dennoch kein Wanderkaisertum gewesen, denn die zentralen Regierungsorgane befanden sich in Paris und standen mit dem Kaiser über ein Stafettensystem in stetigem Kontakt. Chevallier unterscheidet drei Kategorien napoleonischer »lieux de pouvoir«: erstens die kaiserlichen Paläste im engeren Sinne, d. h. die vom Ancien Régime ererbten Königspaläste (Tuileries, Saint-Cloud, Fontainebleau, Versailles, Compiègne), zu denen die im Grand Empire (Straßburg, Bordeaux, aber auch der römische Quirinal und Laeken) und im Königreich Italien (Mailand, Venedig) neu eingerichteten Residenzen hinzutraten; zweitens die vorübergehend vom Kaiser genutzten Paläste, z. B. die requisitionierten fürstlichen Residenzen in den besetzten Ländern (u. a. Schönbrunn, Berlin, Warschau); drittens das kaiserliche Zelt als Hauptquartier auf den Feldzügen, das Chevallier jedoch aus seiner Darstellung ausschließt, obwohl es sich im Grunde um »la plus constante de toutes les résidences« Napoleons gehandelt habe[105].

Nicht ganz gelungen ist die Aufteilung der Residenzen im Hauptteil des Buches. Chevallier gliedert seine Darstellung in fünf Teile: »Les demeures personnelles«; »Les résidences officielles en France«; »Les résidences officielles à l'étranger«; »Les palais occupés à l'étranger«; »Les résidences de l'exil«. Diese fünf Teile enthalten jeweils ein kurzes Kapitel zu den betreffenden Residenzen. Obwohl diese sich von der in der Einleitung entwickelten Typologie unterscheidende Gliederung im Prinzip durchaus vertretbar erscheint, ist die Zuordnung der einzelnen Residenzen anfechtbar. Z. B. erscheint Elba keineswegs unter den »résidences de l'exil«, wo es zu vermuten gewesen wäre, sondern wird den »résidences officielles à l'étranger« zugerechnet; zu dieser Gruppe zählt Chevallier auch den Quirinalspalast im annektierten Kirchenstaat, obwohl er für den Kaiser eben nicht Ausland, sondern Teil des Grand Empire war.

der französischen Nation wiederherstellte, reicht die Panoplie der zitierten Autoren beispielsweise von Alexandre Dumas' Napoleon-Biographie (1839) bis zu einem Brief Sigmund Freuds an Romain Rolland (1936); vgl. ibid. S. 235–237 (die Historiographie im engeren Sinne ist hier den Anmerkungen, S. 528f., vorbehalten).

102 Chevallier, Lieux (wie Anm. 10), S. 7, 10. Diese Gemälde befinden sich heute in den Schlössern von Versailles/Trianon und Fontainebleau.

103 Ibid. S. 35f.

104 Ibid. S. 8f.

105 Ibid. S. 8.

Chevallier geht eingangs den Gründen dafür nach, daß Napoleon viel Energie auf die minutiöse Einrichtung und Gestaltung seiner Paläste verwandte. Einerseits hatte die in vielem standardisierte Ausstattung in funktionaler Hinsicht die Abwicklung der kaiserlichen Regierungsgeschäfte zu erleichtern, so daß sich beispielsweise – in bezug auf die Raumaufteilung – die Bibliothek stets in der Nähe des Schlafzimmers zu befinden hatte und gleiche Möbelstücke zum Teil in größerer Stückzahl für verschiedene Residenzen angefertigt wurden; andererseits dienten Chevallier zufolge die Residenzen Napoleon auch dazu, die *Gloire* Frankreichs zu verbreiten und seine Kunstwerke und Industrieprodukte der europäischen Öffentlichkeit zur Schau zu stellen: »L'Empereur tint à faire de tous ses palais une vitrine pour les produits de l'industrie et de l'art français, diffusant ainsi dans toute l'Europe le style officiel créé pour lui«[106]. Da die Einrichtung der verschiedenen kaiserlichen Paläste darauf ausgerichtet war, daß die Gewohnheiten des Kaisers bis ins kleinste Detail bedacht und respektiert wurden, trifft nach Chevallier in diesem Sinne das Wort Frédéric Massons zu, dem zufolge Napoleon überall zuhause gewesen sei: »partout il était chez lui, chez Louis XIV, comme chez Philippe II, chez Ivan ou chez Frédéric«[107]. Die Ausstattung ihrer Residenzen wurde ganz den Bedürfnissen des Kaisers angepaßt.

Chevallier, der als *Directeur du musée national de Malmaison et Bois-Préau* und als *Conservateur général du Patrimoine* für diese Aufgabe geradezu prädestiniert ist, beschreibt mit viel Liebe zum Detail die kaiserlichen Paläste und die im Auftrage des Kaisers ausgeführten Arbeiten, aber auch das sich dort abspielende Alltagsleben. Insofern bietet sein Buch einen Einblick in die materiellen Rahmenbedingungen der Residenzen, von denen aus Frankreich und zum Teil Europa zur Zeit des Premier Empire regiert wurden. Chevallier betont dabei stets Napoleons Vorliebe für die Schlichtheit der Ausstattung.

Das Buch behandelt sukzessiv die einzelnen Aufenthaltsorte und Paläste Napoleons. Am Anfang stehen allerdings nicht die kaiserlichen Residenzen, sondern das Familienanwesen, das Kindheit und früheste Jugend des künftigen Kaisers prägte (das, nach der Zerstörung durch die Paolisten, 1797 teilweise wiederaufgebaute und gänzlich umgestaltete Geburtshaus von Napeoleone Buonaparte in Ajaccio), sowie die Domizile, die er mit Joséphine teilte: das Hôtel Bonaparte in der Rue Chantereine in Paris – nach Napoleons Siegen umbenannt in Rue de la Victoire –, in dem er im Oktober 1797 erstmals die große Liebe seines Lebens besuchte, und Schloß Malmaison, welches Joséphine im April 1799 erwarb und das ihr nach der Scheidung von Napoleon im Dezember 1809 zugesprochen wurde; dessenungeachtet weilte Napoleon fast vier Jahre lang in Malmaison – vor allem zur Zeit des Konsulats – , mehr als in den meisten anderen seiner Schlösser, und es war das einzige Schloß, welches ihm persönlich gehörte. Daraufhin behandelt Chevallier die offiziellen Residenzen in Frankreich, beginnend mit dem am 11. November 1799, kurz nach dem Staatsstreich vom 18. Brumaire, bezogenen Petit-Luxembourg, dann die Tuileries, in denen Napoleon ebenfalls ungefähr vier Jahre seines Lebens zubrachte, der Élysée-Palast, in dem er als erstes französisches Staatsoberhaupt residierte, Saint-Cloud, Napoleons Lieblingsschloß Fontainebleau, Rambouillet, Compiègne, Petit und Grand Trianon, Meudon, Palais du roi de Rome[108], Versailles[109], Pont-de-Briques bei Boulogne[110], Straßburg[111] und Bordeaux[112]; es

106 Ibid. S. 9; am Château-Neuf in Meudon wird dies exemplifiziert auf S. 74.

107 Zitiert ibid. S. 9.

108 Nur die Fundamente des geplanten Palais wurden bekanntlich auf der colline de Chaillot grundgelegt und 1817 wieder zerstört.

109 Auch in diesem Fall blieben die napoleonischen Pläne im Anfangsstadium. Doch mangelte es nicht an Vorüberlegungen: Im Oktober 1807 legten Architekten dem Kaiser 52 Bände mit Bauplänen und Kostenvoranschlägen für Renovierungs- und Umbauarbeiten vor.

110 Es handelt sich um das Schloß, von dem aus Napoleon die Invasion Englands plante. Die Edition der Akten unterschiedlicher Pertinenz, die während der Aufenthalte Napoleons in Pont-de-

folgen die offiziellen Residenzen im Ausland (Mainz, Laeken, Mailand, Rom[113], Venedig sowie weitere Residenzen in Italien und auf Elba), die dort vorübergehend okkupierten Paläste (Schönbrunn, Berlin, Finkenstein, Warschau, Moskau[114]) und schließlich die Exil-Residenzen (Île d'Aix, St. Helena). Die thematische Gliederung steht also bei Chevallier im Vordergrund; sie entspricht aber, zumindest zum Teil, der Chronologie des Bezuges dieser Residenzen durch den Kaiser.

Der kleine, reich illustrierte Band scheint sich auf den ersten Blick eher an den Napoleon-Liebhaber und den interessierten Laien zu wenden; er bietet aber tatsächlich auch dem Fachmann aufgrund seines Detailreichtums und der profunden Sachkenntnis des Verfassers einen zuverlässigen Überblick über die »demeures personnelles« und die »lieux de pouvoir« Napoleons I. und gewährt einen Einblick in die Eigenheiten dieses Monarchen. Als Premier Consul erregte er den Unmut Talleyrands, der sich, vom Rheumatismus geplagt und in Seidenstrümpfe gekleidet, neben Bonaparte niederlassen mußte, welcher die Regierungsgeschäfte auf dem Rasen im Schloßgarten weilend erledigte; der Außenminister urteilte: »Quel homme! Il se croit toujours dans un camp«[115]. Chevallier wendet sich in den einzelnen Kapiteln – vermutlich eher zur Unterhaltung des Liebhabers als zur Unterrichtung des Fachhistorikers – jeweils den wichtigen politischen Entscheidungen zu, die in den einzelnen Schlössern getroffen wurden, so in Malmaison z. B. der Unterzeichnung des sogenannten »acte de Malmaison«, des föderalen Verfassungsentwurfes für die Helvetische Republik, oder der Redaktion des Gesetzesentwurfes für die Légion d'honneur. Andere Informationen dürften nicht nur für den Laien von Interesse sein, wie der an einigen Details aufgezeigte Kontrast zwischen dem unbeschwerten und unkonventionellen Leben in Malmaison und dem seit Bonapartes Bezug von Saint-Cloud als Landsitz (der allerdings nie zu einer festen Residenz wurde) im September 1802 auch im eher privaten Bereich eingeführten Protokoll als Anzeichen der allmählichen Transformation der Republik in eine Monarchie. Desgleichen zeigt er überzeugend die monarchische Atmosphäre der Tuileries als offizieller Regierungssitz und ihre Ausstrahlung auf den dort seit Februar 1800 logierenden Bonaparte und seine Umgebung nach. Hort des jungen Ehelebens, wurde Malmaison auch zu dem Ort, an dem Joséphine 1814 verschied und der Kaiser der Franzosen sich 1815 nach der Niederlage von Waterloo zurückzog. Dieses Schloß bildet somit die Klammer um Aufstieg und Niedergang des Premier Empire[116]. Die Umbauarbeiten, die Napoleon in der Zwischenzeit an verschiedenen Residenzen durchführte, und die Pläne, die er für Neubauten entwickelte, waren eng mit den politischen und militärischen Geschicken des Empire verknüpft; so zwang der verheerende Ausgang des Rußlandfeldzuges 1812 den Architekten Fontaine, bescheidenere Pläne für den Palais du roi de Rome zu entwickeln (insgesamt hatte Fontaine dem Kaiser allein für dieses Palais über 30 Entwürfe vorzulegen[117]). Doch die Relation von Anspruch und Wirklichkeit wurde auf St. Helena durchbrochen: In seinem

Briques entstanden, wurde vor kurzem abgeschlossen: Fernand Émile Beaucour (Hg.), Lettres, décisions et actes de Napoléon à Pont-de-Briques et au Camp de Boulogne, 3 Bde., Levallois 1979–2004 (Mémoire de la Société de Sauvegarde du château impérial de Pont-de-Briques, 1–3).

111 Das fürstbischöfliche Palais.

112 Das erzbischöfliche Palais.

113 Quirinal.

114 Kreml.

115 Zitiert nach Chevallier, Lieux (wie Anm. 10), S. 21.

116 »Malmaison [...] devient ainsi le tombeau de la grandeur dont elle avait été le berceau quinze ans auparavant«; ibid. S. 42.

117 Auch bei den bestehenden Schlössern, wo es nicht zu durchgreifenden Umbauarbeiten kam, bewies Napoleon oft eine beachtliche Aktivität; vornehmlich für Versailles ließ er sich beispielsweise durch die Manufakturen in Lyon 1811–1813 über 80 km Seidenstoffe liefern.

bescheidenen Domizil Longwood House beharrte Napoleon auf der Beibehaltung der kaiserlichen Etikette.

Insgesamt handelt es sich um ein Buch, zu dem auch der Fachhistoriker in seinen Mußestunden einmal greifen sollte. An dieses sich an ein breiteres Publikum wendende Werk dürfen allerdings nicht die gleichen Maßstäbe angelegt werden, welche die moderne deutsche Residenzenforschung gesetzt hat (dokumentiert z. B. in den Veröffentlichungen der Residenzen-Kommission der Göttinger Akademie der Wissenschaften). Die zu den einzelnen Schlössern zusammengestellten Informationen folgen keinem vorgegebenen Schema, und Chevallier strebt offensichtlich nicht nach Vollständigkeit[118]. Insofern ist es zu bedauern, daß der Verfasser, zweifellos ein herausragender Kenner der napoleonischen Residenzen (zumindest in Frankreich), dem Fachmann nicht wenigstens die weiterführende Literatur nennt, durch die er sich fortbilden könnte: Bibliographie und Anmerkungen fehlen leider völlig[119].

Michael Hecker befaßt sich in seiner schlanken, aber gehaltvollen Göttinger Dissertationsschrift[120] mit dem rheinbündisch-napoleonischen Konstitutionalismus in den durch Napoleon geschaffenen Rheinbundstaaten Berg, Westfalen sowie punktuell Frankfurt; der Verfasser stellt sich dabei u. a. auch die Grundfrage nach den Legitimationsmustern der napoleonischen Herrschaft, die im Zentrum der jüngeren Arbeiten zum *Sacre* stehen.

Heckers Kriterien für die Auswahl von Berg, Westfalen und Frankfurt sind erstens die Regierung durch die Frankreich besonders verbundenen Napoleoniden in den betreffenden Rheinbundstaaten, die herkömmlich als Modellstaaten gelten, und zweitens die Existenz nicht nur einer modernisierenden Gesetzgebung, sondern einer eigenen Verfassung. Heckers Absicht ist es, die verfassungsrechtlichen Strukturen dieser Staaten herauszuarbeiten, die gemeinhin als Staatstypen napoleonischer Prägung betrachtet werden. Der Verfasser gelangt in seiner Arbeit zu einer differenzierten, im Grundton positiven Einschätzung des rheinbündisch-napoleonischen Konstitutionalismus und trägt damit zu einer neuen Beurteilung der Rheinbundzeit bei. Nicht gestellt wird dabei allerdings die Frage nach der Berechtigung und der Tragfähigkeit des Begriffes ›Modellstaat‹; sie werden vielmehr axiomisch vorausgesetzt. Der Autor behandelt seinen Gegenstand in vier Kapiteln: Das erste, knappe Kapitel befaßt sich mit dem historischen Kontext und erörtert den modernen Verfassungsbegriff; die umfangreicheren Kapitel 2 bis 4, die den eigentlichen Hauptteil der Untersuchung bilden, beschäftigen sich mit »Genese und Legitimitätsmodell der napoleonischen Verfassungen« (2), dem »individualrechtliche[n] Gehalt der napoleonischen Verfassungen« im Hinblick auf die »Staatsbürgerliche Gleichheit und Freiheit der Person« (3) sowie, am Beispiel Westfalens, den »Repräsentative[n] Vertretungskörperschaften in den Verfassungen« (4). Im Anhang kommen die deutsche Version der Verfassung des Königreiches Westfalen und diejenige des Großherzogtums Frankfurt zum Abdruck[121]. Der Autor hat in beschränktem Umfang ungedruckte Quellen berücksichtigt, darunter solche aus dem Nationalarchiv Paris. Das »Sachverzeichnis« verdient diesen Namen kaum[122]; ein Namenregister fehlt.

118 Fehler und Ungenauigkeiten enthält das Buch jedoch, soweit ich sehe, kaum; dennoch stimmt es nicht, daß Maria-Theresia 1744 den Kaiserthron bestiegen hatte, und bei der Bezeichnung Friedrichs II. (des Großen) als »roi soldat« handelt es sich wohl um eine Verwechselung mit dem gemeinhin als »Soldatenkönig« apostrophierten Friedrich Wilhelm I., oder sie könnte zu einem solchen Mißverständnis führen (vgl. Chevallier, Lieux, S. 104 und 107).

119 Eine eher für den Laien konzipierte Chronologie vervollständigt den Band.

120 Hecker, Konstitutionalismus (wie Anm. 11) (Diss. jur. Göttingen 2002/03).

121 Dieser Quellenanhang hätte einer weiteren Korrektur bzw. bei stellenweise eventuell tatsächlich befremdlichem Quellentext der Emendation bedurft.

122 Es umfaßt nur eine Seite!

Einleitend weist Hecker darauf hin, daß die Verfassungsgeschichte hinter der allgemeinen Revision der Sicht auf die rheinbündische Zeit, die in der deutschen Historiographie vollzogen worden sei, zurückgeblieben sei; noch bis in die Mitte der 1970er Jahre sei das Urteil nachweisbar, es habe sich bei den frühesten Verfassungen, die in napoleonischer Zeit auf deutschem Boden erlassen wurden, um einen »Schein-Konstitutionalismus der napoleonischen Vasallenstaaten« gehandelt[123]. Auch konstatiert der Autor, daß die frühesten deutschen Verfassungen der Rheinbundzeit in nahezu allen verfassungsgeschichtlichen Quellensammlungen fehlen.

Der Verfasser nimmt bereits in der Einleitung programmatisch seine Schlußfolgerung vorweg: »Korrespondierend zum in der Revisionsforschung vollzogenen Wandel in der Beurteilung der Rheinbundzeit wird sie [die vorliegende Arbeit] eine insgesamt differenziertere (positivere) Einschätzung des rheinbündisch-napoleonischen Konstitutionalismus abgeben«[124].

Ausschlaggebend für die Auswahl der berücksichtigten Staaten war, wie oben skizziert, »dass die Napoleoniden mit ihrer engen Anknüpfung an das Empire sowie der ihnen im Hinblick auf die übrigen Rheinbundstaaten zugedachten Modellstaatsfunktion einen eigenen Staatstypus nach napoleonischer Handschrift bildeten«[125]. In seinem Bestreben, deren »konstitutionelle Strukturen herauszuarbeiten und abzubilden«, konzentriert sich der Verfasser auf drei Bereiche der Rechts- und Verfassungsgeschichte: »die Verfassungsgenese, den individualrechtlichen Gewährleistungsgehalt der Verfassungen bzw. Gesetzgebungswerke (Freiheits- und Gleichheitsrechte) sowie schließlich den (repräsentativ-)demokratischen Gehalt der Verfassungen«[126].

Auch weitere Ergebnisse der Arbeit werden in der Einleitung vorweggenommen, wobei es mitunter nicht leicht fällt, die Resultate der Forschungen Heckers von ihren Prämissen zu unterscheiden. Hecker formuliert es als »Anliegen« seiner Arbeit »aufzuzeigen, dass die pauschale Bezeichnung des ›*Scheinkonstitutionalismus*‹ dem Anspruch der Verfassungen und Gesetzgebungswerke und in Teilen auch der Wirklichkeit des Verfassungsgeschehens nicht standhält und einer Relativierung bedarf«, und darzulegen, »dass sich die Verfassungs- und Rechtssetzungsprozesse in den drei Napoleoniden ungeachtet ihrer Überlagerung durch die belastenden Zwänge des napoleonischen Herrschaftssystems von ihrer häufigen (traditionellen) Verortung als Erscheinungsform eines spätabsolutistischen Bürokratismus (jedenfalls in bedeutenden Teilen) schon wesentlich absetzen«, wenngleich dies in den verschiedenen Staaten in sehr unterschiedlicher Form geschehen sei[127]. Im Großherzogtum Berg sei es beispielsweise »zur gesetzlichen Implementierung eines recht weitgehenden individual-rechtlichen Programms gekommen«, jedoch ohne daß dies zunächst durch eine förmliche Verfassungsurkunde verbrieft worden sei[128]. Dem erst 1810 geschaffenen Großherzogtum Frankfurt komme insoweit eine Sonderstellung zu, als dort lediglich ein bereits bestehender Staat umgestaltet und nicht nach französischem Modell errichtet worden sei. Aufgrund dieser Besonderheiten in den beiden Großherzogtümern legt Hecker den Schwerpunkt auf die Verfassung des Königreiches Westfalen, das er als den »›reifesten‹ Verfassungsstaat« ansieht[129].

123 Hecker, Konstitutionalismus (wie Anm. 11), S. 17 zitiert dieses Urteil E. R. Hubers.
124 Ibid.; vgl. auch ibid. Anm. 9 zur Forschungsdebatte um diesen ›Scheinkonstitutionalismus‹; weitere Nachweise seiner – oft unreflektierten – Verwendung, zumindest bis 1997, finden sich ibid. S. 23 Anm. 29.
125 Ibid. S. 18.
126 Ibid.
127 Ibid. S. 19.
128 Ibid.
129 Ibid.

In diesem Kontext muß der Einwand erhoben werden, daß gerade diese Konzentration auf den ›fortschrittlichsten‹ Staat zu einer Verfälschung des Gesamtbildes führen kann. Dem wirkt Hecker zwar dadurch entgegen, daß er seine Befunde differenziert an den Quellen zur Verfassungsgeschichte Bergs, Frankfurts und Westfalens belegt, jedoch hätte die These des ›Scheinkonstitutionalismus‹ vermutlich noch überzeugender widerlegt werden können, wenn nicht ein Territorium – zumal das als fortschrittlicher erachtete – in dieser Untersuchung privilegiert behandelt worden wäre.

Nicht alle Beobachtungen Heckers tragen zweifelsfrei zu der von ihm dezidiert vorgetragenen revisionistischen Beurteilung des napoleonischen Konstitutionalismus bei. Allen untersuchten Verfassungen fehlte nach Hecker »jede herrschaftskonstituierende Wirkung«, denn ihr »juristischer Geltungsgrund lag nicht in einem politischen Willensakt des Volkes, sondern einzig in dem souveränen Willen Napoleons« bzw. Dalbergs in Frankfurt, deren Herrschaftsrecht der Verfassung vorausgegangen sei – ein Umstand, der sich ganz klar in den Präambeln dieser Verfassungen manifestiere, in denen die Herrscher als die Verfassunggebenden hervortreten[130]. Der Autor gesteht daher unter Anerkennung der »Omnipotenz und Unbeschränktheit der präkonstitutionellen Verfügungsmacht Napoleons« zu, daß die Verfassungen »sich nur auf die Art und Weise der Herrschafts*ausübung* [bezogen], dies freilich – und darin gleich dem modernen Verfassungstyp – umfassend und universal«[131]. Gerade indem das Legitimationsprinzip der Erbmonarchie, die sich nicht aus der konsensualen Willensbildung ableitete, bewahrt bzw. in Frankfurt erst eingeführt wurde, habe der napoleonische Konstitutionalismus den anderen Rheinbundstaaten als Vorbild dienen können. Herrschaftsbegrenzend habe sich hingegen das – in Westfalen implizit unterstellte, in Frankfurt explizit formulierte – Prinzip der Unwandelbarkeit der fixierten verfassungsrechtlichen Grundsätze ausgewirkt. Hecker bestreitet also keineswegs die nachrangige Bedeutung bzw. den völligen Verzicht auf konsultative Elemente bei der Vorbereitung und der Verabschiedung der Verfassungen: Es handelte sich im Prinzip um herrscherliche – napoleonische – Verfassungsgebung. Dennoch sieht er durchaus Parallelen zum modernen Verfassungstyp.

Als zentral erweist sich bei der Verfassungsgebung wie beim *Sacre* das Problem der Herrschaftslegitimation. Die Inkohärenz und die Widersprüchlichkeit der von napoleonischer Seite angeführten Begründungen zur Legitimität der eigenen Herrschaft und der Herrschaft der Napoleoniden (Gottesgnadentum, Verfassungen, Plebiszite, Völkerrecht) stellten nach Ansicht des Verfassers ein »Unikum der europäischen Verfassungsgeschichte« dar, das sich durch die Entwicklungen seit der Französischen Revolution von 1789 erkläre, durch die »eine überzeugende Legitimitätsbegründung zum zentralen Kriterium der Akzeptanz von politischer Herrschaft im Bewusstsein der Herrschaftsunterworfenen geworden« sei[132].

Obschon Napoleon auf überkommene, auch religiöse Legitimationsquellen zur Rechtfertigung seiner monarchischen Herrschaft ergänzend zurückgegriffen habe, galten diese, Hecker zufolge, für sein Kaisertum nicht als konstituierend; dies zeige sich u. a. darin, daß er sich zwar vom Papst salben ließ, sich jedoch selbst krönte und gleich im Anschluß an diesen Akt den Eid auf die Errungenschaften der Revolution ablegte, der u. a. die Religionsfreiheit und die Säkularisierung der Kirchengüter bestätigte. Hecker vertritt daher die Auffassung, daß das Selbstverständnis des Kaisertums sich damit deutlich von der traditionellen, auf das Gottesgnadentum konstitutiv gegründeten Monarchie unterschieden habe. Für Napoleon sei das Herrschaftsrecht von Gottes Gnaden nur ein »Annex zum Hauptvorgang« gewesen, der in der Errichtung des monarchischen Regiments zur Festigung seiner

130 Ibid. S. 62.
131 Ibid. S. 63.
132 Ibid. S. 74.

persönlichen Macht bestanden habe[133]. Dieser Herrschaft lag nach Heckers Einschätzung kein »stimmiges und tragfähiges Legitimitätskonzept« zugrunde; Napoleons Zusammenfügung verschiedenartiger Legitimationselemente reduziere sich auf »unbefangene[n] politische[n] und juristische[n] Pragmatismus«[134].

Heckers revisionistische These bezieht sich weder auf den Ursprung der Verfassungen noch auf die herausragende Stellung, die Napoleon in den Sekundogenituren zukam, denn nicht nur in Westfalen, sondern auch in den übrigen napoleonischen Verfassungen Europas sei durch die Unterstellung des jeweiligen lokalen Herrschers unter die kaiserlichen Familienstatuten von 1806 der »Herrschaftsanspruch des an sich außerhalb der Staatlichkeit stehenden französischen Empereurs in den verfassten Zustand« verlängert worden, wodurch »das politisch ohnehin bestehende Abhängigkeitsverhältnis auch verfassungsrechtlich« abgesichert worden sei, so daß das Wort vom »Verfassungscäsarismus« auch Hecker begründet erscheint[135].

Die Revision stützt sich vielmehr auf die Interpretation der Verfassungen bzw. der Gesetzgebung mit verfassungsrechtlichem Charakter. In dieser Hinsicht weist Hecker nachdrücklich darauf hin, daß mit der westfälischen Verfassung von 1807 erstmals in Deutschland die staatsbürgerliche Gleichheit und die Freiheit der Person kraft einer Verfassung verkündet worden seien, weshalb dieser Verfassung und den ihr nachgebildeten Bestimmungen in Frankfurt und Berg von verfassungshistorischer Seite größere Aufmerksamkeit als bisher gebühre. Hecker zufolge entspricht der betreffende vierte Titel der westfälischen Verfassung von 1807 der französischen Menschenrechtserklärung von 1789, allerdings »nach Subtraktion aller politischen und demokratischen Inhalte und nach Ersetzung des naturrechtlich vorstaatlichen Begründungsansatzes durch die Methode monarchischer Gewährung«[136]. Dies sind gleichwohl gewichtige Einschränkungen.

Dennoch scheint Heckers Ansatz, den napoleonischen Konstitutionalismus in Berg, Frankfurt und Westfalen nicht nur auf dem Hintergrund der ephemeren Existenz dieser Staatsgebilde und der beschränkten praktischen Relevanz ihrer Verfassungen, sondern aufgrund einer differenzierten Interpretation ihrer Bestimmungen zu bewerten, durchaus in die richtige Richtung zu weisen.

Hecker stellt dabei exakt die Errungenschaften der Französischen Revolution fest, die Napoleon »in domestizierter Form« an die Napoleoniden weiterzugeben bereit war[137]. In bezug auf den individualrechtlichen Gehalt schloß er die Presse- und Meinungsfreiheit ebenso aus wie die Eigentumsgarantie. Gewährt wurden persönliche Freiheit, Religionsfreiheit, allgemeine Rechtsgleichheit[138], freier und gleicher Zugang zu öffentlichen Ämtern sowie der unbeschränkte Eigentumsbegriff des Code Napoléon in privatrechtlichen Dingen.

Was die repräsentativen Vertretungskörperschaften anbelangt, so sieht Hecker ebenfalls in die Zukunft weisende Elemente, ja in Westfalen – trotz des Fehlens von Beratungen und Diskussionen im Plenum und sonstiger Elemente einer modernen Parlamentskultur – sogar einen »revolutionären Bruch mit der hergebrachten altständischen Repräsentationsform« durch »die Verwirklichung von Weisungsfreiheit und Gesamtverantwortlichkeit der Deputierten und damit wesentlicher Strukturmerkmale moderner Repräsentation«, einer Reprä-

133 Ibid.

134 Ibid. S. 76.

135 Ibid. S. 80. Zu Westfalen vgl. die verfassungsmäßige Verankerung der Unterwerfung unter die Familienstatuten in Titel III Art. 7 der westfälischen Verfassung vom 15. November 1807 (abgedruckt ibid. S. 173–178, hier S. 174).

136 Ibid. S. 87.

137 Ibid. S. 125.

138 Dalberg verfügte die Aufhebung der Leibeigenschaft und die Einführung der Rechtsgleichheit in § 13 der Verfassung von Frankfurt vom 16. August 1810 (abgedruckt ibid. S. 179–185, hier S. 181).

sentation, deren Objekt nicht partikulare Standesinteressen, sondern »die westfälische Nation« gewesen sei[139]. Hecker betont auch zu Recht, daß die westfälischen Stände eine deutlich über das traditionelle ständische Steuerbewilligungsrecht hinausreichende Mitsprache im Finanzwesen hatten und daß sich die monarchische Administration bei sozioökonomischen Gesetzesvorlagen mitunter fortschrittlicher zeigte als die solche Änderungen, beispielsweise bei der Handwerksordnung, retardierende Repräsentativversammlung. Gerade die Konflikte um die von der Versammlung abgelehnten Steuergesetze von 1808 und 1810 widerlegen, wie Hecker überzeugend darstellt, die Behauptung, daß die Repräsentativvertretung lediglich dekorativen Charakter besessen habe. Daß die Regierung sich letztlich per Dekret hierüber hinwegsetzte, zwang sie nach Hecker zum offenen Bruch der einschlägigen Verfassungsbestimmungen.

Für die Zeit seit 1810 bescheinigt Hecker dem Begriff des Scheinkonstitutionalismus durchaus Gültigkeit. Der durch die veränderten äußeren Rahmenbedingungen dann eintretende »Ausnahmezustand« habe jedoch nicht der ursprünglichen Konzeption entsprochen[140]. Insgesamt gesteht Hecker Westfalen eine – wenngleich rudimentäre – dualistische Verfassungsstruktur zu und sieht in ihrem konfliktuellen Scheitern einen frühen Beleg für die von E.-W. Böckenförde vertretene These, der zufolge der konstitutionellen Monarchie lediglich ein Übergangscharakter zukomme.

Die Argumentation Heckers ist stringent und überzeugend. Ein wesentlicher Grund für seine Überzeugungskraft liegt darin, daß er bei aller Kritik am Begriff des »Scheinkonstitutionalismus« keineswegs in das gegenteilige Extrem verfällt, sondern die engen Grenzen des napoleonischen Konstitutionalismus stets im Blick hat. Diese Grenzen wurden, wie Hecker klar herausarbeitet, v.a. von Napoleon selbst gesetzt: »Konstitutionelle Fortschrittlichkeit wie napoleonische Bedingtheit kennzeichnen die Verfassungsgenese in Westfalen und Frankfurt wie die entsprechenden Anläufe in Berg«[141]. Seine Ergebnisse sind für den Historiker sicherlich von ebenso großem Interesse wie für den Juristen. Gerade die sogenannten napoleonischen Modellstaaten fanden in jüngerer Zeit zu Recht hohe Aufmerksamkeit in der deutschen Geschichtsforschung[142]. Der rechtsgeschichtliche Zugriff Heckers ist für die historische Forschung so erkenntnisreich, daß dem Verfasser die scheinbar unreflektierte Verwendung bestimmter in der Geschichtswissenschaft in die Kritik geratener Termini nicht angelastet werden sollte[143]. Leider erleichtert Hecker mit seinem bisweilen ausufernden Gebrauch dem deutschen Juristen ohne Zweifel verständlicher, aber lexikalisch nicht nachweisbarer Komposita – wenn er z. B. vom »individualrechtlichen Gewährleistungsge-

139 Ibid. S. 145f. Das verfassungsmäßig verankerte »berathschlagen« der westfälischen Stände bestand, wie Hecker zutreffend bemerkt, gerade nicht in deliberativer Tätigkeit, sondern in geheimem Mehrheitsbeschluß (ibid. S. 148); vgl. Titel VII Art. 33 der westfälischen Verfassung vom 15. November 1807 (abgedruckt ibid. S. 173–178, hier S. 176).

140 Ibid. S. 159.

141 Ibid. S. 167.

142 Zu nennen sind u. a. die Arbeiten von Bettina Severin-Barboutie; vgl. z. B. Bettina SEVERIN, Modellstaatspolitik im rheinbündischen Deutschland. Berg, Westfalen und Frankfurt im Vergleich, in: Francia 24/2 (1997), S. 181–203. Im Jahr 2004 widmete sich in Deutschland ein großes Kolloquium dem Thema: Das Königreich Westphalen und das Großherzogtum Berg. Quellen, Forschungen und Deutungen, Tagung im Westfälischen Landesmuseum für Kunst- und Kulturgeschichte Münster, 15.–16. April 2004; zum Programm vgl. http://hsozkult.geschichte.hu-berlin.de/termine./id=2597 (letzter Zugriff 16. Januar 2006).

143 Dies gilt z. B. für den mehrfach recht unbefangen verwendeten Begriff »spätabsolutistisch« (passim), z. B. in bezug auf die Überwindung »spätabsolutistische[r] Herrschaftsstrukturen« durch die Vertretungskörperschaften im Königreich Westfalen (HECKER, Konstitutionalismus [wie Anm. 11] S. 19). Hier wäre zu fragen, welche Herrschaftsstrukturen Hecker konkret meint und was daran als das spezifisch »spätabsolutische« Charakteristikum zu gelten hat.

halt der Verfassungen« spricht[144] – nicht die Rezeption seiner auch für die französische Geschichtswissenschaft interessanten Arbeit bei einem frankophonen Publikum[145].

Die acht in diesem Forschungsbericht besprochenen Neuerscheinungen und die beiden angezeigten Publikationen zeigen, daß die napoleonischen Jubiläen einerseits zwar keineswegs durchweg neue Forschungen generieren – gerade in den französischen Veröffentlichungen ist der Übergang zwischen dem wissenschaftlich relevanten Beitrag und der erbaulichen Jubiläumsschrift bisweilen fließend –, daß aber andererseits durchaus das – oft gelungene – Bemühen um Originalität aufscheint: Gerade in bezug auf die gut bekannten Ereignisse vom und um den 2. Dezember 1804 erwies es sich unter Einbeziehung abgelegener Text- und Bildquellen als möglich, zu einer noch differenzierteren Beurteilung und Einordnung zu kommen. Vielleicht wäre es wünschenswert gewesen, wenn kritischeren zeitgenössischen Stimmen besseres Gehör verschafft worden wäre, die erklären, warum die sonst so effiziente napoleonische Propaganda gerade beim *Sacre* zunächst ganz offensichtlich nicht ihre gewohnte Wirkung entfalten konnte[146]. Auch hätte man sich eine weniger auf Frankreich zentrierte Betrachtung wünschen mögen: Die übrigen europäischen Mächte spielen, abgesehen von den diplomatischen Vorverhandlungen, kaum eine Rolle; welches Bild sich das Ausland von der Kaiserkrönung machte, wird bestenfalls in groben Zügen skizziert oder in Form von Aufsätzen behandelt, die hier nicht zu besprechen sind. Der Forscher, der sich zukünftig wissenschaftlich mit dem *Sacre* befaßt, wird kaum auf eines der zum Jubiläum von 2004 veröffentlichten Bücher verzichten können, insbesondere nicht auf die Monographien von Chanteranne[147] und Chatel de Brancion[148]; die Bibliothek, die sich auf die Anschaffung eines einzigen Werkes beschränken muß, wird vielleicht zu dem von Thierry Lentz herausgegebenen Band greifen, der eine gelungene Verbindung von Ikonographie und Analyse darstellt[149]. Wer sich mit dem napoleonischen Deutschland beschäftigt, wird nicht mehr von der Dissertationsschrift Heckers lassen können[150]. Das herausragendste der hier besprochenen Werke ist aber zweifellos die monumentale Napoleon-Biographie aus der Feder Luigi Mascilli Migliorinis – nicht zuletzt deshalb, weil sich neben Napoleon und seiner Zeit darin auch die Napoleon-Bilder der letzten 200 Jahre greifen lassen.

144 Ibid. S. 18.

145 Für diese Rezeption wäre es sicherlich hilfreich gewesen, die prägnante »Zusammenfassende Gesamtbetrachtung« (ibid. S. 166–169) auch in einer französischen Übersetzung abzudrucken.

146 Die in den rezensierten Schriften bisweilen vertretene These, auf lange Sicht sei der *Sacre* dennoch zu einer Erfolgsgeschichte geworden, scheint durch jüngere, sehr kritische Stimmen gegenüber Napoleon in Frage gestellt zu werden. Schon im Jahre des Bicentenaire des *Sacre* zeigte die politische Klasse im Gegensatz zu vielen Museen und wissenschaftlichen Einrichtungen Zurückhaltung; dies gilt – trotz eines Premierministers, der selbst ein Buch über Napoleons Hundert-Tage-Herrschaft verfaßte – noch mehr im Jahr des Bicentenaire von Austerlitz, in dem sich das öffentliche Bild von Napoleon, der die Sklaverei wiedereinführte, mit der Diskussion um das Gesetz vom 23. Februar 2005 über die Auswirkungen der französischen Kolonialherrschaft verquickte; vgl. (stellvertrend für viele andere Pressereaktionen, die der Historiker später einzuordnen haben wird), Benoît Hopquins Artikel »Ni Chirac ni Villepin ne commémorent Napoléon, accusé d'esclavagisme«, in: Le Monde, Édition internationale, Sélection hebdomadaire, 3 décembre 2005, S. 7 (zuerst erschienen am 30. November); vgl. auch Dominique de Villepin, Les Cent-Jours ou l'esprit du sacrifice, [Paris] (Perrin) 2001 (Pour l'Histoire); Paris (Le Grand Livre du Mois) 2001; [nouvelle édition] [Paris] (Perrin) 2002 (Collection »Tempus«, 23); Paris (Édition France loisirs) 2003. Zu Stellungnahmen seitens der Fachwissenschaft zu diesen Vorgängen vgl. u. a. Emmanuel Le Roy Ladurie, Napoléon boycotté, l'Histoire amputée, in: Le Figaro, 1er décembre 2005, S. 14 (und 1); Steven Englund, Le soleil occulté d'Austerlitz, in: Le Mondes des livres, 2 décembre 2005, S. 2.

147 Chanteranne, Le Sacre (wie Anm. 2).

148 Chatel de Brancion, Le Sacre (wie Anm. 3).

149 Lentz, Le Sacre (wie Anm. 4).

150 Hecker, Konstitutionalismus (wie Anm. 11).

Ulf Christian Ewert

CANICULES ET GLACIERS

Zu einer neueren Geschichte des Klimas*

»Canicules et glaciers« untertitelt Emmanuel Le Roy Ladurie den im vorvergangenen Jahre erschienenen ersten Band seiner »Histoire humaine« et comparée du climat, in welchem er dem Leser auf reichlich 700 Seiten einen Überblick über die Zeitläufe des Klimas in West-, Mittel- und Nordeuropa in Mittelalter und Früher Neuzeit und die Folgen dieses Wandels bietet. Der folgende zweite Band wird von der Klimaentwicklung bis in die Gegenwart handeln. Mit dem von ihm im Untertitel des ersten, hier zu besprechenden Bandes gewählten Begriffspaar versteht es Le Roy Ladurie, die ganze Bandbreite der Klimaerscheinungen in der Vormoderne gleichsam auf einen Kontrapunkt zu bringen. Zwar befanden sich die Gletscher in Spätmittelalter und Früher Neuzeit allerorten auf dem Vormarsch und das Klima in Europa war durch eine mehrhundertjährige Kälteperiode gekennzeichnet, doch zwischendurch gab es nichstdestotrotz immer wieder Jahrzehnte oder sogar längere Perioden, in denen die Witterung eher warm war. Und, auch wenn es von der Vormoderne handelt, ein Zeitalter, von der sich der aufgeklärte Europäer des beginnenden 21. Jhs. in jederlei Hinsicht doch so weit entfernt zu haben glaubt, besitzt dieses Buch dennoch einen hochaktuellen Bezug: Bereits seit geraumer Zeit wird in Wissenschaft und Öffentlichkeit über den gegenwärtigen Klimawandel diskutiert. Dabei läßt sich sicherlich trefflich darüber streiten, ob dieser (ausschließlich) anthropogene Ursachen hat, doch ist die erhebliche Erwärmung der Erdatmosphäre seit der Mitte des 20. Jhs. eine Tatsache, welche unter anderem im Abschmelzen der Polkappen, und für den Mitteleuropäer noch viel mehr im Rückzug der großen Gletscher in den Zentralalpen deutlich sichtbar wird. Spielt also einerseits der Zustand der Gletscher als Klimaindikator auch gegenwärtig noch eine herausragende Rolle, so hat es angesichts der nicht abreißen wollenden Meldungen über immer neue Rekordtemperaturen, wochenlange Glutofenhitze und um sich greifende Waldbrände ebenso den Anschein, als durchlebten mehr Europäer als zuvor infolge der Erwärmung des Klimas im wahrsten Sinne des Wortes »Hundstage«, und das nicht nur während der eigentlich klassischen Zeit im Juli und August. Und wiederum gibt es hier zu den eventuell nur subjektiven Eindrücken meßbare Veränderungen, können doch die Zunahme von Häufigkeit und Intensität tropischer Wirbelstürme in der Karibik und Nord- und Mittelamerika oder das immer weitere Vordringen von ursprünglich mediterranen Spezies in nördliche Breiten Europas als sichtbares Zeichen des nachhaltigen Temperaturanstiegs gelten.

Aber zurück in die Vergangenheit des Klimas: Le Roy Ladurie selbst gehört mit seiner im Jahre 1967 erstmals erschienenen und 1983 aktualisierten »Histoire du climat depuis l'an mil« zu den Begründern der noch jungen Disziplin Klimageschichte, ebenso wie er sich, zusammen mit Goy, in dem Buch »Tithe and Agrarian History from the Fourteenth to the Nineteenth Centuries« schon 1982 darum bemüht hat, anhand wirtschaftshistorischer Daten den zeitlichen Verlauf klimatischen Wandels indirekt zu messen. Im vorliegenden neuen Band

* Besprechung von: Emmanuel Le Roy Ladurie, Histoire humaine et comparée du climat. Volume 1: Canicules et glaciers (XIIIe–XVIIIe siècles), Paris (Fayard) 2004, ISBN 2-213-61921-2, EUR 25,00.

faßt er nun den derzeitigen Forschungsstand der mittlerweile international etablierten historischen Klimaforschung für Europa zusammen. In elf Kapiteln, ergänzt durch eine umfangreiche Bibliographie und ausführliche Orts- und Namensregister, zeichnet Le Roy Ladurie, gestützt auf glaziologische und dendrochronologische Daten sowie chronikalische Zeugnisse, die Entwicklung des Klimas in Europa zwischen dem ausgehenden 13. Jh. bis zur Mitte des 18. Jhs. nach. Im Vordergrund steht hierbei der Vergleich, und es ist ein besonderes Verdienst des Autors, seinen im Titel formulierten Anspruch in die Tat umgesetzt und für den Leser ein breitgefächertes Panorama klimatologischer Episoden aus vielen Regionen Europas zusammengestellt zu haben. Als inhaltliche Klammer der Darstellung dient das klimatologische Konzept der »Kleinen Eiszeit«. Mit diesem Begriff wird jene mehrhundertjährige Klimaphase umrissen, die sich ungefähr vom Beginn des 14. Jhs. bis in etwa zur Mitte des 19. Jhs. erstreckte und die insbesondere dadurch gekennzeichnet war, daß sich die Durchschnittstemperatur im langfristigen Mittel absenkte. Aber nicht nur waren die Winter zu kalt und häufig auch Frühjahr und Sommer zu kühl, sondern es gab auch gleichzeitig vor allem während der Vegationsphase der Ackerfrüchte in der Tendenz übermäßige Niederschläge, die dann das Pflanzenwachstum bremsten und häufig Mißernten mitverursachten. Handelt dieser erste Band der Klimageschichte Le Roy Laduries also genaugenommen fast ausschließlich von der »Kleinen Eiszeit«, so stehen doch am Beginn der chronologisch gegliederten Darstellung einige Ausführungen über das »Mittelalterliche Wärmeoptimum«. Dies ist insofern folgerichtig, als sich das Konzept der »Kleinen Eiszeit« nicht ohne diesen Gegenpol verstehen läßt. Als »Mittelalterliches Wärmeoptimum« wird die hochmittelalterliche Wärmephase bezeichnet, welche der »Kleinen Eiszeit« unmittelbar vorausging und in der das langfristige Temperaturmittel sich in etwa auf einem Niveau wie während der ersten Hälfte des 20. Jhs., dem »Modernen Wärmeoptimum«, befand. Das »Mittelalterliche Wärmeoptimum«, die »Kleine Eiszeit« und das »Moderne Wärmeoptimum« stellen also klimahistorische Periodisierungen dar, mit deren Hilfe die langfristige strukturelle Veränderung des Klimas in längere Phasen ähnlicher Klimaeigenschaften gegliedert werden kann. Das erste Kapitel handelt also insbesondere vom 13. Jh. als letztem Jh. des »Mittelalterlichen Wärmeoptimums«, welches durch eine Folge warmer Frühjahre und heißer Sommer und einen massiven Rückzug der Gletscher geprägt war. Erst vor dem Hintergrund solchermaßen für die Agrarwirtschaft günstiger Klimabedingungen, die ein erhebliches Wachstum der Bevölkerung bewirkten, läßt sich, ganz im Sinne Le Roy Laduries, das ganze Ausmaß der jahrhundertelang andauernden Klimaverschlechterung in der Folgezeit begreiflich machen.

In weiteren zehn Kapiteln widmet sich Le Roy Ladurie dann den Erscheinungen der »Kleinen Eiszeit« in jeweils abgegrenzten Zeitabschnitten. Dabei werden die Eigenschaften des Klimas in diesen unterschiedlich langen Zeitabschnitten sowie wesentliche Extremereignisse und deren Folgen geschildert. Die drastische Verschlechterung des Klimas im frühen 14. Jh. markierte nicht nur den Beginn der »Kleinen Eiszeit«, sondern bewirkte in den Jahren 1315–1317 mit der »Großen Hungersnot« auch die erste große Subsistenzkrise des späten Mittelalters. Weitere schwere Hungerkrisen sollten während des letzten Drittels dieses Jhs. noch folgen. Und vergessen werden darf in diesem Zusammenhang natürlich auch nicht das von klimatischen Extremen gekennzeichnete Jahrzehnt der 1340er Jahre. Vor allem in der ersten Hälfte war es von kalten Wintern, zu feuchten Frühjahren und nassen Sommern geprägt, die europaweit zu Überschwemmungen und Ernteausfällen führten, während es zum Ende des Jahrzehnts hin und damit zu Zeiten der großen Pestwelle eher wieder ins Gegenteil umzuschlagen schien (Kap. II). Von einigen, aber wieder seltener werdenden Extremereignissen einmal abgesehen, zu nennen sind hier die Winterkälte der Jahre 1408 und 1481, beruhigte sich das Klima im 15. Jh. wieder. Von den 1440er Jahren bis zum Ende des Jhs. können dann sogar eher zu heiße Sommer nachgewiesen werden (Kap. III). Dieser positive Trend setzte sich verstärkt während der ersten Hälfte des 16. Jhs. fort. Die jährlichen Durchschnittstemperaturen lagen im Mittel zwar etwa 0,5° C unterhalb den für die erste Hälfte des 20. Jhs. gemessenen, dennoch kann bis etwa 1560 von der vergleichsweise wärmsten Phase innerhalb der »Kleinen Eiszeit« gesprochen werden. Vor allem während der Sommer kam es vermehrt zu Hitzewellen (Kap. IV). Aber schon nach 1560 kehrte sich der Trend erneut um und eine Häufung von Schlechtwetterereignissen und damit auch größerer Hungersnöte war wieder an der Tagesordnung (Kap. V). Besonders das letzte Jahrzehnt des 16. Jhs. war von lang andauernder Kälte gekennzeichnet (Kap. VI), die sich zumindest in der Tendenz, wenn auch auf milderem Niveau bis zur Mitte des 17. Jhs. fortsetzte (Kap. VII) und, gepaart mit niederschlagsreichen Sommern, zunächst in den Jahren 1648–50 in einer Teuerung kulminierte, die den Aufstand *(Fronde)* eines Teils der französischen Aristokratie und des Pariser Parlaments gegen Mazarin begleitete (Kap. VIII). Doch damit war die Hochphase der »Kleinen Eiszeit« bzw. der Tiefpunkt der Temperaturen noch keineswegs erreicht. Jetzt erst begann recht eigentlich die wohl kälteste Zeit während des zweiten Jahrtausends, das sog. »Maunder Minimum«, benannt nach dem englischen Astronomenehepaar E. Walter und Annie S. D. Maunder, die Ende des 19. Jhs. den Nachweis erbringen konnten, daß der signifikante und nachhaltige Abfall der Temperatur in der Zeit zwischen etwa 1645 und 1715 mit einer Veränderung der Sonnenaktivität und einem deutlichen Rückgang der Sonnenflecken einherging. Als Folgen der generell zu kalten Winter und der häufig zu feuchten Frühjahre und verregneten Sommer sind für diese Phase vor allem die schweren Subsistenzkrisen der Jahre 1661, 1693 und 1709 zu erwähnen (Kap. IX). Ab etwa 1715 verbesserten sich die klimatischen Bedingungen in West- und Mitteleuropa wieder deutlich (Kap. X), was jedoch nicht bedeutete, daß schlechtwetterbedingte Hungersnöte nun endgültig der Vergangenheit angehörten, wie es das Beispiel des Jahres 1740 noch einmal zeigt (Kap. XI) und genauso gut 30 Jahre später auch in der Hungerkrise von 1772 zu beobachten ist, die aber außerhalb des in diesem ersten Band behandelten Zeithorizonts lag.

Le Roy Laduries erster Band der Klimageschichte hält für den Leser zunächst einmal einen guten Überblick über die wesentlichen Veränderungen des Klimas in der Zeit zwischen Hochmittelalter und Neuzeit bereit. Eine zugleich alle historischen und klimatologischen Einzelheiten enthaltende Studie kann und darf man von einem Werk dieses Zuschnitts nicht erwarten. Sofern man über das Dargebotene hinaus an Details interessiert ist, kann mit den präzisen Verweisen auf die einschlägige Fachliteratur sehr gut weitergearbeitet werden. Der Band ergänzt wegen der vom Autor verfolgten gesamteuropäischen Perspektive außerdem sehr gut die Überblicksdarstellungen Christian Pfisters und Rüdiger Glasers[1], in denen zwar den methodischen Fragen der historischen Klimaforschung sicherlich ein größeres Gewicht zugemessen wird, gleichzeitig aber auch der thematische Schwerpunkt regional enger gesteckt ist. Erweitert Le Roy Ladurie mit seinem Buch schon die überregionale Perspektive auf Klima, Klimawandel und Klimafolgen, so lassen sich aus der Lektüre seiner umfangreichen Darstellung darüber hinaus einige Lehren ziehen, die zu einem tiefergehenden Verständnis der Bedeutung von Klimaveränderung und Klimafolgen beitragen können.

Es ist erstens zwar seit langem bekannt, kann jedoch nicht häufig und nachdrücklich genug betont werden, daß der Klimahistoriker sich nicht allein auf schriftliche Zeugnisse verlassen darf, sondern diese vor allem in der Zusammenschau mit naturwissenschaftlichen Meßergebnissen behandeln muß. Glaziologie und Dendrochronologie liefen seit langem präzise und vor allem für den Zeitverlauf dichte Ergebnisse zur zeitlichen Veränderung wesentlicher Parameter des Klimas für die Zeiten, bevor systematische Instrumentenmessungen unternommen worden sind. Diese Zeitreihen sollten dazu verwendet werden, die in

1 Vgl. C. Pfister, Wetterhernachsage. 500 Jahre Klimavariationen und Naturkatastrophen (1496–1995), Bern u. a. 1999; R. Glaser, Klimageschichte Mitteleuropas. 1000 Jahre Wetter, Klima, Katastrophen, Darmstadt 2001.

Mittelalter und Früher Neuzeit meist nur punktuellen chronikalischen Überlieferungen auf ihren Plausibilitätsgehalt hin zu überprüfen.

Ist zweitens allerdings das Klima selbst in seinen vielfältigen Ausformungen für den Naturwissenschaftler schon eine hochinteressante Angelegenheit, so darf der Historiker es natürlich nicht bei der Nacherzählung der Klimaentwicklung belassen. Ebenso wie Le Roy Laduries seinen im Titel des Bandes formulierten Anspruch des (europäischen) Vergleichs ernstgenommen hat, so löst er auch das zweite, im Titel gemachte Versprechen ein, nämlich eine auf das Leben der Menschen ausgerichtete Klimageschichte zu schreiben, wenn er sich neben den Veränderungen von Temperatur und jahreszeitlicher Niederschlagsmenge stets auch mit den Auswirkungen des Klimas auf den Menschen beschäftigt. In der Agrargesellschaft des Mittelalters und der Frühen Neuzeit betraf dies in erster Linie die Nahrungsmittelgrundlage der Menschen, und Klimawandel bedeutete deshalb eine andauernde Veränderung des Niveaus ihres Lebensstandards. Auch wenn die Folgen für den Menschen bei Extremwetterereignissen besonders greifbar werden, ist europäische Klimageschichte während der »Kleinen Eiszeit« nicht ausschließlich eine Geschichte der Abfolge von Hungerkrisen. Neuere Ergebnisse der anthropometrischen Forschung zeigen etwa, daß sich die klimatischen Bedingungen, denen die Menschen ausgesetzt waren, generell über den Umweg des Nahrungsmittelangebots und der Nahrungsmittelpreise auf das menschliche Körperwachstum auswirkten, und somit klimabedingte Veränderungen des Lebensstandards sich in der verändernden mittleren Körpergröße spiegelten, auch dann, wenn eine Verschlechterung der Wetterbedingungen nicht unmittelbar in eine Subsistenzkrise mündete.[2] Vor allem für die Periode des »Maunder Minimums«, für die aus französischen Militärakten Messungen der Körpergröße französischer Männer vorliegen, wird die Parallelität von Wandel des Klimas und Veränderung des Ernährungsstands offenbar. So waren etwa die im letzten Viertel des 17. Jhs. geborenen Franzosen im Mittel kaum 1,61 m groß, während die ihnen nachfolgenden Generationen infolge der relativen Klimaverbesserung in der ersten Hälfte des 18. Jhs. eine durchschnittliche Körpergröße von bis zu knapp 1,66 m erreichten.

Drittens zeigt Le Roy Ladurie allerdings auch, daß die vermeintlichen Auswirkungen des Klimas für das menschliche Zusammenleben in vielen Fällen kritisch hinterfragt werden sollten, auch wenn es zunächst plausibel erscheinen mag, dem Klima eine bestimmende Rolle zuzuweisen. Dies gilt beispielsweise für die Frage, ob die Verbreitung des Schwarzen Tods 1348 durch die damals herrschenden Wetterbedingungen bedingt war. Die Meinung der älteren Forschung, die Ausbreitung der Pest von den Mittelmeerhäfen nach Norden sei durch das naßkalte Wetter während des Winters 1347/48 begünstigt worden, wird durch neuere Forschungsergebnisse, die für das fragliche Datum einen eher milden und trockenen Winter feststellen konnten, wenn nicht widerlegt, so doch stark in Frage gestellt. Ebenso betont Le Roy Ladurie, daß es unzutreffend wäre, die Ereignisse der Fronde ausschließlich mit der gleichzeitigen Teuerung der Jahre 1648–1650 zu erklären. Diese bot dem politischen Protest zwar einen willkommenen Anlaß, Unzufriedenheit mit den herrschenden Verhältnissen zu artikulieren, war aber keinesfalls die Ursache der in erster Linie aristokratischen Protestbewegung.

2 Vgl. N. Koepke, J. Baten, The Biological Standard of Living in Europe during the Last Two Millenia, in: European Review of Economic History 9 (2005), S. 61–95; R. H. Steckel, New Light on the ›Dark Ages‹: The Remarkably Tall Stature of Northern European Men during the Medieval Era, in: Social Science History 28 (2004), S. 211–229; U. C. Ewert, The Biological Standard of Living in a Cold Century. Long-term Effects of Climate and the Economy on Average Height in Ancien Régime France, in: Francia 31/2 (2004), S. 25–53; J. Komlos, M. Hau, N. Bourguinat, An Anthropometric History of Early-modern France, in: European Review of Economic History 7 (2003), S. 153–189.

Eine vierte und vielleicht wichtigste Lehre, die Le Roy Laduries Buch bereithält, betrifft das Nebeneinander von langfristigen Strukturveränderungen und kurzfristigen Schwankungen in der Geschichte. Die Veränderung des Klimas ist ein gutes Beispiel für einen Prozeß, dessen Komponenten sich in unterschiedlicher Geschwindigkeit wandeln und bei dem sowohl langfristige als auch kurzfristige Wirkungen bedacht werden müssen. Periodisierungen wie das »Mittelalterliche Wärmeoptimum«, die »Kleine Eiszeit« oder das »Moderne Wärmeoptimum« sind Konzepte der »longue durée« und beschreiben vor allem die langfristige Veränderung des Klimas. Diese mag im von Le Roy Ladurie behandelten Zeitabschnitt der »Kleinen Eiszeit« vor allem ein langfristiges Wirtschaftswachstum der europäischen Gesellschaften gebremst haben, da ganz im malthusianischen Sinne wiederkehrende Subsistenzkrisen Bevölkerungspotentiale und Wohlstandsreserven immer von neuem vernichteten. Konnten sich die Menschen auf diesen längerfristigen Klimawandel in ihrer individuellen Lebensführung leidlich einstellen, so waren es vor allem die kurzfristigen Veränderungen des Klimas, die in der Vergangenheit Katastrophen und Krisen auslösten. Dies wird am deutlichsten am typischen Verlauf der großen Subsistenzkrisen der Vormoderne, die infolge wetterbedingter Ernteausfälle auftraten, zumeist aber ebenso schnell überwunden waren, wenn im Folgejahr die Ernte aufgrund einer Wetterbesserung wieder gut ausfiel. Le Roy Ladurie setzt sich vom Konzept der »longue durée« denn selbst etwas ab, indem er seinen Band zwar in Zeitabschnitte gliedert, in denen jeweils eine Klimatendenz zu erkennen ist, gleichzeitig dennoch aber darauf hinweist, daß auch innerhalb dieser Perioden die klimatischen Verhältnisse sehr variabel ausfallen konnten.

Um ein abschließendes Fazit zu ziehen, erscheint es sinnvoll, noch einmal in die Gegenwart zu wechseln. Während der Resenzent (im August 2005) diese Zeilen schreibt, pegeln sich gerade wieder die Wasserstände der Flüsse in den vom Hochwasser betroffenen Gebieten Süddeutschlands, Österreichs und der Schweiz auf ihre Normalhöhe ein, die infolge des Hurricans »Katrina« notwendigen Aufräumarbeiten in New Orleans und den südlichen Bundesstaaten der USA beginnen, und die Menschen auf der iberischen Halbinsel leiden weiter unter der schlimmsten Hitzewelle seit 60 Jahren. Dem aufmerksamen Beobachter dürfte angesichts dieser Nachrichtenlage gar nicht entgehen, daß auch seine Lebensbedingungen im 21. Jh. zu einem guten Teil vom Zustand des Klimas beeinflußt werden und gegebenenfalls auch ganz handfest bedroht sind. Was also hat sich gegenüber der Epoche der »Kleinen Eiszeit« verändert? Linear verlaufende Veränderungen des Klimas, etwa hin zum immer Schlechteren, gibt es allenfalls dann, wenn man sehr kurze Zeiträume betrachtet. Bedauerlicherweise herrscht diese Sichtweise in der derzeitigen, von Massenmedien bestimmten Öffentlichkeit vor. Und nur in dieser Weise kann es gelingen, die sicherlich ernste Angelegenheit der Erwärmung der Erdatmosphäre, in meist unsachgemäßer Weise zu dramatisieren. Zumal dabei häufig auch nicht deutlich genug betont wird, daß klimainduzierte Katastrophen erst durch menschliches Zutun ihre katastrophale Wirkungen entfalten, wie dies ähnlich in den großen frühneuzeitlichen Sturmfluten an der Nordseeküste infolge der vermehrten Zudeichung der für den Abfluß des Wassers notwendigen Priele der Fall war. Spätestens nachdem man von Le Roy Ladurie den ganzen Reigen der klimatischen Extremereignisse vor Augen geführt bekommen hat, denen die Menschen während der »Kleinen Eiszeit« ausgesetzt waren, sollte einem bewußt werden, daß Klimawandel ein vor allem zyklisch verlaufender Prozeß ist und das er immer schon menschliches Leben und Wirtschaften bestimmt hat und es auch immerzu bestimmen wird. Man sollte dem Buch Le Roy Laduries, wie auch anderen klimahistorischen Studien, daher wünschen, daß sein Leserkreis sich nicht in interessierten Fachwissenschaftlern erschöpfen möge, denen die historische Perspektive bereits geläufig ist. Indes, mag dieser Wunsch vielleicht auch vergebens sein, so darf man zumindest gespannt und mit Zuversicht die Fortsetzung im zweiten Band erwarten.

Miszellen

Michael Rohrschneider

DER HISTORIKER CHRISTIAN FRIEDRICH RÜHS UND DIE FRANZOSEN

Eine Studie zum deutschen Frankreichbild im frühen 19. Jahrhundert

Im August 1815, nur wenige Wochen nach Beendigung des Wiener Kongresses, verfaßte der Berliner Historiker Christian Friedrich Rühs[1] die Vorrede zu seiner bemerkenswerten, noch im gleichen Jahr in der Berliner Nicolaischen Verlagsbuchhandlung erschienenen Untersuchung »Historische Entwickelung des Einflusses Frankreichs und der Franzosen auf Deutschland und die Deutschen«[2]. Rühs eröffnet seine Vorrede mit einem Paukenschlag. Dort heißt es: *Man würde nicht Unrecht haben, wenn man die ganze neue Geschichte als eine Kette von Verwirrungen, Unruhen und Kriegen darstellte, die lediglich dadurch entstanden sind, daß ein einzelnes Volk – das französische – durch seine überwiegende Macht im Stande war, so oft es wollte, seinen rohen Uebermuth und seine unersättliche Begierde nach Eroberungen zu befriedigen*[3].

Bereits mit diesem einleitenden Satz skizziert Rühs, wie ein Gesamtblick auf seine angesprochene Untersuchung zeigt, die Grundannahme, auf der seine nachfolgenden Ausführungen im wesentlichen gründen: Die vergangenen vier Jahrhunderte, so könnte man Rühs' Position pointiert wiedergeben, hätten in aller Deutlichkeit gezeigt, daß die deutsch-französischen Beziehungen in ganz entscheidendem Maße von der französischen Intention geprägt gewesen seien, auf Kosten des deutschen Reiches zu expandieren und *den Meister*

1 Rühs' Leben und sein Wirken als Historiker sind bislang noch nicht Gegenstand einer umfangreicheren Monographie geworden. Erste Informationen zur Person und zum Werk bieten Pyl, Christian Friedrich Rühs, in: Allgemeine Deutsche Biographie, Bd. 29, ND Berlin 1970, S. 624ff.; Hans Schleier, Christian Friedrich Rühs, in: Neue Deutsche Biographie, Bd. 22, Berlin 2005, S. 221f.; ausführlichere Angaben enthalten die in Anm. 8 genannten Arbeiten.

2 Friedrich Rühs, Historische Entwickelung des Einflusses Frankreichs und der Franzosen auf Deutschland und die Deutschen, Berlin 1815. Offenbar ist Rühs' Buch sogleich auf breites Interesse gestoßen; vgl. Heinz Duchhardt, Friedrich Rühs (1779–1820) und die deutsch-französischen Beziehungen, in: Gabriele Clemens (Hg.), Nation und Europa. Studien zum internationalen Staatensystem im 19. und 20. Jahrhundert. Festschrift für Peter Krüger zum 65. Geburtstag, Stuttgart 2001, S. 61–66, hier S. 62. Ernst Moritz Arndt hat Rühs' Monographie jedenfalls sogleich in seiner Zeitschrift Der Wächter (hier Bd. 2 [1815], S. 289–306) ausführlich besprochen. Seine Rezension beginnt wie folgt: *Diese Schrift, die dem teutschen Helden Gneisenau zugeeignet ist, muß jedem wahren Freunde des Vaterlandes eine angenehme und willkommene Erscheinung seyn und wir empfehlen sie jedem redlichen Teutschen zum häufigen Durchlesen.* Arndt nutzte die Rezension erkennbar als Forum für seine antifranzösischen Ressentiments.

3 Rühs, Entwickelung (wie Anm. 2), S. IX.

in Deutschland zu spielen[4]. Daß diese Behauptung, die Rühs auf den knapp 400 Seiten seines Frankreich-Buches en détail ausführt und zu belegen versucht, mit einer dezidiert frankophoben Haltung ihres Verfassers einherging, wird schon im weiteren Verlauf seiner Vorrede deutlich. Rühs scheibt: *Wir fragen, die Bücher der Geschichte in der Hand: welchen Völkern ist Frankreich je wahrhaft nützlich gewesen, als etwa den Türken und Juden? Was hat es bei allen seinen Verbindungen und Unterhandlungen je gewollt und gesucht, als fremde Völker seinen Zwecken dienstbar, zu willenlosen Werkzeugen seiner Entwürfe zu machen? Wann hat es seine Uebermacht nicht gemißbraucht? Was hat die französische Regierung, als sie es wirklich dahin gebracht hatte, der ganzen gesitteten Welt Gesetze zu geben, und es nur auf ihren Willen ankam, die größten und erhabensten politischen Ideen zu verwirklichen, anders gethan, als die elenden, eigennützigen, verhaßten Maximen der Herrschsucht und Unterjochung auszuführen, die sie, den Geist des Volks erkennend und darstellend, seit vier Jahrhunderten verfolgt hat*[5]?

Diktion und Inhalt der beiden angeführten Zitate erlauben einen eindeutigen vorläufigen Befund: Wir haben hier augenscheinlich das Werk eines frankreichfeindlichen Historikers vor uns, der als Zeitzeuge der Napoleonischen Zeit und der Befreiungskriege[6] zum Zeitpunkt der durch den Wiener Kongreß unter dem Leitbegriff der Restauration etablierten Neuordnung Europas die Stunde gekommen sah, Frankreich und die Franzosen in massiver Weise anzuklagen und zu diskreditieren, und zwar indem er den Nachweis zu erbringen glaubte, daß die Franzosen traditionell auf eine Unterjochung der Deutschen aus seien. Rühs reiht sich damit unter diejenigen deutschen Eliten seiner Zeit ein – Politiker, Schriftsteller, Publizisten, Professoren etc. –, die im Zeitalter Napoleons unter dem Eindruck von französischer Expansion und Okkupation darangingen, ihren spezifischen Beitrag für die Abwehr des oftmals perhorreszierten französischen Einflusses auf Deutschland zu leisten.

Doch während die Protagonisten der frühen deutschen Nationalbewegung, wie zum Beispiel der mit Rühs befreundete Ernst Moritz Arndt[7], bislang große Aufmerksamkeit der Forschung gefunden haben, ist Rühs selbst, wie noch näher auszuführen sein wird, in vie-

4 Ibid. S. 57.

5 Ibid. S. Xf.

6 Zu den verschiedenen politischen Implikationen der Begrifflichkeit *Befreiungskriege* und *Freiheitskriege* vgl. Karen Hagemann, »Mannlicher Muth und Teutsche Ehre«. Nation, Militär und Geschlecht zur Zeit der Antinapoleonischen Kriege Preußens, Paderborn [u. a.] 2002 (Krieg in der Geschichte, 8), S. 47f. Hier und im folgenden wird der Terminus *Befreiungskriege* verwendet, da er als solcher jüngst Eingang in die Enzyklopädie der Neuzeit gefunden hat; vgl. Ewald Grothe, Befreiungskriege, in: Friedrich Jaeger (Hg.), Enzyklopädie der Neuzeit, Bd. 1, Darmstadt 2005, Sp. 1139–1146. Gute Überblicke zur Forschung über die Befreiungskriege bieten, neben den in dieser Anmerkung bereits genannten Arbeiten, in neuerer Zeit Helmut Berding, Das geschichtliche Problem der Freiheitskriege 1813–1814, in: Karl Otmar Freiherr von Aretin, Gerhard A. Ritter (Hg.), Historismus und moderne Geschichtswissenschaft. Europa zwischen Revolution und Restauration 1797–1815. Drittes deutsch-sowjetisches Historikertreffen in der Bundesrepublik Deutschland München, 13.–18. März 1978, Wiesbaden 1987 (Veröffentlichungen des Instituts für Europäische Geschichte Mainz. Abteilung Universalgeschichte, Beiheft, 21), S. 201–215; Peter Brandt, Die Befreiungskriege von 1813 bis 1815 in der deutschen Geschichte, in: Michael Grüttner, Rüdiger Hachtmann, Heinz-Gerhard Haupt (Hg.), Geschichte und Emanzipation. Festschrift für Reinhard Rürup, Frankfurt a. M., New York 1999, S. 17–57. Zur Wahrnehmung der Befreiungskriege im 19. Jahrhundert siehe Ferdi Akaltin, Die Befreiungskriege im Geschichtsbild der Deutschen im 19. Jahrhundert, Frankfurt a. M. 1997.

7 Vgl. zuletzt Karl-Ewald Tietz, Sven Wichert (Hg.), Ernst Moritz Arndt weiterhin im Widerstreit der Meinungen. Neue Materialien zu einer alten Diskussion, Groß Schoritz 2003 (Hefte der Ernst-Moritz-Arndt-Gesellschaft 8/2003). Immer noch wichtig ist die Arbeit von Karl Heinz Schäfer, Ernst Moritz Arndt als politischer Publizist. Studien zu Publizistik, Pressepolitik und kollektivem Bewußtsein im frühen 19. Jahrhundert, Bonn 1974.

lerlei Hinsicht eine kaum bekannte Größe. Seiner Person, seiner erwähnten antifranzösischen Monographie und seinem sich darin manifestierenden Frankreichbild sind die folgenden Ausführungen gewidmet. Ziel ist es dabei, das Leben und Werk Rühs' schärfer als in der bisherigen Forschung zu konturieren und somit zugleich dazu beizutragen, politische Postulate der frühen deutschen Nationalbewegung in der hochbrisanten Umbruchphase nach dem Scheitern Napoleons herauszuarbeiten.

Zu Beginn der nachfolgenden Ausführungen erfolgt eine kurze Beschreibung des Lebens und Werkes Rühs' und eine Darlegung des diesbezüglichen Forschungsstandes (I.). Danach rückt die Untersuchung seiner Monographie »Historische Entwickelung des Einflusses Frankreichs und der Franzosen auf Deutschland und die Deutschen« in den Mittelpunkt. Hierbei gilt das besondere Augenmerk zunächst möglichen Anstößen und Anregungen für seine Studie sowie des weiteren ihren grundsätzlichen Zielsetzungen sowie ihren wesentlichen Inhalten und Leitmotiven (II.), worauf der Fokus auf zwei ausgewählte Themenschwerpunkte gerichtet wird, nämlich auf Rühs' Auseinandersetzung mit der Persönlichkeit und der Politik Ludwigs XIV. von Frankreich sowie auf die Einbeziehung des Zeitgeschehens in seine historische Untersuchung (III.).

I. Christian Friedrich Rühs – Leben und Wirken[8]

Christian Friedrich Rühs wurde 1781[9] im schwedisch-vorpommerschen Greifswald geboren. Er entstammte einer Greifswalder Kaufmannsfamilie, erhielt seine Schulbildung in seiner Heimatstadt und nahm an der dortigen Landesuniversität das Geschichtsstudium auf[10]. Im Jahr 1800 wechselte er jedoch die Universität und setzte sein Studium in Göttingen fort,

8 Ausführlichere biographische Angaben zu Rühs finden sich in: Manfred MENGER, Christian Friedrich Rühs – ein Wegbereiter der Greifswalder Nordeuropaforschung, in: Wissenschaftliche Zeitschrift der Ernst-Moritz-Arndt-Universität Greifswald, Gesellschaftswissenschaftliche Reihe 34 (1985), S. 68–72; Hans SCHLEIER, Dirk FLEISCHER, Über die methodische Kompetenz eines Historikers. Friedrich Rühs' Konzept für historische Forschung und Darstellung, in: Friedrich RÜHS, Entwurf einer Propädeutik des historischen Studiums, Berlin 1811, neu hg. und eingeleitet von Hans SCHLEIER und Dirk FLEISCHER, Waltrop 1997 (Wissen und Kritik, 7), S. VII*–LXXII*; Heinz DUCHHARDT, Fachhistorie und »politische« Historie: der Mediävist, Landeshistoriker, Kulturhistoriker und Publizist Friedrich Rühs, in: Paul-Joachim HEINIG [u. a.] (Hg.), Reich, Regionen und Europa in Mittelalter und Neuzeit. Festschrift für Peter Moraw, Berlin 2000 (Historische Forschungen, 67), S. 715–730; Michael F. SCHOLZ, Der Historiker Christian Friedrich Rühs und die Ambivalenz der frühen deutschen Nationalbewegung, in: Deutsch-Finnische Gesellschaft e. V. (Hg.), Pro Finlandia 2001. Festschrift für Manfred Menger, Reinbek 2001, S. 125–139; Ludwig BIEWER, Christian Friedrich Rühs (1781–1820), ein Greifswalder Historiker von nationaler Bedeutung?! – Ein Gedankensplitter, in: Dirk ALVERMANN, Nils JÖRN, Kjell Å. MODÉER (Hg.), Virtus est satis hoc uno testificata libro. Festgabe für Manfred Herling, Münster, Hamburg, London 2003 (Geschichte, 49), S. 211–216. Auf diese Untersuchungen stützt sich die nachfolgende Darstellung zur Vita Rühs'.

9 Zum Geburtsdatum 1781 vgl. PYL (wie Anm. 1), S. 626. Rühs selbst hat in seinem Lebenslauf, den er anläßlich seiner Bewerbung um eine Geschichtsprofessur an der Universität Greifswald verfaßte, als Datum seiner Geburt das Jahr 1779 angegeben, offenbar um zu verhindern, daß er in die vom schwedischen König 1806 ins Leben gerufene schwedisch-pommersche Landwehr, der alle dienstfähigen Männer vom 19. bis zum 26. Lebensjahr angehören sollten, eingezogen wurde. Vgl. SCHOLZ (wie Anm. 8), S. 130.

10 Vgl. dazu allgemein Walter STARK, Über das Studium der Geschichte an der Universität Greifswald in den ersten vier Jahrhunderten ihres Bestehens (1456–1863), in: 125 Jahre Historisches Seminar/Sektion Geschichtswissenschaft der Ernst-Moritz-Arndt-Universität Greifswald 1988. Kolloquium am 29. November 1988 in Greifswald, Greifswald 1990 (Wissenschaftliche Beiträge der Ernst-Moritz-Arndt-Universität Greifswald), S. 9–17, mit Erwähnung Rühs' S. 14.

wo er insbesondere bei August Ludwig Schlözer hörte[11]. Dort wurde er noch im gleichen Jahr promoviert und er erhielt nachfolgend die Erlaubnis, Vorlesungen zu halten. In seine Heimatstadt Greifswald zurückgekehrt, lehrte Rühs seit 1802 an der dortigen Universität und übte zugleich das Amt eines Vizebibliothekars der Universitätsbibliothek aus, das ihm ein festes Einkommen sicherte[12].

In seine Greifswalder Zeit fällt seine persönliche Erfahrung der Besetzung durch Napoleonische Truppen, die seit 1807 auf Pommern lastete[13]. Rühs Karriereambitionen erlitten während dieser Besatzungszeit zunächst einen herben Rückschlag, denn seiner Bewerbung um den Lehrstuhl des verstorbenen Historikers Johannes Georg Peter Möller war kein Erfolg beschieden, da ihm ein Kandidat vorgezogen wurde, der den Franzosen offenbar genehmer war[14]. Doch profitierte Rühs 1808 von der politischen Lage, als er die Geschichtsprofessur erhielt, die zuvor sein Weggefährte Ernst Moritz Arndt innehatte, der aus politischen Gründen von den französischen Behörden aus seinem Amt entfernt worden war. Resümierend wird man im Hinblick auf Rühs' Greifswalder Zeit gleichwohl konstatieren müssen, daß seine Erfahrungen insgesamt gesehen ein negatives Bild von den französischen Besatzern formten – ein Bild, dessen antifranzösische Prägung sich bei Rühs in späteren Jahren, wie bereits eingangs angedeutet, in aller Deutlichkeit offenbaren sollte.

Greifswald blieb nicht die letzte Station des akademischen Werdegangs Rühs': Im Sommer 1810 nahm er einen Ruf an die neu gegründete Universität Berlin an und lehrte dort als Ordinarius für das Fach Geschichte[15]. Während seiner Berliner Zeit erhielt er bemerkenswerte Auszeichnungen: 1817 wurde er zum Historiographen des preußischen Staates und 1819 zum Mitglied der Preußischen Akademie der Wissenschaften[16] ernannt. Nur ein Jahr später verstarb Rühs, noch keine 40 Jahre alt, auf einer Italienreise in Florenz.

Daß Rühs eine solche akademische Karriere absolvieren konnte, lag ohne Zweifel nicht nur darin begründet, daß er das Fach Geschichte in seiner ganzen Breite zu lehren ver-

11 Schlözer protegierte und förderte Rühs, so z. B. indem er ihn – letztlich mit Erfolg – für die Universität Berlin empfahl. Zu Schlözer insgesamt vgl. Ursula A. J. Becher, August Ludwig v. Schlözer, in: Hans-Ulrich Wehler (Hg.), Deutsche Historiker, Bd. VII, Göttingen 1980, S. 7–23; Martin Peters, Altes Reich und Europa. Der Historiker, Statistiker und Publizist August Ludwig (v.) Schlözer (1735–1809), Münster, Hamburg, London 2003 (Forschungen zur Geschichte der Neuzeit. Marburger Beiträge, 6). Heeren dagegen, der in der Forschung bisweilen als Mentor Rühs' bezeichnet wird, scheint nach neueren Forschungen nicht zu dessen akademischen Lehrern in Göttingen gezählt zu haben; vgl. Duchhardt, Fachhistorie (wie Anm. 8), S. 715f.

12 Die Greifswalder Zeit Rühs' ist anhand der Akten des Universitätsarchivs Greifswald ausführlich beschrieben bei Duchhardt, Fachhistorie (wie Anm. 8).

13 Vgl. dazu ausführlich: Tagebuch über den Französischen Krieg unter Leitung von Prof. Rühs verfaßt von Barkow und Quistorp, in: Pommersche Geschichtsdenkmäler 6 (1889), S. 14–91.

14 Es handelte sich dabei um den Theologen und Dichter Ludwig Gotthard Kosegarten, der als Bewunderer Napoleons galt. Zu Kosegarten vgl. Adalbert Elschenbroich, Ludwig Gotthard (Theobul) Kosegarten, in: Neue Deutsche Biographie, 12. Bd., Berlin 1980, S. 612.

15 Aufschlüsse über Rühs' Berliner Zeit liefert folgender Sammelband: Reimer Hansen, Wolfgang Ribbe (Hg.), Geschichtswissenschaft in Berlin im 19. und 20. Jahrhundert. Persönlichkeiten und Institutionen. Mit Beiträgen von Willi Paul Adams [u.a.], Berlin, New York 1992 (Veröffentlichungen der Historischen Kommission zu Berlin, 82). Vgl. in diesem Zusammenhang auch das resümierende Urteil von Max Lenz, Geschichte der Königlichen Friedrich-Wilhelms-Universität zu Berlin. Bd. 1: Gründung und Ausbau, Halle an der Saale 1910, S. 261: »Alles in allem war die Wahl von Rühs für Berlin der beste Griff, den man, da Heeren nicht zu haben war, machen konnte. Auch hat Rühs die Erwartungen nicht getäuscht; so jung er war, hat er sich bald eine geachtete Stellung an der Universität erworben. [...] Obschon Krankheit ihn so früh gebrochen hat, darf er doch unter den Besten der jungen Universität genannt werden«.

16 Conrad Grau, Die Preußische Akademie der Wissenschaften zu Berlin. Eine deutsche Gelehrtengesellschaft in drei Jahrhunderten, Heidelberg, Berlin, New York 1993, S. 143f.

mochte, sondern wohl vor allem daran, daß er von außerordentlicher Schaffenskraft war. Ein Blick auf sein beeindruckendes Œuvre, das unter anderem mehr als zwei Dutzend Bücher umfaßt, zeugt von seiner unermüdlichen, rastlosen Produktivität. Rühs hat sich in erster Linie besondere Verdienste um die Erforschung der skandinavischen Geschichte und der germanisch-nordischen Literatur und Mythologie erworben[17]. Vor allem seine Bücher zur finnischen und schwedischen Geschichte[18] stießen – gerade auch in Skandinavien – auf großes Interesse und werden von heutigen Historikern mit guten Gründen aus seinem umfangreichen Werk hervorgehoben. Auch sein Handbuch der Geschichte des Mittelalters[19] verdient ebenso wie die Tatsache eine besondere Erwähnung, daß man Rühs als einen der Vordenker der Monumenta Germaniae Historica bezeichnen kann[20]. Überdies ist auf seinen 1811 erschienenen »Entwurf einer Propädeutik des historischen Studiums« aufmerksam zu machen, der 1997 als Nachdruck publiziert worden ist[21].

Darüber hinaus hat Rühs wiederholt in Fragen der Tagespolitik Stellung bezogen. So verteidigte er Ernst Moritz Arndt mit seiner Schrift »Das Märchen von den Verschwörungen«[22] vehement gegen die Angriffe des preußischen Regierungsrates Theodor Schmalz. Auch Rühs' Frankreich-Buch enthält, wie an späterer Stelle noch zu zeigen ist, explizite Bezüge auf die Tagespolitik. Das Bild der Nachwelt über Rühs ist jedoch besonders davon geprägt, daß er sich als Autor tagespolitischer antisemitischer Schriften exponierte, in denen er – horribile dictu – unter anderem forderte, Juden mögen zur Unterscheidung als eigenes Zeichen eine Schleife tragen[23].

17 Vgl. Leopold MAGON, Die Geschichte der Nordischen Studien und die Begründung des Nordischen Instituts. Zugleich ein Beitrag zur Geschichte der deutsch-nordischen kulturellen Verbindungen, in: Festschrift zur 500-Jahrfeier der Universität Greifswald 17.10.1956. Bd. II, Greifswald 1956, S. 239–272, hier besonders S. 247–251; MENGER (wie Anm. 8); Edgar HÖSCH, Finnland und die deutsche Geschichtsschreibung, in: DERS., Jorma KALELA, Hermann BEYER-THOMA (Hg.), Deutschland und Finnland im 20. Jahrhundert, Wiesbaden 1999 (Veröffentlichungen des Osteuropa-Instituts München. Reihe Forschungen zum Ostseeraum, 4), S. 7–30; Heinz DUCHHARDT, Friedrich Rühs und die Anfänge der deutschen Finnlandistik im frühen 19. Jahrhundert, in: Edgar HÖSCH, Olivia GRIESE, Hermann BEYER-THOMA (Hg.), Finnland-Studien III, Wiesbaden 2003 (Veröffentlichungen des Osteuropa-Instituts München. Reihe Forschungen zum Ostseeraum, 7), S. 43–52.

18 Friedrich RÜHS, Finnland und seine Bewohner, Leipzig 1809; DERS., Geschichte Schwedens, Bd. 1–5, Halle 1803–1814; das Manuskript des geplanten Bandes 6 der schwedischen Geschichte ist verschollen.

19 Friedrich RÜHS, Handbuch der Geschichte des Mittelalters, Berlin 1816. Rühs wandte sich nachdrücklich gegen eine Geringschätzung und generelle Abwertung des Mittelalters: *Wie sehr wir auch die Vorzüge unsrer Zeit anerkennen mögen, so müssen wir nie vergessen, daß auch das Mittelalter die seinigen hatte, daß die unbedingte Verachtung desselben nur aus Unkunde und Dünkel hervorgeht*; ibid. S. 872f.

20 Vgl. Georg WINTER, Zur Vorgeschichte der Monumenta Germaniae Historica. Vier Denkschriften von Rühs, K. F. Eichhorn, Savigny und Niebuhr, in: Neues Archiv der Gesellschaft für ältere deutsche Geschichtskunde 47 (1928), S. 1–30, hier insbesondere S. 16–22.

21 SCHLEIER, FLEISCHER (wie Anm. 8). Im hier behandelten Kontext des Fankreich-Bildes Rühs' ist aufschlußreich, daß er sich in seiner »Propädeutik« mehrfach negativ über die französische Geschichtsschreibung geäußert hat; vgl. ibid. S. 30, 245 und 272.

22 Friedrich RÜHS, Das Märchen von den Verschwörungen, Berlin 1815. Zum größeren Zusammenhang vgl. Otto DANN, Geheime Organisierung und politisches Engagement im deutschen Bürgertum des frühen 19. Jahrhunderts. Der Tugendbund-Streit in Preußen, in: Peter Christian LUDZ (Hg.), Geheime Gesellschaften, Heidelberg 1979 (Wolfenbütteler Studien zur Aufklärung, V/1), S. 399–428.

23 Vgl. Gerald HUBMANN, Völkischer Nationalismus und Antisemitismus im frühen 19. Jahrhundert: Die Schriften von Rühs und Fries zur Judenfrage, in: Renate HEUER, Ralph-Rainer WUTHENOW

Damit sind wir bereits bei dem Stand der Forschung über das Leben und Werk Rühs' angelangt. Ein diesbezüglicher Befund fällt insgesamt gesehen ambivalent aus: Einerseits ist zu konstatieren, daß Rühs in einschlägigen Historikerlexika immer noch nicht berücksichtigt worden ist[24], geschweige denn, daß er bislang in Form einer umfassenden Monographie gewürdigt worden wäre; andererseits fällt auf, daß er in jüngster Zeit aus unterschiedlicher Perspektive sehr wohl das Interesse der Forschung gefunden hat, so daß sich annäherungsweise ein Gesamtbild seines facettenreichen Werks herauszukristallisieren beginnt. So hat sich Gerald Hubmann in einem 1997 publizierten Aufsatz eingehender den antisemitischen Schriften Rühs' gewidmet[25]. Im gleichen Jahr erschien der erwähnte Nachdruck der »Propädeutik« Rühs', mit einer ausführlichen Einleitung der beiden Herausgeber Hans Schleier und Dirk Fleischer[26]. Die »Propädeutik« hat jüngst auch Stefan Jordan in seinen Arbeiten zu deutschen Historikern zwischen Aufklärung und Historismus ausgewertet und damit einem breiteren Kreis bekannt gemacht[27]. Des weiteren ist auf einen 2001 erschienenen instruktiven Aufsatz von Michael F. Scholz hinzuweisen, der den Werdegang Rühs' nachzeichnet und dessen Werk einer kritischen Würdigung unterzieht[28]. Auch die 2003 publizierte knappe Skizze von Ludwig Biewer[29], der sich in Ansätzen darum bemüht, die Bedeutung des Greifswalder Gelehrten zu verorten, sei hier erwähnt, da sie ein symptomatisches Beispiel dafür ist, daß sich die Forschung nach wie vor schwer damit tut, Rühs' Bedeutung zu erfassen und angemessen zu würdigen.

Derjenige Historiker, der sich in jüngerer Zeit am intensivsten mit Rühs auseinandergesetzt hat, ist Heinz Duchhardt. Duchhardt hat in drei in den Jahren 2001 bis 2003 publizierten Studien Rühs als politischen Historiker[30], als Finnlandisten[31] und – damit sind wir inhaltlich bei der Thematik dieser Untersuchung angelangt – als bislang kaum beachteten Verfasser eines Frankreich-Buches[32] vorgestellt. Gerade letztgenannter Aufsatz Duch-

(Hg.), Antisemitismus – Zionismus – Antizionismus 1850–1940, Frankfurt a. M., New York 1997 (Campus Judaica, 19), S. 10–34, hier S. 20.

24 So fehlt ein Artikel über Rühs in Rüdiger vom Bruch, Rainer A. Müller (Hg.), Historikerlexikon. Von der Antike bis zur Gegenwart, 2. neu bearbeitete und erweiterte Aufl., München 2002 (Beck'sche Reihe, 405). Auch in einschlägigen Überblicksdarstellungen findet Rühs kaum mehr als eine kurze Erwähnung; vgl. etwa Thomas Nipperdey, Deutsche Geschichte 1800–1866. Bürgerwelt und starker Staat, 2., unveränderte Aufl., München 1984, S. 249; Peter-Michael Hahn, Frankreich und das Reich während des 17. Jahrhunderts im Spiegel der deutschen Geschichtswissenschaft des 19. und 20. Jahrhunderts, in: Historische Zeitschrift 247 (1988), S. 53–94, hier S. 56.

25 Hubmann (wie Anm. 23).

26 Schleier, Fleischer (wie Anm. 8).

27 Stefan Jordan, Geschichtstheorie in der ersten Hälfte des 19. Jahrhunderts. Die Schwellenzeit zwischen Pragmatismus und Klassischem Historismus, Frankfurt a. M., New York 1999; Ders., Zwischen Aufklärung und Historismus. Deutschsprachige Geschichtstheorie in der ersten Hälfte des 19. Jahrhunderts, in: Sitzungsberichte der Leibniz-Sozietät 48 (2001), H. 5, S. 5–20. Rühs' »Propädeutik« wird auch kurz erwähnt bei Ulrich Muhlack, Geschichtswissenschaft im Humanismus und in der Aufklärung. Die Vorgeschichte des Historismus, München 1991, S. 384.

28 Scholz (wie Anm. 8).

29 Biewer (wie Anm. 8).

30 Duchhardt, Fachhistorie (wie Anm. 8).

31 Duchhardt, Finnlandistik (wie Anm. 17).

32 Duchhardt, Friedrich Rühs (wie Anm. 2). Duchhardt ist durch seine Forschungen zum Westfälischen Frieden auf Rühs' Frankreich-Buch aufmerksam geworden; vgl. Heinz Duchhardt, La Paix de Westphalie: de l'événement européen au lieu européen de mémoire? Introduction de Werner Paravicini (Conférences annuelles de l'Institut Historique Allemand, 5), Stuttgart 1999, hier besonders S. 13f.; vgl. jüngst auch die Erwähnung Rühs' in Heinz Duchhardt, Der Freiherr vom Stein und der Westfälische Friede, in: Zeitschrift für Historische Forschung 32 (2005), S. 221–232, hier S. 222 und 226f.

hardts über Rühs und die deutsch-französischen Beziehungen ist jedoch eher eine knappe Skizze und keine Untersuchung, die den Anspruch erhebt, das Thema erschöpfend behandelt zu haben. Letztgenannter Befund verweist exemplarisch darauf, daß die Rühs-Forschung noch in vielen Punkten offene Fragen bereithält. Die genannten, meist kürzeren Publikationen können nicht über offenkundige Desiderate hinwegtäuschen. Und so gilt nach wie vor das Urteil Heinz-Otto Sieburgs über Rühs' deutsch-französische Beziehungsgeschichte: »Es ist der Mühe wert, der Diktion dieses wissenschaftlich durchaus unergiebigen, aber recht symptomatischen Buches einige Aufmerksamkeit zu schenken. Denn in ihr werden alle Elemente deutlich, die für das Frankreichressentiment dieser Generation kennzeichnend sind und darüber hinaus gewisse Aufschlüsse über die Psychologie der politisch-nationalistischen Blickverengung überhaupt gewähren«[33]. An dieses Postulat Sieburgs knüpfen die nachfolgenden Ausführungen an.

II. Die deutsch-französische Beziehungsgeschichte Christian Friedrich Rühs': Anregungen – Zielsetzungen – Inhalte – Leitmotive

Die Entstehungsgeschichte des Frankreich-Buchs ist in der bisherigen Rühs-Forschung nicht behandelt worden. Hier betritt man eine terra incognita. Rühs selbst hat einen Hinweis darauf gegeben, daß der von ihm als redlich-deutscher Patriot bezeichnete Reichspublizist Friedrich Carl von Moser ausdrücklich eine Untersuchung zu den Folgen französischen Einflusses auf die Deutschen angeregt hat[34].

Eine von der Forschung bislang nicht ausgewertete Quelle ermöglicht in diesem Kontext weiteren Aufschluß. Das nach seinem Tod erstellte Verzeichnis[35] der umfangreichen Bibliothek, die Rühs hinterlassen hat, belegt, daß er die 1792 erschienene Untersuchung des schwäbischen Theologen Johann Michael Atterer kannte, die den bezeichnenden Titel trägt »Die nach Wahrheit geschilderte Franzosen und wie sie das Heilige Römische Reich besonders aber das Haus Oesterreich seit 300 Jahren zu kränken gesucht haben«[36]. Die inhaltliche Nähe zu Rühs' Monographie liegt, wie bereits der Titel von Atterers Buch zeigt, auf der Hand.

Noch auf einen weiteren inhaltlichen Anknüpfungspunkt ist in diesem Zusammenhang hinzuweisen. Der langjährige Freund und Weggefährte Rühs' Ernst Moritz Arndt hat in seinen Veröffentlichungen wiederholt die angeblich schädlichen Folgen jahrhundertelangen französischen Einflusses auf die Deutschen angeprangert. So heißt es in der 1813 verfaßten, berühmt-berüchtigten Abhandlung Arndts »Ueber Volkshaß«: [...] *wir sollen sie* [i.e. die Franzosen] *hassen, weil sie schon über drei Jahrhunderte unsere Freiheit hinterlistig belauert haben, weil sie von Geschlecht zu Geschlecht rastlos und planmäßig gearbeitet haben, diese Freiheit zu untergraben, bis sie unter ihren letzten Banditenstreichen hingefallen ist*[37].

33 Heinz-Otto SIEBURG, Deutschland und Frankreich in der Geschichtsschreibung des neunzehnten Jahrhunderts, Bd. 1 (Veröffentlichungen des Instituts für Europäische Geschichte Mainz, 2), Wiesbaden 1954, S. 111.

34 RÜHS, Entwickelung (wie Anm. 2), S. 9f.

35 Verzeichniß der von dem Königl. Professor bei der hiesigen Universität Herrn Fr. Rühs hinterlassenen Bibliothek von historischen, geographischen, statistischen, linguistischen, juristischen, theologischen, belletristischen und vermischten Büchern [...], Berlin 1820, hier S. 39.

36 [Johann Michael ATTERER], Die nach Wahrheit geschilderte Franzosen und wie sie das Heil. Röm. Reich besonders aber das Haus Oesterreich seit 300 Jahren zu kränken gesucht haben, [Ulm] 1792. Atterers Untersuchung gründet auf der Überzeugung von der *unersättliche[n] Eroberungssucht* Frankreichs; ibid. S. VII.

37 Ernst Moritz ARNDT, Ueber Volkshaß, in: DERS., Ueber Volkshaß und über den Gebrauch einer fremden Sprache, o. O. 1815, S. 3–21, hier S. 15. Zu Arndts Verhältnis zu den Franzosen insgesamt vgl. Reinhard BACH, Ernst Moritz Arndt und die Franzosen, in: TIETZ, WICHERT (wie Anm. 7), S. 66–85.

Rühs und Arndt waren in diesen ereignisreichen Jahren der Befreiungskriege und der Neuordnung Europas nach dem Sturz Napoleons nicht die einzigen, die mit dem Bemühen an die Öffentlichkeit herantraten, gezielt auf den als schädlich angesehenen französischen Einfluß auf Politik, Sprache und Sitten der Deutschen aufmerksam zu machen. So erschien im Jahr vor Rühs' Frankreich-Buch die Abhandlung »Frankreichs Sprach- und GeistesTyranney über Europa, seit dem Rastadter Frieden des Jahres 1714« aus der Feder Johann Gottlieb Radlofs[38]. Sie nahm das Jubiläum des Rastatter Friedens zum Anlaß, um mit der französischen Politik der letzten hundert Jahre abzurechnen.

Was anhand der aufgeführten Beispiele deutlich wird, ist dies: Rühs' Monographie über die deutsch-französischen Beziehungen war von ihrer inhaltlichen Ausrichtung her in einem Bereich angesiedelt, der gerade in der Spätphase der Napoleonischen Epoche ganz augenscheinlich den Nerv der Zeit traf, so daß für Rühs die Aussicht bestand, mit seinem Buch über den engeren Kreis seiner Fachkollegen hinaus auf öffentliches Interesse zu stoßen.

Damit sind wir bei den Zielsetzungen angelangt, die Rühs mit seiner Untersuchung verfolgte. In diesem Zusammenhang ist wiederum seine Vorrede erhellend. Hier schreibt Rühs mit Blick auf seinen Adressatenkreis: *Es war nicht meine Absicht, ein eigentlich wissenschaftliches Werk zu schreiben, sondern für Alle, denen das Wohl des Vaterlandes am Herzen liegt, die mit ihrem Gefühl in Hinsicht auf die Franzosen längst im Reinen sind, aber auch ihrem Kopfe die Gründe klar zu machen wünschen*[39].

Gleichwohl hat Rühs nicht darauf verzichtet, seine Ausführungen in wissenschaftlicher Manier mit Quellennachweisen zu belegen, wobei er nach eigener Aussage besonderen Wert darauf gelegt hat, gerade französische Quellen zur Untermauerung seiner Darlegungen heranzuziehen, um dem Vorwurf zu begegnen, *der tiefe Haß, den ich mit allen redlichen Deutschen gegen das verruchte und abscheuliche Geschlecht* [i.e. die Franzosen] *von Jugend auf getheilt habe*[40], hätte seine Darstellung beeinflußt.

Daß dennoch von einer vorurteilsfreien Darstellung der französischen Politik und der Franzosen in Rühs' Untersuchung keine Rede sein kann, wird bei einer näheren Untersuchung des Inhalts deutlich. Den Kern der Argumentation bildet Rühs' vehement verfochtene Behauptung von der Dauerhaftigkeit des französischen Strebens nach einer Unterjochung der Deutschen. An mehreren Stellen seiner Untersuchung hat er diese Auffassung in apodiktischer und plakativer Weise herausgestellt. Sie bildet gleichsam das Leitmotiv seiner

38 Johann Gottlieb RADLOF, Frankreichs Sprach- und GeistesTyranney über Europa, seit dem Rastadter Frieden des Jahres 1714, Leipzig 1814; vgl. zu dieser Schrift Michael JEISMANN, Das Vaterland der Feinde. Studien zum nationalen Feindbegriff und Selbstverständnis in Deutschland und Frankreich 1792–1918) Stuttgart 1992 (Sprache und Geschichte, 19), S. 66f.

39 RÜHS, Entwickelung (wie Anm. 2), S. XIIf.

40 Ibid. S. XII. Rühs' Hinweis auf seinen seit Jugendzeiten empfundenen Haß auf die Franzosen ist nur schwer mit früheren Aussagen in Einklang zu bringen, die in aufklärerischer Manier der Tendenz nach die Gleichberechtigung der Völker postulierten; vgl. etwa Friedrich RÜHS, Ueber die Bedeutung und den Werth der nordischen Mythologie und Poesie, in: Der neue Teutsche Merkur, Bd. 2, Weimar 1802, S. 117: *Wir haben ein Vaterland, allein die Pflichten gegen dasselbe sind den Pflichten gegen die Menschheit untergeordnet. Die Universalität der Teutschen ist der lobenswürdigste Zug in ihrem Nazionalkarakter. Wir sind Menschen, und der unselige Unterschied, den die Völker unter sich gemacht haben, muß aufhören, wenn die Menschheit sich ihrem gemeinschaftlichen Ziele nähern soll.* Auch hat Heinz Duchhardt zu Recht hervorgehoben, daß in Rühs' frühen Schriften zwar russophobe, aber keine frankophoben Tendenzen zu erkennen sind; DUCHHARDT, Friedrich Rühs (wie Anm. 2), S. 64. Man wird daher – ungeachtet des Hinweises Rühs' auf seinen vermeintlich seit Jugendzeiten bestehenden Haß auf die Franzosen – doch vermuten können, daß die Erfahrung der Napoleonischen Besatzungszeit ursächlich mit der Entstehung von Rühs' Frankophobie zusammenhing.

Darstellung. Zwei Textbeispiele mögen dies veranschaulichen. So schreibt Rühs gleich zu Beginn: *So weit die Geschichte reicht, ist das Betragen der Franzosen gegen Deutschland immer gleich stets ein feindseliges gewesen*[41]. Und an späterer Stelle heißt es: *So ward* [...] *der Grundsatz der französischen Politik, der als ein unzerstöhrbares Erbe von einem Geschlecht auf das andre überging, sich überall der Schlüssel zu den angränzenden Ländern zu bemächtigen, um beliebig die Nachbarn mit Krieg zu überziehn und sie wenn sie schliefen, zu überraschen: Deutschland aber hatte am allermeisten zu fürchten*[42]. Der von Rühs häufig verwendete Begriff »Erbfeind« bzw. »Erbfeindschaft«[43] zur Charakterisierung des deutsch-französischen Verhältnisses bündelt begrifflich den von ihm propagierten grundsätzlichen Antagonismus beider Völker und verdeutlicht vielleicht am eindringlichsten seine Überzeugung von der gewissermaßen perpetuierten Konfliktkonstellation zwischen Deutschen und Franzosen.

Über die Ursachen und die Folgen der vermeintlich aggressiv-expansiven Ausrichtung der französischen Außenpolitik ließ Rühs keine Zweifel aufkommen: Das *vierhundertjährige Unterjochungssystem*[44], wie Rühs die französische Deutschlandpolitik seit dem Spätmittelalter vielsagend kennzeichnet, war seiner Auffassung nach Ausdruck und Resultat spezifischer, überzeitlicher Charaktereigenschaften der Franzosen, die er in feindbildartiger Weise mit dem Ziel einer vollständigen Diskreditierung der französischen Nation vor seinen Lesern glaubte enthüllen zu müssen. Seine Darstellung ist, bildlich gesprochen, nahezu überflutet von negativen Kennzeichnungen der Franzosen und der von ihnen verfolgten Politik und Kriegführung: Die Franzosen seien leichtfertig, eitel, hochmütig, treulos, habsüchtig, grausam und hinterlistig; ihre Politik sei geprägt von einem rastlosen Trieb nach Vergrößerung, von List, Lug und Betrug, von Verrat und Verbrechen; ihre Kriegführung bediene sich Schandtaten, mutwilliger Verheerungen, niederträchtiger Greuel, Raub, Mord und Brand[45]. Gerade die französischen Verführungskünste und ihre Fähigkeit,

41 RÜHS, Entwickelung (wie Anm. 2), S. 5.

42 Ibid. S. 13.

43 Ibid. S. 52 und passim. Die vermeintliche deutsch-französische Erbfeindschaft hat seit jeher große Aufmerksamkeit der Forschung gefunden. Aus neuerer Zeit seien hervorgehoben: Franz BOSBACH, Der französische Erbfeind. Zu einem deutschen Feindbild im Zeitalter Ludwigs XIV., in: DERS. (Hg.), Feindbilder. Die Darstellung des Gegners in der politischen Publizistik des Mittelalters und der Neuzeit, Köln, Weimar, Wien 1992 (Bayreuther Historische Kolloquien, 6), S. 117–139; Frédéric HARTWEG, Von der Entfremdung zur Annäherung. Die deutsch-französische Erbfeindschaft, in: Kirchliche Zeitgeschichte 14 (2001), S. 313–372; Martin WREDE, Das Reich und seine Feinde. Politische Feindbilder in der reichspatriotischen Publizistik zwischen Westfälischem Frieden und Siebenjährigem Krieg (Veröffentlichungen des Instituts für Europäische Geschichte Mainz. Abteilung für Universalgeschichte, 196; Beiträge zur Sozial- und Verfassungsgeschichte des Alten Reiches, 15), Mainz 2004, hier zusammenfassend S. 474–483.

44 RÜHS, Entwickelung (wie Anm. 2), S. 345.

45 Auf einzelne Nachweise wird an dieser Stelle verzichtet; die vermeintlichen französischen Nationalcharakteristika finden sich durchgängig in Rühs' Darstellung. Wichtig ist in diesem Zusammenhang, daß Rühs gleich zu Beginn seiner Untersuchung ausdrücklich hervorhebt, das die gesamte französische Nation von dem *Geist der Herrschsucht und des Uebermuths* geprägt sei, nicht nur deren Könige und Regierungen; RÜHS, Entwickelung (wie Anm. 2), S. 1. Vgl. in diesem größeren Zusammenhang auch die treffende Einschätzung von Günter OESTERLE, Kulturelle Identität und Klassizismus. Wilhelm von Humboldts Entwurf einer allgemeinen und vergleichenden Literaturerkenntnis als Teil einer vergleichenden Anthropologie, in: Bernhard GIESEN (Hg.), Nationale und kulturelle Identität. Studien zur Entwicklung des kollektiven Bewußtseins in der Neuzeit, Frankfurt a. M. 1991 (Suhrkamp-Taschenbuch Wissenschaft, 940), S. 304–349, hier 323: »Mit Ausbruch der Revolution wird die Mentalität der Franzosen zum ›Lieblingsthema‹ in der Diskussion des deutschen Publikums«.

Zwiespalt unter den Deutschen zu säen, seien, so Rühs, verantwortlich dafür, daß sich deutsche Fürsten in der Vergangenheit bisweilen profranzösisch gegeben hätten[46].

Diesen konstruierten kollektiven Nationaleigenschaften der Franzosen setzt Rühs in kontrastiver Weise die Charakteristika entgegen, die seiner Ansicht nach die Deutschen auszeichneten: Tugend, Ehre, Ernst, Gutmütigkeit, Treue, Redlichkeit, Kühnheit, Männlichkeit, Biederkeit und – als politischer Ausdruck des Deutschtums – die deutsche Freiheit, die als freie ständische Verfassung verstanden und dem Napoleonischen Herrschaftsanspruch entgegengesetzt wird[47].

Damit ist man an einem Punkt angelangt, der im Rahmen der anhaltenden Forschungsdiskussion über die langfristige Genese von Nation und nationalem Bewußtsein gerade in neuerer Zeit stark beachtet worden ist. Gemeint ist das Verständnis der Konstruktion von Eigenbild und Fremdbild, von Identitätsbildung und gleichzeitiger Abgrenzung nach außen als integraler, konstitutiver Bestandteil von Nationsbildung[48]. Drei Aspekte treten hierbei mit Blick auf Rühs' deutsch-französische Beziehungsgeschichte besonders in den Vordergrund:

Erstens: Die frühe deutsche Nationalbewegung zeichnete sich durch ein bipolares, dualistisch-antagonistisches Verständnis der Beziehungen zum französischen Nachbarn aus, das im Freund-Feind-Denken verhaftet war und das sich in den Quellen nicht selten in Stereotypen und in Schwarz-Weiß-Malerei niederschlägt, wenn es um die Beschreibung des deutsch-französischen Verhältnisses geht. Die eben genannten Nationalcharakteristika, die Rühs in seinem Frankreich-Buch konstruierte, sind ein typisches Beispiel für diesen Sachverhalt, dem letztlich eine Reduktion der komplexen Realität auf simple Muster zugrunde liegt[49].

46 Vgl. dazu DUCHHARDT, Friedrich Rühs (wie Anm. 2), S. 66. Erkennbar fällt es Rühs schwer, die Prägung Friedrichs des Großen durch die französische Kultur zu bewerten. Rühs leugnet die französische Bildung des Preußenskönigs nicht, betont aber, daß er *seiner wahren Gesinnung und seinem Character nach* [...] *durchaus deutsch geblieben sei*; RÜHS, Entwickelung (wie Anm. 2), S. 366.

47 Auch hier wird auf einzelne Nachweise verzichtet. Besonders hingewiesen sei jedoch auf das Gneisenau gewidmete achtstrophige Gedicht, das Rühs seiner Vorrede voranstellt und das bereits eine Reihe von Kennzeichen aufführt, die nach Rühs' Ansicht den Charakter der Deutschen ausmachen.

48 Aus der Fülle der Forschungen, die diesen Sachverhalt betonen, seien folgende neuere Arbeiten hervorgehoben, die in diesem Zusammenhang schwerpunktmäßig die deutsch-französischen Beziehungen berücksichtigen: JEISMANN, Vaterland (wie Anm. 38); DERS., »Feind« und »Vaterland« in der frühen deutschen Nationalbewegung 1806–1815, in: Ulrich HERRMANN (Hg.), Volk – Nation – Vaterland, Hamburg 1996 (Studien zum achtzehnten Jahrhundert, 18), S. 279–290; Horst CARL, Der Mythos des Befreiungskrieges. Die »martialische Nation« im Zeitalter der Revolutions- und Befreiungskriege 1792–1815, in: Dieter LANGEWIESCHE, Georg SCHMIDT (Hg.), Föderative Nation. Deutschlandkonzepte von der Reformation bis zum ersten Weltkrieg, München 2000, S. 63–82; Hans-Martin BLITZ, Frühe Konstruktionen eines deutschen Vaterlandes: Tradition und Bedeutung antifranzösischer Feindbilder im Siebenjährigen Krieg, in: Thomas HÖPEL (Hg.), Deutschlandbilder – Frankreichbilder 1700–1850. Rezeption und Abgrenzung zweier Kulturen, Leipzig 2001 (Veröffentlichungen des Frankreich-Zentrums, 6), S. 139–151; Erich PELZER, Die Wiedergeburt Deutschlands 1813 und die Dämonisierung Napoleons, in: Ibid. S. 271–284.

49 Vgl. hierzu allgemein die Beiträge in Ruth FLORACK (Hg.), Nation als Stereotyp. Fremdwahrnehmung und Identität in deutscher und französischer Literatur, Tübingen 2000 (Studien und Texte zur Sozialgeschichte der Literatur, 76); DIES., Tiefsinnige Deutsche, frivole Franzosen. Nationale Stereotype in deutscher und französischer Literatur, Stuttgart, Weimar 2001; siehe dazu die ausführliche Auseinandersetzung mit dieser Arbeit von Gonthier-Louis FINK, Prolégomènes à une histoire des stéréotypes nationaux franco-allemands, in: Francia 30/2 (2003), S. 141–157. Vgl. ferner die grundsätzlichen Überlegungen von Hans Manfred BOCK, Wechselseitige Wahrnehmung als Problem der deutsch-französischen Beziehungen, in: Frankreich-Jahrbuch 1995. Politik, Wirtschaft, Gesellschaft, Geschichte, Kultur, Opladen 1996, S. 35–56, und Gonthier-Louis FINK, Réfle-

Zweitens: Feindbilder bis hin zur Xenophobie verweisen auf das aggressive Potential, das dem Bemühen der deutschen Nationalbewegung um Abgrenzung von Frankreich innewohnte[50]. Rühs selbst spricht in seiner Monographie von einer *recht gründlichen und*

xions sur l'imagologie. Stéréotypes et réalités nationales dans une perspective franco-allemande, in: Recherches germaniques 23 (1993), S. 3–31.

50 Daß Feindbilder, Aggression und Völkerhaß integrale Bestandteile von Nationalismus und Nationsbildung sind, ist von der jüngeren Nationalismus-Forschung nahezu einhellig erkannt worden. Verwiesen sei in diesem Zusammenhang stellvertretend auf die Arbeiten einiger der Protagonisten der deutschen Nationalismus-Forschung: Otto DANN, Nation und Nationalismus in Deutschland 1770–1990, München [3]1993 (Beck'sche Reihe, 494), hier vor allem S. 20; Dieter LANGEWIESCHE, ›Nation‹, ›Nationalismus‹, ›Nationalstaat‹ in der europäischen Geschichte seit dem Mittelalter – Versuch einer Bilanz, in: DERS., Nation, Nationalismus, Nationalstaat in Deutschland und Europa, München 2000 (Beck'sche Reihe, 1399), S. 14–34; Hans-Ulrich WEHLER, Nationalismus. Geschichte – Formen – Folgen, München 2001 (Beck'sche Reihe, 2169), hier besonders S. 68f.; vgl. ferner auch die wichtige Arbeit von Jörg ECHTERNKAMP, Der Aufstieg des deutschen Nationalismus (1770–1840), Frankfurt a. M., New York 1998, hier S. 222–226. Ein Teil der jüngeren Forschung hat in diesem Zusammenhang betont, daß aggressive Tendenzen im deutschen Schrifttum, gerade gegenüber Frankreich, nicht erst die Folge von Französischer Revolution und Napoleonischer Herrschaft waren, sondern daß sie bereits im Diskurs vor 1789 einen nicht zu unterschätzenden Stellenwert hatten; vgl. hierzu vor allem Hans Peter HERRMANN, »Ich bin fürs Vaterland zu sterben auch bereit«. Patriotismus oder Nationalismus im 18. Jahrhundert? Lesenotizen zu den deutschen Arminiusdramen 1740–1808, in: DERS., Hans-Martin BLITZ, Susanna MOSSMANN, Machtphantasie Deutschland. Nationalismus, Männlichkeit und Fremdenhaß im Vaterlandsdiskurs deutscher Schriftsteller des 18. Jahrhunderts, Frankfurt a. M. 1996, S. 32–65; DERS., Individuum und Staatsmacht. Preußisch-deutscher Nationalismus in Texten zum Siebenjährigen Krieg, in: Ibid. S. 66–79; Hans-Martin BLITZ, »Gieb, Vater, mir ein Schwert!« Identitätskonzepte und Feindbilder in der ›patriotischen‹ Lyrik Klopstocks und des Göttinger »Hain«, in: Ibid. S. 80–122; DERS., Aus Liebe zum Vaterland. Die deutsche Nation im 18. Jahrhundert, Hamburg 2000. Auf die mit diesem Sachverhalt verbundene Frage nach dem eigentlichen Beginn des ›modernen‹ Nationalismus, die nach wie vor kontrovers diskutiert wird, kann hier nicht ausführlich eingegangen werden. Insgesamt gesehen mehren sich die Stimmen, die die Bedeutung des Jahres 1789 in diesem Kontext relativieren; vgl. dazu Wolfgang HARDTWIG, Vom Elitebewußtsein zur Massenbewegung. Frühformen des Nationalismus in Deutschland 1500–1840, in: DERS., Nationalismus und Bürgerkultur in Deutschland 1500–1914. Ausgewählte Aufsätze (Sammlung Vandenhoeck), Göttingen 1994, S. 34–54; Helga SCHULTZ, Mythos und Aufklärung. Frühformen des Nationalismus in Deutschland, in: Historische Zeitschrift 263 (1996), S. 31–67; Reinhard STAUBER, Nationalismus vor dem Nationalismus? Eine Bestandsaufnahme der Forschung zu ›Nation‹ und ›Nationalismus‹ in der Frühen Neuzeit, in: Geschichte in Wissenschaft und Unterricht 47 (1996), S. 139–165; Ute PLANERT, Wann beginnt der ›moderne‹ deutsche Nationalismus? Plädoyer für eine nationale Sattelzeit, in: Jörg ECHTERNKAMP, Sven Oliver MÜLLER (Hg.), Die Politik der Nation. Deutscher Nationalismus in Krieg und Krisen 1760–1960, München 2002 (Beiträge zur Militärgeschichte, 56), S. 25–59. Nach wie vor gilt aber folgendes Diktum Otto Danns: »Mit der Französischen Revolution ist das Nationale in Europa zu einem zentralen Thema geworden. Welche Rolle spielte es vordem? Das ist auch in der Wissenschaft eine offene Frage«; Otto DANN, Begriffe und Typen des Nationalen in der frühen Neuzeit, in: Bernhard GIESEN (Hg.), Nationale und kulturelle Identität (wie Anm. 45), S. 56–73, hier S. 56. Auch Axel Gotthard hat jüngst betont, daß es keinen Konsens in der Frage gebe, ob es einen frühneuzeitlichen Nationalismus gegeben hat; Axel GOTTHARD, Vormoderne Lebensräume. Annäherungsversuch an die Heimaten des frühneuzeitlichen Mitteleuropäers, in: Historische Zeitschrift 276 (2003), S. 37–73, hier S. 47. Zur Nationalismus-Forschung und deren Kontroversen insgesamt vgl. jetzt Peter ALTER, Nation und Nationalstaat, in: Geschichte in Wissenschaft und Unterricht 55 (2004), S. 680–694; Rolf-Ulrich KUNZE, Nation und Nationalismus, Darmstadt 2005 (Kontroversen um die Geschichte).

durchgreifenden Ausrottung alles was von Frankreich kam und an Frankreich erinnert[51] und predigt – ganz im Stile Arndts[52], Jahns[53] oder des Freiherrn vom Stein[54] – unauslöschlichen Haß und Abscheu gegenüber Frankreich als Mittel der Separierung[55].

Drittens: Die Konstruktion von Feindbildern war kein Selbstzweck, sondern sie diente als Mittel zur Identitätsbildung und -wahrung. Denn indem im Hinblick auf die Anderen, auf die Feinde, gewissermaßen eine Negativfolie entworfen wurde, wurde gleichzeitig die Möglichkeit der Selbststilisierung und der Profilierung des als positiv verstandenen Eigenen geschaffen[56]. Die Kennzeichnung französischer Alterität und das hervorgerufene Bedrohungsszenario französischen Suprematiestrebens fungieren im Falle Rühs' somit in erkennbarer Weise nicht nur als Mittel der Selbstbehauptung gegenüber dem perzipierten Herrschaftsanspruch Frankreichs, sondern auch als Stimulans zur Bewahrung und Förderung deutscher Identität, die auf den beschriebenen deutschen Nationalcharakteristika gründete. So heißt es gegen Ende seines Frankreich-Buches: *in unsrer Gewalt ist es, die Scheidewand zwischen uns und den Franzosen so unerschütterlich zu gründen, daß wir hinter ihr unsre Selbstständigkeit bewahren können, unsre Grenze so zu befestigen, daß jeder neue Versuch, sie zu überschreiten, mit dem Verderben der Unternehmer endigen muß*[57]. Anhand zweier Beispiele, nämlich anhand der Darstellung der Persönlichkeit und Politik Ludwigs XIV. von Frankreich sowie der zeitgeschichtlichen Bezüge in Rühs' Untersuchung, sollen diese Befunde nun weiter vertieft werden.

III. Zur Wahrnehmung Ludwigs XIV. und der Zeitgeschichte in der deutsch-französischen Beziehungsgeschichte Rühs'

Zunächst einmal ist festzuhalten, daß das ludovizianische Zeitalter auffallend breiten Raum in Rühs' Darstellung einnimmt. Die Schilderung der Epoche des Roi-soleil von dessen persönlicher Regierungsübernahme im Jahr 1661 bis zu dessen Tod 1715 umfaßt rund 160 Seiten und damit nahezu die Hälfte der gesamten Untersuchung. Der Grund für diesen Sachverhalt erscheint naheliegend: Die insgesamt gesehen expansive Ausrichtung der ludovizianischen Außenpolitik war bestens dazu geeignet, Rühs' These von dem prinzipiellen Drang der Franzosen nach Ausweitung ihres Herrschaftsbereichs zu stützen.

51 Rühs, Entwickelung (wie Anm. 2), S. 100.

52 Arndt nannte sich selbst stolz den *alten Hasser*; Ernst Moritz Arndt, Das Wort von 1814, in: Ders., Das Wort von 1814 und das Wort von 1815 über die Franzosen, o. O. 1815, S. 3–42, hier S. 10. Zur zeitgenössischen Kontroverse über den Sinn und die Notwendigkeit des Franzosenhasses, die im Sommer 1814 einen Höhepunkt erreichte, vgl. Hagemann (wie Anm. 6), S. 245–255.

53 Dieter Langewiesche konstatiert den »unbändigen Franzosenhaß« Friedrich Ludwig Jahns und dessen »generelle Xenophobie«; Dieter Langewiesche, Reich, Nation und Staat in der jüngeren deutschen Geschichte, in: Historische Zeitschrift 254 (1992), S. 341–381, hier S. 355.

54 Das Verhältnis Steins zu den Franzosen ist als »fast pathologischer Haß« gekennzeichnet worden; Dieter Riesenberger, Freiherr vom Stein: Öffentliche Meinung, Kriegsmobilisierung und politische Neuordnung, in: Jost Dülffer (Hg.), Kriegsbereitschaft und Friedensordnung in Deutschland 1800–1914, Münster, Hamburg 1995 (Jahrbuch für Historische Friedensforschung, 3/1994), S. 57–75, hier S. 64.

55 Vgl. vor allem Rühs, Entwickelung (wie Anm. 2), S. 9 und 260.

56 Das Bild der Negativfolie verwendet auch Jeismann, Vaterland (wie Anm. 38), S. 93.

57 Rühs, Entwickelung (wie Anm. 2), S. 351. Vgl. in diesem Zusammenhang die nahezu identischen Überlegungen Arndts; Arndt, Das Wort von 1814 (wie Anm. 52), S. 23: *nur an diesem Hasse als an einer unerschütterlichen Mauer kann sich der teutsche Stolz zu der Würde und Großheit erheben, welche das Jämmerliche und Kleinliche aus uns vertilgen, wodurch wir in diesen Tagen fast die Knechte der Fremden geworden wären; nur durch den Thatenreitz, den dieser Haß der Franzosen uns giebt, kann die vergessene teutsche Tugend erweckt; kann das zu lange zerrissene Bruderband*

Den Monarchen selbst beschrieb Rühs dabei als Inkarnation dieses Expansionsdrangs und aller Übel seines Volkes. So ist die Rede von dem *in Ludwig XIV. personificirte*[n] *Unterjochungstrieb der Franzosen, der unaufhörlich Befriedigung verlangte*[58]. Auch an dem vermeintlichen Anspruch des Sonnenkönigs auf universale Herrschaft ließ Rühs keinen Zweifel. Einführend heißt es im Hinblick auf den Regierungsantritt Ludwigs: *der Erfolg, den Richelieu und sein Nachfolger gehabt hatten, spornte seinen Ehrgeiz sie zu übertreffen: nichts schien ihm unmöglich, und die Herrschaft über die Erde war das Ziel, nach dem er strebte. Ununterbrochen trieb daher die französische Politik ihr hinterlistiges Spiel in Deutschland*[59].

Rühs hat erkennbaren Wert darauf gelegt, den Gang der ludovizianischen Außenpolitik und Kriegführung detailliert nachzuzeichnen, um ein lebendiges Bild zur Demonstration seiner These von dem umfassenden französischen Streben nach Präponderanz zu kreieren. Wie an einer Kette aneinandergereiht, erscheinen hier der Devolutionskrieg, der Holländische Krieg, die Reunionen, der Neunjährige Krieg und der Spanische Erbfolgekrieg als nicht enden wollende Folge französischer Habsucht und Grausamkeit. Die Bellizität des Zeitalters ist bei Rühs faktisch reduziert auf den Aggressor Frankreich, und die den Franzosen jeweils unterstellten Zielsetzungen erscheinen gleichsam als Chiffre für einen allumfassenden Herrschaftsanspruch: Die Rede ist wiederholt von dem französischen Streben nach der Kaiserkrone[60], nach der Rheingrenze[61], nach einer Schiedsrichter-Stellung in Europa[62] und – gewissermaßen als letzte Stufe – nach der Weltherrschaft[63] oder der Universalmonarchie[64].

Bemerkenswert ist hierbei, daß Rühs zur Unterstützung seiner Argumentationsführung ausführlich Inhalte der antifranzösischen deutschen Flugschriften der zweiten Hälfte des 17. Jahrhunderts anführt, denen er besondere Wertschätzung entgegenbrachte und die ein ganzes Arsenal an Themen für den publizistischen Kampf gegen Frankreich bereithielten[65].

aller Teutschen wieder fest geknüpft werden: der Name Teutscher, der seit zwanzig Jahren fast der Spott der Völker war, kann wieder ein Ruhm und eine Ehre werden.

58 Rühs, Entwickelung (wie Anm. 2), S. 145. Vgl. hierzu auch ibid. S. 185: *Ludwig XIV.* [...] *ließ Statuen bauen, die ihn auf den Nacken der Ueberwundnen tretend darstellten: symbolisch wird so das Verhältniß angedeutet, wie die Franzosen alle andre Völker gegen sich betrachten, welches Schicksal sie ihnen zugedacht haben.* Insbesondere auf Kaiser und Reich hatte es, so Rühs, das Dominazstreben Ludwigs abgesehen; vgl. ibid. S. 186: *Ludwig XIV., dem keine Schmeichelei zu übertrieben war und der bekanntlich selbst die Lieder trällerte, die seine Hofpoeten auf ihn machten, hatte auch in seinem Zimmer eine künstliche Uhr, an welcher ein Hahn angebracht war, der mit jedem Glockenschlage krähte: allemahl zitterte alsdann ein silberner Adler, der den Kaiser und das Reich bedeutete, am ganzen Leibe.*

59 Ibid. S. 129.

60 Ibid. S. 75, 135 und 305.

61 Ibid. S. 6ff. Die wahrscheinlich populärste Entgegnung aus deutscher Sicht gegenüber dem französischen Anspruch auf die Rheingrenze ist die Flugschrift von Ernst Moritz Arndt, Der Rhein, Deutschlands Strom, aber nicht Deutschlands Gränze, Leipzig 1813.

62 Rühs, Entwickelung (wie Anm. 2), S. 183. Zum Arbiter in der Frühen Neuzeit ist grundlegend Christoph Kampmann, Arbiter und Friedensstiftung. Die Auseinandersetzung um den politischen Schiedsrichter im Europa der Frühen Neuzeit, Paderborn [u. a.] 2001 (Quellen und Forschungen aus dem Gebiet der Geschichte NF, 21).

63 Rühs, Entwickelung (wie Anm. 2), S. 123 und 125.

64 Ibid. S. 2. Zum politischen Leitbegriff der Universalmonarchie ist grundlegend Franz Bosbach, Monarchia Universalis. Ein politischer Leitbegriff der Frühen Neuzeit, Göttingen 1988 (Schriftenreihe der Historischen Kommission bei der Bayerischen Akademie der Wissenschaften, 32).

65 Rühs bediente sich zum Beispiel der Flugschrift »Machiavellus gallicus, Das ist: Verwandelung und Versetzung der Seele Des Machiavelli in Ludovicum XIV. dem König von Franckreich [...]«,

Mit dieser intensiven Bezugnahme auf die gegen Frankreich gerichteten Flugschriften rückte Rühs übrigens deutlich von dem eingangs seiner Untersuchung erwähnten Vorhaben ab, vor allem französische Quellen zur Entlarvung der Politik Frankreichs heranzuziehen. Zu verlockend war wohl der frankreichfeindliche Gehalt der Flugschriften, als daß Rühs darauf verzichtet hätte, sich ausführlich ihrer Inhalte zu bedienen, und es ist höchst bezeichnend, daß er *die donnernden Angriffe aus dem 17. Jahrhundert*[66] gegenüber den seiner Ansicht nach ängstlichen, zu wenig haßerfüllten Flugschriften des 18. Jahrhunderts positiv herausstellte. Auch das 17. Jahrhundert hatte, so Rühs, seine Arndt und Görres[67].

War das Zeitalter Ludwigs XIV. für Rühs also ein Beispiel par excellence für das französische Verlangen nach Erringung einer hegemonialen Stellung auf Kosten der Nachbarn und insbesondere zum Nachteil Deutschlands, so gelangte er für seine Gegenwart mutatis mutandis zu dem gleichen Befund: Auch der schier grenzenlose Herrschaftsanspruch Napoleons, des *elenden italienischen Banditen*[68], wie Rühs ihn nannte, war nach seiner Auffassung letztlich Ausdruck der Herrschsucht des französischen Volkes; Napoleon war demzufolge in der Anschauung Rühs' kein singuläres Phänomen, sondern er war Exponent französischer Begehrlichkeiten[69] und Ausführer langersehnter französischer Wünsche[70].

o. O. 1675, in: Flugschriftensammlung Gustav Freytag. Wiedergabe der 6368 Flugschriften aus dem 16. und 17. Jahrhundert sowie des Katalogs von Hohenemser auf 746 Microfiches, München [u. a.] o.J., hier Nr. 5952. Zu dieser Flugschrift, die der französischen Politik machiavellistische Praktiken unterstellte, siehe Hans von ZWIEDINECK-SÜDENHORST, Die öffentliche Meinung in Deutschland im Zeitalter Ludwigs XIV. 1650–1700. Ein Beitrag zur Kenntnis der deutschen Flugschriften-Litteratur, Stuttgart 1888, S. 50ff.; Pieter Johannes Wilhelmus van MALSSEN, Louis XIV d'après les pamphlets répandus en Hollande, Paris, Amsterdam [1936], S. 32f. Rühs hat den »Machiavellus gallicus« zum Anlaß genommen, seine frankreichfeindliche Einstellung mit antisemitischen Äußerungen zu verbinden; vgl. RÜHS, Entwickelung (wie Anm. 2), S. 244: *Vermerkt zu werden verdient die Gleichstellung der Franzosen und Juden, die, wie man aus dem Machiavellus Gallicus ersieht, den Deutschen sich gleichsam unwillkührlich und von selbst aufdrängte: auch im Deutschland verderbenden Greuel werden die Juden und Franzosen mit einander verglichen, und es wird die Frage aufgeworfen, wie sie sich untereinander wegen der Präcedenz und der Herrschaft über alle Kreaturen, worauf sie beide Anspruch machen, vergleichen werden: entschieden ist es, daß eine gewisse Aehnlichkeit in dem Hochmuth und den Anmaßungen bei beiden Völkern vorkommt, die schon damahls auffiel.* Zum größeren Zusammenhang vgl. Marina ALLAL, ›Der Feind im Landesinnern‹? Zur Verbindung von Antisemitismus und nationalen Stereotypen im Frankreich und Deutschland des 19. Jahrhunderts, in: Michael EINFALT [u. a.], Konstrukte nationaler Identität: Deutschland, Frankreich und Großbritannien (19. und 20. Jahrhundert), Würzburg 2002 (Identitäten und Alteritäten, 11), S. 75–97; auf die Verbindung von Antisemitismus und Franzosenhaß bei Rühs weist nachhaltig Hans-Ulrich Wehler hin; Hans-Ulrich WEHLER, Deutsche Gesellschaftsgeschichte. 1. Bd. Vom Feudalismus des Alten Reiches bis zur Defensiven Modernisierung der Reformära 1700–1815, München 1987, S. 522.

66 RÜHS, Entwickelung (wie Anm. 2), S. 313.

67 Ibid. S. 227.

68 Ibid. S. 347. Auf das zeitgenössische deutsche Napoleon-Bild insgesamt kann hier nicht eingegangen werden. Verwiesen sei allerdings auf die treffende Kennzeichnung durch Hans-Ulrich Wehler, der betont, daß das Bild Bonapartes in der deutschen Öffentlichkeit zunächst zwischen den »Polen schrankenloser Bewunderung und grenzenlosen Hasses« oszillierte, ehe sich dann seit 1813/14 die Verachtung gegenüber dem französischen Kaiser durchsetzte; WEHLER, Gesellschaftsgeschichte (wie Anm. 65), S. 524.

69 RÜHS, Entwickelung (wie Anm. 2), S. 2f.: *wohl nie ist ein Volk von seinem Beherrscher so ganz und vollkommen repräsentirt worden: das alte Hirngespinst der Universalmonarchie, wodurch Frankreichs Politik immer geleitet worden ist, dem es seit Jahrhunderten unzählige Opfer gebracht hat, schien Bonaparte verwirklicht zu haben, und darum ward er von dem Volk vergöttert.*

70 Vgl. ibid. S. 303. Sieburg hat zu Recht darauf hingewiesen, daß diese Anschauung Rühs' der offiziellen Auffassung der Wiener Kongreßdiplomatie widersprach, derzufolge nicht die französische

Dementsprechend votierte Rühs entschieden dafür, nicht nur energisch gegen die Person des französischen Kaisers vorzugehen, sondern vielmehr dem gesamten französischen Volk mit Entschiedenheit die Grenzen aufzuzeigen. Eine Schonung der Franzosen sei ebensowenig angebracht wie eine weitere Duldung des französischen Bestrebens, Deutschland und die Deutschen zu versklaven[71]. Vielmehr müsse Deutschland künftig von Fremdeinflüssen befreit werden: *Es muß ein allgemeines und ununterbrochenes Streben werden, alle Fremden aus Deutschland zu entfernen, weil sie das Vaterland beständig zu einem Spielball auswärtiger Politik gemacht haben: es muß auf alle Weise der Erneuerung dieses Uebels vorgebeugt werden*[72].

Obwohl Rühs in dieser Frage klar Stellung bezog, fällt auf, daß er auf das Ganze seiner Untersuchung gesehen das Geschehen seiner Zeit nur vergleichsweise knapp behandelt. Gegenwartsbezüge finden sich zwar vereinzelt über die Gesamtdarstellung verteilt, und ein Abriß der Geschichte nach 1789 erfolgt gemäß dem chronologischen Vorgehen gegen Ende der Untersuchung. Eine wirklich intensive Auseinandersetzung mit der Französischen Revolution, laut Rühs *der größte Schandfleck der neuern Geschichte*[73], sucht man aber ebenso vergebens wie eine Darstellung der Befreiungskriege, die nahezu ganz ausgeblendet bleiben. Wohl aber bemüht sich Rühs, ganz der Gesamttendenz seiner Monographie folgend, Kontinuitäten zwischen dem Zeitalter Ludwigs XIV. und den Auswirkungen des Revolutionsgeschehens seit 1789 aufzuzeigen[74], um einen weiteren Beleg dafür anführen zu können, daß der Wesenskern und eigentliche Antrieb der französischen Außenpolitik der permanente Drang nach Expansion sei.

Rühs hat sich gleichwohl nicht darauf beschränkt, in seinen zeitgeschichtlichen Ausführungen die politischen Ereignisse der jüngeren Vergangenheit Revue passieren zu lassen. Vielmehr nahm er gegen Ende seiner Untersuchung ausführlich zu einem Sachverhalt Stellung, den er bereits zuvor mehrfach kurz erörtert hatte: Gemeint sind der französische Einfluß auf Sprache, Sitte und Erziehung der Deutschen und die Konsequenzen, die seiner Überzeugung nach daraus gezogen werden müßten. Damit nahm Rühs ein Thema auf, dem im zeitgenössischen Diskurs große Aufmerksamkeit geschenkt wurde[75]. Beispielhaft erwähnt sei wiederum Ernst Moritz Arndt, der unter anderem in seiner Streitschrift *Ueber den Gebrauch einer fremden Sprache* vehement dafür plädierte, den Gebrauch der französischen Sprache in Deutschland abzuschaffen[76]. Die Gedankennähe der entsprechenden Aus-

Nation als Ganzes, sondern lediglich Napoleon als Störenfried anzusehen sei; Sieburg, Deutschland (wie Anm. 33), S. 109.

71 Rühs, Entwickelung (wie Anm. 2), S. 259f.: Rühs wendet sich hier entschieden gegen die *feinen diplomatischen Herrn, die ihre alte Herzensneigung hinter einem menschlichen Wohlwollen verstecken, daß wir jetzt großmüthig seyn und die Franzosen schonen müssen, die ja ohnehin gedrückt, gedemüthigt, verabscheut, verhaßt genug wären; es sey ja unmoralisch und unchristlich, die Angst der Betrübten zu vermehren! Aber mit Nichten: wir müssen keinen Augenblick nachlassen: der Haß und der Abscheu muß unauslöschlich und ewig werden, wir müssen nicht vergessen, daß wir Jahrhunderte voll Hohn und Beleidigungen auf Beleidigungen zu rächen haben; daß unser Erbfeind binnen Kurzem sich aufs neue wider uns erheben wird.*

72 Rühs, Entwickelung (wie Anm. 2), S. 353.

73 Ibid. S. 329.

74 Vgl. ibid. S. 330f. So kontrastiert Rühs die *hochtönenden Worte von Freiheit, Gleichheit und Brüderschaft* mit dem *entsetzliche[n] Plünderungs- Requisitions- und Raubsystem*, das die Revolution gebracht habe, und betont somit, daß eine große Diskrepanz zwischen Idee und vermeintlicher Wirklichkeit der französischen Politik nach 1789 bestünde; vgl. ibid. S. 339f.

75 Vgl. dazu besonders Jeismann, Vaterland (wie Anm. 38), S. 65–76.

76 Vgl. Ernst Moritz Arndt, Ueber den Gebrauch einer fremden Sprache, in: Ders., Ueber Volkshaß und über den Gebrauch einer fremden Sprache (wie Anm. 37), S. 22–81, hier S. 39: *Ich will die Uebung und den Gebrauch der französischen Sprache in Teutschland abgeschafft wissen. Man mag*

führungen Arndts und Rühs' ist offenkundig. Auch Rühs verwandte in seinem Frankreich-Buch große Sorgfalt darauf, die schädlichen Einflüsse des Gebrauchs der französischen Sprache aufzuzeigen. So votierte er energisch dafür, die Dominanz der französischen Sprache in der Diplomatie zu beenden und sie aus der Erziehung der deutschen Fürsten gänzlich auszuschließen[77]. Auch der Unterricht der deutschen Jugend sollte seiner Ansicht nach frei von französischer Sprache bleiben, denn, so führt er aus, *ganz unläugbar ist es, daß das jugendliche Gemüth durch eine frühe Bekanntschaft mit der französischen Sprache verwirrt und befleckt wird; sie schwächt den Sinn und die Neigung für das, was die wahre und einzige Schule des deutschen Jünglings ausmachen soll, das Alterthum und die deutsche Vorzeit*[78].

Die bereits in anderem Zusammenhang herausgearbeiteten Motive für die dezidierte Zurückweisung französischer Einflüsse treten hierbei erneut besonders deutlich in den Vordergrund: Für Rühs war die radikale Ablehnung französischer Politik und Kultur kein Selbstzweck, sondern Haß und Abgrenzung dienten dazu, den erforderlichen Raum zu behaupten oder neu zu schaffen, um das bilden bzw. wiederherstellen zu können, was schlagwortartig mit dem Begriff der deutschen Identität umschrieben werden könnte. Und so endet sein Frankreich-Buch mit dem bezeichnenden Aufruf *zur Abstellung jener traurigen und kindischen Nachahmung geist- und geschmackloser Moden und Trachten der Franzosen*[79].

IV. Fazit

Bilanzierend läßt sich folgendes hervorheben. Christian Friedrich Rühs erweist sich in vielerlei Hinsicht als typischer Vertreter der frühen deutschen Nationalbewegung, für die die aggressive Abgrenzung gegenüber dem sogenannten Erbfeind Frankreich konstitutiv war. Er nahm in seine Untersuchung der deutsch-französischen Beziehungen zahlreiche Themen auf, die zu seiner Zeit virulent waren, etwa die unversöhnlichen Haßpredigten gegen den vermeintlichen französischen Erbfeind oder auch die Fokussierung auf die deutsche Sprache als »Akt nationaler Selbstbehauptung gegenüber dem Eroberer«[80]. In diesen Punkten wird man ihn nicht als originellen Vordenker, sondern eher als sensiblen Rezipienten und Multiplikator der Zeitströmungen bezeichnen können, der in einer krisenhaften Umbruchzeit seinen spezifischen Beitrag dazu leisten wollte, mittels einer scharfen Zurückweisung französischer Einflüsse ein deutsches Nationalbewußtsein zu schaffen bzw. wiederherzustellen.

die französische Sprache lesen und verstehen wie andere Sprachen, damit man der Bildung, Wissenschaft, Kunst, und Art auch des französischen Lebens genießen könne; aber sprechen sollte man sie nicht. Vgl. auch Ders., Volkshaß (wie Anm. 37), S. 12: *Darum ist nichts trauriger und gefährlicher, als wenn ein Volk seine Sprache für eine fremde vergißt: dann begehrt es Sklav der Fremden zu werden.* Vgl. ferner Ders., Das Wort von 1814 (wie Anm. 52), S. 25: *Das hat uns am meisten ohnmächtig, elend, und karakterlos gemacht, daß wir unsere herrliche Muttersprache verkannten, ja verachteten, daß wir mit fremden Sprachen, am meisten mit der eitelsten, armseligsten, und verführischesten aller fremden Sprache, mit der französischen, eine schnöde Buhlerei trieben.* Vgl. dazu auch die allgemeinen Überlegungen am Beispiel Ernst Moritz Arndts von Hans-Jürgen Lüsebrink, Historische Semantik als Diskurspragmatik: der Begriff *Nation* in Frankreich und Deutschland, in: Ders. [u. a.] (Hg.), Kulturtransfer im Epochenumbruch. Frankreich – Deutschland 1770 bis 1815, Leipzig 1997 (Deutsch-Französische Kulturbibliothek, 9.2), hier besonders S. 863–866.

77 Rühs, Entwickelung (wie Anm. 2), S. 358–365 und 356.

78 Ibid. S. 370.

79 Ibid. S. 375.

80 Jeismann, Vaterland (wie Anm. 38), S. 151.

Rühs bediente sich zu diesem Zwecke des ihm vertrauten Mediums der Geschichtsschreibung und nahm die Mühe auf sich, seine These von der Dauerhaftigkeit des französischen Unterjochungsdrangs auf nahezu 400 Seiten auszubreiten und mit Quellen zu belegen. Die Geschichte wurde somit in den Dienst aktueller politischer Bedürfnisse gestellt; sie bildete für Rühs gewissermaßen ein Arsenal, das Argumente für den politischen Tageskampf liefern sollte.

Daß sich Rühs nicht scheute, die Geschichte zu instrumentalisieren, um seinen Zeitgenossen in frankophober Art und Weise die Augen über den vermeintlichen Nationalcharakter der Franzosen zu öffnen, verweist letztlich auf sein ausgesprochen politisches Selbstverständnis als Historiker – ein Selbstverständnis, das ihn dazu veranlaßte, antifranzösische Ressentiments in das Gewand einer geschichtswissenschaftlichen Darstellung zu kleiden, um auf diesem Wege ein breiteres argumentatives Fundament dafür zu schaffen, die politisch intendierte Exklusion französischer Einflüsse auf die Deutschen nach Möglichkeit zu bewerkstelligen.

Helmut Stubbe da Luz

ÉLECTIONS NAPOLÉONIENNES À HAMBOURG ET LUBECK 1812

Avec une comparaison aux élections allemandes de 1848 et 1867*

> Le peuple, dans la démocratie, est, à certains égards, le monarque [...]. Il ne peut être monarque que par ses suffrages qui sont ses volontés [...]. Les lois qui établissent le droit de suffrage sont donc fondamentales dans ce gouvernement. En effet, il est aussi important d'y régler comment, par qui, à qui, sur quoi, les suffrages doivent être donnés qu'il est dans une monarchie de savoir qui est le monarque ...
>
> (Montesquieu, De l'Esprit des lois, 1748, II, 2)[1]

Les premiers Allemands à occuper un siège au parlement d'un état centralisé venaient de l'Ouest et du Nord de l'Allemagne. Les uns étaient issus d'Aix-la-Chapelle, Bonn, Düsseldorf ou Kreuznach, d'autres des environs de Münster ou Osnabrück, d'autres enfin d'Aurich, Emden ou des villes hanséatiques (Brême, Hambourg et Lubeck). Le Parlement dont ils étaient membres avait son siège à Paris[2]. Précisons également que les législateurs, allemands de naissance, détenaient aussi en ce temps-là la nationalité française. Il serait pourtant plus juste de décrire le Corps législatif napoléonien comme un vestige de parlement. Du temps de la monarchie constitutionnelle (1791–1793) l'Assemblée nationale parisienne avait possédé de plus larges compétences. Toutefois des élections furent tout de même organisées sous le régime napoléonien, même si un historien francais les a grosso modo qualifiées de comédie électorale[3]. Sur le territoire du premier Empire germanique (tombé en 1806) les constitutions du Consulat et de l'Empire étaient en vigueur dans les quatre départements de la rive gauche du Rhin (Rhin et Moselle, Roer, Sarre et Mont-Tonnerre, depuis 1801), ensuite dans les départements de l'Ems oriental (depuis 1810), de la Lippe (depuis 1811)[4], comme enfin dans les trois départements hanséatiques (Ems supérieur, Bouches-du-Weser et Bouches-de-l'Elbe, depuis 1811).

* Traduit de l'allemand par Jocelyne Bicler.

1 Cf. Helmut Stubbe da Luz, Montesquieu. Reinbek 1998, p. 52. – C'est avec beaucoup de gratitude que je me souviens du bienveillant soutien accordé par M. Rolf Grosse et M. Jürgen Voss, Institut historique allemand, quand j'ai commencé, en 1995, mes études sur les occupations napoléoniennes en Allemagne.

2 Helmut Stubbe da Luz, Franzosenzeit in Norddeutschland (1803–1814). Napoleons Hanseatische Departements. Brême 2003; Idem, Okkupanten und Okkupierte. Napoleons Statthalterregimes in den Hansestädten, 4 vol., Munich 2004–2006.

3 Jean-Yves Coppolani, Les élections en France à l'époque napoléonienne, Paris 1980, p. 234.

4 L'Ems oriental et Lippe relevaient alors de la Cour de justice impériale d'Amsterdam, Gouvernement général de Hollande.

Législateurs napoléoniens d'origine allemande (à partir de 1801)

Dans l'Almanach impérial pour 1812 apparaissent quelques noms de législateurs d'origine allemande, mais les départements hanséatiques n'y sont pas encore pris en considération. Pour le département de la Roer nous trouvons par exemple, d'une part le baron Frédéric Henri von der Leyen (venant de Krefeld), d'autre part le sieur Jean-Frédéric Jacobi et un certain Pelzer (issus tous deux d'Aix-la-Chapelle)[5]. Ces informations sont incomplètes – c'était là le défaut de presque toutes les listes si minutieusement établies autrefois. Le Dictionnaire historique et biographique de la Révolution et de l'Empire (1899) tire ses données des statistiques napoléoniennes[6], mais en premier lieu du Dictionnaire des parlementaires français (1891); il concorde pour partie seulement avec l'Almanach impérial.

Pour autant il demeure certain que sous le régime napoléonien des élections au Corps législatif parisien furent organisées – assez bien en ce qui concerne primo toutes les préparations au scrutin et secundo l'exécution de ce dernier[7]. L'ensemble des départements (il y en avait 130 en 1811/12) était subdivisé en cinq séries, dans chacune desquelles étaient organisées tous les cinq ans des élections à l'échelon du canton. Le Corps législatif se trouvait donc complètement renouvelé au bout de cinq ans.

Les départements nouveaux de l'Empire en Allemagne de l'ouest et du nord (1812)
(principalement d'après l'Almanach impérial)

Département	Chef-lieu	Partie intégrante de l'Empire depuis	Nombre des législateurs	Série/date des élections législatives suivantes
		»La rive gauche du Rhin«		
Mont-Tonnerre	Mainz (Mayence)		3	1/1816
Rhin-et-Moselle	Koblenz (Coblence)		2	2/1815
Roer	Aachen (Aix-la-Chapelle)		4	5/1814
Sarre	Trier (Trèves)		2	4/1812
		»Hollande«		
Ems oriental	Aurich	1810	2	3/1813

5 Nous retrouvons ces personnes en majorité dans: Adolphe Robert, Edgar Bourloton, Gaston Cougny (dir.), Dictionnaire des parlementaires français, comprenant tous les membres des assemblées françaises et tous les ministres français depuis le 1er mai 1789 jusqu'au 1er mai 1889, 5 vol., Paris 1891, nouvelle impression 1998.

6 Jean-François Eugène Robinet (dir.): Dictionnaire historique et biographique de la Révolution et de l'Empire 1789–1815. 2 vol. Paris 1899 (nouvelle impression Nendeln 1975).

7 Cf. sur l'histoire des préliminaires d'une élection parlementaire Helmut Stubbe da Luz, Vor-Wahlen: Aufstellung, Zulassung und Präsentation von Kandidaten zu allgemeinen Hamburger Wahlen seit 1848, dans: Zeitschrift des Vereins für Hamburgische Geschichte 83/2 (1997), p. 95–131.

	»Les villes hanséatiques, le Lauenbourg, etc.«			
Bouches-de-l'Elbe	**Hamburg**	**1811**	**4**	**4/1812**
Bouches-du-Weser	Bremen (Brême)	1811	3	5/1814
Ems-supérieur	Osnabrück	1811	4	2/1815
	»Partie du ci-devant Cercle de Westphalie«			
Lippe	Münster (Munster)	1811	2	5/1814

L'historiographie nous fournit toutefois jusqu'à présent peu de renseignements détaillés à ce sujet. Concernant les recherches menées avant la deuxième moitié du XXe siècle cette omission peut trouver une explication politique[8]. Pour ce qui est des nouvelles études il est plus difficile de comprendre cette lacune[9]. Les travaux des historiens français et anglais portant sur les parlements et les élections sous Napoléon Ier en général, se limitent pour plus de simplicité aux départements anciens[10]. La première monographie sur les départements hanséatiques, de l'écrivain Georges Servières, et la seule à nos jours à traiter en langue française, l'occupation napoléonienne sur la rive droite du Rhin, s'abstient de mettre en relief les débuts des élections parlementaires dans le cadre de cet état d'exception[11].

Les élections furent un instrument de la politique d'acculturation de l'empereur Napoléon. L'assimilation des nouveaux citoyens français du Nord de l'Allemagne ne progressa pas à la faveur de pressions particulières. Le gouvernement parisien n'essaya pas d'en tirer un quelconque profit idéologique, propagandiste ou légitimatoire. En plus, la pensée démocratique s'était encore moins répandue dans les départements nouvellement réunis sur la rive droite du Rhin que dans les départements cisrhénans. Ainsi le gouvernement français ne trouva pas nécessaire en 1811/12 d'organiser immédiatement (et extraordinairement) des élections dans l'ensemble des trois départements hanséatiques. Conformément au décret d'annexion de décembre 1810 un vote était prévu consécutivement dans les départements des Bouches-de-l'Elbe, des Bouches-du-Weser et de l'Ems supérieur respectivement à la fin de 1812, en 1814 et en 1815.

Toutefois, au printemps 1812, peu de temps avant son départ pour la Russie, l'empereur procéda-t-il à la nomination de législateurs dans le Gouvernement général des départements hanséatiques. Seuls ceux du département des Bouches-de-l'Elbe (avec les chefs-lieux d'arrondissement d'Hambourg, Lubeck, Lunebourg et Stade) seront ici mentionnés. Issus de Hambourg figurent parmi ceux qu'on appelait en ce temps-là les législateurs, le maire Amandus Augustus Abendroth, Hermann Doormann (membre du Conseil municipal) ainsi que le

8 Cf. Justus HASHAGEN, Das Rheinland und die französische Herrschaft. Beiträge zur Charakteristik ihres Gegensatzes. Bonn 1908. Hashagen (ibid. p. 2) s'était fixé le but de montrer que la population des »Prusses rhénanes« (»Rheinpreußen«) n'avait pas été en majorité francophile.

9 Quelques informations, peu systematiques, presque sans détails sur le déroulement des élections cantonales, donne Gordon D. CLACK, The nature of parliamentary election under the First Empire. The Example of the Departement of Mont-Tonnerre, dans: Francia 12 (1984), p. 355–371. Même la monographie récente de Michael ROWE, From Reich to State. The Rhineland in the Revolutionary Age, 1780–1830, New York 2004, p. 109–113, néglige de faire entrer cet aspect en ligne de compte.

10 Irene COLLINS, Napoleon and his parliaments, 1800–1815. Londres 1979; COPPOLANI (voir n. 3).

11 Georges SERVIÈRES, L'Allemagne française sous Napoléon Ier. D'après des documents inédits tirés des Archives nationales et des Archives des Affaires étrangères. Avec une carte des territoires annexes, Paris 1904.

Président de la Chambre de commerce, Martin Johann Jenisch. Le quatrième législateur, Werner von Meding, venait quant à lui du chef-lieu de l'Arrondissement de Lunebourg mais il œuvrait cependant à Hambourg – comme membre de la Commission de liquidation à laquelle incombait la tâche d'administrer la mise en place du changement de régime. Lubeck, un chef-lieu d'arrondissement, et Bonne ville (une ville particulièrement précieuse aux yeux de l'Empereur comme Brême et Hambourg) fut donc dans cette optique vidée comme le fut le reste du département.

Abendroth, Doormann, Jenisch et Meding comme tous leurs collègues des deux autres départements hanséatiques furent également bientôt, c'est à dire entre mai et août 1812, appelés à prendre leurs fonctions dans la capitale. Le Corps législatif ne tenait là aucune session. Pour cet organe de compétences restreintes cela était généralement chose plutôt rare et la guerre venant de commencer il en était d'autant moins question. Les députés hanséatiques furent consultés par le Ministre de l'Intérieur et par d'autres membres du gouvernement à propos des spécificités hanséatiques au sein de la politique intérieure de l'Empire. Par cela devait être signifié clairement que l'on commencerait maintenant une politique d'intégration intensive. Dans la première année et demi qui avait suivi la proclamation de l'annexion le gouverneur général à Hambourg, le maréchal Davout, avait surtout rassemblé, dans la zone hanséatique, un Corps d'observation de l'Elbe. Lors du commencement de la campagne de Russie projetée depuis octobre 1810 ce corps-là avait été appelé, début avril 1812, le 1er Corps de la Grande Armée.

Les députés hanséatiques profiteront de la vie dans un Paris estival. Les législateurs français, avec 10 000 francs par an, jouissaient de généreuses indemnités. Mais Abendroth et ses collègues n'avaient pas le droit de se déplacer en France au-delà du département de la Seine, bien que cela aurait été intéressant pour eux de se faire une appréciation personnelle des conditions de vie de leurs concitoyens dans l'ancienne France. Mais justement le ministre de l'intérieur ne voulait pas rendre possible des comparaisons de ce genre. Les députés hanséatiques n'étaient en aucun cas des parlementaires, dans le sens qu'ils auraient pu représenter l'ensemble du peuple français. Ce fut l'Empereur qui décida de leur lieu de séjour. Ils n'influaient que faiblement sur l'ordre du jour des consultations qui se déroulaient surtout au ministère de l'Intérieur. Les compte-rendus des consultations enfin étaient rédigés par l'administration ministérielle.

Élections dans les »états modèles« de Napoléon: Westphalie, Berg, Francfort (à partir de 1808)

Alors que Lubeck et Hambourg connaissaient – entre 1806 et 1810 – une phase d'occupation »d'élimination« (et pas encore »d'annexion«)[12], des élections furent organisées à l'Est du Rhin dans le Royaume de Westphalie (le roi en était Jérôme, le frère de Napoléon) et même déjà à l'Est de l'Elbe dans la Prusse occupée par les français.

Le 2 juillet 1808 les États du Royaume de Westphalie s'étaient réunis. Cent individus les composaient, dont 70 propriétaires fonciers, 15 commerçants ainsi que 15 personnes instruites et méritantes[13]. Il y avait même eu des élections bien qu'elles eussent été relativement

12 En ce qui concerne les differentes sortes d'occupation, cf. Helmut Stubbe da Luz, Überlegungen zu einer vergleichenden Okkupationshistorie am Beispiel der napoleonischen Besatzungsherrschaft in Norddeutschland, dans: Markus Meumann, Jörg Rogge (dir.), Die besetzte res publica. Zum Verhältnis von ziviler Obrigkeit und militärischer Herrschaft in besetzten Gebieten vom Spätmittelalter bis zum 18. Jahrhundert, Hambourg 2006, p. 375–394.

13 Helmut Stubbe da Luz, »Demokratisch«-partizipatorische Ansätze im politischen System der napoleonischen Modellstaatswesen Westphalen und Berg, dans: Armin Owzar, Gerd Dethlefs,

restreintes en comparaison de celles pratiquées en France. Les membres des collèges électoraux au niveau des départements étaient, en Westphalie, à nommer – d'abord par les préfets, définitivement enfin par le monarque dans sa qualité de »grand électeur«. Des personnes n'appartenant pas aux collèges électoraux étaient aussi éligibles, les électeurs étant pratiquement autorisés à donner leur vote à n'importe qu'elle personne en possession d'un quelconque terrain[14]. De pareilles élections furent prévues dans les constitutions du Grand-duché de Berg et du Grand-duché de Francfort.

Élections communales en Prusse (1809)

Dans la Prusse occupée depuis 1806 il n'y avait encore aucun parlement central, mais des élections furent cependant organisées au niveau des villes (pas des communautés rurales!). Parce que la société prussienne souffrait de l'armée d'occupation et des monstrueuses exigences financières de l'État parisien, le monarque et son gouvernement laissèrent se tenir des élections qui s'inscrivaient dans le cadre du Règlement urbain prussien (Preußische Städteordnung) de 1808; ils donnèrent aux membres particulièrement aisés de la bourgeoisie la possibilité d'exercer une certaine influence au sein des commissions urbaines (la municipalité incluait une assemblée des représentants élus)[15]. Cette influence n'était pas inférieure à celle dont jouissaient les citoyens en ancienne France. Toutefois le principe du cens étant en vigueur, le nombre des gens ayant droit de vote passif comme celui des électeurs était étroitement restreint en Prusse. La question de savoir pourquoi il y eût de telles »Réformes prussiennes« et non des »Réformes hanséatiques« ne peut recevoir ici d'autre explication plus satisfaisante que la suivante: d'une part il y avait comme contrepoids aux gouvernements des trois villes hanséatiques une »Bürgerschaft« (»Bourgeoisie«) qui était composée – sans être élue – de tous les membres de la classe dirigeante; d'autre part la pression réformatrice à Hambourg, Brême et Lubeck manquait de conviction.

En Prusse, les premières élections de représentants de la ville n'avaient pas été revendiquées avec insistance par la bourgeoisie mais furent plutôt ordonnées par le gouvernement, c'est à dire »du haut vers le bas«. Les élections commencèrent dans les villes de Königsberg, Elbing et Berlin. La participation à Berlin fut de 79% (de votants parmi ceux ayant le droit de vote) – un chiffre incroyablement haut qui traduisit cependant beaucoup moins l'expression d'un enthousiasme pour cette pratique que la manifestation d'une part d'un sentiment »typiquement prussien« de conscience du devoir et d'autre part de vagues espoirs de voir apparaître des éclaircies sur le plan économique et politique.

La ville principale de Prusse était en 1809 découpée en circonscriptions, comprenant chacune 1000 à 1500 âmes, ce qui permet de les comparer approximativement aux cantons français de l'époque. Les réunions électorales correspondantes furent animées dans la semaine du 18 au 22 avril 1809. Selon un calendrier central prédéterminé chacune devait commencer à 9 heures du matin et se tenir dans une des 22 églises retenues, après que le sermon y a été prononcé (sous le mot d'ordre *Cherchez le meilleur pour la ville*; Jérémias 29,7). Les suffrages furent libres et secrets. Les réunions, à l'inverse du système napoléonien, étaient de véritables moments d'échanges où les électeurs censitaires étaient réunis de manière plénière. Chaque personne figurant sur la liste des électeurs accrédités, était invitée à proposer

Gisela Weiss (dir.), Das Königreich Westphalen und das Großherzogtum Berg – Quellen, Forschungen, Deutungen, Paderborn 2006 (Forschungen zur Regionalgeschichte) (sous presse).

14 Herbert Obenaus, Die Reichsstände des Königreichs Westfalen, dans: Francia 10 (1982), p. 299–329.

15 Manfred A. Pahlmann, Anfänge des städtischen Parlamentarismus in Deutschland. Die Wahlen zur Berliner Stadtverordnetenversammlung unter der Preußischen Städteordnung von 1808, Berlin 1997, p. 51.

un candidat. Les 102 sièges de représentants de la ville furent répartis entre les différentes circonscriptions (en fonction du nombre de leurs habitants). Le sort choisit une série de circonscriptions, dans lesquelles seuls des propriétaires fonciers devaient être élus, parce que les deux tiers des représentants de la ville appartenaient à cette classe sociale. Chaque électeur présent reçut une balle blanche et une balle noire. Le gouvernement avait opté pour le système du ballottage où une balle blanche équivalait à une voix pour.

D'un côté les élections des représentants des villes prussiennes allaient de pair avec un élargissement du droit de se gérer de façon autonome. D'un autre côté les compétences de ceux qui exerçaient un mandat étaient étroitement limitées et cela pour la seule raison que le régime continuel d'occupation depuis 1806 signifiait un état d'exception. Telle fut la situation, bien qu'officiellement une alliance se soit substituée en 1808 au régime d'occupation et bien qu'en 1812 le roi se vit contraint de signer avec Napoléon un pacte de soutien. – De 1814 à 1848 s'imposèrent en Prusse des tendances pro-restauratrices qui furent particulièrement douloureuses pour une partie de la population des régions auparavant françaises sur la rive gauche du Rhin. Le roi de Prusse promit deux fois (1815, 1820) et bien solennellement une constitution, mais ses propos restèrent lettre morte. Le Règlement urbain prussien (mentionné plus haut) fut révisé an 1831, au désavantage de l'autonomie administrative des communes urbaines.

Élections napoléoniennes dans le département des Bouches-de-l'Elbe

Les élections napoléoniennes étaient transparentes et organisées du mieux possible. Les cantons étaient divisés en sections qui comptaient globalement de 150 à 400 électeurs. L'ensemble du processus, minutieusement réglementé, était rédigé de façon redondante et quasiment incontestable non seulement dans un livret d'une vingtaine de pages mais encore dans un procès-verbal pré-imprimé, sur lequel le comité électoral n'avait qu'à inscrire les noms et les chiffres. Un extrait des dispositions du président de canton quant au choix des lieux de votes pouvait entre autres, être consulté. Le nom des personnes ayant le droit de vote, celui des dix individus assujettis à l'impôt le plus élevé ainsi que l'identité, dans chaque circonscription électorale, des détenteurs d'une carte civique les plus âgés étaient également répertoriés (la ploutocratie s'enrichit d'éléments de la gérontocratie). Les vingt dernières personnes évoquées avaient le droit d'appartenir au comité électoral d'une section.

Les listes des personnes les plus imposées, au nombre de six cents dans les départements et de cent dans les communautés urbaines (constituées de plus de 5000 habitants) tenaient lieu de listes de candidats. Elles étaient imprimées et disponibles en un nombre suffisant d'exemplaires. Étaient également préparées des feuilles blanches prédécoupées et toutes uniformes sur lesquelles les personnes habilitées à voter étaient invitées à inscrire un nombre précis de noms avant de les jeter dans l'une des urnes. Avant de donner leur bulletin ils devaient jurer »obéissance à la Constitution de l'Empire et fidélité à l'Empereur«.

Les analphabètes étaient autorisés à se faire aider par les membres du bureau de la section afin de remplir leur feuillet, mais malgré tout, la participation électorale demeura faible. À Lubeck elle semble avoir été de moins de 10% en octobre 1812. Dans plusieurs sections, dix seulement des 150 à 400 votants potentiels se présentèrent. La majorité absolue à obtenir par les candidats s'élevait à 50% des voix exprimées. Un quota important de voix non valides, tout au moins par endroits – par exemple dans les alentours (l'ancien »territoire«) de la ville de Hambourg – laisse penser que ni les votants ni peut-être les comités électoraux n'avaient été suffisamment instruits du règlement des élections.

Fin 1812 les cantons des départements des Bouches-du-Weser et de l'Ems supérieur furent également appelés à se réunir en assemblées. Partout dans l'Empire il s'agissait de voter pour compléter les conseils municipaux. Seules les élections dans le département des Bouches-de-l'Elbe furent cependant en même temps des élections législatives. Les membres des assemblées cantonales élirent en cinq tours d'abord (de manière indirecte) les membres des collèges électoraux du département, de l'arrondissement ainsi que ceux des conseils municipaux. Ils élirent ensuite (cette fois-ci directement sous réserve toutefois que l'Empereur donne, depuis Paris, son approbation finale) les deux juges de paix et leur quatre suppléants.

Examinons de près la section 5 (Holsteinstrasse) dans le deuxième canton urbain de Lubeck[16]. Le 9 octobre 1812 Georg Friedrich Priess, 29 ans, fut nommé président de section et assermenté par le président de l'assemblée cantonale. Il installa dans les règles le lieu de vote dans son appartement où il tenait également commerce. Ledit bureau de vote ouvrit ses portes le vendredi 16 octobre 1812 à 7 heures du matin. Aucune des 10 personnes du canton parmi celles soumises à l'impôt le plus lourd et celles recensées comme les plus âgées ne se présenta. En conséquence Priess nomma comme premier scrutateur Johann Georg Seeger, et comme deuxième scrutateur Richard Wilhelm Vermehren. À eux trois ils formèrent le comité électoral et nommèrent en qualité de secrétaire Johan Andreas Hornung, carte civique N° 1400. Priess prit pour lui la première série des cinq paires de clés d'urnes et Seeger en prit la deuxième. Chaque votant devait voter cinq fois. Dans ce canton dix personnes devaient en effet être désignées pour siéger plus tard au collège électoral du département, vingt-cinq au collège électoral de l'arrondissement et trente au conseil municipal.

Le soir du 16 octobre 25 personnes avaient passé le seuil du bureau de vote. Elles s'étaient toutes inscrites sur les listes de présence affichées devant chacune des urnes, et elles avaient toutes effectivement déposé un bulletin de vote, correctement rempli. Pas un seul des électeurs ne fut aidé – comme le montra la dernière colonne de la liste des votants – par un parent du bureau. Ce recensement à la fin d'un jour d'élection était obligatoire et fit l'objet d'un procès-verbal. Où que ce soit dans l'Empire aucun bureau de vote ne saisit la possibilité qui leur était offerte légalement de fermer leurs portes, soit six heures après l'ouverture si trois quarts des votants potentiels s'étaient entre temps présentés, soit neuf heures après, si la moitié de l'électorat local s'était exprimé. En ce qui concerne la section d'Holsteinstrasse de Lubeck aucun autre nouveau votant ne se présenta dans les 24 heures suivantes. Ainsi donc 36 heures après avoir débuté, le complexe processus de vote fut clôturé dans les règles le 17 octobre à sept heures du soir.

La faible participation dans le département des Bouches-de-l'Elbe ne fut pas caractéristique de la seule région occupée. Le droit de vote universel à la napoléonienne ne rencontra pas non plus un accueil enthousiaste dans les départements du noyau de la France. Même si des participations »quantitatives« de plus de 20% furent répertoriées ici et là, le degré de participation politique »qualitative« des citoyens ne grimpa pas de cette manière dans des proportions déterminantes. Dans la majorité des cas des pauvres furent engagés par les riches pour voter à leur place, comme du cheptel électoral.

Le soir du 17 octobre, à Lubeck, Priess dépouilla les urnes dans sa maison et pour chacun des cinq scrutins établit une liste des sortants. Les noms qui apparurent en tête de liste correspondèrent au »Who's who« de la classe dominante: Coht, Plessing, Hach, Platzmann, Souchay constituent une figure locale pour tout historien de Lubeck. À première vue le scrutin semblait fortement morcelé: 29 noms différents sortirent au premier tour. Si l'on y regarde toutefois de plus près il transparaît que ceux qui furent les plus fréquemment désignés, le furent chacun avec 13 à 24 voix. Les 16 autres noms reçurent en revanche entre une et cinq voix. Concernant les tours restants on put observer le même tableau d'ensemble. Pour renouveler de moitié le conseil municipal les électeurs devaient se décider pour un nom parmi pas moins de trente personnes. 67 noms furent cités mais 32 d'entre eux reçurent moins de dix voix. On observa un comportement des électeurs similaire et donc de semblables proportions lors des élections au collège d'arrondissement. Une exception marqua l'élection des juges de

16 Archiv der Hansestadt Lübeck, FRZ, Mairie Lübeck, 755; Unterpräfektur 103.

paix: seuls le sieur Günter Wunderlich et le Dr. Ludwig Suhl étaient proposés à ce poste. Les 25 électeurs écrivirent précisément respectivement l'un et l'autre nom. La division précédente des voix fut constatée de nouveau lors de l'élection des suppléants des juges de paix.

En tout 175 électeurs prirent part au vote au niveau du canton. Dans tous les lieux tout se déroula avec la même régularité que celle ayant été observée dans la 5ème section. Personne parmi les votants n'eut l'idée de ne pas participer à l'un des cinq tours. Personne n'oublia d'insérer dans l'urne un seul des cinq bulletins. Personne ne commit de fautes susceptibles d'invalider son bulletin de vote. La majorité absolue s'éleva donc à 88 à chacun des cinq tours. La concentration atteinte au niveau des cantons fut impressionnante. Pour le collège électoral du département où dix noms étaient proposés à candidature, dix obtinrent entre 104 et 166 voix. Deux autres noms qui obtinrent aussi il est vrai avec 102 et 88 voix la majorité absolue sortirent par conséquent perdants. Au deuxième tour (pour le Collège électoral de l'Arrondissement de Lubeck) il y eut 28 gagnants au sens où comme le voulait la règle, ils réunirent la majorité absolue mais comme il n'y avait que 25 personnes à nommer, trois échouèrent. Sur tout l'ensemble du canton une exception eut lieu lors des élections des juges de paix: Suhl (172 voix) et Wunderlich (171 voix) sortirent presque ex aequo. Les juges de paix étaient d'une importance décisive pour la vie quotidienne.

La classe politique locale était peu familière des pratiques démocratiques mais elle sut néanmoins manier parfaitement cette nouvelle procédure. Il est à présumer que dans les autres cantons urbains du département des Bouches-de-l'Elbe on observa la même conduite. Comme il n'y eut de propagande publique ni pour inciter les personnes à aller voter ni pour aucune candidature précise ou pour un quelconque groupement, la participation électorale est demeurée circonscrite. Les coteries communiquant ainsi bien entre eux (nous pouvons peut-être – et ce en raison de leur capacité collective d'action – vraiment déjà les décrire comme des »partis«) purent forger des plans et aussi les réaliser. La bourgeoisie allemande était sur ce point prête à être assimilée.

Les collèges électoraux formés en octobre 1812 dans le département des Bouches-de-l'Elbe ne se réunirent plus pour élire de leur côté les membres du Corps législatif. Les membres élus du Conseil municipal et les juges de paix ne furent pas intronisés. Tout cela était prévu pour le début de l'année 1813, mais le désastreux repli de la Grande Armée de Napoléon lors de la campagne de Russie transforma les documents électoraux de l'année 1812 en papier brouillon.

Les élections de 1848 (Parlement de Francfort sur le Main)

À »l'époque de la révolution bourgeoise« qui se vivait des deux côtés de l'Atlantique (environ 1776–1849) n'émergea d'Allemagne à aucun moment et dans aucun secteur la dynamique notable d'un changement croissant sur le plan socioculturel, s'accélérant – par intermittence, il est vrai – de manière foudroyante. Dans le domaine économique, social et politique c'est dans le monde anglo-saxon que cette dynamique prit sa source, puis en France, par le biais des hommes politiques et des intellectuels »anglomanes« (une position qu'il ne leur fut pas toujours facile d'assumer dans le cadre de la »Deuxième guerre de cent ans«, 1714–1815). Les impacts révolutionnaires de 1789, 1830, 1848 se propagèrent de Paris jusque sur l'ensemble du Continent. Le droit de vote universel n'était théoriquement plus quelque chose de nouveau en Allemagne depuis les années 1790: la plupart des huit départements allemands annexés du côté français avaient même acquis de l'expérience en la matière. Les constitutions des états de Westphalie, Berg et Francfort qui avaient – aux yeux de l'Empereur des Français – la fonction de servir de modèles – en introduirent les balbutiements dans le cadre de la Conféderation du Rhin alias »la troisième Allemagne«.

Après 1815 le phénomène de la pratique électorale sur le fondement de principes libéraux, démocratiques et nationaux continua de se répandre en Europe de l'Ouest, y compris en

Allemagne. Pour que ce processus se développe il était important que de solides intérêts, politiques d'abord, économiques ensuite s'y rattachent. Dans les quatre plus importants centres du Sud de l'Allemagne où s'exerçait un pouvoir, c'est à dire München (Bayern), Karlsruhe (Baden), Stuttgart (Wurtemberg) et Darmstadt (Grand duché de Hesse), l'Absolutisme – plus ou moins éclairé – avait atteint son paroxysme à l'époque de la Confédération du Rhin. Des constitutions, pour partie négociées, pour partie imposées ou accordées, virent le jour dans ces lieux selon le modèle de la Charte française de 1814. Les chefs d'état jugeaient important d'intégrer les parties de territoires nouvellement acquis en attirant encore et toujours la bourgeoisie (en majorité elles s'associait à l'exigence de paix externe et sociale), travaillant pour ce faire à se légitimer davantage, notamment sur le plan des dépenses publiques relatives aux armées et à la conscription. En 1830 et 1848 les idées se nourrirent des révolutions bourgeoises qui éclatèrent de nouveau en France. La bourgeoisie devint plus puissante contre le Monarque également dans le Nord de l'Allemagne (à Hambourg, Brême et Lubeck, contre les autorités traditionnelles de leurs villes).

Aux élections se rattachaient les objectifs politiques – en vogue depuis l'éclatement des guerres fréquemment qualifiées de »guerres de liberté« – primo d'un pouvoir central plus fort et secundo d'un pouvoir allemand d'une portée véritablement nationale. Personne en 1848 ne mit en relation ces élections avec les élections cantonales et législatives napoléoniennes qui, avant 1812, étaient parvenues au stade de la mise en oeuvre dans des parties-clés du Nord de l'Allemagne comme Hambourg et Lubeck. Aucune des parties politiques alors en conflit en Allemagne n'y avait intérêt. En se disant francophile on pouvait rarement dans l'Allemagne du XIXe siècle s'affirmer en politique.

Ce furent des pseudo-députés qui gagnèrent, début avril 1848 à Francfort, dans un »préparlement« le droit de vote afin de constituer une Assemblée nationale dans la Paulskirche (Église de Saint-Paul) et ce suite à une convention révolutionnaire, établie avant tout auparavant par des politiciens de l'Allemagne du Sud. Presque rien sur le plan démocratique ne conférait de légitimité à ces députés, mais le miracle politique fut qu'aucune figure du premier plan et ni même – c'était déterminant – les appareils d'état de la Confédération allemande, de manière naturelle fortement concernés, n'émette de doutes fondamentaux à l'égard de l'autorité morale de ladite Assemblée nationale. Le gouvernement berlinois s'était discrédité milieu mars en réprimant de façon disproportionnelle des manifestations. Aussi accepta-t-il les principes que le pré-parlement avait arrêté. En substance il s'agissait des fondements du scrutin majoritaire, égal, universel, libre et jusqu'à un certain degré secret. Un scrutin par ailleurs direct demeurait toutefois du libre ressort des gouvernements des Länder de la Confédération allemande qui avaient à organiser les élections.

L'électorat se composait des hommes se situant sûrement dans un âge et une position sociale où ils étaient indépendants sur le plan économique. Les gouvernements allemands, au nombre à l'origine (1815) de 41, avaient à eux seuls la charge de définir ce que la notion d'»indépendant« signifiait tout comme celle de déterminer l'âge de vote. Ils étaient aussi libres de donner une définition large ou stricte de la notion de ressortissant, un état de ressortissant de la Confédération allemande en général n'existant pas encore[17]. Dans l'ensemble, les inégalités au sein de l'électorat – eu égard aux circonstances de l'époque – furent plutôt mineures. Mais trois décennies plus tôt, dans l'Empire de Napoléon, ces inégalités avaient été contenues avec plus de rigueur voire totalement évitées.

Les élections à l'Assemblée Nationale de Francfort eurent lieu en mai 1848. La date du vote initial (ayant pour but de désigner les délégués électeurs) avait été le plus souvent fixée pour le 1er mai. Le vote principal (que les délégués électeurs devaient accomplir) avait été

17 Theodore S. HAMEROW, Die Wahlen zum Frankfurter Parlament, dans: Ernst-Wilhelm BÖCKENFÖRDE, Rainer WAHL (dir.), Moderne deutsche Verfassungsgeschichte (1815–1914), Königstein ²1981, p. 252–273.

quant à lui arrêté au 8 mai. Le Pré-parlement avait mis en place un comité de cinquante membres à titre d'instance de contrôle des élections. Potentiellement c'était au moins une amorce de séparation des pouvoirs. Les députés qui devaient prendre place dans l'Église Saint-Paul étaient, suivant un barème central, répartis en fonction de leur appartenance à tel ou tel Land allemand. Lubeck (avec une population atteignant moins de 50 000 têtes) obtint un mandat de base en sa qualité d'état membre de la Conféderation. Ce fut un progrès, car dans le Corps législatif parisien la ville n'avait pas été représentée en tant que telle (c'est à dire par un député issu de la population lubéquoise).

Les élections au parlement lubéquois

Le droit de vote de Francfort fut, sous certains aspects importants, plus général et plus »généreux« que les consultations électorales organisées à l'intérieur de la cité de Lubeck afin de constituer le parlement lubéquois selon la très récente constitution, datant du 8 avril 1848. Le pré-parlement de Francfort avait différencié les indépendants des non-indépendants tandis qu'à Lubeck les *citoyens* de la ville (habilités à voter) se séparèrent des simples *habitants* de la ville (non habilités à voter) ainsi que des personnes des campagnes (c'est à dire du »territoire« dépendant de la ville) restreints dans leur droit à voter. Le principe d'égalité n'était pas encore en vigueur d'un autre point de vue. Les 120 députés avaient été divisés en quotas en fonction des cinq corporations institutionnalisées: Savants, négociants, marchands, industriels, agriculteurs. Le progrès sur le champ de la participation politique n'avait donc pas ses racines dans les vieilles républiques autonomes des trois villes hanséatiques. Il fut insufflé de l'extérieur, c'est-à-dire par un centre politique décisionnaire au niveau national: Paris d'abord et maintenant Francfort-sur-le-Main.

Les assemblées électorales pour »Francfort«

Les 82 délégués électeurs se répartirent à Lubeck, en fonction du chiffre de la population, en quatre circonscriptions urbaines et sept circonscriptions rurales. Chaque premier électeur fut invité le 1er mai 1848 à écrire autant de noms sur son bulletin de vote qu'il y avait de délégués électeurs à élire. Il fut toléré d'écrire un nombre de noms plus restreint mais cela ouvrit la voie à des actes de falsification. S'il y était écrit sur la feuille un nombre de noms excédant celui des hommes à désigner, les noms en trop étaient supprimés par le comité électoral. Les noms des électeurs avaient été mis en rapport avec les listes des contribuables: le paiement des impôts prouva alors le statut mentionné d'»indépendant« qui conditionnait l'habilitation à voter. Au cours des »assemblées« des premiers électeurs on ne délibérait pas. Comme du temps de Napoléon les personnes habilitées à voter ne se présentèrent pas toutes en même temps et donc ne s'influencèrent pas mutuellement. Les bulletins de votes cependant, n'étaient pas officiellemet »préfabriqués« (et ainsi uniformes et neutres) mais d'une forme quelconque. Il y avait ou il n'y avait pas de listes de candidats, cela dépendait de si un collectif, à la faveur d'une initiative privée, s'était réuni avec l'intention de »faire de la publicité« pour des personnes précises. Pendant l'Empire le statut du candidat avait été en quelque sorte (grâce aux listes des personnes les plus imposées) officiel tandis qu'à présent il était devenu de l'ordre de l'informel.

Le nombre des voix qui n'amenaient à rien fut élevé parce qu'aucune pré-sélection n'avait eu lieu. La »liste des six cents« (les plus imposés) du temps de Napoléon n'avait toutefois pas remédié à ce manque tandis que les »listes des cents« à l'échelon des communautés urbaines avaient plus clairement aidé à s'orienter (mais d'un autre point de vue la liberté de décision avait aussi été plus fortement restreinte). À la différence du temps de Napoléon il y eut, en amont des élections à la Paulskirche, des campagnes électorales, marquant là, à la fois un essai de mobiliser les masses comme un témoignage de la formation d'une volonté politique, dans son sens le plus large. Cette évolution avait de nouveau été initiée en France par la Charte de l'année 1814 (après que les prémisses d'une volonté politique se soient exprimées souvent de façon turbulente dans les années pré-napoléoniennes de 1790) où elle prit une ampleur beaucoup plus importante qu'en Allemagne.

Sur les 9300 citoyens approximatifs de Lubeck, 20% environ prirent part au vote. Si l'on compte le chiffre absolu arrondi de 2000 électeurs par rapport à une population d'ensemble avoisinant les 40 000 âmes, on arrive à une participation de 5%.

La ville libre et hanséatique d'Hambourg obtint trois députés en 1848. Les électeurs remirent des feuillets signés. Cette façon de procéder ne nuisit pas autant au principe de la liberté de vote et à celui du refus de toute manipulation que ne le fit la pratique adoptée dans le Schleswig-Holstein voisin. Là les électeurs faisaient en effet part oralement de leur décision (en la faisant en quelque sorte figurer au procès-verbal) mais elle marqua tout de même un recul par rapport à la norme napoléonienne. Les artisans compagnons et les travailleurs des usines obtinrent le droit de vote seulement deux jours avant le commencement de l'élection, si bien que de nombreuses personnes appartenant à la classe inférieure eurent moins de temps pour s'y préparer. Comme les jours de votes étaient fixés au 18 et au 19 avril, le sénat octroya rapidement un jour supplémentaire[18].

Lors des élections de la Paulskirche en 1848 on constata à Lubeck et à Hambourg une participation électorale nettement plus haute que celle enregistrée à la fin 1812 sous l'égide napoléonienne. 175 électeurs avaient été recensés en 1812 dans le deuxième canton urbain de Lubeck, ce qui donna, proportionnellement aux 13 000 habitants que comptait cette subdivision administrative, une participation d'environ 1,5%. Si imprécise que soit cette valeur, la différence par rapport aux 5% obtenus est assez claire. Vouloir en conclure que ce chiffre correspondrait à une amélioration de la procédure de vote serait pourtant risqué. Il est sûr que les masses furent mobilisées en 1848 dans des dimensions plus étendues qu'elles ne le furent pendant le Premier Empire. La communication publique s'était amplifiée dans le Nord de l'Allemagne. En octobre 1812 il avait été mal vu de manifester un avis politique privé, ou, qu'il s'agisse de jugements optimistes quant à la tournure prise par la campagne de Russie.

Les élections dans la Confédération d'Allemagne du Nord

Bismarck emprunta aux idées politiques de 1848, émancipatrices sur plusieurs plans, la conception du droit de vote qu'il donna à la Confédération d'Allemagne du Nord édifiée en 1866 aux termes d'une guerre. On recourut sans détour à la loi du vote de la Paulskirche de 1849[19]. Alors que la conception d'une Confédération d'Allemagne du Nord résultait d'intérêts ressemblant à ceux nourris en 1806 par le roi de Berlin d'une »Confédération de l'Elbe« (laquelle aurait pu s'édifier aux côtés d'une Confédération du Rhin, délimitée à quelques détails près par le fleuve Main), on ne peut pas voir une ligne de continuité entre les élections d'automne 1812 et les deux élections du Reichstag du 12 février et du 31 août 1867. Néanmoins l'idée du droit de vote universel et égal était une idée d'origine française. Auparavant et à quatre reprises en six décennies, des variantes de cette idée avaient traversé le Rhin en direction de l'Est. Progressivement elle avait été accueillie dans des milieux érudits, d'abord de manière théorique. S'y étaient rattachés ensuite différents intérêts qui voyaient là un moyen d'accroître pouvoir, argent et prestige avant qu'enfin elle ne soit mise en pra-

18 Hans Pahl, Hamburg und das Problem einer deutschen Wirtschaftseinheit im Frankfurter Parlament 1848/49, Hambourg 1930, p. 23.

19 Klaus Erich Pollmann, Parlamentarismus im Norddeutschen Bund 1867–1870, Düsseldorf 1985, p. 42.

tique: d'abord dans les années 1790, ensuite sous Napoléon, plus tard comme suite de la Révolution de Juillet survenue à Paris en 1830 et enfin en 1848. Les circonstances de l'époque ne réduisirent pas à néant cette évolution. En effet en 1852 et sous l'empereur Napoléon III, un Parlement à Paris avait vu de nouveau ses compétences réduites à la façon bonapartiste et faisait depuis lors fonction d'organe d'acclamation sous le nom de Corps législatif. Au vu du développement parlementaire qui avait été initié en France en 1789 cette assemblée législative doit – comme son précurseur sous Napoléon 1er – être décrite comme un pseudo-parlement. Sous Napoléon III on enregistra donc une régression »réactionnaire« (allant même plus loin que l'idée d'une simple restauration). Toutefois l'on doit manier avec précaution la notion de pseudo-parlamentarisme lorsqu'on la rapporte à l'Allemagne où il n'y avait pendant le XIXe siècle qu'une évolution progressive, bien que retardataire[20].

En dépit de sa politique du droit de vote, Bismarck était en quelque sorte bonapartiste, même si d'importantes caractéristiques de ce système politique, à savoir l'impérialisme, le centralisme, l'efficacité administrative, les méthodes de l'influence exercée sur les masses et le protectionnisme produisirent sous l'égide du »chancelier de fer« un mélange tout à fait singulier. Les différences entre le système politique du Second Empire français et la Confédération d'Allemagne du Nord (ensuite le Second Empire germanique) ne devraient pas être exagérées. Il est vrai que Bismarck n'eut pas recours à la procédure de la liste des candidats officiels du gouvernement, qui existait sous Napoléon III. Cependant cette fonction se trouvait peu de temps après accomplie par les partis du gouvernement – en France comme en Allemagne.

Pour plus d'un Land du Nord de la Confédération allemande, région relativement sous-développée en matière de parlements, suffrages et partis politiques, le règlement des élections au Reichstag de Berlin de 1867 apporta certes des innovations. La majorité de ces règles avait été cependant en vigueur du temps de Napoléon Ier et dans ses départements d'origine allemande entre le Rhin et l'Elbe. Les citoyens qui participèrent aux assemblées électorales ne discutèrent pas ensemble mais pénétrèrent dans le bureau de vote et le quittèrent en leur qualité d'individu, c'est à dire avec le seul objectif de faire entendre leur voix sans être influencé sur place. Des manipulations ont dû toutefois avoir lieu auparavant, pendant la campagne électorale. Alors qu'en 1812 on avait distribué des bulletins de vote blancs et officiels qui à première vue ne se différenciaient pas les uns des autres, en 1867 tout le monde apportait encore n'importe quel bout de papier. Et lorsque l'un ou l'autre était imprimé, les partis et les comités électoraux en étaient le plus souvent responsables. Les élections organisées entre 10 heures du matin et deux heures de l'après-midi se distinguaient par leur organisation visant à mieux protéger le secret du vote. Il se pouvait bien sûr que des bulletins de vote aient été déposés sans signature. D'autant que les bulletins devaient être remis pliés et que de ce fait il était impossible de jeter un œil sur ce qui y était inscrit. Le comité électoral tamponnait la feuille pliée (aucune consigne n'existait concernant son format, sa couleur et son papier) que l'électeur jetait ensuite lui-même dans l'urne. Le regard exercé d'un membre du comité pouvait cependant souvent différencier les uns des autres, les bulletins de votes étant préfabriqués par les particuliers, ce qui par suite limitait le secret du vote. Quelques mois après le vote au premier Reichstag »normal« d'Allemagne du Nord (il n'avait plus à se constituer comme organe d'état) eurent lieu en août 1867 les préparations aux élections qui ressemblaient déjà fortement à nos actuelles préliminaires. Les partis sélectionnaient leurs candidats pour les circonscriptions électorales qu' il s'agissait de représenter au sein du futur parlement. Ici ou là les bureaux des partis entrèrent en contact les uns

20 Voir n. 13.

avec les autres pour former des ententes. Cela marqua le début des accords informels conclus entre cartels politiques[21].

Bilan

Les élections sous Napoléon Ier annonçaient-elles dans les» Länder« allemands du Nord (en y incluant les approches en Westphalie et à Berg) les élections de 1848 et de 1867 ou constituaient-elles en 1812 – sur le plan de la continuité – un événement isolé? Certes il ne se tint pas à »Lubeck« et »Hambourg« d'*élections allemandes* (dans le sens d'élections organisées par un gouvernement allemand) mais il y eut tout de même des *élections en Allemagne*. Le fait remarquable sur le plan de la formation »démocratique« d'une volonté politique (»du bas vers le haut«) est que des parties de la population allemande entre le Rhin et l'Elbe obtinrent pour la première fois en 1812 une possibilité, certes demeurée modeste, de participer à la vie politique par voie d'élections, c'est à dire donc d'une manière formelle, garantie par une constitution. Même si ce fut dans le cadre où le gouvernement de la France exerçait l'autorité et même, à proprement parler sous l'occupation, les élections napoléoniennes ne furent pas si peu dignes d'estime qu'on devrait pour cette raison s'interdire de les mettre en lien avec les élections du parlement central allemand de 1848 et de 1867 ainsi qu'avec les élections municipales comme elles se déroulèrent au cours du XIXe siècle. En effet le degré d'égalité avec lequel on vota en 1812 au Conseil municipal à Lubeck, Hambourg et Brême ne fut de nouveau atteint que pendant la République de Weimar.

La procédure de vote durant le Premier Empire profita techniquement du centralisme français et de l'efficacité administrative émanant de Paris. Les élections véritablement participatives commencent avec une propreté formelle et un refus de la manipulation, des caractéristiques qui bien que nécessaires n'en sont pas pour autant suffisantes. N'oublions pas que le Corps législatif parisien avait peu à dire. Lors de l'époque baptisée »Pré-Mars« en Allemagne (Frühmärz, 1815–1848) des élections à un parlement (à deux chambres) furent conduites dans quelques Länder du Sud de l'Allemagne. Dans le Nord ce ne fut pas le cas et la qualité de beaucoup des normes qu'avait instaurées Napoléon en matière d'organisation du processus électoral ne fut atteinte là de nouveau que dans les décennies suivant 1848. Sous le thème »élections en Allemagne« les élections napoléoniennes dans les huit départements de la rive gauche et droite du Rhin (1801–1814) méritent plus qu'une simple annotation dans la marge[22].

21 Helmut Stubbe da Luz, Parteien als politische Unternehmen. Der Parteienforscher Moisei Ostrogorski (1854–1919) und die heutige Parteienhistorie in Deutschland und Frankreich, dans: Francia 24/3 (1997), p. 169–182.

22 Cf. Gerhard A. Ritter (dir.), Wahlen und Wahlkämpfe in Deutschland. Von den Anfängen bis zur Bundesrepublik, Düsseldorf 1997; ce livre commence par un article sur les élections dans le pays de Baden (1819–1871). Herbert Obenaus a publié dans le cadre du »Handbuch der Geschichte des deutschen Parlamentarismus« (publ. par G. A. Ritter) son œuvre »Anfänge des Parlamentarismus in Preußen bis 1848«, Düsseldorf 1984. Mais ses recherches sur les États du royaume de Westphalie, n'ont pas été acceptées dans le cadre dudit manuel – »pour des raisons de manque de place« – et ont été publiés dans Francia 12 (voir n. 14).

Rezensionen

Personen der Geschichte, Geschichte der Personen. Studien zur Kreuzzugs-, Sozial- und Bildungsgeschichte. Festschrift für Rainer Christoph Schwinges zum 60. Geburtstag, hg. von Christian Hesse, Beat Immenhauser, Barbara Studer, Basel (Schwabe) 2003, XVI–500 S., ISBN 3-7965-1974-1, CHF 58,00.

Die insgesamt 26 Beiträge der Festschrift zum 60. Geburtstag von Rainer Christoph Schwinges sind unter vier Interessenschwerpunkten subsumiert, die eng mit dem Werk des an der Berner Universität Mittelalterliche Geschichte lehrenden Jubilars verbunden sind: Bern, sein Umland und die Eidgenossen – Die Stadt und ihre Bürger – Die Universitäten und ihre Besucher – Christen und Andersgläubige. Gerade die dabei aufgebrachte Disziplin der Beteiligten, sich in die genannten Themenbereiche einzufügen, macht den besonderen Wert dieser gelungenen Festschrift aus. Sie ist eben kein bloßes ›Aufsatzgrab‹ wie so viele andere.

Das Buch beginnt mit den innerstädtischen Konflikten der Stadt Bern im Mittelalter und der Frühen Neuzeit. Roland Gerber untersucht die Machtkämpfe innerhalb des Patriziats im 13. Jh. Hans Braun und Guy P. Marchal fokussieren den 1513 eskalierenden Konflikt um französische Pensionen und Solddienste, der u. a. zur Folterung und Hinrichtung von Caspar Hetzel führte. Werner Meyer berichtet von einem 1383 gegen die Berner Angreifer in Olten vollführten Wetterzauber, während sich Oliver Landolt allgemein mit Kriegsverbrechen in der spätmittelalterlichen Eidgenossenschaft auseinandersetzt. Barbara Studer ruft das untergegangene Augustinerinnenkloster in Interlaken in Erinnerung und Arnold und Doris Esch legen Eintragungen über Schweizer im Kirchenbuch der deutschen evangelischen Gemeinde in Rom während des 19. Jhs. vor.

Andere Städte kommen in den Blick. Kristina Isacson und Bruno Koch versuchen durch eine Analyse des Bürgerbuchs und des sogenannten Glückshafenrodels, d. h. eines Verzeichnisses von Lotterieteilnehmern, von 1504 Aussagen zur Migration und Mobilität in Zürich zu treffen. Hans-Jörg Gilomen stellt die Kreditwirtschaft im spätmittelalterlichen Basel dar und Běla Marani-Moravová die Rolle des Stadtschreibers in Königgrätz um 1600. Peter Blickle problematisiert den Begriff des Pfarrkirchenbürgers als Untergruppe des Pfahlbürgers. Urs Martin Zahnd erörtert einfühlsam den Quellenwert spätmittelalterlicher Selbstzeugnisse anhand der sogenannten Familienbücher, bei denen er besonders die Aussagen über die jeweiligen Ehepartner herausarbeitet. Wie eine ideale observante Nonne aussah, zeigt indessen Carl Pfaff in den Schriften des Dominikaners Johannes Meyer aus der Mitte des 15. Jhs.

Peter Moraw gratuliert mit seinem am 30. Juni 2001 bei einem Kolloquium der Universität Bamberg anläßlich des 65. Geburtstages von Prof. Dr. Joachim Ehlers gehaltenen Vortrag: Deutsche und europäische Gelehrte im lateinischen Mittelalter (S. 239, Fn. 1). Den spätmittelalterlichen Beziehungen zwischen der Universität Erfurt und der Landgrafschaft Hessen widmet sich Christian Hesse, dem Universitätsbesuch von Einwohnern aus St. Gallen um 1500 vor allem in Basel, Wien und Leipzig aber Beat Immenhauser. Ludwig Schmugge entnimmt den päpstlichen Registerserien Informationen über das Universitätsstudium von Religiosen. Rainer A. Müller beobachtet an den deutschen Universitäten der Frühmoderne einen Rückgang von juristischen und eine Zunahme von medizinischen Promotionen. Die deutschen Wurzeln der modernen Forschungsuniversität beleuchtet Walter Rüegg und Jürg

Schmutz spricht sich aktuell für die interdisziplinäre Zusammenarbeit von Juristen und Historikern aus.

Die Überreste der Karolingerpfalz Karnburg bei Klagenfurt präsentiert Hans-Dietrich Kahl. In die Ideenwelt der Antike führt Heinz E. Herzig zurück, der Ciceros Konzept des Gerechten Krieges und seine Rezeption durch Augustinus reflektiert. Beiträge zur Geschichte der Kreuzzüge runden das Buch ab: Pedro Zwahlen stellt Überlegungen zum Völkerrecht zwischen Christen und Muslimen im 12. Jh. an. Hans-Joachim Schmidt interpretiert die Vorschläge zur Bildungsreform von Pierre Dubois als ein Mittel zur Wiedergewinnung des Heiligen Landes, während sich Andreas Meyer mit der handfesten Finanzierung der Kreuzzüge in der Stadt Lucca beschäftigt. Dem Mythos der Katharerburg Montségur ist schließlich Katharina Simon-Muscheid auf der Spur.

Rainer Brüning, Karlsruhe

Landes- und Reichsgeschichte. Festschrift für Hansgeorg Molitor zum 65. Geburtstag, hg. von Jörg Engelbrecht, Stephan Laux, Bielefeld (Verlag für Regionalgeschichte) 2004, 446 S. (Studien zur Regionalgeschichte, 18), ISBN 3-89534-518-0, EUR 34,00.

Anläßlich des 65. Geburtstages und zugleich als Abschiedsgeschenk zur Emeritierung von Hansgeorg Molitor an der Heinrich-Heine-Universität zu Düsseldorf erschien im Jahre 2004 eine Festschrift, die in mehreren Beiträgen auf Arbeits- und Interessenschwerpunkte des Jubilars rekurriert. Diese, obzwar breit gestreut, konzentrieren sich doch in ganz besonderer Weise geographisch auf den deutsch- niederländischen Grenzraum im umfassenden Sinne und zeitlich auf das 16. und frühe 17. Jh., mithin also das »konfessionelle Zeitalter«.

Bereits im ersten, als »historischer Essay« verstandenen Beitrag des Mitherausgebers Jörg Engelbrecht wird versucht, unter dem Titel »Rhein-Maas als grenzüberschreitender Kulturraum« die geographische Dimension des Hauptuntersuchungsgegenstandes näher zu beleuchten. Angesichts der Vielzahl der dort aufgetretenen staatlichen Gebilde und des Fehlens einer eigenen regionalen Identität meint Engelbrecht das in Frage kommende Territorium am besten mit dem Hinweis auf eine ungefähre Deckungsgleichheit mit der Ausdehnung Niederlothringens im 10. Jh. fassen zu können. Dieses sei, insbesondere im späten Mittelalter, maßgeblich vom Band der höfischen Kultur Burgunds und der Einheit kirchlichen Lebens, und zwar sowohl auf organisatorischer wie auch, etwa durch die Bewegung der »Devotio moderna«, auf spiritueller Ebene zusammengehalten worden. Über die religiösen Verhältnisse sei dann bereits im 16. Jh. der starke Einfluß der Niederlande in den Raum eingedrungen, der sich im 17. Jh. durch kulturelle, insbesondere bildungstechnische Phänomene und im 18. Jh. in Form einer weitgehenden wirtschaftlichen Vernetzung mit den Niederlanden noch verstärkt hätte. Erstmals im Zuge der Neuformierung der Grenzen im Gefolge der Französischen Revolution und der Koalitionskriege 1794 auch politisch zusammengefaßt, überwogen durch die erneute Revision der Staatsgrenzen nach dem Wiener Kongreß und insbesondere die immer schärfer hervortretende Abkoppelung der preußischen von den niederländischen Territorien seit dem 19. Jh. wieder eher die trennenden Elemente, die letztlich dann auch den zunehmenden wirtschaftlichen Abstieg der einst blühenden Region maßgeblich mit verursacht hätten.

Nach diesem einleitenden, die Grenzen des Raumes über längere Zeiträume hinweg betrachtenden Essay setzt sich mit dem Beitrag »Der ›fröhliche Einzug‹ (Blijde Inkomst, Joyeuse Entrée) als Grundlage der Brabanter Verfassung« von Heinz Finger die nach der chronologischen Verortung der behandelten Themen gegliederte Reihe der Beiträge fort. Finger geht der Frage nach, wieso es in Brabant als einzigem niederländischen Territorium im späten Mittelalter und der frühen Neuzeit eine einmalig durchgebildete Verfassung geben konnte. Zwar sei die Entstehung Brabants als Territorium langsamer und später erfolgt als die seiner westlichen Nachbarterritorien, es sei mit dem Sieg in der Schlacht von Worringen 1288 aber machtpolitisch enorm aufgewertet worden. Der Preis, den die Landesherren dafür zu zahlen hatten, war eine zunehmende Verschuldung, in die sie durch den »Brief von Kortenberg« 1312 und später weitere Dokumente dieser Art die Stände im Ausgleich für politische Mitsprache mit einbanden. In dieser Kontinuität sei dann auch die »Blijde Inkomst«, eigentlich nur ein die Nachfolge des ohne männliche Erben verstorbenen Herzogs Johanns III. im Jahre 1355 regelndes Dokument zu sehen, in dem dessen Tochter Johanna und ihr Gemahl Wenzel von Luxemburg die Unteilbarkeit des Herzogtums bekräftigten und den Untertanen ein Widerstandsrecht gewährten. In der frühen Neuzeit wurde dann streng sowohl am zeremoniellen als auch am eigentlichen staatsrechtlichen Teil des Dokumentes festgehalten, dessen Außerkraftsetzung durch Kaiser Joseph II. 1787/88 die »Brabanter Revolution« auslöste. Obzwar eingebettet in eine Reihe von Herrschaftsverträgen, die seit dem 13. Jh. die Macht des Landesherren auch schriftlich fixiert banden, sticht die »Blijde Inkomst« aber doch durch eine »Ritualisierung des Verfassungslebens und in der Ausweitung, die hier der überall in Europa lebendige Begriff des Staatsvolkes erfuhr« (S. 39), hervor und verdanke seine Langlebigkeit dem Schutz durch eine gesellschaftliche Kraft, »die ihrerseits eine auch religiöse Absicherung besaß« (S. 40).

Leo Peters analysiert hernach »Reformationsgeschichtliche Aspekte eines Kempener Heiratsvertrages von 1546«. Nach einer kurzen Vorstellung der am besagten Dokument, dem Heiratsvertrag zwischen dem ostfriesischen Häuptling Tido von Inn- und Knyphausen und Eva, der Tochter des Amtmannes Wilhelm Freiherr von Rennenberg, beteiligten Personen kommt der Verfasser zum Schluß, daß die Eheschließung Hintergrund eines Treffens reformatorischer Kräfte zur Besprechung des weiteren Vorgehens im Konflikt im Kurerzbistum Köln gewesen und ihm somit über den konkreten Anlaß hinaus der Charakter einer politischen Versammlung zuzuerkennen sei.

Ebenfalls in das 16. Jh. führt uns der Beitrag »Die geistlichen Reichsstände und das Augsburger Interim 1548–1551« von Horst Rabe. Dieses auf Initiative Kaiser Karls V. am 15. Mai 1548 zur Anwendung auf die Protestanten beschlossene Sondergesetz spaltete die geistlichen Reichsstände, sieht man von der Ausnahme des Bischofs von Münster und Osnabrück und Administrators von Minden, Franz von Waldeck einmal ab, der die Regelungen zum Zwecke einer »Säkularisierung und Dynastisierung seiner drei Hochstifte« (S. 69) nutzen wollte, in eine Fraktion, die den Protestanten gegenüber eine harte Linie vertreten wollte, und eine eher gemäßigt zu nennende Gruppe. Den konkreten Anlaß dieser Polarisierung habe Karl V. im Juli 1548 im Aufruf an die geistlichen Reichsfürsten zur Mithilfe bei der Durchführung des Interims selbst gegeben. Dabei ging es den meisten der Angesprochenen neben der Stärkung des katholischen Glaubens insbesondere auch um die Revitalisierung der bischöflichen Jurisdiktionsrechte in den protestantischen Teilen ihrer Diözesen. Nach einer Analyse der Extremfälle der Interpretation der Anwendbarkeit des Interims, die Rabe mit den Beispielen des Kurerzbistum Köln einerseits, dem Herzogtum Jülich-Kleve-Berg andererseits illustriert, und der Darstellung der Schwierigkeiten der Erfüllung des »geistlichen« Elementes des kaiserlichen Vorstoßes in Form der nur geringen Resonanz auf den Aufruf zur Bereitstellung von »Interimspriestern«, schildert der Autor die Schwerpunkte der Tätigkeit der geistlichen Reichsfürsten. Diese bestünden zum einen im Entstehen einer teilweise ausgedehnten Korrespondenz der Bischöfe mit den evangelischen Obrigkeiten, zum anderen in Visitationen, die aber mehr vom Versuch der Wiedergewinnung von Rechtspositionen als wirklichem Reformwillen gekennzeichnet gewesen seien. Doch auch bei Vorliegen einer wirklichen Bereitschaft zur Beseitigung der konfessionellen Spaltung sei die Umsetzung des Interims, insbesondere die Frage der Tolerierung von Laienkelch und Priesterehe, durch kirchenrechtliche Probleme erschwert worden. So müßten am Ende die Ergebnisse der Visitationen »nicht nur wegen des seinerzeit religions- wie verfassungspolitisch motivierten Widerstrebens der evangelischen Obrigkeiten … sondern auch und vor allem wegen der Einschränkungen durch die päpstliche Dispenspolitik, von denen sich die Bischöfe nur marginal emanzipieren konnten« (S. 95), als relativ begrenzt bewertet werden.

Unter stärker kommunikationsgeschichtlichen Aspekten beleuchtet im Folgebeitrag Paul MÜNCH unter dem Titel »Una disputa tenebitur inter Papistas et Lutheranos …« einen »Dunkelmännerbrief zum Regensburger Religionsgespräch 1601«. Seien noch die Kolloquien der 1540er Jahre vom freilich stark unter dem Gesichtspunkt der Rekatholisierung zu sehenden Bemühen um die Einheit des Glaubens geprägt gewesen, mutierten sie am Ende des 16. Jhs. insgesamt eher zu Foren der Propagierung konfessioneller Ziele der jeweiligen Landesherren. Dennoch sei die Initiative zum Gespräch in Regensburg vom lutherischen Pfalzgrafen Philipp Ludwig von Neuenburg und dem katholischen Herzog Maximilian I. von Bayern auch mit der Zielrichtung auf eine Entspannung des durch Polemiken stark angeheizten konfessionellen Verhältnisses erfolgt. Allerdings legte bereits das Thema der Disputation, die Gültigkeit des »sola-scriptura«-Prinzips, ein Scheitern nahe, zumal mit der dialektischen Gesprächsmethode und der lateinischen Sprache auch eher ungleiche Voraussetzungen zuungunsten der Protestanten geschaffen waren. Münch verfolgt im Folgenden aber weniger die inhaltlichen Elemente des Gesprächs als vielmehr dessen Außenwirkung. Er schildert den Rahmen und die Rolle des Publikums beim Kolloqium und fokussiert am Beispiel eines dem Bericht des Nassauischen Beobachters in Regensburg beiliegenden »Dunkelmännerbrief« auf das »Medienecho« der damaligen Zeit. Eine Edition des betreffenden Dokumentes beschließt den Beitrag.

»Der Übertritt des Pfalzgrafen Wolfgang Wilhelm zum katholischen Glauben in Düsseldorf im Jahre 1614«, ein für die weitere Geschichte des Hauses Wittelsbach insbesondere im 18. Jh. wichtiges Ereignis, wird sodann von Olaf RICHTER näher beleuchtet. Dabei treten v. a. die sich um das Erbe des 1609 verstorbenen Herzogs Johann Wilhelm von Jülich, Kleve und Berg drehenden Probleme der vielfältigen Ansprüche auf das besagte Territorium in den Vordergrund. Die Konversion Wolfgang Wilhelms wird auch unter dem Aspekt der faktischen Festlegung der protestantischen Mächte, insbesondere der Niederlande, auf die Unterstützung der kurbrandenburgischen Position und der versuchten Abwehr eines kaiserlichen Sequesters durch eine Annäherung an Bayern gesehen. Dabei wird neben dem Akt des Glaubensübertrittes selbst und seiner Vorgeschichte auch die Frage der politischen Instrumentalisierung der Bekanntgabe desselben gebührend berücksichtigt. Der vielleicht als einer der gelungensten Beiträge des vorliegenden Bandes anzusehende Aufsatz schließt mit einem Ausblick auf die konfessionspolitischen Entwicklungen in Jülich und Berg nach 1614.

Ebenfalls in beeindruckender Prägnanz und Ausführlichkeit hebt der quellennah fundierte Artikel »Gegenreformation und habsburgische Behauptungspolitik. Ferdinand II., der Papst, die Jesuiten und die Frage der protestantischen Religionsrechte im Erzherzogtum Österreich 1619/20« von Thomas BROCKMANN ein manchmal durch konfessionspolitisches »Blockdenken« im Vorfeld und der Anfangsphase des Dreißigjährigen Krieges übersehenes oder unterschätztes Faktum, nämlich die Rolle und der Einfluß des Protestantismus in den meist als »rein katholisch« angesehenen habsburgischen Landen, wieder stärker ins Bewußtsein. Dem Autor gelingt es, die Schwere der Bedrohung der Stellung des Landesherren angesichts der Verknüpfung reichspolitischer Probleme mit dem auch und v. a. konfessionell gespeisten Bestreben der ober- und niederöstereichischen Stände zur Abschüttelung der mit dem Katholizismus gleichgesetzten habsburgischen Herrschaft aufzuzeigen. Keineswegs selbstverständlich, sondern nur in konzentriertem Ringen unter Aufbietung aller verfügbaren Kräfte und unter Rückgriff auf auswärtige Verbündete sei es schließlich gelungen, den Abfall Ober- und Niederösterreichs und dessen Anschluß an die aufständischen Böhmen zu verhindern und den Protestantismus in den habsburgischen

Landen zumindest als politischen Faktor auszuschalten. Ein ausführlicher Quellenanhang beschließt auch hier dankenswerterweise die Ausführungen.

»Der Westfälische Friede und die Legende von der landesherrlichen Souveränität« ist sodann das Thema der Ausführungen von Johannes Burckhardt. Ihm geht es darum, aufzuzeigen, daß die seit dem 19. Jh. vertretene These von der in den Bestimmungen des den Dreißigjährigen Krieges beendenden Friedensschlusses von Münster und Osnabrück wurzelnden und den weiteren Verlauf deutscher Geschichte negativ beeinflussenden Souveränität der Reichsstände nicht nur anhand des Quellenbefundes nicht mehr haltbar, sondern sogar in ihr Gegenteil, nämlich eine Einschränkung der Territorialgewalten zugunsten einer Stärkung der Reichskompetenz, umzudeuten sei. Obgleich Burckhardt in den forschungsgeschichtlichen Passagen eine zunehmende Differenzierung der Problemstellung und eine Sensibilisierung im Hinblick auf die Interpretation der Sachverhalte ausmacht, erliegt er aber leider zur Stützung seiner These der Versuchung, lediglich den juristischen Aspekt des Problems zu betrachten, daraus aber eine Gesamtinterpretation des Phänomens abzuleiten. Zwar analysiert der Autor detailliert die Problemkreise des Bündnisrechtes der Reichsstände und den des Umfanges der Landeshoheit, schließt sich in deren politischen Bewertungen aber fast völlig der Position des »Reiches« an, ohne divergierende Interpretationen und Interpretationsmöglichkeiten des Vertragstextes seitens der Reichsstände eingehender zu würdigen. Denn schließlich waren es diese stärker »partikularistischen« bzw. »territorialistischen« Sichtweisen, die als Leitlinien der konkreten politischen Praxis auch gegenüber einer möglicherweise sogar formaljuristisch »korrekten« Interpretation der besagten Artikel des Westfälischen Friedens v. a. seitens des Kaisers im Reich bis zu dessen Ende 1806 vorherrschten.

Die nächsten beiden Aufsätze wenden sich anhand der Vorstellung zumeist einer Hauptquelle zwei Spezialproblemen zu. Barbara Schildt-Specker untersucht »›La Serenissima Sposa‹. Die Hochzeit der Dorothea von Pfalz-Neuburg und ihre Reise nach Parma im Jahre 1690«, Clemens Graf von Looz-Corswarem beleuchtet »Die ›Speckermönche‹ in Düsselthal in der öffentlichen Wahrnehmung des 18. Jahrhunderts«. Diese sei im wesentlichen von aus dem abgeschiedenen Leben der Trappisten herrührenden Gerüchten beeinflußt gewesen und habe sich auf wenige, immer wiederkehrende Äußerlichkeiten, etwa das Schweigegebot, die Divergenz der den Mönchen eigentlich vorgeschriebenen einfachen Speise mit ihrer Wohlgenährtheit sowie, dies nun unter dem Einfluß der Aufklärung in eher positiver Art und Weise, die Feldarbeit und die Einfachheit der Lebensführung konzentriert. Die Unkenntnis der meisten Autoren über die genauen Zusammenhänge der beobachteten Erscheinungen und insbesondere ihre religiösen Hintergründe sowie ein Verhaftetbleiben an rational dominierten Sichtweisen der Aufklärung trugen aber Wesentliches dazu bei, den Konvent wenn schon nicht als schädlich und nutzlos, so doch zumindest als bloße Kuriosität anzusehen.

In – angesichts der Thematik und ihrer Relevanz – vielleicht doch zu großer Breite und leider in etwas verschwommener Darstellungsweise behandelt Fritz Dross unter der Überschrift »Gottes elektrischer Wille? Zum Düsseldorfer ›Blitzableiter-Aufruhr‹ 1782/83« eine Episode aus der Wissenschaftsgeschichte der Niederrhein-Region zur Zeit der Regierung des Kurfürsten Carl Theodor von der Pfalz. Eingebettet in allgemeinere Ausführungen, die die Rezeption der auf Initiative von Johann Jakob Hemmer auf v. a. öffentlichen Gebäuden installierten »Blitzfänger« widerspiegeln, führt der Autor zunächst die beiden zentralen, auch für das heimatgeschichtliche Bewußtsein relevanten Quellen, eine anonyme Reisebeschreibung aus dem Jahre 1794 und ein lokalhistoriographisches Werk aus der Feder Vinzenz Jakob von Zuccalmaglio, genannt Montanus, das 1837/39 erstmals und dann in erweiterter Form 1870/71 erschien, auf einen gemeinsamen Ursprung, zwei Artikel aus Schlözers Stats-Anzeigen aus dem Jahre 1783 zurück. Sodann versucht Dross aufzuzeigen, daß eine genaue Rekonstruktion der Vorgänge aufgrund der Quellenlage schwerlich möglich ist, nimmt aber die Auseinandersetzung zwischen den Gegnern der Aufstellung der Blitzableiter, faßbar in einer Eingabe des Düsseldorfer Magistrates an den Landesherrn, und einer von Carl Theodor initiierten Replik Johann Jakob Hemmers zum Anlaß, dem Wissenschaftler, der sich zum Ziel gesetzt hatte, »sanfte Belehrung« zu erweisen, zu unterstellen, er verstünde darunter »eben nicht ›rationale‹ Überzeugungsarbeit am unwissenden Volk, sondern das pragmatische Ausräumen von Widerständen« (S. 301).

Der kurze, aber sehr instruktive Beitrag »Schöngeister und Brandstifter. Französische Revolutionäre und Encyclopédistes als Übersetzer« von Fritz Nies thematisiert den Kulturtransfer in das vorrevolutionäre Frankreich anhand einer Analyse der übersetzten Werke und der Übersetzer selbst. Nies kommt zum überraschenden Schluß, daß es nicht etwa moderne staatstheoretische Abhandlungen oder Werke der literarischen Avantgarde waren, die die Mehrzahl der übersetzten Bücher ausmachten, sondern Titel aus den alten Sprachen mit deutlicher Dominanz des schöngeistigen Bereiches. Dies gelte, blicke man auf das im übrigen mit sehr hoher Geschwindigkeit, die oftmals zu Lasten der Qualität zustande kam, arbeitende Personal, noch mehr für die Gruppe der Revolutionäre als deren Vorgängergeneration der Enzyklopädisten.

Ottfried Dascher referiert im Folgenden über »Revolutionskriege und Säkularisation. Ihre Folgen für Kunst und Kultur in Rheinland und Westfalen (1794–1815)«. Dabei sei zunächst zu beachten, daß die Beschlagnahmung von Kulturgütern sowohl kulturpolitisch als auch fiskalisch motiviert sein könne. Letzteres gelte insbesondere für die sowohl von Seiten des revolutionären Frankreich als auch der nach dem Reichsdeputationshauptschluß neu in den Besitz der jeweiligen Territorien gelangten deutschen Landesherren durchgeführten Säkularisationen, in deren Folge unzählige kirchliche Kulturschätze durch Ignoranz oder Unachtsamkeit bei der Vorbereitung und Durchführung der Translozierung dauerhaft verlorengegangen seien. Die Aktionen Napoleons hingegen hätten sich stärker aus dem bereits zu Beginn der Französischen Revolution zu beobachtenden kulturellen Sendungsbewußtsein Frankreichs heraus entwickelt und zielten auf die Zentralisierung der herausragendsten Kulturgüter des Kontinents in den Pariser Museen und deren Zweigstellen in den Departements. Sei die Rückführungsfrage nach der Niederlage Frankreichs 1814 erst schleppend betrieben worden, seien es, insbesondere nach der endgültigen Niederwerfung des Kaisers der Franzosen 1815 bei Waterloo, v. a. die Militärs gewesen, die den Rücktransport der in Paris angesammelten Objekte in ihre Provenienz forciert hätten.

Als nächstes folgt unter dem Zitat »La triste et irréparable situation« eine Sammlung von als »Stimmungsbildern aus der Adelsgesellschaft während der Säkularisation« verstandenen Briefen des Speyrer Propstes Alexander Franz von Wessenberg an seinen Neffen, den Generalvikar des Bistums Konstanz, Ignaz Heinrich von Wessenberg und an den Regensburger Dompropst Benedikt Joseph Graf von Thurn-Valsassina, bevor der Mitherausgeber des Bandes, Stephan Laux, in »Das Patrozinium ›Saint Napoléon‹ in Neersen (1803–1856) einen »Beitrag zur Rezeption der napoleonischen Propaganda im Rheinland« liefert. Laux zeigt, daß es maßgeblich die durchaus nicht auf den Widerstand der Bevölkerung stoßende Person des Karl Joseph Lenders war, die systematisch die Aufwertung Neersens sowohl in administrativer Hinsicht, die durch die Erlangung des Status als Hauptort der Mairie gelang, als auch auf kirchlicher Ebene betrieb. Zur Sicherung der Eigenständigkeit der 1798 errichteten eigenen Pfarrei wählte man bereits 1803 das Patrozinium des vom Kaiser der Franzosen künstlich geschaffenen »Saint Napoléon«, das erst 1856 wieder aufgehoben wurde. An den geschilderten Vorgängen sei insbesondere die die revolutionäre bzw. kaiserliche Festkultur zur Erlangung eigener lokaler Ziele instrumentalisierende, aber eben nicht grundsätzlich aufgrund der Verbindung mit einer Fremdherrschaft ablehnende Grundhaltung, die sich hauptsächlich am eigenen Erfahrungshorizont bemaß, zu beobachten.

In jeder Hinsicht, sowohl zeitlich durch die Verortung in der Antike als auch inhaltlich durch einen fehlenden Bezug zur eigentlich im Mittelpunkt des Bandes stehenden Kulturlandschaft fällt der folgende Beitrag »Latro und Partisan« von Michael KOCH als Fremdkörper aus dem Rahmen. Er stellt den wohl als völlig gescheitert zu bezeichnenden Versuch der Übertragung neuzeitlicher Theorien und Begriffsbildungen auf die klassische Antike dar und zeichnet sich durch eine wirre Amalgamierung althistorischer und politikwissenschaftlicher Ansätze aus. Koch versucht, den Begriff des Partisans in der Definition von Carl Schmidt insbesondere auf einen gewissen Viriatus, den in den antiken Quellen als »latro« bezeichneten Führer der gegen Rom operierenden Verbände in den Lusitanerkriegen des 2. Jhs. v. Chr. anzuwenden und kommt hinsichtlich des Ertrages seiner Bemühungen zu dem Schluß: »Gewonnen wird soziale, militärische und politische Differenzierung in einer Weise, die durchaus als paradigmatisch betrachtet werden kann« (S. 401). Sieht man von der darin zum Ausdruck kommenden, wohl schon als Hybris zu bezeichnenden Selbstüberschätzung einmal ab, bleibt festzuhalten, daß nicht nur der Umgang des Autors mit insbesondere antiken Quellen auf mangelnder methodischer Kenntnis beruht, sondern Phänomene wie das der Unternehmungen des Viriatus keineswegs überzogener definitorischer Verrenkungen bedürfen, sondern mit dem Begriff des Aufstandes klar und präzise zu fassen wären.

Bevor Kurt DÜWELL sich abschließend des Themas »Vertriebene, Flüchtlinge und ›illegale Grenzgänger‹ in Nordrhein-Westfalen (1946–1969)« annimmt, einer sich mit der Integration von Migranten befassenden Studie, stellt Herbert SCHMIDT noch in »Der Fall Dr. Prager/Lennhoff« eine »Dokumentation zum Denunziationswesen in der NS-Zeit« anhand eines Fallbeispieles aus Düsseldorf vor.

Der vorliegende Band spannt, sieht man von einer bedauerlichen Ausnahme einmal ab, innerhalb des bereits im ersten Beitrages näher definierten geographischen Rahmens einen weiten Bogen vom späten Mittelalter bis zur Zeitgeschichte. Darin haben sowohl Einzelstudien als auch übergreifendere Darstellungen ihren Platz. So regt die Festschrift dazu an, sich zumindest mit einzelnen Aspekten der Forschungsschwerpunkte des Jubilars, dessen Lebenslauf und Publikationsverzeichnis dem Band beizugeben sich die Herausgeber leider enthalten haben, näher zu beschäftigen.

Bernhard MUNDT, Ludwigshafen/Rh.-Mundenheim

Konrad AMANN, Ludolf PELIZAEUS, Annette REESE, Helmut SCHMAHL (Hg.), Bayern und Europa. Festschrift für Peter Claus Hartmann zum 65. Geburtstag, Berlin, Bern, Brüssel u. a. (Peter Lang) 2005, IX–451 S., ISBN 3-631-53540-6, EUR 68,00.

Zum 65. Geburtstag des renommierten Mainzer Ordinarius für Allgemeine und Neuere Geschichte Peter Claus Hartmann erschien im Peter Lang Verlag eine Festschrift, die in insgesamt sechsundzwanzig Beiträgen, deren Bogen sich vom Spätmittelalter bis zur unmittelbaren Zeitgeschichte spannt, »gleichsam als ein Kaleidoskop« (S. V) Aspekte der Forschungs- und Publikationstätigkeit des Jubilars reflektiert. Dabei werden Schwerpunkte des Wirkens von Peter Claus Hartmann, die Bayerische Landesgeschichte im deutschen und europäischen Kontext, die politische, Institutionen- und Kulturgeschichte des Heiligen Römischen Reiches Deutscher Nation in der Frühen Neuzeit sowie die Geschichte Frankreichs und der deutsch-französischen Beziehungen von den einzelnen Autoren, denen aufgrund der Tatsache, daß das vorliegende Werk möglichst vielen »Schülern, Weggefährten und Mainzer Kollegen« (S. V) Gehör zu geben sich bemüht, nur jeweils ungefähr fünfzehn Seiten für ihre jeweiligen Ausführungen zur Verfügung standen, aufgenommen und variiert.

Unter dem Titel »München, Paris und Avignon im Frühjahr 1337. Anmerkungen zur Wirkmächtigkeit von Geschichtsbildern«, einer vielleicht etwas irreführenden Überschrift, beginnt Franz-Josef FELTEN den Reigen der Festgaben. Er setzt sich mit der in der älteren Literatur, insbesondere bei Albert Hauck, zu findenden These auseinander, Papst

Benedikt XII. habe im April 1337 König Ludwig dem Bayern mehr oder weniger als Marionette König Philipps VI. auf französischen Druck hin die Absolution und damit die Lösung vom Kirchenbann verweigert. Felten zeigt, daß die Entscheidung vornehmlich vom Papst ausging, der, unter Hinzukommen einer mangelnden Bußfertigkeit Ludwigs, der sich in Avignon von Markward von Randegg vertreten ließ, aufgrund der in der Verteidigungsrede des Königs zwar indirekt, aber unmißverständlich ausgesprochenen Drohung, unter Ausnutzung des heraufziehenden Konfliktes zwischen England und Frankreich seinerseits den Papst mit einem Ketzerprozeß zu überziehen, trotz zunächst freundlicher Aufnahme der Gesandtschaft schließlich gar keine andere Wahl hatte.

Nachdem Sigrid Schmitt sich mit der Familie Oswald von Wolkensteins in ihren Verflechtungen und im Konflikt mit Herzog Friedrich von Tirol befaßt, behandelt Alois Schmid das Thema »Bayern und der europäische Humanismus«. Knapp, aber umfassend und gut gegliedert präsentiert der Autor alle wesentlichen Aspekte des Themas auf dem ihm zur Verfügung stehenden Raum und liefert ein anschauliches Bild der geistigen Situation in Bayern an der Schwelle vom Mittelalter zur Neuzeit. Die Lage des Herzogtums könne im Zeitraum zwischen 1450 und 1600 »mit den Schlagworten politisch-soziale Ruhe, staatliche Konzentration und wirtschaftliche Prosperität« (S. 39) gekennzeichnet werden, allein, für einen Humanismus im klassischen Sinne fehlten größere Städte und Höfe als Zentren. Diese seien durch die Klöster und insbesondere die Universität Ingolstadt ersetzt worden, wodurch dem bayerischen Humanismus »der antikisierende Pantheismus oder gar Atheismus« (S. 51) fremd geblieben sei und somit ein schrittweiser Übergang vom späten Mittelalter zum Humanismus zu verzeichnen wäre. Persönliche Beziehungen der Gelehrten, deren bedeutendste in Johannes Aventinus und Konrad Celtis gesehen werden, sowie das aufkommende Buchwesen verschränkten den bayerischen Humanismus mit dem gesamten europäischen Raum.

»Die Leipziger Disputation von 1519 und die Reformation« ist das Thema der folgenden Untersuchung von Konrad Amann. Eingebettet in Überlegungen zu den handelnden Personen und den sie einfassenden Strukturen versteht der Mitherausgeber die Disputation in Leipzig als einen Markstein der Reformation, da es Johannes Eck gewesen sei, der dort im Zuge der Auseinandersetzungen Luther zu derart gewagten Thesen provozierte, die am Ende nur noch die völlige Unterwerfung unter die Gnade der Amtskirche oder den vollständigen Bruch mit dieser Institution als Alternativen erlaubten. Luther habe sich für den letzteren Weg entschieden und komme insbesondere in seinen 1520 entstandenen Schriften zu einer immer radikaleren Kritik an den kirchlichen Zuständen seiner Zeit, womit eine zunehmende Frontstellung zwischen »Romtreuen und Romkritikern« (S. 72) verbunden gewesen sei.

Ludolf Pelizaeus stellt sodann unter dem Titel »Kultur, Kontakt und Erfahrung. Die Reise von Herzog Friedrich in Bayern, Pfalzgraf bei Rhein nach Granada 1526 nach einer Münchner Handschrift« ein wohl aus der Feder Friedrichs selbst stammendes Itinerar besagter Reise – kontrastiert mit und ergänzt um Passagen aus einem bereits ediert vorliegenden ausführlicheren Bericht des herzoglichen Leibarztes Dr. Johannes Lange – vor und kommentiert Bedeutung der Reise und Wahrnehmung fremder Länder, insbesondere die Gegensätzlichkeit der Erfahrung Frankreichs und Spaniens durch die Reisegesellschaft.

Daß die Zeit nach dem Tode Orlando di Lassos 1594 für die herzogliche Hofmusik nicht als Niedergang, sondern als sanfter Übergang zu einem neuen, dem von Italien her geprägten Stil zu werten sei, versucht Axel Beer in seiner Miszelle »Italienische Musik in München zur Zeit Maximilians I.« aufzuzeigen. Leider erliegt der Autor der Versuchung, durch übermäßige »Differenzierung« die Ergebnisse relativierend zu verwässern und von ihm selbst angesprochene Faktoren, etwa das nicht mehr erreichte musikalische Niveau di Lassos oder die gewandelte, dem festlichen Aufwand recht kritisch gegenüberstehende Atmosphäre am Hofe, zu unterschätzen. Wiewohl Kontinuitäten, etwa das Fortbestehen der Hofkapelle oder die Pflege der Werke di Lassos, existierten, überwogen im neuen Stellenwert der Hofmusik und dem mit einem Niveauverlust einhergehenden Wechsel des Personals doch deutlicher als dies der Autor zu erkennen vermag die Brüche.

Nach der Schilderung der Schwierigkeiten bei der Eheschließung der Prinzessin Marie-Anne Christine von Bayern mit dem französischen Dauphin, die sich aufgrund der sich stärker Habsburg zuwendenden Stimmung im Regentschaftsrat nach dem Tode Herzog Ferdinand Marias 1679 ergaben und denen sich René PILLORGET in seiner Skizze »La negotiation du mariage de la princesse Marie Anne Chistine [sic!] de Bavière« widmet, thematisiert Josef Johannes SCHMID »Erinnerung zwischen Mythos und Geschichte – Zum 300. Jahrestag der Sendlinger Weihnacht«.

Zunächst schildert Schmid den historischen Kontext. Nach der Schlacht bei Höchstädt am 13. August 1704, dann vollständig nach dem Regierungsantritt Kaiser Josephs I. am 5. Mai 1705 sei das Kurfürstentum Bayern von österreichischen Truppen besetzt worden. Dabei seien immer stärker die die territorialen Interessen Österreichs in den Vordergrund rückenden Tendenzen Josephs sichtbar geworden, Bayern in den habsburgischen Länderkomplex zu integrieren, wie Schmid überhaupt in Bezug auf den Kaiser bemerkt, »daß an der Lauterkeit einer echten Reichs-Reform zu zweifeln« (S. 119) sei. Vielmehr akzentuierte und beschleunigte sich »jener Prozeß, welcher 1701 in der Erklärung des Reichskriegs um der Interessen Habsburgs willen begonnen hatte und 1804/1806 mit der Annahme des ›österreichischen‹ beziehungsweise Niederlegung des römischen Kaisertitels enden sollte« (ibid.) und vom Verfasser mit dem Terminus »Österreichisierung« des Reiches beschrieben wird. Vor diesem Hintergrund sei der Widerstand in Bayern, unterstützt von den Bischöfen, der »also rechtlich, staatsrechtlich und dynastisch motiviert« (S. 121) sei, zu beurteilen.

Im zweiten Teil seiner Untersuchung, die sich der Frage der Instrumentalisierung der Ereignisse von 1705 zuwendet, kommt Schmid zu dem Schluß, daß die Pflege der Überlieferung nicht als propagandistische Untermauerung eines bayerischen »Sonderweg«-Gedankens, sondern als Teil der allgemeinen Kulturtradition bewertet werden müsse, da aufgrund der sich insbesondere im 19. Jh. ergebenden engen familiären Bindungen der Häuser Wittelsbach und Habsburg-Lothringen eine Profilierung Bayerns gegenüber Österreich unter Rückgriff auf die Geschehnisse des Jahres 1705 gar nicht opportun gewesen wäre. Ein kurzer Vergleich mit den Überlieferungen der Schlacht bei Culloden 1746 und des Tiroler Aufstandes von 1809 runden den instruktiven und anregenden Beitrag ab.

Im folgenden Aufsatz gelingt es Janusz MALLEK zwar unter dem Titel »Georg Büschel (Jerzy Byszel, Georgius Bisselius) aus Thorn (Torun) – Redakteur der Zeitschrift ›Poczta Królewiecka‹ in den Jahren 1718–1720« Büschel durch archivalische Studien als den Redakteur der in Königsberg erscheinenden zweitältesten Zeitung in polnischer Sprache zu identifizieren, sein Versuch, diesen näher vorzustellen, erschöpft sich sodann aber leider in langatmigen und wenig erhellenden Aufzählungen von Ablauf und Inhalt gymnasialer Disputationen Büschels in Thorn aus den Jahren 1700 bis 1705.

Wesentlich interessanter ist da Walter G. RÖDELS Beitrag »Brückenschläge von Kurbayern nach Malta: Illegitime Söhne der Wittelsbacher und der Malteserorden«, der ein ansonsten, wenn überhaupt, nur am Rande gestreiftes Thema aufgreift und dadurch vielleicht Impulse zu weiterer Beschäftigung mit einem durchaus lohnenswert erscheinenden Fragenkomplex liefert. Am Beispiel des Chevalier Maximilien Émanuel François Joseph, des späteren »Comte de Bavière«, eines Sohnes Kurfürst Maximilians II. Emanuel von Bayern, und des späteren Reichsgrafen Karl August von Bretzenheim, eines Sprosses Kurfürst Carl Theodors von der Pfalz (seit 1778 von Pfalzbayern) wirft der Autor nicht nur ein Licht auf eine alternative Möglichkeit der standesgemäßen Ausstattung natürlicher Söhne deutscher Landesherren, sondern er zeigt auch die ganze Bandbreite an Chancen auf, die sich innerhalb des Ordens für die einzelnen Personen je nach Veranlagung und Geschicklichkeit ergeben. Schließlich wird das wechselhafte Verhältnis des Ordens zu Bayern und das Schicksal der Gemeinschaft in Bayern selbst von der Zeit des »Blauen Kurfürsten« bis zur Aufhebung der englisch-bayerischen Zunge des Ordens 1808 sowie dessen Struktur angesprochen.

Auf »Eine Spurensuche« macht sich dann Bernd Blisch, der »Franz Schütz (1751–1781)«, einen »Maler des Sturm und Drang«, vorstellt. »Dabei wird der Versuch unternommen, den Künstler als eigenständige Person und nicht nur als eine Art Anhängsel des Vaters zu werten« (S. 154). Freilich, sieht man von der eine ausführlichere Erörterung erfordernden und wohl als äußerst problematisch einzustufenden Schwierigkeit einmal ab, einen Terminus der Literaturgeschichte auf die Stilentwicklung der europäischen Malerei zu übertragen, muß ein solches Vorhaben im Rahmen eines fünfzehnseitigen Beitrages, der zudem auf keinerlei Quellenstudien fußt, als gewagt erscheinen. So liefert Blisch kaum mehr als eine paraphrasierende Zusammenstellung der beiden bereits bekannten Beiträge zu Schütz, der Nachrufe in den »Miscellaneen artischen Inhalts« von 1782 und dem »Deutschen Museum« aus dem Jahre 1781 in der Fassung des »Artistischen Magazins« Heinrich Sebastian Hüsgens von 1790.

Basierend auf Forschungsergebnissen des DFG-Projektes »Jesuiten zentraleuropäischer Provenienz in Portugiesisch- und Spanisch-Amerika im 17./18. Jahrhundert« (S. 169) präsentiert Michael Müller sodann »Bayerns Tor nach Übersee – Das Missionsnoviziat der Oberdeutschen Jesuitenprovinz in Landsberg am Lech«. Neben der böhmischen sei die oberdeutsche Ordensprovinz hinsichtlich des missionarischen Eifers als die aktivste in Zentraleuropa anzusehen, die im Landsberger Noviziat ein Instrumentarium besessen habe, das mit guter Ausbildung, einem frühen Entsendezeitpunkt und einer strengen Auswahl der Kandidaten den Ansprüchen des Ordens vollauf genügte. So hätten die Missionare neben ihrer kirchlichen Arbeit einen bleibenden Beitrag zum Kulturtransfer zwischen Europa und Lateinamerika geleistet.

András Forgó widmet sich in seinem Aufsatz »Bayern und Ödenburg/Sopron in der Frühen Neuzeit«, ergänzt um eine Skizze zur Stadtgeschichte Ödenburgs, exemplarisch dem Stellenwert der Deutschen allgemein und dem der Bayern insonderheit für die urbane Entwicklung ungarischer Freistädte. Seien bereits im 10. Jh. deutsche Siedler im Raum der durch die Beherbergung mehrerer Landtage v. a. im 17. Jh. zu Ansehen gelangten Stadt nachgewiesen, setzte dann im späten Mittelalter ein stetiger Zustrom deutschsprachiger Bevölkerungsgruppen ein. Dabei hätten sich insbesondere durch die Einwanderung von Lutheranern ab dem 16. Jh. enge Anbindungen an das Reich ergeben, bevor, nach dem Ende der Bedrohung durch die Osmanen, ab dem Beginn des 18. Jhs. gezielt deutsche Katholiken angeworben worden seien, um seitens der Landesherren konfessionelle Parität zu erreichen. Ödenburg gerate so zum idealtypischen Beispiel einer von Deutschen dominierten Stadt in Ungarn.

Bevor unter der Überschrift »Ein Franke in Amerika« das Wirken Johann David Schöpfs in South Carolina beleuchtet wird, wendet sich William O'Reilly dem »Bayernbild Irlands, 1798–1898« zu. Obwohl dies der Titel des Beitrages suggeriert, beschäftigt sich der Autor, ohne den geringsten Bezug zu Bayern, mit der Wahrnehmung der Iren durch, wie er meint, die englische Öffentlichkeit in der Frühen Neuzeit. O'Reilly vertritt, übrigens auf durch Überdehnung der Interpretation einzelner Quellenfragmente äußerst brüchiger Basis, die doch als gewagt zu bezeichnende These, v. a. die englischen Neusiedler in Irland hätten die einheimische Bevölkerung in Analogie zu den Türken als insbesondere kulturell inferiore Feinde gesehen, die, in einer möglichen Allianz mit den Osmanen zusammenwirkend, die Zivilisation in Europa von den Rändern her bedrohten, denn »die römische Kirche und der Islam waren untrennbar miteinander verbunden: Katholiken und Muslime lebten an den Grenzen der Zivilisation ›trans-silvaticus‹ in einer dunklen Welt der Häresie« (S. 203).

Sieht man einmal davon ab, daß der Autor ohne quantifizierende Analysen des Grades der Durchdringung die allgemeine Verbreitung einer solchen Ansicht voraussetzt sowie als generelle Wahrnehmung suggeriert, »protestantische Europäer [...] müssen sich in ihren eigenen Ländern mit einer Vielfalt an ›Türken‹ auseinandersetzen« (S. 207), und dabei völlig den gerade im späten 17. und dann im 18. Jh. aufkommenden frühen Orientalismus, der geradezu eine »Türkenmode« auslöste und stellenweise fast schon der Chinabegeisterung den Rang abzulaufen drohte, außer acht läßt, ist wohl die stellenweise negative Bewertung der Iren zum einen lediglich politisch-ideologisch auf eine wenig gebildete Zielgruppe hin motiviert, zum anderen viel stärker vor dem Hintergrund einer Analogie mit dem »Wilden« und »Rohen« allgemein als dem aus Unberechenbarkeit Bedrohlichen zu sehen (man denke an das Bild des Waldes und seiner Bewohner, das sich erst in der Romantik grundsätzlich ändert). Somit wäre eine Frontstellung eher gegen das »keltische« Element bei den Iren, keinesfalls jedoch genuin gegen deren Katholizität zu sehen. Auf undefinierter, schwacher Quellengrundlage basierend sind die Thesen des Autors wohl nur als sehr weit hergeholt und für die Forschung unbrauchbar zu bezeichnen.

Einen wesentlich vielversprechenderen und trotzdem innovativen Ansatz verfolgt Wolfgang Wüst, der sich dem Thema »Nutzlose Debatten? Europäische Vorbilder? Die Konvente der süddeutschen Reichskreise als vormoderne Parlamente« widmet. Anstelle einer Analyse der inhaltlichen Aspekte der Beratungen tritt die Annäherung an die Bedeutung der Reichskreise, die »am Arbeitsstil im Plenum der jeweiligen Kreistage, an der ›vormodernen‹ Redekultur, am schwierigen Prozess der Konsensfindung in einer vielherrigen Gesellschaft, am konkreten Abstimmungsverhalten der Kreisstände, ihren diplomatischen Aktivitäten und an der Führungsrolle des Direktoriums und der Ausschreibenden Kreisstände« (S. 227) gezeigt wird. Entgegen der aus dem 19. Jh. stammenden abwertenden Haltung gelingt es Wüst, die am Beispiel der »vorderen Kreise« vorgestellten Kreiskonvente, in Übereinstimmung mit der Sichtweise des Jubilars, »als Profilbildner in Sachen Parlamentarismus« (S. 231) herauszuheben. Kommunikation, auch repräsentiert durch das früher als umständlich und zeitraubend angesehene Zeremoniell, und Konsens, der aufgrund der Stimmengleichheit aller vertretenen Stände in der Form eines frühen Mediationsverfahrens und nicht durch Meinungsführerschaft der machtpolitisch dominanten Mitglieder zustande gekommen sei, hätte aus den Kreiskonventen, zusammen mit der Permanenz der Institution, eine »modernere« Einrichtung gemacht, als es die eingeschränkten und vom Landesherren einzuberufenden Landtage des 19. Jhs. gewesen wären.

Einer bislang weniger beachteten Epoche im Lebenslauf, nämlich dem Winter 1794/95 in Mainz, nähert sich Elmar Heinz in »Ein Bayer in Mainz – Johann von Triva«. Auf der Grundlage eines Tagebuches und ergänzender Akten schildert Heinz die kritische Haltung des späteren bayerischen Kriegsministers gegenüber der Kriegführung der Alliierten gegen das revolutionäre Frankreich und seinen Einsatz in den Kampfhandlungen.

Nach einem kurzen Blick auf »Das Schulwesen der bayerischen Rheinpfalz 1816–1918« von Lenelotte Möller, der aber wenig Neues bringt, analysiert Jan Kusber eindrucksvoll die auswärtigen Beziehungen Bayerns zu Beginn des 19. Jhs. mit besonderer Berücksichtigung des Verhältnisses zum Zarenreich. »Im Blick St. Petersburgs? Zur Stellung Bayerns in der russischen Diplomatie während des napoleonischen Zeitalters« setzt mit einer kurzen Analyse der von der Tendenz der Westexpansion und der Versuche des Eindringens in das Reich gekennzeichneten auswärtigen Politik Rußlands allgemein ein, bevor der Fokus auf die Stellung Bayerns in der bewegten Zeit zwischen 1795 und 1815 rückt. Die bayerische Annäherung an Frankreich, die mit dem Bündnisvertrag von 1805 ihren vorläufigen Höhepunkt erreichte habe und aus einem Anlehnungsbedürfnis gegen Österreich heraus geboren gewesen sei, habe die seit 1797 über Kronprinz Ludwig führenden Sondierungen bezüglich einer dynastischen Verbindung Bayerns mit Rußland unterlaufen. Zum damaligen Zeitpunkt hätte Bayern für die Diplomatie des Zaren aber ohnehin nur eine von vielen Optionen dargestellt, und nach der russisch-französischen Annäherung 1807 sei der Schwenk Bayerns, das im übrigen aus der Verbindung mit Frankreich »einen nicht geringen Profit«

(S. 276) gezogen habe, daher ohne negative Konsequenzen geblieben. Als »Verbündeter wider Willen« (S. 279, dabei den Jubilar zitierend) auch vom Zarenhof gesehen, habe Rußland ab dem Frühjahr 1813 den Druck auf München, die Fronten zu wechseln, verstärkt. Der dann aber relativ spät erfolgte Beitritt zur antinapoleonischen Koalition habe zunächst Argwohn in St. Petersburg geweckt, Bayern sei »einer lang eingespielten Politikrichtung im Fahrwasser der Franzosen« (S. 280) verpflichtet, doch habe sich schließlich die ja auch den Tatsachen entsprechende Meinung des russischen Gesandten in Württemberg durchgesetzt, »dass sich Bayern aus ›Furcht vor Österreich‹ immer wieder gezwungen sehe, sich mit Frankreich zu arrangieren, um eine Protektionsmacht in unmittelbarer geographischer Nachbarschaft zu haben« (S. 281). Ein kurzer Ausblick auf die Zeit nach dem Wiener Kongreß, insbesondere nach der Reichsgründung, als Bayern seine Gesandtschaft in St. Petersburg aufrecht erhielt und von der russischen Diplomatie »als Korrektiv zur preußisch dominierten Außenpolitik des Deutschen Reiches« (S. 284) wahrgenommen worden sei, beschließt die aufschlußreichen Ausführungen Kusbers.

»Bayern und die europäischen Großmächte im Krimkrieg 1853–1856« ist der Titel des folgenden, wohl als einer der gelungensten Beiträge des gesamten Bandes anzusehenden Aufsatzes aus der Feder Winfried Baumgarts. Der Autor versteht die Haltung Bayerns dabei als Beispiel für die Tendenz vieler »Staaten minderen Ranges, ihre Haut durch Beiseitestehen und Augenverschließen retten zu können« (S. 286), mithin also eine Politik der strikten Neutralität und Nichteinmischung durch faktische Passivität zu verfolgen.

Im ersten Teil geht es Baumgart um die Wahrnehmung des Konfliktes v. a. durch den Leiter der bayerischen Politik, Ministerpräsident Ludwig Freiherr von der Pfordten. Diesem sei »ein deutlicher Mangel an Realitätssinn oder doch an Einsicht in die politischen Grundsätze und Grundinteressen der damaligen europäischen Großmächte« (S. 287) zu eigen gewesen, »Pfordten stand damit in Deutschland keineswegs isoliert da« (ibid). Die geopolitisch bedeutsame Rolle des Osmanischen Reiches völlig verkennend und gar von der Bildung eines christlichen Staates auf dem Balkan, womöglich unter Herrschaft König Ottos von Griechenland, träumend, hätte der Ministerpräsident den russischen Aktionen wohlwollend gegenübergestanden. Nur widerwillig sei man dann der preußischen Politik hin zu den Westmächten gefolgt worden, wobei Pfordten nun geglaubt habe, Bedingungen, insbesondere Forderungen nach territorialer Vergrößerung des wittelsbachischen Königreiches Griechenland, stellen zu können. Die Zurückweisung des ohnehin schon auf einem Kongreß in Bamberg stark abgeschwächten dahingehenden Memorandums der deutschen Mittelstaaten unter bayerischer Federführung auf massiven Druck Englands und Frankreichs und der schließlich im Juli 1854 erfolgte bedingungslose Beitritt Münchens in das österreichisch-preußische, pro-westliche Bündnis kommentiert Baumgart mit den Worten: »Der bayerische Ausflug in die europäische Politik war damit kläglich gescheitert« (S. 292).

Der zweite Teil der Ausführungen beschreibt die insgesamt als äußert schwankend anzusehende und von dubiosen Vorstellungen gekennzeichnete Haltung Bayerns zu den beteiligten Mächten. Pfordtens Politik sei weniger von Sympathien zu Rußland als vielmehr Antipathien gegenüber dem moslemischen Osmanischen Reich gekennzeichnet gewesen, und insbesondere die Einstellung des Ministerpräsidenten zu Frankreich, zu Beginn des Konfliktes »in dieser Heftigkeit aus jenen Tagen auf dem diplomatischen Parcours eigentlich nur von Bismarck gewohnt« (S. 294) kritisch und ablehnend habe nach einem der Eitelkeit des Ministerpräsidenten schmeichelnden Empfang durch Napoleon III. in Paris anläßlich der Weltausstellung im Herbst 1855 eine komplette Wendung genommen. Von Österreich durch Nichteinweihung in dessen Schritte, denen Bayern dann aber notgedrungen habe folgen müssen, verärgert, vom Deutschen Bund enttäuscht, mußte München schließlich erleben, als deutsche Mittelmacht nur in an sich ungewollte Anlehnung an die politische Richtung anderer Mächte, hier v. a. an Preußen, überhaupt noch eine – allerdings sehr eingeschränkte – außenpolitische Rolle spielen zu können.

In Analyse von Siedlungsweise, Erwerbsleben und kulturellen Aktivitäten, diese am Beispiel des Vereinswesens, behandelt Helmut SCHMAHL »Bayerische und deutsche Einwanderer in Cincinnati/Ohio im 19. Jahrhundert«, einer Stadt des amerikanischen Nordostens, die durch einen hohen Anteil deutscher oder deutschstämmiger Bevölkerung gekennzeichnet sei. Die übersichtliche Darstellung krankt jedoch an der zu schmalen Quellenbasis, da sich der Autor, archivalische Überlieferung nicht heranziehend, ausschließlich auf die Literatur und, für die quantifizierenden Untersuchungen, das Werk Armin Tenners »Cincinnati einst und jetzt«, eine Sammlung von etwa 60 Kurzbiographien deutschsprachiger Einwohner aus dem Jahre 1878, stützt.

Am Beispiel der Wahrnehmung des Westfälischen Friedens und der geistlichen Territorien versucht Michael KISSENER das Bild des Alten Reiches in der Geschichtsschreibung des 19. und 20. Jhs. nachzuzeichnen. Die Skizze unter der Überschrift »Monstro similie? Anmerkungen zur Rezeption des frühneuzeitlichen Reiches und seiner Verfassung in der Historiographie des 19. und 20. Jahrhunderts« stellt fest, daß das Bild des Heiligen Römischen Reiches Deutscher Nation bereits in der späten Aufklärung und der frühen Romantik, dann aber »unter den Vorzeichen des nationalen, kleindeutschen, protestantischen und liberalen Zeitgeistes« (S. 327) stark negativ verzerrt gewesen sei. Der Westfälische Frieden beispielsweise sei als Grundlage der Zersplitterung Deutschlands oder, aus einer großdeutsch-österreichischen Perspektive heraus, Höhepunkt der seit der Reformation zu beobachtenden Tendenzen der Schwächung und Abdrängung des Kaisertums gewertet worden. Zwar hätte sich die Debatte gegen Ende des 19. Jhs. allmählich beruhigt, die Tendenz des Urteils sei aber kontinuierlich bis in die Zeit der Weimarer Republik, bei der negativen Bewertung der Rolle geistlicher Territorien gar bis zum Ende des 20. Jhs. (marxistisch geprägte Geschichtsschreibung und sozialgeschichtliche Strömungen, etwa noch Hans Ulrich Wehler) vorherrschend gewesen. Erst mit Kurt von Raumers Vortrag zum 300. Jahrestag des Friedens von Münster und Osnabrück und den Forschungen Ernst Hinrichs habe eine differenziertere Urteilsbildung eingesetzt, die heute die Forschung dominiere.

Wolfgang ALTGELD untersucht sodann »Die Katholiken als Minderheit im Deutschen Kaiserreich« unter dem Motto: »Zwischen Ausgrenzung und Anpassung«. Die kleindeutsche Reichsgründung sei für die katholische Bevölkerungsgruppe insofern problematisch gewesen, als mit dem Wegfall der habsburgischen Länder ihre über Jahrhunderte gewohnte Position als stärkste Konfession sich plötzlich in ihr Gegenteil verkehrt und zudem im Kulturkampf massiver Druck von seiten des dominierenden Staates, des Königreiches Preußen, auf die Kirche ausgeübt worden sei. Leider verkennt der Autor die sich ja hauptsächlich nicht gegen die katholische Kirche als solche, sondern insbesondere das Zentrum als politische Partei und außerdem gegen nationale Minderheiten und ihre Vertretungen sowie die Sozialdemokratie wendende politische Dimension der Bismarckschen Maßnahmen und operiert zudem mit einem aus dem Brockhaus (!) abgeleiteten, aber in dieser Form wohl nicht haltbaren Minderheitenbegriff, der für ihn »sinnvoll nur auf soziale Beziehungen in der neuesten Geschichte angewendet werden« (S. 341) könne.

»Die Donauhochwasseragitation des Bayerischen Bauernbundes in den mittleren Jahren der Weimarer Republik« steht unter der Devise »Frühe mediale Inszenierungen und Events« im Zentrum des gleichlautenden Beitrages von Otto ALTENDORFER. Entgegen der Überschrift, die Schlimmes befürchten läßt, beschränkt sich der Autor aber im wesentlichen auf die unprätentiöse Darstellung des Machtkampfes in Bayern zwischen der Regierungspartei BVP und dem Bauernbund.

Bevor Reinhard WIESEND dem Jubilar in Anlehnung an ein Thema von Johann Sebastian Bach »musikalisch« unter dem Titel »Soggetto cavato sopra Peter C. Hartmann« gratuliert, liefert Friedrich HETTLER noch in »Symbol der Eigenstaatlichkeit: Das Bayerische Oberste Landesgericht – Chronik einer Auflösung« die für den Freistaat Bayern beschämende Geschichte der aus kurzsichtigen finanzpolitischen Erwägungen heraus begründeten

Abwicklung einer fast 380 Jahre alten und in juristischen Kreisen hochangesehenen Institution aus der allerjüngsten Vergangenheit.

Im Vorlauf zum Personen- und Ortsregister, das den Band beschließt, findet sich noch, in Ergänzung zur biographischen Skizze des Jubilars im Vorwort, ein umfassendes Verzeichnis der Schriften Peter Claus Hartmanns sowie eine Übersicht der von ihm betreuten Habilitationen, Dissertationen und der seit 1993 entstandenen Magister- und Staatsexamensarbeiten sowie eine beigefügte »Tabula Gratulatoria«.

Die vorliegende Festschrift zeichnet sich durch eine große Bandbreite der behandelten Themen und, in der Beschränkung des jedem Autor zur Verfügung stehenden Raumes, eine dem Werk insgesamt zugute kommende Konzentration bei der Behandlung der jeweiligen Untersuchungsgegenstände aus. Bei aller Differenzierung ist die Qualität der Beiträge durchaus gut. Die vorwiegend der Ausrichtung des Jubilars folgende Schwerpunktsetzung der Beiträge im Bereich der politischen und der Kulturgeschichte ist wohltuend und hebt sich angenehm von anderen Publikationen ab, die schon teilweise zwanghaft glauben, aktuellen Modeströmungen ohne Berücksichtigung von deren Ertragsaussichten folgen zu müssen. Alles in allem ein Werk, das dem unbestrittenen hohen Rang Peter Claus Hartmanns in der Forschung durchaus gerecht wird und ihm und seinen Schülern zur Ehre gereicht.

Bernhard MUNDT, Ludwigshafen/Rh.-Mundenheim

Aufklärung, Freimaurerei und Demokratie im Diskurs der Moderne. Festschrift zum 60. Geburtstag von Helmut Reinalter, hg. von Michael FISCHER, Marita GILLI, Manfred JOCHUM und Anton PELINKA, Frankfurt a. M. (Peter Lang) 2003, 644 p. (Schriftenreihe der Internationalen Forschungsstelle »Demokratische Bewegungen in Mitteleuropa 1770–1850«, 36), ISBN 3-631-51037-3, EUR 86,00.

Parmi les nombreux chercheurs sur le dix-huitième siècle et les Lumières, il en est peu qui puissent se retourner sur une œuvre aussi vaste que M. Helmut Reinalter, dont les travaux sont incontournables, tant pour ce qui est de la recherche sur les sociétés secrètes que sur les mouvements révolutionnaires et démocratiques en Europe. À ses nombreux travaux dans ces deux domaines – comme en témoigne l'impressionnante bibliographie publiée à la fin du recueil, il a joint, de plus, une intense réflexion sur la notion même d'Aufklärung. Et ce sont ces trois dimensions qui, bien légitimement, constituent les axes des mélanges publiés en l'honneur de ce savant sous le titre: »Aufklärung, Freimaurer und Demokratie im Diskurs der Moderne«. Ce recueil rassemble vingt-six contributions de scientifiques venus de toute l'Europe – un signe manifeste des nombreux contacts internationaux que M. Reinalter, toujours soucieux d'un dialogue au-delà des frontières, a su nouer en quarante années de travaux, contributions classées en quatre grandes sections: »perspectives historiques des Lumières«, »Franc-maçonnerie et sociétés secrètes«,»démocratie et théories de la démocratie« pour s'achever sur une section intitulée »L'Aufklärung aujourd'hui«.

Un article de Marita GILLI (Die Politisierung der Aufklärung) ouvre tout à la fois le recueil et la première de ces sections consacrée aux formes prises par l'Aufklärung durant la période historiquement bien définie qui la vit naître. M. Gilli, avec l'esprit de synthèse qui la caractérise, explique la politisation des Lumières allemandes, dont elle montre l'existence dès la fin de la guerre de Sept ans lorsque un marché littéraire se met en place. Cette politisation, cependant, est manifeste après 1770, quand, favorisés par l'existence de ce marché, s'éploient des débats portant sur la philosophie, la religion, la notion de patriotisme et aussi après 1792, lorsque se radicalise la révolution française. Si la seconde phase se caractérise par la tentative de réaliser dans la pratique les réformes politiques longuement discutées dans la première, elle rend compte également de l'insurmontable écart entre théories et pratiques, un écart qui n'est pas propre à la seule fin du XVIIIe siècle, comme le révèle la magistrale analyse que consacre Joachim Höppner à Johann Joachim Becher (Zur Ambivalenz der Frühaufklärung. Das Beispiel Johann Joachim Becher, 1635–1682). Becher, personnage à la fortune changeante, autodidacte surdoué et polyvalent, auteur de plusieurs traités traitant de pédagogie, de linguistique et d'économie, développe, essentiellement dans ce dernier domaine, un programme d'inspiration mercantiliste, mais dont le point de fuite est une réforme sociale remettant théoriquement en cause l'absolutisme, à l'horizon duquel, justement, était né le mercantilisme, sans pourtant que Becher tire, dans la pratique, les ultimes conséquences de sa pensée. Si Jörg Schweigard (Für Meinungsfreiheit und Menschenrechte. Die Auseinandersetzung um die naturrechtlichen Schriften des Heidelberger Juristen Karl Ignaz Wedekind), en évoquant le personnage de Wedekind, qui tira, lui, les conséquences politiques des thèses jusnaturalistes, ce qui lui valut d'être exclu de l'université d'Heidelberg et de voir ses écrits censurés, retrace un cheminement semblable, c'est en se fondant sur un exemple collectif que Holger Böning pose la même question des rapports entre pratique et théorie. C'est ce problème qui, en effet, sous-tend son analyse des journaux destinés au peuple qui paraissent en République helvétique, où une mince couche de personnes cultivées s'efforçaient d'apporter les lumières à un peuple que, souvent, elles ne comprenaient pas (Populäre Aufkläung und Zeitungen für »das Volk« während der Helvetischen Republik (1798–1803)).

C'est pareillement la question de la viabilité pratique des Lumières que traite Helmut Holzhey (Aufklärung im Fegefeuer des Spinozismusstreits. Zu Kants Schrift »Was heißt: Sich im Denken orientieren?«), en l'abordant, pourtant, sous un autre jour: celui du caractère mouvant des conceptions de l'Aufklärung. Après 1770 apparaissent, en effet, de nouveaux courants qui remettent en cause une conception prédominante, jusque-là, de l'Aufklärung et l'exposent à un double risque: celui d'aboutir ou à l'athéisme et au fatalisme d'une part, à l'irrationalisme de l'autre, deux écueils qui menacent également toute volonté de réalisation.

Il est vrai, en revanche, que les conditions socio-politiques données ne signifient pas toujours un obstacle à la mise en pratique de théories, mais permettent de choisir, parmi celles-ci, entre plusieurs voies et, par conséquent, de les affiner, comme le montre Rolf Graber dans son article portant sur les mesures prises dans les cantons suisses pour surmonter la famine de 1770/72 (Protektionistische Marksteuerung oder physiokratische Freihandelsdoktrin? Zum Verhalten städtischer Obrigkeiten der Alten Eidgenossenschaft während der Hungerkrise 1770/72). Ces contributions sont fidèles à l'esprit dans lequel H. Reinalter aborde les Lumières, de même que l'article consacré par Alain Ruiz aux voyageurs et émigrés issus de l'empire des Habsbourg qui se rendent en France au XVIIIe siècle et après 1789 (Frankreich-Reisende und -Emigranten aus den habsburgischen Landen am Ende des Ancien Regime und zur Zeit der Französischen Revolution vor 1789). Cet article montre combien la Révolution française entraîne un changement dans la forme prise par les voyages effectués par les sujets de l'Empire. En effet, ce sont, après 1789 surtout des partisans de la Révolution qui se rendent dans une France que désertent, en revanche, les représentants de la noblesse, qui, renonçant à leur traditionnelle francophilie deviennent parmi les plus ardents contre-révolutionnaires.

La dimension comparatiste sous-jacente à l'analyse d'A. Ruiz déjà, est décisive aussi dans les analyses rassemblées dans la section »Franc-maçonnerie et sociétés secrètes«, analyse montrant la richesse d'un domaine d'études qui doit tant à H. Reinalter. C'est ainsi que Erich Donner montre le développement de la franc-maçonnerie en Russie sous l'impulsion des rosicrucistes, à l'instar de Schwarz qui contribua, de plus, à l'implantation de la culture allemande en Russie (Im Kreis der Moskauer Rosenkreuzer: Johann Georg Schwarz (1751–1784)). Pareillement, Karlheinz Gerlach, dans une contribution si documentée que la lecture, parfois, en devient un peu pénible, montre le caractère foncièrement international de la sociabilité maçonnique, dont témoigne – et c'est là l'un des aspects les plus intéressants de son texte – le recrutement, entre 1756 et 1763, des membres de loges prussiennes parmi les prisonniers de guerre autrichiens (Österreichische und preußische Freimaurer im Jahrhundert der Aufklärung 1731/1738–1795/1806). Dans une perspective d'histoire des idées, Alfred SCHMIDT analyse l'influence exercée sur les conceptions maçonniques par un J. Toland du matérialisme panthéiste duquel les sources humanistes et surtout antiques sont présentées avec beaucoup de finesse (John Tolands Pantheistikon: Freimaurerische Bezüge). Si l'article que José Ferrer BENIMELI consacre aux trois types de mythes, en outre encore actuels, concernant le secret dans l'histoire de la franc-maçonnerie est plus traditionnel (Franc-maçonnerie et Jésuites: Le secret du mythe ou le mythe du secret), celui de Klaus HAMMACHER, en interrogeant les conceptions éthiques formulées par les lumières afin d'en examiner les enjeux, l'applicabilité et les insuffisances (Ethik als Verhaltenslehre. Entwurf einer nachzuholenden ethischen Aufklärung) s'inscrit dans un mode de raisonnement bien caractéristique de la pensée d'H. Reinalter qui n'a eu de cesse de réfléchir sur la portée des concepts forgés au cours du XVIIIe siècle et leur validité pour notre époque.

Cela vaut bien sûr pour celui de »démocratie«, une des notions qui aient retenu le plus l'attention de cet historien, ce dont témoigne bien la troisième section des mélanges. Si la présentation que propose Heiner TIMMERMANN, de l'Allemagne weimarienne et nazie sous le titre »Demokratie und Diktatur. Der Fall Deutschland von 1919–1945«, peu innovante et légèrement scolaire, ne participe guère d'un questionnement sur la notion de démocratie, l'analyse faite par Hans FENSKE d'un protolibéralisme dont il trouve la trace dès 1720 (Frühliberalismus in Deutschland) s'avère plus fructueuse, de même que l'intéressante contribution que Waltraud SEIDEL-HOPPNER centre sur le personnage de Wilhelm Weitling (Religion und Politik bei Wilhelm Weitling. Streitfragen). Elle y expose avec minutie le lien, chez ce penseur, entre une conception originale du christianisme, une pensée politique et la morale – forgée aussi sous l'influence de Fourier – lien qui, finalement, remet en cause les sources théologiques sur lesquelles se fonde cette dernière.

Un autre aspect intéressant ici est étudié par Joachim KERMANN, qui, en se fondant sur le rôle joué par les réfugiés de la révolution de 1848 à Vienne dans celle qui ébranla le Palatinat un an après, montre la manière dont réagit le pouvoir en place lorsqu'il se voit confronté à des velléités démocratiques (Flüchtlinge der Wiener Oktoberrevolution als Akteure der Revolution in der pfälzischen Revolution von Mai /Juni 1849).

La notion de »démocratie« s'avère importante dans le domaine littéraire aussi, comme en témoigne Wolfram KRÖMER qui s'interroge sur l'antithèse de celle-ci, la dictature, et sur les liens qu'entretiennent les figures du dictateur avec des événements historiques (Aufklärung; Revolution, Demokratie und ihr Echo in spanischen und lateinamerikanischen Diktatorenromanen).

Pour s'avérer opératoires même dans l'approche de textes littéraires, les notions forgées par les historiens ne sont considérés pas comme figées par les auteurs du recueil (et pas davantage par H. Reinalter). Ils perçoivent bien, au contraire, la nécessité d'en interroger la validité: c'est ainsi que Zoran ZONSTANTINOVIĆ, lorsqu'il s'interroge sur le caractère herméneutique des thèses développées par J. Habermas sur le discours philosophique de l'époque moderne et qu'il parvient à la conclusion qu'elles ne sauraient suffire à rendre compte de l'évolution de cette région après 1848, invite implicitement à une révision ou, du moins, à un affinement de celles-ci (Der Kremsierer Reichstag und die Südslawen. Von einem unterbrochenen Diskurs der mitteleuropäischen Moderne). Cette approche critique des notions historiques est même fondamentale dans le bel article qu'Anton PELINKA consacre au concept de démocratie (Zwischen Inklusion und Exklusion. Demokratie und Demokratietheorie vor neuen Herausforderungen). Partant des théories de Robert Dahl sur la dimension d'inclusion inhérente à toute théorie démocratique, il montre qu'elles ne valent que s'il existe une limitation territoriale qui, à l'époque de la globalisation n'a plus lieu d'être. La démocratie ne peut donc plus se contenter d'intégrer à un groupe déjà existant de nouveaux membres, mais elle se doit de forger de nouveaux citoyens. Cet intéressant article constitue donc une transition bienvenue avec la dernière section du recueil, centrée sur la forme que peut, ou doit, prendre l'Aufklärung à l'aube du XXIe siècle.

En un sens, si notre époque continue d'être redevable d'une Aufklärung que ne caractérise pas simplement la suprématie du logos, mais la résurgence, également du mythe (Michael FISCHER, Spiel und Terrot. Geschichten über das Verhältnis von Mythos und Vernunft), elle devrait, selon l'article très engagé de Wolfgang PALAVER, renoncer à l'aspiration, formulée durant les Lumières et, plus particulièrement, par les partisans du libéralisme, à une neutralisation morale de la société qu'il considère comme une dangereuse utopie. Et Palaver de plaider pour un retour à la tradition chrétienne qui, rejetant un tel neutralisme, érige en vertu la tolérance. La réflexion de ce théologien s'inscrit donc, mutatis mutandis, dans la lignée des travaux qu'a consacrés H. Reinalter aux tenants et aux aboutissants de la pensée libérale, de même que l'analyse proposée par Peter KAMPITS des changements de l'image de la science depuis deux siècles (Aufklärung und Wissenschaft) – une science dont Manfred JOCHUM, quelques pages plus loin, présente comme exposée au danger d'une information pléthorique (Von der Informations- zur Wissenschaftsgesellschaft – Ein Projekt der Aufklärung). Cessant de se définir en opposition avec la religion, la science a perdu de son caractère eschatologique. De plus, le passage des Lumières à l'époque post moderne, remet en cause la rationalité qui définissait les premières. Mais tandis que Palaver se prononçait pour le renoncement à l'une des aspirations fondamentales de l'époque des Lumières, Kampits, lui, s'efforce de préserver l'héritage des lumières en se fondant sur les trois réponses à la remise en cause de l'Aufklärung proposées par H. Reinalter. P. Kampis n'en perçoit pas moins combien cette époque poursuivait des objectifs qui, finalement s'avèrent parfois sinon contradictoires, du moins difficile à combiner, comme il le montre en exposant les tensions existant entre deux des exigences fondamentales des Lumières: sécurité et liberté (Sicherheit versus Freiheit). C'est, enfin, la notion, capitale chez Reinalter, de »nation« qui sous-tend, d'une part, la contribution de Michael LEY portant sur les avant-gardes artistiques, qui fleurissent à l'horizon de cultures nationales et disparaissent lorsque celles-ci, dès 1945 et plus encore sous le coup de la globalisation, se voient remises en cause (Kunst und Terror. Revolutionäre Avantgarden. Avantgarden in der europäischen Politik), et d'autre part, la contribution, dans laquelle Helmut WAGNER, dans la perspective du droit constitutionnel, analyse le caractère tout à la fois problématique et nécessaire d'une constitution européenne qui n'existait pas encore au moment où il a rédigé son article … (Die Zukunft der europäischen Politik).

Si d'un point de vue formel, il est regrettable que le travail de relecture, effectué parfois avec une hâte excessive, ait laissé subsister un nombre de »coquilles« trop élevé au goût du lecteur, les communications de ce recueil attestent bien la richesse des domaines dans lesquels H. Reinalter a travaillé depuis près de trente-cinq ans, et la qualité scientifique de la plupart d'entre elles sont bien dignes de celui auquel elles entendent rendre hommage.

Christophe LOSFELD, Halle

Ein badisches Intermezzo? Die Markschaft Baden-Baden im 18. Jahrhundert. Festgabe für Herwig John, publ. par Rainer BRÜNING, Clemens REHM, Karlsruhe (Förderverein des Generallandesarchivs Karlsruhe) 2005, 60 p., ISBN 3-930158-13-2, EUR 10,00.

Cet ouvrage, petit par sa taille, est consacré à divers aspects du margraviat de Baden-Baden au XVIIIe siècle. Il ne s'agit pas d'un récit continu, mais du commentaire de 24 documents sélectionnés dans les fonds d'archives du Generallandesarchiv, manuscrits, cartes, plans d'architectes, images, sceaux et imprimés. Les 24 contributions, limitées chacune à deux pages, une de texte et une d'illustration, sont rédigées par huit auteurs. Elles sont regroupées en trois rubriques.

La première concerne des représentations de la dynastie, comme les funérailles du Türkenlouis, un modèle baroque, des armoiries de 1732 à la gloire de sa veuve Franziska qui a fait construire un château de plaisance et l'église du château, l'analyse du livre de chasse d'un margrave et le traité de succession de 1765 qui prépare la seule réunion étatique de l'histoire allemande (réunion de deux margraviats séparés depuis 1535).

Le second groupe est consacré à des points d'économie et de société, dont l'axe routier Ettlingen-Rastatt, la destruction et la reconstruction de la forteresse d'Ettlingen, la forge de Bühlertal, un état du vignoble du margraviat, le flottage du bois et une ordonnance de 1747 qui fait la chasse aux mendiants et aux vagabonds.

Le dernier groupe est consacré aux questions religieuses et culturelles: un conflit autour d'un couvent, un pèlerinage jésuite, l'inauguration d'un Saint Escalier, un projet de théâtre de cour, une ordonnance pour les écoles rurales de 1770 et un aperçu sur l'hôpital de Baden-Baden.

Accompagné d'une courte bibliographie, cet ouvrage est intéressant sur une petite principauté qui a souffert d'un certain désintérêt de l'historiographie et dont ces brefs aperçus constituent un apport appréciable.

Bernard VOGLER, Strasbourg

Montagnes sacrées d'Europe. Actes du colloque »Religion et montagnes«, Tarbes, 30 mai–2 juin 2002. Textes réunis et publiés par Serge BRUNET, Dominique JULIA et Nicole LEMAITRE, Paris (Publications de la Sorbonne) 2005, 427 S. (Histoire moderne, 49), ISBN 2-85944-516-1, EUR 32,00.

Nicht weniger als 29 Beiträge in fünf Kapiteln widmen sich hier dem Verhältnis von Religion und Bergen in Europa. Das erste Kapitel macht sich die Klärung der das Thema bildenden Begriffe zur Aufgabe. Europas Wurzeln sind im antiken Griechenland (François QUANTIN), aber auch in der Geschichte des jüdischen Volkes zu suchen (Jacqueline DES ROCHETTES). Während sich im ersten Fall der anthropomorphe Charakter der Götter in der Interpretation der Berge als Orte der Begegnung mit ihnen widerspiegelt, sind die Berge im zweiten Fall immer wieder in konkrete Zusammenhänge der Geschichte Gottes mit seinem Volk verflochten. Zur Bestimmung dessen, was im Laufe der Geschichte als »sakral« bezeichnet werden kann, wird im vorliegenden Band fast durchgängig auf die eingangs vorgeschlagene soziale und lokale Betrachtungsweise rekurriert (Alain CABANTOUS). Im synchron und diachron je lokalspezifischen Nach-, In- und Nebeneinander verschiedenster Substrate muß stets auch der Nexus zwischen Christentum und Sakralität neu bestimmt werden, etwa am Beispiel des Katholizismus in Bergregionen mit seinem Oszillieren zwischen institutioneller Form der Religion – die (Pfarr-)Kirche im Dorf – und ihrer volksreligiösen Ausprägung – Wegkreuze etc. an den Grenzen der für die Menschen erreichbaren Welt (Jean-Pierre ALBERT). Die Interpretation der Geschichte, die der Schriftsteller Napoléon Peyrat ausgehend vom Leben der Katharer auf dem Montségur entfaltete, steht paradigmatisch für einen literarischen Zugang zum Thema des Bandes (Philippe DE ROBERT).

Ein zweites Kapitel stellt mit Bergen verbundene »Götter, Heilige und Heiligtümer« vor. Aus archäologischen Funden in den Pyrenäen werden behutsam Schlüsse zum Verhältnis von vorrömischer und lateinischer, städtischer und ländlicher Kultur gezogen (Robert SABLAYROLLES, Jean-Luc SCHENCK-DAVID). Bei aller Skepsis gegenüber einer spezifisch religiösen Bedeutung der Berge, die sowohl als Refugium der Wahrheit wie der Häresie dargestellt werden konnten, prädisponieren diese Erfahrungs- und Deutungszusammenhänge, wie anhand der Marienverehrung in den Pyrenäen zu sehen ist (Christian DESPLAT). Das Ineinander von Allgemeingültigem und Ortsspezifischem, Spirituellem und Religiösem zeigt sich eindrücklich am Saint-Mont in den Vogesen (Marie-Hélène COLIN). Besonders die Grenzen, auch im übertragenen Sinn, sind aufschlußreich. So spielt zwar der Berg als solcher beim im 17. Jh. an der Grenze zwischen katholischen und protestantisch beeinflußten Gebieten gelegenen Notre-Dame du Laus keine innovative Rolle; nachdem dort aber eine Hirtin 1664 von Marienerscheinungen berichtet, treffen in dieser Bergregion die moralischen und kirchendisziplinarischen Ideale des nachtridentinischen Katholizismus sowie verwurzelte religiöse Vorstellungen und antiklerikale Reflexe aufeinander (Marie-Hélène FROESCHLÉ-CHOPARD). An einen Ort gebundene Hagiographie eignet sich ebenfalls gut, um Interferenzen zwischen lokaler Identitätsstiftung und Geschichtsdeutung, Krisenerfahrung und Religion zu analysieren, was im Bereich der Seealpen anhand von mit militärischen Attributen versehenen Heiligen bis ins 3. Jh. verfolgt werden kann (Cyril ISNART). Das Bildprogramm verschiedener Pyrenäenkirchen führt geradezu in ein »univers pyrénéen« ein (Marc SALVAN-GUILLOTIN). Berichte von Pilgerreisen zum Montserrat in Katalonien aus verschiedenen Jahrhunderten geben Aufschluß darüber, wie eine ganze Gebirgslandschaft religiös erlebt wird, deren Infrastruktur im Dienst dieser Erfahrung steht (Ignasi FERNÁNDEZ TERRICABRAS). Daß es die Religion nicht nur in der besonderen Situation einer Pilgerreise, sondern auch im Alltag mit »physischen und metaphysischen« (S. 213) Gefahren zu tun hatte, zeigt ebenfalls das Beispiel Katalonien, wobei beim Versuch, mit diesen Gefahren umzugehen, kirchlich-institutionelle Vorstellungen offensichtlich untrennbar mit einer gewissen Resistenz der Bevölkerung diesen gegenüber einhergehen (Marlène ALBERT LLOCA).

Ein drittes Kapitel widmet sich den Eremiten, die religiös begründet die Berge als Lebensort wählen. Am Beginn des Eremitentums in Westeuropa stand oft eine Verbindung heidnischer Motive mit der Imitation orientalischer Wüstenspiritualität (Christine DELAPLACE). Das Ideal der Trennung von der Welt wurde in der Folge »nicht mehr physisch, sondern psychologisch« (S. 231) verstanden, und so wurde trotz der Verwendung des Bergmotivs das Eremitenideal wie etwa in den Vogesen und Ardennen mehr und mehr in der Nähe von Städten und Siedlungen zu leben versucht (Philippe MASSON). Ganze Kommunikationssysteme entlang von Pilgerstraßen brachte das Eremitentum als alpenländische Sozialform hervor (Catherine SANTSCHI). In Darstellungen wie hier aus dem Spanien des 17. Jhs. wurden auch andere Landschaften idealtypisch religiös gedeutet (Claude CHAUCHADIS).

Der Schwerpunkt des vierten Kapitels ist mit der Frage nach Aberglauben einerseits und Mission andererseits frömmigkeits- und sozialgeschichtlich. Anders als populäre Vorstellungen vermuten lassen, zeigen bisher nicht zugängliche Akten aus den Archiven der Inquisition zumindest für die Region um Siena, daß Fälle von Hexerei gerade nicht vornehmlich in angeblich rückständigen Bergregionen für Aufsehen sorgten, sondern in einen Zusammenhang mit staatlich-juristischen und posttridentinisch-katholischen Zentralisierungsmaßnahmen ab dem 16. Jh. zu bringen sind (Oscar DI SIMPLICIO). An Beispielen aus dem Baskenland (Iñaki BAZÁN) und den Vogesen (Philippe MARTIN) kann nachgewiesen werden, daß eine vermeintliche Heterodoxie lokaler Besonderheiten zunächst stark vom jeweiligen Blickwinkel abhängt, von dem her sie betrachtet werden. Einer dieser Blickwinkel ist der der Reisedarstellungen; im Falle Savoyens wundert sich der Verfasser (Frédéric MEYER) darüber, daß kaum einer der Reisenden nach der inneren Kohärenz der gelebten Religion fragt, sondern diese lediglich nach von außen herangetragenen Maßstäben beurteilt – dieser hermeneutische Fragenkomplex wird übrigens auch in den Beiträgen des vorliegenden Bandes auf verschiedene Weise bewältigt.

In die Neuzeit führen die Beiträge des fünften Kapitels. In einem geographischen Sprung zu Dörfern der sog. Altgläubigen am Fuße des Ural verdienen angesichts der religiösen

Situation der ehemals kommunistischen Länder Osteuropas insbesondere die weiterführenden Fragen zum Verhältnis von heidnischen Substraten, Volksreligiosität, orthodoxer Theologie und den Thesen Max Webers Beachtung (Mikhaïl V. DMITRIEV). Wie im westlichen Europa die Wahrnehmung der Religion durch die Aufklärung eine andere wurde, manifestiert sich in den folgenden Beiträgen, beginnend mit einer Auswertung von drei Darstellungen der Grande Chartreuse (Gérald CHAIX). Versuchte Funktions- und Deutungszuschreibungen wie im Falle der ehemaligen Pyrenäenabtei Saint-Martin-du-Canigou gelingen in diesem tiefreichenden kulturellen Wandel nicht ohne weiteres (Jean-François GALINIER-PALLEROLA). Lange Zeit identitätsstiftende und sozialintegrative Bräuche, die wie in Sainte-Engrace im französischen Baskenland sogar den Umgang mit der deutschen Besatzung im Zweiten Weltkrieg erleichterten, gingen in den 1960er Jahren unter (Sandra OTT). Grund sind die Umwälzungen des alltäglichen Lebens und der Sozialstrukturen, wie sie in Savoyen u. a. durch den Siegeszug des Skitourismus seit den 1950er Jahren erfolgten. Die katholische Kirche, die sich mit dem II. Vaticanum (1962–1965) auf die Herausforderung durch die Moderne eingelassen hatte, konnte zwischen Kapitalismuskritik und Seelsorge für den modernen Menschen bisher noch keine sie selbst zufrieden stellende Reaktion entwickeln. Trotz des religiösen Bedürfnisses vieler Zeitgenossen, wie es sich z. B. in zugleich religiösen wie identitätsstiftenden architektonischen Projekten in savoyischen Skiorten ausdrückt, scheint die Kirche gelähmt, wobei der Priestermangel als Symptom und Ursache ins Spiel gebracht wird (Christian SORREL).

Die nur auf den ersten Blick disparaten Linien des Bandes werden von Christian DESPLAT (Introduction) und Dominique JULIA (Conclusion) zu einem kohärenten Ganzen gebündelt. Dem dienen auch die ausführlichen Register. Die zusammenhängende Vielfalt, die eine Stärke des Bandes ist, kam allerdings im Tagungstitel »Religion et montagnes« besser zum Ausdruck als in der für die Publikation gewählten Einschränkung »Montagnes sacrées«. Durch den aufeinander abgestimmten exemplarischen Charakter der Beiträge laden die Ergebnisse zur weiteren Reflexion an den Schnittstellen von Allgemeingültigem und Ortsspezifischem ein, ist doch »Sakralität« eine Konstante menschlicher Religiosität, bei der anthropologische und historische Analyse, theologische Reflexion und gelebtes Leben ineinander greifen. Die gelungene interdisziplinäre Perspektivenverschränkung des Bandes mag abschließend als Anregung dienen, für das Verständnis des »fait religieux« verstärkt auch die Theologie einzubeziehen, die ihrerseits die hier illustrierte lokale und kulturelle Kontingenz und Komplexität der Ausdrucksformen ihres Gegenstandes nicht ernst genug nehmen kann.

Michael QUISINSKY, Freiburg i. Br.

Patrick RAMBOURG, De la cuisine à la gastronomie. Histoire de la table française, Paris (Éditions Louis Audibert) 2005, 286 S., ISBN 2-8474-9059-0, EUR 29,00.

Eine der vielen Legenden in der Geschichte der Kochkunst ist die Einführung der italienischen Küche in Frankreich durch die Heirat der Tochter des Großherzogs der Toskana, Marie de Medici, mit dem französischen König Heinrich IV. im Jahre 1600. Mit diesem Mythos räumt eine neue Gesamtdarstellung der Geschichte der französischen Kochkunst auf. Nach Rambourg kann kein Zweifel daran bestehen, daß sich bereits in der zweiten Hälfte des 16. Jhs. italienische Kochbücher und Köche an französischen Höfen wachsender Beliebtheit erfreuten.

Eine andere Frage, die immer wieder in der Geschichte der Kochkunst diskutiert wird, ist die Ausbildung nationaler Stile. Es geht also nicht um Nationalspeisen im engeren Sinne, sondern um Unterschiede in der Zusammensetzung und Zubereitung von Speisen. Dazu muß man weit in der Zeit zurückgehen. Genauer gesagt bis ins Mittelalter. So findet man bereits in einem der ältesten französischen Kochbücher, dem »Mesnagier de Paris« (um 1393) den Hinweis, daß die Franzosen im Unterschied zu den Deutschen den Karpfen nicht so lange kochen. Was die französische Küche des Mittelalters sonst noch charakterisierte, schildert der Autor, der sein Buch dem großen französischen Ernährungshistoriker Jean-Louis Flandrin widmet, anhand der überlieferten Rezeptliteratur. Ein weiteres wichtiges Differenzierungsmerkmal der mittelalterlichen Küche ist der Gegensatz von süß und sauer. Das gilt insbesondere für den Weingeschmack. Auch hier unterscheiden sich beispielsweise die Franzosen von den meisten ihrer europäischen Nachbarn, die den süßen Wein vorziehen.

Auf das Mittelalter-Kapitel folgt ein Abschnitt über die Renaissance, in dem die wichtigsten Veränderungen dargestellt werden, wenngleich Rambourg zu Recht darauf hinweist, daß im Kern die mittelalterliche Tradition weiterwirkte. Neuerungen gab es vor allem auf dem Gebiet der Tischmanieren und der Tafeldekoration. Aber auch der Zucker gewinnt als Distinktionsmerkmal an Bedeutung. Man erfährt zudem etwas über die Veränderungen in der Küche, sowohl in Hinsicht der Ausstattung mit Feuerstellen und Gerätschaften als auch mit Blick auf das Personal.

Mit dem Jahr 1651 beginnt nach Rambourg eine neue Ära in der französischen Kochkunst, und zwar mit dem Erscheinen des berühmten Kochbuchs von La Varenne mit dem Titel »Cuisinier françois«, das 41 Auflagen erlebte. Wenngleich die Saucen in der französischen Küche seit dieser Zeit an Bedeutung gewinnen, so legten französische Köche doch schon früh größten Wert darauf, den ›wahren‹ oder ›natürlichen‹ Geschmack der Speisen nicht zu überdecken. Die Bezeichnung »Nouvelle cuisine«, die im 20. Jh. der französischen Kochkunst zu einer Pionierrolle verhalf, taucht übrigens bereits 1742 zum ersten Mal im Titel eines Kochbuches auf. Das ist gleichfalls die Zeit, in der sich die Hegemonie der französischen Küche nach Rambourg herausbildet. Im 18. Jh. ist dann auch die »bürgerliche Küche«, die uns bis in die Gegenwart auf Speisekarten und Wirtshausschildern begegnet, ein Thema für Kochbuchautoren. Auch auf die Ernährung der Armen geht der Autor kurz ein, beschränkt sich dabei aber im wesentlichen auf die Einführung der Kartoffel in Frankreich. Dabei liegen gerade für Frankreich zahlreiche Studien über die Armenkost in frühneuzeitlichen Spitälern und ähnlichen Einrichtungen vor, die hier hätten herangezogen werden können.

Im 19. Jh. steht die französische Küche unangefochten an der Spitze. Die ersten Restaurants gibt es in Paris. Dort ist der kulinarische Nabel der Welt, wie Rambourg an zahlreichen Beispielen belegt. Die französische Küche gewinnt in dieser Zeit an Raffinesse und an Verfeinerung. Das 20. Jh. bringt dann vor allem eine Wiederentdeckung der regionalen Küche in Frankreich, die bis heute anhält.

Wer eine traditionelle Geschichte der Kochkunst sucht, der kommt mit dieser Überblicksdarstellung, die zudem reichlich bebildert ist, auf seine Kosten. Den Geschmack des Rezensenten trifft der Autor dagegen nicht.

Robert Jütte, Stuttgart

Nouvelle histoire d'Alsace. Une région au cœur de l'Europe, sous la dir. de Bernard Vogler, Toulouse (Éditions Privat) 2003, 381 S., ISBN 2-7089-4776-1, EUR 32,00.

Das Elsaß stellt bekanntlich eine reiche Kulturlandschaft im Herzen Europas dar. Seit der Angliederung an Frankreich durch Ludwig XIV. bis zum Ende des Zweiten Weltkriegs war das Gebiet zwischen Deutschland und Frankreich umstritten, so daß auch die Geschichtsschreibung auf deutscher und französischer Seite lange Zeit entsprechend polemisch gefärbt war. Erst im Zuge der europäischen Einigung wurde zunehmend die Bedeutung dieser Landschaft als Vermittler zwischen zwei Kulturen und somit als Vorbild für die europäische Einigung erkannt mit dem erfreulichen Resultat, daß sich seit einiger Zeit sowohl deutsche als auch französische Historiker verstärkt und in neutraler Weise mit der Geschichte des Elsaß auseinandersetzen.

In dem hier vorliegenden Werk, das drei elsässische Professoren und eine Konservatorin des Archäologischen Museums in Straßburg unter der Leitung von Bernhard Vogler, Professor für elsässische Geschichte in Straßburg, verfaßt haben, wird die Geschichte des Elsaß von der Frühzeit bis in die jüngste Gegenwart nachgezeichnet, wobei der Band eine überarbeitete Fassung des 1970 erstmals erschienenen Werkes darstellt. Vogler, der seine Kenntnisse über das in diesem Werk behandelte Gebiet bereits in der vor einigen Jahren herausgegebenen politischen Geschichte bzw. Kulturgeschichte des Elsaß unter Beweis gestellt hat, bündelt hier unter Heranziehung von Fachkollegen seine Ergebnisse, indem er eine für ein breites Publikum angelegte Geschichte des Elsaß vorlegt, die sich in erster Linie als Geschichtsbuch oder als Reisevorbereitung eignet.

Zu Beginn des Bandes steht ein Kapitel über die geologischen und vegetativen Verhältnisse des von den Vogesen und dem Rhein geprägten Elsaß. Es folgt ein Abschnitt von der Prähistorie bis zum frühen Mittelalter, in welchem die Archäologin Bernadette SCHNITZLER anhand der im Elsaß gemachten Bodenfunde darstellt, daß das klimatisch günstig gelegene Gebiet bereits zu Zeiten der Neandertaler bewohnt war. Schließlich hinterließen die Kelten ihre Spuren, bis das Elsaß unter römischen Einfluß geriet.

Das erste große Kapitel bildet die von Odile KAMMERER verfaßte mittelalterliche Geschichte dieses Raumes bis zum 16. Jh. Mit dem Eintritt des Elsaß in die schriftliche Überlieferung im 8. Jh. begann eine erste politische Formierung des Raums, der, zum karolingischen und später zum Heiligen Römischen Reich Deutscher Nation gehörend, zunächst von Abteien und Klöster und später auch von den Städten geprägt wurde. Kammerer zeichnet aber nicht nur die Fakten nach, sondern skizziert auch die Erschließung des Landes, die Bedeutung der Kirchen und Klöster für die kulturelle Entwicklung und den Aufbau der mittelalterlichen Gesellschaft auf dem Lande und in den Städten, wo sich die Bürgerschaft durch die Errichtung von Zünften politisch allmählich vom kirchlichen Einfluß zu lösen begann. Parallel zu diesen Entwicklungen wurde das Elsaß von bedeutenden Kirchenbauten geprägt. Einem ersten Aufschwung folgte im 14. Jh. im Elsaß wie im übrigen Europa eine Zeit der Pestwellen und Judenpogrome. Anschließend führten aber die Ideen des Humanismus zu neuen Impulsen und der Gründung von Universitäten. Somit teilte das Elsaß geschichtliche Entwicklungen, wie sie vielerorts in Europa auftraten.

Den Schwerpunkt des Bandes bildet die neuzeitliche Geschichte, die zunächst mit einem von Bernard VOGLER verfaßten Kapitel von der Reformation bis zur Französischen Revolution eingeleitet wird. Nach der Reformation standen sich auch im Elsaß die Konfessionen gegenüber: Während sich viele Städte der Reformation anschlossen, dominierte in den habsburgischen Besitzungen der Katholizismus. Den teilweise blutigen Wirren der Reformationszeit folgte ein friedliches Zeitalter und ein damit verbundener wirtschaftlicher Aufschwung, von dem heute noch zahlreiche Renaissancebauten in Straßburg zeugen. In dieser Epoche bestimmten in dem von vielen kleinen Herrschaftsgebieten geprägten Elsaß vor allem die weitgehend autonomen Städte die Politik.

Mit der allmählichen Ausdehnung Frankreichs nach Westen geriet das Elsaß unter Richelieu zunehmend in den Blickpunkt der französischen Außenpolitik, bis große Teile des im Dreißigjährigen Krieg verwüsteten Gebiets schließlich 1648 unter französische Herrschaft fielen. Mit dem Westfälischen Frieden begannen die spannungsgeladenen Beziehungen zwischen Frankreich und Deutschland. Den vorläufigen Endpunkt dieser Entwicklung stellte die französische Besetzung Straßburgs im Jahr 1681 dar. Der französischen Eroberung folgte eine Rekatholisierungspolitik. Aber auch wenn das Elsaß nun, wie von Vogler beschrieben, allmählich nach dem Muster einer französischen Provinz umgestaltet wurde, so rissen die wirtschaftlichen und kulturellen Verbindungen über den Rhein nicht ab, die in einem abschließenden Teil dieses Kapitels angesprochen werden.

Die Französische Revolution führte auch im Elsaß z. B. unter Eulogius Schneider zu einer extremen politischen Radikalisierung. Unter Napoleon wurde hingegen die Verwaltung neu strukturiert, was eine vollständige Inkorporation des Elsaß in den französischen Staat zur Folge hatte. Das 19. Jh. war, wie Vogler in einem nächsten Kapitel vorstellt, von der Industrialisierung und der Revolution von 1848 geprägt. Zugleich entstanden aber auch erste Formen des Nationalismus, die ihre Auswirkungen in einer konkurrierenden französischen bzw. deutschen Kultur zeigten. Ein weiteres Merkmal dieser Epoche war das Wiederaufleben des kirchlich-religiösen Lebens.

Auch wenn die folgenden Jahrzehnte von 1871–1945 den schwierigsten Abschnitt in den deutsch-französischen Beziehungen darstellten, werden sie hier ohne Polemik vorgestellt. Die Folge der Angliederung des Elsaß an das Deutsche Reich war nicht nur eine Emigration mehrerer zehntausend französischer Elsässer, sondern auch eine Umgestaltung der politischen Verhältnisse nach deutschem Vorbild. Das Elsaß war in dieser Zeit von den Verbindungen nach Frankreich abgeschnitten, aber die Jahrzehnte nach 1871 brachten auch eine Expansion der Städte durch die Industrialisierung sowie ein reichhaltiges kulturelles Leben mit sich. In kirchlicher Hinsicht hatte der Kulturkampf im Elsaß nur geringe Auswirkungen, da die katholische Kirche politischen Widerstand leistete. Die Jahre zwischen 1871 und 1914 charakterisiert Vogler aufgrund des noch andauernden französischen Einflusses in dem unter deutscher Verwaltung stehenden Elsaß daher zusammenfassend auch als »entre Allemagne et France«.

Die nun folgenden 20 Jahre von 1919–1939 faßt Vogler unter der Bezeichnung »une époque difficile« zusammen. Als eine der ersten Kriegsfolgen nach dem Versailler Vertrag wurden etwa 110 000 Deutsche ausgewiesen und ihr Vermögen beschlagnahmt. Da sich hierunter viele Intellektuelle befanden, bedeutete dieser Aderlaß einen schweren Schlag für das Elsaß. In politischer Hinsicht dominierten Autonomiebestrebungen, die bis hin zu Unruhen führten. Das Elsaß erfuhr durch diese Entwicklungen und die Weltwirtschaftskrise eine zunehmende Destabilisierung und einen kulturellen Niedergang.

Relativ knapp fällt das anschließende Kapitel zum Zweiten Weltkrieg aus. Zunächst wurde ein Großteil der elsässischen Bevölkerung evakuiert und erlebte in den nächsten Jahren eine Odyssee durch den nicht besetzten Teil Frankreichs. Der deutschen Besatzung folgte eine administrative Gleichschaltung und die bekannten »Säuberungsaktionen«. Vogler beschreibt diese Jahre als »un chauchemar et un traumatisme«, wobei die Rolle des Widerstands und die Emigrationsbewegung nur auf wenigen Zeilen angesprochen werden. Die Bilanz des Zweiten Weltkriegs war auch für das Elsaß verheerend.

Mit der Nachkriegszeit begann der Prozeß einer Integration des Elsaß nach Frankreich und ein allmählicher wirtschaftlicher Wandel in Form einer zunehmenden Urbanisierung. Ein eigener Abschnitt befaßt sich ausführlich mit der Sprachpolitik, die nach 1945 von dem Schlagwort »Il est chic de parler français« geprägt war, da Frankreich eine massive Politik der »francisation« betrieb. Der Rhein stellte daher in den ersten Nachkriegsjahrzehnten »une véritable frontière culturelle« dar.

Das letzte Kapitel hat die jüngste Vergangenheit zum Inhalt und stellt anhand vieler Karten und Schaubilder den gegenwärtigen politischen und wirtschaftlichen Zustand des Elsaß dar. Vergleichende Abschnitte mit dem übrigen Frankreich und ein Ausblick zur Stellung des Elsaß innerhalb der EU schließen die Darstellung ab. Neben allen Tragödien, so das Schlußwort, bedeute die Stellung des Elsaß zwischen zwei Kulturen heute »une source d'ouverture et d'innovation«.

Mit dem hier vorliegenden Werk erhält der Leser eine informative Begleitung durch die sowohl von französischen als auch von deutschen Einflüssen geprägte elsässische Geschichte. Auch die besonders sensiblen Epochen wie z. B. 1648, 1871 oder die NS-Herrschaft sind hier möglichst neutral, ja manchmal zu knapp behandelt.

Die Kapitel des hier vorliegenden Bandes sind durchweg sehr verständlich verfaßt, zeichnen die Fakten nach und verzichten auf Fußnoten oder Anmerkungen. Erfreulich zu vermerken ist zudem, daß nicht nur die politische Geschichte, sondern auch Kunst, Kultur und Architektur Berücksichtigung finden. Am Ende des Bandes wird dem interessierten Leser eine knappe Auswahlbibliographie von deutschen und französischen Werken zu den einzelnen Kapiteln an die Hand gegeben, die jedoch leider keine Hinweise auf Quellen beinhaltet. Zahlreiche Abbildungen und Karten veranschaulichen den Text, während Randglossen einen schnellen Überblick innerhalb der einzelnen Kapitel gewährleisten. Für das breite Publikum werden Fachausdrücke in grauen Kästchen näher erläutert. Eine Chronologie und ein Register runden diesen Band ab, der allerdings durch einen kurzen Abschnitt zur elsässischen Geschichtsschreibung auf deutscher und französischer Seite eine wünschenswerte Ergänzung gefunden hätte. Außerdem vermißt der interessierte Historiker einen eigenen Abschnitt zur Frage nach der elsässischen Identität und die breitere Skizzierung einiger elsässischer Lebensläufe. Derartige Ergänzungen hätten die konkreten Auswirkungen der beschriebenen politischen Entscheidungen besser verdeutlicht.

Weiterhin ist bedauerlich, daß auch dieser Band wiederum nur von einer Seite aus, in diesem Fall unter französischer Leitung, entstanden ist. Wenn schon allenthalben die Kooperation der europäischen Länder propagiert wird, dann wäre auch eine Zusammenarbeit der Geschichtswissenschaft in Form einer von deutschen und französischen Historikern gemeinsam erarbeiteten elsässischen Geschichte wünschenswert, wie es z. B. schon in Form von Schulbüchern geschieht. Zusammenfassend gesehen, lädt dieses Buch zu einer näheren Beschäftigung mit der elsässischen Geschichte sowie und zu einer Reise in das Elsaß ein.

Christian PLATH, Fulda

Hansmartin SCHWARZMAIER, Baden. Dynastie – Land – Staat, Stuttgart (Kohlhammer) 2005, 304 S. ISBN 3-17-018551-9, EUR 19,80.

Ce volume est consacré à l'histoire du concept de Baden par Hansmartin Schwarzmaier qui a dirigé pendant de longues années le Generallandesarchiv de Karlsruhe et qui est actuellement un des meilleurs spécialistes de l'histoire du Pays de Bade: il associe l'histoire d'une dynastie, d'une principauté et d'un État. Alors que la rive gauche, l'Alsace, a été perçue comme une entité spécifique depuis le VIIe siècle avec un centre économique et culturel dominant, malgré son morcellement politique, la rive droite n'avait aucune unité ni sentiment d'identité ni ville majeure avant 1806.

L'auteur fait débuter l'histoire avec l'apparition d'une famille qui fait construire un château à proximité de la ville de Baden-Baden et qui en adopte alors le patronyme. Ses possessions varient avec des partages successoraux à travers les siècles. Lorsque les ducs de Zähringen disparaissent en 1218, la dynastie de Baden qui prend le titre de margrave fait d'importantes acquisitions sur la rive droite du Rhin. Son centre de gravité se fixe jusqu'en 1803 sur la bordure nord de la Forêt-Noire. Le partage du territoire en deux parties, qui va se maintenir de 1535 à 1771, provoque une opposition totale entre les deux entités, aggravée encore par un antagonisme confessionnel, Baden-Durlach protestant et Baden-Baden catholique, le premier se plaçant dans la mouvance du Wurtemberg, le second dans celui des Habsbourg et de la Bavière.

Après 1648 H. Schwarzmeier met l'accent sur le contraste entre la modestie économique du Bade-Durlach et les nécessités de la cour princière, dont le faste est symbolisé par le mariage du prince héritier en 1670 et la création de la ville de Karlsruhe. À l'heure actuelle il demeure impossible de savoir qui a financé les crédits nécessaires à ce train de vie. Il s'y ajoute une menace française permanente: toute la rive droite du Rhin est périodiquement ravagée par des sièges, des troupes qui fourragent dans les campagnes et pratiquent parfois la politique de la terre brûlée (entre 1689 et 1693 notamment), ce qui constitue une véritable catastrophe économique. Au milieu de ces malheurs, le margraviat de Baden-Baden s'impose comme un État respecté grâce à son souverain, le Türkenlouis, qui a acquis un grand prestige grâce à ses victoires sur les Turcs.

Au XVIIIe siècle, les points forts sont la qualité de la culture baroque, la fondation d'une nouvelle capitale en 1715, Karlsruhe, qui atteint 26 000 habitants dès 1738 et surtout la réunion des deux margraviats en 1771, ce qui en fait un État de 1500 km^2 peuplé de 175 000 habitants. À cette époque l'historien strasbourgeois Jean-Daniel Schoepflin, dans son histoire de la dynastie des margraves (Historia Zaringo-Badensis), découvre celle des Zähringen, ce qui permet au margrave Karl Friedrich de prendre à son compte les titres détenus par ceux-ci, en particulier ceux de duc et de landgrave du Brisgau.

L'époque napoléonienne voit se former un véritable État badois lors des agrandissements territoriaux de 1803 (Recès d'Empire) et de 1806. La superficie est multipliée par dix (15 000 km^2) et la population quintuple (900 000 habitants). Heidelberg et Mannheim, qui avait été fondée comme capitale de la Kurpfalz au début du XVIIe siècle, sont intégrées dans le Grand-duché de Bade. Le tracé des frontières est soumis à des hasards dans le nord-est, qualifié au XIXe siècle de »Sibérie badoise« et le sud-est à proximité du lac de Constance. Le nouveau Grand-duché apparaît comme un puzzle hétérogène, dont les diverses acquisitions sont présentées brièvement, en particulier celles du Palatinat électoral et du Brisgau habsbourgeois. La dynastie a eu du mal à devenir populaire en raison aussi du profil peu adapté des souverains.

La nécessité de créer une administration uniforme et un sentiment d'identité se traduit par une œuvre législative importante due au juriste Brauer, sous la forme de treize édits d'organisation et d'un Landrecht publié en 1809. Ils associent une pensée étatique modérée, fondée sur des idées françaises diffusées par la Révolution, à des représentations d'un État princier patriarcal. Neuf années plus tard le Grand-Duché est le premier État allemand à promulguer une constitution (1818) et à constituer le premier Parlement d'Allemagne. Dans cette phase créatrice, il convient aussi d'évoquer l'union des églises protestantes du Grand-Duché (1821), la dotation des deux universités de Heidelberg et de Fribourg-en-Brisgau, la création d'un archevêché à Fribourg et d'un Polytechnikum à Karlsruhe.

L'auteur analyse avec justesse la genèse de la révolution de 1848 et des deux soulèvements. Il fournit les premiers résultats d'une enquête prosopographique portant sur 40 000 acteurs: il s'agit avant tout d'artisans, de paysans, d'instituteurs, d'aubergistes et de militaires, originaires surtout des régions marginales du Sud encore mal intégrées à l'État. Les deux conséquences majeures ont été une forte émigration vers les USA et l'alignement politique sur la Prusse jusqu'en 1918.

La dernière période 1871 à 1945 est présentée assez rapidement. L'auteur souligne la résistance à la montée du nazisme et le peu d'enthousiasme pour une nouvelle guerre en 1939. Le pays de Bade disparaît avec le référendum de 1951 et la création du Bade-Wurtemberg. Le livre s'achève par la présentation des survivances badoises à l'heure actuelle.

Le livre contient plusieurs cartes (celle de la page 35 place par erreur Erstein au nord de Strasbourg!), une bibliographie, deux index et plusieurs tableaux généalogiques de la dynastie.

Il s'agit d'un ouvrage d'excellente qualité centré sur la dimension politique, mais sans oublier l'environnement économique, social et culturel.

Bernard VOGLER, Strasbourg.

Institutionelle Macht. Genese – Verstetigung – Verlust, sous la dir. d'André BRODOCZ, Christoph Oliver MAYER, Rene PFEILSCHIFTER et Beatrix WEBER, Cologne, Weimar, Vienne (Böhlau) 2005, 500 p., ISBN 3-412-17205-7, EUR 64,90.

Depuis sa fondation en 1997, le thème du groupe de recherches 537 de l'Université technique de Dresde est »Institutionnalité et historicité«. Les 25 communications, précédées d'une introduction d'André BRODOCZ, à la fois résumé et synthèse, embrassent les divers aspects de l'ordre institutionnel quel que soit le domaine envisagé, le politique, le religieux, le culturel, l'artistique … D'où l'extrême variété des contributions qui chronologiquement entraîne le lecteur du gouvernement d'Auguste à la constitution de la RDA et dans la palette des disciplines, des conceptions architecturales de Gropius à la Cour suprême américaine en passant par la littérature médiévale anglaise, l'Académie française, les missions protestantes au XIXe siècle ou la procédure de l'*impeachment* dans l'Angleterre du XVIIIe siècle … Autant dire que le recenseur qui ne possède pas une compétence universelle, apprécie d'autant plus la vigoureuse introduction qui s'efforce de faire entrer ce matériau disparate dans une problématique partagée, au prix, nous semble-t-il, d'une formalisation qui peut tenir de l'esprit de système. Tout ordre institutionnalisé a un double visage: d'une part il fixe les conditions des actions humaines dans des situations sociales précises, de l'autre il exerce une contrainte légitime par des moyens spécifiques. Il n'est pas obligatoirement érigé en organisation, mais est le plus souvent influencé par elle; en revanche, une organisation ne fonctionne qu'en tant qu'ordre institutionnel. Tout ordre institutionnel se cristallise dans une idée directrice, représentée symboliquement, qui doit être divulguée, publiée, faire l'objet d'une reconnaissance par l'opinion publique. Il est condamné à prouver par lui-même sa validité. Les rapports complexes et changeants entre l'institutionnalisation et les divers aspects de la force sont l'objet de l'ouvrage; dans tout ordre institutionnel se manifestent la force des principes de l'ordre et celle des modalités de l'action et de son exécution. Un des critères qui sert de fil directeur dans l'appréciation des diverses contributions et de principe unificateur, est la distinction, à l'intérieur de tout ordre institutionnel, entre la forme transitive de la puissance qui se réfère aux préceptes et aux modalités de l'action et de l'exécution et s'exerce sur autrui, et la forme intransitive qui concerne l'idée directrice et ses représentations symboliques et n'agit qu'à l'intérieur de celles-ci. La puissance ou la force solidifiée, reconnue, est moins fréquente dans les organisations humaines que le processus d'affirmation et d'intériorisation, plus ou moins lent, plus ou moins aisé, entravé par des oppositions et des contestations. Il y a néanmoins des cas intéressants: les langues, fait social depuis Saussure, avec leur grammaire et leur dictionnaire, leurs règles codifiées, nécessaires et incontournables, sont le meilleur exemple d'un ordre institutionnel ayant une validité parfaite. Les systèmes de mesures (ici celui en vigueur dans le métier et le commerce de la brasserie à Dresde au XVIIIe siècle) peuvent être entendus comme des techniques d'imposition d'un ordre durable. Le plus souvent, le rapport entre l'ordre institutionnel et la force s'inscrit dans un cadre chronologique et (ou) évolutif selon que le premier est en phase de genèse, de consolidation, de déstabilisation ou de restauration.

Dans la première phase envisagée, l'affirmation/défense de la légitimité d'une puissance intransitive reconnue et la contestation manifeste de la force institutionnalisée purement transitive coexistent sans mener à l'échec. La construction de la cathédrale nationale de Washington au début du XXe siècle à l'initiative de l'église épiscopalienne, qui fut l'objet d'oppositions explicites, édifice dont la signification spirituelle fut largement débattue dans les media, affirme, en particulier par son iconographie, sa supraconfessionnalité et d'autre part la priorité du religieux sur le droit et la politique. L'empereur Auguste aurait pu s'imposer par une politique coercitive, par le caractère transitif de la force; il préféra l'usage des rituels et des symboles et le caractère intransitif de la persuasion et de l'approbation. Horace dans son premier *Sermon* suggère qu'Octave, comme Mécène, prit exemple sur le modèle de l'amitié républicaine, et qu'il ne fut pas un nouveau César mais un nouveau Scipion Émilien. Lors de son premier voyage en Italie (996), part du Saint Empire qui se laissait difficilement contrôler, l'empereur Othon III se fit couronner et, pour consolider les structures de son pouvoir et hâter la *renovatio imperii*, il fit des haltes en divers lieux qu'il occupa symboliquement, testant ainsi la reconnaissance de sa puissance intransitive qui permit à la puissance transitive de s'exercer. Quand la cour suprême des États-Unis en 1803 lors de l'affaire »Marbury versus Madison« affirma son droit de suspendre l'exécution d'une loi si elle contredisait la constitution, elle posa un principe fondamental toujours valable de nos jours et dont la reconnaissance symbolise la puissance intransitive dans le système politique américain. Si une telle reconnaissance est contestée, la puissance intransitive perd tout crédit. L'exposition artistique de Dresde en 1946, à l'initiative de la KPD et de l'administration militaire soviétique fut largement incomprise et boudée par le public et l'opinion. Elle aurait dû consolider l'hégémonie de la KPD sur la culture bourgeoisie. Mais l'autonomie artistique qui fut laissée aux organisateurs fit que le réalisme socialiste fut absent au profit des arts que le fascisme avait déclaré dégénérés. Ce fut un échec et l'exposition ne participa en rien à la stabilisation de la puissance de la KPD.

Les institutions disposent de moyens coercitifs pour remplir leurs fonctions instrumentales. Dans une entreprise, on peut menacer le récalcitrant de renvoi. Mais la force ne s'appuyant que sur des sanctions demeure précaire et ne motive guère les employés à agir pour le bien de l'entreprise. Au XIXe siècle, les patrons commencèrent à s'assurer de leur personnel par des sanctions positives, des mesures sociales et aussi des jubilés d'usine où les vieux travailleurs étaient honorés et récompensés; les rapports de force transitifs entre la direction et les employés prenaient une tournure nouvelle. Des options semblables existaient déjà au Moyen Âge dans l'ordre de Cluny: l'abbé Pierre le Vénérable, appuyé par le pape, disposait de toute la puissance transitive, donc de moyens de coercition; or il ne les utilisa pas et remplaça cette force précaire par la force durable de l'union reposant sur un ordre juridique à deux fondements: des règles écrites valables en tout lieu, des règles décidées de façon consensuelle. Quittons le domaine de la puissance politique pour celui de la littérature où nous observons la transcription d'une force transitive en intransitive. Les romans médiévaux anglais des XIIe et XIIIe siècles, »King Horn«, »Havelok«, »Guy of Warwick«, »Bevis of Hamtoun« ne font pas du joug normand une force transitive imposée aux Anglo-Saxons, mais la résurrection d'une puissance intransitive disparue: initialement les héros chantés dans ces textes étaient les possesseurs du sol anglais dont ils avaient été chassés; en 1066, ils n'avaient fait que récupérer leur héritage; les romans contestaient donc victorieusement que la souveraineté normande fût le fruit de la contrainte et de la violence. En architecture, Gropius et Mies van der Rohe illustrèrent la force d'une avant-garde institutionnalisée qui était bien moins l'aboutissement d'une évolution scientifique, technique et esthétique des XIXe et XXe siècles que l'affirmation d'un style qui, comme tout style, était provisoire. Le style moderne classique se consolida comme modèle interprétatif prépondérant tout en revendiquant son historicité. La science juridique allemande du XIXe siècle se voulut un ordre institutionnalisé, essentiellement parce qu'avec l'aide du positivisme juridique qui séparait la valeur du droit de son histoire, elle aboutit à des propositions universelles et logiques dont le juge, sans puissance propre, n'était que l'orateur explicitant. L'État de droit allemand fut ainsi doté d'une puissance intransitive et la science juridique d'une autonomie durablement compatible avec le statu quo antidémocratique. L'Académie française fut fondée pour faire respecter les canons, elle avait donc une puissance transitive; mais chez les artistes et dans le public aucun accord n'existait sur les critères de qualité comme l'attestèrent les querelles du »Cid« ou d'»Alceste«. L'Académie ne s'accrocha pas à une représentation mesurée de la littérature, ce qui lui permit de s'ériger en juge à la demande des intéressés. Elle conservait l'apparence de l'autonomie vis-à-vis d'un pouvoir politique qui l'avait créée comme instrument de sa culture politique. Il n'est pas jusqu'au couple qui ne puisse faire l'objet d'une analyse en termes de pouvoirs; les rapports entre l'homme et la femme dans une relation d'égalité ne sont plus le résultat de la supériorité du premier et de l'infériorité de la seconde, mais le fruit de la confrontation des compétences, des capacités et des préférences individuelles. Les rapports de force stables qui en résultent ne relèvent pas de la transitivité, mais expriment un ordre commun. Dans les institutions politiques, la question se pose différemment, car là, il y a obligation d'organiser la puissance transitive et d'assurer l'application des décisions qui lient la collectivité. On navigue alors entre deux dangers, d'une part la puissance bien visible peut se figer en pure structure, de l'autre son occultation la prive de ses effets structurants; dans les deux cas, la puissance perd sa qualité de fondatrice et garante de l'ordre. Les parlements (exemples de l'Assemblée nationale française, de l'assemblée populaire de la RDA et du parlement européen) affirment exercer la puissance transitive dans la transparence et pour tous les citoyens également; cette prétention est souvent contredite dans la phase de l'élaboration de la décision et la transparence n'apparaît guère qu'au moment du scrutin. Le divin et la transcendance n'échappent pas à nos analystes. La toute puissance divine est constitutive de la religion. Dans le cas des missions protestantes d'assistance charitable du XIXe siècle, son caractère transitif est remplacé par une force d'amour: celui qui s'abandonne à la puissance divine se met volontairement au service du tout puissant. La puissance divine peut donc s'affirmer sans pour autant apparaître comme une force transitive brisant les volontés individuelles.

La déstabilisation de la puissance passe souvent par un processus de visualisation qui prend la forme de la personnalisation du pouvoir dans son titulaire, ce dernier incarnant non seulement le pouvoir anonyme, mais aussi sa capacité à et la possibilité d'être changé. De cette manière la critique des rapports de force rend visible la puissance invisible des relations sociales, pour les transformer en rapports de force transitifs à confronter à un contre-pouvoir. C'est ainsi que l'éthique protestante du XIXe siècle porta le déclin des mœurs sociales et religieuses au compte, selon les cas, des sociétés secrètes, de la noblesse privilégiée, des riches, des masses populaires, de la plèbe, des femmes émancipées ou des juifs. Dans l'Angleterre de Guillaume d'Orange et de la reine Anne, où whigs et tories s'affrontaient, la procédure d'*impeachment* contre des ministres qui n'agissaient pas pour le bien commun permit commodément de concentrer les critiques. Le domaine des beaux-arts fournit un autre exemple de visualisation forcée lorsque le Verein Berliner Künstler éclata à la fin du XIXe siècle à la suite de la fermeture de l'exposition Munch qui ne répondait pas au goût de ses membres. Les opposants à la décision fondèrent une nouvelle association dissidente, la Sécession qui anticipa sur son exclusion du Verein en s'en retirant. Les mécanismes institutionnels de défense des valeurs et la contestation de leurs contingences peuvent se déstabiliser réciproquement. Les deux exemples concernent la RDA. Toute alternative à l'ordre socialiste était qualifiée de fasciste, l'antifascisme étant un élément structurant du régime. Mais ce slogan avait perdu toute force de persuasion, si bien que les structures de la souveraineté ne furent plus éprouvées comme les expressions symboliques d'une puissance intransitive unanimement reconnue, mais comme les instruments de la violence et de l'arbitraire. La constitution de la RDA proclamait la souveraineté populaire indivisible, principe absolu ayant même prééminence sur la loi fondamentale. La SED se servit de cela non pas pour modifier le texte de la constitution, jusqu'en 1968, mais pour rendre les réalités constitutionnelles conformes à son programme.

Comment lutter contre la perte de la puissance, sinon en maintenant la présence visible des éléments subsistants? Au début du XIVe siècle, l'archevêque de Lyon, qui était aussi comte de la ville, perdit au profit du roi de France la seigneurie banale de la cité, hormis le droit de banvin, dont l'enjeu symbolique dépassait de beaucoup sa valeur économique, et que le prélat parvint à conserver, en dépit des nombreuses contestations sur la légitimité de cette puissance transitive, jusqu'en 1787. Une dernière illustration est fournie par la confrontation entre l'architecture allemande des années 20 et l'offensive de l'école américaine dont on voulut réduire le message à la construction en hauteur. Le gratte-ciel, symbole de la prospérité des États-Unis, ne pouvait cependant laisser indifférent les architectes allemands après le désastre de la Première Guerre mondiale et quoi qu'on en ait, c'était bien reconnaître en ce domaine la domination culturelle d'outre-atlantique.

On l'aura compris, toute force ou puissance institutionnalisée n'existe que dans la confrontation avec d'autres forces et le rapport n'est pas figé; il se modifie selon qu'on se trouve dans une phase de genèse, de stabilité ou de déclin, et chaque fois la dialectique subtile de la défense et illustration et de la contestation remet en cause les équilibres, les symétries et les dissymétries des divers rapports. Toute force se consolide dans un ordre institutionnel et se stabilise à travers le mécanisme de l'affirmation et de la contestation pour autant que l'organisme soit sain et capable de réagir. En revanche si la puissance est déclinante, si elle ne s'appuie plus que sur des moyens de contrainte à défaut d'une adhésion à des représentations communes consensuelles, alors la contestation ne peut qu'accélérer la décadence et accentuer le péril. C'est à une leçon sur l'historicité et le caractère éphémère de toute puissance et de toute organisation ou institution que convie ce riche volume.

Claude MICHAUD, Orléans

Contrôler les agents du pouvoir. Actes du Colloque organisé par l'Équipe d'accueil »Histoire Comparée des Pouvoirs« (EA 3350) à l'Université de Marne-la-Vallée 30, 31 mai et 1er juin 2002. Textes réunis par Laurent FELLER, Limoges (Pulim) 2005, 405 S., ISBN 2-84287-335-1, EUR 20,00.

Im Frühjahr 2002 veranstaltete der Sonderforschungsbereich Histoire Comparée des Pouvoirs an der Universität Marne-la-Vallée eine spannende Tagung über die Kontrolle der Amtsträger, bei der vornehmlich jüngere Historiker die Gelegenheit erhielten, sich und ihre Forschungsergebnisse vorzustellen. 23 der mehr als 30 damaligen Beiträge sind im Dezember 2004 in Buchform erschienen.

Nach wie vor wird die Geschichtsschreibung über den Staat durch zwei unterschiedliche Interpretations- und Darstellungsformen bestimmt: Die eine konzentriert sich auf die klaren normativen Grundlagen, die andere auf die chaotische Realität. Während man sich bei ersterer fragt, wieso überhaupt etwas schief gehen konnte, staunt man bei der zweiten, daß irgendetwas doch noch funktionierte. In das produktive Spannungsfeld zwischen beiden Extrempositionen zielte die o. g. Tagung, denn die Geschichte des Staates ist undenkbar ohne die Geschichte der Kontrolle, die er über seine Funktionäre ausübt. Sind es etwa erst seine Diener, die den Staat mit Leben erfüllen? Selbstlos sind sie jedenfalls nicht. Alte Probleme bleiben aktuell: Wie werden die Beamten am besten rekrutiert und ihr loyaler Einsatz für die Interessen des Staates garantiert? Wie kann die Bereicherung einzelner und ganzer sozialer Gruppen am öffentlichen Eigentum beschränkt werden? Welche Institutionen und Regeln sind notwendig, um den Staatsapparat selbst zu überwachen und wie funktionieren diese in Krisenzeiten?

Der Bogen, den die Autoren spannen, reicht vom ptolemäischen Ägypten und antiken Rom bis zum Algerienkrieg und ins Ungarn der 1960er Jahre. Es war daher nur vernünftig, wenn die Organisatoren die Beiträge in vier Gruppen einordneten: 1. Die Kontrolle der Finanzen, 2. Die Kontrolle der Verwaltung, 3. Das abweichende Verhalten von Funktionären und 4. Der Widerstand der Kontrollierten. Von besonderem Interesse für die Erforschung des Spätmittelalters, der frühen Neuzeit und des beginnenden 19. Jhs. dürfte folgende – zugegebenermaßen subjektive – Auswahl sein.

Xavier HÉLARY und Romain TELLIEZ analysieren die Kontrolle mittelalterlicher Amtsträger in Frankreich, während Vincent CHALLET über die Organisation der Selbstverteidigung durch die Kommunen des Languedoc im Hundertjährigen Krieg berichtet. Und schon befinden wir uns im 18. Jh.: Den Schwierigkeiten der französischen Finanzverwaltung widmen sich Mireille TOUZERY und Christine LAMARRE. Florent QUELLIER stellt die Kontrolle der dörflichen Flurhüter in der Île-de-France dar, und Jacques GÉLIS führt ein Beispiel für die sexuelle Disziplinierung der Priesterschaft im Bistum Sens vor. Ohne andere abwerten zu wollen, seien drei spezielle Beiträge hervorgehoben:

François PERNOT lotet die Handlungsspielräume des spanischen Gouverneurs der Freigrafschaft Burgund am Vorabend der französischen Eroberung aus. Nach dem ersten

Angriff von 1667 hatte Madrid zunächst auf Repression gesetzt, um die französischen Parteigänger auszuschalten, doch brachte eine solche Politik große Teile der Provinz erst recht gegen Spanien auf. Traditionell war diese stets von einem einheimischen Gouverneur verwaltet worden. 1671 aber wurde Don Geronimo Benavente de Quiñones entsandt, um die unzuverlässig erscheinende Grafschaft zu beruhigen und zu sichern. Der erfahrene Soldat Quiñones erwies sich dabei als ebenso fähiger Politiker, der sich mit den Regierten arrangierte und Vertrauen zurückgewann. Mag sein, daß gerade seine kluge und moderate Haltung zu seiner baldigen Abberufung 1673 führte. Ein Jahr später jedenfalls war die Freigrafschaft Burgund für Spanien verloren.

Patrice Péveri spürt der Kriminalität in den Reihen der Pariser Polizei während der Regentschaft Philippes von Orléans nach. Als Hauptquelle dient die Untersuchung, die im Umfeld des berühmten Räubers Louis Dominique Cartouche 1721–1723 gegen seine möglichen Komplizen im Polizeiapparat selbst durchgeführt wurde. Eine Flut von Denunziationen zeichnet das Bild einer nicht mehr kontrollierbaren Polizei, bei der Korruption und Bestechlichkeit, Strafvereitelung im Amt und eigene Klientelbildung an der Tagesordnung zu sein scheinen. Die Grenzen zwischen Verbrecher und Polizist sind fließend geworden. Mehr noch, beide haben im selben Milieu lebend zur einträglichen Symbiose gefunden. Eine sehr schöne Ergänzung hierzu bildet der Aufsatz von Gilles Malandain über die politische und soziale Kontrolle der Polizei während der Restauration nach 1815, deren wohl berühmtester Vertreter, Eugene-François Vidocq, dank seiner Memoiren unvergessen bleibt.

Christian Windler präsentiert einige Ergebnisse seiner 2002 erschienenen Habilitationsschrift über die französischen Konsuln im Maghreb 1700–1840. Am Beispiel des von 1791–1819 als Generalkonsul in Tunis lebenden Jacques-Philippe Devoize vermag er die vielfältigen wirtschaftlichen und diplomatischen Aktivitäten eines Konsuls darzustellen. Ausgehend vom ökonomischen Eigeninteresse seines Protagonisten, der sich in der Praxis in zwei unterschiedlichen Kulturen zugleich behaupten mußte, gelingen Windler interessante Einblicke in den kulturellen Austauschprozeß zwischen Frankreich und Nordafrika. Wie die Fremdheit der anderen Kultur und die schlichte Entfernung von der Zentrale sich zum Problem der Herrschaftsausübung selbst auswachsen konnte, zeigt indessen die Studie von Hélène Blais über die Kolonisation Tahitis und der Marquesas-Inseln in den 1840er Jahren.

Was bleibt als Fazit? Eine gelungene Tagung und ein Buch voller Anregungen, die einen sehr neugierig machen, wie sich die Autoren und ihre Themen weiterentwickeln werden.

Rainer Brüning, Karlsruhe

Robert von Friedeburg (dir.), Murder and Monarchy. Regicide in European History, 1300–1800, Basingstoke (Palgrave Macmillan) 2004, XIV–307 p., ISBN 1-4039-3455-XI, EUR 58,00.

Cet ouvrage brosse un vaste panorama des théories et des pratiques de l'autorité monarchique en Europe, au Moyen Âge et à l'époque moderne, à travers un angle d'approche particulier: le régicide. Dans une longue introduction, Robert von Friedeburg rappelle que la construction politique des États s'est accompagnée d'une remise en question des fondements de l'autorité des princes, spécialement à l'époque de la Réforme. Cependant, l'historiographie a peut-être eu tendance à surévaluer les courants de résistance à la monarchie. La plupart des théoriciens ne contestaient aucunement le principe hiérarchique qui fondait l'ordre social. Le régicide n'était jamais compris comme tel au Moyen Âge ou à l'époque moderne: il était toujours vu comme un tyrannicide.

Conal Condren examine les définitions du tyran véhiculées par les théoriciens occidentaux. Contrairement au bon prince, le tyran ne gouverne pas par conseil et vit dans la dépravation. Jean de Salisbury estime qu'il peut donc être légitimement déposé, voire tué. Bartole déplace le débat en donnant une définition non pas morale mais juridique de la tyrannie: le tyran est celui qui règne illégalement et ne respecte pas les formes du droit. Dans cet esprit, le jurisconsulte italien établit la distinction entre tyran d'usurpation et tyran d'exercice, qui fut sans cesse reprise par la suite. On pourra d'ailleurs compléter ces analyses par l'ouvrage monumental de Mario Turchetti (Tyrannie et tyrannicide de l'Antiquité à nos jours, 2001). La doctrine scolastique continua d'irriguer la pensée politique au XVIe siècle. Mais le débat prit un visage nouveau: la question était désormais de savoir si la résistance au mauvais prince était compatible avec l'obéissance aux commandements divins. Si l'on admettait que Dieu pouvait appeler un simple particulier à accomplir Sa justice, comme plusieurs épisodes de l'Ancien Testament le montraient, rares restaient les auteurs à encourager publiquement cette forme d'action radicale.

L'exemple des royaumes wisigoths d'Espagne (V^e^–VIIIe siècles), proposé par J. N. Hillgarth, montre que la destitution et le meurtre des rois constituaient des formes courantes d'alternance politique au haut Moyen Âge. La grande instabilité provoquée par les luttes successorales, à une époque où la succession héréditaire était loin d'être considérée comme la seule forme légitime de transmission du pouvoir, provoqua la ruine de ces principautés. L'Angleterre médiévale offre également de nombreux exemples de mises à mort de souverains, comme le rappelle Jean-Philippe Genet. Bien que le roi d'Angleterre fût un monarque sacré, sa disparition violente apparaissait moins comme un cataclysme que comme un »accident« politique particulier. Ces accidents furent nombreux à la fin du Moyen Âge, mais les auteurs anglais restaient, dans l'ensemble, relativement discrets quant aux mesures concrètes à prendre contre un souverain considéré comme tyrannique ou faible, comme le montre Christine Carpenter. Le régicide était avant tout une pratique; sa justification demeurait délicate.

Aux Pays-Bas ou au Danemark, les princes se heurtèrent régulièrement à des oppositions violentes. Wim Blockmans évoque ainsi l'assassinat de Charles le Bon, comte de Flandres, en 1127, qui eut lieu dans une église de Bruges. En 1296, Floris V, comte de Hollande et de Zélande, tomba à son tour sous les coups de ses opposants. On peut analyser ces épisodes comme des formes de réaction féodale au processus de »modernisation« politique lancé par le prince.

L'Écosse du XVIe siècle offre un autre exemple d'État tourmenté par des luttes de factions et des conflits qui aboutirent à la déposition, voire à la mort des souverains, comme le démontrent James Burns et David Loades. C'est aussi l'un des pays d'Europe où l'on a le plus réfléchi à la question de la résistance à la tyrannie. Les Stuart n'hésitaient pas eux-mêmes à utiliser la force pour assurer leur autorité. Mais ils subirent en retour cette violence. L'exécution de Mary Stuart, en 1587, vingt ans après sa déposition, eut une portée considérable. Elizabeth d'Angleterre se résolut à en venir à cette extrémité pour préserver sa propre sécurité et couper court aux complots qui la menaçaient. En France, l'émotion fut immense; l'événement renforça la détermination des catholiques zélés à reprendre la lutte contre les huguenots.

À cette époque, les Français n'avaient pas pour habitude de tuer leurs souverains. Depuis 987, aucun monarque n'avait été déposé ni assassiné. En dépit du contexte de guerre permanente, le Très-Chrétien n'a pas subi d'attaques physiques directes à la fin du Moyen Âge. Certains princes du sang ont néanmoins trouvé la mort dans des circonstances dramatiques. Neithard Bulst analyse le discours composé par Jean Petit au lendemain de l'assassinat du duc d'Orléans, en 1407. Cet auteur reprend l'ancienne distinction entre tyran d'usurpation et tyran d'exercice, mais il introduit une nouvelle catégorie, celle du tyran coupable de haute trahison contre la couronne, qui permet de justifier la mort du duc fomentée par les Bourguignons. Les rois de France parvinrent à se préserver des attentats, et les auteurs des XVe et XVIe siècles travaillèrent à la construction d'une idéologie monarchique cohérente qui faisait du monarque une image de Dieu sur terre. Toucher au roi, c'était donc toucher à Dieu. Les crimes de lèse-majesté terrestre et divine se confondaient.

Tout changea à l'époque des guerres de religion. Lucien Bély en présente les principaux épisodes, depuis les soulèvements de 1562 jusqu'à la pacification du royaume menée par Henri IV. Ce monarque fut, d'une certaine façon, la dernière victime des guerres civiles – il tomba sous les coups d'un catholique exalté qui voyait en lui un hypocrite et un protecteur des hérétiques. Mark Greengrass analyse les circonstances du premier régicide français, celui de 1589. Il décrit le climat d'exaltation qui animait la capitale au lendemain de l'assassinat du duc de Guise et de son frère le cardinal. Les chefs du parti catholique avaient en effet été mis à mort sur l'ordre d'Henri III. Un jeune moine, Jacques Clément, qui se sentait guidé par Dieu, décida de frapper le tyran. Les ligueurs ont repris à leur compte les arguments des auteurs protestants en les intégrant à leur propre vision du monde. En 1600, William Barclay réunit d'ailleurs sous le terme générique »monarchomaques« tous les théoriciens de la résistance au tyran, qu'ils soient protestants, comme Duplessis-Mornay (qui a publié sous le pseudonyme de Junius Brutus les célèbres »Vindiciae contra tyrannos«) et George Buchanan, ou catholiques, comme le ligueur Jean Boucher.

L'avènement des Bourbons, en France, eut des conséquences immenses, tant sur le plan politique que juridique. L'instauration définitive de la loi salique comme le socle légal de la monarchie allait permettre à l'État royal de fonctionner comme »un espace de totale indépendance pour la politique et le droit humain«, pour reprendre l'analyse proposée par Marie-France Renoux-Zagamé dans un ouvrage récent (Du Droit de Dieu au droit de l'homme, 2003). Par ailleurs, l'extraordinaire travail d'exaltation de la figure du prince, voire de quasi-divinisation de sa personne, auquel on assista au cours du Grand Siècle s'explique par la nécessité d'asseoir définitivement la dynastie des Bourbons après les assassinats d'Henri III et d'Henri IV, puis les minorités des jeunes Louis XIII et Louis XIV.

En Angleterre, la situation évolua d'une façon très différente. Le gouvernement autoritaire des Stuart provoqua une levée de boucliers. Charles Ier finit par être détrôné et même exécuté. Cette mise à mort officielle, parée de toutes les formes de la légalité, avait un tout autre visage que les attentats perpétrés contre les rois de France. Glenn Burgess montre que Cromwell ne se rallia que tardivement, à la fin de l'année 1647, à l'idée de condamner le souverain. Une cour *ad hoc* réunie en janvier 1649 (High Court of Justice) condamna le roi à mort pour le crime de trahison. C'était donc l'État qui réclamait vengeance. On semble éloigné des arguments moraux et religieux avancés pour justifier l'assassinat des rois de France. Néanmoins, il ne faisait aucun doute pour Cromwell et ses partisans que l'exécution du mauvais prince participait des desseins de la Providence.

Après une période d'accalmie, on assista à un renouveau des pratiques régicides à la fin du XVIIIe siècle. Le roi de Suède Gustav III fut assassiné par un officier influencé par les idéaux de la Révolution française, en 1792. Le tsar de Russie Paul Ier trouva lui aussi la mort dans un attentat, en 1801. Ces deux événements, étudiés par Klaus Zernack, avaient des causes différentes. Dans le cas suédois, il s'agissait d'un épisode de la résistance de la noblesse aux pratiques autocratiques du souverain. En revanche, la mort du tsar s'explique par le mécontentement d'aristocrates arc-boutés sur leurs privilèges. Dans un essai particulièrement riche, Volker Sellin examine successivement la déposition de George III par les insurgés américains, en 1776, puis celle de Louis XVI par les révolutionnaires français, en 1792, et enfin celle de Napoléon Ier, en 1814. Les Américains présentaient leur soulèvement comme une forme légitime de résistance fondée sur la défense des droits instaurés par la Déclaration des droits *(Bill of Rights)* promulguée en 1689, après la déposition de Jacques II. En revanche, les Français ne se fondaient pas sur les lois du passé pour justifier la fin de la monarchie: il s'agissait d'une mesure d'urgence adaptée à la situation dramatique dans laquelle se trouvait le royaume. La destitution de Napoléon par Louis XVIII apparaît, paradoxalement, comme un événement illégal, puisque rien, dans la constitution impériale de 1804, ne justifiait la déposition de l'empereur. Là encore la Glorieuse Révolution anglaise apparaissait comme l'un des modèles pour les sénateurs français qui reconnurent les Bourbons.

Ce livre stimulant propose des synthèses et des analyses utiles sur la plupart des monarchies européennes. L'Europe du Sud y apparaît peu présente. L'Espagne connut effectivement un grand calme après l'écrasement des révoltes des années 1520. En revanche, à la Renaissance, l'Italie fournit de nombreux exemples de complots et de conjurations nobiliaires qui aboutirent parfois à la mort des princes, notamment à Milan et à Florence. En règle générale, le régicide demeura une pratique marginale, comme le rappelle John MORRILL dans la conclusion générale: seuls quatorze monarques (sur environ deux cents rois et six reines) furent assassinés en Europe – les Anglais payant le plus lourd tribut –, entre la fin du XIIIe siècle et la fin du XVIIIe, tandis que vingt autres trouvaient la mort sur les champs de batailles.

Nicolas LE ROUX, Paris

Le livre d'architecture, XVe–XXe siècle. Édition, représentations et bibliothèques, sous la dir. de Jean-Michel LENIAUD et de Béatrice BOUVIER, Paris (École nationale des chartes) 2002, 335 S. (Études et rencontres de l'École des chartes, 11), ISBN 2-900791-53-7, EUR 35,00.

Die Architekturgeschichtsschreibung pflegte schon immer ein besonderes Verhältnis zu ihren Schriftquellen. Von Anfang an kam man hier überein, sie sei ohne deutlichen Rekurs auf die Architekturtraktatistik überhaupt nicht zu betreiben; anders als etwa beim Verhältnis zwischen Kunstgeschichte und Kunsttheorie vertraute man dem Metadiskurs der Traktate seit jeher in besonderer Weise. Und auch die Vorgehensweise der Architekturbücher unterscheidet sich bemerkenswert von derjenigen der Manuale für Maler und Bildhauer. In der Regel sind sie deutlich pragmatischer angelegt, mit meist maßstäblichen Plänen und Aufrissen auch scheinbar objektiver strukturiert als ihre Pendants, die jenseits der Perspektivlehre lediglich allgemeinere Rezepte für die Bildkünste anbieten, dafür aber ästhetischen Fragen breiten Raum geben. Diese Differenz zwischen Kunst- und Architekturtraktat scheint auch für die erstaunliche, lange Zeit übliche Beschränkung auf den klassischen Architekturtraktat verantwortlich, die sich die Architekturhistoriographie auferlegte: Nur Säulenbücher und Mustersammlungen, dazu technische Vademeca wie Bauhandbücher, Lehrbücher zur Materialkunde sowie gegebenenfalls noch ausgewählte Lexika galt es zu berücksichtigen, nur sie ließ man als authentische Quellen zur Architekturgeschichte gelten.

Daß die Gattung Architekturbuch sehr viel weiter zu fassen und ihr viel mehr zu entlocken ist, durchzieht als These den hier anzuzeigenden, überaus anregenden Sammelband zum gedruckten Architekturbuch, der auf eine Tagung zum Thema zurückgeht und nicht umsonst als Studienband der École des chartes erschienen ist. Er widmet sich jeglicher Form gedruckter Architekturbücher, deren Definition erfreulich weit ausgelegt wird: Neben den klassischen Vertretern der Gattung, den schon kurz nach Gutenberg einsetzenden Büchern über die Säulenordnungen und den üblicherweise nach funktionalen Kriterien und Architekturgattungen gegliederten Traktaten, finden sich auch Buchsorten wieder, die man bislang nicht so ohne weiteres zur einschlägigen Literatur rechnete: Festpublikationen, die etwa die ephemeren Monumente einer *Entrée* schildern und abbilden, Bibeln und Bibelkommentare, die sich an der Rekonstruktion des *templum Salomonis* versuchen, illustrierte Reisetagebücher des pittoresken Genres, die markante Bauten, mehr aber noch ihre Überreste malerisch inszenieren, zählen hier ebenso zur Gattung Architekturbuch wie künstlerisch gestaltete Architektenbücher, archäologische Kompendien und selbst rezentere kunsthistorische Fachliteratur. Sogar die Quersumme aus Architekturbüchern, nämlich architekturhistorische Bibliotheken, ihre Zusammensetzung und schließlich ihre Nutzer rücken so in den Blick des Bandes und damit der Architekturgeschichte.

Die Fülle des derart weit aufgefächerten, hier erstmals in dieser Breite erschlossenen Materials bietet die Aufsatzsammlung in Form dreier thematischer Schwerpunkte an, mit denen die angesprochene Vielfalt einigermaßen gebändigt werden soll. Sie geben zugleich die Struktur des Bandes ab: Im ersten Teil geht es um die Herausgeber der Architekturpublikationen und ihre verlegerischen Strategien (L'éditeur d'architecture, S. 21–88), im zweiten um die Modi der Architekturpräsentation oder -repräsentation im Medium des Buches (L'architecture dans le livre, S. 89–183), im dritten dann um Struktur und Reichweite ganzer Architekturbibliotheken (Les bibliothèques d'architecture, S. 185–326). Dennoch hält ein durchgängiges Interesse diese drei zunächst so disparaten Blickwinkel zusammen: Wie Klappentext und Einleitung betonen, soll das Architekturbuch »comme vecteur de la pensée architecturale« verstanden werden, als aktives Medium architektonischen Denkens. Damit rückt unübersehbar die Medienästhetik der Gattung Architekturbuch in den Vordergrund. Möglichkeiten und Grenzen der textlichen wie bildlichen Visualisierung von Architektur erhalten hier einen Stellenwert zugewiesen, angesichts dessen man konstatieren darf, auch die Architekturgeschichte profitiere nun von den in der letzten Zeit entwickelten bildwissenschaftlichen Fragestellungen. Es scheint, als habe der *iconic turn* in Gestalt der zugehörigen medienästhetischen Sensibilisierung mit einiger Verspätung auch die Architekturhistoriographie erreicht.

Die Aufsätze zeichnen sich fast durchweg durch eine stupende Materialkenntnis aus, die sie auf engem Raum vorführen. Die Herausgeber haben es glücklich verstanden, nicht nur die Koryphäen einzuladen, sondern vor allem jüngere Kolleginnen und Kollegen mit ihren Qualifikationsschriften einzubinden; viele Doktorandinnen und Doktoranden stellen hier ihre Arbeiten komprimiert vor. Dies kommt vor allem der Materialbasis des Bandes zugute, der den Reichtum der Gattung Architekturbuch geradezu exemplarisch vorführt. Nicht nur die diversen Buchtypen werden behandelt, die zu verschiedenen Zeiten und Orten entstanden, sondern auch und gerade ihre materielle Vielfalt innerhalb der bereits bekannten Typologie: Formate und Zuschnitte, Papier- und Reproqualitäten, Tinten- und Farbeinsatz, illustrative Ausrüstung mit Kupfer- und Stahlstich, Litho- und Chromolithographie, Héliogravure und Photographie kommen zur Sprache, da sie zu ganz unterschiedlichen und mannigfaltigen Text-Bild-Beziehungen geführt haben. Um hier nur pars pro toto ein Beispiel anzuführen: Caroline JEANJEAN-BECKERS Artikel über die illustrierten Reisetagebücher der Romantik geht nicht nur auf die verschiedenen Traditionen des Grand Tour in England und Frankreich ein, sondern behandelt auch die Preise und Ausstattung der Gattung, ihre Formate und Auflagen sowie die Herausgebermoden in den Ländern ihrer Verbreitung. Man erfährt nicht nur allgemein Kulturgeschichtliches wie die Verlagerung des anfänglich vorherrschenden Interesses an Griechenland und der Antike auf den Orient und die eigene Vorgeschichte, die Entdeckung des *patrimoine*, die Entstehung der Landeskunde sowie die Ablösung des ästhetischen durch einen protowissenschaftlichen Blick der Reisenden. Auch die besonderen Herstellungsbedingungen der großen und teuren Folioformate, die in ihrer Bildausstattung teils auf berühmte Künstler zurückgriffen und die Autoren erst einmal auf Reisen schicken mußten, und der damit einhergehende Spezialisierungs- und Anpassungsdruck, der zu einer quasi industriellen Ausrichtung ihrer Produktion führte, treten in den Blick.

Am meisten profitiert sicherlich der Mittelteil des Sammelbandes von einem derartig medienästhetisch sensibilisierten Zugriff auf das Architekturbuch. Wie die Präsentation und Repräsentation von Bauwerken, und nicht nur der begleitende Diskurs der Traktate, das architektonische Denken mit formte, wird hier an Beispielen vom 15. bis ins 20. Jh. thematisiert. Noch vor wenigen Jahren wäre es undenkbar gewesen, die klassischen Architekturtraktate der Renaissance und des Barock vorrangig unter dem Gesichtspunkt ihrer technischen Bedingtheit zu untersuchen. Georg GERMANN – wiederum pars pro toto genannt – fragt hier expressis verbis nach diesen Beschränkungen, und zwar, inwieweit sie den Gehalt der Architekturbücher mitbestimmten: als Kommentar zum Buch als Ganzem, als Eingriff der Textillustration, die den Fließtext unterstützen, aber durchaus auch konterkarieren konnte, sowie als wirkungsästhetischer Hebel, der die damals neue, antikisch inspirierte Architektursprache im Holzschnitt, im Kupferstich und in der Radierung popularisierte. Den Wechsel vom Hoch- zum Tiefdruck, der Mitte des 16. Jhs. erfolgte, begründet Germann wirkungsästhetisch, der Feinheiten des Mediums Kupferstich wegen, und man darf dies durchaus mit dem einsetzenden Übergang zur Spätrenaissance verbinden. Auf derselben Ebene argumentiert Matthias NOELL, wenn er fotografische Sequenzen moderner Architektur in Publikationen der 1920er Jahre aus der Wechselwirkung zwischen der frühen Kinematographie und der Buchillustration heraus entstanden sieht: Erich Mendelsohn etwa versuchte, mittels Bildserien die gewünschte szenographische Wirkung zeitgenössischer Architektur nachzubilden. Das Buch sollte die propagierte Architektur unterstützen, in diesem Fall aber nicht qua Plan oder Riß, sondern qua buchillustrativer Inszenierung. In diesen Beiträgen wird die von den medialen Möglichkeiten des Architekturbuches angeregte Genese architektonischen Denkens unmittelbar anschaulich.

Doch solche weiterführenden Aussagen, die sich dem zentralen Anliegen des Bandes verpflichtet fühlen, das Architekturbuch als aktives Medium des architektonischen Diskurses zu begreifen, bleiben aufs Ganze gesehen die Ausnahme. Die meisten Beiträge verstehen sich vorrangig propädeutisch, und sie lösen das begrenzte Programm des Gattungsüberblicks und der Grundlagenvermittlung auch ein, gerade in dritten Teil des Bandes mit seinen vielen bibliographischen Anhängen. So häufig auf einer genauen Untersuchung der Mittel beharrt wird, die im Architekturbuch zur Anwendung gelangen, so selten finden sich Aussagen über deren mediale Aus- oder Einwirkungen auf die Architektur. Zwar wird immer wieder die *mise en page* hervorgehoben und damit die Medienreflexion der Gattung beschworen, doch am Ende wenig davon umgesetzt. Daß die Visualisierung von Architektur immer zurückwirkt auf ihren Gegenstand, wird in den einzelnen Aufsätzen zwar durchweg postuliert, merkwürdigerweise aber fast nie eingelöst. So bleibt es leider beim stark quellen-, besser materialorientierten Zugriff, der besonders gegen Ende doch etwas enttäuscht.

Daher stellt sich nach der Lektüre des Bandes ein zwiespältiger Eindruck ein. Das bleibende Verdienst der Aufsatzsammlung besteht darin, die Sensibilität für das bislang schlichtweg als Handwerkszeug verstandene Architekturbuch geschärft und die Kontaktflächen zwischen Architektur und Architekturbuch stark vergrößert zu haben. Die These vom »vecteur de la pensée architecturale« ist eindrucksvoll vorgebracht, im Band selbst bleibt sie jedoch Postulat, das erst noch zu füllen ist. Die abschließende Bemerkung Jean-Yves MOLLIERS, man habe hier ein Standardwerk zum Thema Architekturbuch vor sich, wird man also nur mit Zögern unterschreiben wollen. Es ist weniger ein Manual denn ein Steinbruch mit dem Potential zum Handbuch geworden, und es sei erlaubt, die Schlußwendung eines Beitrags auf die gesamte Aufsatzsammlung zu beziehen: Das Material ist bereitgestellt, seine Befragung kann jetzt beginnen. Der wunderbare Stoff des Bandes lädt dazu ein.

Andreas KÖSTLER, Potsdam

Forme della comunicazione politica in Europa nei secoli XV–XVIII. Suppliche, gravamina, lettere / Formen der politischen Kommunikation in Europa vom 15. bis 18. Jahrhundert. Bitten, Beschwerden, Briefe, a cura di/hg. von Cecilia NUBOLA, Andreas WÜRGER, Berlin (Duncker & Humblot) 2004, 402 S. (Istituto trentino di cultura. Annali dell'Istituto storico italo-germanico in Trento/Jahrbuch des italienisch-deutschen historischens Instituts in Trient. Contributi/Beiträge, 14), ISBN 3-428-11582-1, EUR 26,00.

Die »Kultur des Bittens« als eines der wichtigsten Instrumente der politischen Kommunikation zwischen Herrschenden und Beherrschten steht im Mittelpunkt eines von Cecilia Nubola und Andreas Würgler durchgeführten Forschungsprojektes, das sich mit der äußerst heterogenen Quellengruppe von Suppliken, Beschwerden, Petitionen, Interventionen und Bittbriefen im spätmittelalterlichen und frühneuzeitlichen Europa auseinandergesetzt hat. Im Rahmen dieses Projektes wurden mehrere internationale Tagungen zu einzelnen Aspekten der Thematik organisiert; die Ergebnisse werden in einer Reihe von Publikationen des italienisch-deutschen historischen Instituts in Trient von Nubola und Würgler herausgegeben.

Konzentrierten sich die Beiträge des ersten Bandes unter dem Subtitel »Politica, amministratione, giustizia« primär auf fürstliche und hier wiederum in erster Linie auf weltliche Institutionen als Adressaten unterschiedlicher individueller und kollektiv auftretender Petent/inn/en und stellten nichtsdestoweniger die enorme kontextspezifische Heterogenität der Praxis des Bittens und Gewährens fest, erweitert der nunmehr vorliegende zweite Band die Perspektive nochmals deutlich. Die insgesamt 16 Beiträge – neun davon in italienischer Sprache, sechs deutschsprachige, ein englischsprachiger Text – setzen sich ebenso mit geistlichen wie mit weltlichen Obrigkeiten, besonders aber mit Organisationsstrukturen und Verhandlungspraktiken von und zwischen unterschiedlichen hierarchischen Instanzen unter besonderer Berücksichtigung von Städten und Gemeinden auseinander. Die Themen berühren geografisch den Raum von Sizilien bis Braunschweig-Wolfenbüttel, reichen institutionell von der päpstlichen Strafgerichtsbarkeit bis hin zu kommunalen Verhandlungsmodi im Berner Stadtrat und betreffen den Zeitraum vom 14. bis zum 18. Jh.

Dieser Vielfalt und den unklaren Abgrenzungen bzw. zahlreichen Überschneidungen der unterschiedlichen Formen des Vorbringens von Anliegen, die nicht zuletzt der jeweils zeitgenössische Sprachgebrauch belegt (z. B. S. 81, S. 291) werden Cecilia Nubola und Andreas Würgler durch eine thematische Dreiteilung des Bandes gerecht, die – bei allem Wissen um die Überschneidungen in der Praxis – eine gewisse analytische Systematik ermöglicht: Nach den beiden auf den ersten Blick leichter abgrenzbaren Abschnitten zu »Suppliken an geistliche und weltliche Instanzen« sowie »Gravamina und Widerstandshandlungen« ist der dritte Teil des Bandes mit »Empfehlungsschreiben und Bittbriefen« einer Quellengruppe gewidmet, mittels der sich die zuvor definierten Kategorien gleichsam wieder dekonstruieren lassen, wodurch die Rolle der Historiker/innen selbst bei der Konstruktion historischer Wirklichkeit sichtbar und diskutierbar bleibt.

Geht man davon aus, daß politische und soziale Hegemonie durch einen ausverhandelten Konsens zwischen Herrschenden und Beherrschten charakterisiert ist, der jeweils kontextspezifisch in ganz unterschiedliche Kräfteverhältnisse eingebettet ist, dann kommt der frühneuzeitlichen »Kultur des Bittens« im Sinn einer »Kultur des Verhandelns« eine wesentliche Bedeutung für ein umfassendes Politikverständnis zu, die von den Herausgeber/inne/n des Bandes zu Recht gegenüber den bisherigen Schwerpunkten der einschlägigen Forschung zur Entwicklung frühmoderner Herrschaft hervorgehoben wird (S. 12). Einer der wichtigsten Faktoren dabei ist die notwendige Reziprozität der Beziehungen zwischen »Herrschenden« und »Untertanen«, die sowohl aus einer traditionellen politik- und verfassungsgeschichtlichen als auch aus einer primär sozial- oder alltagsgeschichtlichen Perspektive bislang wenig beleuchtet wurde. Daß diese Reziprozität bzw. wechselseitige Verbindlichkeiten und Abhängigkeiten asymmetrisch waren und daher in keinem Widerspruch zur in der Frühen Neuzeit konzeptionell und praktisch selbstverständlichen Ungleichheit der Menschen standen, machen die Beiträge des Bandes ebenso klar wie den Umstand, daß »Verhandeln« nicht im Sinn von gleichen oder gar uneingeschränkten Handlungsmöglichkeiten der Akteurinnen und Akteure zu verstehen ist. Wie Cecilia Nubola und Andreas Würgler in der Einleitung betonen, bedeutet ja allein der Akt des Bittens bereits eine Bestätigung eines Herrschaftsverhältnisses und die »symbolische Unterwerfung« seitens der supplizierenden Person bzw. Privileg und Gnadenerweis seitens der adressierten Obrigkeit (S. 11).

Mit unterschiedlichen Formen solcher Gnadenerweise als Antwort auf Suppliken von Individuen oder Gruppen setzen sich die fünf Beiträge des ersten Abschnittes auseinander. Christian Zendri erläutert anhand des »Tractatus de supplicationibus« des gelehrten Juristen Pierre Rebuffi (1487–1557) die Herausbildung eines rechtsvergleichenden Begriffs der Supplik in der zeitgenössischen Rechtstheorie. Die Gegenstände der Abhandlung Rebuffis reichen von Kategorisierungen der Supplizierenden und Adressaten, aber auch der spezifischen Gesten, welche die Darbringung einer Supplik begleiten konnten, über die Gründe für Gewährung oder Ablehnung einer Supplik hin zu Abgrenzungen gegenüber anderen Formen, ein Anliegen vorzubringen, etwa dem Appell (S. 48f.). Deutlich wird dabei die Rolle des juristischen Diskurses bei der Ausbildung und Systematisierung von frühmodernen Verwaltungsabläufen, aber ebenso, wie die Theoretisierung des fürstlichen Gnadenerweises als Indikator für über dem Gesetz stehende, »absolute« Herrschaft diese selbst befördert.

Die Beiträge von Paolo Ostinelli und Peter Blastenbrei setzen sich mit diesen Fragen anhand der Praxis der päpstlichen Gerichtsbarkeit im 15. und 16. Jh. auseinander. Ostinelli untersucht die seit Beginn des 15. Jhs. zunehmend systematisch geführten Supplikenregister zu kirchenrechtlichen und kirchlich-administrativen Fragen. Von Interesse sind dabei zum einen die internen kurialen Entscheidungsabläufe, zum anderen – hier am Beispiel von Como – ihr Zusammenwirken mit jenen in den einzelnen europäischen Diözesen. Die von Ostinelli vorgestellten Beispiele verdeutlichen allerdings, daß die festgestellte Systematisierung nicht nur eine Verstärkung der Kontrolle über die betroffenen Untertanen ermöglichte; umgekehrt belegen die Quellen nämlich, wie sich die Menschen unter Nutzung ihrer familiären und Patronage-Beziehungen der klareren administrativen Abläufe innerhalb der einzelnen Instanzen der geistlichen Gerichtsbarkeit bedienten.

Peter Blastenbrei arbeitet am Beispiel der päpstlichen Kriminaljustiz um 1600 die besondere Bedeutung des Gnadenerweises durch die höchste geistliche Instanz heraus. Beleg dafür ist bereits, daß Suppliken in Strafsachen ausschließlich nach dem Urteil eingebracht werden konnten – es ging also nicht um eine Anfechtung des Urteils, sondern um ein – im Sinn des theoretischen Diskurses – über dem Gesetz stehendes Mittel. Dies steht zeitgenössisch in keinem Widerspruch zur juristischen Funktion dieses Instrumentes als integraler Bestandteil der Justizausübung bzw. als »ernstzunehmende Aufgabe innerhalb eines juristisch exakt definierten Rahmens« (S. 69): Gleichzeitig mit der Aufwertung des Gnadenerweises erfolgte nämlich die juristische Ausdifferenzierung mildernder Tatumstände, deren Kenntnis ebenso wie entsprechende Reuebekundungen Voraussetzung für eine Rehabilitation der betroffenen Person war.

Auch in Strafverfahren der Stadt Augsburg im 16. Jh., die Carl A. Hoffmann untersucht, konnten Suppliken erst nach der Verhaftung vorgebracht werden. Hoffmann analysiert die »Fürbitten« unterschiedlicher Personen für die mutmaßlichen Delinquent/inn/en als Repräsentation ihrer Einbettung in einen sozialen Kontext, der seinerseits für die gerichtliche Entscheidung über Rehabilitation oder nicht von herausragender Bedeutung erachtet wurde. Der Friede für die Gemeinschaft, Ruhe und Ordnung waren oberstes Ziel der Obrigkeit – dementsprechend ging es vor allem darum, das soziale Kapital der Supplizierenden und ihre Glaubwürdigkeit hinsichtlich der Reintegrationsfähigkeit der Täterin bzw.

des Täters zu belegen. Der soziale Kontext der Handelnden hatte demgemäß entscheidenden Einfluß auf den konkreten Ausgang der Strafprozesse. Hier zeigt sich, daß die »Verhandlungen« zwischen den involvierten Akteur/inne/n weniger im Sinn eines »Ausverhandelns« des Urteils zu verstehen sind (S. 92), sondern vielmehr als Aktualisierung von Komponenten aus der Summe sozial relevanter Faktoren, die oftmals widersprüchlich wirken konnten und den Handlungsspielraum der Einzelnen je unterschiedlich bestimmten.

Auch Maren Bleckmann befaßt sich mit den Verhandlungen sozialen Kapitals in einem städtischen Umfeld. Sie untersucht anhand von Suppliken, die im 17./18. Jh. anlässlich von Rangkonflikten an den Herzog von Braunschweig-Wolfenbüttel gerichtet wurden, die Bedeutung unterschiedlicher sozialer Kategorien wie Amt, Zivilstand, Zugehörigkeit zur Obrigkeit oder einer Korporation, Geschlecht, Alter, Bildung etc. für die Statusdefinition einer Person (S. 96). Die vorgebrachten Bitten veranschaulichen die zentrale Rolle der öffentlichen Repräsentation von Rangordnungen: Rang muß visualisiert, symbolisch inszeniert und kontinuierlich praktiziert werden, um Bestand zu haben. Das Interesse des Fürsten bzw. der Obrigkeit bestand – ähnlich wie im Beitrag Hoffmanns deutlich wird – einerseits im Erhalt dieser (Rang-)Ordnung, anderseits in der »Verfügungshoheit über die Positionierung der Ränge in seinem Herrschaftsbereich« (S. 115). Um die Bedeutung öffentlicher Repräsentation geht es auch im Beitrag von Urs Hafner »zum sozialen Sinn der Übergabe kollektiver Beschwerden in süddeutschen Reichsstädten des 17. und 18. Jahrhunderts« (S. 289). Formal dem zweiten Abschnitt zugeordnet, verdeutlicht der Text anhand einer Gegenüberstellung der Präsentation von Gravamina innerhalb der Stadt durch die Bürger vor dem Stadtrat und außerhalb durch Gesandte an den Reichshofrat in Wien den Stellenwert des persönlich-kollektiven Erscheinens und die symbolische Inszenierung der Übergabe gegenüber den vielfältigen Schwierigkeiten der Kommunikation auf Entfernung.

Die übrigen sechs Beiträge dieses Teiles behandeln weniger individuelle als kollektive Initiativen – Formen des Vorbringens von Anliegen, in denen sich die Ordnung der Beziehungen zwischen unterschiedlichen Gruppen überhaupt erst konstituierte oder aber längerfristig veränderte. Die Texte von Pietro Corrao, Diego Quaglioni und Massimo Della Misericordia setzen sich anhand der Beispiele Sizilien, Sardinien und Mailand mit der historisch spezifischen Herausbildung von politischen Kommunitäten mittels einer »Vertragskultur« (S. 147), einer Praxis des Verhandelns zwischen Zentrum und Peripherie, auseinander. Wie unterschiedlich die Wechselbeziehungen zwischen zeitgenössischer Theorie und der Praxis vor Ort sein konnten, macht etwa im Vergleich mit den Beiträgen von Zendri und Blastenbrei der Text von Diego Quaglioni deutlich. Anhand eines Vorbringens aus dem Jahr 1594 vor dem sardischen Parlament, dem obersten Gerichtshof des *regnum Sardiniae* unter spanischer Herrschaft, analysiert er, wie bei Beschwerden vor dem Parlament die zeitgenössische Rechtslehre von den gelehrten Juristen gekonnt auf die kontextspezifischen Probleme angewandt wurde – was aber wenn schon nicht schadete, so doch nichts nützte, da das Instrument des »Parlamentarismus« in der spanischen Herrschaftspraxis zahnlos geworden war.

Ganz anders entwickelte sich das Verhältnis zwischen Zentrum und Peripherie seit dem Spätmittelalter im Verhältnis zwischen den Städten Siziliens und dem königlichen Hof. Der Beitrag von Pietro Corrao vermittelt ebenso jener von Massimo Della Misericordia zum Verhältnis mailändischer Gemeinden zur Herrschaft der Visconti bzw. Sforza einen guten Eindruck davon, wie sich im 15. Jh. Kommunikationsstrukturen und letztlich rechtliche Verbindlichkeiten auch durch Initiativen »von unten« herausbildeten. Die sizilianischen Städte entwickelten eine »prassi capitolare« (S. 120), die regelmäßige Vorlage von Forderungskatalogen im Rahmen von Gesandtschaften, die mit der Akzeptanz durch die königliche Herrschaft gleichsam rechtskräftig wurden und dann in den sogenannten *Libri rossi* festgehalten wurden (S. 123). Mehr noch, die Praxis dieser Gesandtschaften hatte auch einen wesentlichen Effekt auf die Binnenstruktur der sizilianischen Kommunitäten. Das Vorbringen der Suppliken bot kommunikativen Ersatz für die an Bedeutung verlierenden Ständeversammlungen und sorgte gleichzeitig für die Einbindung der urbanen Eliten in die politischen Verhandlungen mit dem königlichen Hof, der seinerseits Interesse an Kenntnis und Kontrolle der Kräfteverhältnisse innerhalb der Kommunitäten hatte.

Mit seiner Analyse politischer Diskursformen im frühneuzeitlichen Mailand zeigt Massimo Della Misericordia vergleichbare Verhandlungs- und Institutionalisierungsprozesse politischer Kommunikation, gleichzeitig aber ihre Grenzen auf. Seine Fallstudien zu den Auseinandersetzungen der Gemeinden Traona, Morbegno und Val Antigorio zeigen Gleichzeitigkeit und Überschneidungen von radikaleren diskursiven und zurückhaltenderen pragmatischen Konfliktlösungsversuchen. Können Forderungen und Gravamina im Sinn formalisierter Artikulationen des Verhandelns und Paktierens als zentrales Mittel der Kommunikation bzw. zur gewaltlosen Konfliktbeilegung zwischen Obrigkeit und Untertanen definiert werden, markieren sie gleichzeitig den Grenzbereich zum Feld des legitimen Widerstandes gegen ungerechtes Handeln der Obrigkeit – der in letzter Konsequenz auch in bewaffneter Rebellion enden konnte.

Die nun folgenden Beiträge setzen sich mit Fällen auseinander, in denen die Legitimität der herrschenden Ordnung und damit das auf Gegenseitigkeit beruhende Einvernehmen – rechtmäßiges Handeln der Obrigkeit gegen »Treue« der Untertanen – in Frage gestellt und Konflikte nicht (mehr) gewaltfrei gelöst werden konnten. Typologisch geht diesen Veränderungen, die sich nie unvermittelt, sondern in graduell fortschreitenden Eskalationen vollzogen, anhand der reformatorischen Bewegung von 1525 Heinrich Richard Schmidt nach, indem er Briefe, Predigten und Flugschriften, Suppliken, Gravamina und Forderungskataloge auf die Verwendung ihrer sprachlichen Mittel hin untersucht. Deutlich wird dabei vor allem der Übergang vom Bitten zur Willensartikulation. Am Ende der von Schmidt skizzierten idealtypischen mehrstufigen Eskalationsskala steht das »imperativische Reden« (S. 228) seitens der Untertanen, wie es etwa die berühmten 1525 verfaßten »Zwölf Artikel der Bauern« charakterisiert. Verweigert sich die Obrigkeit den Forderungen, folgen den revolutionären Worten ebensolche Taten.

Daß nicht alle Auseinandersetzungen, die militärische Konflikte beinhalteten, ein solches Maß an Radikalität aufwiesen, zeigen jedoch die Beiträge von Carlo Taviani und Cecilia Nubola, die sich mit der Rolle der Stadt Trient während des »Bauernkrieges« von 1525 bzw. des Fürstbistums in der »guerra delle noci« mehr als 50 Jahre später (1579/80) befassen. Taviani arbeitet in seiner Analyse der Prozeßakten der an den Aufständen beteiligten Tridentiner wesentliche Differenzen in der Ausprägung der Bewegung an der Peripherie des Heiligen Römischen Reiches im Unterschied zu seinen Kerngebieten heraus. Darüber hinaus wird deutlich, welche Rolle die Heterogenität der Tridentiner Stadtbevölkerung und die Rolle der Zugehörigkeit zu einzelnen sozialen Gruppen bei der Parteinahme in den Auseinandersetzungen ebenso wie bei ihrer Bereinigung spielte. Nicht zuletzt die vielfältigen Verflechtungen dieser Gruppen und die politischen wie sozialen Beziehungen ihrer Angehörigen verhinderten einen sozialen Aufstand, wie ihn die »Bauernkriege« im deutschsprachigen Raum darstellten. Der Beitrag Nubolas wiederum zeigt, wie die sog. »Giudicarie«, sieben Gemeinden im Fürstbistum Trient, die Loyalitätskonflikte, die sich im Zuge der territorialen Ausdifferenzierung zwischen der Bischofsherrschaft und den Grafen von Tirol zunehmend ergaben, mittels wechselseitiger Vereinbarungen mit dem Bischof zum Erhalt und Ausbau ihrer Privilegien und Freiheiten lösten. Als diese Reziprozität 1578 grundlegend in Frage gestellt wurde, verteidigten die Giudicarie ihre alten, legitimen Rechte mangels Alternativen auch mit gewaltsamen Mitteln.

Der dritte und letzte Teil des Bandes vereinigt Beiträge über Empfehlungsschreiben und Bittbriefe, die nochmals die Durchlässigkeit der vorgestellten Kategorien verdeutlichen. Irene Fosi und Katia Pischedda setzen sich am Beispiel der Kurie im 17. Jh. bzw. der Korrespondenz von Fürstbischof Cristoforo Madruzzo von Trient (1539–1567) mit den vielfältigen Formen von Fürbitten, Empfehlungsschreiben und Patronagebeziehungen auseinander. Das Prinzip der Reziprozität steht in allen Beispielen gleichsam als Grundmotiv sozialer Beziehungen im Vordergrund, ob es sich nun um die Rolle der Kardinallegaten bei der Vermittlung zwischen Zentrum und Peripherie handelt (S. 342f.), die Bedeutung persönlicher Sekretäre im Rahmen der informellen Netzwerke von Informationsbeschaffung und Fürsprache bei Hof (S. 373f.) oder die gesellschaftlich zentrale Position der weiblichen Mitglieder einflußreicher Familien als Fürsprecherinnen und Vermittlerinnen in grenzüberschreitenden Interventionen für ihre Ehemänner, Söhne und andere Verwandten (S. 346f., 374ff.).

Vergleichbare Bitt- und Empfehlungsschreiben machen auch einen guten Teil der Korrespondenz des Berner Gelehrten Albrecht von Haller (1708–1777) aus, die Stefan Hächler als integralen Bestandteil der Kommunikation innerhalb der zeitgenössischen »Gelehrtenrepublik« einer detaillierten Analyse unterzieht. Mit ihren Anfragen um Auskunft in diversen Fachfragen, um Publikationsbeiträge, Rezensionen, Kommentare oder publizistische Hilfe, aber auch um wissenschaftliche Patronage und »Nachwuchsförderung« vermittelt die Korrespondenz von Hallers ein Bild, das Mitgliedern der heutigen *Scientific Community* gar nicht so fremd sein wird. Demgegenüber bringt der Beitrag von Simon Teuscher zu »Empfehlungsketten« *(chains of favor)* bzw. »Tauschgeschäften« auf allen Ebenen der spätmittelalterlich-frühneuzeitlichen Berner Kommunalpolitik vielleicht am deutlichsten die komplexen Verflechtungen öffentlicher und privater Sphäre, von Amt und persönlichen Interesse zum Ausdruck, die für frühmoderne Herrschaftsformen und soziale Beziehungen so charakteristisch sind. Teuscher zeigt an einer Fülle von Beispielen zu alltäglichen Konflikten der Berner Bevölkerung, wie diese in und neben den vorhandenen administrativen und politischen Strukturen verhandelt wurden und wie aktiv die Rolle der betroffenen Personen bei Aufbau und Aktivierung sozialer Netzwerke war. Gegenseitige Gefälligkeiten standen dabei ebenso wie die Vorbereitung der notwendigen Kontakte im Berner Stadtrat vor einem »offiziellen« Einbringen nicht im Gegensatz zu formalen Verfahrensschritten, sondern beide wirkten als einander wechselseitig verstärkende Instrumente und trugen damit umgekehrt durch den Erfolg für den einzelnen auch zur Akzeptanz der Institution bei. In diesem Beitrag wird besonders nachvollziehbar, wie notwendig diese Akzeptanz für die Obrigkeit war – mehr noch: Anhand der komplexen Wechselwirkungen unterschiedlicher Verbindlichkeiten und Abhängigkeiten wird die Frage virulent, ob sich denn die Kategorie »Herrschaft« eindeutig definieren, eine Abgrenzung von »oben« und »unten« systematisch vornehmen läßt.

Verdienst dieser gelungenen und anspruchsvollen Zusammenstellung ist nicht zuletzt, daß die explizite Quellennähe der Beiträge eine besondere Sensibilität für die jeweiligen Kontexte ermöglicht und kaum allzu schnell verallgemeinernde Aussagen erlaubt. Gleichzeitig gelingt aber in nahezu allen Texten eine explizite Verbindung zwischen grundsätzlichen systematischen Fragestellungen und der Arbeit am Material – ein Umstand, der hier nachdrücklich hervorgehoben werden soll, weil sich diese Verbindung von erkenntnisgeleiteter »Theorie« und Forschungspraxis in vergleichbaren Sammelbänden, wenn überhaupt, dann auf die einleitenden Seiten beschränkt. Umso mehr würde man sich für den nächsten Band eine kurze biographische Übersicht zu den Autorinnen und Autoren wünschen.

Christina Lutter, Wien

Anne CONCHON, Bruno MAES, Isabelle PARESYS, sous la direction de Robert MUCHEMBLED, Dictionnaire de l'Ancien Régime, Paris (Armand Colin) 2004, 298 S., ISBN 2-200-26311-2, EUR 30,00.

Auf etwa 600 Artikel bringt es dieses neue, von Robert Muchembled herausgegebene Lexikon des Ancien Régime. Die willentlich knapp gehaltenen und in einem klaren, immer verständlichen Französisch geschriebenen Einträge decken sowohl einschlägige Begriffe aus der französischen Religions-, Verwaltungs-, Rechts-, Wirtschafts-, Finanz-, Geistes- und Sozialgeschichte wie auch weitergefaßte kulturgeschichtliche Lemmata ab. Rund einem Drittel der Artikel wurden bibliographische Hinweise auf die zuletzt zu diesem Thema erschienene französischsprachige, zuweilen aber auch englischsprachige Literatur beigegeben. Adressaten des Buchs sind laut Klappentext »all jene, die im Zuge ihrer historischen, kunstgeschichtlichen oder philologischen Hochschulstudien mit dem Frankreich des 16., 17. und 18. Jhs. in Berührung kommen« aber auch »interessierte Laien«. Ihnen sollen jene epochenspezifischen Begriffe erklärt werden, auf die sie »während ihrer Lektüren stoßen« könnten (S. 5).

Ein solches Lexikon, das sich auf bereits betretenen Pfaden bewegt, muß sich zwangsläufig dem Vergleich mit seinen Vorgängern stellen. Will man dem Werk dabei gerecht werden, sollten dazu jedoch nur jene herangezogen werden, die einem ähnlichen Konzept folgen und sich an denselben Leserkreis richten. Dies sind vor allem der »Lexique historique de la France d'Ancien Régime« von Guy Cabourdin und Georges Viard (Paris 1978, ^{2}1990, ^{3}1998), der »Dictionnaire de la France moderne« von Jean-Yves Grenier, Katia Béguin und Anne Bonzon (Paris 2003) sowie Paul Delsalles »Vocabulaire historique de la France moderne, XVIe–XVIIe–XVIIIe siècles« (Paris 1996). Bedingt in diese Kategorie gehörig sind wohl auch noch der von Lucien Bély herausgegebene »Dictionnaire de l'Ancien Régime« (Paris 1996) und der immer noch lieferbare, aber bereits 1923 erschienene und seitdem nicht mehr aktualisierte Vorläufer des gesamten Genres, Marcel Marions »Dictionnaire des institutions de la France aux XVIIe et XVIIIe siècles«, auch wenn das Zielpublikum hier nicht mehr vornehmlich studentisch ist und im Gegensatz zu den zuvor zitierten Titeln ein wissenschaftlicher Anspruch erhoben wird. François Bluches »Dictionnaire du Grand Siècle« (Paris 1990), die der Revolutionszeit gewidmeten Lexika von Mona Ozouf und François Furet[1] bzw. von Albert Soboul[2], wie auch die bei Robert Laffont verlegte Lexikareihe[3] sind hingegen schon von ihrer Anlage her zu verschieden, um noch mit Muchembleds »Dictionnaire« verglichen werden zu können, denn sie behandeln in weit längeren, wissenschaftlich ambitionierten Artikeln kürzere Zeiträume und sind auch nicht als Einführung für Studienanfänger gedacht, sondern richten sich vielmehr an ein bereits in die Materie eingeführtes Fachpublikum.

Bei der Abfassung ihres »Dictionnaire« orientierten sich die Autoren nach eigener Aussage (S. 5) vor allem an dem ebenfalls bei Armand Colin erscheinenden »Lexique« von Cabourdin/Viard. Obwohl dieses zuletzt noch 1996 überarbeitete Lexikon weiterhin im Verlagsangebot steht, ist doch anzunehmen, daß es über kurz oder lang dem neuen »Dictionnaire« Muchembleds weichen soll. Legt man beide Werke nebeneinander fällt zunächst auf, daß die Zahl der Einträge in Muchembleds Werk (636) im Vergleich zu seinem Vorgänger (540) zwar um gut ein Sechstel gestiegen, die Seitenzahl jedoch trotz größerem Schrift-

1 Dictionnaire critique de la Révolution Française, Paris 1988.
2 Dictionnaire historique de la Révolution Française, Paris 1985.
3 Arlette JOUANNA, Philippe HAMON, Dominique BILOGHI, Guy LE THIEC, La France de la Renaissance. Histoire et dictionnaire, Paris 2001; Arlette JOUANNA, Jacqueline BOUCHER, Dominique BILOGHI, Guy LE THIEC, Dictionnaire et dictionnaire des guerres de Religion: 1559–1598, Paris 1998; René et Suzanne PILLORGET, France baroque, France classique, Bd. 2: Dictionnaire, Paris 1995; Jean de VIGUERIE, Histoire et dictionnaire du Temps des Lumières: 1715–1789, Paris 1995; Jean TULARD, Jean-François FAYARD, Alfred FIERRO, Histoire et dictionnaire de la Révolution française: 1789–1799, Paris 1987.

bild durch eine Kürzung der Artikel gleichgeblieben ist. Drei Viertel (406) der im »Dictionnaire« erklärten Schlagwörter finden sich schon bei Cabourdin/Viard. Ein weiteres Fünftel (136) wird auch von Grenier/Béguin/Bonzon in ihrem bereits 2003 erschienenen »Dictionnaire« aufgeführt. So folgt die Auswahl der aufgenommenen Einträge im großen und ganzen dem, was schon die Vorgänger geboten haben.

Dies gilt auch für die thematische Gewichtung. Es werden keinerlei Personen aufgeführt. Zentrale Ereignisse der frühneuzeitlichen Geschichte Frankreichs – von zwei Ausnahmen (dem Concile de Trente und der Fronde) einmal abgesehen – sind von den Autoren ebenfalls beiseite gelassen worden. Auch die kurzen Beschreibungen der einzelnen Provinzen sowie der größten Städte, wie sie sich noch bei Cabourdin/Viard fanden, wurden hier – übrigens völlig zu Recht – nicht übernommen. Leider erfahren auch militär-, marine- und politikgeschichtliche Lemmata eine eher stiefmütterliche Behandlung. Justiz und Verwaltung, Familie und Alltagskultur, Landwirtschaft und Handel werden hingegen ausreichend behandelt. Die allergrößte Bedeutung wird jedoch – entsprechend den persönlichen Forschungsinteressen des Herausgebers – der Religionsgeschichte beigemessen. Fast ein Viertel aller Artikel (147) behandelt Begriffe aus diesem Bereich.

So krankt Muchembleds »Dictionnaire« nicht an der Qualität der einzelnen Artikel. Deren Inhalt wird dem definierten Anspruch jederzeit gerecht. Verfehlt wird das angestrebte Ziel vielmehr durch die unausgewogene Auswahl der behandelten Stichworte. Mit diesem Mißverhältnis steht es jedoch nicht allein. Auch Delsalles »Lexique« befaßt sich zu knapp einem Viertel (199 von 834) mit Religionsgeschichte. Im »Dictionnaire« von Grenier/ Béguin/Bonzon sind es gar 27% der Artikel (226 von 836). In dieser Beziehung sparsamer verhalten sich die anderen Konkurrenten: Bélys »Dictionnaire« kommt auf ein Sechstel (145 von 896), Cabourdin/Viard auf etwas unter 15% (80 von 540) und Marion nur noch auf knapp 12% (133 von 1119). Wollte man zum Kauf nur eines dieser Werke raten, so wäre dies wohl eher jenes von Lucien Bély, zumal es seit 2003 als Taschenbuch vorliegt und sich damit in der gleichen, für Studenten erschwinglichen Preiskategorie bewegt.

Jörg ULBERT, Mahalon

Jeremy BLACK, Kings, Nobles & Commoners. States & Societies in Early Modern Europe. A Revisionist History, London (Tauris & Co I.B.) 2004, X–198 S., ISBN 1-86064-986-6, GBP 15,95.

Mit der Entwicklung der europäischen Staaten und Gesellschaften zwischen 1550 und 1800 ist das Thema des Buches denkbar weit gespannt. Der Autor hat sich aber noch mehr vorgenommen: nämlich eine Revision von Vorurteilen und Zerrbildern, die unseren Blick auf die Frühe Neuzeit verstellten. Er hält die britische Frühneuzeitforschung offenbar für einen Augiasstall, den man gar nicht elanvoll genug ausmisten kann. Viele grundlegende Neuorientierungen täten not, denn die Kollegen hätten ihre Leser zuhauf auf tückische falsche Fährten gelockt. Von Dutzenden »revisionist interpretations« Blacks dürften diese die dem Autor besonders wichtigen sein: Mit Verve insistiert er darauf, daß der Protestantismus nicht einfach »better«, moderner und rationaler gewesen sei als katholische Frömmigkeit. Man dürfe den katholischen Süden nicht immer nur schlechtreden, insbesondere aber beklagt der Autor eine »East-West dichotomy«: die Überzeugung, alles Gute komme aus dem Westen. (Black ist der Ansicht, die von ihm ausgemachten »series of binary comparisons in favour of the West« seien ein Produkt des Kalten Krieges, könnte damit aber zu kurz greifen: schon die Wertungen frühneuzeitlicher Reiseaufzeichnungen, Völkerkunden und Völkertafeln prägte ein West-Ost-Gefälle). Die Historiographie hätschle einige Lieblingsländer, andere, neben dem katholischen Spanien die des europäischen Ostens, firmierten als »reactionary states«. Hingegen registriert Black mit Genugtuung, daß doch Österreich, Preußen und Rußland im 18. Jh. diejenigen Staaten gewesen seien, »whose power increased most significantly« (S. 3). Waren demnach nicht sie besonders »successful«?

Von staatlichem »success« ist in dem Büchlein häufig die Rede, wiewohl der Autor doch die teleologischen Geschichtskonstruktionen der Machtstaatshistoriker ablehnt, natürlich, er füllt die Kategorie »Erfolg« nicht gänzlich gleich wie die Kollegen. Diese Kollegen sind Engländer – französisch- oder deutschsprachige Titel kommen in dem Buch nicht vor. Überhaupt wundert sich der deutsche Leser auf Schritt und Tritt über den Eifer, mit dem da offene Türen eingetreten werden: denn die deutsche Frühneuzeitforschung hat gewiß ihre Einseitigkeiten, indes eben doch ganz andere als die von Black monierten. Man merkt das auch, wenn er anmahnt, »the role of confessionalism« (S. 44) endlich angemessen zu würdigen – darüber wurden in Deutschland in den letzten zwanzig Jahren Hunderte von Arbeiten geschrieben, die Black wohl nicht kennt, jedenfalls nicht nennt. Wenn er meint, Reformation und Konfessionalisierung verdienten, gleich gründlich erforscht zu werden wie der Absolutismus, hat er damit gewiß recht, nur wird es in Deutschland seit langem getan; hierzulande zeichnet sich ja eher ein Hiatus zwischen dem Gros jener Frühneuzeitler, die das 18. Jh. im engen Kontakt mit den Spezialisten fürs 19. nach für diese interessanten Gesichtspunkten (Formation des Bürgertums, früher Nationalismus) erforschen, und jenem kleineren Rest ab, der sich noch mit Konfessionalismus und Absolutismus abmüht – von dieser Gefahr für die Einheit der Frühneuzeitforschung ist wiederum bei Black keine Rede. Daß er den nichtbritischen Gesellschaften, manchmal in gönnerhafter Attitude, auch Gutes nachsagen will, kann Leser aus diesen Ländern befremden, zumal in jenen dem Übergang zur Moderne gewidmeten Passagen, in denen die Überzeugung Blacks deutlich durchscheint, wonach der britische Weg, weil er dem »private sector« mehr Freiräume gegeben habe, eben doch der überlegene gewesen sei. Das ist neoliberales »best practice«-Denken, in die Geschichte zurückprojiziert. Blacks Blick auf andere Länder ist wohlmeinend, aber nicht unbefangen.

»State-building« ist für Black nicht Resultat einer zielgerichteten Anstrengung von Regierungszentralen, erwächst vielmehr dem stets aufs Neue zu erringenden Konsens zwischen Herrschern und Beherrschten; Staaten seien »successful«, wenn dieser Konsens stabil ist, nicht, wenn sie besonders strikt zentralisiert, autoritär gelenkt werden. Wandel, manchmal Fortschritt ergäben sich nicht aus gezielten Modernisierungsanstrengungen nach Plan, sondern aus tastenden Problemlösungsversuchen, insbesondere entsprängen sie Kompromissen und – dem Zufall (die überragende »role of contingency« in der Geschichte wird das ganze Buch hindurch beschworen, erstaunlicherweise nicht am Beispiel der Ermordung Heinrichs IV.). Überhaupt werde die Stärke frühneuzeitlicher Staatlichkeit überschätzt, würden die ins Mittelalter zurückreichenden Kontinuitätslinien vernachlässigt. Auch Staaten, die in ihrer Zeit als »successful« galten, waren korrupt, ineffizient, ließen dauernd Gauner entwischen und hielten ihre Straßen schlecht in Schuß. Natürlich glaubt der Autor auch nicht an absolutistische Allgewalt oder »a ducal blueprint for ›absolutism‹« (S. 33). Selbst absolutistische Herrscher mußten sich arrangieren. Die deutsche Diskussion über staatsbildende und modernisierende Potentiale des Konfessionalismus kennt Black, wie gesagt, nicht.

Weil er auch die gängige Epocheneinteilung seiner kritischen Revision unterziehen will, wagt Black, munter über die europäische Landkarte hüpfend, sogar einen chronologischen Durchgang durch die ganze frühneuzeitliche europäische Geschichte. Dabei macht er eine »mid-seventeenth-century crisis« (S. 114–116) aus, die die nächsten hundert Jahre vorgeprägt habe (man kann sich angesichts der zuletzt schlechten Erfahrungen mit solchen vermeintlichen Generalkrisen, etwa der eine Zeitlang im späten 16. Jh. gesichteten, etwas darüber wundern). Übrigens ergibt sich bei abschließenden weltgeschichtlichen Betrachtungen, daß auch China in sie verstrickt gewesen ist (S. 164). Die erste Hälfte des 18. Jhs. sei in jeder Hinsicht (in ideengeschichtlicher?) von der zweiten so verschieden, daß man sie besser als Fortsetzung der zweiten Hälfte des 17. Jhs. verstehen könne.

Das »A States System?« betitelte Kapitel fragt nicht nach den neuerdings, wieder einmal, umstrittenen Entstehungsbedingungen und -jahren eines solchen »Systems«, sondern nach dem Zusammenhang zwischen Regierungsweise und »international success«. Daß Polen im späten 18. Jh. aufgeteilt wurde, das Alte Reich Napoleons Machthunger nicht gewachsen war, beweise nicht, daß wenig zentralisierte Gemeinwesen für den europäischen Konkurrenzkampf nicht fit gewesen seien, so der Autor, der »the fact that the French might have conquered Britain had it not been an island« für schlagend hält (S. 66). Außerdem sei das machtvoller zentralisierte Dänemark »less successful than Sweden« gewesen (S. 73), die Schweizer hätten sich gut gehalten, und die Holländer doch erst recht. Die dem Reich gewidmeten Pinselstriche sind in freundliche Farben getaucht. Überhaupt bietet das außenpolitische Kapitel des Büchleins viele treffliche Beobachtungen. Zu Recht kritisiert der Autor, daß die in den Politikwissenschaften dominierende (neo)realistische Denkschule für Werte, Normen, Denkschablonen der internationalen Akteure blind ist. Zu Recht warnt er immer wieder davor, vom Standpunkt einer säkularisierten Moderne aus »ideological factors« (S. 39) und insbesondere den Glauben in der Vormoderne zu marginalisieren. In einer Zeit, da allenthalben von Politologen, aber auch vom letzten Außenminister der Bundesrepublik Deutschland, ein »Westfälisches System« (das 1989 zuendegegangen sei oder derzeit ende) beschworen wird, liest man bei Black gern die beiläufige Bemerkung, daß sich der internationale Politikbetrieb nach 1648 nicht einschneidend von dem zuvor unterschieden habe. Dem war wohl so. Das »Westphalian system«: das ist kein Mythos der englischen Frühneuzeitforschung, sondern aller Nichtfrühneuzeitler.

Ansonsten aber merkt man dem Buch deutlich an, daß es sich speziell an englische Historiker wendet. Was hat ein deutscher Leser von der Lektüre? »Revidiert« werden nicht seine Vorurteile, und die Literatur, die ihm geläufig ist, kennt wiederum Jeremy Black so wenig wie viele der ihn derzeit interessierenden offenen Forschungsfragen. Das Buch macht sehr deutlich, wie schwierig es ist, »europäische Geschichte« zu schreiben, ohne daß es einen gemeineuropäischen Diskussionsstand gibt und jene gemeineuropäische Sprache, die es dem Verfasser europäischer Geschichten ermöglichen würde, an vertiefte Kenntnisse über die einzelnen Nationalgeschichten heranzukommen. Blacks Buch hinterläßt einen sehr zwiespältigen Eindruck, gelegentlich wundert sich der Leser, manches kann er bewundern. Läßt sich wirklich alles mit allem fruchtbar vergleichen? Der Autor liebt Vergleiche über alles, »the British crisis of 1775–83 was, in the event, less serious for the politics and society of Britain than the revolution was to be for France« (S. 139); »in 1740/41, the Habsburg polity faced a terrible crisis comparable in some respects to that of Poland in the 1650s and the 1700s« (S. 140); »the defeats of the Ottomans from 1683 were of greater consequence than those of the Habsburgs in the Thirty Years' War« (S. 64). Kombiniert man solche Vergleiche mit munterer Spekulationslust, vervielfältigen sich die in den Zeitläufen schlummernden wunderbaren Möglichkeiten: »As a state on Europe's open frontier, Muscovy/Russia faced problems and opportunities. Had it succumbed to its Islamic opponents, then Poland-Lithuania would have been the major frontier state and, if successful, the dominant power in Eastern Europe« (S. 73). Vielleicht kann man das eigentlich nicht resümierbare Büchlein so charakterisieren: der Autor räsonniert, mit großer Faktenkenntnis und sehr großer Assoziationsfähigkeit. Zwischen Banalitäten (»if every century displays both change and continuity, the eighteenth was no exception«: so der Beginn des Kapitels über das 18. Jh. auf S. 131), kühner Gedankenakrobatik und rundum gelungenen Miniaturen schwankend, bietet das Buch alle Stilebenen und intellektuellen Kaliber, meistens auf ein und derselben Seite. Denkanstöße findet der Leser allemal. Studenten würde das Buch sehr verwirren.

Axel GOTTHARD, Erlangen

Ronald G. ASCH, Dagmar FREIST (dir.), Staatsbildung als kultureller Prozess. Strukturwandel und Legitimation von Herrschaft in der Frühen Neuzeit, Cologne, Weimar, Vienne (Böhlau) 2005, 442 p., ISBN 3-412-11705-6, EUR 54,90.

Tenu à l'automne 2002 à l'université d'Osnabrück, ce colloque avait pour objet d'envisager la genèse de l'État de la première modernité comme un processus non seulement institutionnel et politique, mais plus largement culturel, dans une perspective comparatiste (Saint-Empire, France, Angleterre, plus modestement l'Italie) en focalisant la recherche sur les relations d'échange entre les représentants locaux de l'autorité et les sujets. Sur un thème aussi labouré, puisqu'il a fait l'objet d'une vaste enquête du CNRS et d'un projet de la Fondation européenne de la Science, le présent volume renouvelle assez fondamentalement les perspectives en remettant en cause un certain nombre d'idées reçues, de concepts mécaniquement appliqués comme la confessionnalisation ou la Sozialdisziplinierung, en ébranlant les autorités, Norbert Elias, Michel Foucault, Habermas, Koselleck ou Otto Hintze. C'est à un réexamen des rapports d'autorité que convient les diverses communications, entre le pouvoir central et les élites locales, entre ces dernières et les sujets, où l'on constate la substitution du droit à la force. Le pouvoir s'impose désormais par la négociation; il faut persuader les sujets de plus en plus conscients de leurs droits, si l'on veut être obéi. D'où l'importance du choix des représentants locaux de l'autorité souveraine, des réseaux et des clientèles, où la noblesse a encore la meilleure part, une noblesse qu'il ne faut pas cantonner irrémédiablement dans l'opposition au pouvoir monarchique central ou dans son opposé, la domestication éliasienne, mais qui souvent s'adapte aux exigences de l'État moderne et agit de conserve avec le souverain. D'où le renouvellement des moyens de la légitimation de la souveraineté, qui passe par la maîtrise des signes, des symboles, des rituels, par l'iconographie, le cérémonial, une nouvelle mythologie. D'où le contrôle de l'information et d'une opinion publique qui n'a pas attendu le XVIIIe siècle des Lumières pour s'exprimer vigoureusement. Le rapport à l'ordre, à l'obéissance, à la »bonne police« ne se réduit pas à l'équation dominants/dominés. Les historiens allemands ont redécouvert la signification de la culture en histoire politique, les historiens anglais du new historicisme révisent en ce sens l'histoire de la guerre civile, les historiens français, dont Roger Chartier, remettent en question la notion d'absolutisme ... Le recueil, ainsi présenté dans une ample introduction par Dagmar FREIST, multiplie les exemples sans avoir la prétention de vouloir aboutir à une théorie macrohistorique de la genèse de l'État. Une première séquence est consacrée à la pratique des pouvoirs locaux. Pour le Saint-Empire, la recherche des vingt dernières années sur les lokale Amtsträger montre qu'ils sont de moins en moins de purs agents de la volonté des princes et bien plus des médiateurs prudents qui doivent composer avec le milieu local, noblesse, église, corporations ... s'ils veulent efficacement assurer les ressources en argent et en recrues de leur souverain. Au XVIIIe siècle, ils sont devenus des caméralistes et des juristes qui font bénéficier les sujets de la »bonne police«, devoir d'État et qui, tout en demeurant des courtiers du prince, sont aussi les porte-parole des populations qu'ils gèrent auprès des autorités de la capitale (Stefan BRAKENSEIK). Dans l'Angleterre d'Élisabeth et des premiers Stuarts, les officiers locaux qui sont des volontaires issus de la gentry ayant les qualités requises, capacité, désintéressement, réputation, sont soumis aux pressions d'en haut et d'en bas, et sont essentiellement des négociateurs qui font comprendre au pouvoir de Londres ce qu'il peut ou ne peut pas exiger. Tout est objet de négociation. L'impact du calvinisme sur la fonction de magistrat, la multiplication des écrits politiques dans les années 1640 renouvellent une culture politique en interaction avec le bouleversement des institutions et les représentations imaginaires (Michael BRADDICK). François-Joseph RUGGIU s'interroge sur l'engagement politique de la bourgeoisie urbaine en France et en Angleterre à partir des exemples de Charleville, Canterbury, Newcastle-upon-Tyne et des carrières d'édile de Jean-Baptiste Le Prince d'Ardenay au Mans, Georges Mellier à Abbeville et William Gray à Canterbury. L'engagement dans la gestion municipale est-il la conséquence naturelle de la puissance économique et sociale? La fonction apporte aussi les honneurs visibles, le port d'un costume, d'une épée, des avantages matériels aussi qui ne laissent pas d'être dénoncés comme de la corruption. Il ne faut pas négliger toute une rhétorique intériorisée au service de la cité, dont l'histoire est exaltée par les érudits locaux, tandis que l'éthique du dévouement à ses concitoyens, accomplissement intérieur, est magnifiée dans des traités d'administration municipale. »Flatter mon amour-propre, satisfaire mon goût naturel«, ainsi s'exprime Le Prince d'Ardenay pour justifier son engagement municipal. La deuxième séquence est axée sur la place de la souveraineté entre centre et espaces locaux. Bologne et Ferrare ont le même souverain, le pape représenté par un légat. Or l'exercice du pouvoir est radicalement différent à cause de cultures politiques antithétiques. Bologne qui a vécu sa *libertà* communale jusqu'au traité de 1447 avec Rome, entretient le mythe républicain et son sénat lutte avec le légat pour limiter les empiètements du pouvoir pontifical. À Ferrare, possession de la famille d'Este jusqu'en 1498, les courtisans de l'ancienne dynastie ne se sont pas mués en patriciens patriotes et le concept de decadenza, mythe commode pour voiler la responsabilité d'une élite passive, s'impose depuis l'annexion aux États pontificaux; le clientélisme népotique de la papauté s'ajoute au passé curial pour plonger la ville dans la léthargie (Birgit EMICH). Autre cas de figure avec les villes françaises sous Charles IX et Louis XIII étudiées par Michel CASSAN qui montre que le siècle d'entente cordiale entre la couronne et les villes, mise en lumière par B. CHEVALIER pour la période 1440–1540, se poursuit sous le pénultième Valois par la création de juridictions consulaires, indépendantes du pouvoir royal, qui limitent d'autant les justices des seigneurs laïcs ou ecclésiastiques. Il s'agissait en même temps de récompenser les villes loyales et de les peupler de bons et fidèles magistrats municipaux. Henri IV a la réputation, après les guerres de religion et la Ligue, d'avoir brisé l'autonomie des villes; en vérité, le roi n'a aucun plan concerté et n'intervient que lorsque les pouvoirs locaux sont incapables de rétablir l'ordre. Dans les années 1630, 33 villes, surtout en France méridionale ou protestante, reçoivent des présidiaux; cette fois, c'est la justice royale et le système étatique qui se renforcent. Les élites urbaines achètent les nouveaux offices et passent au service de l'État absolutiste. Dans l'Allemagne du sud et de l'ouest, là où la Kleinstaaterei domine, Mark HÄBERLEIN, dans un article riche d'exemples, démontre l'inadéquation du concept de confessionnalisation pour des territoires qui ont des seigneurs de confessions différentes ou qui ont subi des changements de dynastie (le Palatinat du catholique Charles-Louis demeure à majorité protestante), ou encore qui contiennent des enclaves d'une autre religion (Kempten, ville impériale protestante en territoire abbatial catholique); ou encore des villes qui dès 1648 ont obtenu le statut bi-confessionnel: le cas d'Augsbourg a été bien étudié par Étienne FRANÇOIS. Pour des motifs de repeuplement ou de développement, les villes, les souverains, y compris les princes ecclésiastiques, acceptent des immigrants de toutes confessions, y compris juifs et mennonites qui, sous la protection du prince, peuvent même posséder des terres. Pour tous ceux dont la religion interdit qu'ils obtiennent la pleine citoyenneté *(Bürgerrecht)*, le statut d'attente de Beisassen permet l'installation. L'accumulation des traités de parité, des ordonnances pour imposer la bonne entente et la paix civile, pour légaliser les exceptions à l'idéal toujours affirmé de l'unité de foi, finit par constituer un droit d'intégration des minorités; en 1800, les États allemands sont supraconfessionnels. La troisième séquence se concentre sur l'extension du domaine de la norme et du droit. En Bade, la pratique gouvernementale éclairée repose sur des audiences décentralisées tenues localement, sur des enquêtes annuelles qui alimentent un savoir administratif, sur les requêtes des habitants qui forment jurisprudence, sur des visites régulières avec une thématique fixée, sur les déclarations obligatoires des actions délictuelles, enfin sur le contrôle des comptabilités locales. Ce système d'information et d'inspection illustre l'interaction entre le gouvernement et les pouvoirs locaux bien plus qu'une quelconque *Sozialdisziplinierung* (André HOLENSTEIN). Dans les 9000 paroisses de l'Angleterre de la première modernité, toute une classe moyenne de *yeomen*, *husbandmen* et *freeholders*, animée d'un idéal d'humanisme civique, ayant intériorisé les valeurs de l'État, participe à la gestion des communautés, aux jurys et conseils paroissiaux, gère la pauvreté sécrétée par le surpeuplement et l'inflation. Ici, ni bureaucratisation, ni centralisation, mais une délégation de l'autorité centrale à des sujets déjà citoyens, de statut humble, de plus en plus alphabétisés, une couche sociale fondamentale pour le développement de la culture politique anglaise. Là encore, il ne s'agit pas d'imposer la force, mais de négocier, de se faire reconnaître par le bas. N'oublions pas que la justice est bien plus revendiquée par le faible que par le puissant (Steve Hindle). L'histoire politique du Saint-Empire est trop souvent vue à travers le prisme déformant de l'opposition entre le pouvoir impérial et les Reichstände. À partir d'un conflit successoral mettant en cause les Wettin de la ligne ernestine, Siegried Westphal explique la complexité du processus qui fait que les institutions impériales sont en même temps redoutées et indispensables. Si elles peuvent être jugées liberticides des privilèges du Reich, elles sont un rempart pour les États petits et moyens, un instrument de régulation nécessaire. Les travaux récents revalorisent les commissions impériales, de plus en plus fréquentes après 1648 et dont on a longtemps ridiculisé l'inefficacité. Au total, le système dualiste de l'Empire ne doit pas être décliné en terme d'opposition systématique, mais bien plutôt de collaboration de l'empereur et des Stände pour la recherche de l'ordre et de la paix. Une quatrième partie est consacrée à la légitimation du pouvoir. Gérard Sabatier, historien de l'imaginaire du politique et des liens entre politique et iconographie, reprend les grands programmes des rois de France d'Henri IV à Louis XIV en partant de l'ouvrage d'Antoine de Laval (vers 1600), »Des peintures convenables aux basiliques et palais du Roi«, qui, curieusement, refuse l'utilisation de la mythologie en un siècle qui en était pourtant féru. Grâce à Sauval, nous connaissons la décoration de la galerie du bord de l'eau: les rois et les reines depuis Saint Louis et au plafond Persée/Henri IV terrassant les titans/ligueurs. À Saint-Germain, c'est la »Franciade« de Ronsard qui est illustrée. Si les réalisations sont modestes sous Louis XIII (les projets de Poussin pour la grande galerie du Louvre), la reprise est vigoureuse sous Louis XIV, illustrée de façon grandiose par le programme planétaire des grands appartements de Versailles et par le décor de la galerie des glaces où sont représentées les grandes actions du roi-soleil, le souverain parfaitement reconnaissable étant l'allégorie contemporaine de la force et de la puissance. L'étude qui suit (Claudia Opitz) est une interprétation *gender* de la république de Bodin. La famille, dans laquelle la femme est totalement subordonnée à l'homme, étant le modèle de l'État, celui-ci ne peut avoir qu'un monarque mâle et absolu. Bodin est à la fois opposé aux monarchomaques protestants et aux femmes sur les trônes. Dans son discours, le pouvoir souverain est masculin et les sujets sont féminins, de façon rhétorique et métaphorique. Bodin déplore la décadence de la puissance paternelle, qu'il faut restaurer si l'on veut renforcer l'État. La légitimation du pouvoir vient aussi de l'opinion publique. Dagmar Freist montre que celle-ci n'a pas attendu le XVIIIe siècle pour s'exprimer: *reformatische Öffentlichkeit* allemande, pamphlets, nouvelles à la main et littérature de polémique du temps des guerres de religion et de la Fronde en France, séparates, newsletters, premiers journaux anglais au temps de la guerre civile, bref tout atteste l'existence d'une *voraufklärerische Öffentlichkeit* très efficace, qui a ses caractéristiques de lieux (église, cabaret, rue, lieu de travail) et de manifestation (les réactions émotives aux proclamations), où l'oralité conserve une part importante. Les gouvernants réagissent en renforçant la censure. La liberté de la presse a déjà ses défenseurs, les niveleurs, Milton, Christian Weise ... La presse, c'est comme le théâtre, une fois qu'on a payé sa place, on a la liberté de juger, quel que soit son niveau d'éducation. Les dernières communications concernent les élites socio–politiques, essentiellement la noblesse. La comparaison entre la France et l'Angleterre est menée par Ronald G. Asch qui rappelle les thèses d'Elias, les travaux d'Arlette Jouanna ... En France, le sens de l'honneur qui s'extériorisait dans le duel ou le devoir de révolte se mue après 1660 en service de l'État par la professionnalisation de l'armée et la remilitarisation de la noblesse. En Angleterre, la révolte d'Essex est le dernier exemple de la révolte d'un grand »à la française«, le duc défendant un constitutionnalisme aristocratique à devoirs réciproques. Le duel ritualisé, élément essentiel de la culture chevaleresque, n'a pas toujours été vécu en opposition avec le service du roi; les Mignons, hardis bretteurs, ne se battaient pas par hostilité à Henri III. En dépit des interdictions royales, de l'éthique de la contre-réforme, du modèle de l'honnête homme, les duels clandestins sont encore nombreux au XVIIIe siècle. Et dans l'Angleterre de la Restauration, ils sont une marque de royaliste et d'opposition au puritanisme. Il faudra du temps pour que le service de l'État l'emporte sur la légitimation par l'honneur de la résistance politique. Le schéma d'Elias n'est pas plus pertinent pour la cour de Vienne, exclusivement peuplée de grands nobles, où l'accès au souverain répond à une complexe combinaison de hiérarchies et de catégories (rang dans la noblesse, fonction dans l'État habsbourg, ambassadeurs, ecclésiastiques, militaires), où les conférences de cour règlent par des protocoles, écrits depuis 1653, les diverses occasions cérémonielles. Mais il n'y a pas ici domestication, mais bien plutôt intégration et symbiose des intérêts des grandes familles et de ceux de l'empereur (Andreas PEČAR). La noblesse du Saint-Empire a bénéficié de conditions particulières. En l'absence de puissance centrale forte et de concurrence de grands feudataires, elle a pu conserver son autonomie et développer dès le Moyen Âge des formes d'organisation communautaires originales. Après les sociétés de tournois du XVe siècle, il y eut les faides de nobles, celle de Landenberg, 1500 fantassins et 1000 cavaliers contre la ville impériale de Rottweill en 1540 étant la dernière. Il ne s'agissait pas d'entreprises de ›desesperados‹, mais d'organisations professionnelles militaires bien structurées. Puis à partir de l'institution du pfennig commun en 1495, plus encore avec l'impôt turc à partir de la Diète de Spire de 1542, la petite noblesse immédiate d'Allemagne du sud se regroupa librement en organisme corporatif avec obligations et dispositifs de règlement des conflits, au moment où la noblesse française s'enfonçait dans les guerres de religion, illustrant ainsi une modernité à front retourné. La sauvegarde de l'autonomie nobiliaire permit aussi, après l'Interim de 1548, de neutraliser les différences confessionnelles. Les villes suivront ces exemples d'organisations collectives nobles qui sont une ressource politique essentielle de la noblesse immédiate ou médiatisée et il y a peut-être là une racine sous-estimée du goût allemand pour le modèle social communautaire (Horst CARL). Wolfgang REINHARD tire les conclusions d'un volume dont on constate la très grande richesse et l'ampleur des perspectives ouvertes. L'autorité s'impose plus par la communication et la négociation que par la force, au moyen d'agents locaux qui ont des moyens limités en face de sujets-citoyens qui utilisent de plus en plus le droit. Certes, l'échange est inégal (d'où l'inadéquation du terme allemand de *Aushandel*). Mais il n'en demeure pas moins que dans l'Europe du temps, un habitus de résistance s'affirme qui mène, sans même être trop téléologique, et certes pas de façon totalement linéaire, aux droits fondamentaux et aux droits de l'homme. Mais il faut raison garder et reconnaître que souvent dans ce processus complexe, ce n'est pas la construction de l'État qui est en vue, mais plus vulgairement la puissance d'un homme, d'un souverain. La construction de l'État ne serait alors qu'un effet collatéral, le terme pour une fois ne s'associant pas à celui de dommage!

Claude MICHAUD, Orléans

Stefan BRAKENSIEK, Heide WUNDER (dir.), Ergebene Diener ihrer Herren? Herrschaftsvermittlung im alten Europa, Cologne, Weimar, Vienne (Böhlau) 2005, VI–321 p., ISBN 3-412-25405-3, EUR 44,90.

Après avoir étudié les rouages de l'État moderne au plan du gouvernement central, les historiens se penchent maintenant sur les formes de la souveraineté et des moyens de la domination dans les villes et villages, d'où l'attention portée aux administrateurs locaux, qu'ils soient les représentants du pouvoir du prince ou ceux des communautés d'habitants. En France, les recherches de Michel Cassan sur les officiers moyens s'inscrivent dans ce cadre. Le présent volume réunit 14 communications faites à l'université de Kassel en avril

2004 sur le thème des pratiques locales de l'administration et de la justice dans une perspective comparée. La démonstration s'appuie surtout sur la Hongrie, la Bohême et la Hesse-Kassel, pour lesquelles la micro-histoire est mise à contribution; l'Andalousie, l'Oisans, l'Angleterre et la Suède complètent le tableau.

Mais auparavant, 4 contributions exposent le contexte général et s'appliquent à préciser les concepts. L'introduction de Stefan Brakensiek se place d'entrée de jeu au plan local du self-government, de la *Selbstverwaltung*. Là où l'appareil d'État est encore peu développé, toute domination locale repose sur la coopération d'une partie au moins des sujets, la force n'étant que l'ultime recours. Même si l'application de la décision prend une forme autoritaire, elle n'en est pas moins le fruit d'un échange, d'une communication, d'une coopération *(Aushandel)* où les institutions communautaires jouent leur rôle; les magistrats municipaux urbains, les élus de village sont les traducteurs et communicateurs politiques et culturels des décisions centrales et curiales. C'est donc un rapport triangulaire qui s'établit entre la capitale, les fonctionnaires d'État locaux et les autorités communales. Plus qu'une bureaucratisation au sens moderne du terme, c'est cette participation des plus honorables qui est fondamentale pour densifier le pouvoir d'État et qu'il faut intégrer dans l'histoire de la culture politique de la modernité. Une forme classique du lien entre l'en-haut et l'en-bas, en-dehors de la hiérarchie des fonctions, est celui entre patron et client. Heiko Droste et Mark Hengerer précisent le contenu des notions, restées floues, de patronage et de clientélisme. Le patronage d'un prince ou d'un grand est le moyen de lier l'élite au pouvoir dans un système de don et de contre-don, où le fondement suffisant de l'échange est l'honneur, la confiance réciproque, la fidélité. Le patron a tout intérêt à bien choisir ses clients dont les échecs rejailliraient sur lui, le client son patron s'il en attend une accélération de sa carrière. La littérature de cour, les miroirs des princes, les manuels d'éducation nobiliaire jusqu'à la fin du XVIIe siècle sont muets sur le clientélisme; le patron n'est souvent qu'une modalité de l'ami et ces textes abondent en recommandations pour le bien choisir et éviter le favori. Or la correspondance entre patron et client montre bien la réalité de ce rapport qui ne s'est normalisé qu'à la fin du siècle et au début de l'autre dans les œuvres de Christian Weise ou de Christian Hunold, qui fournissent des modèles de lettres à un patron, désormais bien dissocié de l'ami qui ressortit désormais au domaine privé. En 1735, le Zedlers »Universal-Lexicon« définit explicitement le client et le patron. Ce dernier terme a d'ailleurs été employé souvent sans pour autant inférer un quelconque lien de clientèle ou une asymétrie: les exemples pris dans l'Autriche en 1665 montrent que le terme est usité dans les lettres pour qualifier un correspondant sollicité pour une grâce ou une recommandation, de même statut social que le solliciteur; mais le sollicité dispose d'une fonction qui lui permet de donner satisfaction. Le mot patron est également employé pour manifester son amitié à un défunt. Il n'est donc pas réservé à l'usage canonique liant un inférieur à un supérieur dans un échange qui doit être positif pour l'un et l'autre, prestations et contre-prestations s'équilibrant. Souvent il sert d'habillage sémantique pour recouvrir toute une variété de rapports de force ou de marché au cœur de configurations sociales peu transparentes. En Bohême, Václav Bůžek montre que le tissu social fait une grande place, à côté des relations formelles, aux communications informelles qui, dans la noblesse et même la bourgeoisie, sous l'expression de la bonne amitié, lient entre eux des personnes ou des familles de même sang ou non pour constituer de vrais groupes de pression ou d'entre aide, avec ses codes de conduite et ses rites; on y choisit les curateurs et les exécuteurs testamentaires, les protecteurs de la veuve et de l'orphelin, on y trouve le crédit dont on a besoin. Le niveau local de la seigneurie se prolonge au chef-lieu du cercle, à Prague, à Vienne enfin où le chancelier de Bohême, qui a accès à la personne de l'empereur, est un patron suprême.

Stefan Brakensiek introduit ensuite les trois exemples les plus développés dans une étude comparative, la seigneurie de Jindřichův Hradec (Neuhaus en allemand) en Bohême du sud, celle de Szatmár-Németi en Hongrie de l'est et le landgraviat de Hesse-Kassel, respectivement repris ensuite par Josef Hrdlička, Judit Pál et Andras Vári et Karin Gottschalk. Dans la Bohême d'après la constitution rénovée de 1627, les assemblées de cercles n'étaient plus convoquées. Dans chaque cercle, l'empereur-roi nommait deux capitaines, un seigneur et un chevalier, et deux receveurs d'impôts, un chevalier et un bourgeois. Le gouvernement classique par les ordres, garant de l'autonomie nobiliaire corporative, était devenu après le désastre de 1620 un instrument du gouvernement royal. La seigneurie de Jindřichův Hradec, 2757 feux en 1650, passa au début du XVIIe siècle à Wilém Slavata, l'un des trois défenestrés, devenu après la Montagne Blanche chancelier de Bohême en résidence à Vienne, puis en 1691 aux Černin. La ville avait été protestante et du côté des confédérés en 1618; elle perdit ses privilèges, fut soumise au pouvoir seigneurial catholique des Slavata par l'intermédiaire d'un capitaine noble ou bourgeois, assisté de secrétaires et ayant sous ses ordres des gestionnaires dans les villages sachant lire, écrire et compter. La correspondance entre ces administrateurs entre eux et avec le seigneur souvent absent révèle à la fois les relations de clientélisme, qui n'excluent pas l'amitié, et une bureaucratisation lente mais continue. On hésite entre la stabilité du personnel de crainte que les relations sociales durables à l'intérieur de la bureaucratie et entre celle-ci et l'environnement social, ne deviennent un but en soi, et les mutations rapides et les déplacements d'une seigneurie à l'autre qui se révèlent parfois contre-productifs. Avec les Černin qui disposent d'une chancellerie à Prague, un rapport hebdomadaire est envoyé à la capitale. Derrière ce système administratif on perçoit tout un réseau relationnel englobant les sujets qui se manifestent par des doléances et des suppliques et la chevalerie des alentours pourvoyeuse de crédit. En Hongrie, la circonscription de base est le comitat où l'assemblée nobiliaire élit les administrateurs parmi les *bene possessionati*, asseoit l'impôt, lève les recrues, édicte les règlements d'administration générale; au XVIIIe siècle, la justice du comitat étend sa compétence au contrôle des justices seigneuriales; les réformes urbariales de Marie-Thérèse et de Joseph II ne font qu'accélérer le processus. Sandor Károlyi, le négociateur de la paix de 1711 avec l'empereur, était föispán du comitat de Szatmár et puissant maître de la seigneurie du même nom. Mais la ville avait obtenu en 1712 de Charles III (VI comme empereur) le statut de ville royale avec les droits de ban, dont ceux sur les boissons débitées dans les estaminets. Encore fallait-il que ces privilèges soient articulés dans l'appareil législatif hongrois par la Diète de Pozsony (Preßburg), réunie entre 1712 et 1715. Sandor Károlyi lésé par l'éventuelle perte des droits lucratifs sur les boissons, et les représentants de la ville tant à Vienne qu'à la Diète hongroise se livrèrent un rude combat. Ces derniers cherchèrent des appuis, comme celui du chancelier de Hongrie Miklós Illésházy, firent jouer les solidarités protestantes, payèrent des pots-de-vin volontaires ou exigés, collectèrent documents et actes justificatifs … Sans protection et sans argent, on n'obtenait rien. La ville dut emprunter pour faire face à ce surcroît de dépenses et entretenir ses députés dans les capitales. Finalement, Szatmár vit son statut confirmé et put amortir son droit de ban, mais elle n'obtint pas gain de cause pour le droit sur les boissons; la ville n'avait pu faire le poids devant Sandor Károlyi, puissant magnat enrichi par l'affermage de nombreux domaines repris aux Turcs et capable de bien payer lui aussi. Pour gérer ses seigneuries, il disposait d'une vaste clientèle héritée des ses pères, accrue lors de la guerre d'Indépendance, recrutée dans ses vastes domaines et dans le comitat à la tête duquel il était; il se voulait le protecteur des kurucs et des catholiques. Certains clients se plaignaient de la dureté de leur sort; plus nombreux étaient ceux qui témoignaient leur amitié envers le comte par des cadeaux pour sa table (venaison, produits de saison et de haute qualité); en retour, Sandor Károlyi était parrain, se préoccupait des mariages et des études des enfants. Quant à la gestion proprement dite, elle fonctionnait plutôt mal dans cette partie de la Hongrie qui avait connu l'occupation turque et la guerre et où les liens féodaux s'étaient distendus. La correspondance montre que le vieux comte ne contrôlait guère le plat pays et qu'il y avait un gouffre entre les exigences et la réalité. À partir de 1760, le processus de bureaucratisation s'affirme, les agents du comte Károlyi, lequel réside à

Vienne, sont plus nombreux, plus instruits, ils ont des connaissances techniques agricoles et industrielles; cette évolution va de pair avec la modernisation de l'administration du comitat. L'aire du clientélisme s'élargit pour englober des bourgeois. La situation du landgraviat de Hesse-Kassel est bien différente. Nous ne sommes plus dans l'Europe de la *Gutsherrschaft* et de la gestion politique par une noblesse toute puissante. Depuis 1648, le landgrave est maître du pouvoir législatif et ses décrets atteignent les sujets sans intermédiaires, alors qu'il faudra attendre le temps de l'absolutisme éclairé dans la monarchie des Habsbourg et avec un grand retard de la Hongrie sur la Bohême; depuis 1655 les ordres sont écartés de la vie politique. Le pays est divisé en *Ämter* avec à leur tête trois fonctionnaires: un *Oberamtmann* noble et représentatif, un *Amtschultheiß* bourgeois, juge et administrateur et un *Rentmeister* bourgeois pour les domaines et les impôts. Dans les villes, l'assemblée des Freunde der Gemeinde désigne les deux maires et les conseillers qui administrent et exercent la première instance de la justice avec le *Schultheiß,* lequel nomme dans les villages un représentant choisi parmi les riches paysans et récompensé par une réduction de corvée et autres services. À Grebenstein, petite ville du landgraviat, comme à Szatmár, le conflit éclata à propos des droits sur les boissons; mais ici le conflit opposa les bourgeois de la ville qui avaient tous potentiellement le droit de brasser, non pas à une noblesse bien déchue, mais aux fonctionnaires du prince dispensés d'accise pour l'orge qu'ils recevaient en complément d'un salaire en argent insuffisant et d'un casuel aléatoire. Une ordonnance de 1726, si elle laissait libre la production de la bière pour les besoins domestiques, limitait celle de la bière à vendre à certains bourgeois offrant des garanties suffisantes et accordait un statut privilégié aux fonctionnaires du prince, dont l'*Amtschultheiß* Kersting, et au maire qui pouvaient écouler librement leur bière dans les auberges. Les habitants protestèrent contre cette concurrence déloyale. Le conflit se doubla d'un procès assez rocambolesque à propos d'un tonneau dérobé et maquillé, entre un conseiller de la ville et le receveur fiscal. Retour en Bohême avec la contribution de Pavel Himl qui n'est pas de micro-histoire mais traite de l'administration et de la justice dans les seigneuries et les villes du royaume. Dans les seigneuries, on »élisait« un *rychtář*, un juge, qui ne jugeait pas vraiment, qui était plutôt le représentant du village et dont un des rôles était de régler à l'amiable les petits conflits. L'exemple de la seigneurie de Roudnice prouve qu'il ne faut pas se hâter de parler de protodémocratie, la règle de la majorité étant souvent violée. Dans les villes royales qui préservaient leur autonomie et dans les villes seigneuriales siégeaient de vrais juges, encore qu'il n'y eût guère parmi eux de professionnels avant 1765. Les seigneurs revendiquaient le droit de justice sur tous leurs sujets, y compris dans les villes qui, elles, tâchaient de conquérir ce droit, éternelle pomme de discorde. Quant au pouvoir royal, il n'intervint que lentement. Pour l'impôt et les recrues, il s'en remettait aux seigneurs et aux villes. Une première intrusion fut le cadastre de 1654; après la guerre de succession d'Autriche, les problèmes de sécurité occupèrent le devant de la scène et les fonctionnaires des cercles ainsi que les agents seigneuriaux durent prêter leur concours, sans qu'il y ait de contradiction dans les buts recherchés (ramener les paysans fuyards). L'ordre public était essentiellement assuré au quotidien par l'action de conciliation, souvent lente et sinueuse, des juges de village et des fonctionnaires de rang inférieur, vrais *janus bifrons* entre dominants et dominés.

Christian Windler nous emmène en Basse Andalousie dans les domaines du duc de Medinaceli et plus précisément dans le marquisat de Priego, 11 communautés, 22 000 hectares et de multiples droits seigneuriaux dont les dîmes inféodées, les moulins et les fours, les *alcabalas* jusqu'en 1752, le patronage des paroisses … Le duc nommait les conseillers de village et un *alcalde mayor*, juge de première instance qui concurrençait les *alcaldes ordinarios* recrutés dans les communautés et soutenus au XVIIIe siècle par le pouvoir royal. La fonction d'*alcade mayor* se bureaucratisa à la fin du siècle, le personnel fut formé au droit, bien payé et même pensionné modestement lors de la retraite. Pour la gestion domaniale, le duc avait à Montilla des *contadores* et sous eux dans les divers domaines des *mayordomos*, nantis d'instructions écrites à partir de 1787. Le pouvoir royal éclairé s'efforça de limiter la durée des mandats des conseillers villageois pour élargir le recrutement de la clientèle ducale et y faire entrer les notables bourgeois. En 1766, et malgré la résistance seigneuriale, il institua deux *deputados del común* et un *personero del común* pour la gestion des biens communs, les subsistances, les marchés, élus par les contribuables du village. Lentement on passait à la société des notables. Dans les 21 paroisses de l'Oisans (Dauphiné) qui formaient une élection de la généralité de Lyon jusqu'en 1679, puis de Grenoble, la démocratie montagnarde représentée par les assemblées de commune qui élisaient chaque année un consul, était contrecarrée par l'achat des fonctions de secrétaire et de receveur des tailles des communautés par les bourgeois du Bourg-d'Oisans. Sa défense passait par la recherche de protection, il fallait trouver l'oreille de l'intendant, de l'évêque, du parlement, des élus auxquels des émissaires étaient depêchés et cela coûtait cher. L'accaparement et le cumul des emplois sont illustrés par les exemples de Nicolas Giraud, capitaine-châtelain (i. e. représentant du seigneur), collecteur des impôts et secrétaire dans plusieurs communautés, de surcroît semeur de bâtards, dont le frère était au service du duc de Lesdiguières, et par la famille Dussert qui s'illustra, après la révocation de l'édit de Nantes, par la chasse aux protestants jusque sur les terres du duc de Savoie. L'autonomie était surtout préservée dans le domaine du règlement des conflits; quant au pouvoir royal, il pouvait soit s'appuyer sur un groupe de villageois qu'il intéressait à sa politique, soit envoyer des officiers étrangers, ce qui n'était pas sans risques (Laurence FONTAINE). En Angleterre, le self-government est illustré par la paroisse civile à laquelle les statuts des pauvres de 1598 et 1601 accordèrent une place essentielle. Tout reposait sur les *overseers of the poor* (2 par paroisse, 4 dans les grandes), choisis parfois avec difficulté pour un an – la charge n'était pas payée – et qui devaient présenter les qualités d'honorabilité, d'intégrité et savoir compter, lire et écrire. Ils devaient réunir les contributions, distribuer les secours en argent et en nature aux pauvres incapables de travailler, aux vieux et aux malades, mettre les enfants en apprentissage et les valides au travail. Assurément ils étaient des agents de la *Sozialdisziplinierung* puisqu'ils veillaient à la moralité des assistés, les faisaient aller à l'office et sanctionnaient par la privation de secours ceux qui s'adonnaient à l'oisiveté ou à l'ivrognerie. Ils retiraient aux familles indignes leurs enfants pour les soustraire à l'école du crime. Bref, ils avaient un pouvoir social plus qu'institutionnel, pas toujours bien supporté, qui s'étendait à une grande partie de la population, tant étaient fortes les malchances d'avoir un jour recours à eux (Steve HINDLE). Dans la petite ville d'Arboga dans le Västmanland suédois, les 12 magistrats municipaux se caractérisaient par la longueur de leurs mandats (3 maires sur 11 de 1650 à 1770 exercèrent plus de 19 ans); il fallait à la fois avoir un bon ancrage local et les qualités nécessaires. Ce petit noyau de notables pratiquait l'évergétisme, surtout envers l'église du lieu, parée de luminaire, de nappes d'autel et de bannières (Gudrun ANDERSON).

Avec des variantes donc, dues essentiellement au poids de la seigneurie et à la plus ou moins grande force de pénétration des institutions centrales dans les coins les plus reculés, se maintiennent donc et se perpétuent des formes d'auto-gouvernement des villes et des villages, qui sont moins un obstacle à qu'un auxiliaire précieux d'un appareil d'État encore insuffisant. Le danger est bien plus représenté par la puissance seigneuriale encore très oppressante en Europe centrale ou en Espagne. Le XVIIIe siècle éclairé est à cet égard décisif qui entame cette forteresse et s'efforce d'utiliser ces formes d'autogestion des communautés à son profit en élargissant le spectre social du recrutement de ses représentants.

Claude MICHAUD, Orléans

Susanne Rau, Gerd Schwerhoff (Hg.), Zwischen Gotteshaus und Taverne. Öffentliche Räume in der Frühen Neuzeit, Köln (Böhlau) 2004, 481 S. (Norm und Struktur, Studien zum sozialen Wandel in Mittelalter und Früher Neuzeit, 21), ISBN 3-412-13203-9, EUR 54,90.

Deutsche Historiker tun es sich schwer im Umgang mit räumlichen Bezügen. Das mag an dem schweren Erbe der haushoferschen Geopolitik liegen. Angesichts des *spatial turn* in der anglo-amerikanischen und französischen Historie und der wachsenden Bedeutung der Raumsoziologie überhaupt ist dieses Defizit relativ schwerwiegend und es ist deshalb besonders glücklich, daß sich der Kieler Historikertag im vergangenen Jahr dieses Themas angenommen hat.

Der von Susanne Rau und Gerd Schwerhoff herausgegebene Sammelband gehört zu den interessanten Vorarbeiten dieses Kongresses, die eine weitere Veröffentlichung ergänzt[1]. Der methodische Ansatz zielt auf »öffentliche Räume«, die moderner »Öffentlichkeit« vorgelagert sind. Er impliziert damit eine deutliche Kritik des Habermasschen Öffentlichkeitsbegriffs, der der vormodernen Periode eine repräsentierende Öffentlichkeit unterstellt. Rau und Schwerhoff verstehen unter dem öffentlichen Raum einen Raum alltäglichen, bisweilen sonntäglichen Umgangs, in dem besonders städtische Räume aufgehen. Was passiert im Wirtshaus? Wer spricht mit wem über was an welchen Tischen? Wo liegen die genauen Grenzen zwischen dem Öffentlichen und dem Privaten? Die verschiedenen Beiträge bringen dafür soziale und rechtliche Kriterien ein, die sich im Falle der »Bewirtung« (Wirtshaus) als durchaus effizient erweisen. Das gilt auch für das dritte Kapitel über »Rathaus und Marktplatz« deren institutionelle Einbettung eine der wichtigen Erklärungen für ihre Rolle des Ortes von Protest und Aufruhr bietet. Daß Raum als »Ort« für Handeln fungiert ist eine der wichtigen Einsichten dieses Abschnitts, dem man Garzonis »Piazza universale« als einem allgemeinen Schauplatz der Künste an die Seite stellen könnte, was allerdings den Begriff der Öffentlichkeit erneut verschiebt.

Besonders spannend sind die Beiträge, die »Öffentlichkeit« und »Privatheit«, sei es im Haus oder in der Kirche in Bezug setzen. Paradoxerweise werden dabei Klientelbeziehungen, die sich im »entre deux« bewegen, nicht einbezogen. Man denke an die Höfe in und die Bänke vor den großen Häusern in Florenz. Ein interessanter Bericht zur Ohrenbeichte hätte gewonnen, wenn er auch auf die anhaltenden theologischen Kontroversen zur ostentativen Kommunion außerhalb des protestantischen Bereichs eingegangen wäre. Was Agrippa d'Aubigné als das »for intérieur« definiert macht eine definitiv neue »Privatheit« aus, die sich in der Dichotomie von Privatem und Öffentlichem nicht eindeutig fassen lässt. Die eher volkskundliche Dimension öffentlicher Räume, wie sie Rau und Schwerhoff unterstellen, verlagert sich auf eine unsichtbare Grenze, die sich mehr und mehr in Verhaltensweisen und Sprechakten äußert. Genau an diesem Punkt haben die Überlegungen von Reinhart Koselleck und Jürgen Habermas angesetzt. Beide liefern nur ein zusätzliches Argument für die These des Bandes, wie problematisch letztendlich die Grenzziehung zwischen »privat« und »öffentlich« für die Epoche der Frühen Neuzeit ist.

Jochen Hoock, Paris

1 Renate Dürr, Gerd Schwerhoff, Kirchen, Märkte und Taverne. Erfahrungs- und Handlungsräume in der Frühen Neuzeit, Frankfurt a. M. 2005, 602 S. (Zeitsprünge, Forschungen zur Frühen Neuzeit, 9, Heft 3/4).

Mary S. Hartman, The Household and the Making of History. A Subversive View of the Western Past, Cambridge (Cambridge University Press) 2004, XI–297 S., ISBN 0 521 53669 3, GBP 16,95.

»›What does a man want?‹« (S. 177), diese Frage habe im Mittelpunkt der historischen Entwicklungen vom späten 15. zum ausgehendem 18. Jh. sowie ihrer historiographischen Interpretationen gestanden, lautet eine der zentralen Feststellungen Mary S. Hartmans. Da liegt es nahe zu fragen: Was will Mary S. Hartman, Professorin an der Rutgers Universität von New Jersey und Leiterin des dortigen Institute for Women's Leadership? Der Buchtitel, die einleitenden Einführungen sowie der Ausblick sind eindeutig. Die Leserinnen und Leser sollen für eine »subversive« Geschichtsschreibung gewonnen werden: »the object [of this book] is not to offer a full-blown revisionist narrative of the Western past. It is instead to make a case, and propose some tools, for a radically altered approach to that past.« (S. 5)

Für Hartman besteht der radikale Charakter ihrer Darstellung darin, daß die Meistererzählungen zur Entstehung der Moderne aufzulösen seien. Statt die Spaltung der Christenheit durch die Reformation im 16., die Entstehung der Nation im 17. und die Verbreitung kapitalistischer Wirtschaftsformen im 18. Jh. als die großen Marksteine zur Moderne zu betrachten, seien diese drei grundlegenden Entwicklungen zurückzuführen auf das auffällige – Hartman spricht von »odd«, »strange«, »aberrant« – Heiratsmuster des »Westens«. Ehe seien im »Westen« etwa zehn Jahre später geschlossen worden als außerhalb des »Westens«. In diesen Gesellschaften seien seit der ausgehenden Antike Frauen als Arbeitskräfte für den Unterhalt der Kernfamilie von hohem Wert gewesen und hätten deswegen spät – Hartman spricht an einer einzigen Stelle konkret von etwa Mitte zwanzig – geheiratet. Sie hätten mehr Zeit gehabt, als Mägde ihre Eigenständigkeit außerhalb der Herkunftsfamilie zu entwickeln. Außerdem seien sie auf kürzere Zeit an Schwangerschaft und Kindererziehung gebunden gewesen. Ferner hätten sie dank des Werts ihrer Arbeitskraft über größere Handlungsspielräume verfügt. Zwischen 1500 und 1750/1800 schließlich habe ein »shift in household power« stattgefunden, der zur Moderne geführt habe. Frauen hätten die männliche Vorherrschaft zunehmend in Frage zu stellen vermocht, das Handlungspotential von Frauen und Männern hätte sich insbesondere im 19. Jh. weiter aneinander angeglichen, so daß die Geschlechter »novel political structures, transformed means of livelihood, and fresh social, cultural, and intellectual systems« (S. 33) entwickelt hätten. Die Kernfamilie bzw. die Frauen in diesen Familien seien deswegen als »genuine historical players« (S. 8) zu betrachten, was jedoch die Geschichtsschreibung bislang übersehen habe. Die Geschichtsschreibung müsse daher lernen, historischen Wandel anders zu denken (S. 78). Geschlecht sei keine unwandelbare biologische, sondern als sozialer Prozeß eine historische Kategorie. Hartman wird es nicht müde, diese Positionen in jedem Kapitel mehrmals zu wiederholen. In Erinnerung an den mittlerweile verblichenen Slogan, »das Private ist politisch«, möchte man formulieren »das Familiale ist geschichtsmächtig.«

Das historiographische Programm Hartmans liest sich als Zusammenfassung der Frauen- und Geschlechtergeschichte der 70er bis 90er Jahre. Hartman erhebt allerdings nicht den Anspruch dieses Programm anhand eigener Forschungen zu erfüllen. Vielmehr stellt sie eine eigene Synthese zentraler Veröffentlichungen vor, welche die ausschließlich englischsprachige historische und anthropologische Literatur und einige wenige ins Englische übersetzte Veröffentlichungen zur historischen Familienforschung erfaßt. Der »Westen« des Titels, der im Text bescheidener als »Nordwesten« auftaucht, schmilzt hierbei zu England und Teilen Frankreichs zusammen. Dafür reicht der historische »Westen« bis in das Salem des frühneuzeitlichen Massachusetts. Angesichts mangelnder (?) historischer Studien müssen das China und Indien der Nachkriegsjahre herhalten, um den Vergleich mit ländlichen, frühheiratenden Gesellschaften der Vergangenheit zu ermöglichen. Der Verweis auf »the Western Past« im Untertitel verdankt sich da entweder unseriösen Verkaufsstrategien eines sonst renommierten akademischen Verlags oder einer derzeit zwar gängigen, aber inhaltlich unpassenden globalistischen Terminologie.

Der Großteil der Argumentation beruht auf dem Vergleich zwischen den einschlägigen Studien zu den Hexenverfolgungen im amerikanischen Salem des 17. und der Inquisition im südfranzösischen Montaillou des 14. Jhs. Daß dadurch lange referierende Passagen notwendig werden, die bei Kenntnis der entsprechenden Werke ermüdend sind, ist nicht zu vermeiden. Schwerwiegender ist, daß bei den gewählten globalen welthistorischen Größenordnungen »Kleinigkeiten« wie etwa die wesentlichen Unterschiede in der Familienstruktur Nord- und Südfrankreichs einfach wegfallen oder asiatische Nachkriegsgesellschaften problemlos zu Stellvertreterinnen der nicht-westlichen europäischen Vormoderne mutieren. Sind solche Einwände nicht der beste Beleg für eine überholte, traditionelle und zudem eurozentrische Geschichtsschreibung? Ich meine nicht. Wer die sozio-kulturelle Bedingtheit der historischen Kategorie Geschlecht unterstreichen will, kann aus methodischen Gründen bei der Interpretation auf die Kennzeichen der Gesellschaften, in denen die Akteurinnen und Akteure handeln, nicht verzichten. Auch bleibt das empirische Problem offen, wie sich die kontinentaleuropäischen Gesellschaften mit niedrigem Heiratsalter zur Moderne entwickelt konnten, wo ihnen doch entsprechend der Hartmanschen Argumentation die spätheiratenden Frauen als Akteurinnen der Modernisierung »fehlten«.

Die globale Blick Hartmans schweift nicht allein über geographische, sondern auch über zeitliche Weiten. So greift Hartman auf anthropologische Deutungen menschlicher Frühgesellschaften um 10 000 v. Chr. zurück und verknüpft diese mit Ergebnissen der Primatenforschung. Ihre Schlußfolgerungen reichen bis in die Gegenwart, wenn sie die Abtreibungs- und Homosexualitätskontroversen in den heutigen (evangelikal geprägten) USA als Reaktion auf die Auflösung patriarchalischer Privilegien deutet, die bereits mit dem Ausgang der Antike begonnen habe. So weit gespannt wie der geographische und zeitliche Bogen ist auch der thematische. Das späte Heiratsalter der »westlichen« frühneuzeitlichen Gesellschaften steht nicht allein am Anfang von Reformation, Nationenbildung und Kapitalismus, sondern hat auch beispielsweise mit Hexenverfolgungen, Kindsmord, Vergewaltigungsraten oder Gewalt in der Ehe zu tun. Um große und zentrale Themen ist Hartman wahrlich nicht verlegen.

Hartman ist sich dessen bewußt, daß sie mit ihrem Wurf provoziert. Es ist daher besonders wichtig, daß sie unmißverständlich deutlich macht, wann sie ihre Vorlagen referiert und wann sie diese weiterführend interpretiert. Genauso konsequent spricht sie bei ihrer Argumentation von Hypothesen, Überlegungen oder Vermutungen. Damit erhält ihre Darstellung den Charakter eines Gedankenexperiments. Der Wert solcher Experimente, liegt darin, daß sie dazu herausfordern, nicht nur für steile Thesen über die Geschichtsmächtigkeit »der« spätheiratenden Frau – und am Rande des Mannes – zu plädieren, sondern das empirische wie methodische Werkzeug für differenzierte Thesen auch tatsächlich zu entwickeln. Aber wollen wir das noch nach der Lektüre Hartmans? Wer Geschlecht als historische Kategorie ernst nehmen will, wird die Frage angesichts der vielfältigen Zusammenhänge, die Hartman anschneidet, wohl bejahen.

Francisca LOETZ, Zürich

Maurice DAUMAS, Le Mariage amoureux. Histoire du lien conjugal sous l'Ancien Régime, Paris (Armand Colin) 2004, 336 S., ISBN 2-200-26624-3, EUR 23,50.

»Le mariage amoureux« ist eine durch und durch »französische« Darstellung jener Vorgeschichte der Liebesheirat und -ehe, die mit der »Epoche der Gefühle« seit der Mitte des 18. Jhs. zur Idealvorstellung ehelicher Geschlechterbeziehungen avancierte. Einen Endpunkt dieser Entwicklung stellt die Kriminalisierung der Zwangsverheiratung dar, die jüngst vom deutschen Parlament beschlossen wurde.

Das Thema ist also von einer unübersehbaren Aktualität – und es wird von Maurice Daumas auch ganz bewußt in einer aktualisierenden Weise präsentiert: Explizit wird in der Einleitung und hie und da auch später noch auf moderne Vor- und Einstellungen eingegangen. Vor allem aber das, nach Daumas, fälschliche Vorurteil in Alltagswissen und Forschung, das in der Ehepraxis der frühen Neuzeit lediglich Zwang und bestenfalls negative Gefühle sehen mag, wird zum argumentativen Ausgangspunkt und zur Negativfolie dieser Darstellung ehelicher Gefühlswelten seit der Renaissance.

In den insgesamt zehn Kapiteln des Buches umkreist Daumas die Frage der Etablierung und Gestaltung ehelicher Beziehungen in allen Gesellschaftsschichten bis hin zur Scheidung oder zur Beendigung der Ehe durch den Tod eines Ehepartners. Immer wieder beginnt er seinen Rundblick bei den stark hierarchischen, fremdbestimmten Bedingungen der Eheschließung und der ehelichen Beziehungen im darüber hinaus ehefeindlichen und misogynen Klima des ausgehenden Mittelalters und des katastrophengeschüttelten 16. Jhs., von denen sich die Ehe- und Lebenserfahrungen und -bedingungen im folgenden Jahrhundert so zunehmend deutlich unterscheiden. Daumas' Hauptthese ist, daß das Ideal der Liebesehe bereits im 17. Jh. in gewissen Kreisen und insbesondere unter dem Einfluß der jesuitischen und der jansenistischen Bewegung vorformuliert – und in einzelnen Fällen durchaus auch schon gelebt – wurde. Gegen die vorherrschende Vorstellung von einem Einstellungswandel im 18. Jh. (oder gar erst in der Epoche der Romantik) betont Daumas insofern die »longue durée«, den langfristigen Wandel seit dem Beginn des 17. Jhs., in dem sich auch die Beziehungen zum Kind oder die Situation der Ehefrauen vor Gericht, besonders in Zivilprozessen, maßgeblich änderten, ein Befund, der ja bereits von Ariès vorformuliert wurde und von einer Reihe von neueren Forschungen aus dem Feld der Geschlechtergeschichte gestützt wird.

Daumas' »Mariage amoureux« ist, wie gesagt, eine durch und durch französische Darstellung, eine, in der es noch Mentalitäten und kollektive Einstellungen gibt, die sich aufgrund sprechender Einzelbeispiele (vor allem aus Briefen von Angehörigen des Adels, aber auch aus Chroniken und theologischen Traktaten o. ä.) aufzeigen lassen – die Frage der Repräsentativität bzw. der Standesspezifik handelt Daumas eher nebenbei mit ab, womit er sich als durch und durch »klassischer« Vertreter der französischen Mentalitätsgeschichte präsentiert. Auch bezieht sich der Autor explizit auf Vordenker in diesem Feld wie Jean Delumeau, Philippe Ariès, Jean Flandrin und Robert Muchembled. Und vor allem hält er sich nicht lange mit methodologischen Auslassungen und vorsichtigen Vergleichen auf, wenn er das Liebesleben der Menschen im Frankreich des Ancien Régime präsentiert. Frankreich ist ganz selbstverständlich das Zentrum der Darstellung – sei dies auf der Ebene der Forschungsgegenstände, sei dies auf der Ebene der Forschung selbst.

Dies ist indes ein Defizit, das Daumas' Darstellung mit vielen französischen Arbeiten zum Ancien Régime (und darüber hinaus) teilt. Es ist umso bedauerlicher, als Daumas ansonsten methodisch offen und auf der Höhe der Zeit ist, wenn er etwa neuere geschlechtergeschichtliche Ansätze berücksichtigt. Den Verdiensten seiner Arbeit tut dies aber insgesamt wenig Abbruch, denn er legt hier (erneut) eine Studie vor, die für das sich in der historischen Forschung derzeit formierende Feld der Emotionenforschung hochinteressante Ansatzpunkte liefert, indem es hierfür ergiebige Quellengattungen aufzeigt , aber vor allem auch methodologische Vorbilder – wie vor allem die Wortfeldanalyse und die historische Semantik, mit der er etwa eine Sprachgeschichte der »Zärtlichkeit« rekonstruieren kann (die er im übrigen bereits vor einigen Jahren, in seiner Arbeit über »La tendresse amoureuse« vorgeführt hat, auf der auch seine Darstellung der »mariage amoureux« maßgeblich beruht)[1]. Dem Lesevergnügen tut diese ganz und gar »französische« Perspektivierung ebenfalls keinen Abbruch: Das Buch ist sehr weitgehend aus einem Guß, vereint (längere)

1 Vgl. Maurice DAUMAS, La Tendresse amoureuse. XVIe–XVIIIe siècles, Paris ^{2}1997.

narrative und (knappe) analytische Passagen souverän und bietet darüber hinaus eine Fülle von Quellenexzerpten, die mehr als viele interpretative Passagen vom »Geist der Liebe« in Zeiten massiver gesellschaftlicher Wandlungsprozesse zwischen Renaissance und Empfindsamkeit Zeugnis ablegen.

Claudia OPITZ-BELAKHAL, Basel

Simona FECI, Pesci fuor d'acqua. Donne a Roma in età moderna: diritti e patrimoni, Roma (Viella Libreria Editrice) 2005, 286 S. (I libri di Viella, 40), ISBN 88-8334-120-1, EUR 25,00.

Bei der ersten Monographie Simona Fecis handelt es sich um die Ausarbeitung ihrer Dissertation über die Handlungsfähigkeit (»capacità di agire«) der Frauen im Rom des Zeitalters der Moderne. In »Pesci fuor d'acqua« erweitert die Autorin den Aspekt der Formalisierung der von Frauen abgeschlossenen Verträge um die einzelnen sozialen Praktiken bei der Umsetzung und den juristischen Zusammenhang, der durch einen Vergleich der in den wichtigsten italienischen Städten angewandten Normen herausgearbeitet wird. Hierzu präsentiert die Autorin eine Aufstellung der vom 12. bis zum 17. Jh. in den wichtigsten Städten Italiens entstandenen Statuten sowie zwei übersichtliche Landkarten, in denen die Existenz sich explizit auf Verträge von Frauen beziehender Gesetze eingezeichnet ist.

Der römische Jurist Grazioso Uberti beschreibt die Frauen im Rom des 17. Jhs. außerhalb ihrer Anbindung an die Familie als »Pesci fuor d'acqua« / »Fische auf dem Trockenen« (*Congressus legalis*, disc. IX, Romae 1680), deren Angreifbarkeit, Zartheit oder gar Labilität es durch das römische Recht und durch die Zusicherung sozialer Assistenz (»assistenza sociale«) auszugleichen gilt. Mit diesem Bild, welches Vertragsunterzeichnungen, Veräußerungen und Schenkungen durch Frauen als rechtliche Ausnahmesituation zeigt, führt Simona Feci ihre unternommene Reflektion über das Haben und Sein, den Besitz und die Identität der römischen Frauen im Zeitalter der Moderne (13.–19. Jh.) anhand der spezifischen, sich auf Frauen beziehenden Gesetzgebungen und ihrer Umsetzung ein. Hierbei steht besonders die Prozedur der Autorisierung im Mittelpunkt, an deren rechtlicher Festlegung, Interpretation und Durchführung Männer und Frauen gleichermaßen teilhatten.

Die Annäherung von Besitz und Identität beruht auf der Annahme, daß das römische Recht das Eigentumsrecht der Frauen, welches stark von ihrer familiären Rolle als Ehefrau oder Witwe abhängt, mit ihrer obligatorischen, auf dem Stereotyp natürlicher weiblicher Unterlegenheit sich gründenden Autorisierung als vertragsfähige Individuen verbindet. Eigentum der Frauen und weibliche Identität werden also durch Eigentumsrecht und Autorisierung in unmittelbare Nähe gerückt. Dies hat einerseits die Definition der weiblichen Identität aus den Familienverhältnissen heraus zur Folge und andererseits eine Unterordnung der Frau innerhalb der männlich bestimmten Familienstruktur. Dieser Aspekt wirft die Frage nach den »campi di forze« (Kraftfeldern) zwischen den einzelnen Mitgliedern der Familie auf.

Im gesamtitalienischen Vergleich ist der Rekurs auf die natürliche Unfähigkeit der Frauen in Gesetzestexten bis zum Codice Civile Italiano (1865) in Rom zwar sehr stark, in anderen Regionen jedoch nicht zwingend, was für Simona Feci den Beweis darstellt, daß es sich dabei nicht um einen kulturellen Zusammenhang oder eine kollektive Mentalität handelt, sondern lediglich um eine aus der spezifischen lokalen Situation heraus erwachsene juristische Manipulation. Deshalb ist es ihr zum einen wichtig, die einzelnen, in den Staatsbüchern festgehaltenen normativen Lösungen mit einer Analyse der Entscheidungsprozesse in städtischen Räten, Staats- und Gemeindeämtern zu konfrontieren, um die Vereinheitlichung der lokal verschiedenen Gesetzgebungen im 19. Jh. nachvollziehen zu können. Zum anderen will sie die Kriterien und Handlungen untersuchen, durch die die sozialen Akteure die Normen handhaben und manipulieren, was die Beschreibung des sie umgebenen und beeinflussenden Kontextes nötig macht. In diesem Zusammenhang spricht sich Simona Feci für eine neutrale Sicht aus, die die Frauen weder zu Protagonisten macht, noch zu Personen, die – koste es, was es wolle – bestimmte Strategien verfolgen. Durch die Feststellung, daß die juristische Praxis die Statuten nicht im Hinblick auf eine Vormundschaft der Frauen, sondern auf die Rechtskräftigkeit des Aktes interpretiert, gedenkt sie, die Polarität zwischen einer männlichen, aktiven Welt und einem passiven, den gesetzlichen Normen unterworfenen Frauenbild aufzulösen.

Die Umsetzung dieses in der Einleitung angekündigten dichten Programms geschieht in fünf Kapiteln, die sowohl thematisch als auch chronologisch geordnet sind. Im ersten Kapitel über die Verträge von Frauen beschreibt Simona Feci die diachrone Landkarte der normativen Festlegungen vom 12. Jh. bis zur einschneidenden Umwälzung des römischen Rechts 1494, welches die Anwesenheit lediglich des Ehemanns bei der Unterzeichnung von Verträgen durch Frauen durch diejenige zweier Familienmitglieder und die Autorisierung durch den Richter ersetzt. In diesem Kapitel zeigt Simona Feci zum einen die stetig ansteigende Einschränkung der Handlungsfähigkeit der Frauen durch mehrere Gesetzesänderungen in ganz Italien, und zum anderen, daß diese Einschränkung stark von der Konkurrenz um politische und gerichtliche Macht zwischen den territorialen Staaten und den städtischen Eliten beeinflußt wird.

Das zweite Kapitel (1494–1653) untersucht die machtpolitische Dialektik zwischen den einzelnen juristischen Institutionen und Richterämtern auf lokaler Ebene, die die praktische Umsetzung der neuen Statuten von 1494 erschwert. Da die Kompetenzen zur Autorisierung der von Frauen eingegangenen Verträge nicht geklärt sind, wird auch nach Einführung der neuen, noch strengeren römischen Statuten von 1521, welche die Frauen mit Minderjährigen gleichsetzen, nur episodisch auf die Formalisierung des Aktes rekurriert. Dies hat zur Folge, daß die formale Autorisierung von den ausführenden Juristen lediglich als eine Option angesehen wird, die den Akt besonders rechtsgültig macht. Ab 1580 sprechen sich erste römische Juristen für eine stärkere Konzentration auf den speziellen Sachverhalt *(causa)* der Verträge anstatt auf ihre besondere Autorisierung aus.

Das dritte Kapitel bezieht sich auf die Umsetzung der neuen Statuten durch die Vertragspartnerinnen und ihre Familien beim Notar in der ersten Hälfte des 17. Jhs. Hier bemerkt Simona Feci ein explizites Absehen der Frauen von der Möglichkeit, ihre Verträge durch einen Familienangehörigen oder den Ehemann autorisieren zu lassen. Letztere werden dafür in den meisten Fällen durch einen unabhängigen Vormund ersetzt, wodurch die Prozedur der Autorisierung immer mehr zu einem bürokratischen Routine-Akt wird. Insofern handelt es sich bei der Autorisierung nicht mehr um die Bevormundung einer zu eigenen Entscheidungen unfähigen Frau, sondern lediglich um die Autorisierung eines rechtsmäßig limitierten Individuums zu einem rechtsgültigen Vertragsabschluß. Durch eine solche Interpretation der Autorisierung tut sich nach Simona Feci für die Frauen ein »Feld der Verfügungsgewalt« (»campo di discrezionalità«) auf, welches sowohl bei der Aufstellung von Verträgen, als auch bei ihrem Widerruf zum Tragen kommt. So dient den Frauen gerade der gesetzliche Rekurs auf ihre natürliche Unfähigkeit und Labilität als einfaches Mittel, abgeschlossene Verträge widerrufen zu können.

Im vierten Kapitel zeigt Simona Feci anhand eines genauen Beispiels aus den Jahren 1646–1668 in seinem familiengeschichtlichen Kontext, daß das durch die rechtmäßige Formalisierung und ihre mangelhafte Umsetzung entstehende Feld der Verfügungsgewalt sowohl für die Frauen, als auch für ihre männlichen Familienangehörigen oder Vertragspartner die Möglichkeit eines Widerrufs eröffnet. Anhand des Falls der Familien Colonna und Barberini verdeutlicht Simona Feci zudem die »familiären Kraftfelder«, innerhalb derer einzelne Mitglieder sich das Feld der Verfügungsgewalt zunutze machen.

Das fünfte und letzte Kapitel untersucht zwei Fälle aus dem Jahr 1656, in denen die römische Rota in Prozessen des Widerrufs der von Frauen unterzeichneten Verträge von der reinen Überprüfung der Formalisierung absieht und sich stattdessen immer stärker auf den genauen Sachverhalt *(causa)* der Akte konzentriert. Diese Entwicklung wird von den römischen Juristen begrüßt, da es eine Bekämpfung der Ausnutzung des »Feldes der Verfügungsgewalt« verspricht. Im gleichen Zug erwägen die Juristen eine formelle Gleichstellung von Frauen und Männern bei Vertragsunterzeichnungen. Der von Pius VII. eingesetzte traditionelle Gesetzesentwurf des »Moto proprio« aus dem Jahr 1816 bekämpft schließlich die Korruption und die Inkompetenz der Richter, indem er die Formalisierung der von Frauen unterzeichneten Verträge durch die Autorisierung zwar nicht abschafft, jedoch eine Konzentration auf die *causa giusta* gesetzlich festsetzt. Bei richterlichen Beschlüssen über den Widerruf des Vertrags gelten also für die Frauen ab diesem Zeitpunkt dieselben Parameter wie für Männer. Insofern ist nach Simona Feci die Wandlung des Frauenrechts und ihrer Handlungsfähigkeit zwar nicht in den formalen Gesetzestexten zu erkennen, *de facto* aber in hohem Maße durch die im »Feld der Verfügungsgewalt« agierenden Frauen und ihre Familienangehörigen mitbestimmt und verändert worden.

Die Arbeit Simona Fecis überzeugt durch ihre vielseitigen, treffenden Fragestellungen und die daraus folgende Beleuchtung der einzelnen Sachverhalte aus mehreren Perspektiven. Die Autorin schafft es, rechtsgeschichtliche, politikgeschichtliche, institutionsgeschichtliche und familiengeschichtliche Ansätze zu vereinen und in eine stringente chronologische Logik einzubinden.

Der quantitative Wert ihrer Arbeit ergibt sich dabei aus dem groß angelegten Zeitraum, der sich vom 12. bis zum 19. Jh. erstreckt. Auf der Ebene der Beispiele findet in den ersten beiden Kapiteln keine quantitative Erhebung der einzelnen praktischen Fälle statt. Dies führt sich in den folgenden Kapiteln fort, wobei Simona Feci hier mehrmals herausstellt, daß sie aufgrund der lückenhaften Quellenlage keine quantitative Analyse leisten kann und insofern exemplarisch arbeiten muß. In der Tat hinterlassen die zwar gut dargestellten, jedoch vereinzelten Beispiele der Kapitel 3 bis 5 beim Leser einen episodischen Eindruck über die im Hinblick auf die familiären Kraftfelder und die »Felder der Verfügungsgewalt« gezogenen Schlüsse, welche lediglich durch drei, zum Teil zeitlich auseinander liegende juristische Traktate (Domenico Pico, Cardinale De Luca, Costantini) fundiert werden. Insofern bleibt ein leichter Eindruck bestehen, daß es sich hier um den besonderen methodischen Blick auf die Frauen im Rom des 17. Jhs. unter der Prämisse ihrer Eigenständigkeit handelt. Ein weiterer Ausbau des gesamtitalienischen Vergleichs auf die Zeit ab dem 17. Jh. wäre hier vielleicht hilfreich gewesen, wobei jedoch anzuerkennen bleibt, daß dies den Umfang der quellentechnisch an sich schon überaus umfangreichen Arbeit wohl gesprengt hätte.

Ein weiterer Kritikpunkt ist, daß die Struktur der Quellenlage nicht in ihrer Gesamtheit beschrieben wird. Stattdessen ergibt sich der Rekurs auf bestimmte Quellen jeweils aus einer bestimmten Fragestellung. Soziale Strukturen werden zum Beispiel zweimal zwar angedeutet, verschwinden aber hinter der generelleren Aufteilung der Frauen in Ehefrauen und Witwen, städtische Bürgerinnen und Landfrauen. Was die Arbeit hier an quantitativem Wert verliert, holt Simona Feci jedoch in jedem Fall durch ihre stringente und überzeugende Verbindung der einzelnen historischen Einflüsse wieder auf, mit der sie einen wichtigen Beitrag zur italienischen Rechtsgeschichte der Frauen leistet.

Gesa ZUR NIEDEN, Berlin

Lucien Bély, Georges-Henri Soutou, Laurent Theis, Maurice Vaïsse (Hg.), Dictionnaire des ministres des Affaires étrangères. Préface de Michel Barnier, Paris (Fayard) 2005, XXX–661 S., ISBN 2-213-62503-4, 90,00 EUR.

Am 1. Januar 1589 wurden erstmals alle auswärtigen Geschäfte der französischen Krone in den Händen eines einzigen Ministers (Louis de Revol) vereinigt. Seine Ernennung gilt gemeinhin als Gründungsakt des Außenministeriums. Zuvor hatten sich die vier existenten Fachministerien diese Aufgabe geteilt, d. h. daß jeder Minister neben seinem eigentlichen Tätigkeitsfeld sowie der Verwaltung eines Teils der französischen Provinzen auch die Beziehungen mit eine Auswahl von fremden Staaten betreute. Und bis auf eine kurze Unterbrechung in den Jahren 1624 bis 1626, während der man zur alten Aufteilung der Kompetenzen zurückkehrte, sollte dies auch so bleiben. Insgesamt 154 Männer haben diesen Posten bis 2004 innegehabt. Jedem einzelnen widmet das vorliegende Lexikon einen Einzelartikel. Ergänzt wird das Werk durch fünf weitere Persönlichkeiten, die zwar das Amt offiziell niemals bekleideten, die jedoch entweder die Außenpolitik ihres Landes maßgeblich mitbestimmt haben – der Kardinal Mazarin, Philipp von Orléans, der Herzog von Bourbon-Condé, der Kardinal Fleury – oder, wie Jacques Tarbé während des Zweiten Weltkriegs für die Außenpolitik des Hohen Kommissariats in Algier verantwortlich waren. Die Betreuung und Koordination der 64 Autoren haben sich vier ausgewiesene Spezialisten untereinander aufgeteilt: Lucien Bély (1589–1789, in Zusammenarbeit mit Bernard Barbiche), Laurent Theis (1789–1891), Georges-Henri Soutou (1891–1947) und Maurice Vaïsse (1944–2004).

Das Lexikon ist nicht alphabetisch sondern chronologisch geordnet, wobei – bei mehreren Amtsperioden –, die erste ausschlaggebend ist. Dies erlaubt es dem interessierten Leser, nicht nur punktuell einzelne Personen nachzuschlagen, sondern den Band auch hintereinanderweg als Geschichte der französischen Außenpolitik zu lesen. Jeder Eintrag gehorcht dabei mehr oder minder demselben Schema. Der Nennung der Lebens- und Amtsdaten folgt eine kurze Darstellung der Herkunft, der Ausbildung sowie der Karrierestationen. Den größten Raum nimmt danach naturgemäß die Darstellung der außenpolitischen Tätigkeit eines jeden Ministers ein. Hier wird kursorisch auf wichtige Verhandlungen und Vertragsabschlüsse sowie auf die allgemeine Ausrichtung der zeitgenössischen Außenpolitik eingegangen. Gegebenenfalls finden auch von den jeweiligen Amtsinhabern initiierte Verwaltungsreformen innerhalb des Ministeriums Erwähnung. Nachdem das Wirken des Ministers dann noch einer allgemeinen Beurteilung unterzogen worden ist, schließt jeder Artikel mit einem Literatur- und Quellenverzeichnis. Neben den 159 Einträgen bietet das Lexikon zwecks leichterer Benutzung noch eine alphabetische und eine chronologische Liste der Minister sowie ein abschließendes allgemeines Namensregister. Allenfalls eine längere Einleitung wäre hier vielleicht noch wünschenswert gewesen. Eine solche hätte die Entwicklung des Ministerialapparates, des diplomatischen und konsularischen Corps oder die Beschreibung der baulichen Unterbringung des Ministeriums für die betreffenden vier Jahrhunderte behandeln können. Stattdessen haben es die Herausgeber vorgezogen, dem ansonsten sehr eindrucksvollen Werk ein weitgehend belangloses Vorwort des amtierenden französischen Außenministers Michel Barnier beizugeben.

Laut Eigenwerbung des Verlages versteht sich das Lexikon als »unabdingbares Arbeitswerkzeug für Historiker und Diplomaten«. Diesem Anspruch wird es zweifelsohne gerecht. Denn es erlaubt dem Laien, sich umgehend über die außenpolitische Orientierung Frankreichs zu einem bestimmten Datum, und dem Spezialisten, sich beispielsweise über Karrieredetails und biographischen Hintergrund eines Ministers zu informieren.

Doch nicht alle Artikel können dem allgemein hohen wissenschaftlichen Standard des Werkes gerecht werden. Dort wo i. d. R. synthetisch analysiert wird, gleiten einige Artikel allzusehr in die bloße Nacherzählung von im Grunde nebensächlichen Verhandlungsdetails oder in die genealogischen Abgründe des französischen Hochadels ab, ohne daß dies dem besseren Verständnis der Umstände immer zuträglich wäre. Auch scheinen einige der Porträts bisweilen übermäßig wohlwollend. So kommt beispielsweise der zweifellos unfähige Regentschaftsaußenminister Du Blé d'Huxelles hier – in einem ansonsten allerdings exzellenten Porträt – überraschend gut weg (S. 103–111). Und der Alain Juppé gewidmete Artikel (S. 612–615) erwähnt zwar seine Tätigkeit in der Pariser Stadtverwaltung, geht jedoch mit keinem Wort auf seine Verwicklung in die damit in Zusammenhang stehenden Korruptionsskandale ein.

Doch sind dies alles letztlich nur untergeordnete Kleinigkeiten, die dem insgesamt sehr positiven Gesamteindruck keinen Abbruch tun können. Zweifelsohne wird dieses Lexikon für alle, die sich bereits mit Fragen der französischen Außenpolitik beschäftigen, und jene, die sich in Zukunft noch mit solchen beschäftigen wollen, zur Pflichtlektüre werden.

Jörg Ulbert, Mahalon

Die päpstlichen Refendare 1566–1809. Chronologie und Prosographie. Bearbeitet von Christoph Weber, Stuttgart (Anton Hiersemann) 2003, 2004, 3 vol. XII–1004 p. (Päpste und Papsttum, 31), ISBN 3-7772-0337-8, 3-7772-0400-5, 3-7772-0401-3, EUR 136,00/vol.

Depuis un quart de siècle, Christoph Weber étudie méthodiquement, en mettant en œuvre les techniques de la prosopographie et de la généalogie, le personnel de la curie romaine et les cadres de l'État ecclésiastique à l'époque moderne (depuis le milieu du XVIe jusqu'au début du XIXe siècle). Le gros ouvrage qu'il vient de publier sur les référendaires des deux Signatures (Signature de grâce et Signature de justice) est l'aboutissement logique de cette ambitieuse entreprise, car il porte sur un groupe d'officiers appelés à occuper les plus hauts postes de l'administration pontificale. Le passage par une charge de référendaire, après celle d'abréviateur *de parco maiori*, était en effet une étape quasiment obligée dans une carrière au service du Saint-Siège. L'auteur prolonge ainsi les travaux de ses deux principaux devanciers, le P. Bruno Katterbach (1931) et le cardinal Giuseppe Beltrami (1972), auteurs d'ouvrages de référence bien connus des spécialistes, mais qui reposaient sur une base documentaire trop étroite.

Les trois volumes publiés par C. Weber sont d'une prodigieuse richesse. Dans une substantielle introduction, l'auteur retrace l'histoire de l'institution et la situe dans le cadre général de la curie romaine: encore très peu nombreux à la fin du Moyen Âge, le corps des référendaires a été réorganisé au XVIe siècle, peut-être sur le modèle des docteurs de Milan. Aux XVIIe et XVIIIe siècles, la charge ouvre la voie aux plus hautes ambitions et donne accès non seulement aux emplois de responsabilité dans l'administration de l'État ecclésiastique mais aussi au gouvernement de l'Église universelle. Les référendaires occupent une place enviable dans la noblesse féodale et le patriciat urbain et forment une élite très particulière fondée sur l'aristocratie et le mérite bureaucratique: nombre de légats, de gouverneurs, d'évêques, de nonces sont d'anciens référendaires. À titre d'exemple, on retiendra que 18 des 27 papes (66%) élus entre 1566 et 1800 et 35 des 43 nonces ordinaires en France (81%) nommés pendant la même période ont été référendaires au début de leur carrière.

Viennent ensuite la présentation critique des sources, soigneusement commentées, et une bibliographie limitée aux ouvrages de caractère général (où, curieusement, la production française n'est que très faiblement représentée: 10 titres seulement sur 463). Puis C. Weber publie 48 listes officielles de référendaires imprimées entre 1569 et 1762, soit sous forme de placards (affiches), soit dans les annuaires *(elenchi)*, sortes de bottins administratifs des services de la curie. Ces listes, très fiables, que n'avaient pas utilisées Katterbach et Beltrami, permettent à l'auteur d'enrichir considérablement les données fournies par ses devanciers. Elles donnent en outre une idée de l'évolution numérique du collège des référendaires: ceux-ci sont 48 en 1569 et 164 en 1762. Mais cet accroissement n'a rien eu de régulier. Le corps n'a jamais compté de *numerus clausus*, et les papes se sont toujours réservé la possibilité d'octroyer ces charges à titre honorifique pour récompenser de bons serviteurs, de sorte que les effectifs ont été parfois artificiellement et temporairement gonflés: c'est ainsi qu'on dénombre 85 référendaires en 1591, 162 en 1609, 185 en 1622, mais seulement 164 en 1628 et 131 en 1642.

L'introduction et l'édition des listes occupent à elles seules le premier volume. Les deux suivants contiennent une riche prosopographie des quelque 2 500 référendaires en charge entre 1566 et 1809. L'auteur n'a pas cherché à retracer dans le menu détail la biographie de chacun. Un grand nombre de ces personnages figurent d'ailleurs déjà, à des titres divers, dans ses précédentes publications. Chaque notice est divisée en deux parties. Dans la première, C. Weber, après avoir indiqué les dates auxquelles l'appartenance de l'intéressé au corps des référendaires est attestée, résume succinctement son *curriculum vitae* en renvoyant aux usuels et aux ouvrages spécialisés les plus récents grâce auxquels il est possible de remonter toute la filière bibliographique. La deuxième partie de la notice est consacrée à la famille du prélat: l'auteur renvoie alors à l'un ou l'autre des six volumes de »Genealogien zur Papstgeschichte« qu'il a publiés en collaboration avec Michael Becker de 1999 à 2002.

On reste confondu devant la masse d'informations précises et sûres rassemblées dans ces trois volumes, qui constituent comme le point d'orgue de l'œuvre immense (16 livres et de nombreux articles) produite en vingt-cinq ans par Christoph Weber. Il convient ici de saluer la prouesse réalisée par l'auteur et de lui rendre hommage pour sa persévérance. Il est rare en effet de voir un historien atteindre pleinement l'objectif qu'il s'est fixé; souvent des projets de jeunesse trop ambitieux s'enlisent dans les aléas d'une carrière ou sont contrariés par des tâches administratives absorbantes. Le magistral achèvement de l'enquête patiemment menée par C. Weber mérite donc d'être fortement souligné.

Cet ensemble remarquable prend place dans un mouvement de recherche engagé il y a une trentaine d'années sur les charges et le personnel de l'administration pontificale. Ce courant a été particulièrement actif en Italie et en Allemagne, comme le montre l'œuvre de C. Weber, mais l'ouvrage de Philippe Boutry »Souverain et pontife« (2002), portant sur la première moitié du XIXe siècle, s'inscrit dans la même problématique, de même que les trois séminaires organisés par l'École française de Rome en 2001, 2002 et 2004 sur le thème »Papauté et offices«. Les travaux de C. Weber sont une pièce maîtresse de ce dispositif. Grâce à lui, nous disposons désormais d'une somme véritablement encyclopédique sur le personnel de la cour de Rome et de l'État pontifical, dont on n'a l'équivalent pour aucun autre pays d'Europe.

Bernard Barbiche, Paris

Valentine Zuber, Les conflits de la tolérance. Michel Servet entre mémoire et histoire, Paris (Honoré Champion) 2004, 640 S. (La vie des huguenots, 36), ISBN 2-7453-1071-2, EUR 100,00.

Dem spanischen Mediziner, Geographen und Laientheologen Miguel Servet (1509/11–1553), der in zahlreichen Schriften den von den Hauptvertretern der Reformation wie von der römisch-katholischen Kirche festgehaltenen Trinitätsglauben radikal in Frage stellte, wurde das einzigartige Schicksal zuteil, sowohl von der katholischen Inquisition im französischen Vienne als auch vom Genfer Rat zum Tode verurteilt worden zu sein, beide Male (!) unter Mithilfe Johannes Calvins. Vollstreckt wurde die Hinrichtung in Genf, wohin Servet aus dem Inquisitionsgefängnis fliehen konnte. Für zahlreiche zeitgenössische Parteigänger der Reformation wie Sebastian Castellio (1515–1563) war dies der Beweis dafür, daß diese auf die schlimmsten Praktiken der verhaßten und bekämpften katholischen Kirche zurückgriff. Für viele Kritiker ist sie noch heute ein Beweis christlicher Intoleranz.

Die vorliegende Arbeit hat es sich zum Ziel gesetzt, im Anschluß an die durch Pierre Nora u. a. initiierte Erforschung der Gedächtniskultur die Auseinandersetzung um die Pflege des Gedächtnisses von Calvin, Servet und Castellio am Beispiel einiger zu ihren Ehren errichteten Mahnmäler zu untersuchen.

Wer die jüngsten Auseinandersetzungen um das Berliner Holocaust-Mahnmal noch nicht vergessen hat, wird sich nicht wundern, daß auch um jedes der in diesem Buch behandelten Monumente sowohl im Vorfeld der Errichtung als auch danach heftig gestritten wurde. Sie alle verdanken sich auf die eine oder andere Weise einem frankophonen Antiprotestantismus, der um die Wende vom 19. zum 20. Jh. blühte, und sich aus unterschiedlichen Quellen speiste. 1903 wurde im Genfer Vorort Champel, unweit von der Hinrichtungsstätte Servets, eine einfache Granitstele mit je einer Inschrift auf der Vorder- und der Rückseite enthüllt, die 350 Jahre nach dem Ereignis an dieses erinnerte und explizit als »monument expiatoire« konzipiert war. Initiatoren waren eher konservative reformierte Kreise um den Calvin-Biographen Emile Doumergue (1844–1937), die Calvin und die Reformation vom Vorwurf der Intoleranz zu reinigen suchten, der diesen in der zeitgenössischen Polemik, ausdrücklich mit Bezug auf die Hinrichtung Servets, immer wieder gemacht wurde. Sie bekennen sich auf der Hauptinschrift als dankbare Söhne Calvins, die seinen Irrtum verurteilen, in dem er sich als in seinem Zeitalter befangen präsentiere, und als Anhänger der Gewissensfreiheit, die den wahren Prinzipien der Reformation und des Evangeliums entspreche (S. 27). Die Hinrichtung Servets erscheint somit als ein Sündenfall auf dem Weg des Protestantismus zur wahren evangelischen Freiheit. Der Schöpfer der Sühnestele, Franz Fulpius, war übrigens der Architekt, der auch das große Genfer Reformationsmonument plante, dessen Grundstein im Gedenkjahr an Calvins 400. Geburtstag gelegt wurde und dessen Inschrift »Post tenebras lux« die positiven Errungenschaften der Genfer Reformation hervor- und vom finsteren katholischen Mittelalter abheben soll. Das Servet gewidmete Denkmal sollte ohne Zweifel im Vorfeld die Erinnerung an Calvin reinigen. »Que Dieu accepte votre sacrifice« telegraphierte ein an der Teilnahme bei der Einweihungsfeier Verhinderter ganz im Sinne der Veranstalter (S. 125, Anm. 4), während ein Gegner nicht des Denkmals, wohl aber der Inschrift im nachhinein feststellte, daß der Stein nichts zu sühnen vermöge, sondern nur der Schmerz, den die Erinnerung an den Scheiterhaufen verursacht (S. 132, Anm. 1).

Von ganz anderen Intentionen geleitet war die Errichtung des von der Genfer Bildhauerin Clotilde Roch (1867–1923) geschaffenen und 1908 enthüllten Bronze-Monuments auf dem Rathausplatz im nahegelegenen französischen Annemasse, das den in zerrissene Kleider gehüllten, im Gefängnis auf seine Hinrichtung wartenden Servet darstellt. Initiatoren waren radikale Freidenker um den ehemaligen reformierten Pastor und nunmehrigen antiklerikalen Freimaurer Auguste Dide (1839–1918), die Servet als Opfer sowohl der katholischen als auch der reformierten Intoleranz präsentieren und dadurch den von deren Urhebern gewünschten Effekt der Genfer Sühnestele verhindern wollten. Seinen französischen Aufstellungsort verdankt das Monument übrigens der Weigerung der Genfer Autoritäten, dieses ursprünglich für ihre Stadt vorgesehene Geschenk der Freidenker anzunehmen, worauf in der originalen Inschrift hingewiesen wurde (vgl. S. 147). Diese ist mittlerweile durch eine andere ersetzt, welche die Rolle Calvins beim Inquisitionsverfahren gegen Servet verschweigt und lediglich seine Beteiligung am Genfer Prozeß erwähnt (vgl. S. 235 mit S. 145). Die neue Inschrift wurde nötig, da die Bronzefigur Servets auf Befehl der Vichy-Regierung an Deutschland ausgeliefert worden war, um zu Rüstungszwecken eingeschmolzen zu werden, und der Sockel entfernt wurde. 1960 wurde, wiederum auf Initiative von zahlreichen Freidenkerorganisationen, eine Nachbildung der Statue mit entschärfter Inschrift im Stadtpark von Annemasse aufgestellt, die 1988 auf ihren angestammten Platz vor dem Rathaus zurückkehrte, nun, wie der Bürgermeister hervorhob, nicht mehr als »signal de quelconque opposition«, sondern als »symbole de l'ouverture d'esprit, de la générosité et de l'altruisme universel« (S. 243).

Das dritte Monument, eine ebenfalls 1908 vor dem Rathaus des XIV. Arrondissements in Paris enthüllte Marmorstatue, die Michel Servet in heroisierender Weise als in Ketten frei darstellt, verdankt ihre Existenz der »statuomanie« (S. 251) der Dritten Republik, die die Hauptstadt mit den unterschiedlichsten Denkmälern versah. Initiator war der schillernde Politiker und Journalist Henri Rochefort (1831–1913), der im Laufe seines politischen Lebens von der extremen Linken zur extremen Rechten übergewechselt war und hier als »antidreyfusard« die antiprotestantischen und antisemitischen Emotionen bediente. Nach der 1905 durch Gesetz geschaffenen Trennung von Kirche und Staat verbündete er sich mit den katholischen Traditionalisten der Action française, welche dieselben Feindbilder pflegte. Der Bildhauer Jean Baffier (1851–1920), der das Monument schuf, war ein politischer Gefolgsmann Rocheforts. Diesem ging es in erster Linie darum, den kurz zuvor von linken Freidenkern errichteten Bronzedenkmälern für Etienne Dolet und den Chevalier de La Barre, 1546 bzw. 1766 hingerichteten Opfern der katholischen Kirche, ein Denkmal für ein Opfer der protestantischen Intoleranz entgegenzusetzen und sich so als unparteiischen Antiklerikalen zu präsentieren. Diese Absicht wurde freilich von der Stadtverwaltung konterkariert, die aus der ursprünglich geplanten Inschrift »A Michel Servet brûlé vif par ordre de Calvin, MDLIII« den Bezug auf Calvin strich. Ein Journalist der Action française stellte nach der Einweihung mit Bedauern fest, daß das »lebendig verbrannt« sich auch auf einen Chemiker beziehen könne, der Opfer eines Experiments wurde (S. 298f.). Da die beiden Bronzedenkmäler für Étienne Dolet auf der Place Maubert und für den Chevalier de La Barre auf dem Montmartre vor der Fassade von Sacré-Cœur während des Zweiten Weltkrieges zu Rüstungszwecken eingeschmolzen und nach dem Krieg nicht wiederhergestellt wurden, dient heute allein das Servet-Denkmal den französischen Freidenkern für ihre jährlichen Gedenkfeiern. Die Inschrift mit ihrer Lücke vor der Jahreszahl 1553 gab und gibt bis in die Gegenwart Anlaß für Anfragen bzw. Proteste bei der Stadtverwaltung von Paris von Leuten, die wissen wollen, ob, bzw. behaupten, daß ein Hinweis auf die verfolgende Kirche aus Gefügigkeit gegenüber derselben nachträglich entfernt worden sei.

Das jüngste aus der Reihe dieser Monumente, das 1911 in Vienne, dem Ort einer längeren Wirksamkeit Servets als Arzt und seiner Verurteilung durch die Inquisition, eingeweiht wurde, unterscheidet sich von den vorangehenden in mehrfacher Hinsicht: Es geht nicht auf eine Privatinitiative zurück, sondern wurde auf Anregung des sozialistischen Journalisten Albert Monot (1867–1938) von der derselben politischen Couleur angehörenden Stadtregierung betrieben. Außerdem geht es künstlerisch neue Wege; der aus Vienne stammende Bildhauer Joseph Bernard (1866–1931), der den Stein selbst bearbeitete, gruppiert um eine Stele, auf der Servet wie ein leidender und zugleich mit übermenschlichen Kräften ausgestatteter Christus zu sehen ist, auf der einen Seite eine sich abwendende Gestalt, die als Intoleranz oder Reue gedeutet werden kann, und auf der anderen zwei junge Menschen, die unter dem Mantel eines schützenden Wesens, der Humanität oder Vernunft, dem Betrachter zugewandt sitzen. Die Inschrift nennt lediglich den Namen und die Lebensdaten Servets. Dies entspricht durchaus der Zielsetzung des Denkmals, die Monot bei der Einweihung wie folgt beschrieb: »Ce n'est pas un monument contre … C'est un monument pour … Pour la science, pour le dévouement, […] pour la tolérance, pour la liberté de conscience!« (S. 363). Dies konnte freilich dezidiert antiklerikale Töne bei der Grundsteinlegung und einen neu ausbrechenden Streit über die Rolle Calvins bei der Ergreifung Servets durch die Inquisition nicht verhindern. Von katholischer Seite wurde immerhin festgestellt, daß Servet zwar ein Häretiker, die Verhängung der Todesstrafe jedoch unangemessen gewesen sei (S. 453). Nichts anderes hatte Sebastian Castellio behauptet, der sich über die Hinrichtung Servets endgültig mit Calvin entzweite.

Die Darstellung der Auseinandersetzungen um ein Denkmal für Castellio in dessen Geburtsort Saint-Martin-du-Fresne (Ain) und um die französische Übersetzung von Stefan Zweigs (1881–1942) »Castellio gegen Calvin oder Ein Gewissen gegen die Gewalt« schließt den Band ab. Castellio, der seit seinem Tod mehr oder weniger vergessene Vorkämpfer der Toleranz, fand Ende des 19. Jhs. erstmals größere wissenschaftliche Aufmerksamkeit. 1892 veröffentlichte der radikal-sozialistische Politiker und spätere Friedensnobelpreisträger Ferdinand Buisson (1841–1932) die aufgrund ihres reichen Quellenmaterials bis heute maßgebliche Biographie, in der Castellio zum Vorläufer des liberalen Protestantismus stilisiert wird, der sich sowohl vom orthodoxen Protestantismus und vom Katholizismus wie vom antireligiösen Freidenkertum absetzt. Zusammen mit dem in Buchenwald ermordeten liberalen Protestanten Étienne Giran (1871–1944), der die These von zwei Protestantismen aufstellte – einem liberalen, der in Castellio, und einem orthodox-dogmatischen, der in Calvin seinen Protagonisten habe – setzte er sich für ein Monument in Castellios Geburtsort ein. Die Gemeinde machte sich diese Aufgabe zu eigen, 1926 wurde eine schlichte Bronzetafel enthüllt, auf der nicht, wie ursprünglich geplant, der »défenseur de la liberté de conscience au XVIe siècle contre Rome et Genève«, sondern »le réformateur liberal« geehrt wurde (S. 492 und 460). Wie beim Servet-Monument in Vienne setzten sich auch hier die Gegner der konfessionellen Polemik durch. Auch bei diesem Monument bot das Material während des II. Weltkriegs Autoritäten, welche die Gewissensfreiheit mit Füßen traten, den willkommenen Anlaß, es zu Rüstungszwecken einschmelzen zu lassen. Im Rahmen der Gedenkveranstaltungen zum 400. Todestag Servets, die 1953 in Genf stattfanden, wurde eine neue Tafel in Saint-Martin-du-Fresne eingeweiht, die, wie das Servet-Monument in Vienne, nur Namen und Lebensdaten des so Geehrten nennt. Im Anschluß an diese Feier begab man sich nach Genf, um vor dem »monument expiatoire« das »Großer Gott, wir loben dich« anzustimmen! Um ein Monument eigener Art handelt es sich bei Stefan Zweigs 1936 in Wien erschienenem Castellio-Buch, das auf Anregung Jean Schorers (gest. 1973), des liberalen Pastors an der Genfer Kathedrale Saint-Pierre, Calvins Nachfolger, entstand und in dem Calvin als ein brutaler Diktator dargestellt wird, der Genf terrorisiert und buchstäblich über Leichen geht, gegen den Castellio aufbegehrt. Was von deutschsprachigen Lesern zu Recht als ein literarischer Protest gegen das Naziregime in historischem Gewand gelesen wurde, bei dem man die Einzelheiten nicht auf die Goldwaage legen darf, führte nach dem Krieg, als mit zehnjähriger Verzögerung eine französische Übersetzung erschien, zu heftigen Auseinandersetzungen im französischsprachigen Protestantismus, bei denen u. a. Schorer mit seinem Buch »Jean Calvin et sa dictature« (1948) die Sicht Zweigs verteidigte, während andere in dessen Werk eine Nestbeschmutzung sahen. Der Nachdruck der französischen Übersetzung von 1997 löste übrigens ähnliche, wenn auch nicht ganz so heftige, Reaktionen aus.

Das aus den Quellen geschöpfte und mit Abbildungen der vorgestellten Monumente versehene umfangreiche Werk stellt ein Lehrstück für die unterschiedlichen Möglichkeiten einer Instrumentalisierung von Geschichte dar. Als Historikerin plädiert die Verfasserin zu Recht für eine Historisierung des Geschehenen und für den Verzicht auf teleologische Kategorien, mit denen die Vergangenheit für die Gegenwart vereinnahmt oder an ihre gemessen wird. Ein gläubiger Mensch wird sich damit, wie zahlreiche Beispiele orthodoxer Protestanten im vorliegenden Buch zeigen, nicht so leicht tun. Für ihn mag die schmerzliche Erinnerung an die Schattenseiten der Geschichte seiner Kirche, wie das »monument expiatoire« in Genf und die – in diesem Werk nicht erwähnten – Schuldbekenntnisse Papst Johannes Paul II. zeigen, durchaus reinigende Wirkung haben, auch wenn sie nichts ungeschehen machen können.

Peter WALTER, Freiburg i. Br.

Wilhelm KÜHLMANN, Anton SCHINDLING (dir.), Deutschland und Ungarn in ihren Bildungs- und Wissenschaftsbeziehungen während der Renaissance, Stuttgart (Franz Steiner) 2004, XII–292 p. (Conterbernium. Tübinger Beiträge zur Universitäts- und Wissenschaftsgeschichte, 62), ISBN 3-515-08551-3, EUR 50,00.

Nos collègues Wilhelm Kühlmann et Anton Schindling publient les actes d'un colloque germano-hongrois qui s'est tenu à la Bibliothèque Herzog August, à Wolfenbüttel, en septembre 2001 pour examiner les relations culturelles entre le monde germanique et la Hongrie historique au cours d'un très long XVIe siècle.

L'ouvrage regroupe 13 contributions avec une introduction des éditeurs, qui évoquent les problèmes propres à la Hongrie du XVIe siècle, qui devint après 1526 un champ de bataille permanent, partagé en 3 zones après 1540 et parcouru par les différents courants de la Réforme protestante. Les 4 premières études décrivent le cadre général, les 9 autres sont axées sur des problèmes plus particuliers. 6 auteurs sont allemands, les 7 autres sont hongrois et deux sont plus particulièrement spécialisés en histoire littéraire. L'ouvrage est abondamment illustré, il comporte de nombreuses cartes, des reproductions de gravures du temps, ainsi qu'un index. Chemin faisant, les auteurs insistent sur les problèmes de documentation, des sources peu abondantes parfois, des études érudites en langue hongroise et peu accessibles aux érudits allemands.

Si la Hongrie historique a connu dès 1460 sous Mathias Corvin l'influence italienne, les liens intellectuels avec l'Allemagne se sont multipliés avec la Réforme luthérienne, d'abord avec la Cour de Buda (jusqu'en 1526), puis avec les milieux urbains ou les minorités germanophones (les »Saxons«) de Transylvanie. En fait la multiplicité confessionnelle est liée à la diversité ethnique qui caractérisait la Hongrie historique, alors que le roi Ferdinand 1er Habsbourg était incapable d'arrêter les progrès de la Réforme. La conquête de la Grande plaine par les Turcs a plutôt favorisé la diversification des courants de la Réforme et l'ouvrage confirme qu'en gros si la noblesse et les paysans hongrois sont devenus calvinistes, les milieux bourgeois de culture allemande furent des adeptes de la confession d'Augsbourg. Alors que la principauté de Transylvanie devenait à partir de 1568 un haut lieu de la tolérance religieuse, la paix de Vienne de 1606 reconnut aux Catholiques, aux Luthériens et aux Réformés de Hongrie le libre exercice de leur religion.

Mathias ASCHE (Tübingen) étudie les relations étroites des universités allemandes avec la Hongrie et la Transylvanie, qui, dépourvues d'établissements d'enseignement supérieur, envoyaient leurs étudiants à Wittenberg et plus tard à Heidelberg, tandis que les jeunes Catholiques fréquentaient après 1580 l'université jésuite de Gratz. Marta FATA (Tübingen) étudie la diffusion des différents courants de la Réforme dans la noblesse hongroise. Michel IMRE (Debrecen) étudie le discours politique ou religieux sur la guerre turque, qui de 1450 à 1620, valorise la Hongrie comme »bastion de la Chrétienté« *(antemurale Christianitatis)*. Dans les villes et principautés du Saint Empire, on est en présence d'un discours stéréotypé, identique chez les Catholiques et les Protestants.

Andras BALOGH (Literarische Querverbindungen zwischen Deutschland und Ungarn in der ersten Hälfte des 16. Jahrhunderts, p. 117–133) décrit les relations qui, dans le domaine littéraire, se sont développées entre l'Allemagne et la Hongrie avant les débuts du confessionnalisme. Ulrich-Andreas WIEN (Die humanistische Reformation im siebenbürgischen Kronstadt: Johannes Honterus und Valentin Wagner, p. 135–150) montre le rôle capital joué à Brassov (Kronstadt) par Honterus et son successeur Valentin Wagner qui firent des Saxons de Transylvanie des fidèles de la confession d'Augsbourg, en partie grâce à l'effondrement de l'autorité des Habsbourg et à la présence ottomane, indifférente aux querelles confessionnelles des Infidèles. Leur programme reposait sur la découverte de la »vraie« parole de Dieu, le rejet des nouveautés comme de la théologie médiévale, le retour à l'Église primitive des apôtres, le respect des commandements de Dieu et la communion sous les deux espèces. Ils s'attachèrent également à promouvoir une réforme scolaire et à donner une solide instruction aux futurs pasteurs. Krista ZACH (Rezeption und Resonanz des reformationszeitlichen Katechismus im historischen Ungarn 1530–1640, p. 151–183) montre comment s'est faite la diffusion des idées de la Réforme chez les laïcs avec la multiplication des catéchismes depuis le catéchisme de Luther jusqu'au catéchisme (calviniste) de Heidelberg, mais elle insiste aussi sur l'influence que Mélanchton exerça par l'intermédiaire de l'université de Wittenberg. Comme exemple concret de luthéranisme urbain, il faut retenir en Haute Hongrie Kassa, Eperjes et Bartfa, en Transylvanie Brassov (Kronstadt) et Cluj (Klausenburg), même si les études de détail concernant les groupes ethniques manquent encore et ne permettent pas de dresser une typologie. Le »Philippisme« comme étape intermédiaire entre le luthéranisme et le crypto calvinisme est étudié sur des cas de figure par Balint Keserü (Szeged) et Peter Ötvös (Szeged); ils mettent en relief le rôle de la ville de Kaschau/Kassa et du réformateur Émeric Ujfalvi où la part prise par quelques personnalités de premier plan est encore plus nette qu'en Allemagne mais puisque le philippisme est à nouveau objet d'étude en Allemagne, des comparaisons s'imposent. Le journal de voyage de Veit Marchthaler, un notable d'Ulm, récemment découvert, donne un tableau vivant de la Hongrie en 1588; ce texte est étudié par S. Katalin NÉMETH tandis qu'André SZABO évoque le séjour hongrois du mathématicien Georges Joachim Rheticus, un disciple de Copernic, qui montre une fois de plus l'importance de la ville de Kassa à la fin du XVIe siècle.

Les deux dernières études sont consacrées à l'impact du calvinisme au début du XVIe siècle. Robert SEIDEL (Der ungarische Späthumanismus und die calvinistische Pfalz, p. 227–251) montre l'importance de l'humanisme tardif de Heidelberg pour la Transylvanie. Le prince Gabriel Bethlen n'hésita pas, de 1613 à 1620, à envoyer des jeunes gens faire leurs études dans cette Université calviniste. Toutefois l'auteur regrette que les deux figures centrales Albert Szencsi Molnar, un des fondateurs de la langue littéraire hongroise et Petrus Alvincius, pasteur à Kassa, n'aient été jusqu'à présent l'objet d'aucune étude approfondie en langue occidentale. Achim AURNHAMMER (Tristia ex Transilvania. Marin Opitz Ovid-Imitatio und poetische Selbstfindung in Siebenbürgen 1622/23, p. 253–72) nous rappelle qu'après 1620 ce sont plutôt les Calvinistes qui sont venus apporter la bonne parole en Transylvanie: le Silésien Marin Opitz vint, avant d'être célèbre, enseigner au collège princier d'Alba Julia et en profita pour s'intéresser aux ruines romaines de Dacie.

Jean BÉRENGER, Paris

Humanisten am Oberrhein. Neue Gelehrte im Dienst alter Herren, sous la dir. de Sven LEMBKE et Markus MÜLLER, Leinfelden-Echterdingen (DRW-Verlag) 2004, VIII–320 p., 4 ill. (Schriften zur südwestdeutschen Landeskunde, 37), ISBN 3-87181-437-7, EUR 36,00.

Ce volume, issu d'un Symposium tenu à Fribourg en Brisgau à l'occasion du 60e anniversaire de Dieter Mertens, un grand spécialiste de l'humanisme rhénan, contient huit contributions centrées sur la problématique de la fonction politique de la nouvelle élite culturelle humaniste du XVe au XVIIe siècle.

La problématique est bien présentée dans l'introduction. Ce sont les besoins des princes, dans le cadre de principautés centralisées, qui ont influencé la formation d'une nouvelle culture. Le type du nouvel érudit offre à la communication princière des possibilités de propagande et au public instruit une reconstruction systématique d'informations antiques.

Le premier article, par M. MÜLLER, est une édition par Jacob Wimpheling de l'Opus de moribus prelatorum de Heinrich Fuller, chanoine de Saint-Thomas, œuvre datée de 1305. C'est une étude de texte, suivie de celle de l'autorité temporelle et de sa place dans l'œuvre éditoriale de Wimpheling. L'œuvre est publiée en 1512 et dédiée à l'évêque de Strasbourg en vue d'encourager ses intentions de réformer les mœurs du clergé. Le texte est présenté dans l'original latin avec une traduction allemande.

Le second article, de F. HEINZER, est consacré à l'humaniste Johann Müller (1445–1490) de Rastatt. Sa fonction de précepteur l'empêche d'exercer une activité littéraire. Il a fini sa vie comme chanoine de Saint-Pierre-le-Vieux à Strasbourg. Il a laissé une collection de discours d'auteurs humanistes italiens, qui contient des modèles de discours.

K. GRAF étudie le curé Johann Hug de la paroisse Saint-Étienne de Strasbourg, qui a publié en 1504 un »Quadruvium ecclesiae«, premier manuel de droit public allemand. C'est un chantre de l'Empire, assez étranger au monde qui l'entoure et qui s'adresse en vain à l'empereur Maximilien.

Un article très intéressant de A. NIEDERBERGER est consacré à l'attitude politique de Sébastien Brant qui quitte en 1500 l'université de Bâle pour le poste de syndic de la ville de Strasbourg. Il quitte Bâle pour des raisons à la fois politiques et professionnelles. Il a été écarté par le Magistrat de la ville du poste de professeur de droit civil qu'il convoitait pour devoir se contenter de celui de droit canon, moins payé. Privé de bénéfice et d'un poste de conseiller juridique de la ville, il préfère Strasbourg où son poste est plus attractif et plus lucratif. De plus, en raison de la guerre qui oppose en 1499 l'empereur Maximilien aux Confédérés, il ne peut ni critiquer les Suisses ni prendre parti pour l'empereur à Bâle. De plus il est très amer et déçu de l'entrée de la ville de Bâle dans la Confédération Helvétique. À Strasbourg, il est un juriste apprécié, beaucoup consulté et très pris par ses activités professionnelles, ce qui ne lui laisse que peu de temps pour des publications. Comme érudit humaniste, il bénéficie d'un grand prestige dans la République des Lettres depuis la parution du Narrenschift en 1494. Dans toutes ses publications il apparaît comme un admirateur de Maximilien et un défenseur de l'Empire romain, ce qui lui vaut le titre de conseiller juridique de l'empereur. Il l'encourage en particulier à reprendre une Croisade contre les Turcs.

Une autre contribution, de F. WITTCHOW, est consacrée à Jakob Locher (1471–1528), un Souabe qui a séjourné à l'université de Fribourg en Brisgau. Son activité oscille entre la créativité et le souci de se placer au service du prince comme panégyriste: éloges de Maximilien et poèmes dirigés contre la France.

L'universitaire suisse Heinrich Glarean, en poste pendant 32 ans à Fribourg en Brisgau, est analysé par A. SCHIRRMEISTER pour sa stratégie destinée à maintenir et à améliorer sa position dans et hors de l'université à travers ses discours de dédicace. Il tente de concilier l'approche du champ du pouvoir et les exigences de l'érudition humaniste. Chaque nouvelle édition constitue un effort pour se rapprocher des deux frères Charles Quint et Ferdinand par l'intermédiaire d'Erasme, ce qui lui vaut d'être intégré simultanément dans le milieu universitaire et celui de la Cour. Ainsi les dédicaces des éditions et des commentaires constituent une voie pour obtenir la légitimation et des soutiens dans le camp du pouvoir.

Les deux dernières contributions sont centrées sur l'époque baroque du XVIIe siècle. Sabine HOLTZ montre comment le duché de Wurtemberg fait preuve au XVIIe siècle de nouvelles exigences pour assurer une solide formation universitaire à ses cadres administratifs dans un environnement qui a évolué depuis l'époque où Melanchthon a fixé des programmes devenus intouchables par la *Kirchenordnung* de 1559, véritable sanctuaire. Il a fallu attendre la création d'un nouveau Gymnasium à Stuttgart en 1686 pour voir entrer dans les programmes un enseignement de langues modernes (français et espagnol), d'histoire profane, de mathématiques et de physique. Au XVIIe siècle la formation humaniste demeure un préalable à la participation au pouvoir.

La dernière contribution, de T. VERWEYEN, est une analyse de deux romans: Argenis par l'Ecossais John Barclay (1621) et Goldtfaden par le Colmarien Wickram (1557). Après la description du récit, l'auteur étudie les filiations et le contexte socio-culturel. Le premier roman représente une vision absolutiste de la Cour et constitue un roman d'Etat exemplaire, alors que le second reflète une société bourgeoise urbaine.

Enfin le livre s'achève par une solide synthèse des diverses contributions. Les humanistes analysés ici n'ont pu développer leurs aptitudes que dans la soumission à des politiques et des mécènes et ils aspirent à un emploi dans le système politique en place. Cet ouvrage a le mérite de faire progresser notre connaissance des humanistes rhénans par l'association de leur culture et de leur action au service du pouvoir politique dont ils deviennent des panégyristes et de l'Empire dont ils s'affirment d'ardents patriotes face à ses adversaires, France, Suisse et Turcs.

Bernard VOGLER, Strasbourg

Françoise SIGURET, Les fastes de la Renommée XVIe et XVIIe siècles, Paris (CNRS Éditions) 2004, 306 S., 87 Abb., ISBN 2-271-06191-1, EUR 39,00.

Daß die Personifikation der »Fama« in frühneuzeitlichen öffentlichen Herrscherauftritten eine repräsentative Rolle spielt, liegt auf der Hand. Doch bislang hat sich niemand die Mühe gemacht, das schier unüberschaubare Material an Schrift- und Bildquellen zu Festaufzügen und Festdekorationen des 16. und 17. Jhs. nach Darstellungen der Ruhmesgöttin zu durchforsten. Françoise Siguret legt jetzt erste Ergebnisse eines Forschungsunternehmens vor, das sich zum Ziel gesetzt hat, »d'envisager tout l'apparat des fêtes princières dans une perspective de représentation ou, plus exactement, de *mise en jeu* du système du monde, afin de s'assurer de ses structures et de son fonctionnement« (S. 9). Die Gattung der Herrscherentrée wird hierbei bewußt vernachlässigt, da sie – so die Autorin – zu offenkundig und plakativ der Darstellung des fürstlichen Renommees diene und zumeist stereotyp organisiert sei. In ihrer materialreichen und üppig bebilderten Untersuchung, die Kunstwerke ganz selbstverständlich als historische Quelle nutzt, unternimmt Siguret den verdienstvollen Versuch, eine Motivgeschichte der Fama-Darstellungen in höfischen Festen zu schreiben. Allerdings überschätzt sie hierbei die Möglichkeit des Herrschers, Kunst »propagandistisch« (so ihr Terminus) zu vereinnahmen, da sie die Eigengesetzlichkeit und Komplexität künstlerischer Hervorbringungen vernachlässigt, die Kunst gerade einer eindimensional-ideologischen Instrumentalisierung entziehen.

Bereits in der Einleitung und in ihrer Kapiteleinteilung spiegelt sich ihre Kernthese: Die Fama wandelt sich von einer statischen Repräsentation zu einer Flugfigur, büßt während dieser zwei Jahrhunderte dauernden Metamorphose jedoch ihre allegorische Vielschichtigkeit ein. Ihr reiches Material gruppiert Siguret entsprechend dieser Leitthese ganz offensiv unbekümmert um Chronologien (und damit um dokumentierbare Rezeptionsverläufe) locker in sieben Kapiteln. Während im ersten die antiken Schriftquellen und die übliche ikonographische Ausstattung der Fama (geflügelt; vieläugig; hellhörig, da vielohrig; doppel- oder mehrzüngig; mit einer oder mehreren ruhmverkündenden oder mißerfolgverbreitenden Trompeten; goldgeschmückt) präsentiert werden, untersuchen die folgenden Kapitel ihre Aufenthaltsorte und ihren Mobilitätszuwachs: Aus ihrem von Ovid in den Metamorphosen beschriebenen bronzenen Palast (Kapitel 2) steigt Fama in Kapitel 3 auf Türme (im kollektiven Gedächtnis laut Siguret untrennbar mit dem Turm von Babel und dem Leuchtturm von Alexandria verbunden und auch nicht allzuweit vom Mons Parnassus entfernt), um sich dann auf Triumphwagen (nach Petrarcas Trionfi) oder Schiffen (wie denen der Argonauten) feiern zu lassen. Schließlich gibt sie die Bodenhaftung gänzlich auf (Kapitel 5: »La Renommée prend son vol«), erstmals in Mantua am 2.6.1608, anläßlich der Hochzeitsfeierlichkeiten von Francesco IV Gonzaga und Marguerite de Savoie, und dann immer wieder, um in Horizontal- und Diagonalflügen das »Théâtre de la Renommée« im Stile der Barockoper zu beleben. Nach diesen Höhenflügen erstarrt die Fama in der zweiten Hälfte des 17. Jhs. zur eindimensionalen Allegorie, zum maschinellen Theaterzauber und damit zum reinen Divertimento, der nur noch dazu dient, in unendlichen Wiederholungen die

Unsterblichkeit des Herrschers zu spiegeln: »La Renommée joue la Renommée dans un décor appelé *gloire* qui absorbe à lui seul la totalité de l'allégorie princière dans son identification à la divinité« (S. 227).

Während ihrer Reise durch die Zeiten und ephemeren Festarchitekturen adaptiert Fama nach Siguret alle nur denkbaren und verfügbaren ikonographischen und mythologischen Muster: Sie wird je nach Bedarf zur Muse, zu Fortuna, zu Astraea, zu Victoria, ja selbst Züge von Hermes nimmt sie an. Die Materialerschließung, die hier geleistet wird, ist äußerst verdienstvoll – die Präsentation und analytische Durchdringung des Materials aber läßt zu wünschen übrig. Und daran ändert auch der Einsatz eines bisweilen recht aufgesetzt wirkenden modischen Repräsentations-, Theatralizitäts-, Figurations- und Performanzvokabulars nichts. Siguret jongliert (zugegebenermaßen hochgebildet) in einer Art und Weise mit Mythen und Historien, die häufig an Aby Warburgs gleichermaßen methodisch unkontrollierte assoziativ-analogische Ableitungen im Mnemosyne-Atlas erinnert. Hinter der häufig einfach nur schlecht geistesgeschichtlich kaschierten Fassade dieser Motivmetamorphosen klingt bei Siguret als Zauberwort immer wieder das »imaginaire« eines halbbewußt-kollektiven Bildgedächtnisses durch. Stellvertretend für den Gesamtduktus des Textes sei hier nur eine Passage zitiert: »L'image du parfait chevalier chrétien, tant de fois représentée, qui avait, à partir du XIIIe siècle, totalement investi l'Italie du Nord et l'Europe, trouve dans l'Antiquité mythique un souffle épique qu'avait affadi la *Legende dorée*. Les Argonautes eux-mêmes viennent doubler, en bourlinguant sur des côtes lointaines, les vertueux chevaliers arthuriens qui avaient résurgi dans l'Arioste à travers Boiardo, pour mourir avec gloire dans la *Jérusalem* du Tasse. Mais c'est bien l'audace combative qui retient d'abord l'imagination; d'ailleurs, le corps à corps de Jason avec les taureaux furieux puis l'épreuve du champ de Mars, contre les gendarmes nés des dents du dragon, avaient été représentés pour la première fois à Lille le 17 février 1454 [...].« (S. 55)

Die Autorin scheint davon auszugehen, daß auch bei der heutigen Analyse der frühneuzeitlichen Welt, in der (glaubt man Foucault) alles auf alles verwies und Mikro- und Makrokosmos in einem Geflecht von analogischen Zeichen untrennbar miteinander verbunden waren, jede Motivassoziation erlaubt ist. Erst in der »Conclusion« erfährt der Leser endlich in etwas klareren Worten, was die Absicht dieses Motivkonglomerats war: »Développée sur deux siècles environ, cette étude aura mis en évidence les enjeux de l'allégorie à la fois comme Figure spectaculaire masquant la figure du prince et comme discours enfermant sous une écorce narrative, un discours moral« (S. 222). Vielleicht sollte man das Buch unter dieser Prämisse noch einmal lesen.

Christine TAUBER, Bonn

Jean BALSAMO (Hg.), Les funérailles à la Renaissance. XIIe colloque international de la Société Française d'Étude du Seizième Siècle, Bar-le-Duc, 2–5 décembre 1999, Genf (Librairie Droz) 2002, 531 S. (Travaux d'Humanisme et Renaissance, CCCLVI), ISBN 2-600-00636-2, CHF 180,00.

Dieser umfangreiche Tagungsband über die Sepulkralkultur in der Renaissance weckt hohe Erwartungen. Das Thema ist spannend: der Einfluß der Antikerezeption auf die Formen höfischer Bestattung, die Selbstinszenierung der Konfessionen im Totenkult, die Auseinandersetzungen zwischen den christlichen Glaubensrichtungen über die rechte Form der Beisetzungen, schließlich der Kampf der Konfessionen um den Ort des Begräbnisses. Die 25 Aufsätze beschäftigen sich im einzelnen mit dem Beisetzungsrecht, dem Ritual fürstlicher Beisetzungen, den Bestattungen Calvins und der Genfer Pastoren, dem Kampf um die Friedhöfe und der Reform des Beisetzungswesens in der Neuen Welt, weiterhin mit der Rezeption des antiken Totenkults und mit den Medien ehrenden Gedächtnisses, also Trauerdekorationen und -büchern, Elogen und Denkmälern, Kondolenzschreiben und Trauergedichten, schließlich mit Schriften, die satirisch die Gattung der Eloge karikieren. Diese präsentieren – zum Teil umfangreich illustriert – das Panorama einer neuen Bestattungskultur, das Rhetorik und bildende Künste in den Dienst der Totenverherrlichung stellte, auf antiken Vorbildern fußte, der katholischen Selbstinszenierung entsprach und auf scharfen Widerstand der Calvinisten stieß. Der Schwerpunkt der Beiträge ist Frankreich, daneben widmen sich einige Beiträge der Begräbniskultur in Genf, Italien, Lothringen, der Neuen Welt und Portugal. Hubertus Günther beschäftigt sich mit dem Projekt Kaiser Maximilians I. für sein Grabmal am Wolfgangsee (S. 77–111). Die britischen Inseln, Ost- und Südosteuropa sind nicht vertreten. – Der Leser lernt eine Fülle an Details, zum Beispiel von Elizabeth BROWN, daß die Sitte, bei Beisetzungen der königlichen Familie Frankreichs (und zum Teil des französisch und lothringischen Hochadels) eine Wachsfigur des Verstorbenen mitzuführen, keineswegs, wie es Ernst Kantoworicz und Ralph Giesey behaupteten, ein Symbol der fortdauernden Herrschaft war (S. 113), sondern lediglich den verstorbenen Menschen darstellte. Giovanni RICCI differenziert die These implizit für die Beisetzungen italienischer Fürsten und der venezianischen Dogen und rekonstruiert je nach Territorium teils politische, teils »privat-persönliche« Funktionen der Wachspuppe (S. 170). Der Kunsthistoriker erhält reichhaltiges Material zur humanistischen Emblematik, Ikonografie und Architektur. Vor dem Leser entsteht das Bild einer überbordenden Kunstproduktion im Dienste der Memoria, die die christliche Mahnung der *Vanitas* zugunsten irdischen Nachruhms hinter sich gelassen hat und mittels derer Papst, Kaiser, König und Fürst miteinander wetteifern (s. hierzu z. B. Hubertus GÜNTER, S. 94f.). Als Kontrast zur katholisch-französischen Kultur indessen stellt Max ENGAMARRE die schlichten Beisetzungen Calvins und der Genfer Pastoren von 1540–1620 vor, zeigt aber zugleich, wie unter säkularisierten Vorzeichen Kirche und Kreuzgang mit Beginn des 17. Jhs. auch in Genf wieder Begräbnisstätten für prominente Verstorbene wurden (S. 271–293). Daß diese Memorialkultur ihre zeitgenössische Parodie hervorbrachte, zeigt Marie-Françoise PIÉJUS anhand der »Sermoni funebri« von Ortensio Lando (S. 469–483).

Trotz dieser Detailfülle legt man den Band jedoch unbefriedigt wieder aus der Hand. An den sozial- und kulturgeschichtlichen Ansätzen des 20. und 21. Jhs. ist die Tagung vorbeigegangen. Der Historiker findet keine Ausführungen, die auf seriellem Material fußen. Beiträge, die anthropologisch-theoretisch ihre empirischen Befunde unterfüttern, sucht man vergebens. Ausnahme: Der Artikel von Frank LESTRINGANT zu den konfessionellen Auseinandersetzungen über die Friedhofsbenutzung in Frankreich gegen Ende des 16. Jhs. (1594–1598) (S. 295–317) versucht, wenn auch zum Teil überspitzt, strukturalistische Theorien auf sein Untersuchungsobjekt anzuwenden. Der Königsweg der Beiträge ist die Präsentation und Analyse einzelner Kunstobjekte oder Schriften. Ausblicke, Vergleiche oder auch nur Zusammenfassungen findet man bei den generell kurzen Beiträgen nur selten. Meist enden sie abrupt und der Leser wird mit seinen Fragen nach der historischen Einordnung des Geschilderten allein gelassen. Es handelt sich durch die Bank mehr um Tagungspapiere als um fertige Aufsätze, abgesehen von dem Eröffnungsvortrag von Michel SIMONIN zum »Droit funèbre«. Ärglich ist es, daß der Band keine fundierte Einleitung enthält. Die kurze Hinführung von Jean-Pierre BABELON (3,5 Seiten), in der die Beiträge summarisch genannt werden, besteht zur Hälfte aus Ausführungen zu seinen eigenen Forschungen, denen er auch die einzige Fußnote widmet. Der Herausgeber Jean Balsamo ist mit keiner Zeile in dem Band vertreten (wenn nicht das halbseitige anonyme »Avertissement« von ihm stammt). Eine Publikation, die keinerlei Perspektive entwickelt und die Detailforschungen nicht in einen größeren Zusammenhang stellt, dient weder den Lesern noch den Autoren, die immerhin viel Arbeit und Zeit in ihre Forschungen investiert haben. Das Material, das sie zusammengetragen haben, hätte eine bessere Aufarbeitung verdient.

Martin PAPENHEIM, Düsseldorf

Dana BENTLEY-CRANCH, The Renaissance Portrait in France and England. A Comparative Study, Paris (Honoré Champion) 2004, 352 S. (Renaissance française, 11), ISBN 2-74-530931-5, EUR 29,00.

Daß die englisch-französischen Beziehungen seit dem Mittelalter primär von Antipathien und nationalen Vorurteilen geprägt waren, ist ebenso bekannt wie die Tatsache, daß sich in der ersten Hälfte des 16. Jhs. eine starke politische Konkurrenz zwischen den beiden Staaten entwickelte: Das ständige Schwanken zwischen Allianz und Feindschaft führte zu engen Kontakten, die jeweils Anlaß zu großangelegten Überbietungsinszenierungen boten. Es ist daher zu fragen, ob dieses politische Szenario des Wettstreits und des ebenso zeichenhaften wie realen Muskelspiels auch seine Spuren im künstlerischen Austausch zwischen England und Frankreich hinterlassen hat. Dana Bentley-Cranch ist dieser Frage insbesondere für die Gattung des Herrscherporträts nachgegangen. Ihr Fazit lautet: »Following a chronological path through the parallel histories of France and England leads to the conclusion that although their complex foreign policies kept the countries in a close, although uneasy, relationship, this did not produce, as might have been expected, fruitful artistic exchanges, with the exception of the French influence on the English miniature« (S. 214f.).

Der chronologische Weg, dem sie am Leitseil der Ereignisgeschichte folgt, verlangt dem Leser einige Geduld ab – und daran ändert auch der angenehm flüssige Erzählstil der Autorin nicht viel. Denn Bentley-Cranch handelt schulmäßig und strikt *more geometrico* zuerst das »Pre-Renaissance Portrait« a) in England, b) in Frankreich ab, um dann – wenig überraschend – zum »Renaissance Portrait« überzugehen. Erneut werden (auch hier streng chronologisch) zuerst englische, dann französische Beispiele eins nach dem andern abgearbeitet. Verdienstvollerweise, da in der Kunstgeschichtsschreibung nicht allgemein verbreitet, versucht sie hierbei allerdings immer, die Staatengeschichte mit den jeweiligen künstlerischen Entwicklungen kurzzuschließen. Doch war – entsprechend dem oben zitierten Fazit – der tatsächliche gegenseitige Austausch ein sehr punktueller, und dies lag nicht allein an den Sprachbarrieren. Generell folgt das englische und das französische Renaissanceporträt je eigenen nationalspezifischen Traditionen: »the exceptionally close political relationship between France and England in the sixteenth century did not engender the cultural exchanges« (S. 215). Erstaunlich ist allerdings, daß beispielsweise ein Künstler wie der Italiener Niccolò Belin da Modena, der zuerst in Fontainebleau und anschließend am englischen Hof für Heinrich VIII. tätig war, in dieser Untersuchung nicht einmal erwähnt wird. Ein Blick über die engen Gattungsgrenzen des Porträts hinaus hätte vielleicht zu einer differenzierteren Einschätzung des wechselseitigen Kulturtransfers geführt.

Den Einfluß französischer Vorbilder auf das englische Miniaturporträt illustriert Bentley-Cranch anhand eines frühen Beispiels für den »außenpolitischen« Einsatz eines Porträts. In diesem Fall handelt es sich um ein Werk des für die Imagebildung des französischen Königs monopolartig zuständigen Jean Clouet, dem nach seinem Tod nahtlos sein Sohn François in dieser Funktion nachfolgte. Der französische König begründete diese Sukzession mit der Fähigkeit François', den Stil seines Vaters in verblüffender Weise zu imitieren und so Kontinuität im offiziellen königlichen Konterfei zu garantieren: *son dict fils l'a jà très bien imyté, et espérons qu'il fera et continuera encores de bien en mieulx cy-après.* Unmittelbar nach der Befreiung des französischen Königs aus der im europäischen Machtkampf mehr als rufschädigenden spanischen Gefangenschaft von 1525/26 schließen Heinrich VIII. und Franz I. den traité d'Amiens, der einen utopischen ewigen Frieden zwischen den beiden Mächten beschwor und eine antihabsburgische Allianz aufbauen sollte. Die Ausfertigung des Vertrages schmückt ein Miniaturporträt des französischen Königs, das wohl Jean Clouet selbst zugeschrieben werden kann. In diesem Bildnis Franz' I. zeigt sich eine weitere, bislang übersehene, eindeutige Bezugnahme auf den englischen Adressaten: Clouets Vorbild war hier offensichtlich das Henry Sittow (nicht unumstritten) zugeschriebene Porträt von Heinrich VII., dem Vater Heinrichs VIII. Clouet konnte dieses Porträt am Hof der Margarete von Österreich gesehen haben, in deren Besitz es sich seit 1505 befand. Bentley-Cranch behandelt beide Porträts, übersieht aber dieses evidente Zitat, das den Vertragspartner wohl im Namen der väterlichen Tradition verpflichten oder die verwandtschaftsgleiche enge Bindung der beiden Herrscher beschwören sollte.

Diesem französisch-englischen Kunstkontakt war eine weitere (nicht erhaltene) Porträtsendung vorausgegangen: In der Hoffnung, eine Allianz mit England anzubahnen und die Freilassung seiner beiden Söhne voranzutreiben, die ihn im kaiserlichen Gefängnis in Madrid abgelöst hatten, scheint der französische König Miniaturporträts von sich selbst und den beiden Kindern nach England geschickt zu haben. Diese betrachtet Bentley-Cranch als entscheidend für die spätere Entwicklung des spezifisch englischen Miniaturporträts. Die Fragen die Bentley-Cranch stellt, sind durchweg interessant – so untersucht sie neben Aspekten herrscherlicher Repräsentation auch die Monopole der Vervielfältigung und des Copyrights über das königliche Porträt. Sie vernachlässigt erfreulicherweise auch die materielle Seite der Kunstproduktion nicht und flicht in ihre Geschichtserzählung immer wieder realienkundliche Exkurse ein, die unter anderem den Alltag von frühneuzeitlichen Gesandten oder die Modeströmungen der Zeit und ihre Darstellung auf Porträts betreffen.

Jedoch sind die Antworten, die sie auf viele immer noch offene Forschungsfragen gibt, entweder größtenteils bereits bekannt oder aber abenteuerlich spekulativ: Franz I. zu unterstellen, er habe Clouet die Verwendung der Farben Schwarz und Weiß für sein monumentales Porträt (heute im Louvre) suggeriert, weil diese Farben auch die zebragestreiften Fassaden einer Stadt dominierten, die er als letzte vor seiner spanischen Gefangenschaft gesehen und die zurückzugewinnen er nie aufgegeben habe – Genua nämlich –, zeugt primär von der starken Phantasietätigkeit der Autorin. Die Rolle, die die *effigies* im königlichen Begräbnisritual in England und Frankreich für die Entwicklungsgeschichte des Porträts gespielt hat, hatten bereits Ernst Kantorowicz und Erwin Panofsky pointiert herausgearbeitet. Und es ist schwer nachvollziehbar, wieso in einer Arbeit, die unter anderem die politische Instrumentalisierung von Porträts untersucht, ausgerechnet die Druckgraphik sowie Medaillen und Münzen – die »currency of fame« – nur ganz am Rande erwähnt werden. Immer wieder aufs neue frappierend ist zudem die Nonchalance, mit der englischsprachige Forscherinnen und Forscher sich berechtigt fühlen, gänzlich unbekümmert an für sie fremdsprachiger Literatur vorbeizuarbeiten: Bentley-Cranch ist hierfür erneut ein herausragendes Beispiel, denn sie nennt keinen einzigen deutschsprachigen Titel in ihrer Bibliographie (was insbesondere im Hinblick auf den breit im Text behandelten Holbein ein Unding ist).

Christine Tauber, Bonn

Sydney Anglo, Machiavelli – The First Century. Studies in Enthousiasm, Hostility and Irrelevance, Oxford (Oxford University Press) 2005, 765 S., ISBN 0-19-926776-6, GBP 80,00.

Fata sua habent libelli. Bei dieser einfachen Feststellung dürfen wir es nicht belassen. Eine auf dem intensiven Studium der Texte und gründlicher Reflexion beruhende Ideengeschichte ist uns heute angesichts zunehmender Unklarheiten nötiger denn je. Forscherlicher Arbeitseifer und darstellerisches Können sind dann besonders gefragt, wenn es darum geht, die Wirkungsgeschichte eines Denkens oder konkreter der Schriften eines Autors zu rekonstruieren. Es ist keine leichte Aufgabe, dem Gespräch der toten Geister wieder Leben zu verleihen.

Sydney Anglo kann es. Der Emeritus der University of Wales ist ein vielfach ausgewiesener Kenner der intellektuellen Welt des 16. Jhs. Er interessierte sich stets für das dichte Geflecht aus politischem Realismus, blankem Zynismus und verhülltem Machtstreben, das Denken und Handeln in der frühneuzeitlichen Hofkultur kennzeichnete und für das wir noch heute gerne den Begriff »Machiavellismus« verwenden. Den Weg von Machiavelli zum Machiavellismus nachzuzeichnen, das ist schlicht ausgedrückt der Anspruch dieses Bandes, der auch überzeugend eingelöst wird.

Die Rezeptionsgeschichte eines Werkes beginnt mit dessen ersten Lesern. Aus methodischen Gründen muß es sich dabei um produktive Leser handeln, die sich selbst mit Schriften an der Diskussion über Machiavellis Oeuvre beteiligten. Daneben haben auch Übersetzer, Zensoren, Plagiatoren und Ignoranten jeder Couleur ein Wort mitzureden, die über Bücher urteilten, die sie nicht verstanden oder nicht einmal gelesen hatten. Da die Zeit unerbittlich aussiebt, geht es dabei nicht ohne die glücklichen Zufälle der Überlieferung ab. Welch ein Glücksfall ist es beispielsweise, daß sich die lateinischen Randnotizen Lazarus von Schwendis zu Gohorys französischer Übersetzung der »Discorsi« aus dem Winter 1548/49 erhalten haben. Wenn zwei Köpfe zusammenstoßen, die beide nicht hohl sind, so ergibt sich ein lautes Geräusch. Es fehlte nämlich bei Schwendi ebenso wie bei anderen lesenden Zeitgenossen nicht an Unmutsäußerungen über das von Vorannahmen weitgehend freie und von einem schonungslosen Realismus getragene Werk Machiavellis. Die kopernikanische Wende des politischen Denkens von der Norm zum Faktum, von der Beschwörung zur Beobachtung, die sich mit dem Namen Machiavellis verband, stiftete einige Unordnung in den Köpfen und löste zum Teil heftige Abwehrreaktionen aus.

Mit der zunehmenden Konfrontation zwischen den konfessionellen Lagern in der zweiten Hälfte des 16. Jhs. wurde dieser Diskurs über Machiavelli selbst politisiert. Die Bartholomäusnacht war die Geburtsstunde der populären Floskel vom »Machiavellismus«. Der hugenottische Jurist Innocent Gentillet, der aus Toulouse nach Genf geflohen war, machte sich mit seinem 1576 erschienenen »Contre-Machiavel« zum Sprecher derjenigen, für die das Massaker die giftige Frucht eines italianisierenden Politikstiles war, für den in der Theorie der Florentiner Niccolo Machiavelli und in der Praxis die Florentinerin Katharina von Medici mit ihrer Familie standen. Wollte die Königinmutter, so mutmaßten eingeweihte Zeitgenossen, nicht in die Fußstapfen des von Machiavelli ob politischer Schläue gepriesenen Cesare Borgia treten, der einst in Sinagaglia seine als unzuverlässig verdächtigten Hauptleute in die Falle lockte und ermorden ließ? Bei allen Schwächen, die dem mit heißer Feder geschriebenen Buch Gentillets anhafteten, in dem glühender Eifer für die Sache oft genug Kompetenz und Urteilssicherheit ersetzte, so hat es doch die gängige Rede vom vermeintlich diabolischen »Machiavellismus« in die Welt gesetzt, in eine Welt freilich, in der die Menschen ständig Böses tun, an das sie aber nicht erinnert zu werden wünschen.

Die Saat des redlichen Eiferers Gentillet ging auf, so daß sich das Genre einer gegen Machiavelli gerichteten Verdammungsliteratur entwickelte. Das seit der Bartholomäusnacht vorgeprägt konfessionelle Schema löste sich bald wieder auf und machte einer von Beliebigkeit gekennzeichneten Verwendung des Schlagwortes Platz. Selbstverständlich sprachen viele um 1600 von den »machiavellistischen« Praktiken der Jesuiten. Und dies waren keineswegs nur Protestanten. Zugleich brandmarkten Drucke katholischer Provenienz die elisabethanischen Katholikenverfolgungen in England als Ausflüsse des puren »Machiavellismus«. Bei solchen Bewertungen lief auch immer Kritik an den Mächtigen oder nach Macht Strebenden mit unter, galten die Schriften des Sekretärs aus Florenz doch als »Koran der Höflinge«, dessen Inhalt nicht nur nachgebetet, sondern auch bei Gelegenheit in die Tat umgesetzt wurde. Für uns beruhigend wirkt es, wenn abseits solcher Aufgeregtheiten auch am Anfang des 17. Jhs. immer noch eine unvoreingenommene und fruchtbare Auseinandersetzung mit dem Werk des Niccolo Machiavelli erfolgen konnte. Besonders die militärischen Schriften des Florentiners erfreuten sich großer Wertschätzung und ernteten wohlwollende Kommentare. Man konnte sie, unbelastet von Denkvorschriften, um ihrer selbst Willen aus reinem Erkenntnisinteresse lesen. Was sollen wir schließlich davon halten, daß einem Werk wie Giovanni Maria Pichis »Avvertimenti politici« 1633 die Druckerlaubnis erteilt wurde, obwohl es in kondensierter Form die im »Principe« aufgestellten Lehrsätze politischer Klugheit enthielt? Jener Titel fand sich immerhin auf dem »Index librorum prohibitorum«. War vieles nicht so gemeint, wie es ausgesprochen wurde, und haben wir es folglich bei den Verurteilungen Machiavellis mit unaufrichtigen Ablenkungsmanövern oder gar Heuchelei zu tun?

Jener Schock der Moderne, den Machiavelli für das politische Denken bedeutet hatte, verlor im Lauf des 16. Jhs. seine Wirkung. Die hohen Wellen, die er geschlagen hatte, verloren sich nach und nach im Gekräusel an der Oberfläche, ablesbar an jenen kleinen Traktaten für nach Aufstieg gierende Hofleute nach dem Muster von Eustache du Refuges »Traicté de la cour«, der 1617 in Paris erschien. Diese Handreichungen für den gesellschaftlichen Erfolg mit ihren tatsächlich oft widerwärtigen Hinweisen und Ratschlägen von unbeschwerter Amoralität haben aber nicht mehr viel mit dem Anliegen Machiavellis gemein, dem es um das Erkennen einer wie auch immer gearteten Substanz des Politischen zu tun gewesen war. Was bleibt? Ein geistesgeschichtlicher Parcours wie der vorliegende läßt sich kaum bilanzieren. Wir danken Sydney Anglo, daß er es gleichwohl versucht hat: »Reactions ranged from the overt indignation of the pious, the tacit approval of realists and cynics, the enthusiasm (often concealed) of militarists, and [...] the indifference of the indifferent« (S. 679).

Es ist die große Leistung des Verfassers, dieses vorhersehbare Ergebnis mit Namen, Gedanken, Kontroversen und Widersprüchen angefüllt zu haben. Mit dem Leben also. Das recht voluminöse Buch kommt ganz ohne hermeneutische Spielereien und terminologischen Bombast aus. Seine Lektüre ist reinen Herzens allen zu empfehlen, die sich für die erste Hälfte der Frühen Neuzeit interessieren. Da der Autor einen westeuropäischen Diskurs rekonstruiert hat, stellt sich für uns noch die Frage, wie Machiavellis erstes Jh. im Heiligen Römischen Reich oder in Ostmitteleuropa verlaufen sein mag.

Thomas NICKLAS, Erlangen

Prendre une ville au XVIe siècle, sous la dir. de Gabriel AUDISIO, Aix-en-Provence (Publications de l'Université de Provence) 2004, 260 S. (Le temps de l'histoire), ISBN 2-85399-581-X, EUR 24,00.

Unter der Anleitung von Gabriel Audisio hat sich bereits seit 1993 eine informelle und interdisziplinäre Gruppe von Forschern an der Universität von Aix-en-Provence der Geschichte des 16. Jhs. in all seinen Facetten verschrieben. Jüngstes Produkt ihrer beeindruckenden Aktivitäten ist der Band »Prendre une ville au XVIe siècle«, der weit über eine bloß militärgeschichtliche Betrachtung hinaus dieses Schlüsselthema zwischen dem Sacco di Roma 1527 und der Zerstörung Magdeburgs 1631 auf faszinierende Weise in seinen kulturellen Kontext einbettet.

Eröffnet wird der Band mit fünf Beiträgen über Frankreich: Catherine CHÉDAU untersucht das Verhalten der Einwohner von Dijon, die 1513 einen Angriff der Schweizer im Dienste des Kaisers abwehren und ihre Rettung dem wundersamen Eingreifen der Jungfrau Maria zuschreiben. Gabriel AUDISIO berichtet über die Traumatisierung der Waldenser im Luberon angesichts des durch die französischen und päpstlichen Truppen verübten Massakers bei der Eroberung von Cabrières-d'Avignon 1545. Pascal JULIEN und Jean-Raymond FANLO beleuchten die Ereignisse und die zeitgenössische Interpretation zum vergeblichen Versuch der Protestanten, sich 1562 der Stadt Toulouse zu bemächtigen. Wolfgang KAISER beschäftigt sich mit der – beinahe – friedlichen Unterwerfung Marseilles unter Heinrich IV. 1596.

Nach Italien führen die nächsten fünf Aufsätze: Marie VIALLON-SCHONEVELD analysiert die mythologische Bedeutung der beiden Eroberungen von Konstantinopel 1204 und 1453 für das Selbstverständnis der Stadt Venedig. Sylvie RICCI beschreibt die prekäre Lage Mantuas als Spielball der Großmächte 1509–1510. Théa PICQUET und Olivier ROUCHON befragen die florentinischen Darstellungen zur spanischen Eroberung von Prato 1512 und der Belagerung von Florenz 1529–1530. Jean-Michel LASPÉRAS stellt den Dialog über den Sacco di Roma von Alfonso de Valdés vor, in dem der kaiserliche Sekretär und Erasmusschüler diesen als apokalyptisches Strafgericht Gottes deutet.

In das Reich von Kunst und Philosophie geleiten die vier letzten Studien: Martine VASSELIN führt die französische Verarbeitung des Troja-Stoffes in Text und Bild vor. Myriam JACQUEMIER versteht das Thema der eroberten Stadt in Francesco Giorgio Venetos »De Harmonia Mundi« von 1525 als Anleitung zur mystischen Kontemplation. André TOURNON problematisiert die schwierige Verortung des Waffenstillstands im sich entwickelnden Kriegs- und Völkerrecht. Und Isabelle LUCIANI zeichnet den Konflikt zwischen zwei unterschiedlichen politischen Konzepten für die Stadt Toulouse nach, die entweder ihre Autonomie oder ihre Zugehörigkeit zum Königreich Frankreich betonen.

Bleibt dem Rezensenten nur zu gratulieren. Ein schöneres Geschenk zum zehnjährigen Bestehen hätte die Gruppe »Aix 16« sich selbst und ihren Lesern nicht machen können.

Rainer BRÜNING, Karlsruhe

Le Boire et le manger au XVIe siècle. Actes du XIe Colloque du Puy-en-Velay. Études réunies et présentées par Marie VIALLON-SCHONEVELD, Saint-Étienne (Publications de l'Université de Saint-Étienne) 2004, 286 S., ISBN 2-86272-337-1, EUR 23,00.

Spätestens seit Norbert Elias' allseits bekanntem Werk wissen auch die Deutschen, daß es sich bei Essen und Trinken nicht um irgendeine beliebige Nebensächlichkeit zur bloßen Aufrechterhaltung der Lebensfunktionen handelt, sondern beide direkt in das Herz der Zivilisation führen. Das Rabelais-Jahr 2003 wurde vom Institut Claude Longeon der Universität Saint-Étienne konsequenterweise zu einem Kolloquium in der Auvergne, genauer im schönen Puy-en-Velay genutzt, nicht etwa, um sich der Völlerei hinzugeben, sondern einen wissenschaftlich-interdisziplinären Blick auf die Kultur der Nahrungsaufnahme im West- und Südeuropa des 16. Jhs. zu werfen. In der Tat machen die Themen Appetit, und wer nicht dabei war, kann sich wie ein Till Eulenspiegel, wenn schon nicht am Festmahl, so doch an seinem Substitut, d. h. seinem geistreichen Niederschlag in Papierform erfreuen.

Wenn sich bei den 15 Beiträgen auch keine klare Menüfolge feststellen läßt, so mögen doch mit gutem Recht Claude-Gilbert DUBOIS' kulturgeschichtliche Variationen über Rabelais' »Ga« (j'ai grand appétit) und die Eßsitten am Hofe Heinrichs III. als gelungenes *amuse-gueule* voranstehen. Dem Frankreich der Renaissance sind mehrere Aufsätze gewidmet: Während Jean-Claude MARGOLIN allgemein auf regionale Besonderheiten und Spezialitäten aufmerksam macht, beschäftigen sich Françoise ARGOD-DUTARD und Nadège ARRIVÉ ausschließlich mit dem Wein. Daß Michel de Montaigne natürlich als ein Kronzeuge für die Eß- und Trinkkultur seiner Zeit dienen kann, zeigen Wim BOTS und José A DE SOUZA FILHO. Wie indessen die Tafelfreuden eines Kaufmanns aus Puy tatsächlich aussahen, legt die ausgezeichnete und faktengesättigte Untersuchung von Martin DE FRAMOND, Direktor des Departementalarchivs Haut-Loire, dar. Ins gelobte Land Italien geleiten drei Beiträge: Carlo CAMPANA stellt das Kochbuch des Cristofero di Messisbugo vor, und Daniela AMBROSINI beschreibt die imposanten Kreationen der venezianischen Zuckerbäcker. Die Herausgeberin des Bandes, Marie VIALLON-SCHONEVALD wendet sich den Hochzeits- und Bankettbildern von Paolo Veronese zu. Andere Länder und andere Sitten tauchen an der Peripherie auf: Der Grobianus von Friedrich Dedekind und Caspar Scheidt mit seiner Kritik am unmäßigen Fressen und Saufen führt Brigitte HÉBERT nach Deutschland. Simone DORANGEON akzentuiert für England die Feste in Shakespeares Dramen. Jean-Michel LASPÉRAS spricht die gesundheitlichen Aspekte spanischer Gerichte an, Saulo

NEIVA aber die satirischen Möglichkeiten, die die höfischen Gelage in Portugal dem Dichter Francisco de Sá de Miranda boten. Bleibt zum Schluß noch der Hinweis, daß man sich auch einmal über das Nicht-Essen Gedanken machen sollte, wie der Aufsatz von Claudie VANASSE über die konfessionellen Streitigkeiten um die Fastengebote nahelegt.

Rainer BRÜNING, Karlsruhe

Claude SCHEIDEGGER, Les guerres des Suysses contre la Bourgogne et la Savoie 1464–1536, Paris (Éditions La Bruyère) 2004, 115 S., ISBN 2-7500-0021-1, EUR 15,00.

Thema des Büchleins von Claude Scheidegger ist nicht so sehr der Krieg der Schweizer gegen Karl den Kühnen im allgemeinen, als vielmehr die Eroberung der Waadt (Baronnie de Vaud) durch die Stadt Bern im besonderen. Ausgehend von der nicht gerade neuen These, daß der eigentliche Aggressor nicht der Herzog von Burgund, sondern Bern mit seinen oberdeutschen Verbündeten gewesen sei, findet sich in den kurzen Kapiteln kaum etwas, was nicht schon bekannt gewesen wäre. Und so erzählt Scheidegger nach einer einleitenden Skizze über die Westschweiz und das Elsaß im Spätmittelalter chronologisch die Ereignisse der Jahre 1474–1476 nach: schweizerische Bündnisbildung, Eroberung und Rückeroberung der Waadt, Eintreffen des Herzogs von Burgund auf dem Kriegsschauplatz, Schlacht bei Murten, erneuter Einfall ins Waadt und Freiburger Friedenskongreß sind hierfür die einschlägigen Stichworte, bevor es 1536 zur endgültigen Inbesitznahme durch Bern kommt. Bibliographie und Anmerkungsapparat bleiben durchaus ergänzungswürdig. Die Forschung wird durch dieses Buch leider nicht bereichert.

Rainer BRÜNING, Karlsruhe

Die Länder der Böhmischen Krone und ihre Nachbarn zur Zeit der Jagiellonenkönige (1471–1525). Kunst – Kultur – Geschichte, sous la dir. d'Evelin WETTER, Ostfildern (Thorbecke) 2004, 454 S. (Studia Jagellonica Lipsiensia, 2), ISBN 3-7995-8402-1, EUR 79,00.

Mme Evelyne Wetter publie les actes d'un colloque international qui s'est tenu en septembre 2000 à Kutna Hora, en Bohême sur le thème de la vie culturelle des royaumes des Jagellons entre 1471 et 1526. En fait les travaux centrés sur les pays de la Couronne de Bohême dans ses limites du XVIe siècle (Bohême, Moravie, Silésie et Lusaces) s'étendent à la Hongrie, à la Transylvanie, à la Pologne voire à la Basse-Autriche et à la Saxe et montrent une belle unité culturelle de l'Europe centrale à la fin du Moyen Âge.

Les 31 contributions de 27 auteurs sont généralement rédigées en allemand, alors que les contributions polonaises sont traduites en anglais. Elles concernent plutôt l'histoire de l'art et à cet égard la contribution de Robert SUCKALE (Der Maler Johannes Siebenbürger als Vermittler Nürnberger Kunst nach Ostmitteleuropa, p. 363–384) est exemplaire: il montre comment le peintre du retable du maître autel du couvent des Écossais à Vienne, élève de Schöngauer, a déployé une intense activité créatrice en Autriche, en Hongrie et en Transylvanie. Un des thèmes récurrents dans ce domaine est la cohabitation du gothique tardif avec les premières manifestations de la Renaissance. Helmut LORENZ (Spätgotik und Renaissance in Mitteleuropa – ein Stil zwischen den Stilen, p. 31–47) se demande d'ailleurs quelle place accorder au style de cette époque car Benedikt Ried par exemple introduit des éléments »Renaissance« dans le gothique flamboyant, ce que l'on retrouve à Cracovie dans le château royal de Wawel ou à Augsbourg dans la chapelle funéraire des Fugger. Peut-on parler d'un style intermédiaire? Le mélange des deux styles a duré fort longtemps en Europe centrale, il n'est pas un phénomène marginal et ne peut être qualifié de provincial ou de rétrograde, il ne se limite pas à l'art religieux, mais concerne aussi de nombreux monuments profanes. Cette orientation se retrouve d'ailleurs à l'âge baroque avec le projet de l'architecte Balthazar Neumann qui en 1747 a dessiné le projet d'une nouvelle chapelle pour la Hofburg, à Vienne.

L'ouvrage est abondamment illustré de photographies en noir et blanc. Il comporte outre l'index, un tableau généalogique, qui permet au lecteur de se retrouver dans les problèmes dynastiques d'Europe centrale à la fin du XVe siècle. Toutefois les notes, bien documentées et se rapportant à une bibliographie récente, sont présentées à la fin de chaque contribution. Celles-ci sont regroupées sous quatre rubriques principales: les problèmes d'historiographie, la civilisation de Cour, l'autonomie municipale, clergé et ordres religieux.

Jiri Fajt (Das Zeitalter der Jagiellonen in den Ländern der Böhmischen Krone und die Tschechische Historiographie, p. 15–29) nous rappelle que l'époque des Jagellons a été longtemps la Cendrillon de l'historiographie tchèque, parce que ces monarques étaient considérés comme des étrangers et que de toute façon le gothique tardif était perçu comme une manifestation de la culture allemande. Cette tendance a été corrigée dès 1989 grâce à l'initiative du regretté Joseph Macek. La période des Jagellons (1471–1526) représente en effet la dernière étape de l'histoire de la Bohême, où celle-ci constitue une puissance régionale en Europe centrale, mais comme le montre Jaroslav Panek (Der böhmische Adel zwischen Jagiellonen und Habsburgern, p. 143–150) c'est aussi le début d'une profonde transformation de l'économie et de la société du pays, car si l'élection de Vladislav II Jagellon comme roi de Bohême en 1471 à Kutna Hora a favorisé une expansion de la dynastie en Europe danubienne, elle a aussi a accordé à la haute noblesse une prépondérance qu'elle conserva sous le règne des Habsbourg. Le passage de l'administration des domaines au faire-valoir direct *(Gutsherrschaft)* transforma la mentalité des nobles qui n'étaient naguère que des rentiers du sol *(Grundherrschaft)*. Le règne de Vladislav II n'est pas pour autant, comme l'affirmait l'ancienne historiographie, une période de faiblesse de l'autorité royale; la consécration de sa politique fut son élection comme roi de Hongrie en 1490, à la mort de Mathias Corvin, qui permit la réunification des pays de la Couronne de Bohême. Le compromis de 1485 permit l'apaisement dans le domaine confessionnel en plaçant sur un pied d'égalité Catholiques et Utraquistes. Pourtant le transfert de la Cour à Buda après 1490 laissa le pouvoir à l'Ordre des Seigneurs, qui occupèrent tous les postes gouvernementaux L'historiographie hongroise, tournée vers les fastes du règne de Mathias Corvin (1458–1490) se montre tout aussi ingrate, bien que les Jagellons aient beaucoup construit dans l'actuelle Slovaquie, à Presbourg, à Kosice, à Levoca. D'origine lituanienne, la dynastie a pourtant pris place parmi les grandes dynasties européennes. C'est la disparition du roi Louis II à la bataille de Mohács en 1526, qui a permis aux Habsbourg d'étendre leur domination sur les royaumes de Bohême et de Hongrie. Les Jagellons de Prague, Vladislav II et son fils Louis II, ont eu une action de mécénat en multipliant leurs portraits et surtout en embellissant leurs résidences. Vladislav s'est attaché à reconstruire le Hradčany, en faisant édifier à partir de 1471 par l'architecte bavarois Benedikt Ried l'immense salle des États qui porte toujours son nom, tout en édifiant des chapelles dans la cathédrale Saint-Guy. Franz Bischoff (Benedikt Ried: Forschungsstand und Forschungsproblematik, p. 85–98) estime que Benedikt Ried n'est pas mieux connu depuis la publication de la monographie que Götz Fehr consacra en 1961 à l'architecte allemand. D'abord actif en Bavière, Benedikt Ried, qui aurait vécu 80 ans, travailla surtout à Prague à partir de 1489. Il subit l'influence de la Renaissance italienne, peut-être au cours d'un séjour en 1488 en Italie du Nord et en tout cas à travers l'architecture hongroise, très marquée par l'art italien sous le règne de Mathias Corvin. Aurait-il subi dans sa jeunesse l'influence de la cathédrale Saint-Étienne de Vienne, comme se le demande Arthur Saliger (Zur Bedeutung der Wiener Dombauhütte für das Frühwerk des Bendikt Ried, p. 99–104)?

La partie réservée à la civilisation de Cour s'attache à des réalisations dans deux des trois capitales des Jagellons Cracovie et Prague et est plus discrète sur Buda. Adam S. Labuda

(Die architeknonische Gestalt der Trinitäts-und der Heiligenkreuzkapelle an der Krakauer Kathedrale im Kontext der königlichen Residenz an der Wawel, p. 69–83) consacre une étude aux deux chapelles édifiées au XVe siècle dans la cathédrale de Cracovie. Fondée par des Jagellons, l'une la chapelle de la Trinité, fut édifiée en 1431 l'autre, celle de la Sainte Croix, fut construite sur le même plan vers 1470; toutes deux ont servi de chapelle funéraire. Les Jagellons comme les Habsbourg montraient une dévotion particulière à l'égard de la Sainte Trinité, de sorte que le retable de 1467 est une donation de la reine Élisabeth, fille de l'empereur Frédéric III. Les premiers Jagellons vénéraient également la Croix, à laquelle ils attribuaient leur réussite politique. Curieusement les fresques qui décorent les deux chapelles sont de style byzantin et d'inspiration ruthène. Urszula BORKOWSKA (Gothic-Renaissance Royal Residences in Poland, p. 105–114) montre à partir des *Lustrationes* (descriptions à caractère fiscal) que Sigismond 1er l'Ancien a su profiter de la prospérité économique de la Pologne pour transformer les résidences royales de Cracovie, de Radom, de Sandomierz, de Lublin et surtout de Piotrkow, où se tenaient fréquemment les sessions de la diète (22 sur 37 au cours du règne de Sigismond 1er). À Piotrkow, le palais royal, de style gothique-renaissant, ressemblait aux résidences princières italiennes; construit en brique avec des parements de grès, il avait uniquement des buts de représentation. Les vestiges montrent une forte ressemblance avec le palais du Wawel, à Cracovie.

Jiri FAJT (Der Meister von Okolicné und die künstlerische Representation der Familie Zapolya: Zum Begriff der Hofmalerei in Oberungarn unter den Jagiellonen, p. 173–195) évoque le cas particulier de la Zips, région de Haute-Hongrie qui depuis Sigismond de Luxembourg était placée sous administration polonaise. La Zips, qui depuis 1460 était gouvernée par la famille des Zapolya, subissait l'influence des deux capitales Cracovie et Buda. Les Zapolya, qui avaient le droit de patronat depuis 1488 ont fondé de nombreux couvents dans la région et le peintre anonyme du couvent des Franciscains d'Okolicné (actuelle Slovaquie) semble être un cas représentatif de ce courant.

Enfin dans la quatrième et dernière partie consacrée au clergé, des communications montrent l'influence profonde de la révolution hussite sur la vie culturelle de la Bohême. Dans une autre contribution Jiri FAJT (Die utraquistische Ikonographie in der Jagiellonenzeit, p. 243–250) nous révèle que l'iconographie des Utraquistes reste à découvrir, alors que de nombreux travaux ont été consacrés à l'iconographie de la Réforme. Il faut distinguer les écrits théoriques de la pratique.

La Cène, où l'on mettait l'accent sur le calice, était l'un de leurs sujets favoris. On le trouvait par exemple au maître-autel de la chapelle de Bethléem à Prague, où Jean Huss avait prêché. La Cène était aussi la figure centrale du retable du maître-autel de l'église Sainte Barbe à Kutna Hora. On a aussi souvent représenté Jean Huss et Jérôme de Prague, qui étaient honorés comme des saints dans les églises utraquistes. Ils étaient encore plus souvent représentés dans des manuscrits à peinture que sur des tableaux.

La question des langues vernaculaires a touché les Ordres religieux demeurés fidèles à l'Église romaine et Peter HLAVACEK a choisi l'exemple des Franciscains observants (Lingua contra linguam, nacio contra nacionem. Der Nationalpartikularismus unter den Franziskaner-Observanten im ausgehenden Mittelalter, p. 261–267). Les religieux allemands regardaient avec méfiance leurs frères slaves, alors que le développement de la conscience nationale tchèque revêtait une grande importance et que les langues nationales étaient d'une grande importance dans les ordres religieux. Les tensions furent si graves chez les Franciscains observants qu'elles aboutirent à la séparation en 1467 entre un vicariat autrichien et un vicariat polono-russe, puis à l'établissement d'un groupe tchèque dans le vicariat bohême. Après la réforme luthérienne, on assista cependant à une réconciliation des moines allemands et étrangers dans les couvents du vicariat de Bohême, mais les différences linguistiques donnèrent naissance à de nouvelles frictions chez les Franciscains au cours du XVIe siècle.

Cette publication montre la vitalité du groupe de recherches de Leipzig sur les questions d'Europe centrale. Il fut l'initiateur de la rencontre, qui apporte des éclairages intéressants sur une période qui avait été jusqu'alors négligée, tout au moins pour les pays de la Couronne de Bohême. Que l'on nous permette néanmoins en conclusion une remarque, qui n'est pas un simple détail: pourquoi certains auteurs s'obstinent-ils à parler »d'Europe centre-orientale« *(Ostmitteleuropa)*, terme volontiers utilisé dans les pays du bloc communiste avant 1989, qui rendait compte de la coupure du continent en deux parties?

Jean BÉRENGER, Paris

Astrid SCHMIDT-HÄNDEL, Der Erfurter Waidhandel an der Schwelle zur Neuzeit, Francfort/M., Berne, Bruxelles (Peter Lang) 2004, 304 p. (Europäische Hochschulschriften: Reihe 3, Geschichte und ihre Hilfswissenschaften, 998), ISBN 3-631-52810-8, EUR 51,50.

L'étude d'un commerce médiéval à l'aube des temps modernes: tel est l'objet que cette thèse, conduite sous la direction de Stuart Jenks, s'est proposée d'étudier. De la dernière décennie du XVe siècle à l'éclatement de la guerre des paysans en 1525, l'économie du pastel, dont le Moyen Âge avait vu l'essor, brille encore fortement quoique de ses derniers feux. Cette économie, dans l'espace germanique et nord européen, avait un centre: la Thuringe, et, plus précisément, ses cinq *Waidstädte*: Arnstadt, Gotha, Langensalza, Tennstedt et, au tout premier rang, Erfurt. Là, la guède était cultivée, récoltée, pulvérisée pour être enfin exportée. C'est ce dernier aspect qui intéresse l'auteur: au fond, celle-ci nous livre, à travers cette étude de cas et la reconstitution de l'espace de commercialisation de ce produit, un véritable essai de géographie historique qui touche à de larges problématiques. Ce sont par exemple l'importance du commerce continental et en particulier du transport terrestre ou la pulsation donnée à la circulation des marchandises par le rythme des foires qui sont mises en question – avec pertinence puisqu'Erfurt, de part sa localisation sur l'artère commerciale qui relie les foires de Francfort sur le Main à celles de Leipzig, s'avère un observatoire adéquat pour poser ces deux questions. Surtout, en se situant sur le »seuil« historiographique séparant périodes médiévale et moderne, ce travail permet une mise à l'épreuve sur le terrain des pratiques économiques de la rupture postulée entre les deux périodes.

Les appuis documentaires, compte tenu de la faiblesse de l'historiographie spécialisée, sont pour l'essentiel de première main, dus à de larges dépouillements opérés à Erfurt, mais aussi aux archives de Thuringe à Weimar, à Nuremberg, Görlitz, Bamberg ou Lubeck. La réflexion, qui se confronte constamment à ces documents primaires, est présentée de manière sobre, presque austère, mais très organisée: Le plan est logique, tellement parfois qu'il en devient prévisible: surtout, il est présenté de manière extrêmement détaillée dans la table des matières, complétée par un index des noms de personnes, qui rendent le livre très maniable.

En forme d'introduction, on trouve un bref tableau de la situation politique et socio-économique d'Erfurt à l'aube du XVIe siècle. La ville fait alors partie des centres urbains importants de l'espace germanique: elle compte 18 000 habitants, à comparer aux 30 000 de Cologne et aux 20 000 de Nuremberg ou de Lubeck. Communauté dans une large mesure autonome – la tutelle des archevêque de Mayence s'est assouplie avec les vicissitudes du temps – elle n'est pourtant pas une communauté stable. La ville connaît en effet des troubles importants en 1509, 1521 (avec une influence déjà perceptible des idées de Martin Luther, qui a étudié à l'université de la ville) et bien sûr lorsqu'elle est touchée par la guerre des paysans en 1525.

L'arrière plan ainsi posé, l'auteur trace les contours de son objet en optant pour une méthode clairement quantitative: il s'agit de saisir l'importance et l'organisation des flux d'exportation provenant d'Erfurt. À cette fin, l'analyse s'appuie sur les *Geleitsbücher*, livres de sauf-conduits qui, de plus en plus, fonctionnent à la manière de livres de douane. Erfurt, mince enclave territoriale, ne pouvait en effet assurer elle-même la sécurité de ses marchands. Pour que ceux-ci – et leurs biens – circulent en sécurité, ils devaient s'acquitter d'un droit aux comtes de Saxe, en échange duquel ils obtenaient sinon une protection physique (l'escorte vive) du moins une couverture juridique (l'escorte morte). Les stations délivrant ces sauf-conduits enregistraient donc – avec un inégal savoir faire administratif – les flux commerciaux. Si la comparaison directe entre les différentes routes, compte tenu des hétérogénéités de livraison et surtout de tenue de ces livres, est délicate, l'auteur propose une étude ciblée de chacun d'eux (essentiellement l'axe est-ouest, saisi par les livres d'Eisenach et d'Eilenburg, et la route de Nuremberg, le lien avec le monde hanséatique demeurant dans l'ombre faute de sources).

Ces *Geleitsbücher* sont donc soumis à différents filtres: filtre chronologique, pour étudier les variations tant intra qu'interannuelles des trafics; filtre qualitatif, pour étudier les différents modes de transport (la charrette à un essieu s'opposant au chariot, qui en compte deux); filtre prosopographique enfin, pour dresser les contours du groupe méconnu des transporteurs. Une illustration d'une abondance hors du commun rend cette statistique très accessible. À une carte de flux nécessairement figée et schématique, l'auteur a en effet préféré une série de représentations cartographiques des itinéraires commerciaux, couplée à une cinquantaine de graphiques représentant l'évolution des volumes en circulation. L'objet – l'espace commercial – n'est de la sorte pas dissocié de l'étude des sources, et le lecteur garde la main sur tous les rouages de la recherche ici entreprise.

Cela est d'autant plus appréciable que celle-ci aboutit à des résultats probants. Le premier, et celui dont la portée est la plus large, est l'importance prise par le transport terrestre à la fin du Moyen Âge. Chaque année, les voitures de pastel se comptent par centaines sur les routes de Thuringe. D'évidence, c'est ici la Haute Route – de Francfort à Leipzig – qui tient le premier rang; le trafic y est pourtant fortement asymétrique. Vers l'est, il est à la fois plus dense et plus régulier, usant de chariots plus que de charrettes, et mené par des bourgeois de Erfurt: ce qui y est en jeu, c'est l'approvisionnement direct des producteurs textiles du Lausitz par les seigneurs de la guède de la ville. Vers l'ouest au contraire, ce sont les habitants des environs d'Erfurt qui dominent. Le trafic, moins important, se fait cette fois par charrette – sans doute en raison des dénivelés à franchir – et de manière bien plus irrégulière: pour l'essentiel, il consiste en livraisons d'appoint aux producteurs textiles du Friedberg. L'export vers l'Allemagne méridionale et Nuremberg, qui par son importance vient juste après le commerce oriental, n'est quand à lui pas assez bien documenté pour qu'il soit possible d'en donner la structure.

Ce commerce, deuxième résultat, a son rythme propre. Les grandes foires ne lui impriment pas une pulsation particulière. Vers l'est, où l'on voit des relations directes entre producteurs de pastel et producteurs textiles, leur influence est absente: vers l'ouest, si l'on sent le rythme des foires de Francfort, celui-ci n'a qu'une importance secondaire. En revanche, l'économie du pastel est directement marquée par les évènements politiques: les impacts respectifs de la révolution d'Erfurt comme de la guerre des paysans sont clairement perceptibles. Ces influences, cependant, ne sont que conjoncturelles: on ne peut parler d'une ruine durable du commerce de la guède occasionnée par les conflits.

À ce regard statistique, le dernier chapitre de l'ouvrage ajoute un point de vue qualitatif: il s'agit alors de mettre en lumière la population marchande porteuse de ce commerce. Cette tâche, indispensable, n'en est pas moins ardue. Faute de sources permettant de réelles études de cas, et notamment de comptabilités marchandes, l'auteur est en effet vouée à une périlleuse prise en compte de documents plus ou moins directement liés à la pratique judiciaire, qu'il s'agisse de correspondances entre villes ou de procès proprement dits. Les faits collectés, inévitablement hétéroclites, sont organisés selon un principe essentiellement généalogique. Ce regard, nécessairement moins homogène et moins fouillé que le précédent

– et donc moins probant – donne néanmoins quelques résultats. Le premier est la spécialisation géographique relative des seigneurs de la guède d'Erfurt: on ne trouve pas de marchand commerçant tous azimuts. Cette spécialisation reste dans le cadre d'une économie régionale. Au-delà de villes relais (Görlitz ou Nuremberg en sont les meilleurs exemples) les marchands d'Erfurt n'ont plus une place significative: dans ces villes, et particulièrement à Nuremberg, ils ne sont pas au contact des plus hautes sphères marchandes. Enfin – et c'est peut être, à l'aube de temps politiques troublés, un constat d'importance – le groupe des seigneurs de la guède d'Erfurt est constitutif des élites sociales et politiques de la ville, et affirme farouchement, par une politique d'alliances matrimoniales, son appartenance à ces élites: l'économie régionale qui a été décrite est donc constitutive d'un ordre social.

La description et l'étude de cette économie régionale démontrent donc, dans le cadre certes limité d'un exemple, l'inexistence dans les faits du seuil mis par l'historiographie entre époques médiévale et moderne. L'économie du pastel ne connaît autour de 1500 pas de bouleversement profond – ce qui implique non seulement une certaine continuité des structures générales du commerce, mais aussi, bien sûr, une stabilité des structures industrielles, au moins pour ce qui est du secteur textile. Si l'événementiel politique, déjà lourd pour la fenêtre chronologique choisie, cause bien quelques perturbations, la véritable rupture, brutale et sans retour, est bel et bien due à l'importation massive de produits coloniaux. Au milieu du XVIe siècle, c'est l'indigo des Indes orientales qui, irrémédiablement, mine et ruine l'économie du pastel.

Il ne fait pas de doute que l'on tienne avec ce livre une monographie de bonne tenue. Son austérité, rebutante au premier abord, n'apparaît en définitive que comme une forme d'honnêteté de l'auteur, répugnant à soigner l'écrin plutôt que l'œuvre elle-même. Bien sûr, des objections ponctuelles sont possibles: on aurait ainsi aimé, puisque les *Geleitsbücher* sont utilisés presque comme des douanes, un mot sur la contrebande ou la sous déclaration – ou bien de leur corollaire, l'efficacité ou l'inefficacité de l'escorte, vive ou morte, achetée par le sauf-conduit. Force est pourtant de reconnaître que ce reproche n'altère pas le caractère probant des résultats obtenus.

Si ce livre appelle une critique, c'est sans doute dans le parti pris de départ: la rigueur et la concentration de l'auteur sur son objet ne laissent en effet que peu de place à l'interrogation de la démarche suivie elle-même. Or, concevoir l'histoire économique d'une ville et d'un espace à partir de l'étude d'un produit unique, c'est bien commencer par exclure un certain nombre d'interrogations de son horizon de recherche, et biaiser fortement le regard que l'on portera sur les questions qui demeurent. Il est donc regrettable que le choix de ce biais ne soit pas non justifié – cela, les résultats obtenus s'en chargent – mais simplement explicité. L'un des révélateurs de ce manque est la très faible utilisation de l'historiographie, mince, mais réelle (et d'ailleurs signalée dans la bibliographie), consacrée à la culture et au commerce du pastel hors de Thuringe, que ce soit dans le Lausitz ou le Bas Rhin, ou bien surtout à l'étranger, en Picardie, en Albigeois, en Toscane, etc. De même, l'absence de comparaison avec d'autres secteurs du commerce d'Erfurt – ou bien de simple discussion de la possibilité de celle-ci – surprend. Une dimension comparatiste, qu'elle soit géographique ou thématique, même esquissée, n'aurait en effet pas manqué de faire ressortir les traits marquants de l'étude. Faute de cette dimension, ce travail, remarquable par la limpidité et la sobriété des questionnements suivis comme par l'étendue des dépouillements entrepris, court le risque de s'aliéner toute curiosité autre que régionale.

Vincent Demont, Paris

Peter Blickle, Thomas Adam (Hg.), Bundschuh. Untergrombach 1502, das unruhige Reich und die Revolutionierbarkeit Europas, Stuttgart (Franz Steiner) 2004, 297 p., ISBN 3-515-07761-8, EUR 56,00.

Le Bundschuh, le terme désignant la chaussure des paysans et des artisans, tenue par des lanières entrelacées, par opposition à la botte éperonnée du chevalier, constitue le symbole de la sédition antinobiliaire. Ce terme est plus précisément appliqué à un ensemble de soulèvements survenus à la fin du XVe siècle et au début du XVIe siècle dans la région rhénane. Il apparaissent les signes avant-coureurs de la grande guerre des paysans de 1525, l'un des chocs sociaux les plus graves qu'ait connu l'Europe des débuts des Temps Modernes.

C'est à l'occasion de l'anniversaire du Bundschuh d'Untergrombach, survenu en 1502, que s'est réuni à Bruchsal, du 11 au 13 avril 2002, un colloque international dont M. Peter Blickle, professeur à l'université de Berne, a assuré la publication des actes. Ces communications ont été réparties autour de trois thèmes. Tout d'abord, une série de monographies locales présente les différents mouvements insurrectionnels. On appréciera, en particulier, celle de M. Georges Bischoff, de l'Université de Strasbourg, sur le Bundschuh en Alsace (p. 53–79) qui évoque de façon particulièrement vivante le personnage emblématique de Joss Fritz, et comporte des cartes et des illustrations fort utiles. Également, les études consacrées aux événements de 1513 et 1517, dues à Horst Buszello et Rolf Köhn (p. 80–139). La seconde partie du volume comporte un ensemble de travaux opérés dans un cadre plus large: le Wurtemberg et Bade, la Suisse (p. 183–215). Enfin, on trouvera dans la dernière partie, des résultats de recherches consacrées au »droit paysan« et à »l'utopie d'une société chrétienne«, dues à des professeurs britanniques et américains (p. 237–296). L'ouvrage comporte des reproductions de gravures évoquant les soulèvements suisses (p. 199, 205, 217) étudiés par Andreas Würgler et Claudius Sieber-Lehmann. Tout au long de la lecture de cet ensemble d'études, toutes d'excellente qualité, on se demande si, comme le pense Peter Blickle, la recherche inlassable de la liberté (conçue non pas comme une notion abstraite, mais comme la volonté de pouvoir disposer de sa personne, du fruit de son travail et de prendre part à la vie de la communauté) ne serait pas le moteur principal des affrontements entre les *laboratores* et les deux autres ordres.

René Pillorget, Paris

Heinrich Rüthing (éd.), Die Chronik Bruder Göbels. Aufzeichnungen eines Laienbruders aus dem Kloster Böddeken, 1502–1543, Bielefeld (Verlag für Regionalgeschichte) 2005, 544 p. (Veröffentlichungen der Historischen Kommission für Westfalen, XLIV – Quellen und Forschungen zur Kirchen- und Religionsgeschichte, 7), ISBN 3-89534-567-9, EUR 49,00.

Cette édition de la chronique du frère Göbel est à la fois un monument d'érudition et un texte passionnant. Göbel, dont on sait seulement qu'il est vraisemblablement originaire de Cologne, vit une des périodes les plus troubles de l'histoire de l'Église et de l'Empire. Prévost (prefectus) à Böddeken, monastère qui compte plus de 200 frères, il gère leurs affaires financières, aux ramifications multiples, les représente à Rome, va d'église en taverne, sait écouter et noter en marge de ses comptes les événements qui le troublent profondément. C'est ce déchirement qui traverse le texte rédigé en bas-allemand et en un latin phonétique appris dans les conversations journalières qui font la qualité, le charme et l'intérêt du texte.

Les témoignages directs pour cette période ne manquent pas. On pense aux lettres d'Erasme, aux »Tischgespräche« de Luther. Ce qui distingue le témoignage du frère Göbel c'est son réalisme cru et l'ouverture sur la réalité journalière d'une communauté monastique importante et sa place dans une église tourmentée.

Rüthing, qui fait état des contributions de ses élèves à ce travail impressionnant, retrace en introduction la biographie du frère Göbel. L'appareil scientifique qui accompagne cette »esquisse d'une longue vie« (Rüthing) met l'accent sur le caractère d'histoire sociale du milieu monastique westphalien, dont les travaux de Karl Hengst, publiés dans la même série de la commission historique, rendent compte depuis 1992. Les longs voyages du frère Göbel, qui se désigne lui-même comme »servus inutilis«, font qu'il dépasse de loin l'horizon d'expérience des frères qu'il est censé servir. Ses observations tiennent compte de *beyden siden* (des partis adverses) et se veulent d'une actualité brûlante. À l'actualité ressentie comme douloureuse se joint l'expérience de l'âge. Si l'on admet l'hypothèse que Göbel était né avant 1468, il aurait dépassé 75 ans sans pour autant cesser d'accomplir des missions à Brunswick, Hildesheim ou Zwolle. Son attention se porte à l'ensemble des *nye thidinge* (événements récents), y compris le discours théologique de ceux qu'il considère comme adversaires de l'Église.

De lecture difficile à cause des problèmes linguistiques qu'elle pose, la chronique du frère Göbel est un témoignage majeur pour la période de la Réforme qui ne devrait manquer dans aucune bibliothèque.

Jochen Hoock, Paris

Manuel Fernández Álvarez, Johanna die Wahnsinnige 1479–1555. Königin und Gefangene. Aus dem Spanischen übersetzt von Matthias Strobel, München (C. H. Beck) 2005, 228 S., ISBN 3-406-52913-5, EUR 19,90.

Der spanische Historiker Manuel Fernández Álvarez gilt als einer der besten Kenner Spaniens im 16. Jh. Schon die vorherigen Publikationen »Felipe II y su tiempo« (1998) und die beiden Bände zur Zeit Philipps II. in der Reihe »Historia de España« (2002) prägte der Stil, der auch sein neuestes Werk zur tragischen Figur Johannas der Wahnsinnigen kennzeichnet. Einfühlsam und anschaulich führt der Autor durch das Leben Johannas, wobei eine Fülle von Quellenzitaten von den akribischen Archivstudien des Autors zeugen und eine schöne Bebilderung das insgesamt gut lesbare Porträt abrundet. Die narrative Kompetenz des Autors ist unbestritten, seine Sachkenntnis gleichfalls. Erstaunlich ist hingegen die mangelnde Distanz zur Protagonistin seiner Studie. Allzusehr verfällt er in die Rolle des Verteidigers, ja des Bewunderers, was im Vorwort in der recht kitschigen Bemerkung, gerichtet an den Leser, gipfelt: »Und so hoffe ich, daß auch Sie sie [d. i. Johanna] in ihr Herz schließen werden« (S. 9).

Doch erst zum Inhalt: In 16 Kapiteln verfolgt der Autor den Werdegang der Tochter der Katholischen Könige bis zu ihrem bitteren Ende, wobei die ersten beiden Kapitel eine Einführung in das Zeitalter und den damaligen Hexenglauben bieten. Gerade dieser wird zu Beginn des Bandes derart zur »entscheidende[n] Frage« (S. 34) aufgebaut, daß man sich wundert, warum dieser Aspekt bei der Schlußbetrachtung nur noch am Rande erwähnt wird. Nach den beiden einleitenden Kapiteln folgen 14 chronologisch strukturierte Abschnitte. Als Tochter Isabellas von Kastilien und Ferdinands von Aragón 1479 geboren, ereilte sie 1496 im Alter von 16 Jahren das Schicksal vieler Prinzessinnen ihrer Zeit: Die Heiratspolitik der Katholischen Könige, die die Isolation Frankreichs zum Ziel hatte, brachte sie an den Hof in Brüssel, wo sie Philipp den Schönen ehelichte. Laut Fernández geriet Johanna dort in den Sog zweier Gefühle: erstens der depressiven Stimmung des herbstlichen Flandern und zweitens der krankhaften Eifersucht, die die zahllosen Affären Philipps in ihr auslösten. Erste Aggressionen brachen sich Bahn. 1497 bzw. 1500 starben Johannas Brüder Johann und Michael, 1504 ihre Mutter Isabella, so daß nun Ferdinand und Johannas Mann Philipp um den Thron wetteiferten. In diesem Machtkampf zwischen Vater und Ehemann, bei dem sich Philipp der Schöne zunächst durchsetzen konnte, sprach man bereits offen vom Wahnsinn Johannas. Der plötzliche Fiebertod Philipps, den Johanna nicht wahrhaben wollte – sie ließ den Leichnam ihres Gemahls von Ort zu Ort schaffen, ohne ihn begraben zu lassen – verstärkte ihre psychische Krankheit, die man heute wohl als exogene Depression bezeichnen würde. Ferdinand und nach ihm Johannas eigener Sohn Karl stellten sie sodann in Tordesillas aus Gründen der Staatsräson unter Hausarrest. Zwischenzeitlich hätte nur der Aufstand der Comuneros 1520 Johanna auf den Thron befördern und ihre Gefangenschaft beenden können, doch sie selbst weigerte sich, entsprechende Befehle zur Legitimation der Aufständischen zu unterzeichnen.

Fernández hat eine Hommage an eine historische Persönlichkeit vorgelegt, die den wissenschaftlichen Rahmen sprengt. Seine Suggestivkraft ist ständig am Werke, zum Beispiel wenn er ein Gemälde beschreibt, das »wer weiß welches Geheimnis« (S. 53) berge, oder wenn er sich Spekulationen hingibt: »Johanna fühlt sich krank und muss das Bett hüten. Fieber? Albträume wegen der Kaltherzigkeit ihres zukünftigen Ehemanns?« (S. 61). Er spart auch nicht mit romanesken Stimmungsbildern (»Schnell aber wurde ihr sehr weh ums Herz«, S. 79), die mitunter auch der Reiseliteratur Cees Nootebooms entstammen könnten. Um sich ein Bild von der Atmosphäre in Brüssel zu machen, reiste Fernández im Herbst dorthin: »Ein dichter Regen, der Himmel wolkenverhangen, kein Spalt, durch den man einen Blick auf das Blau des Himmels erhaschen könnte. Wie ich gestehen muss, bemächtigte sich meiner ein Gefühl von Traurigkeit« (S. 63). Auch diese Forschungsreise diente also dem Ziel, das der Autor geradezu beschwörend formuliert und das leitmotivisch für seine Intention stehen könnte: »Wir müssen aber auch Johanna verstehen« (S. 88). Doch irgendwann hat man als Leser genug davon und auch von der dauernden Ausdeutung von Emotionen zugunsten Johannas. Von einem so erfahrenen Historiker darf man mehr erwarten als eine lupenreine Apologie, die im übrigen in dem Kinofilm »Juana la Loca« von Vicente Aranda, der 2003 in Spanien lief, ihren cineastischen Ausdruck findet.

Immer sind die Zustände und Ereignisse um Johanna »bewegend« (S. 148) und »herzzerreißend« (S. 149, 171): »Eine Frau voll des Schmerzes, die unser Mitleid erregt« (S. 115). Und wo es eine solch unglückliche Heldin gibt, sind natürlich auch die klassischen Schurken nicht weit: Der Marquis von Denia, Johannas Bewacher, und seine Frau machten der Gefangenen das Leben auf Dauer zur Hölle (S. 192–194), und Johannas Stiefmutter Germaine de Foix geriet unter Verdacht, die grausame Behandlung veranlaßt zu haben (S. 170f.). Einziger Lichtblick über weite Strecken des Arrests war die Anwesenheit der Tochter Katharina. Daß Johanna ihre Tochter jahrelang in erbärmlichem Zustand mit in die Isolation und Verwahrlosung riß, aus der sie erst Karl V. befreite, ist dem Autor nur einen Halbsatz wert (S. 151). Statt dessen konstatiert er zum Schicksal Johannas: »Wieder einmal war eine Frau das Opfer« (S. 141) des Machtstrebens. Diese Logik überrascht. Schließlich käme niemand auf die Idee, das ähnlich traurige Schicksal des Don Carlos ein halbes Jh. später im Umkehrschluß seinem männlichen Geschlecht zuzuschreiben. Politisch korrekt ist nicht immer historisch fundiert.

Ein kleines Ärgernis, für das der Autor nicht verantwortlich zeichnet, ist die inkonsequente Übersetzung der Ortsnamen. Wenn der Übersetzer in der Reihe der niederländischen Städte »Gent, Brügge, Liège, Antwerpen, Brüssel« (S. 58) ausgerechnet den Namen Lüttichs französisiert und beim Inselpaar »Cerdeña und Sizilien« (S. 46) die spanische Schreibweise Sardiniens vorzieht, erscheint dies genauso launenhaft wie die Übersetzung des Archivo General de Simancas in »Allgemeines Archiv von Simancas« (S. 110, 197).

Wer gerne historische Romane liest, in denen eine tragische Heldin zwar scheitert, aber das Herz des Lesers gewinnt, der wird auch an der hier besprochenen Biographie Gefallen finden. Wer aber eine wissenschaftliche Biographie erwartet, die sich durch kritische Distanz auszeichnet, wird enttäuscht davon sein, daß gerade ein so renommierter Historiker der Versuchung erliegt, der von ihm betrachteten Person mit allzuviel Sympathie zu begegnen. Überall dort, wo der Autor den Blick von Johanna weg auf die Zeitumstände richtet, brilliert er durch äußerste Sachkenntnis und pointierte Analysen – so etwa im Kapitel zum Aufstand der Comuneros (S. 152–164). Doch überall dort, wo er seiner Sympathie gegenüber Johanna freien Lauf läßt, dominiert Mitleid. So läßt er wissen: »[...] eine Gefangenschaft rechnet sich nicht in Jahren, in der Gefangenschaft scheint jede Stunde endlos. Fünfunddreißig Jahre – elf Jahre hatte sie bereits zuvor ertragen müssen – bedeuten zwölftausendsechshundertfünfundsiebzig Tage, und rechnet man dies in Stunden um, kommt man auf etwa dreihundertsechzigtausend. Das ist, was tatsächlich zählt« (S. 177).

Johanna starb am Karfreitag des Jahres 1555, von geistigen und körperlichen Gebrechen zerrüttet, im Alter von 75 Jahren. Auf Anraten des seinerzeit bedeutendsten Theologen der Universität von Salamanca, Domingo de Soto, durfte sie zwar die Letzte Ölung empfangen; die heilige Kommunion allerdings wurde ihr auf Grund der Wahnvorstellungen, die an Ketzerei grenzten, verwehrt.

Markus Reinbold, Mainz

Jochen A. Führer, Die Kirchen- und die antireformatorische Religionspolitik Kaiser Karls V. in den siebzehn Provinzen der Niederlande 1515–1555, Leiden, Boston (Brill) 2004, 414 p. (Brill's Series in Church History, 23), ISBN 90-04-14083-2, EUR 136,00.

La politique religieuse que Charles Quint et les gouvernantes générales, Marguerite d'Autriche et surtout Marie de Hongrie, ont menée dans les Pays-Bas est au centre de cette étude à la fois ample et détaillée. L'auteur y présente une version remaniée de sa thèse de doctorat soutenue à l'Université de Heidelberg en 2002/03. Jochen Führer distingue deux grands volets au sein de la politique religieuse caroline: d'un côté, la politique ecclésiastique, qui vise à étendre le contrôle du souverain sur les institutions ecclésiales, sur leur organisation, sur leur fonctionnement, et sur leurs revenus; de l'autre côté, la politique anti-réformatrice dont le principal objectif est de combattre le protestantisme sous ses diverses formes.

Après un rappel des réalités géographiques, politiques et religieuses des Pays-Bas au XVIe siècle, l'importance capitale que Charles Quint accorde à ces territoires aux confins de l'Empire est mise en évidence. La consolidation du pouvoir central aux mains des Habsbourg et la préservation du catholicisme sont les priorités absolues de l'empereur. Il cherche aussi à renforcer son emprise sur le clergé des Pays-Bas. La sécularisation de l'évêché d'Utrecht en 1527/28 et l'intégration de toutes ses dépendances aux Pays-Bas habsbourgeois donnent le ton: Charles Quint est le seul prince catholique de son temps qui ose adopter une politique aux accents si ouvertement césaropapistes.

En continuité avec la politique de ses prédécesseurs de la maison de Bourgogne, Charles Quint prive le clergé des Pays-Bas d'une partie de ses ressources. Il réussit en effet à accaparer quelques-uns des bénéfices ecclésiastiques les plus intéressants. Parce qu'il peut redistribuer ceux-ci à son bonne guise, les possibilités de se constituer une clientèle fidèle et soumise en sont accrues. L'empereur alourdit aussi les charges financières qui pèsent sur l'Église, en revoyant à la baisse les privilèges liés à l'exemption fiscale. Il obtient à plusieurs reprises la permission du pape de saisir le tout ou une partie des produits de la dîme. Enfin, les sources de revenus du clergé subissent d'importantes réductions: il lui est interdit de faire du commerce avec des biens immobiliers, et les ventes d'indulgences sont soumises à de nouvelles restrictions.

Si la politique ecclésiastique caroline est un succès sur toute la ligne, il n'en est pas de même pour la répression du protestantisme. Le système que Charles Quint met en place pour endiguer les progrès de l'hérésie et rétablir l'unité religieuse dans les XVII provinces ne manque pourtant pas de fermeté. L'empereur, qui abhorre les idées nouvelles, veut éviter à tout prix que le schéma allemand ne se reproduise dans les Pays-Bas. Comme seul maître du jeu, il peut se permettre d'y échafauder une politique religieuse univoque et cohérente.

Dans la deuxième partie de son étude, Jochen Führer revient en détail sur les principaux édits pris contre les protestants, ainsi que sur les différents rouages chargés de leur application.

Il y a d'abord les inquisiteurs apostoliques, des légats chargés par le pape de veiller à l'orthodoxie de la foi dans les Pays-Bas. Le pouvoir politique tente d'intégrer leurs activités à un système plus large, soumis à son contrôle. Il essaiera surtout d'influer sur le choix des inquisiteurs, tentant d'imposer des personnes de confiance, susceptibles de servir ses intérêts. Il y a ensuite les tribunaux d'inquisition, des tribunaux ecclésiastiques spécialisés en matière d'hérésie dont l'existence remonte au Moyen Âge. Ils sont placés sous l'autorité directe des évêques, les coupables ne sont livrés au bras séculier que pour l'exécution de la sentence. Afin de les adapter aux besoins de la lutte contre le protestantisme, afin aussi de renforcer son emprise sur eux, Charles Quint revoit le fonctionnement et la mission de ces tribunaux d'inquistion. Il veut les amener à collaborer étroitement avec les rouages de l'inquisition civile. Le développement de celle-ci est une des priorités de sa politique religieuse.

La pierre angulaire du système répressif carolin est l'Édit de Worms du 20 mars 1521, qui condamne catégoriquement le luthéranisme, et dont une version en langue néerlandaise est rapidement diffusée dans les Pays-Bas. Ce texte insiste déjà sur le rôle prioritaire des juridictions séculières et des représentants du gouvernement central dans la lutte contre l'hérésie. Mais ce n'est qu'à partir de 1529 que les sanctions assorties aux comportements hérétiques sont vraiment précisées. La répression gagne alors en régularité et en sévérité. Elle s'adapte aussi aux nouvelles donnes de la situation religieuse dans les Pays-Bas: au cours des années 1530, des placards spécifiques s'attaquent à l'anabaptisme et à ses adeptes.

Se rendre coupable d'hérésie, c'est adopter des comportements religieux déviants; c'est lire, posséder, imprimer, diffuser des livres condamnés; c'est assister à des assemblées où sont répandues des idées nouvelles et pernicieuses. C'est mettre en cause ou renier les dogmes et les pratiques de l'Église catholique, les sacrements, les prérogatives du clergé, le culte des saints. Dès les années 1520, on assiste à une véritable redéfinition de la nature même des faits d'hérésie: ceux-ci sont désormais assimilés au crime suprême qu'est le crime de lèse-majesté. Les comportements religieux déviants sont donc de plus en plus politisés; ils sont considérés comme des atteintes contre la personne du souverain, mais aussi et surtout comme des actes contraires à l'intégrité de l'État, qui ne peut être que fondée sur l'unité confessionnelle. Une série de placards que Charles Quint fait publier en 1540 impose la peine capitale comme la sanction habituelle dont sont assortis les crimes d'hérésie. À partir de 1549, la confiscation des biens des condamnés, une pratique devenue courante au cours des décennies précédentes, fait, elle aussi, officiellement partie de l'arsenal de la répression dans l'ensemble des Pays-Bas.

À juger d'après les ordonnances contre l'hérésie, le système inquisitorial mis en place dans les Pays-Bas sous Charles Quint est implacable. La persécution des hérétiques y obéit même à des règles plus sévères qu'en Espagne. Sur le terrain, la poursuite des hérétiques et l'application des sanctions se heurtent néanmoins à d'importants obstacles. Si les procès d'inquisition sont très nombreux pendant les années 1550, les mises à mort le sont beaucoup moins. Les autorités locales rechignent en effet à suivre à la lettre les stipulations particulièrement sévères des édits de 1550. Les conflits de compétences entre inquisition apostolique, inquisition diocésaine et inquisition civile se révèlent tenaces. Les problèmes de communication et les luttes d'influence rendent la collaboration difficile. Quant à Marie de Hongrie, elle adopte souvent une attitude laxiste en ce qui concerne l'exécution des peines prononcées contre les hérétiques. Au terme de son étude, Jochen A. Führer consacre d'ailleurs tout un chapitre au rôle ambivalent des gouvernantes générales dans la politique religieuse de Charles Quint.

Monique WEIS, Bruxelles

Herman J. Selderhuis (Hg.) Calvinus Præceptor Ecclesiæ. Papers of International Congres on Calvin Research. Princeton August 20–24, 2002, Genf (Librairie Droz) 2004, 364 S. (Travaux d'Humanisme et Renaissance, CCCLXXXVIII), ISBN 2-600-00851-9, CHF 102,00.

Der überaus prächtig aufgemachte Band enthält 18 Beiträge zum achten Internationalen Calvin-Kongreß im August 2002, der diesmal in Princeton stattfand. Der vom holländischen Theologen Herman J. Selderhuis edierte Band enthält Papers in englischer, französischer und deutscher Sprache, erstellt von älteren und jüngeren Experten in der internationalen Calvin-Forschungsszene. Er ist dem in dieser Sache hochverdienten Wilhelm Neuser gewidmet. Neuser selbst hat in Princeton nur einen Kurzvortrag mit »einigen Bemerkungen zum Stand der Calvinforschung« gehalten, der im vorliegenden Band nicht enthalten ist. Darin hat er offenbar erklärt, daß die Systematik des Aufbaus der Institutio Calvins »nach wie vor im unklaren« liege (S. 189). Das macht sogar solche stutzig, die einiges von den Wandlungen dieses Buchs seit 1536 wissen und in den vier Teilen der letzten Ausgabe von 1559 nachdenklich lesen.

Die Sammlung der Papers vom Calvin-Kongreß vermittelt einem gleichwohl den Eindruck, daß jener Satz Neusers nicht nur für die Institutio, sondern für Calvins Theologie im ganzen gilt. V. E. d'Assonville bemerkt, daß hingegen die Zahl der »Einzeluntersuchungen zur Begrifflichkeit bei Calvin in den letzten Jahrzehnten beträchtlich gewachsen ist«; und er bedauert nur, daß noch lange nicht genug solcher Detailforschungen vorliegen (S. 189f.). So richtig das sein mag, es gibt dabei ein Problem: Je mehr der Umgang mit Calvin sich in einem Berg von Einzeluntersuchungen eingräbt, desto mehr wächst das Schlagwort-Wissen und sogar Nichtwissen von Calvins Reformation und Theologie in der großen Mehrheit außerhalb des Spezialistenkreises dramatisch. Ein Problem, das heute ja bei weitem nicht nur das der Calvinforschung ist!

Interessant ist auch, daß einige Aufsätze dazu übergehen, Thesen, die sich mehr oder weniger nicht genügend belegen lassen, mit Hypothesen zu ummanteln. Sind da Einzeluntersuchungen derart an die Grenze ihrer Möglichkeit gestoßen, daß sie nun auf diese Weise weiter zu kommen suchen? Wie auch immer, eine Arbeit von drei Holländern über den jungen Calvin erklärt ausdrücklich, sie könne aus Mangel an Dokumenten nicht mehr sein »than an experiment, which leaves many questions unanswered« (S. 142). Und Wim Janse möchte eine »neue Hypothese« über eine »gemeinsame Abendmahlserklärung« Calvins, a Lascos und Bezas vorlegen, trotz seiner erst noch »fortzusetzenden Recherchen« (S. 209, 223) – das mit großem Aufwand erzielte Ergebnis ist, daß auch die spätere Äußerung Calvins zum Abendmahl Calvins Auffassung darlegt. Als ein Experiment ist wohl auch Christian Links interessanter Beitrag zu würdigen »Zur Perspektive der Anthropologie Calvins«. Der habe sich (was man etwa in dem Beitrag von Irena Backus, S. 344ff., anders liest) von der griechischen Philosophie gelöst. Denn er habe die Frage nach dem »Ursprung« des Menschen durch die Frage nach dem Wozu? ersetzt; und Link deutet das als seine eschatologische »Ausrichtung« (die »rectitudo«, zu der der Mensch erschaffen ist, übersetzt er mit diesem Begriff). Daß Calvins Prädestinationslehre dazu dann quersteht, ahnt Link wohl.

Aber das alles jetzt einmal gesagt, so ist doch anzuerkennen, daß durch die diversen Beiträge Lichter zur Beleuchtung und Aufhellung der Genfer Reformation aufgesteckt werden. Elsie McKee gibt mit ihren Forschungskenntnissen Einblick in die Kollegialität der dortigen Pastoren zur Zeit Calvins und in ihre Kooperation (S. 9ff.). Unter anderen Gesichtspunkten behandelt dieses Thema auch E. A. de Boer (S. 331ff.). Jeffrey R. Watt zeigt hübsch das damalige Verhältnis der Eltern in jener Stadt zu ihren Nachkommen (S. 43ff.). Die Feststellung, daß Calvins Katechismus dabei entscheidend Bedeutung gewonnen hat (S. 49), wird von R. M. Kingdon anscheinend anders gesehen (S. 181). Christoph Strohm sucht Calvin und Calvinismus in ihrem Unterschied und Zusammenhang zu sehen (S. 65ff.). Er bezeichnet den in der Geschichte eingetretenen Wandel von hier nach dort mit den Begriffen: Rationalisierung, Moralisierung, Konfessionalisierung (S. 81). Raffiniert ist sein Hinweis, daß im 17. Jahrhundert das Gefühl einer Krise durch das Verlangen nach Ordnung überspielt wurde (S. 91).

Max Engammare untersucht mit dem Aufwand seines Könnens das Verhältnis von Calvins Kommentar und Predigten über die Genesis – Ergebnis: sachlich kein Unterschied! (S. 107ff.). Cornelis Augustijn zeigt mit Anderen, daß Bucer Calvin von dem schroffen Farel zu trennen suchte (S. 139ff.). Victor E. d'Assonville jr. arbeitet heraus, daß für Calvin *doctrina* die göttliche Mitteilung in der Verkündigung ist, während *dogma* menschliche Lehrbildung darüber ist. Mihály Márkus (leider hat kein Deutschsprachiger seinen Text gegengelesen) bespricht die Widmung von Calvins Hebräerbrief-Kommentar an Fürst Sigismund August von Polen und weist hin auf den dahinterstehenden konfessionellen Kampf um Polen (S. 323ff.). Jae Sung Kim spricht vom Werk des Heiligen Geistes im Gebet nach Calvin und erklärt von daher, daß wir nach ihm »at all times, in every place, in all things, and under all circumstances« zu beten haben, und zwar darum, weil die Hauptübung des Glaubens im Empfang der göttlichen Gaben bestehe (S. 265ff.). Und Barbara Pitkin behandelt das Verhältnis zwischen Calvin und Melanchthon im Verständnis der Buße (S. 275ff.). Fein ist die Bemerkung, daß es für beide in der Buße um die Wahrnehmung zugleich der Tötung des alten und der Erweckung des neuen Menschen geht. Der Hinweis darauf hätte deutlicher sein können, daß Calvins Verständnis der Buße als Akt im Glauben an die Vergebung ihn von der Auffassung Luthers unterscheidet, nach der die Buße solchem Glauben vorangeht.

Ich weise auf fünf Aufsätze hin, die mich in meiner Arbeit als reformierter Theologe besonders anstacheln. Zunächst der Text von Robert M. Kingdon über »Calvin's last years« (S. 179ff.): darin stehen zwei Calvin beschäftigende Themen so nahe beieinander (S. 182f.), daß man versucht ist, eine innere Verbindung zwischen beiden zu vermuten. Auf der einen Seite die Einrichtung der Kirchendisziplin gemäß Matth. 18,15-17, von ihm verstanden als eine auch in der Kirche auszuübende jüdische Institution; wer sich ihr entziehe, sei als Heide anzusehen (V. 17). Und auf der anderen Seite das von Calvin sorgfältig geplante und von Adelspersonen angefaßte Projekt einer (»Heiden«-)Mission in seiner Heimat Frankreich. Ob das Projekt wirklich daran gescheitert ist, daß Calvin zu dogmatisch dachte (so S. 186)?

Spannend ist der Artikel von A. N. S. Lane, »Calvin and Article 5 of the Regensburg Colloquy« (S. 233ff.). So speziell der Titel klingt, es wurde dort das »Katholiken« und »Protestanten« trennende Thema der Rechtfertigung von Vertretern beider Seiten diskutiert – im Vorfeld des vier Jahre später beginnenden Trienter Konzils, auf dem dasselbe Thema unter den Römischen selbst kontrovers debattiert wurde. Was sich in Regensburg gegenüberstand, waren die zwei Konzepte: Rechtfertigung durch den Glauben ohne Werke und Rechtfertigung durch den Glauben, der durch die Liebe wirkt (S. 237f.). Die Frage, um die damals von beiden Seiten gerungen wurde, ist ja bis heute aktuell: wie der Glaube ohne Werke rechtfertigt (Gal. 2,16), aber der Glaube, der durch die Liebe tätig ist (Gal. 5,6).

Bedeutsam scheint mir ferner der Beitrag von Christian Grosse, »La part du rituel dans la culture religieuse réformée« (S. 303f.). Er wendet sich gegen eine lange reformierte Tradition, nach der Calvin das Rituelle aus dem christlichen Gottesdienst entfernt habe. Es war in der Tat anders, wenn Calvin das als die zwei wichtigen Punkte »unserer ganzen Religion« herausstellt: »de sçavoir comment Dieu doit estre honoré et servi, et puis de sçavoir comment nous pouvons nous presenter devant luy« (S. 311). Von da aus ging es ihm eben nicht, wie es weiter heißt, um eine Abschaffung, sondern um die Erneuerung des liturgisch geregelten Gottesdienstes (S. 312). Grosse hätte nur noch mehr zeigen können, daß und wie tatsächlich der Genfer Gottesdienst wohlüberlegt liturgisch durchgestaltet war.

Wilhelmus H. Th. Moehn vergleicht Calvins Kommentar und Predigten über Apg. 7,1-6 unter dem Titel: »Abraham – ›Père de l'église de Dieu‹« (S. 287ff.). Was diesen Text so interessant macht, ist, daß der Verfasser dabei verschiedene Perspektiven miteinander ins Auge faßt: Die angeführte Gestalt Abrahams, die heute im Dialog mit Juden und Muslimen wichtig geworden ist, hatte Calvin in seiner gleichzeitig durchgeführten Exegese der Genesis vor Augen (S. 288), als Vorbild dafür, daß echter Glaube und gehorsame Nachfolge untrennbar zusammengehören (S. 291). Und mit Abraham visierte er zugleich in seiner eigenen Zeit das brisante Problem des Nikodemitismus und der Existenz im Exil an. Von daher, daß Abraham dann in Kanaan unter Heiden lebte, sah Calvin zugleich die Aufgabe der einheimischen Genfer darin, nicht die Stadt, nicht die Nächsten, aber sich selbst zu »verlassen«. Zugleich ging ihm angesichts von Abrahams Sorge für seine Nachkommen auf, daß die Nächstenliebe sich auch auf folgende Generationen zu erstrecken hat. Welch ein Feuerwerk von Einsichten!

Schließlich der Beitrag von Randall C. ZACHMANN »Crying to God on the brink of despair« (S. 351ff.): er macht auf eine Seite in Calvins Denken aufmerksam, die man oft übersehen hat. Calvin wußte sehr sensibel auch um die Schrecken der Verzweiflung und der Gottesferne. Der Schrei in Ps. 22: »Mein Gott, warum hast du mich verlassen« beschäftigte ihn: Für den Beter hat sich Gott verborgen, aber er betet zu Gott. In dieser zweiseitigen Erfahrung spiegele sich die Wahrheit »that God is merciful to us even when God appears to be against us« (S. 355). Nicht nur Luther, auch Calvin verstehen wir nicht, wenn das übersehen wird.

Es gibt zwischen den verschiedenen Untersuchungen in dem vorliegenden Band Differenzen und auch Widersprüche. Einige wurden oben angedeutet: etwa über die Bedeutung des Genfer Katechismus in Calvins Arbeit oder über sein Verhältnis zur griechischen Philosophie und, wenn positiv, zu welchem der verschiedenen Philosophen. Der Herausgeber sagt zwar, der Kongreß habe gezeigt: »how theologians and historians can and should work together, and how fruitful their joint labours are in the field of Calvin studies« (S. 7). Gleichwohl ist es kaum denkbar, daß die Darbietungen in ihren unterschiedlichen Ansichten und Einschätzungen nicht zu kontroversen Diskussionen geführt haben. Und in dem Fall hätte dieses Buch, das in manchem auch an ein Tagungsprotokoll erinnert, es verdient gehabt, daß wenigstens ein kurzes Protokoll dieser Diskussionen beigefügt worden wäre. Im übrigen sei es auch dankbar notiert, daß viele Texte mit einem teils riesigen Anmerkungsapparat und mit einem ausführlichen Literaturverzeichnis versehen sind.

Eberhard BUSCH, Göttingen

Das Vermächtnis Kaiser Karls V. Die politischen Testamente. Eingeleitet, übersetzt und kommentiert von Armin KOHNLE, Darmstadt (Wissenschaftliche Buchgesellschaft) 2005, 141 p., ISBN 3-534-18432-7, EUR 27,90.

Le 500e anniversaire de la naissance de Charles-Quint a été marqué, en 2000 et plus tard, par des expositions et des publications, notamment en Belgique. Certains articles de revue risquèrent l'anachronisme en présentant cet Empereur comme le précurseur de la construction européenne actuellement en cours. En fait, les considérations d'ordre dynastique et le maintien dans les esprits de l'idée d'Empire, corollaire de celle de Chrétienté, suffisent à expliquer le développement de la puissance et des charges écrasantes de Charles-Quint. Au demeurant, son histoire n'est connue que de façon imparfaite, en raison de la dispersion des archives dans les différents pays sur lesquels il a régné. D'autre part, ce prince se montrait prudent et discret. De ce fait découle l'importance de ses »trois testaments politiques«, conçus comme des instructions à son fils, le future Philippe II. Ils contribuent à faire comprendre les raisons de son comportement, et certains au moins de ses sentiments. Leur publication – en allemand pour la première fois – par M. Armin Kohnle, professeur à l'université de Heidelberg, ne s'adressé pas en priorité aux spécialistes, mais aux étudiants avancés ainsi qu'à un large public s'intéressant à l'histoire de l'Europe conçue globalement. Comme des »pierres milliaires«, ces trois documents marquent des dates capitales de son règne, les années au cours desquelles les événements l'incitent à rédiger des instructions à son fils. Ainsi, en 1539, après la mort de son épouse l'impératrice Isabelle, car en mai il doit remettre, au moins pour la forme, la régence à Philippe. En 1543, lorsqu'éclate une nouvelle guerre contre François Ier. En 1548, enfin, alors que Charles-Quint, après la bataille de Mühlberg et l'Intérim d'Augsbourg, se trouve au faîte de sa puissance, il élabore son »Grand Testament politique«.

À la lecture de ces textes, on se trouve frappé par la diversité des problèmes abordés. Les affaires familiales, en particulier les projets de mariage, y occupent un large espace. Mais aussi les problèmes politiques et militaires, ecclésiastiques – la résidence des évêques –, purement administratifs – le conseil d'Aragon – et il y est aussi question du Nouveau Monde et de ses indigènes (p. 92, 126). La plupart des pays d'Europe y ont leur place, y compris les cantons suisses et les principautés italiennes. L'ouvrage comporte d'abondantes notes (p. 103–128), une chronologie (p. 129–132), quatre cartes et quatre tableaux généalogiques très clairs.

Cet excellent ouvrage introduit non seulement à la connaissance de l'Empereur, mais aussi de façon très concrète, à la politique européenne de son temps. Son importance pour l'historien n'a d'égale que les testaments politiques de Richelieu et du grand Frédéric.

René PILLORGET, Paris

Margherita d'Austria (1522–1586). Costruzioni politiche e diplomazia, tra corte Farnese e monarchia spagnola / a cura di Silvia MANTINI, Rom (Bulzoni) 2003, 341 S., ISBN 88-831-9841-7, EUR 30,00.

Margarete von Parma gehört zu den interessantesten Frauengestalten des 16. Jhs. Als Tochter Karls V. und der Flämin Jeanne van der Gheynst, als Gemahlin eines Medici in erster Ehe und eines Farnese in zweiter, als Statthalterin der Niederlande und Regentin großer Besitztümer in den Abruzzen und der Stadt Aquila, muß sie als Bindeglied nicht nur zwischen den Habsburgern und dem Hof der Farnese angesehen werden, sondern auch zwischen den spanischen Niederlanden und Italien sowie zwischen den Medici und den Farnese. Hervorgegangen aus einer Konferenz, die sich im Herbst 2001 in Parma und Piacenza mit der Fürstin aus dem Hause Habsburg beschäftigte, versammelt der vorliegende Band geschichtliche und kunstgeschichtliche Aufsätze zu unterschiedlichen Aspekten ihres Wirkens. Die Beiträge setzen sich mit Margaretes Rolle als politisch Handelnde, mit symbolischen Darstellungen ihrer Herrschaft und mit ihrer Bedeutung für die Förderung von Kunst und Kultur auseinander. Den Aufsätzen ist gemein, daß »Madama«, wie Margarete von den Zeitgenossen genannt wurde, zwar im Mittelpunkt der Untersuchungen steht, es darüber hinaus aber um das Italien des 16. Jhs. und die Beziehungen zur Großmacht Spanien geht.

Als »emblema più visibile«, als sichtbarstes Sinnbild der spanischen Vorherrschaft in Italien bezeichnet die Herausgeberin Silvia MANTINI in ihrer Einleitung Margarete von Parma (S. 11). Die Tatsache, daß Madama fast immer zwischen den Stühlen, zwischen Häretikern und Jesuiten, Medici und Farnese, Katholiken und Protestanten, spanischem Hof und dem der Farnese gestanden sei, habe sie zu einem zentralen Angelpunkt werden lassen, zu einem Bindeglied vor allem zwischen dem Hof der Farnese und Spanien. Auf diesem Aspekt, der von der Forschung bisher vernachlässigt worden ist, liegt folglich das Hauptaugenmerk des Sammelbandes. Besondere Bedeutung wird dabei der Entstehung neuer Fürstenhöfe, in diesem Falle dem der Farnese, beigemessen. Als Tochter des Kaisers auf der einen und Herzogin von Parma und Piacenza sowie Regentin der Besitztümer der Farnese in den Abruzzen auf der anderen Seite habe Madama nämlich sowohl als verlängerter Arm der väterlichen Autorität fungiert als auch eine wichtige Rolle bei der Genese des Hofes der Farnese und ihres »stato« gespielt. Desweiteren weist Mantini auf die Bedeutung der politischen Aktivitäten der Prinzessin hin, auf den symbolischen Ausdruck ihrer Herrschaft sowie auf ihre komplexe und vielschichtige Rolle als Fürstin der Renaissance. Ob sich das geistige Klima Italiens in der Mitte des 16. Jhs. wirklich der Renaissance zurechnen läßt, ist allerdings fraglich, und tatsächlich sieht keiner der folgenden Aufsätze in Madama eine »Frau der Renaissance«.

Die Anordnung der Beiträge des Sammelbandes folgt keiner erkennbaren Gliederung, doch können die Aufsätze drei thematischen Komplexen zugeordnet werden: der biographischen Herangehensweise, die sich Margaretes Bedeutung auf dem Gebiet der Politik in weitestem Sinne widmet, ihrer Förderung von Kunst und Kultur und ihrem Engagement für Aquila und den »stato farnesiano«. Ergänzt werden diese Themenbereiche durch den Aufsatz von Gabriele NORI, der sich mit der Quellensituation hinsichtlich dieser Fürstin beschäftigt. Nach Archiven geordnet beschreibt Nori die Fonds, in denen Dokumente zu Margarete von Parma liegen, und er widmet sich der schwierigen Situation dieser Quellen. Zu Lebzeiten Madamas verfügten die Farnese nämlich über kein festes Familienarchiv, das erst 1592 angelegt wurde, so daß die Kaisertochter betreffende Dokumente verstreut über diverse Archive zu finden sind und folglich nur nach und nach entdeckt und publiziert wurden.

Mit Margaretes Biographie und ihrer Bedeutung für die italienische und europäische Politik setzen sich die Beiträge von Manuela Belardini, Daniela Morsia, Giampiero Brunelli und Hugo de Schepper auseinander. Manuela BELARDINI beschreibt die Beziehungen Madamas zur Toskana, und zwar nicht nur für die kurze Zeit ihrer Ehe mit Alessandro de' Medici, sondern vor allem für die folgenden Jahre und Jahrzehnte. Beziehungen, die Margarete von Parma zu Mitgliedern des Hofes der Medici und anderen Personen in der Toskana, vor allem in Prato, knüpfte, hätten eine dauerhafte Rolle für die Fürstin und ihren Hof gespielt, lautet die These Belardinis, die sie anhand zahlreicher Beispiele illustriert. Tatsächlich liegt die Stärke dieses Beitrags in der Darstellung des Beziehungsnetzes, in dem Madama sich während und nach ihrer Ehe mit dem Herzog von Florenz bewegte. Daneben widmet sich die Autorin dem Streit um das Erbe Alessandros, welcher Margarete noch lange nach ihrer zweiten Heirat an die Toskana band.

Margaretes Eheschließung mit Ottavio Farnese geht Daniela MORSIA nach. Die Autorin beschreibt die Heiratsverhandlungen, die Vertragsunterzeichnung und den Empfang der Braut durch die Familie ihres Gemahls und widmet sich der langsamen Annäherung der jungen Frau an ihren Gatten, den sie zu Beginn ihrer Ehe vehement ablehnte, wobei die Gründe für diese Wandlung nur knapp skizziert werden. Giampiero BRUNELLI geht in seinem Aufsatz den religiösen Erfahrungen Madamas und ihren wechselnden Positionen in Rom nach. Nicht nur die Personen, mit denen sie verkehrte, und die Konflikte, die diese Kontakte auslösten, werden untersucht, sondern auch der Wandel Margaretes von einer Fürstin, die mit »Häretikern« wie Vittoria Colonna oder Giovan Battista Pallavicino verkehrte, zu einer Frau, die sich mit den Idealen der Jesuiten identifizierte. Hugo DE SCHEPPER schließlich geht Margaretes Rolle als Statthalterin der Niederlande und der Frage nach, warum sie von ihrem Halbbruder auf diesen Posten berufen wurde und warum sie ihn akzeptierte. De Schepper stellt die Konflikte zwischen Madama und ihrem Sohn Alessandro sowie die obskuren Positionen Philipps II. dar, wobei die Wirren anläßlich der Übergabe der Regentschaft detailliert beschrieben werden.

Die Beiträge von Giuseppe Bertini, Bruno Adorni, Silvia Mantini und Laura Traversi setzen sich mit der Selbstdarstellung Margaretes von Parma, mit den symbolischen Aussagen ihrer öffentlichen Auftritte sowie mit ihrer Förderung von Kunst und Kultur auseinander. Anhand von Madamas triumphalen Einzugs in Parma skizziert Giuseppe BERTINI die

Erwartungen und Vorstellungen der Zeitgenossen hinsichtlich der politischen Rolle der Fürstin. Obwohl der Beitrag etwas zu viel Gewicht auf Ottavio Farnese legt, wird Margaretes Rolle für die Stadt Parma deutlich: Die aus Anlaß ihres Einzugs aufgestellten Triumphbögen und Dekorationen versinnbildlichen den »buon governo«, und Bertini stellt die Frage, ob diese symbolische Aussage an Margaretes tatsächlicher Bedeutung für die Stadt inspiriert gewesen sei. Im Anhang seines Beitrags publiziert Bertini eine bisher unveröffentlichte zeitgenössische Beschreibung dieses Einzugs aus dem Staatsarchiv von Parma. Bruno ADORNI widmet sich Margaretes Rolle für die Errichtung des Palazzo der Farnese in Piacenza. Auch er publiziert im Anhang eine ganze Reihe von Dokumenten, welche das Engagement der Fürstin für den Bau dieses Gebäudes belegen.

Die Herausgeberin Silvia MANTINI setzt sich in ihrem Beitrag mit der politisch-symbolischen Aussage des Zeremoniells auseinander, wie es anläßlich von Einzügen und anderen repräsentativen Handlungen Margaretes vollzogen wurde. Dabei untersucht die Autorin sowohl die von Madama intendierte symbolische Aussage als auch, wie diese Aussage vom Publikum aufgenommen wurde. Mantinis These lautet, Margarete habe symbolische »messages« bewußt für ihre politischen Ziele genutzt, erst als Repräsentantin der kaiserlichen Macht, dann als Vertreterin des Hauses Farnese, schließlich für ihre eigenen Interessen hinsichtlich ihres »Stato farnesiano« in den Abruzzen, wobei diese symbolische Sprache ein fundamentales Element ihrer Identität dargestellt habe. Der Beitrag von Laura TRAVERSI schließlich widmet sich bildlichen Darstellungen der Margarete von Parma – Gemälden, Medaillen und Drucken –, wobei die Autorin die Bedeutung der Porträtkunst im 16. Jh. unterstreicht. Aufgrund einer Analyse von Einzelheiten der Kleidung und des dargestellten Schmucks gelingt es Traversi, auf einem Alonso Sanchez Coello zugeschriebenen Porträt einer Dame, in der bislang Signora Bernardini de Mendoza vermutet wurde, die Statthalterin der Niederlande zu erkennen.

Die Beiträge von Gaetano Sabatini, Raffaele Colapietra, Walter Capezzali und Mario Centofanti behandeln das Regiment der Margarete von Parma in Aquila und den Abruzzen, wobei sich die beiden letztgenannten Autoren ebenfalls Fragen der Kunst und Kultur widmen. Mario CENTOFANTI beschreibt Margaretes Palazzo in Aquila, wobei das ursprüngliche und heute verlorene Aussehen des Bauwerks anhand von Plänen und der lokalen Bautradition so gut wie möglich rekonstruiert und der Bezug zwischen Palazzo und ihn umgebender Stadtstruktur hergestellt wird. Walter CAPEZZALI beschäftigt sich mit dem Einfluß der Margarete von Parma auf die Druckindustrie in Aquila. Dabei geht der Autor der Frage nach, ob die Anwesenheit Madamas und ihres Hofes nur zufällig mit einem Wiedererstarken der zeitweise stagnierenden Drucktätigkeit in Aquila zusammenhängt, oder ob ein kausaler Zusammenhang ausgemacht werden kann. Zwei weitere Beiträge beschäftigen sich mit Margaretes Regierung im »stato« der Farnese in den Abruzzen und in Aquila. Der wirtschafts- und finanzgeschichtlich angelegte Aufsatz von Gaetano SABATINI beschreibt das Engagement Madamas in der Verwaltung des »stato« und der Stadt Aquila, die von ihr erlassenen Statute etwa, ihr Interesse an Fragen des Grenzverlaufs und der Lebensmittelversorgung. Raffaele COLAPIETRA setzt sich mit Margaretes Regierung in Aquila auseinander. Der Autor untersucht die Prinzipien und Ziele ihres Engagements in der Stadt und die Reaktionen der Bevölkerung, kommt ansonsten aber nur peripher auf die Fürstin zu sprechen und widmet sich eher der Stadt Aquila, ihrem Palazzo und ihren Besuchern.

Obwohl die zuletzt behandelten Beiträge für sich genommen interessante Erkenntnisse beinhalten, stellt sich doch die Frage, ob ein Drittel der Aufsätze eines Sammelbandes zur Stellung der Margarete von Parma zwischen Hof der Farnese und den Habsburgern dem »stato farnesiano« und der Stadt Aquila gewidmet sein sollte, während andere Bereiche, wie ihre Rolle als weiblicher Herrscher etwa, nur gestreift werden. Es ist dies jedoch die einzige Kritik, die an dem ansonsten äußerst überzeugenden Band geübt werden kann, dessen

Beiträge Forschungslücken füllen, alte Fragen beantworten, neue Fragen aufwerfen und die Bedeutung der Fürstin aus unterschiedlichen Blickwinkeln würdigen. Selbst die teilweise etwas unreflektiert wirkende Benutzung von Konzepten wie »Renaissance« (s. o.) oder »Gegenreformation« (S. 66) tut diesem positiven Eindruck keinen Abbruch. So zeigen die Aufsätze nicht nur, welche Forschungsarbeit bereits geleistet worden ist, sondern auch, was in Zukunft noch getan werden kann, um dieser interessanten Figur des 16. Jhs. den ihr zustehenden Platz in den Geschichtsbüchern zu sichern.

Christiane Coester, Berlin

Sylvène Édouard, L'Empire imaginaire de Philippe II. Pouvoir des images et discours du pouvoir sous les Habsbourg d'Espagne au XVIe siècle, Paris (Honoré Champion) 2005, 416 S. (Bibliothèque d'histoire moderne et contemporaine, 17), ISBN 2-7453-1229-4, EUR 72,00.

Die vorliegende Arbeit basiert auf der *Thèse* der Autorin über die königliche Repräsentation unter Philipp II., die bei Denis Crouzet an der Sorbonne in Paris entstand. Dem Band vorangestellt ist ein angebliches Zitat aus Shakespeares »Richard III.«: »Nous sommes de l'étoffe dont les songes sont faits / Et notre petite vie est cernée par le sommeil«. Hier trügt die Erinnerung der Autorin, denn besagtes Zitat – im Original »We are such stuff / As dreams are made on, and our little life / Is rounded with a sleep« – stammt eindeutig von Prospero aus »The Tempest« (IV, 1). Es soll sinnbildlich für die These des Buches stehen, wonach man anhand der königlichen Bildersymbolik die Programmatik der Politik Philipps II. von Spanien (1527–1598) ablesen könne, die Ziele seiner Herrschaft in einem ersehnten Reich, dessen König zwar des Kaisertitels entbehrte, aber den moralischen Anspruch als erster Verteidiger der katholischen Kirche erhob.

Das Unterfangen erweist sich als gleichermaßen ambitioniert wie trügerisch. Denn das Leben ist eben kein Traum und kein Schlaf, und die durch höfische Künstler erzeugte Illusion unterscheidet sich oftmals wesentlich von der tatsächlichen Politik und auch ihren Zielen. Man muß bei dem Ansatz der Autorin verweilen. Jedem leuchtet ein, daß ein vom Hof gesteuertes Bildprogramm eine Propagandawirkung entfacht und ein Wunschbild projiziert. Doch jeder, der einen heutigen Wahlkampf miterleben muß, erkennt recht schnell den Unterschied zwischen den Deklamationen von Wahlplakaten und der tatsächlichen Politik und den ihnen zugrundeliegenden Motiven. Man mag von Sachzwängen sprechen, böse Zungen behaupten, man streue dem Volk gezielt Sand in die Augen, um eine Illusion von gewünschten oder vorgeblichen Politikzielen zu erzeugen. Königliche Porträts sind *sub specie aeternitatis* geschaffen, die Tagespolitik für den Augenblick, und selbst die großen Leitlinien, so es sie denn gibt, stimmen nicht unbedingt mit dem veröffentlichten Bild überein, das in Auftragsarbeiten entstand. Martin Warnke hat unlängst in einer Velázquez-Biographie analysiert, wie sehr es sich bei den Auftragsarbeiten des Malers am Hof Philipps IV. um einen Teil der Imagebildung der spanischen Habsburger handelte. Öffentlichkeitsarbeit war gefragt, keine ideologische Selbstbespiegelung.

Die Autorin wiederholt das gängige Bild Philipps II., der nach dem Verzicht auf die Kaiserwürde trotzdem durch ideologische Verbissenheit nach einer Universalmonarchie gestrebt habe. Ausdruck dieser Ambitionen sei jenes durch die Kunst in Wort und Bild erschaffene imaginäre Reich gewesen. Es soll hier kein kunsttheoretischer Diskurs geführt werden. Das Dekonstruieren und Rekonstruieren eines Bilderdiskurses (S. 15) mag entsprechenden Spezialisten vorbehalten bleiben. Verweilen sollte man indes bei der historischen Interpretation von Bildquellen.

Dabei gelangt die Autorin zu teils widersprüchlichen Aussagen. So stellt sie richtigerweise fest, daß das Religiöse oftmals als Unterstützung originär politischer Botschaften fungierte (S. 17), spricht aber kurz darauf von der Umsetzung einer Leitidee, die Philipp II. als Verteidiger der Christenheit gleichermaßen nach innen wie nach außen am Werke sieht (S. 18). Dabei unterschied sich vielmehr die Religionspolitik Philipps im Innern, wo er keinerlei Konzessionen machte, von der nach außen, wo aus machtstrategischen Gründen religiöse Belange in den Hintergrund traten. Doch diese feinsinnige Unterscheidung macht die Autorin nicht. Ihre Fixierung auf die schematisierende Bildpropaganda führt zu pauschalen Urteilen. Auch fehlt an einigen Stellen die Herausarbeitung von Unterschieden zwischen der Rhetorik der Repräsentation und der Wirklichkeit. So kann Philipp zwar als »héritier de l'héroïsme et de la mission universelle de l'empereur« (S. 367) erscheinen, aber eben nur auf Abbildungen, die für die Nachwelt bestimmt waren. Im Diesseits erschien der spanische König über weite Strecken seiner Herrschaft eher als Hüter des Status quo, der das spanische Reich vor der Desintegration zu bewahren versuchte, denn als Verfechter des Plus ultra seines Vaters.

Vieles läßt sich durch die Deutung der Bildsymbolik erschließen – die Propagandaleistung eines Herrschers, vielleicht sogar dessen Selbstverständnis, zumindest aber das Bild, das die Nachwelt von ihm behalten sollte; ob aber die Ziele der Regierungspolitik selbst dort abzulesen sind, darf angezweifelt werden. Man kann noch einen Schritt weiter gehen: Ist es nicht auch zu einem Gutteil die Wirkung ebendieser Propaganda in Schrift und Bild, der katholischen wie vor allem auch der protestantischen, die zu einer Verzeichnung der Person Philipps II. geführt hat, die die Leyenda Negra so reichlich bediente? Philipp II. als kompromißloses Schwert des Katholizismus – »l'idée prend vie et s'anime par une symbiose active des images et des événements« (S. 19), wie die Autorin ausführt – zu verstehen, fällt angesichts zahlreicher rein machtpolitisch motivierter Entscheidungen schwer. Die Deutung des allegorischen Gemäldes Tizians mit dem Titel »Spanien eilt der Religion zu Hilfe« in der Folge von Lepanto zeige, so Édouard, wie sehr die Politik dem ikonographisch vorgezeichneten Weg folgte (S. 151). Tatsächlich war lange Zeit Pius V. der Antreiber auf dem Weg zur Heiligen Allianz gegen die Türken, während Philipp aus strategischen Gründen zauderte wie zuvor schon bei der Wiedereinberufung des Konzils von Trient. Er und sein Oberkommandierender Don Juan de Austria ließen sich nach dem glanzvollen Sieg verständlicherweise als die Retter der Christenheit feiern. Auch gibt es zahlreiche Beispiele dafür, daß Spanien der Religion nicht zu Hilfe eilte – etwa dem Katholizismus in England und Irland, lange Zeit auch nicht den Katholiken in Frankreich während der Religionskriege –, weil es eben nicht um innere Angelegenheiten, bei denen religiöser Ungehorsam als Auftakt zu politischem verstanden wurde, sondern um Außenpolitik ging, die dem Primat der Machtpolitik folgte. Philipp II. als »roi de guerre« (S. 19) zu sehen, widerspricht ebenfalls der Realität, in der er eher als König der Diplomatie und der Papiere in Erscheinung trat und nur ein einziges Mal bei St. Quentin 1557 persönlich an einer Schlacht teilnahm.

»La fin de l'apprentissage de la représentation fut celle de l'accès à la réalité du pouvoir. Ce fut aussi l'apprentissage de la distance entre la représentation d'un rêve d'empire et les contraintes du gouvernement des possessions hispaniques« (S. 23f.), lautet eine der Thesen der Autorin. Diese Überwindung der Diskrepanz zwischen Traum und Wirklichkeit gelang offensichtlich nicht, ja, sie war noch nicht einmal erwünscht. Wieso billigen wir einem Herrscher des 16. Jahrhunderts nicht zu, was jedem heutigen Staatschef zugestanden wird – nämlich das Kalkül, mit der Macht der Bilder Illusionen zu erzeugen, die nicht unbedingt in der Tagespolitik umgesetzt werden können, müssen, sollen oder gar dürfen.

Die Interpretation der Politik des spanischen Königs vor dem Hintergrund der königlichen Bildpropaganda bedeutet zugleich eine Abwertung der schriftlichen Hinterlassenschaft der Diplomatie, wie die Verfasserin expliziert: »Son règne se laisse moins appréhender par la lecture des institutions, discours de l'ordre et de la puissance monarchique, que par l'imaginaire, méta-discours de la majesté« (S. 367). Diese These erscheint überzogen.

Denn gerade die schriftliche Hinterlassenschaft demonstriert eindrucksvoll, was handlungsleitende Elemente der Politik Philipps II. waren und was Propaganda. Letztere, zumal die konfessionelle, unterstütze, wenn nötig, die Politik, gab aber nie die Hauptrichtung vor.

So ergibt sich nach der Lektüre folgendes Bild: Die Autorin arbeitet sehr überzeugend und an einer Fülle von bildlichen und dichterischen Kunstwerken den Symbolgehalt der Aussagen heraus. Auch wird an vielen Stellen gezeigt, wie sich in der repräsentativen Darstellung politische Aussagen spiegelten. Auf dieser Ebene der inhaltlichen Analyse gibt es kaum etwas auszusetzen. Was irritiert, ist die pauschale These, der zufolge die Politik Philipp II. durch diesen Bilderdiskurs eher zu verstehen sei als durch das Studium der Schriftquellen in Form der diplomatischen Korrespondenz. Erstens leuchtet es nicht ein, die verschiedenen Quellengattungen gegeneinander auszuspielen, da jede ihren eigenen Wert besitzt; zweitens verführt die Konzentration auf die Bildprogrammatik offenbar zu pauschalen Einschätzungen, die hinter die neueste Forschung zurückfallen; und drittens war das Selbstverständnis der spanischen Monarchie in der zeitgenössischen gelehrten Diskussion zu umstritten, als es auf die Formel reduzieren zu können, Philipp II. habe wegen einer Art Minderwertigkeitskomplex – ein Kaiser ohne Krone! – ein imaginäres Reich erschaffen, das durch das königliche Bildprogramm entschlüsselt werden könne. Denn die philosophische Diskussion, die durchaus kontrovers geführt wurde, spielte sich eher in schriftlicher Form ab, in Büchern, in Traktaten. Im Reich der Bilder sieht Édouard keine Widersprüche, alles fügt sich zu einem minutiös ausgearbeiteten Programm, das der Politik als Maßstab gedient habe. So funktionierte Politik aber nicht, und so funktioniert sie auch heute nicht.

Markus REINBOLD, Mainz

Dirk MACZKIEWITZ, Der niederländische Aufstand gegen Spanien (1568–1609). Eine kommunikationswissenschaftliche Analyse, Münster (Waxmann) 2005, 366 p. (Studien zur Geschichte und Kultur Nordwesteuropas, 12), ISBN 3-8309-1521-7, EUR 34,80.

La »guerre de libération« des Pays-Bas est l'un des événements majeurs de la période de la première Modernité. Ce conflit, comme le fait observer Johannes Burckhardt, déboucha sur une situation nouvelle, marquée par la rupture de l'équilibre politique traditionnel entre le monarque et les états provinciaux et par l'autonomisation du pouvoir de ces derniers qui s'engagèrent dans un processus de construction étatique moderne et non monarchique.

Ce conflit fut complexe, mené sur plusieurs plans: les opérations militaires furent doublées d'un combat de propagande, d'une guerre pour la domination des esprits. Davantage que sur le terrain militaire, c'est sur celui de la propagande que s'imposèrent les insurgés. Après les Réformes luthérienne et calviniste, la révolte des Pays-Bas fut un événement médiatique majeur, dont Dirk Maczkiewitz entreprend l'étude.

L'ouvrage se propose (p. 24) d'étudier »la fonction des médias à l'époque de la révolte des Pays-Bas«, ou, de manière plus précise (p. 27), d'»examiner les conditions et le déroulement des processus de communication qui ont largement contribué à la réussite de la révolte«. L'auteur se réclame, de manière explicite, de plusieurs patronages: de celui de l'école des Annales, et plus particulièrement de Fernand Braudel, et de celui de la théorie des systèmes de Niklas Luhmann.

Qui dit propagande dit volonté d'influencer, éventuellement de manipuler. L'auteur décèle déjà cette manipulation dans les concepts utilisés pour désigner le conflit et ses participants, qui sont marqués au coin d'une tradition historiographique restituant le point de vue des vainqueurs. Il opère ainsi des mises au point conceptuelles fort pertinentes. Celles-ci concernent dans un premier temps la désignation des deux belligérants, les »Pays-Bas« et l'»Espagne«. Parler des Pays-Bas pour cette période suggère l'existence d'une entité constituée, possédant une conscience de son identité. Or il n'y avait, au début du conflit, pas de »Pays-Bas« en tant que sujet du droit international, mais un ensemble fort disparate de provinces qui ne furent regroupées qu'en 1548, par le »traité bourguignon« et dont le lien essentiel était un souverain commun. En outre, il n'existait, à l'origine, pas de conscience néerlandaise unitaire: l'un des objectifs de la propagande des insurgés résida justement dans l'éveil et la diffusion de ce sentiment. Tout aussi problématique est la référence à l'Espagne, puisqu'il est manifestement erroné de parler d'une révolte contre l'Espagne ou la »tyrannie espagnole«. Philippe II ne régnait en effet pas sur les dix-sept Provinces en tant que roi d'Espagne, mais en tant que souverain des différentes entités qu'il avait reçues en héritage de son père, Charles Quint. Mais l'auteur rappelle aussi que la représentation d'un conflit contre l'Espagne (donc contre une oppression étrangère) était habile en terme de propagande et fut donc abondamment utilisée par les insurgés.

La durée du conflit appelle aussi des observations. On ne peut plus accepter la représentation d'une guerre de quatre-vingts ans, d'un conflit unique allant de 1568 (avec l'événement éminemment symbolique de l'exécution d'Egmont et de Horn) jusqu'en 1648 (année au cours de laquelle les traités de Westphalie sanctionnent l'indépendance totale de la république des Provinces-Unies). Il est plus conforme aux faits de distinguer deux périodes (1568–1609 et 1621–1648), séparées par une trêve de 12 ans. La première phase fut effectivement une révolte, alors que la seconde eut bien davantage le caractère d'un conflit entre États. Cela légitime la considération de la première phase en tant que sujet historique.

Une autre représentation issue du discours de propagande appelle des réserves: la révolte ne fut pas un combat inégal opposant le David néerlandais au Goliath espagnol, mais un affrontement entre des provinces développées, riches et un souverain régnant certes sur un Empire immense, mais en proie à des difficultés majeures, notamment sur le plan financier.

L'auteur s'attache à étudier les acteurs de la propagande, les supports du message, les conditions (matérielles, intellectuelles et psychologiques) de sa diffusion, son contenu et les inflexions de celui-ci en fonction de l'évolution du conflit. L'étude ne prend pas uniquement en considération les documents écrits (c'est-à-dire essentiellement les pamphlets), mais s'attache aussi à la communication non verbale: les actes symboliques (les »joyeuses entrées«, mais aussi les exécutions capitales), les vêtements (et les signes sur les vêtements), les lieux (par exemple le choix symbolique de Dordrecht pour la réunion des états provinciaux en juillet 1572), l'image, les bâtiments (et la décoration de ceux-ci). La création de l'université calviniste de Leyde (opposée aux universités catholiques de Louvain et de Douai) est appréhendée dans sa signification d'acte de communication.

La propagande des insurgés bénéficiait de conditions générales favorables: le taux d'alphabétisation était élevé (des parties importantes de la population pouvaient être touchées), les artistes étaient nombreux, les ateliers d'imprimerie actifs (avec le centre dynamique d'Anvers) et dirigés par des imprimeurs qui avaient vu le profit matériel qu'ils pouvaient titrer de l'impression de pamphlets. Une alliance s'établit d'ailleurs entre des milieux progressistes (bourgeoisie et petite noblesse) habitués à recourir à l'imprimé et le calvinisme. En face, la réponse des milieux catholiques, loyaux envers Philippe II, resta faible. Comme lors de la Réforme en Allemagne, les protestants se montrèrent bien plus habiles que leurs adversaires dans l'utilisation de l'imprimé à des fins de propagande. Les milieux catholiques étaient dans l'ensemble plus conservateurs, moins ouverts à la technique nouvelle de l'imprimerie; ils restaient attachés au latin et répugnaient à utiliser la langue vulgaire qui leur eût donné accès à un large public, qu'ils ne souhaitaient d'ailleurs pas faire participer au débat politique. La communication catholique continua de privilégier des supports comme la procession ou la représentation théâtrale. D'ailleurs, lorsqu'il y eut une riposte catholique, celle-ci provint essentiellement de la ville allemande de Cologne.

Le contenu du discours politique des révoltés se caractérise par une évolution qui marqua la radicalisation des attitudes au cours du conflit. D'attitudes initialement prudentes (que l'auteur appelle le »système du monarque juste«) qui évitaient (assez hypocritement) de mettre en cause Philippe II pour faire porter toute la responsabilité au duc d'Albe, éventuellement assimilé à l'Antéchrist, on passa à des thèses monarchomaques, puis à la dénonciation violente de la tyrannie exercée par le roi d'Espagne. Les idées calvinistes sur le droit de résistance furent un élément central de l'argumentation.

L'étude met en évidence l'évolution qui s'opéra dans les consciences: rares étaient ceux qui, au début du conflit, envisageaient de rejeter la tutelle de Philippe II, et même lorsque ce pas fut accompli, les insurgés se mirent en quête d'un autre souverain, avant de se résoudre, par défaut en quelque sorte, à confier l'exercice du pouvoir à leurs états généraux.

La propagande des insurgés posséda, dans un premier temps, des visées essentiellement apologétiques; mais de plus en plus, elles s'efforça de diffuser auprès des habitants des Pays-Bas (essentiellement des provinces septentrionales) un sentiment d'appartenance collective catalysé par des modèles identificatoires; il fallait rendre crédible la représentation d'un soulèvement unanime des habitants des Pays-Bas sous la conduite de la Maison d'Orange contre la tyrannie espagnole.

À plusieurs reprises, le travail souligne le rôle essentiel de Guillaume d'Orange (le Taciturne): habile politique, mais aussi »communicateur« de premier ordre, qui put compter sur une équipe de collaborateurs efficaces pour opérer un travail de persuasion (p. 218).

L'un des procédés fondamentaux de la propagande des insurgés visa à opérer une distinction entre un endogroupe (»nous«) et un exogroupe (»eux«), c'est-à-dire à mettre en œuvre un ensemble de représentations fortement stéréotypées opposant de manière aussi tranchée que possible les habitants des Pays-Bas aux Espagnols. Les stéréotypes attachés à l'exogroupe constituèrent ce que l'on appela ultérieurement la *Leyenda negra*, qui accusait les Espagnols, en bloc, de cruauté, de fanatisme et d'impureté raciale.

La définition de l'endogroupe visa à insuffler aux habitants des Pays-Bas un sentiment d'appartenance collective attesté par des critères religieux et historiques. La désignation des Pays-Bas comme »nouveau Peuple élu«, »nouvel Israël« reprend un schéma déjà diffusé dans le passé, mais habilement adapté à la situation présente. L'application du modèle typologique pouvait recevoir un semblant de légitimation par la mise en analogie de l'engloutissement de l'armée de Pharaon dans les eaux de la Mer rouge et le percement des digues pour arrêter les armées espagnoles (p. 253). Cette analogie permettait aussi de mettre Philippe II dans le rôle peu flatteur de Pharaon, alors que Guillaume d'Orange, puis son fils Maurice apparaissaient comme les continuateurs des Juges du peuple d'Israël.

Cette entreprise de constitution identitaire eut également recours au mythe batave. L'originalité de ce mythe est faible: tous les peuples se cherchaient des ancêtres illustres et partout était affirmée (en dépit de la vérité historique) une continuité biologique et morale. Les Allemands se voyaient descendants des Germains, les Français descendants des Gaulois. Mais cette filiation permettait aussi d'affirmer une tradition de résistance à l'oppression étrangère, représentée en Allemagne par Arminius, en France par Vercingétorix, aux Pays-Bas par Claudius Civilis, notamment représenté par Rembrandt. Enfin, l'assassinat de Guillaume le Taciturne, le 10 juin 1584, donna à la cause des révoltés une figure essentielle, celle du martyr. La figure de Guillaume d'Orange devint le pivot d'un mythe fondateur pour la nation néerlandaise.

L'étude menée par Dirk Maczkiewitz présente de nombreux aspect intéressants et informatifs, mais certaines réserves semblent devoir être formulées. Celles-ci concernent dans un premier temps la conception même: l'étude se présente comme une investigation portant sur les procédés de communication au cours de la révolte des Pays-Bas, mais elle tente également de faire l'historique de cette révolte, dans une perspective de »longue durée« référée à Fernand Braudel. On ne voit par exemple pas très bien en quoi la »physiogéographie« des Pays-Bas, qui rend compte de l'évolution de la géographie physique du pays depuis 200 000 ans, a un rapport avec le sujet. De nombreuses considérations liminaires concernant la situation historique et économique des Pays-Bas, puisées dans d'autres ouvrages, possèdent certes une part de légitimité, mais elles auraient dû être présentées de manière beaucoup plus concise. Le début de l'ouvrage, jusqu'à la page 152 (c'est-à-dire jusqu'à la moitié du texte) est constitué de préliminaires. Par contre, l'étude des contenus est souvent rapide et laisse le lecteur sur sa faim. Celui qui attend, par exemple, une analyse détaillée de pamphlets consacrés à un thème précis ou se rapportant à un événement donné sera bien déçu. Et pourtant, l'introduction de l'ouvrage indique qu'il y a dans trois grandes archives néerlandaises et belges pas moins de 10 000 pamphlets concernant la période entre 1555 et 1590. La matière ne manquait pas!

L'auteur se réfère à la théorie des systèmes de Niklas Luhmann, mais (au moins sur le plan formel) la référence finit par devenir terriblement envahissante. Le terme de »système«, inlassablement répété avec des significations différentes, finit par hypothéquer l'intelligibilité de l'ouvrage (pour ne rien dire de l'agrément de la lecture). On ne voit pas très bien le gain que représente la désignation d'une personne comme »système psychique«. Lorsque l'auteur affirme (p. 152) que »certains systèmes psychiques comme Charles Quint, Philippe II et Guillaume d'Orange étaient membres de différents systèmes sociaux, ce qui semblait garantir l'existence des systèmes en question«, le lecteur en est réduit à des conjectures. Un spécialiste en sciences de la communication devrait être sensible au fait que le recours systématique au jargon n'est guère de nature à favoriser la communication!

Il aurait par ailleurs été judicieux de revoir le traitement des citations. Passons sur le fait que certains développements finissent par ressembler à des collages de citations. Mais il aurait au moins été impératif de procéder à une harmonisation linguistique et de présenter les citations soit en allemand, soit dans leur langue d'origine réelle: il est ainsi surprenant et gênant de voir Philippe II d'Espagne s'exprimer systématiquement en anglais, alors que l'auteur avait pourtant signalé, dans le chapitre consacré au »système de Philippe II«, que son incapacité à s'exprimer autrement qu'en espagnol était l'un des facteurs qui avait empêché son adaptation au »système des Pays-Bas« et aux »systèmes dans les Pays-Bas«.

Jean SCHILLINGER, Nancy

Katharina HUBER, Felix Platters »Observationes«. Studien zum frühneuzeitlichen Gesundheitswesen in Basel, Basel (Schwabe) 2003, 397 S. (Basler Beiträge zur Geschichtswissenschaft, 177), ISBN 3-7965-2022-7, CHF 48,00.

Der bekannte Basler Stadtarzt, Hochschullehrer und vor allem praktische Arzt Felix Platter (1536–1614) hat mit den 1614 vorgelegten »Observationes«, einer Sammlung von nahezu 700 der eigenen Praxis entstammenden Krankengeschichten, ein »glorioses Spätwerk« hinterlassen. Der Medizingeschichte jeweils fachbezogen im Detail und wegen seiner frühen Systematisierung der Geisteskrankheiten wohl bekannt, wird es hier erstmals einer historischen Analyse unterzogen, und dies in eindrucksvoller, vielen Disziplinen dienender Weise.

Die einleitende Kurzbiographie vermerkt die Aufnahme des Medizinstudiums 1551 in Basel, die Fortsetzung im Folgejahr bis 1556 in Montpellier, wo auch die Chirurgie viel galt, die Promotion danach wieder in Basel, dort praktische, daneben, ab 1562, auch Lehrtätigkeit, begleitet von nicht weniger als 13 Dekanaten und sechs Rektoraten. Neben den »Observationes« sind die Werke »De corporis humane structura« (1573) und »Praxis medica« (1602ff.) erwähnenswert; ihre Titel stehen programmatisch für Platters Forschungsinteressen, die ergänzt wurden durch naturwissenschaftliche Sammeltätigkeiten. Als Autoren hervorgetreten sind auch der Vater Thomas Platter, Rektor der Lateinschule, mit einer Autobiographie und der gleichnamige Sohn, jüngerer Stiefbruder von Felix, mit einem jüngst von E. Le Roy Ladurie neu edierten Reisebericht (vgl. Rez. in Francia 32/2, S. 241–243).

Felix verband als Stadtarzt, als welcher er auch die Ausübung von Medizinalberufen zu beaufsichtigen hatte, die Universitäts- mit der Volksmedizin und maß als scharfer Diagnostiker die Überlieferung, ohne sie grundsätzlich in Frage zu stellen, an seinem breiten Erfahrungsspektrum. Da die Verschränkung von öffentlicher und Universitätsmedizin im frühneuzeutlichen Basler Medizinwesen recht eng war, bemühte Platter sich um die Integration von Anatomie, Chirurgie und Psychologie in die akademische Medizin; letzteres Fach war zuvor bei der Theologie beheimatet. In seiner eigenen Praxis arbeitete er mit der Chirurgenzunft zusammen, sorgsam deren Zuständigkeit achtend, so daß Konflikte mit dem Rat und den *chirurgici* vermieden wurden.

Das dreibändige Quellencorpus der »Observationes«, denen eine Widmung an Markgraf Georg Friedrich von Baden vorangestellt ist und das 1641 und 1680 eine zweite und dritte Ausgabe erlebte, ist in neuer Weise nosologisch zukunftweisend gegliedert nach dreierlei Funktionsstörungen, nämlich nach funktionellen Störungen, nach Schmerzen (die als Krankheit, nicht als Symptom aufgefaßt wurden) und nach Veränderungen ohne wesentliche Funktionsstörungen. Es handelt sich jeweils um ein Kaleidoskop von genau und sehr reflektiert festgehaltenen Krankengeschichten und Episoden, gewissermaßen eine Summe der persönlichen Erfahrung und Entwicklung. Die daraus ersichtliche Fähigkeit zur Abstraktion und Hierarchisierung ist beachtlich. Da die Analyse von einem Mitfühlen begleitet ist, erwächst aus dieser hervorragenden Quelle ein sozialgeschichtlich hoher Ertrag, indem Einblick in die verschiedenen Lebensformen des frühneuzeitlichen Alltags gewährt wird. Kasuistik trieben zwar auch ambitioniertere Chirurgen, jedoch unterscheidet sich Platters Werk davon allein schon durch die Verwendung der lateinischen Sprache. Literaturgeschichtlich lassen sich die »Observationes« als Mischung von drei Kategorien begreifen: der Autobiographie (da viele persönliche Beobachtungen eingeflossen sind), der Geschichtsschreibung (zum kulturellen und sozialen Alltag) und schließlich eines ärztlichen Kanons (in den neue Grundsätze integriert sind). Wie es Platters Praxis entsprach, sind auch nicht-akademische medikale Handlungsbereiche integriert. Keine Frage, daß es sich bei alledem auch um eine mentalitätsgeschichtlich hochrangige Quelle handelt.

Ziel der Arbeit ist eine sowohl medizingeschichtliche Gesamtanalyse unter wissenschaftsgeschichtlichen Aspekten (Kap. 2, 138 S.) als auch eine historische, vornehmlich sozialgeschichtliche Analyse, besonders auch im Hinblick auf die Professionalisierung der Medizinalberufe (Kap. 3, 93 S.).

Platter steht für einen konzeptionellen Umbruch in der Medizin am Übergang vom 16. zum 17. Jh., und dementsprechend filtert das zweite Kapitel aus den »Observationes« Konzeptionen, Modelle und Strategien auf drei Gebieten heraus. Das gilt zunächst für den Bereich der Psychologie, also der natürlichen Erklärung von Geisteskrankheiten vom Menschen aus, für die er ein klassisches Interpretationsschema entwickelt hat, das von Symptomen und Funktionsstörungen ausgeht. Dieser Erklärungsansatz erwies sich als höchst fortschrittlich, wenn z. B. Geisteskrankheit als strategischer Lösungsversuch emotionaler Frustration gesehen wird. Auch die Epilepsie und die Hysterie erfuhren im Spannungsfeld von religiöser, magischer und wissenschaftlicher Ideologie weiterführende Deutungen; Emotionen wurden als Ursachen psychopathologischer Störungen erkannt. Im zweiten großen Bereich, dem der Anatomie und Chirurgie, wertete er erstere zur medizinischen Disziplin auf und institutionalisierte sie im medizinischen Unterricht. Aus den über 50 von ihm selbst vorgenommenen Sektionen gewann er ätiologische Erkenntnisse. Die moderne Methode der Beobachtung und darauf folgenden Deduktion blieb jedoch in den zeittypischen erkenntnistheoretischen und historisch-mythologischen Rahmen eingebettet. Immerhin ließ seine Beschreibung des weiblichen Körpers – ungeachtet der bei ihm feststellbaren Misogynie – ein Forschungsinteresse erkennen, das erstmals von einer Geschlechterdifferenz ausgeht; in Zusammenarbeit mit Hebammen behandelte er sogar Frauenkrankheiten. Forensische, ihm von Amts wegen zustehende Gutachten, z. B. in Ehegerichtsfällen und sogar zur Geschlechtsidentität, markieren, da sie Beweiskraft erlangten, Anfänge der Definitionsmacht der akademischen Medizin. Das Zusammenwirken mit Chirurgen war klar arbeitsteilig, so daß chirurgische und anatomische Strategien sich eng verflechten konnten. Im dritten, noch am meisten traditionsverhafteten Bereich der zeittypischen Krankheiten *(de doloribus)* spielten religiös-moralisierende Konzeptionen noch eine große Rolle. Fieber galt Platter noch als Krankheit und nicht als Sammelsymptom. Dennoch ist das zweite Buch der »Observationes« eine wichtige Quelle zur Geschichte der Pest. Der Kontagionstheorie zuneigend, vermochte er trotz seiner Funktion als Stadtarzt für die Prophylaxe nur wenig zu tun. Seine Maxime »Betreuen, nicht Flucht« folgte einer protestantischen Berufsethik, die den Arzt als säkularisierten Priester verstand, wobei er im calvinistischen Basel der Prädestinationslehre, die ihm einen therapeutischen Nihilismus hätte nahelegen müssen, nur sehr bedingt folgte. Seine Haltung unterlief latent das herrschende religiös-politische System. Daß er sich selbst als Pestarzt stilisierte, ist aus der Rückschau weniger durch seine mäßigen Behandlungserfolge als vielmehr durch seine topographisch fundierte Peststatistik, die ihn zu einem Ahnherrn auch des Fachs der medizinischen Statistik macht, berechtigt.

Das ebenfalls in sich dreigeteilte dritte Kapitel klärt zunächst das Verhältnis von Magie und medizinischer Wissenschaft. Platters polykultureller Ansatz zu einer neuen akademischen Medizinalkultur vermittelte zwischen unterschiedlichen kulturellen Systemen, von den Quacksalbern bis zu den Paracelsisten. Von letzteren distanzierte er sich als »rationaler Psychologe« zwar; dennoch wiesen die von ihm verwendeten Rezepturen und Heilpraktiken alchemistische und paracelsistische Elemente auf. In seinen Traktaten und Gutachten zur Hexerei scheinen Bezüge zwischen der dämonologischen Debatte – Dämonen hielt er für existent – und der Professionalisierung der medizinischen Wissenschaft auf. Besessene sind für ihn aber medizinisch zu behandeln, nicht durch Exorzismus. Aus dem Vorangehenden ergibt sich nun beim Blick auf Platters persönliche Religiosität und Glaubenshaltung, daß ihm Dogmatismus fernlag, er aber zur Absicherung der akademischen Medizin durchaus Bekenntnisse zum in Basel maßgeblichen Dogma für erforderlich hielt und ablegte. Auf drei Ebenen wird sodann die Heterogenität der medikalen Kulturen anhand von Platters Interaktion mit ihnen untersucht, nämlich mit der volkstümlich-magischen Kultur, mit der traditionell etablierten volkstümlich-medikalen Kultur sowie mit der volkstümlich medikalen Subkultur. Volkstümliche magiologische Vorstellungen kannte Platter, lehnte sie aber ab. Mit Chirurgen, Badern, Henkern und Hebammen pflegte er Beziehungen, kaum mit der medizinischen Subkultur; denn Kurpfuscher und dorthin von ihm eingeordnete jüdische Ärzte paßten nicht in sein christliches Welt- und Berufsbild. Auch verurteilte er die volkstümliche Selbstmedikation. Hier wie in vielen anderen Zusammenhängen wird auch ein manchmal recht unverhohlenes, manchmal sehr subtiles Verteidigen und Ausweiten des Berufsfelds des akademischen Arztes faßbar. Sein Prestige rührte auch aus den Verbindungen mit mehreren Adelshöfen her. Platter selbst hatte Teil an der höfischen Kultur und ihren Netzwerken, behandelte adlige Patienten und besuchte höfische Feste, als Ehrengast und Notarzt zugleich. So wurde – wie abschließend dargelegt – ein bürgerlicher Ärztestand formiert. Platters *Praxis medica* war der Kanon der neuen medikalen Kultur, die »Observationes« die für Gebildete allgemein verständliche Illustration dazu, auch im Sinne einer Abgrenzung »nach unten«. Mit dieser Festigung des Selbstverständnisses des empirisch orientierten akademischen Arztes mußte aber noch nicht zwingend eine Abkehr von der scholastisch etablierten herkömmlichen Medizin verbunden sein. Im Anhang zusätzlich durch Tabellen veranschaulicht wird die soziale Analyse der Patientenschaft; denn es ist zu fragen, wer sich einen solchen Arzt leisten konnte und wollte und wie sich sein Wirken auf Männer (mehr als die Hälfte), Frauen (ein gutes Drittel) und Kinder verteilte. Dem Ansehen förderlich war gewiß die Behandlung von Prominenten; die Kundschaft rekrutierte sich vor allem aus der städtischen Oberschicht, aber auch Arme wurden, nicht nur wegen der

Funktion Platters als Aufseher über die städtischen Betreuungseinrichtungen, von ihm – freilich bei abgestuftem Kostenaufwand – behandelt. Jedenfalls zog er auch Patientengut aus den Kundenkreisen konkurrierender Heilberufe zu sich herüber.

Das Fazit stellt abschließend die wichtigsten Ergebnisse konzis zusammen: Die »Observationes« belegen die Entsakralisierung psychischer Störungen und ihre Einbeziehung in den medizinischen Deutungsbereich, sie bestätigen Platters von der Medizingeschichte bereits herausgestellte Pionierleistungen auf den Gebieten der Anatomie, Pathologie und Chirurgie, sie bezeugen den revolutionären Charakter seiner auf Systematik und Klassifikation beruhenden neuen Nosologie, sie illustrieren eine Zusammenarbeit mit und Abgrenzung von benachbarten Heilberufen, sie ermöglichen Einblicke in Platters pragmatische und zugleich umständehalber vorsichtige Haltung in standesspezifischen Fragen der Religion und sie gewähren höchst aufschlußreiche Einblicke in die soziale Stellung des akademischen Arztes und seiner Patienten.

Daß die Autorin mit einem Blick auf Forschungsdesiderate schließt, beweist einmal mehr, wie kompetent und souverän sie mit ihrem Thema umgegangen ist. Sattelfest auf den für seine Beherrschung vielerlei Wissengebieten, zumal auch der Soziologie, sowie auf aktuellen Forschungsfeldern der Geschichtswissenschaft, ohne diesen zu verfallen, gelang ihr eine überzeugend strukturierte und durchgeführte Abhandlung auf auch sprachlich hohem Niveau und ohne jeden Tadel im Formalen. Die Ergebnisse sind methodisch stets diszipliniert und äußerst reflektiert erarbeitet. Verzeichnisse der ungedruckten und gedruckten Quellen sowie, nach Sachgebieten untergliedert, der Literatur, schließlich auch ein Register der Sachbegriffe, Personen- und Ortsnamen bestätigen den gediegenen Gesamteindruck. Wie ein nur durch ein historisches Spezialfach eingeschränkt verfügbar gemachtes wissenschaftliches Werk mit Quellencharakter der gesamten Kulturgeschichte aufgeschlossen werden kann, zeigt das Buch von K. Huber mustergültig.

Volker RÖDEL, Karslruhe

Johannes Ludwig SCHIPMANN, Politische Kommunikation in der Hanse (1550–1621). Hansetage und westfälische Städte, Cologne, Weimar, Vienne (Böhlau) 2004, VII–335 p. (Quellen und Darstellungen zur hansischen Geschichte, 55), ISBN 3-412-11704-8, EUR 37,90.

La *Dissertation* (thèse de doctorat) de J. L. Schipmann, soutenue en juillet 2001 et publiée en l'état par Böhlau, avec ses 301 pages d'un texte très serré et ses très nombreuses et abondantes notes infra-paginales, mérite à plus d'un titre d'être saluée. S'appuyant sur une vaste documentation de première main (correspondances, dossiers préparatoires aux diverses diètes hanséatiques) tirée des archives de la ville de Cologne et de nombreux dépôts d'archives westphaliens, l'auteur se penche sur une période plutôt mal aimée de l'histoire hanséatique, celle dite du »déclin de la Hanse«, que l'on préfère actuellement appeler tout simplement la »Hansische Spätzeit«, sans aucune connotation péjorative, car tout montre qu'il s'agit bien davantage d'une époque de transition[1]. Il s'intéresse aussi, à travers l'exemple régional du »quartier de Cologne« *(Kölner Quartier)* et de la Westphalie, à un aspect relativement peu étudié du fonctionnement de l'organisation hanséatique, c'est à dire à la communication politique entre les divers niveaux de la Hanse, depuis les toutes petites villes, celles qui se contentent de confier la défense de leurs intérêts aux villes plus importantes placées à la tête des »sous-quartiers« locaux (par exemple Coesfeld, Warendorf) ou des »quartiers« régionaux (par exemple Münster, Osnabrück, Dortmund …), jusqu'aux autorités centrales de la Hanse; à l'époque considérée, ces dernières sont d'abord, confor-

1 Cf. Antjekatrin GRASSMANN (dir.), Niedergang oder Übergang? Zur Spätzeit der Hanse im 16. und 17. Jahrhundert, Cologne, Weimar, Vienne, 1998.

mément à une ancienne tradition, les villes »wendes«, Lubeck notamment, mais aussi, et de plus en plus, le titulaire de la nouvelle fonction, créée en 1556, de syndic hanséatique, un personnage dont le rôle et l'importance ne cessent de croître avec le temps, tandis que les bourgmestres de Lubeck reculent progressivement au second rang. La communication met également en relation les villes hanséatiques de tous niveaux avec les autorités des comptoirs hanséatiques de l'étranger, notamment, pour les villes westphaliennes, ceux de Bruges, de Londres, et surtout, pour la période étudiée, celui d'Anvers.

Après une première partie dans laquelle sont évoqués, d'abord d'une manière générale la littérature et les débats historiographiques tournant autour de la notion de »communication politique«, puis le fonctionnement de la communication au sein de la Hanse, comparé à ce qu'on peut observer au même moment dans le cadre du Saint Empire, la deuxième partie examine par le menu la communication politique au sein du quartier westphalien. Une troisième partie est consacrée à l'étude des conflits comme révélateurs des techniques utilisées pour parvenir au consensus final. Elle développe à titre d'exemple significatif le cas du conflit, étalé sur une bonne dizaine d'années entre 1561 et 1572, entre Goswin Michels, un marchand de Soest parvenu à la dignité de bourgmestre de la même ville, ainsi que son cousin Gert, et le comptoir d'Anvers. La ville de Soest entre en conflit, à cette occasion, avec les autorités hanséatiques, pas seulement pour défendre un de ses notables, mais aussi afin de faire valoir ses intérêts dans une perspective plus globale; après des phases d'escalade et de désescalade, on parvient finalement à régler le conflit par les procédés traditionnels de recherche du consensus.

Même si l'ouvrage peut paraître ardu à cause de la minutie des analyses et du caractère répétitif des faits évoqués, son apport est important, et dépasse largement l'histoire régionale de la Hanse. On comprend mieux grâce à lui comment une organisation aussi vaste et complexe que celle de la Hanse a pu durer aussi longtemps, et défendre avec efficacité les intérêts – bien que très variés, et souvent contradictoires – de ses membres. En suivant pas à pas le cheminement des envoyés westphaliens aux diètes hanséatiques, tenues le plus souvent à Lubeck, en assistant au cérémonial, très codifié, de l'accueil des délégués, en s'initiant aux difficiles questions de préséance, au rituel du déroulement des séances, le lecteur entre peu à peu dans le monde de la négociation. Un monde complexe, avec ses règles rigides et ses finesses, où l'art de temporiser, de dissimuler est pratiqué avec maestria par de véritables diplomates professionnels, ces juristes issus de la bourgeoisie marchande des villes hanséatiques, qui président, à cette époque tardive, tant aux destinées de leurs villes qu'à celle de l'organisation hanséatique dans son ensemble; ce sont eux également qui représentent à la fois leurs villes et la Hanse dans son entier au sein des instances territoriales ou centrales de l'Empire, ou encore auprès des cours étrangères, tâchant, autant que possible, de faire coïncider le *bonum commune* (les intérêts de leur ville) avec le *Gemeine Besten* (les intérêts de la Hanse dans son ensemble). Contrairement à ce qu'affirme l'historiographie traditionnelle, la Hanse ne souffre, au dernier siècle de son existence, ni d'un manque de forces vives, ni d'une paralysie institutionnelle, bien au contraire. Ce qui peut apparaître à nos yeux d'hommes pressés comme une lenteur administrative insupportable relève en fait de l'art de temporiser pour mieux parvenir à un accord. La tendance actuelle de l'historiographie allemande à réévaluer fortement les institutions du Saint Empire et leur fonctionnement à l'époque moderne trouve ici son écho à propos de la Hanse.

On aurait aimé, à défaut d'une prosopographie complète de ce personnel hanséatique, plus de biographies, plus de portraits, qui auraient pu mettre davantage de vie dans ce texte un peu pesant. Mais il faut souligner, en conclusion, le grand intérêt de ce travail, à la fois méritoire et novateur. Les travaux d'histoire économique – pensons notamment à ceux de Pierre Jeannin – avaient déjà montré depuis longtemps à quel point la notion du déclin de la Hanse aux XVIe et XVIIe siècles est relative, et fausse dans l'absolu. La thèse de J. L. Schipmann montre que la Hanse est toujours, à cette époque, un corps politique très vivant, qui sait s'adapter aux réalités et à leurs évolutions. La formation de la triade Lübeck–Hambourg–Brême, concrétisée en 1630 par un traité créant la *nähere Konföderation* des trois villes »hanséatiques«, organisation réduite qui devait survivre pendant plus de deux siècles à la Hanse après la dernière diète générale de 1669, est déjà en germe dès la fin du XVIe siècle. En accord avec le syndic hanséatique, les trois villes prennent les décisions entre les diètes générales et préparent ces dernières, notamment au sein des »diètes wendes« *(wendische Tagfahrten)* auxquelles sont conviés des délégués des villes chefs des quartiers régionaux. Si les villes westphaliennes cessent d'envoyer des députations aux diètes hanséatiques après 1648, elles n'en continuent pas moins de participer à la vie des comptoirs, et ce bien après 1669, date considérée – à tort – comme celle de la mort de la Hanse. Il est clair qu'une organisation aussi complexe, qui n'est pas née d'un acte unique de fondation[2], n'a pu disparaître brutalement après une diète – celle de 1669 – qui prévoyait au contraire sa réorganisation. Les réseaux commerciaux qui formaient le substrat du corps politique hanséatique ont évidemment perduré, tout en évoluant, bien après 1669. Il est à souhaiter que de nouvelles thèses se penchent sur les modalités précises de cette survie posthume de la Hanse après 1669.

Marie-Louise PELUS-KAPLAN, Fontenay-aux-Roses

Anja MEUSSER, Für Kaiser und Reich. Politische Kommunikation in der Frühen Neuzeit: Johann Ulrich Zasius (1521–1570) als Rat und Gesandter der Kaiser Ferdinand I. und Maximilian II., Husum (Matthiesen Verlag) 2004, 533 p. (Historische Studien, 477), ISBN 3-7868-1477-5, EUR 46,00.

Avec sa minutieuse biographie du chancelier Zasius, Anja Meußer apporte une contribution de choix à la connaissance du personnel politique de Vienne au XVIe siècle. Zasius comme ses collègues juristes du gouvernement de Ferdinand Ier avait été ignoré voire méprisé par les historiens du XIXe siècle (par contraste avec l'attitude des érudits de l'âge baroque). À la fin du XIXe siècle, Goetz ne lui a consacré que deux pages condescendantes dans l'»Allgemeine Deutsche Biographie«, et n'avait publié que 25 lettres de Zasius sur les 2600 qui ont été répertoriées par Anja Meußer dans l'enquête qu'elle a menée dans les principaux dépôts d'archives du monde germanique.

Johann Ulrich Zasius appartient à une famille de juristes d'Autriche antérieure. Son père né à Constance est venu s'établir à Fribourg en Brisgau, où il devint une autorité respectée en matière de droit civil comme professeur à l'université. Issu d'un second mariage, Johann Ulrich naquit en 1521 à Fribourg où il fit des études de droit, couronnées par un doctorat en 1543, mais à l'âge de 17 ans on l'envoya à l'université de Padoue, alors dans toute sa gloire. À son retour, il reprit ses études à Fribourg mais comme il eut de nombreux démêlés avec les autorités académiques, il n'était pas question d'occuper la chaire de son père à la Faculté de Droit. Johann Ulrich s'installa à Bâle où il épousa une veuve et où il obtint dès 1543 un poste de professeur de droit civil. En même temps il entrait au service du duc de Savoie et il a rapidement opté pour une carrière diplomatique. En 1547, ses talents de juriste lui permettent d'obtenir un poste au Conseil aulique (*Hofrat,* après 1556 *Reichshofrat*) de Vienne, qui comptait déjà 11 membres, en majorité des juristes bourgeois.

Il resta au service des Habsbourg de Vienne jusqu'à sa mort en 1570, mais dès 1547 il se plaint du climat de méfiance et des rivalités qui opposent les membres du gouvernement central de Vienne. Il y réussit néanmoins assez convenablement, puisque durant les cinq dernières années de son existence, il occupa le poste de vice-chancelier d'Empire, qui consti-

2 Cf. au sujet de la naissance de la Hanse Volker HENN, Was war die Hanse, in: Jörgen BRACKER (dir.), Die Hanse. Lebenswirklichkeit und Mythos, Hamburg 1989, V. I, p. 15–21.

tuait alors le sommet d'une carrière que pouvait mener un bourgeois dans le Saint Empire romain germanique. Depuis 1558 il exerçait d'importantes fonctions à la chancellerie d'Empire avec le Docteur Seld dont il était l'adjoint. En 1564, il fut, avec Lazare Schwendi, nommé membre du Conseil privé *(Geheimer Rat)*, qui venait d'être élargi par l'empereur Maximilien II et comprenait désormais 6 à 8 membres.

Apparemment Zasius, foncièrement honnête, n'a pas fait fortune en dépit de sa brillante réussite. Il était correctement payé pour un fonctionnaire et il recevait d'importantes indemnités de déplacement, pour le remboursement desquelles il devait batailler avec la chambre des comptes de Vienne. À sa mort il n'était pas riche et ses héritiers ne reçurent que de modestes pensions de Maximilien II. Il ne fut pas anobli et sa famille n'a pas fait souche dans le personnel de la Cour de Vienne, ni dans la noblesse autrichienne.

On a attribué son décès à l'âge de 49 ans aux suites des blessures qu'il avait reçues lors d'un grave accident de voiture sur la route d'Ebersdorf à Vienne. Il est clair que sa carrière itinérante, parfaitement suggérée par le tableau de ses déplacements reconstitué par l'auteur, a contribué à affaiblir l'organisme d'un homme qui souffrait d'affections pulmonaires, de la goutte et de la syphilis. Il laissait une veuve et plusieurs enfants; en effet, marié quatre fois, il avait perdu sa troisième épouse en 1568, qui lui avait donné 7 enfants (dont 4 lui survécurent) et il venait de se remarier avec une dame de la noblesse bavaroise.

Ferdinand Ier l'autorisa à s'installer au château de Günzbourg dans le marquisat de Burgau en Soube, car cette ville, était située sur les grands axes routiers et plus proche des princes allemnds que la résidence impériale de Vienne, où siégeait le Conseil aulique ou la chancellerie d'Empire. En fait Zasius passa sa vie sur les routes d'Allemagne au service de Ferdinand, puis de Maximilien. Il semble que Ferdinand Ier l'ait davantage apprécié que son fils Maximilien II, mais comme Zasius avait été proche conseiller de ce dernier lorsque celui-ci n'était que roi de Bohême, le nouvel Empereur le conserva à son service. Toutefois Maximilien II exigeait de Zasius la plus grande discrétion, ce qui obligea ce dernier à rédiger lui-même une bonne partie de la correspondance officielle avec les princes d'Empire. Il semble d'ailleurs que le serviteur ait été aussi secret que le maître et Zasius montre une certaine incapacité à déléguer les affaires, de sorte qu'il se plaint sans cesse de la tâche accablante à laquelle il est soumis. Mais en même temps il rédigeait d'interminables missives (6 grandes pages en général) car Zasius avait la réputation d'être un grand bavard.

Très tôt il fut chargé de missions diplomatiques auprès des grandes villes d'Empire de haute Allemagne (Ulm, Augsbourg Nuremberg), où il entretenait de bonnes relations personnelles avec les patriciens. Il entretint également une correspondance suivie avec l'Électeur de Saxe, l'Électeur palatin, le Landgrave Philippe de Hesse et surtout le duc Albert V de Bavière. Ses missives s'adaptent aux vues de son interlocuteur; s'il est hostile à la branche espagnole de la Maison d'Autriche, il juge en termes plus diplomatiques le comportement de Philippe II dans la révolte des Pays-Bas lorsqu'il s'adresse au duc de Bavière que dans sa correspondance avec l'Électeur de Saxe, où il qualifie la conduite du Roi Catholique de »diabolique«. Il était hostile à l'extension du pouvoir des Électeurs au détriment des autres États de l'empire ou de l'Empereur

Zasius était en effet un bon connaisseur des arcanes de la diète d'Empire, aussi bien que des diètes électorales car sa première mission fut de représenter le duc de Savoie lors de la session de 1542, à Spire. C'est pourquoi sa mort fut ressentie douloureusement par l'empereur Maximilien II, qui venait précisément de convoquer une session de la diète d'empire à Spire. Il avait l'art et la manière de négocier avec les princes, car au lieu de les impressionner par une réthorique formelle, il savait conduire des entretiens en privé, voire participer à d'interminables banquets où il réussissait à boire avec modération.

Il a participé activement aux négociations de la diète d'Augsbourg qui ont abouti à la paix de religion de 1555, événement capital dans l'histoire de l'Allemagne. Il était lui-même un catholique modéré, qui passa un instant à la Réforme lors de son séjour à Bâle dans les années 1540 mais qui se réconcilia bientôt avec l'Église. Vers la fin de sa vie, dans l'atmosphère post-tridentine, il passa néanmoins pour un tiède et le cardinal Otto Heinrich Truchsess von Waldburg, évêque d'Augsbourg souhaitait en 1570 que son successeur à la chancellerie fût enfin un »bon catholique«. En réalité il avait une certaine admiration pour Luther et une grande méfiance à l'égard du Pape et du Saint-Siège. Il était un bon exemple de catholique traditionnel et il était hostile à l'Électeur palatin, parce qu'il avait introduit le calvinisme, qu'il considérait comme un grand mal pour l'Allemagne.

Anja Meußer a quelque peu compliqué la lecture de cette excellente biographie par certaines maladresses de présentation. D'une part elle a voulu adapter à tout prix à la recherche historique le concept à la mode mais fort vague de »communication« pour présenter une analyse pertinente du contenu de la correspondance de Zasius. D'autre part elle a poussé le scrupule de l'érudit jusqu'à citer de fréquents et abondants extraits de la correspondance allemande du chancelier Zasius, parfois difficilement compréhensible pour un lecteur qui n'est pas familiarisé avec la langue du XVIe siècle. Elle n'en a pas moins sorti de l'ombre un personnage de second ordre parce qu'il n'était ni un prince territorial ni un évêque. Mais au terme de son enquête force lui est de conclure que si Zasius était un habile négociateur, tout dévoué à ses maîtres, il n'était pas un grand théoricien (il n'a laissé que 4 mémoires ou *vota*), même s'il fut indiscutablement l'un des artisans de la paix d'Augsbourg de 1555, ni vraisemblablement un grand stratège que l'on pourrait comparer à Michel de l'Hôpital.

Jean BÉRENGER, Paris

Peter RAUSCHER, Zwischen Ständen und Gläubigern. Die kaiserlichen Finanzen unter Ferdinand I. und Maximilian II. (1556–1576), Munich, Vienne (Oldenbourg) 2004, 480 p. (Veröffentlichungen des Instituts für Österreichische Geschichtsforschung, 41), ISBN Munich 3-486-57598-8, ISBN Vienne 3-7029-0481-6, EUR 49,80.

Peter Rauscher nous présente une étude des finances publiques de la Monarchie des Habsbourg centrée sur la période 1556–1576 entre l'avènement de Ferdinand Ier comme Empereur et l'avènement de Rodolphe II. En fait il nous donne un aperçu des finances de l'empereur depuis la formation de la Monarchie en 1526 jusqu'aux débuts de la Guerre de Quinze Ans, en 1593.

C'est un sujet difficile qui met en œuvre à la fois l'Empereur, l'Empire et les territoires »patrimoniaux« des Habsbourg, mais, comme il l'explique lui-même, son propos c'était un ouvrage qui faisait cruellement défaut et qui est d'autant plus intéressant que les problèmes sont bien posés par l'auteur. Jusqu'à présent il n'y a pourtant pas eu d'enquête sur les finances impériales, ce qui s'explique en dehors des problèmes de sources, par les orientations de la recherche historique d'un côté vers le Saint Empire, de l'autre côté vers l'histoire spécifique des Pays héréditaires, des pays tchèques ou de la Hongrie; on a récemment suggéré de mettre fin à cette séparation entre *Reichs- und Territorialgeschichte*. En outre l'histoire nationale des États successeurs de la Monarchie autrichienne avait introduit une série de rétroprojections qui ont occulté les réalités du passé. Mais stimulée par des études plus anciennes, la jeune école hongroise autour de Géza Palffy a étudié les archives connues ou inédites pour mieux décrire les dépenses considérables que représentait l'entretien de la Frontière militaire, mais aussi les ressources que la Chambre hongroise mit à la disposition de la défense commune.

En effet Ferdinand Ier et ses successeurs ne régnaient pas sur un État territorial, mais sur une série d'espaces politiques, qui, comme les diètes de Bohême et d'Autriche, pouvaient coopérer étroitement à l'occasion, mais demeuraient fondamentalement indépendants et conservaient jalousement leurs structures constitutionnelles. L'empereur était le supérieur *(Oberhaupt)* monarchique de ce rassemblement de monarchies, dont les pays *(Länder)* ne constituaient en aucun cas un État (*Staat*). Ce n'était pas un cas exceptionnel dans l'Europe du XVIe siècle où il y avait de nombreux exemples d'union personnelle (la Monarchie d'Espagne, l'Angleterre et l'Irlande, le Danemark et la Norvège, la Pologne et la Lituanie). Pourtant malgré l'indépendance relative des différents pays, la politique impériale signifie autre chose que la juxtaposition de titres. Pour la réalisation de certains buts communs, les souverains cherchaient à mobiliser les ressources de tous leurs pays. C'est un des grands mérites du travail de Peter Rauscher d'avoir, par contraste avec les études d'histoire régionale *(Landesgeschichte)* ou d'histoire du *Reich*, cherché à éclairer une politique impériale, qui essaie de gouverner des pays en union personnelle et de constituer une »monarchie« à partir de gouvernements particuliers.

Ferdinand Ier, qui obtint de son frère Charles-Quint le gouvernement des Pays héréditaires en 1522 puis par suite de la mort prématurée de son beau-frère Louis II Jagellon à Mohács en 1526 les couronnes de Bohême et de Hongrie, eut à combattre son rival hongrois Jean Zapolya et surtout la redoutable puissance ottomane. Ce conflit et les dépenses militaires considérables qui en résultèrent dominèrent sa politique financière ainsi que celle de ses successeurs Maximilien II et Rodolphe II. En outre Ferdinand Ier avait hérité des dettes considérables de son grand père Maximilien Ier. C'esi pourquoi la question financière fut un problème majeur pour le souverain Habsbourg tout au long du XVIe siècle. À la mort de Ferdinand Ier les seules dépenses civiles s'élevaient à 2 millions de florins chaque année car l'entretien de la Cour coûtait en moyenne 500 000 fl. et le service de la dette 1,5 millions de florins.

Les lacunes de la recherche s'expliquent d'autant moins que de bonnes sources manuscrites existent – *Hofzahlamtsbücher*, *Hofstaatsverzeichnisse* et estimations des dépenses de la Cour impériale – dans les archives de la Chambre des comptes de Vienne *(Hofkammer)*. Les *Hofzahlamtsbücher* rendent compte des activités de la pairie de la Cour. Si au début l'absence de comptabilité en partie double rend impossible une vue d'ensemble, on dispose toutefois d'estimations à partir des années 1570. Le livre de P. Rauscher est par conséquent bien documenté et son mérite est de parvenir à dresser des bilans de synthèse, qui montrent d'ailleurs la gêne dans laquelle se trouve la monarchie.

L'ouvrage s'articule en 9 chapitres, qui présentent les territoires des Habsbourg et les bases de leurs finances, les institutions financières et leur personnel, les revenus du domaine (*Cameralia* ou *Kammergut*), le financement des dépenses de Cour dans la seconde moitié du XVIe siècle, le livre de compte de la Paierie de la Guerre pour l'année 1570, les contributions des États de la Monarchie des Habsbourg l'aide du Saint Empire et de la Monarchie d'Espagne et finalement le crédit.

La base des finances de l'empereur était constituée par les revenus du domaine ou *Cameralia* (salines, péages, douanes, forêts, mines d'argent et d'or, de cuivre, de plomb et de mercure). L'empereur avait deux possibilités d'utiliser financièrement le domaine. D'une part il pouvait le gérer par l'intermédiaire d'administrateurs qu'il nommait, qui étaient soumis au contrôle de baillis (*Vicedom*) ou des chambres provinciales *(Länderkammer)*, d'autre part il pouvait les confier à des tiers qui devaient rendre des comptes au prince ou même en utiliser directement les revenus. Les propriétés foncières servaient à garantir des emprunts et passaient ainsi sous forme d'hypothèques pour un temps plus ou moins long entre les mains de créanciers privés. Comme les *cameralia* étaient la garantie indispensable du crédit public, une partie de la politique financière consistait à les dégager le plus vite possible en remboursant capital et intérêts (en principe à 5%). Les *Cameralia* se sont vite révélés insuffisants et il fallut faire appel à d'autres sources de revenus.

L'aide financière du *Reich* était importante pour la construction de la frontière militaire et la défense de la Hongrie, mais ne constituait qu'une partie des ressources financières de Ferdinand Ier et de Maximilien II, qui n'avaient jamais été étudiées jusqu'à présent. Mais les États de l'Empire n'ont payé qu'une partie de la solde des troupes et les diètes provinciales ont dépensé des millions. Pour la guerre présente, il a fallu souscrire d'importants emprunts.

L'aide financière des pays de la Monarchie autrichienne sous forme de contributions était essentielle. Or celle-ci dépendait du bon vouloir des Ordres qui les votaient dans les diètes et les finances publiques se trouvaient placées au cœur des négociations Le plus important devoir des Ordres était d'aider le prince dans la lutte contre les Turcs. Pour la noblesse il y avait obligation en principe d'accompagner le prince à l'armée et le vote des impôts destinés à la défense était inséparable de cette obligation. Toutefois les sommes perçues dans les seigneuries étaient versées aux receveurs des États.Les autres sommes accordées par les diètes servaient au remboursement des dettes ou bien au règlement de dépenses civiles .

Les négociations avec les diètes étaient l'une des tâches politiques essentielles incombant au gouvernement impérial. Un système fiscal homogène n'existait pas pour l'ensemble de la Monarchie. De nombreux types d'impôts, qui touchaient divers groupes sociaux, ont été essayés dans la première moitié du XVIe siècle. À partir de 1544, la répartition des charges entre les pays autrichiens fut la suivante: Basse-Autriche 28,6%, Haute-Autriche 15,5%, Styrie 30%, Carinthie 14,5%, Carniole 9,1%, Gorizia 2,3%. L'importance des pays de la couronne de Bohême pour les finances autrichiennes ressort de la répartition de l'aide turque pour 1541 (p. 53). Le produit total était de 1 175 000 fl. se répartissant comme suit: Bohême 375 000 fl., Moravie 150 000 fl., Silésie 200 000 fl., Pays héréditaires, 400 000 fl. Les pays de la couronne de Bohême contribuaient donc à 66% à l'effort fiscal. Bien que la capacité financière ait diminué d'un tiers entre 1540 et 1563, leur part demeura prépondérante dans les recettes de la Monarchie. La résistance croissante des ordres à la levée d'un impôt sur la fortune aboutit en 1567 à son remplacement par un fouage *(Haussteuer)*, qui frappa les paysans et les habitants des villes royales, mais dont la noblesse fut exempte. Le clergé devait en revanche s'acquitter du fouage. En Hongrie, le vote des contributions de guerre appartenait à la seule diète générale du royaume. Faute d'administration royale correspondante, la répartition et la perception de la contribution incombait aux officiers des ordres. La contribution à cause de son faible taux et du fort coût de sa perception, a disparu à la fin du XVIe siècle, parce qu'elle ne rapportait pas assez au Trésor.

Pour l'administration financière du souverain, on constate une série de réformes durant la période considérée. Caractéristique est la création immédiate par Ferdinand Ier d'un gouvernement central dès la formation de la monarchie. Il s'agit plutôt selon Rauscher d'un processus de longue haleine, mais la fonction la plus importante fut indiscutablement dévolue à la Chambre des Comptes. En 1522, il confia les finances à son favori Salamanca et les réformes de 1527 ne représentèrent pas encore un changement radical et c'est seulement dans les années 1530 que la chambre devint un organisme collégial, qui ne fut dirigé par un président que quelques années plus tard. Le processus ne fut achevé qu'en 1556 avec la création du Conseil de la Guerre.

Sous l'autorité de la Chambre des Comptes l'administration des finances fut prise en charge par plusieurs chambres particulières *(Länderkammer)*, auxquels étaient subordonnés les baillis *(Vizedom)* ou receveurs *(Rentmeister)* et qui faisaient fonction de contrôleurs sur les officiers de finances. Avec la création de la Chambre de Silésie en 1557 et de la Chambre de la Zips à Kassa en 1567 le contrôle de l'administration financière de l'empereur s'intensifia avec deux Chambres pour le royaume de Bohême (Prague et Breslau) et trois pour le royaume de Hongrie (Vienne, Presbourg, Kassa).

Aussi importantes que les structures étaient les personnes à qui l'on confiait l'administration financière. Les officiers de finances prêtaient souvent de l'argent à l'empereur, leur crédit et leur fortune personnelle étaient aussi importants pour leur recrutement que leur qualification. Fréquemment les conseillers de la Chambre comme les simples prévôts prêtaient, ou bien donnaient caution pour les prêts du Trésor. Mais l'étude des personnels est moins avancée, bien que quelques figures, comme celle de Georg Ilsung, se dégagent de l'étude de Peter Rauscher.

La perception des impôts incombait aux ordres, qui nommaient aussi des trésoriers des guerres. Le financement de la frontière militaire fut très tôt pris en charge par les États de

Styrie, de Carinthie ou de Carniole, qui étaient intéressés au bon fonctionnement de la frontière wende ou de la frontière croate, comme la Basse-Autriche l'était pour la frontière de Györ.

Les diètes n'étaient pas toujours disposées à financer les dépenses de cour, de la frontière militaire et surtout à rembourser les dettes contractées par le souverain. En analysant les *Hofzahlamtsbücher*, on peut reconstruire les dépenses de cour; deux phénomènes apparaissent: d'une part l'important endettement de la paierie de la cour à la mort de Ferdinand Ier, d'autre part l'augmentation sensible des dépenses de cour lors de la tenue d'une session de la diète d'Empire *(Reichstag)*.

La Bohême, la Silésie et les douanes hongroises ont été les principaux bailleurs de fonds de la Cour, alors que les Pays héréditaires n'ont joué qu'un rôle mineur. Le prince avait besoin de la coopération des ordres pour percevoir les aides sur la bière en Bohême ou en Silésie comme pour le remboursement de ses dettes ce qui fournit aux ordres un moyen de pression dans le règlement des affaires confessionnelles. Le Tyrol a surtout contribué au financement des dépenses de la Cour d'Innsbruck.

Essentiels pour la compréhension des finances des Habsbourg sont leurs intérêts en Hongrie et la lutte contre l'Empire ottoman. C'est une constante des négociations de Ferdinand Ier et de ses successeurs avec les diètes et c'est l'affaire de la Chambre des Comptes. Les impôts étaient dorénavant le seul moyen de financer l'effort militaire. On comprit alors les effets négatifs des hypothèques ou des ventes des éléments du domaine. C'est pourquoi la liquidation du domaine et de sources de financement indépendantes des ordres parut aussi grave. Dans le Reich, les frais de fonctionnement du pouvoir impérial incombaient finalement aux Pays héréditaires. L'aide turque aurait pu donner une impulsion à l'État fiscal, mais l'introduction d'un impôt général *(Gemeiner Pfennig)* perçu par les ordres a fait long feu. Cela ne signifie pourtant pas que l'aide du Reich ait été négligeable.

Bien que la dette publique n'ait cessé d'augmenter au cours du XVIe siècle, la gestion des finances de l'empereur n'apparaît donc pas si désastreuse. Il n'y eut jamais de banqueroute à Vienne, la frontière hongroise fut défendue et l'avance ottomane qui paraissait si dangereuse vers 1530 fut stoppée. Les dépenses militaires furent souvent réduites aux dépens des soldats dont la solde fut rognée ou payée avec des retards considérables.

Jean BÉRENGER, Paris

Bertram FINK, Die Böhmenkircher Bauernrevolte 1580–1582/83. Herrschaft und Gemeinde im ›langen 16. Jahrhundert‹ (1476–1618), Leinfelden-Echterdingen (DRW-Verlag) 2004, XIII–322 p., 1 ill. (Schriften zur südwestdeutschen Landeskunde, 51), ISBN 3-87181-751-1, EUR 46,00.

La thèse de M. Fink, qui fut dirigée par le regretté Volker Press, s'insère dans le grand courant de recherches sur les mouvements insurrectionnels populaires des Temps Modernes, qui e été illustré tant du côté français que du côté allemand. M. Fink a étudié le conflit qui, durant trois ans, opposa une petite agglomération wurtembergeoise, Böhmenkirch, à son seigneur, Haug von Rechberg, à la suite de la volonté de celui-ci d'alourdir les charges seigneuriales. L'affaire fut longue, délicate et fut portée devant la justice impériale.

M. Fink, archiviste de profession, a vu tout l'intérêt de cette affaire, chronologiquement située entre la grande insurrection de 1524–1525 (le souvenir de la répression ne pouvant qu'inciter les paysans à la prudence) et le début de la guerre de Trente Ans. Étant lui-même originaire du Wurtemberg, l'auteur a pu opérer de vaste dépouillements dans les dépôts publics locaux avant de les poursuivre à Stuttgart et à Vienne. D'autre part, le comte Bernard de Rechberg, descendant de l'adversaire de la commune de Böhmenkirch, lui a libéralement ouvert ses archives familiales, conservées à Donzdorf, dans le Kreis de Göppingen.

Bon connaisseur en matière d'histoire économique, M. Fink a fort bien situé l'évolution locale dans le cadre du »long XVIe siècle«. En fait, son livre contient plus que son titre. Son intérêt principal, à notre avis, se situe ailleurs que dans l'histoire de ce conflit seigneur-communauté, encore que les pages consacrées à la participation féminine de la révolte soient particulièrement intéressantes (p. 202–205). À partir de sa très importante documentation, il a pu reconstituer avec un remarquable souci du détail révélateur, la vie économique de Böhmenkirch, alors que s'affirmait de plus en plus la »révolution des prix«; également son évolution démographique et surtout sa structure sociale (p. 89–90, 209) en particulier à partir des professions et des indices de richesse ou de pauvreté des artisans, journaliers, paysans, qui participèrent à la révolte.

Une belle monographie au sujet de laquelle on remarquera que, non seulement cette commune, mais aussi le comte de Rechberg ont contribué à sa publication.

René Pillorget, Paris

Eric Nelson, The Jesuits and the Monarchy. Catholic Reform and Political Authority in France (1590–1615), Aldershot (Ashgate Publishing Ltd.) 2005, XIV–276 p., 7 ill., ISBN 0-7546-3888-X, GBP 47,50.

Issu d'une thèse soutenue à Oxford en 1999, cet ouvrage analyse les relations entre le pouvoir royal français et la Compagnie de Jésus, de l'avènement d'Henri IV jusqu'à la majorité de son fils Louis XIII. La correspondance entre les jésuites de la province de France et les autorités romaines, notamment avec Claudio Acquaviva, qui dirigea la Compagnie de 1581 à 1615, fournit la base de la documentation. De nombreux libelles et textes de propagande offrent par ailleurs une ressource documentaire remarquable, dont l'abondance témoigne des difficultés rencontrées par les jésuites pour s'imposer en France.

L'installation des jésuites fut relativement délicate en raison de l'hostilité de la Sorbonne et du parlement de Paris, qui leur reprochaient une stricte inféodation à Rome. Un premier procès contre eux se déroula en 1565. Malgré cela, la Compagnie ouvrit plusieurs établissements, notamment le collège de Clermont à Paris. Certains de ses membres jouèrent un rôle de premier plan à la cour sous Henri III, comme le père Auger, déjà étudié par A. L. Martin, lequel guida le roi sur la voie d'une piété pénitentielle très démonstrative. Certains grands seigneurs, comme Louis de Gonzague, duc de Nevers, les soutenaient aussi. La Compagnie ne s'engagea pas ouvertement dans le combat contre Henri IV, en 1589, mais certains de ses membres participèrent à la Ligue. Le premier Bourbon, converti au catholicisme en 1593, se fit progressivement reconnaître par les villes et par les seigneurs du royaume en pratiquant une politique de conciliation et de clémence qui pouvait être jugée comme une marque de faiblesse par certains de ses partisans.

L'ouvrage s'ouvre sur les événements de l'année 1594, quand un nouveau procès fut intenté à la Compagnie par la Sorbonne, où plaidait l'avocat Antoine Arnauld, un catholique gallican qui considérait les jésuites comme des agents de l'Espagne. C'est dans ce contexte que Jean Chastel tenta d'assassiner le roi, le 27 décembre. Comme le jeune homme avait été l'élève de la Compagnie, l'événement fut instrumentalisé par des »gallicans érudits« soucieux de préserver la monarchie de l'influence romaine ou espagnole et de manifester de façon éclatante l'autorité souveraine du monarque. Le parlement de Paris condamna aussitôt Chastel et ordonna l'expulsion de la Compagnie hors de sa juridiction. Les parlements de Rouen, de Dijon et de Rennes suivirent cette décision. En revanche, les jésuites purent rester dans le sud du royaume.

Le rétablissement de l'ordre intérieur et la signature de la paix avec l'Espagne, en 1598, permirent aux jésuites de commencer à approcher le roi pour obtenir leur réinstallation. La seconde partie du livre est consacrée à ce processus. Henri IV voyait dans le retour de la

Compagnie une façon de rassurer les anciens ligueurs que le régime de tolérance établi par l'édit de Nantes pouvait inquiéter. Il accepta de recevoir une délégation jésuite pendant l'été de 1599, mais la situation restait tendue et les oppositions nombreuses, comme en témoignent les publications très virulentes d'Étienne Pasquier et d'Antoine Arnauld. L'arrivée du père Coton à la cour, au printemps de 1603, accéléra le mouvement. Henri IV accorda son pardon aux jésuites par l'édit de Rouen du 1er septembre 1603. La Compagnie devait sa réhabilitation à la grâce du monarque, avec lequel elle entretiendrait désormais un rapport particulier fait de gratitude et de soumission.

Au cours des dernières années du règne d'Henri IV, la Compagnie connut une rapide expansion, qui est analysée dans la troisième partie. Outre le roi, beaucoup de grands seigneurs (le duc d'Épernon) et de prélats (les cardinaux du Perron, de La Rochefoucauld et de Joyeuse) encourageaient son développement. Le collège de La Flèche, dont la construction avait été ordonnée dès 1603, allait accueillir les enfants de l'aristocratie et de la noblesse de robe. De nombreux autres collèges virent le jour au cours de cette période, et la réouverture du collège de Clermont fut autorisée en 1608. En 1610, la province de France comptait quarante-cinq établissements et rassemblait 1379 pères. Le roi, désormais suivi par un confesseur jésuite, le père Coton, encouragea également la Compagnie à travailler à la conversion des protestants. Tout à son offensive de séduction des élites catholiques et de la papauté, Henri IV s'engagea même à obtenir la canonisation d'Ignace de Loyola et de François Xavier.

La quatrième partie du livre s'intéresse à la situation de la Compagnie au lendemain de l'assassinat du Béarnais. Comme en 1594, certaines voix s'élevèrent pour réclamer son interdiction, car l'un de ses membres, l'Espagnol Juan de Mariana, avait soutenu des positions favorables au régicide dans son »De rege et regis institutione«, paru en 1599. Mais la régente, Marie de Médicis, connue pour sa dévotion, ne devait pas soutenir les adversaires des jésuites, et le Parlement condamna le traité de Mariana sans inquiéter la Compagnie. Ceci n'empêcha pas la diffusion de libelles, comme le célèbre »Anticoton« qui s'en prenait directement au confesseur royal.

À l'issue de cette épreuve, les jésuites purent poursuivre leur enracinement dans le royaume, en dépit de l'opposition de certains magistrats, comme l'avocat général Louis Servin. Lors de la réunion des états généraux, en 1614, de nouvelles menaces pesèrent sur la Compagnie. Ceci est l'objet de la dernière partie de l'ouvrage. Une partie des députés du tiers état soutenaient en effet la proposition de l'avocat Antoine Arnauld qui proposait la rédaction d'une nouvelle loi fondamentale affirmant que le monarque n'était responsable que devant Dieu, et condamnant comme criminels de lèse-majesté ceux qui contesterait ce principe ou soutiendraient la légitimité de la déposition ou de l'assassinat d'un souverain. Néanmoins, les jésuites ne furent pas ouvertement dénoncés comme les promoteurs de ces théories, et finalement l'article ne fut pas retenu.

L'étude d'E. Nelson confirme que le règne d'Henri IV et les années qui suivirent les guerres de Religion furent un moment décisif dans la construction de la monarchie d'Ancien Régime. L'élaboration de la figure du roi de droit divin dépendit en partie de la capacité du premier Bourbon à nouer un nouveau type de relations avec l'Église, et tout particulièrement avec les jésuites, qu'il sut associer étroitement à son entreprise de consolidation des fondements religieux de la monarchie. De leur côté, les dirigeants de la Compagnie firent preuve d'une grande souplesse, et ils acceptèrent de faire des concessions aux autorités royales pour se faire accepter. On est donc loin de l'image traditionnelle d'une lourde machine très hiérarchisée au regard uniquement tourné vers Rome.

Nicolas LE ROUX, Paris

Hugues DAUSSY, Les Huguenots et le roi. Le combat politique de Philippe Duplessis-Mornay (1572–1600), Genève (Droz) 2002, 694 p. (Travaux d'Humanisme et Renaissance, 364), ISBN 2-600-00667-2, CHF 185,00.

Alors que les recherches sur le Refuge huguenot connaissent un regain d'intérêt certain depuis quelques années – une grande exposition est consacrée au Refuge allemand à l'automne 2005 au Deutsches Historisches Museum, Unter den Linden à Berlin; elle fait une place importante aux Huguenots en France avant 1685 et sera reprise à Metz en 2006 –, celles consacrées au protestantisme français et genevois d'avant 1685 se maintiennent à un rythme soutenu, à preuve une thèse de doctorat récente et remarquable sur Simon Goulart. Dans ce domaine l'ouvrage de Hugues Daussy consacré à Duplessis-Mornay constitue une étude tout à fait exemplaire reproduisant intégralement une thèse de doctorat soutenue à l'Université de Montpellier III.

Le livre n'est pas comme le précise en préface A. JOUANNA »une biographie, mais l'analyse d'un combat politique: celui d'un homme Ph. Duplessis-Mornay, qui s'est si parfaitement identifié à la cause des réformés français qu'il se présente comme un simple instrument de la volonté divine, ayant abdiqué toute ambition et toute crainte humaines.« Cette phrase cerne parfaitement l'esprit de l'entreprise de Daussy centrée sur la période 1572–1600 pendant laquelle Duplessis-Mornay met au service de sa cause tous les talents dont il dispose, celui de polémiste virtuose, d'habile manœuvrier dans la négociation et les alliances avec les »malcontents«, de ferme pédagogue dans ses rapports avec Henri de Navarre. Abandonnant en partie le domaine théologique et l'attente mystique après les massacres de Rotterdam et de la Saint-Barthélémy, il s'engage en politique, c'est-à-dire dans la »Cité terrestre«. Sans jamais délaisser la perspective de la Cité de Dieu, il se distingue des »Politiques« pour lesquels l'ordre de la Cité revêtue d'une dignité propre, est une fin en elle-même.

L'étude de la dimension européenne du combat de Duplessis-Mornay, qui constitue la première partie de l'ouvrage, apporte des arguments bien étayés en faveur de l'hypothèse d'un épisode »monarchomaque« dans son évolution et à celle de la paternité de Duplessis-Mornay des »Vindiciae Contra Tyrannos«. La deuxième partie analyse le travail effectué pour préparer l'avènement possible de Henri de Navarre, jeune chef des Huguenots, tant au niveau de son mode de vie que de ses réseaux d'amitié et des alliances extérieures, et pour lever l'obstacle principal en tentant de déconfessionnaliser la notion de légitimité. L'auteur montre également Duplessis-Mornay au centre d'une équipe d'auteurs et l'étude des témoignages alliée aux analyses stylistiques démontre une symbiose très particulière. Dans la troisième partie H. D. relate la période des désillusions quant au triomphe de la foi réformée en France, celle de la conversion de Henri IV et de la solution très imparfaite de l'Édit de Nantes. Le retour sur le terrain théologique conduit avec la Conférence de Fontainebleau à une manière de suicide politique.

Le travail de H. Daussy repose sur un ensemble remarquable de sources publiées et inédites dont l'exploitation et la mise en œuvre témoignent d'une grande maîtrise. Il s'enrichit d'un nombre considérable d'informations contextuelles et se distingue par la qualité de la rédaction et l'apport des index de noms de personnes, de lieux et des thèmes politiques et religieux qui facilitent l'utilisation ponctuelle de l'ouvrage. On regrettera simplement dans l'approche de la dimension européenne l'absence de prise en compte des débats et controverses en Allemagne où Duplessis-Mornay a voyagé et en particulier de la réflexion de Luther sur la nature de l'autorité temporelle et sur les limites de l'obéissance qu'on lui doit.

Frédéric HARTWEG, Strasbourg

Aimé RICHARDT, Saint Robert Bellarmin (1542–1621). Le défenseur de la foi. Préface de Monseigneur GUILLAUME, Évêque de Saint Dié. Avant-propos de Monseigneur HUOT-PLEUROUX, Paris (François-Xavier de Guibert) 2004, 323 S., ISBN 2-86839-943-6, EUR 27,00.

Es mag nur zum Teil erstaunen, nunmehr eine Biographie des großen jesuitischen Reformkardinals Bellarmino just aus der Feder eines französischen Kollegen vorgelegt zu bekommen. Erstaunen einerseits deshalb, da – wie Mgr Guillaume es in seinem sehr lesenswerten Vorwort zutreffend formuliert – unsere Bibliotheken in den letzten Jahrzehnten nicht gerade mit Biographien Bellarmins überschwemmt wurden, andererseits aber auch, da die Reibungspunkte des Kardinals gerade mit der gallikanischen Theologie und französischen Standpunkten hinlänglich bekannt sind. Gemildert wird dieses Erstaunen aber durch die Persönlichkeit des Autors, welcher in den vergangenen Jahren schon mehrere vielfach beachtete Studien zu Fragen der Theologiegeschichte des Ancien Régime veröffentlichte, wiewohl bislang der Schwerpunkt auf der französischen Theologie des Grand Siècle (Bossuet 1992, Fénelon 1993, Bourdaloue 1995, Le Jansénisme 2002) lag.

Nunmehr aber erweitert sich die zeitliche Spanne nach hinten, die territoriale nach Süden. Es ist hier weder der Ort, Bedeutung und historische Stellung einer derart dominierenden Persönlichkeit wie jener Bellarminos noch einmal zu würdigen, noch der Raum, das vorgestellte Werk im Detail zu erörtern. Beschränken wir uns also auf das Wesentliche und beginnen mit dessen unleugbaren Meriten. Dazu gehört an vorderster Stelle eine nahezu absolute Resistenz des Verfassers gegen zeitmodische Tendenzen – besser: Vorurteilen – hinsichtlich der Zeit der tridentinischen Reform. War die Säkulargeschichtsschriebung der letzten Jahre auch nicht in so hohem Maße wie etwa die kirchliche der katholischen Fakultäten und Autoren von einem – wenngleich oft latenten – *sensus antitridentinus* befallen, so blieb dieser doch allenthalben mannigfach spürbar. Nichts von alledem findet sich in vorliegendem Werk. Der Lebenslauf Bellarmins wird anschaulich, eindringlich, ohne jegliche Apologetik oder Polemik vor Augen geführt, auf unbestreitbare Höhepunkte (geistliches Reformprogramm, Spiritualität und Standfestigkeit des Kardinals) wird dabei ebenso hingewiesen, wie auf Reibungspunkte (mit Sixtus V., die Bibelfrage), Streitfälle (Gnadenstreit, Auseinandersetzungen mit den Gallikanern) und bis heute kontrovers diskutierte Aspekte (die »Affären« Bruno und Galilei, die Bedeutung der Inquisition). Gerade hier gelingt es dem Verfasser scharfsichtig, überlieferte Vorurteile richtigzustellen, anachronistische und jeder historischen Grundlage entbehrende Argumente, welche meist aus der Zeit des Kulturkampfs und des Risorgimentos stammen, zu widerlegen.

Ein zweiter großer Abschnitt beleuchtet das schriftstellerisch-theologische, pastorale und spirituelle Werk und Wirken des Jesuiten. Dies erscheint im Rahmen einer Biographie, welche der Persönlichkeit gerecht zu werden versucht, unentbehrlich, wird aber oft hintangestellt. Auch im vorliegenden Fall erhebt sich die Frage, ob dieser »innere« Teil nicht vielleicht entweder der Schilderung der großen theologischen Disputationen und maßgebenden Entscheidungen hätte vorangestellt, oder aber im Sinn einer – wiewohl schwierigen und vielleicht unmöglichen – inhaltlichen Syntax hätte verwoben werden sollen. Jedenfalls ist die Option des Autors vertretbar und der Leser wird die pure Existenz, d. h. das Nichtausklammern dieser Fragen dankbar begrüßen.

Dies gilt in mindestens ebenso großem Maße vom letzten Abschnitt des Werkes, welcher treffend mit »Le long chemin vers la canonisation (1621–1930)« überschrieben und in jeder Hinsicht vielsagend und sprechend ist: die Geschichte der intern-kirchlichen Lagerkämpfe, wie auch der weltweiten Staat–Kirche–Beziehungen, bei denen naturgemäß ein besonderes Augenmerk auf jenen zwischen dem Kirchenstaat und seiner italienischen Umgebung liegt. Dieser letzte Part zeigt deutlich den Kontext, in dem die oben genannten Vorurteile und Klassifizierungen erst entstanden, wenngleich man dabei nicht allen Ausführungen des Autors zustimmen muß. Ob etwa der letztliche Entschluß zur Kanonisation wirklich auf die definitive Entscheidung Mussolinis zurückzuführen ist, das Bruno-Denkmal auf dem Campo de Fiori nicht zu entfernen, sei dahingestellt, wiewohl die zeitliche Koinzidenz (18. und 13. Mai 1930) eine kausale Korrelation nahelegt.

Abgerundet wird der Band durch den Anhang einer Reihe von Dokumenten, welche im engeren und weiteren Sinne mit der Vita Bellarmins verbunden sind. Kann man dies im Falle der päpstlichen Dokumente bezüglich seiner Heiligsprechung und Erhebung zum Kirchenlehrer nur begrüßen, so wird es bei der Auswahl »Quelques définitions dogmatiques du Concile de Trente«, welche ja an sich – siehe die oben gemachten Einschränkungen – leicht anderweitig zugänglich wären, etwas fragwürdig, mehr noch bei der gesamten Wiedergabe der Ansprache Papst Johannes Pauls II. und Cardinal Poupards zum »Fall Galilei« von 1992. Sicher kann man so das dem Autor wichtige historische und aktuelle Umfeld dokumentarisch abstecken und beleuchten, entfernt sich dabei aber vom Anliegen einer historischen Biographie. Noch eine weitere Frage erhebt sich hinsichtlich der äußeren Gestalt des Bandes. Zwar weist dieser eine sehr hohe Anzahl von Anmerkungen auf (im Satzbild stets am Seitenende), doch können diese nicht immer allen wissenschaftlichen und/oder editorischen Erwartungen gerecht werden. Oftmals handelt es sich nur um sehr allgemein gehaltene Quellenverweise oder lediglich um Erklärungen inhaltlicher Art, welche man entweder in den Text integrieren oder aber ganz beiseite hätte lassen können. Vielleicht wäre stilistischer Kohärenz und optischer Ästhetik des Werkes besser mit einem gänzlichen Verzicht auf diese Fußnoten gedient gewesen, bei gleichzeitig größerer Gliederung einer eventuell auch etwas ausführlicheren Bibliographie.

Von diesen wenigen Einwänden abgesehen bietet Richardt eine durchwegs überzeugende, ein größeres interessiertes Publikum positiv ansprechende und anregende Biographie einer gesamthistorisch wie theologiegeschichtlich immens bedeutsamen Persönlichkeit – ein Werk, welches auf jeder Seite eindringlich von der heute so seltenen interdisziplinären Beherrschung und geistigen Durchdringung der angerissenen Wissenschaftszweige durch seinen Verfasser spricht.

Josef Johannes SCHMID, Mainz

Science et présence jésuites entre Orient et Occident. Journée d'études autour de Fronton du Duc, organisée par le Centre Sèvres – Facultés jésuites de Paris et la Société des Amis de la Bibliothèque des Fontaines, Paris (Médiasèvres) 2004, II–197 S. (Patristique, 127), ISBN 2-900388-65-1, EUR 19,00.

Diejenigen, welche heute kritische Editionen antiker klassischer oder patristischer Autoren benutzen, kümmern sich selten um die Lebensumstände und wissenschaftlichen Ambitionen derer, die diese seit dem Aufblühen der Philologie im Renaissance-Humanismus erarbeitet und so im Verlauf einer langen Entwicklung die heute noch geltenden editorischen Standards geschaffen haben. Umsomehr ist es zu begrüßen, daß man sich in Paris eines bedeutenden Wissenschaftlers erinnert, der für die Entwicklung seines Faches, der Patrologie, Hervorragendes geleistet hat. Der aus Bordeaux stammende, 1577 in die Gesellschaft Jesu eingetretene und an den Ordenskollegien seiner Heimatstadt, von Pont-à-Mousson und Paris ausgebildete und dort wiederum lehrende Jesuit Fronton du Duc (1558–1624), hat seine ganze Kraft der Edition patristischer und byzantinischer Texte gewidmet. Gleichwohl hat er diese Arbeit nicht nur um ihrer selbst willen betrieben, sondern, wie zu seiner Zeit auf beiden Seiten des konfessionellen Grabens üblich, davon Hilfen für die Klärung aktueller Kontroversen erwartet, an denen er sich mit etlichen Schriften beteiligte.

Philippe LÉCRIVAIN (Fronton du Duc entre Petau et Maldonado, une vie à la croisée de l'histoire et de la théologie) gibt einen Lebensabriß des Protagonisten vor dem Hintergrund einer überaus bewegten Zeit (Religionskriege, Ermordung König Heinrichs IV.), in der die noch junge Gesellschaft Jesu um ihre Anerkennung ringen mußte. Frontons Lebenswerk wird material präsentiert. Die geistige Grundhaltung, die es ihn hervorbringen ließ, wird, da anscheinend eigene Aussagen dazu fehlen, mit Zitaten aus Werken seines Vorbilds, Juan Maldonado (1533–1583), und seines Nachfolgers, Denis Petau (1583–1652), illustriert: eine humanistisch geprägte Theologie im Gefolge des Erasmus, die sich nicht an der mittelalterlichen Scholastik, sondern an der Bibel und den Schriften der Kirchenväter orientierte. Irena Backus, die einiges zu Frontons Editionstätigkeit geforscht hat, aber in diesem Sammelband nicht vertreten ist, hat es auf die bündige Formel gebracht: »un travail dans le style d'Érasme, accompli par un anti-Érasmien convaincu« (S. 48). Freilich hätte man gern etwas mehr über den Antierasmismus Frontons gewußt.

Den die Konfessionsgrenzen überschreitenden Aktivitäten Frontons widmet sich Emmanuel Bury (Fronton du Duc, membre de la République des Lettres). Fronton stand sowohl mit gallikanisch orientierten Katholiken wie Jacques-Auguste de Thou (1553–1617) als auch mit Protestanten wie Isaac Casaubon (1559–1614) in wissenschaftlichem Austausch. Letzterer lobt seine Hilfsbereitschaft mit der aufschlußreichen Bemerkung, er sei ein so guter Mensch, daß man ihn kaum für einen echten »Loioliten« halten könne (S. 56, Anm. 13). Dem berühmten Kirchenhistoriker Cesare Baronio (1538–1607) verschafft er Material für dessen »Annales ecclesiastici« und wurde von diesem seinerseits über wichtige Handschriften informiert. Aber es herrscht keineswegs nur ein ruhiger wissenschaftlicher Austausch. Wenn es sein muß, wie im Fall der Auseinandersetzung mit dem Protestanten Philippe Duplessis-Mornay (1549–1623) über die Eucharistie, mobilisiert Fronton auch seine »érudition ›de combat‹« (S. 59). Aber auch dabei geht es Fronton um die Auseinandersetzung in der Sache, die Verunglimpfung des Gegners lehnt er wie auch Casaubon ab.

André Tuilier (Fronton du Duc et l'humanisme jésuite) zeichnet die erasmischen Wurzeln sowohl der Spiritualität des Ordensgründers Ignatius von Loyola als auch der Jesuitenpädagogik nach, wie sie in der »Ratio studiorum« von 1599 deutlich greifbar sind. Auch das Theaterstück über Jeanne d'Arc (Histoire tragique de la Pucelle de Dom-Rémy), das Fronton als junger Lehrer der Rhetorik an der neu gegründeten Jesuitenuniversität von Pont-à-Mousson in Lothringen verfaßte und mit seinen Schülern 1580 aufführte, interpretiert er als Frucht des Jesuitenhumanismus. Dabei ist der Autor nicht ganz konsistent: Einerseits sieht er das Stück unter dem Einfluß der aristotelischen Poetik (S. 76), muß andererseits aber einräumen, daß die nach dieser zentrale Einheit von Zeit und Ort nicht eingehalten wird (S. 78, Anm. 31). Interessant ist, daß die Drucklegung des Stücks durch den bei der Aufführung anwesenden Herzog von Lothringen und die damit verfolgten politischen Absichten in jüngster Zeit mehrfach untersucht wurden. Am interessantesten, wenn auch diskussionsbedürftig, erscheint die vom Verfasser vertretene Hypothese, die Editionstätigkeit Frontons, die sich auf griechische Kirchenväter, insbesondere Johannes Chrysostomus, konzentrierte, gehöre in einen umfassenden, von der Gesellschaft Jesu unterstützten Plan, den gnadentheologischen »Pessimismus« des Augustinus durch die Edition der in dieser Beziehung »optimistischeren« Griechen zu neutralisieren (S. 85–87). Aber auch hier schwankt der Autor: Er führt den Optimismus der griechischen Väter auf stoischen Einfluß zurück, den er aber gerade bei Chrysostomus gering veranschlagt; schließlich wendet er gegen seine These selbst ein, daß man in Port-Royal trotz des glühenden Augustinismus auch Chrysostomus geschätzt habe.

Laurence Brottier (Fronton du Duc, éditeur et traducteur de textes grecs) unterstützt en passant die von ihrem Vorredner lancierte Hypothese mit dem Hinweis, bereits Julian von Aeclanum habe Augustinus mit Zitaten aus Johannes Chrysostomus zu widerlegen versucht (S. 91). Ihr eigentlicher Gegenstand aber ist es, Fronton als Herausgeber, Übersetzer und Kommentator griechischer Kirchenväter sowie byzantinischer Autoren zu würdigen. In allen drei Bereichen verstand er sich als Glied in einer Kette. Dankbar benutzte er, was frühere und zeitgenössische Gelehrte geleistet haben, um es aufgrund neuer Manuskriptfunde und einer stupenden Kenntnis von Vergleichsmaterial zu verbessern, durchaus im Bewußtsein, daß dieses unabschließbare Werk der Wissenschaft auch in Zukunft immer wieder neu in Angriff genommen werden muß. Gerade die geschickt gewählten und gekonnt interpretierten Beispiele aus Frontons Chrysostomus-Ausgabe, die sein Vorgehen treffend illustrieren, machen diesen Beitrag zu einem Glanzpunkt des Bandes. Die Differenziertheit und Treffsicherheit der lateinischen Übersetzungen Frontons erklären, warum Pierre-Daniel Huet (1630–1721) ihn im ersten Buch seines Traktats »De interpretatione« von 1661 in einem fiktiven Gespräch in der Königlichen Bibliothek zusammen mit I. Casaubon und J.-A. de Thou die Probleme einer adäquaten Übersetzung diskutieren läßt.

Der immer mit einem Zollstock bewaffnete Dominique Bertrand, der bei allen von ihm zitierten Büchern die Maße angibt, beleuchtet mit breitem Hintergrundwissen die französisch-britische »Parallelaktion«, die der Theologe und Patristiker Fronton und der Gräzist und Mathematiker Sir Henry Savile (1549–1622) im Hinblick auf die Edition der Werke des Johannes Chrysostomus unternahmen (Henry Savile et Fronton du Duc). Beide arbeiteten unter der Patronage ihres Königs – der Franzose zusätzlich mit finanzieller Unterstützung der Versammlung des gallikanischen Klerus – und halfen sich, was nicht nur angesichts der Konkurrenzsituation, sondern auch der unterschiedlichen nationalen und konfessionellen Zugehörigkeit erstaunlich ist, bei der Suche nach Manuskripten. Die Übereinstimmung in den methodischen Standards einer solchen Edition half ihnen, diese Grenzen zu überwinden. Während Fronton seit 1583 Teileditionen vorlegte – der erste, 1609 erschienene Band seiner auf 12 Bände angelegten Gesamtausgabe vereinigte ältere Arbeiten –, veröffentlichte Savile, wie in angelsächsischen Ländern noch heute üblich, seine achtbändige, über einen Zeitraum von vier Jahren gedruckte Ausgabe 1613 mit einem Schlag. In editorischer wie drucktechnischer Hinsicht erscheint die letztere perfekt. Sie hat, um den editorischen Apparat zu formalisieren, Symbole und Abkürzungen eingeführt, wie sie bereits die alexandrinische Philologie des Altertums kannte, die in der Folgezeit Allgemeingut der Editoren wurden. Die auf schlechterem Papier und von unterschiedlichen Druckern hergestellte Ausgabe Frontons, deren verwickelte Geschichte weder von Carlos Sommervogel in dessen »Bibliothèque de la Compagnie de Jésus« noch vom Verfasser des vorliegenden Beitrags endgültig aufgehellt werden konnte, unterscheidet sich von der Saviles in zwei Punkten, die durchaus miteinander zu tun haben: 1. Fronton hat mit unbestechlichem Urteil alle zweifelhaften Werke ausgeschieden, während Savile solche, wenn auch von den von ihm als authentisch erachteten getrennt, in großer Zahl aufgenommen hat. 2. Fronton hat seiner Edition des griechischen Textes eine lateinische Übersetzung beigefügt, von deren Qualitäten bereits die Rede war. Bertrand ist der Meinung, daß ihn diese Auseinandersetzung mit den Texten in die Lage versetzt habe, Echtes von Unechtem zu scheiden. Die Übersetzung sorgte übrigens dafür, daß die Frontonsche Ausgabe einen größeren Absatz fand, da bereits damals das gebildete Publikum über bessere Latein- als Griechischkenntnisse verfügte.

Francis Richard (Savary de Brèves et la recherche des manuscrits en Orient) wirft ein Schlaglicht auf den Beitrag, den zeitgenössische französische Botschafter bei der Hohen Pforte bei der Jagd nach Manuskripten mit antiken und patristischen Texten geleistet haben. Gerade was die Rolle der französischen Jesuiten und Kapuziner dabei angeht, denen es in dieser Zeit gelang, sich in der Levante zu etablieren, hätte man gerne mehr gewußt.

Stand bislang Frontons Chrysostomus-Edition im Mittelpunkt des Interesses, lenkt Françoise Pélisson-Karro (De Buda à Paris: L'édition de l'»Ekklesiastikē Historia« de Nicéphore Calliste) den Blick auf seine Bemühungen um einen spätbyzantinischen Autor, Nikephoros Kallistes (gest. um 1330), den Verfasser einer unvollendeten Kirchengeschichte. Die Geschichte des zeitweilig in Buda in der einzigartigen Bibliothek des König Mathias Corvinus, heute in der Österreichischen Nationalbibliothek befindlichen, einzigen erhaltenen griechischen Manuskriptes dieses Werkes, das zugleich das Dedikationsexemplar für Kaiser Andronikos II. darstellt, bietet Stoff für einen Kriminalroman. Ebenso verhält es sich mit den Vorbereitungen für die griechisch-lateinische Ausgabe von 1630, die die Basler Editio princeps des griechischen Textes von 1553 und die lateinische Übersetzung des Gräzisten Johannes Lange (1503–1567) miteinander vereinigte. Es handelt sich um eine Haupt- und Staatsaktion zwischen der Wiener Hof- und der Pariser Königlichen Bibliothek im Vorfeld und in den ersten Jahren des Dreißigjährigen Krieges. Über den Beitrag Frontons, der laut Titelblatt der Ausgabe von 1630 die Übersetzung Langes mit dem griechischen Original verglichen und verbessert hat, erfährt man allerdings kaum etwas.

Ein Verzeichnis der in der Bibliothek des Centre Sèvres der Pariser Jesuiten befindlichen Werke Frontons de Duc sowie der einschlägigen Literatur und ein Register der historischen Personen runden den Band ab. Er vereinigt durchweg Beiträge von erstklassigen Kennern der Materie, die sich als Editoren patristischer Texte und/oder als Erforscher der frühneuzeitlichen Patristik einen Namen gemacht haben. Auf beiden Gebieten ist die französische Forschung derzeit führend, wie auch der hier besprochene Band deutlich macht.

Peter WALTER, Freiburg i. Br.

Gunther HIRSCHFELDER, Alkoholkonsum am Beginn des Industriezeitalters (1700–1850). Vergleichende Studien zum gesellschaftlichen Wandel, Band 2: Die Region Aachen, Cologne, Weimar, Vienne (Böhlau) 2004, 375 p., ISBN 3-412-15301-X, EUR 84,00.

Les recherches interdisciplinaires sur l'histoire de l'alimentation, de la cuisine et de la gastronomie sont devenues aujourd'hui la règle. Or, c'est avec un certain retard que les différentes disciplines concernées (histoire, anthropologie, sociologie, etc.) s'occupent de la boisson, et ceci est particulièrement vrai pour l'ethnologie universitaire allemande *(Europäische Ethnologie)*, qui avait pourtant dès ses débuts au XIXe siècle *(Volkskunde)*, amplement traité ce sujet sur le mode anecdotique et pittoresque (avec le stéréotype de l'allemand buveur sinon ivrogne). La thèse d'habilitation que Gunther Hirschfelder a soutenue à l'Université de Bonn cherche à combler une lacune thématique, mais aussi méthodologique, car ce sont notamment les micro-études qui font défaut aujourd'hui: en comparant la consommation de l'alcool dans les régions industrielles de Manchester et d'Aix-la-Chapelle, l'auteur met en pratique l'approche comparatiste longtemps postulée dans ce domaine de recherche.

Si le second volume que nous étudions ici est consacré à la région d'Aix-la-Chapelle, la publication (2003–2004) a l'avantage de contenir, à la fin (p. 309–324), une synthèse présentant les résultats des deux volumes, en les mettant en rapport entre eux. Les deux livres peuvent d'ailleurs se consulter séparément, ce qui ne va pas sans quelques répétitions et redondances pour le lecteur qui étudie les deux: ainsi, Hirschfelder résume, au début du vol. 2 (p. 1–24), les préliminaires méthodologiques expliqués en détail dans le vol. 1. Dans cette ouverture théorique, l'auteur insiste notamment sur son intention d'étudier la problématique de l'alcool comme »methodisches Hilfsmittel« (p. 2, 17) pour comprendre, dans un sens plus large, les grands changements sociaux et culturels qui déterminent l'époque de l'industrialisation naissante. Cette approche est d'autant plus significative que ce sujet était largement discuté par les contemporains eux-mêmes, qui étaient bien conscients des problèmes (sociaux, médicaux, etc.) soulevés par une consommation d'alcool excessive; le chercheur trouve donc dans les archives des villes une ample documentation, que Hirschfelder analyse scrupuleusement (sources imprimées et manuscrites, p. 23–24). L'intérêt des villes choisies pour cette étude – Manchester et Aix-la-Chapelle – réside dans le fait qu'elles se trouvent au centre de deux régions qui ont connu tout à la fois une forte industrialisation et une évolution sociale et culturelle très importante.

Dans son étude consacrée à la région d'Aix-la-Chapelle, l'auteur analyse, dans un premier temps (p. 25–116), les différents lieux et locaux de la consommation, en commençant par la catégorie la plus importante, les cabarets, tavernes, marchands de vin et de bière, etc. La multiplicité de ce genre de locaux apparaît dans un grand nombre de termes différents (*Wirtschaft*, *Gasthof*, *Weinschenke*, *Schnapsladen*, etc.), que les autorités publiques de l'occupation française cherchaient en vain à traduire adéquatement. Quant à leur nombre, leur densité et leur revenu, il faudrait distinguer soigneusement les différentes périodes historiques *(Altes Reich, französische Besatzung, preußischer Staat)* et tenir compte d'une part des petits débits et vendeurs de boissons qui ne figurent pas dans les sources d'archives et d'autre part des grandes fluctuations dans le domaine des petites entreprises (familiales dans la plupart des cas). Malgré tout, on arrive à une moyenne de 46 clients (masculins) par maison pour le XVIIIe siècle et au double pour le milieu du XIXe siècle, ce qui correspond à une réduction importante de la densité. Il faudrait toutefois ajouter les auberges, pensions et hôtels dans cette station balnéaire très fréquentée à l'époque. Parmi les espaces publics de la consommation de l'alcool, le secteur d'activité (artisanat, agriculture, industrie) joue un certain rôle, mais les sources sont ici plutôt rares. Il semble en général que la consommation au travail était plutôt modérée à cette époque précoce, que l'image de l'ouvrier ivrogne (tout comme celle du paysan gros buveur) soit plutôt un topos bourgeois. Le même constat vaut d'ailleurs pour les hôpitaux, prisons, etc., où une petite ration d'alcool fait partie de l'alimentation, sans être considérée comme un stimulant dangereux. Quant à la consommation privée, enfin, Hirschfelder constate pour les années 1820 la naissance d'un alcoolisme de misère – l'ouvrier qui se saoûle à la maison et le pauvre qui boit dans la rue (p. 102–109).

Un deuxième chapitre (p. 117–215) est consacré à l'individu buveur *(trinkende Menschen)* – et celui-ci est tout d'abord masculin, comme l'explique le long passage introductif sur les *gender studies* dont il faut tenir compte dans ce domaine (p. 117–136). La femme qui boit excessivement est, pendant toute la phase analysée, la grande exception: l'ivresse est un »privilège des hommes«. Dans la bourgeoisie, la consommation féminine devient un tabou ou plutôt un fait non existant. Dans les couches inférieures, par contre, le recours à l'alcool joue sans doute un plus grand rôle, mais toutes les sources sont écrites dans la perspective masculine et bourgeoise, qui masquent la réalité sociale. Pourtant, depuis les années 1820, l'on constate la naissance d'un nouveau comportement chez les femmes jeunes travaillant dans l'industrie: elles se permettent, contre tous les interdits, une consommation publique, adaptant les attitudes des hommes dans les cabarets, exprimant ainsi leur »émancipation«.

La suite du deuxième chapitre traite d'abord de la consommation des adolescents qui, à partir de l'âge de 14 ans, peuplent les cabarets dès qu'ils gagnent un peu d'argent, pour imiter le comportement viril des adultes. Ensuite, Hirschfelder considère les différents métiers qui développent chacun une consommation bien particulière, identifiant un groupe bien défini, comme c'est par exemple le cas des tisserands. Parmi les artisans, ceux qui semblent boire le plus sont les tanneurs; les fileurs, en revanche, dont le métier se trouve considérablement revalorisé avec l'industrialisation, fréquentent les cabarets régulièrement pour se mettre en scène, sans pour autant consommer excessivement. La même observation vaut d'ailleurs pour les marchands et les employés publics. De l'autre côté, l'image topique du cocher buveur et du paysan ivrogne devrait être fondamentalement revue – ce qui n'est absolument pas le cas pour le clergé, pour lequel les sources confirment un fort penchant pour une consommation régulière et importante. Quant aux militaires, il n'y a que l'époque de l'occupation française qui garde les traces de fréquents excès; dans l'Ancien Empire et sous l'influence prussienne, les soldats jouent un rôle marginal dans la région (sauf pour la ville de garnison de Jülich), et ils font preuve d'une grande discipline. Restent les couches supérieures, les riches et les magistrats d'Aix-la-Chapelle: ils subissent l'influence fatale des curistes étrangers, de la jet-set internationale qui séjourne dans la ville balnéaire, et dont »l'activité principale« (p. 199) – et la cause de leur maladie à traiter – est l'ivrognerie … Somme toute, le deuxième chapitre offre, à partir des sources d'archives, de petits tableaux vivants, parfois amusants, souvent dramatiques, qui rendent la lecture fascinante, sans pourtant négliger la force de la synthèse.

Le troisième chapitre (p. 216–272) est consacré au problème de l'abus et de l'excès. Il s'ouvre sur une interrogation terminologique: comment définir la notion d' »ivresse« *(Rausch)* employée par les contemporains? Et quand commence l'alcoolisme? Les sources ne sont pas très claires en ce qui concerne les quantités d'alcool consommées; on peut pourtant retenir que l'importation du vin se réduit considérablement pendant la période étudiée, tandis que la fabrication de la bière et de l'eau-de-vie augmente (exception faite de l'occupation française, phase particulièrement »sèche«, en raison des impôts élevés). Ensuite, Hirschfelder analyse le rapport étroit entre l'alcool consommé et les différentes manifestations de violence: sur le plan individuel, il constate, depuis les années 1820, une aggravation de la brutalité masculine envers les femmes et enfants (effet dû au travail industriel de ceux-ci, qui perturbe le modèle patriarcal); sur le plan collectif, il attribue à l'alcool la responsabilité des grandes émeutes des années 1786 et 1830. Malgré ce constat dramatique, la région d'Aix-la-Chapelle ne voit pas l'essor de la lutte antialcoolique menée par le mouvement de l'hygiénisme *(Mäßigkeitsbewegung)*, qui fonde ses associations partout dans l'État prussien (et en Europe) – malgré quelques initiatives dans les années 1843–1845, qui disparaissent aussitôt dans la Révolution de 1848.

Après un long résumé *(Fazit)* qui reprend les résultats des analyses sur Aix-la-Chapelle (p. 273–308), Hirschfelder procède à une comparaison des deux régions industrielles étudiées (p. 209–324). À Manchester comme à Aix-la-Chapelle, la boisson alcoolique la plus importante serait la bière, pourtant délaissée par les couches supérieures dès le XIXe siècle; cependant, la consommation d'eau-de-vie va croissant à la même époque, tout en se limitant à la population pauvre, du moins à Aix-la-Chapelle. L'industrialisation (plus rapide et intense à Manchester) transforme, dans les deux régions, les habitudes des buveurs: a) quant à la femme, la bourgeoise se trouve exclue de la consommation, les jeunes ouvrières, en revanche, s'arrogent les attitudes viriles de la beuverie publique; b) quant à l'homme, le système social et familial traditionnel s'écroule à un tel point que les ouvriers se mettent, dès les années 1820, à s'adonner à un alcoolisme de misère, qui déclenche violences et suicides. Malgré les différences dans l'influence des autorités publiques et des institutions cléricales, qui cherchent à délimiter les excès, les deux régions montrent donc des parallèles assez frappants quant au comportement des buveurs dans une société en pleine transformation industrielle.

Karin BECKER, Stuttgart

Silke LESEMANN, Annette von STIEGLITZ (Hg.), Stand und Repräsentation. Kultur- und Sozialgeschichte des hannoverschen Adels vom 17. bis zum 19. Jahrhundert, Bielefeld (Verlag für Regionalgeschichte) 2004, 221 S., 31 Abb. (Hannoversche Schriften zur Regional- und Lokalgeschichte, 17), ISBN 3-89534-457-5, EUR 19,00.

»Der hannoversche Adel war berüchtigt.« Mit diesem Satz beginnt ein in der Reihe »Hannoversche Schriften zur Regional- und Lokalgeschichte« erschienener Band, der Aspekte der Kultur- und Sozialgeschichte des Adels im Kurfürstentum Hannover und der dieses umgebenden Region thematisiert. Die Beiträge, hervorgegangen aus einer von der Arbeitsgruppe Regional- und Lokalgeschichte an der Universität Hannover veranstalteten Vortragsreihe, wollen aus unterschiedlichen Perspektiven ein noch wenig beachtetes Phänomen, nämlich die adelige Lebenswelt im nordwestdeutschen Raum bis zum Ende der Monarchie, in das Blickfeld des Betrachters rücken.

Dabei sei, dies betont bereits die Einleitung des Bandes, besonders der hannoversche Adel durch Spezifika charakterisiert, die ihn von der Adelsschicht anderer Regionen des Heiligen Römischen Reiches Deutscher Nation abheben. Nicht nur das in der Personalunion der Kurfürsten von Hannover mit der englischen Krone begründete Vorhandensein eines Hofes ohne zumindest ständig präsenten Landesherrn zwischen 1714 und 1837, sondern insbesondere die strenge Abgeschlossenheit der adeligen Geschlechter und der geringe Anteil des Briefadels, mithin also die Prägung aristokratischen Selbstwertgefühls durch standesbewußten »Uradel«, freilich funktional ergänzt durch zum Dienst am und im Staat herangezogene »hübsche Familien«, die als bürgerliches »Staatspatriziat« aber rasch eine ebensolche Tendenz der Abschottung wie der Adel im engeren Sinn zeigten, machten einige der Besonderheiten des hannoverschen Adels aus.

Im ersten Beitrag unter dem Titel »Hannoversche Adelspalais des Barock und Rokoko« unternimmt Bernd ADAM einen virtuellen Spaziergang durch die Welt adeliger Stadtresidenzen im Hannover der Frühen Neuzeit. Anhand ausgewählter Beispiele zeigt der Autor den sich in der architektonischen Gestaltung manifestierenden Wandel des Verständnisses und der Funktionalität adeligen Bauens in der Hauptstadt des ehemaligen Herzogtums Braunschweig-Lüneburg. Nach Vorstellung des älteren Typus des adeligen Palais mit symmetrischem Grundriß und zentral in der Mitte gelegenem großen Saal im ersten Obergeschoß, der am Exempel des »Reeden-Hofes« näher betrachtet wird, schildert Adam den um 1735 einsetzenden Wandel, der zur Durchsetzung eines »französisch beeinflußten Haustyps mit unregelmäßigem, nutzungsorientierten, durch lange Seitenflügel die tiefen Altstadtparzellen besser ausnutzenden Grundrisses« (S. 37) führen sollte.

Anhand mehrerer, anschaulich präsentierter Beispiele, v. a. aus der Zeit zwischen 1751 und 1755, also unmittelbar vor dem Ausbruch des Siebenjährigen Krieges, der Phase intensiver Bautätigkeit in Hannover, arbeitet der Verfasser, illustriert durch Abbildungen und Pläne, die Charakteristika der Palais wie etwa die regelmäßige Fassadengliederung, die verhältnismäßig bescheidene Ausstattung des Erdgeschosses, die Verlagerung von Küchen und Wirtschaftsräumen in rückwärtig zum Hof gelegene eigene Gebäudeflügel, die zum Zweck der strikten Trennung der Stände mehrfach installierten separaten Treppen sowie, dies vom älteren Bautypus übernommen, die Dominanz des ersten Obergeschosses mit nun allerdings einer Vielzahl von mehr oder weniger repräsentativen Sälen, eindrucksvoll heraus. So entsteht in der Darstellung des Wohnumfeldes ein instruktiver Beitrag zur adeligen Stadtkultur im 18. Jh.

Der folgende Aufsatz befaßt sich unter der Überschrift »Der Fürst auf der Gartenbühne und die Arbeit hinter den Kulissen« mit »Nutzung, Pflege und Unterhaltung des Großen Gartens in Hannover-Herrenhausen in der ersten Hälfte des 18. Jahrhunderts«. Werden im ersten Teil des Beitrages vorwiegend bereits hinlänglich bekannte, allgemeine Bemerkungen zur Funktion des Gartens im Rahmen des höfischen Lebens und zur Ausstattung fürstlicher Gärten im 18. Jh. gemacht, kommen erst in der zweiten Hälfte der Skizze stärker das Funktionieren des Gartens behandelnde Aspekte wie ein kurzer Abriß der im Laufe des Jahres anfallenden Arbeiten sowie eine knappe Vorstellung des dafür eingesetzten Personals zum Tragen.

Die Mitherausgeberin Annette von STIEGLITZ ediert sodann unter dem Titel »Karriere im Ausland. Julius Jürgen von Wittorf als Minister am landgräflichen Hof in Kassel (1729–1802)« eine handschriftlich erhaltene autobiographische Skizze, die den Lebensweg des in Celle geborenen, im Alter von knapp fünfzehn Jahren an den Hof der Landgrafen von Hessen-Kassel gelangten und dort bis zum Oberstallmeister und Staatsminister aufgestiegenen Wittorf verfolgt.

Mit hohem Anspruch, dem leider die vorgelegten Ergebnisse in keiner Weise entsprechen, befaßt sich Anke HUFSCHMIDT in ihrem Beitrag »Ilse von Saldern und ihre Schwestern« mit der »Stellung von Frauen in den adeligen Familien im Weserraum um 1600«. Einer zur Zeit ja für eine wahre Flut von mehr oder eher weniger brauchbaren Beiträgen verantwortlichen Modeströmung, den sogenannten *Gender Studies*, verpflichtet, postuliert die Autorin gleich zu Beginn ihrer Ausführungen vollmundig, die »Erkenntnisse zu Handlungsfeldern und Lebenspraxis« ihrer Untersuchung zum Lebensweg der Ilse von Saldern seien »durchaus auf das Leben der Frauen des dortigen [hannoverschen] Adels übertragbar, resultierten aus den territorienübergreifenden Heiratsverbindungen doch viele Gemeinsamkeiten zwischen den Familien« (S. 138). Ganz davon abgesehen, daß mit einer solchen Argumentation angesichts der weitreichenden Heiratsverbindungen des Adels im gesamten Europa eine Homogenität der Lebenswelten weiblicher Angehöriger der Aristokratie zumindest im Raum vom Atlantik bis zur Weichsel unterstellt werden müßte, relativiert Hufschmidt ihre eigene Eingangsthese mit der Betonung der Singularität gerade der Biographie der Ilse von Saldern, die »bei der Landesherrschaft und landesherrlichen Beamten sowie unter Standesgenossen« (sic!) »Aufsehen« erregte, »weil sie ihre Interessen und die Interessen ihrer Familie konsequent« und auch gegen normative Vorgaben der Zeit durchzusetzen versuchte (S. 156).

Wie die Autorin selbst bemerkt, lag die Norm und die überwiegende Praxis der Lebensführung adeliger Damen, mit der diese Norm ja korrelierte und in der diese tradiert wurde, gerade im protestantischen Raum weit eher im Bereich der »Christlichen Hausmutter« als auf dem Felde des auch nach Außen deutlich hervortretenden, selbständigen Agierens im Sinne einer Durchsetzung der eigenen Zielvorstellungen. Weder die Tatsache, daß Ilse von Saldern in juristische Auseinandersetzungen verwickelt war, da diese ja entweder privatrechtlicher Natur waren, oder, wie im Falle des im Beitrag erwähnten Konfliktes mit dem Herzog von Braunschweig-Wolfenbüttel, als geradezu unerhört, zumindest aber einer Dame von Stand unziemlich angesehen wurden, noch die absolut typische Anbringung von Allianzwappen über den Toren der Schloßbauten, von Hufschmidt als Beleg für eine Tätigkeit als »Bauherrin« überinterpretiert, können darüber hinwegtäuschen, daß die Autorin zwar eine nette biographische Skizze, freilich unter deutlicher Schieflage der gesetzten Akzente, abgeliefert hat, die von ihr gezogenen weitreichenden Schlüsse und idealtypisiernden Schlußfolgerungen aber, wie im übrigen die überwiegende Mehrzahl der Beiträge, die uns als Früchte der *Gender Studies* dargeboten werden, als auf tönernen Füßen ruhend zu verwerfen sind. Eine auf meist dürftiger archivalischer Grundlage beruhende, kaum noch als Interpretation zu bezeichnende selektive Wahrnehmung der Quellen unter vorgefaßten Theoremen rechtfertigt eben keinesfalls weitreichende Schlußfolgerungen und ist schlichtweg als methodisch falsch abzulehnen.

Auch Brage Bei der Wieden erliegt in seiner Untersuchung »Der Kobold auf Schloß Hudemühlen. Sagenbildung im Spannungsfeld zwischen Herrschaft und Gesinde« der Versuchung, eine Marginalie zum Ausgangspunkt einer weitgesteckte Ziele verfolgenden Fragestellung zu machen. Er versucht über eine sich zuerst in der Familienchronik des Marquard von Hodenberg aus dem späten 17. Jahrhundert findende Anekdote über einen Hausgeist mit Namen »Hinzelmann«, die später u. a. in den Sagensammlungen der Gebrüder Grimm wieder auftaucht, Erkenntnisse über die gegenseitige Wahrnehmung von Herrschaft und Gesinde abzuleiten. Gelingt es ihm noch im ersten Teil seiner Untersuchung, Ursprung und Entwicklung der Sage anhand einzelner Stationen in den Quellen darzustellen, muß die anschließende, freilich vom sich der Schwächen dieses Ansatzes wohl selbst durchaus bewußten Autor mehr als Anregung verstandene Interpretation, da sie weder konsequent einer historisch-kritischen noch einer germanistischen Methode folgt, doch mit erheblichen Bedenken zur Kenntnis genommen werden.

Die letzten beiden Beiträge führen schließlich ins 19. Jh. Gotthardt Frühsorge analysiert zunächst in »Der Intendant der höfischen Welt« die Rolle Unico Ernst von Malorties am königlichen Hof in Hannover. Dabei kommt es ihm weniger auf die Person des Oberhofmarschalls bzw., seit 1862, Ministers des Königlichen Hauses selbst an als auf eine Analyse der Funktionalität des Hofes und insbesondere seiner Einrichtung, bei der Frühsorge in der »Notwendigkeit zur symbolischen Selbstdarstellung des in der einen oder anderen Weise neudefinierten Staatsgebildes« (S. 182) Parallelen zwischen dem Jahre 1692, der Erhebung des Herzogtums Braunschweig-Lüneburg zum Kurfürstentum Hannover, und 1837, dem Regierungsantritt König Ernst Augusts, der das Ende der Personalunion mit England bedeutete, zieht.

Schließlich werden »Arbeit und Alltag am königlichen Hof in Hannover im 19. Jahrhundert« in Form einer Darstellung der Organisation des Hofes und seiner vier Hofstäbe, insbesondere des Oberhofmarschallamtes, angegangen. Die Mechanismen und die Wandlungen der Struktur des Hofes in Hannover bis zur Annexion des Territoriums durch Preußen 1866 werden dabei übersichtlich und anschaulich deutlich gemacht.

Da den einzelnen Beiträgen jeweils eigene Quellen- und Literaturverzeichnisse beigegeben sind, schließt das Werk mit einem Abbildungsverzeichnis und einem getrennten Orts- und Personenregister im Anhang.

Die inhaltlich und qualitativ sehr heterogenen Beiträge des vorliegenden Bandes beleuchten schlaglichtartig einige Bereiche der Lebenswelt des Adels in Kurhannover und der Region. Vollständigkeit und Ausgewogenheit wurde weder erstrebt noch erreicht. So kann der Band willkommener Anlaß einer weiteren Beschäftigung mit dem sicherlich interessanten Phänomen adeligen Lebens und adeliger Lebensumstände nicht nur im Nordwesten des Heiligen Römischen Reiches Deutscher Nation sein.

Bernhard MUNDT, Ludwigshafen/Rh., Mundenheim

Jürgen LUH, Kriegskunst in Europa 1650–1800, Cologne, Weimar, Vienna (Böhlau) 2004, 298 p., 36 ill., ISBN 3-412-13703-0, EUR 44,00.

The »Art of War« in early modern Europe has not been neglected by historians, and there is good reason to ask what a new, concise account of the practicalities of waging war between 1650 and 1800 can offer over and above the mass of existing publications on the subject. Jürgen Luh appears to have asked himself this question, and his new volume contributes innovatively to the literature on *Ancien Régime* warfare. In the first place he assimilates, synthesizes and, where appropriate, criticizes recent scholarship on early modern warfare, much of it reactions and responses to the »military revolution« thesis of Michael Roberts, first launched in the 1950's and still serving as a catalyst of fruitful debate. In the second, he organizes the material of his book to emphasize the working assumptions of »new« military history, which has sought to place warfare within a wider political, social, economic and cultural context. Both the awareness of new writing on *Ancien Régime* warfare, and the commitment to placing war in a wider historical context are evident from the outset in the present volume. Unusually, the opening chapter considers logistics, supply systems and medical care rather than weaponry, tactics and troop formations. The implication is plain, and draws on the comment of Imperial Field Marshal Montecuccoli that the »well-being of the army is the highest priority«. Montecuccoli's remark is paradoxical: supply of food and munitions to most armies encountered organizational, financial and transportation problems which remained formidable during the eighteenth century, and ensured that most troops were badly fed and ill-protected from the elements; despite more sophisticated medical theory, the actual state of medical support in the armies remained lamentable, and deaths through epidemic disease, poor diet and inadequate care for those who fell sick still outweighed by a vast proportion those suffered through direct enemy action. Yet for all these obvious inadequacies, the quotation acknowledges the basic priorities of warfare. Fighting battles or waging sieges were subordinated to the mundane but vital concerns of maintaining supplies, moving armies, their artillery and support facilities without suffering organizational breakdown, and keeping enough men fit and effective to be able to sustain military operations through a campaign. Practicalities interest Luh, and he devotes considerable space to the employment of portable flour mills and the capacity of bread-baking ovens with the armies, drawing, as elsewhere in his book on a rich range of archival and contemporary printed accounts to supplement and illustrate existing scholarship. His dense section on medical care, hygiene and welfare for invalid soldiers discusses levels of sickness and mortality in armies on campaign, the developments in treatment and approach to the troops' health and how far they could be introduced in practice, the dismal provisioning of military hospitals and the untrustworthiness of the staff, all of it well-illustrated by contemporary account and particular anecdote.

The second section is concerned with fortification and siege warfare, accepting the assumptions of almost all contemporaries that sieges were the determining factor in warfare, more frequent than battles and more capable of achieving lasting military/political gains. Though Maurice de Saxe and Frederick the Great provided dissenting voices, Luh notes that Frederick rapidly altered his views after the stubborn resistance of the ill-maintained Austrian fortifications in Silesia. The theoretical debates about fortification are here juxtaposed with a detailed account of the »second stage« of artillery-fortification practice, the increasing elaboration of outworks identified with Vauban and Coehoorn and their eighteenth-century successors. Luh is sympathetic to the arguments of Jeremy Black and others, that the original »military revolution« thesis misrepresents the dynamic of military change by concentrating upon the period 1560–1660. He would agree with Black that the changes in the scale of armies, their organization and weaponry in the century *following* 1660 have more claim to be regarded as »revolutionary« than those associated with the military world of Maurice of Nassau and Gustavus Adolphus. In discussing fortification and siege warfare, Luh moves this argument on to offer some ideas about the dynamic of change *within* the period 1660–1780. Fortifications developed in complexity, sophistication and expense in the second half of the seventeenth century, and the length of sieges reflected the formidable power of the defensive over even the largest besieging forces of the period of the War of the Spanish Succession. Yet by the mid-eighteenth century the average duration of sieges had dramatically shortened; developments in the effectiveness and quantity of siege artillery had made prolonged resistance less tenable, and states lacked the financial resources for yet another, even more elaborate and extensive reconstruction of their principal fortifications. As counterpoint to this account of the rise and fall of the defensive, Luh provides a detailed challenge to the view, widely held since Vauban, that the »war of sieges« was a phenomenon restricted largely to Western Europe. Detailed evidence underlines the extent to which fortification was a determining factor in warfare across Eastern Europe and down into the zones of conflict between Habsburgs, Russians and Ottomans.

Similar »military revolution« arguments about shifts in the nature of warfare inform the third major section, where the issues of weaponry and tactics are given their place. Strikingly, and against the recent orthodoxy, Luh is not convinced by the arguments for the key tactical significance of the flintlock musket and the ring-bayonet. Setting aside a battle such as Malplaquet (1709), with its huge losses incurred through musket shot (and admittedly this is a big exception), he draws on contemporary comment to argue that the flintlock continued to be inaccurate, and with a bayonet fixed to the muzzle even slower to load than its predecessor, and that the impact of closer-packed, flintlock volleys against advancing troops was, in many circumstances, still negligible. In this context of firearms that had not exponentially increased their killing-power, and a defensive weapon, the bayonet, which offered much less psychological reassurance than the traditional pike, Luh makes the case for the continuing predominance of the cavalry on the battlefield. Far from being easy victims of volleys from well-drilled infantry battalions, the capacity of cavalry to break infantry units, causing panic and heavy loss, was a major factor in the battlefield victories of the early eighteenth century. The single, great transformation of warfare, Luh argues, occurred in the middle of the eighteenth century, and was a direct consequence of the improved quality, organization and effectiveness of artillery. A huge increase in the quantity of field artillery mustered on the battlefield from the 1740's onwards, as with the quantities of siege guns now deployed by besieging armies, transformed the character and the hazards of war. Continuous use of massed artillery throughout battles hugely increased the casualties amongst both infantry and cavalry, and heightened the proportion of those killed or permanently disabled. More than anything else this raised the stakes in fighting battles, and made the human cost of large-scale combat, especially in terms of veteran and highly-drilled professional troops, unsustainable over lengthy wars.

A final section of the book acknowledges that most recent growth-area in military studies, the cultural context of combat. Here, Luh turns his attention to the development and elaboration of uniforms, making the point that their very lack of functionality, criticized by some contemporaries, bears witness to the extent to which the armies were a manifestation of princely sovereignty and self-assertion rather than instruments for the rational pursuit of military advantage. As the control of the sovereign increased over the entire army and not simply a prestigious ›household‹ of princely units, so more elaborate and colourful uniforms became the norm, much more than had been the case when the majority of units were the property of their grandee commanders. At the same time, this apparent tightening of royal control over the army was accompanied by a high degree of deference to social status and the hierarchy of court and lineage; the »etiquette« of campaigning left a great deal of scope for the eighteenth-century noble to engage in peer-rivalry and conspicuous consumption.

A misleading propensity of many such general studies which open in the mid-seventeenth century is to take most of the examples and indeed the basic role-model from France and the French army of Louis XIV and XV. This is not the case with the present volume, and Luh draws a broad brush across west-central Europe, though with more consistent attention to the states of the Empire and to the Habsburgs than to Scandinavia and the Mediterranean territories. But the range of examples, many drawn from original archival material, is impressive and builds confidence in the judgements of the author. A series of annexes reproduce archival documents that have been central to some of the debates of the main chapters. If there is any obvious omission in a work whose concise form must have obliged the author to make numerous hard decisions about his material, it is perhaps in a more direct engagement with the life of the ordinary soldier. Not strictly related to the »Art of War«, nonetheless the structures of recruitment, the attempt to drill and retain troops, the development of barracks, problems of *nostalgie* and desertion, are as central to understanding the operational effectiveness of *Ancien Régime* armies as uniforms, hospitals and supply wagons. This is however a book which, both in its text and well-chosen and untypical illustrations, has much to offer as both an introduction to warfare in this period, and for those who have already read widely in the subject.

David PARROTT, Oxford

Thomas HÖPEL (dir.), Deutschlandbilder – Frankreichbilder 1700–1850. Rezeption und Abgrenzung zweier Kulturen, Leipzig (Leipziger Universitätsverlag) 2001, 315 p. (Veröffentlichungen des Frankreich-Zentrums, 6), ISBN 3-934565-97-2, EUR 44,00.

Le présent ouvrage, publié dans une collection dédiée aux recherches sur la France, s'inspire des travaux menés en Allemagne et en France sur les transferts culturels. La perspective générale des 16 contributions proposées reflète la multiplicité des facteurs qui ont engendré non pas *une*, mais *des* images de la France et de l'Allemagne depuis le XVIIIe siècle. L'introduction de T. HÖPEL justifie le cadre chronologique choisi par l'intensité exceptionnelle des relations culturelles entre la France et l'Allemagne entre 1700 et 1850, qui s'inscrivent dans la succession de phénomènes eux-mêmes exceptionnels: les Lumières, la Révolution française et la période napoléonienne. Les contributions partent de trois questions: quels stéréotypes sont développés, par qui et pourquoi? Quels sont les »slogans« *(Parolen)* de leur médiatisation? Les stéréotypes nationaux ont-ils été médiatisés avant les »guerres de libération« (1813)? La méthode (F. E. SCHRADER) est centrée sur la thématisation des phénomènes de transformation qui ont affecté l'Europe, inventant des concepts tels que »frontière«,»identité«,»esprit national«, »Volksgeist«, »ennemi héréditaire«, etc.

Les stéréotypes nationaux se constituent d'abord au sein du milieu socio-professionnel des diplomates, des ambassadeurs et des juristes. M. WREDE montre que le XVIIIe siècle a beaucoup réfléchi, par leur canal, sur les institutions du »Reich«, symbole de la monarchie universelle, mais aussi de la limitation par les »États« *(Stände)* des pouvoirs de l'Empereur. J. ULBERT met en lumière la peur, très vivante en France, devant l'hégémonie des Habsbourg, qui se transforme peu à peu en refus d'une hégémonie autrichienne vécue comme une menace permanente du royaume des Bourbons. Mais il note aussi que les premières tentatives d'un rapprochement qu'on peut appeler »franco-allemand« datent de cette époque, précisément par les efforts français pour gagner l'Autriche à une alliance qui permettrait de faire pièce à l'Angleterre – une politique qui sera toutefois considérée par beaucoup comme »une chimère«. Les efforts de Versailles pour détacher les *Stände* de leur fidèlité sinon à l'Empereur, du moins à l'Empire, seront vains. S. EXTERNBRINK retrace, à partir de la carrière du diplomate français Louis-Augustin Blondel, la genèse d'une approche nouvelle des rapports entre nations, fondés sur »la connaissance actuelle de l'Europe« et la reconnaissance de la légitimité d'intérêts souvent opposés. Selon Blondel, la France pourrait abandonner sa position d'ennemie éternelle des Habsbourg en favorisant un »nouveau système européen« au sein duquel elle jouerait le rôle d'»arbitre«, tentative qui, comme on sait, échouera. On peut se demander toutefois si ces analyses peuvent fonder leur pertinence (indiscutable) sur la seule étude des stéréotypes, qui sont plus un produit qu'un point de départ: qu'on le veuille ou non, il s'agit ici d'abord d'histoire diplomatique.

Dans une perspective plus large, O. ASBACH analyse le traité de l'abbé de Saint-Pierre sur la paix perpétuelle, qui envisage pour l'Europe une »union« dans le cadre d'une fédération d'États souverains. Ici encore, il s'agit, même si elle est utopique, d'une construction juridique, proche de la théorie du »droit germanique« développée par la »Reichshistorie«. O. Asbach ne manque pas, évidemment, de noter longuement l'actualité du débat.

Connaître l'Europe, au XVIIIe siècle, c'est d'abord voyager. B. STRUCK étudie l'influence des voyageurs allemands sur l'image de la France. Il établit ainsi la naissance d'un stéréotype nouveau, celui du »caractère national«, qui postule des différenciations essentiellement négatives: Versailles, »la huitième merveille du monde«, devient »l'enfant du despotisme«; Paris, le »paradis terrestre« tant chanté, se révèle »gouffre de l'honnêteté«; la »galanterie française« n'est que »platitude«. B. Struck voit dans ces stéréotypes le reflet d'une éthique sociale, produit d'une culture bourgeoise, pour laquelle les comportements sociaux pesaient plus que les objectifs politiques. Au XIXe siècle, le »stratocentrisme« deviendra, dans le sillage des conflits qui accompagneront la naissance de la nation allemande, un »ethnocentrisme«. H.-M. BLITZ montre comment les images antifrançaises sont à partir de la guerre de Sept ans étroitement associées à l'idée de »patrie allemande«, il voit même dans les années 1756–1763 la naissance du nationalisme allemand – ce qui est peut-être aller un peu loin, d'autant plus que le concept de »nationalisme« est encore loin d'être opératoire à l'époque. Mais ce qui est important, c'est que le discours antifrançais est porté par la classe cultivée de l'époque – on avait plutôt jusqu'ici tendance à l'ignorer.

Dès la fin du XVIIIe siècle apparaissent des termes qui, certes, ne sont pas inconnus, mais vont être dotés d'une charge symbolique nouvelle. W. SCHMALE en fournit l'exemple avec le terme de »frontière«. Les limites entre États, encore très fluctuantes au XVIe siècle, marquent au XVIIIe siècle une séparation. Elles sont matérialisées par des pratiques destinées à écraser toute volonté de communication et de compréhension. Th. HÖPEL explique que l'»étranger« n'est plus seulement un *Fremder*, mais un *Ausländer*, terme qui implique une séparation radicale entre l'autochtone et »l'autre«. Il constate cette évolution déjà dans la

Prusse de la fin du XVIIIe siècle, elle se précisera plus nettement avec la Révolution française et l'occupation napoléonienne. Les communautés étrangères accueillies si largement dans les siècles précédents, finiront par se plier d'elles-mêmes aux nécessités de l'»intégration«, y compris linguistique, comme le montre le cas des huguenots, analysé par K. MIDDEL, pour qui les »pertes culturelles« vont de pair avec le triomphe des »paradigmes nationaux« (thèse au demeurant trop radicale: des travaux récents ont montré que le processus, progressif, a été le résultat d'une inévitable intégration sociale).

La Saxe ne pouvait pas être absente de l'ouvrage. S. SAMMLER analyse, outre les sources diplomatiques habituelles (rapports, dépêches etc.), les descriptions rédigées par les diplomates, véritables tableaux d'une centaine de pages à prétention encyclopédique, qui fournissent de précieux renseignements sur la géographie, l'histoire, les institutions, la religion, les ressources économiques, l'organisation militaire. Leurs auteurs en profitent pour expliquer l'intérêt d'un rapprochement avec l'Électorat. La Saxe et la France furent longtemps liées par des affinités culturelles d'où sortit une réelle francophilie que la période napoléonienne ne suffit pas à briser: on la retrouve encore chez certains démocrates de 1848. Nous sommes donc loin des images nées en Prusse dans le sillage de la guerre de Sept ans (encore qu'il ne faudrait pas oublier qu'il y eut longtemps un »parti francophile« aussi en Prusse).

L'ouvrage n'a pas voulu négliger les constructions de l'imagination créatrice dont la littérature et les arts nous renvoient le reflet. B. SAVOY aborde un sujet qui embarrasse encore (surtout …?) aujourd'hui les relations internationales: le pillage par les vainqueurs des richesses artistiques des vaincus. Les contemporains étaient déjà conscients du problème juridique que cette pratique soulevait. Pourtant, elle n'a pas entraîné en Allemagne une indignation comparable à celle que provoquèrent les levées en masse et les impositions diverses pratiquées par l'Empereur des Français. Les réactions allemandes furent tardives (1814 et 1815), ce que B. Savoy explique par le fond de cosmopolitisme qui habitait encore des esprits formés au siècle des Lumières, pour lesquels les œuvres d'art devaient être considérées comme la propriété de tous. Il s'agit ici plus d'histoire des idées que d'histoire des stéréotypes. Mais les idées peuvent cependant être »transférées« par la voie de l'art. C'est ce qu'analyse J. AHLERS-HESTERMANN à partir des considérations sur l'esthétique dans »De l'Allemagne«. Mme de Staël est la première à diffuser en France l'idée de Winckelmann selon laquelle l'esthétique ne fabrique pas seulement des théories, mais aussi un discours sur les théories, une philosophie, en somme. Le langage est donc un médium du transfert de concepts philosophiques. La littérature étant située »entre l'art et la philosophie«, c'est le »style« qui ouvre l'accès au »discours«. L'originalité de ces analyses (en soi pas vraiment nouvelles) réside dans leur application à la possibilité d'en tirer des stéréotypes (qui auront parfois la vie dure). Une contribution analyse l'»image de l'autre« dans les opéras français et allemands entre 1770 et 1850 (G. MÜLLER). Il en ressort que l'opéra reste encore, en 1850, un genre »européen et transnational«. Les stéréotypes y sont nombreux, mais visent plus à faire ressortir un coloris, un charme lié au pays dans lequel est situé le livret qu'à dégager des éléments nationaux »séparateurs«.

Napoléon enfin: deux textes seulement lui sont consacrés, ce qui est une manière de dire que l'image que les deux peuples se font l'un de l'autre n'est pas inscrite dans la seule »Franzosenzeit«. E. PELZER étudie la »démonisation« de Napoléon et la place qu'elle occupe dans la »renaissance de l'Allemagne«. À partir de 1813 s'opèrent des transferts, par exemple du religieux vers le politique (figure du diable, associée à celle du »tyran« et de »l'ennemi du genre humain«). En même temps, ces stéréotypes fonctionnent comme ingrédients d'une »disponibilité à la mort« pour la patrie en train de renaître, incarnée non plus par le prince, mais par le peuple. Mais la réaction qui suivit Waterloo rendit le peuple muet: les intellectuels purent tranquillement saluer le »Titan«, le »héros de l'Histoire«, transfiguré par sa captivité et sa mort solitaire. Ch. AUF DER HORST analyse le traitement littéraire de la légende napoléonienne par Heine, dans lequel il voit la réponse du poète démocrate et patriote à la montée du nationalisme allemand.

On regrettera *in fine* que cet ouvrage, très instructif et riche de perspectives confortées par le recours aux textes, soit trop souvent écrit dans un style compliqué (phrases inutilement longues, abus des néologismes à prétention scientifique) voire tributaire de modes langagières que l'on espérait périmées. C'est un peu dommage …

Pierre-André BOIS, Reims

Sonja SCHULTHEISS-HEINZ, Politik in der europäischen Publizistik. Eine historische Inhaltsanalyse von Zeitungen des 17. Jahrhunderts, Stuttgart (Franz Steiner) 2004, 357 p. (Beiträge zur Kommunikationsgeschichte, 16), ISBN 3-515-08028-7, EUR 62,00.

Le XVIIe siècle vit la naissance, en Europe occidentale, de périodiques d'information, les gazettes, ancêtres de nos journaux. S. Schultheiß-Heinz part du constat que ces périodiques ont été, jusqu'à présent, délaissés par la recherche historique, qui a témoigné davantage d'intérêt pour les pamphlets et libelles. Le présent ouvrage s'attache donc à combler une lacune, par le biais de l'étude du contenu, c'est-à-dire de l'information diffusée par trois gazettes. L'étude se place ainsi d'emblée dans une perspective comparative.

Trois périodiques ont été retenus, représentatifs de trois États et de trois sphères culturelles et linguistiques: le »Teutscher Kriegs-Kurier«, qui parut à Nuremberg à partir de 1673 et dont l'éditeur était Wolff Eberhard Felsecker (par ailleurs aussi éditeur du romancier Grimmelshausen), la »Gazette« française fondée en 1631 par Théophraste Renaudot, et la »London Gazette« anglaise publiée régulièrement à partir de 1665 (initialement sous le titre »Oxford Gazette«). Un point essentiel concerne la relation entretenue par les trois périodiques avec le pouvoir politique. La »London Gazette« était une publication officielle, la »Gazette« française avait un caractère officieux. Les choses se présentaient de manière légèrement différente pour le »Teutscher Kriegs-Kurier«, qui paraissait dans une ville d'Empire, éloignée de la résidence impériale; mais le conseil de Nuremberg était très attaché au maintien d'excellentes relations avec Vienne et la censure municipale veillait au respect d'une orientation pro-impériale. La proximité du pouvoir central était néanmoins beaucoup plus forte à Paris et à Londres qu'à Nuremberg.

L'étude porte sur une période relativement restreinte, allant de 1672 à 1679, qui correspond à la durée du conflit connu dans l'historiographie française sous le nom de »guerre de Hollande«. Le choix de cette période a une répercussion majeure: l'information liée (sous une forme ou une autre) aux événements guerriers y est largement prépondérante. Le fait est d'ailleurs marqué dans le titre de la gazette allemande.

L'auteur se propose d'étudier l'information diffusée par les trois périodiques, donc d'établir des comparaisons entre les thèmes traités, leur récurrence, leur sélection, leur mode de présentation et les jugements de valeur qui s'y attachent. Une double approche est adoptée. Une part importante de l'ouvrage ressortit à la méthode de l'analyse du contenu, c'est-à-dire d'une analyse quantitative et statistique (Chapitres II et III, 1); cette analyse est relayée par une approche herméneutique (Chapitre III, 2), concernant notamment certaines structures argumentatives dont la statistique ne permet nullement de rendre compte.

La mise en œuvre de la méthode quantitative impose l'établissement d'une grille permettant un encodage, c'est-à-dire une classification des informations en fonction de critères pertinents. Les rubriques utilisées pour décrire les contenus de la presse moderne sont bien évidemment inadaptées pour les périodiques du XVIIe siècle. La question est rendue particulièrement complexe par le type de présentation du texte dans les périodiques de l'époque, encore marqués par leur origine dans la forme épistolaire. Les nouvelles étaient présentées à la suite, sans être nécessairement isolées ou même séparées par un signe de ponctuation. Il n'y avait ni titre, ni structuration nette du texte. Seule est donc opérante la méthode consistant à isoler des unités en fonction du contenu.

Sept domaines ont été constitués: 1. conflits; 2. politique intérieure; 3. économie; 4. cour et diplomatie; 5. nouvelles sensationnelles; 6. annonces; 7. divers. Chaque domaine est à son tour subdivisé. On obtient ainsi une grille applicable à l'ensemble de l'information diffusée. La schématisation est ici poussée très loin. Elle a le mérite de permettre de formuler des résultats nets (avec une légitimité apparemment garantie par la statistique), mais elle risque de déboucher sur des inclusions qu'on peut juger abusives: il faut par exemple admettre le rattachement (dans la catégorie »théâtre d'opérations«) du Roussillon au domaine rhénan (ce qui surprendra le lecteur français), et passer sur le traitement des »camps« comme un pays ou sur la présence, parmi les nouvelles économiques, des maladies et épidémies.

La statistique vient étayer et illustrer l'évidence: en cette période riche en conflits militaires, c'est essentiellement de guerre qu'il est question dans les trois périodiques considérés. Entre 68% (dans la »Gazette« et la »London Gazette«) et 77% (dans le »Teutscher Kriegs-Kurier«) des informations sont consacrées aux conflits. Les nouvelles concernant les cours et la diplomatie viennent en deuxième position, loin derrière (23% dans la »Gazette«, entre 10 et 12% dans les autres périodiques). La part des autres domaines est beaucoup plus faible.

Cette prédominance de la guerre s'explique bien entendu par l'importance et le nombre des conflits. L'auteur dénombre, pour la période 1672–1679, 26 conflits. Là aussi, on se demande si la classification ne risque pas de fausser certaines données. Le lecteur français, habitué à entendre parler de »guerre de Hollande« (terme assurément réducteur) aura de la peine à envisager le même événement sous le nom de »Holländisch-Schwedischer Krieg« (surtout si on considère que l'entrée en guerre de la Suède contre le Brandebourg date de 1675). On se demandera s'il est légitime de séparer totalement la »guerre de Hollande« et la troisième guerre anglo-hollandaise, qui n'en est finalement qu'un épisode: de quelle guerre relève la bataille navale de Solebay? Et peut-on alors dire que l'Angleterre est étrangère au »Holländisch-Schwedischer Krieg«? De même, la révolte de Messine peut-elle être traitée comme un conflit séparé ou n'est-elle qu'un épisode de la »guerre de Hollande«? De la légitimité de ces distinctions dépend la validité de certains résultats statistiques obtenus.

Si on accepte la classification opérée par l'auteur, on admettra avec elle l'écrasante prépondérance numérique, dans les trois périodiques, des informations se rapportant à la »guerre de Hollande« (68,9%, 47,8% et 54,3% respectivement pour la gazette allemande, française et anglaise): la situation dans le Saint-Empire fait l'objet d'une attention particulière, ce qui tient au fait que les pays rhénans allemands étaient devenus un important théâtre d'opérations mais aussi que l'Allemagne était traditionnellement un important fournisseur d'informations. On notera aussi la spécificité des informations diffusées à propos des conflits: l'attention était moins retenue par les grandes batailles (avec ce qu'elles pouvaient représenter en fait de pertes humaines) que par des aspects qu'on qualifierait de »logistiques« (levées de troupes, problèmes d'approvisionnement, mouvements).

Outre cette guerre, les seuls conflits retenant assez largement l'attention étaient ceux qui impliquaient l'Empire ottoman. L'auteur rappelle que ces conflits n'étaient pas considérés de la même manière que ceux qui opposaient les puissances chrétiennes: ils possédaient une dimension émotionnelle bien supérieure à celle des autres affrontements, davantage déterminés par des considérations rationnelles. L'analyse des informations donne des résultats intéressants. On retiendra tout d'abord l'intérêt marqué de la »Gazette« française pour tout ce qui touchait à l'Europe orientale et à l'Empire ottoman: l'organe officieux qu'était la »Gazette« tenait compte de l'orientation de la politique étrangère française, très attentive à la situation en Europe orientale et à tout ce qui pouvait affaiblir le pouvoir de l'empereur en Hongrie. En revanche, le »Teutscher Kriegs-Kurier« ne manifeste qu'un intérêt faible pour ce domaine. L'auteur propose une explication: la lutte contre les Turcs aurait été considérée de moins en moins comme une affaire concernant le Saint-Empire et toujours davantage comme une affaire concernant directement la *Hofburg*. Mais cette explication s'accorde mal avec des indications livrées en d'autres endroits, qui posent que l'information livrée par le »Teutscher Kriegs-Kurier« reflète l'étroite connexion politique entre l'empereur et l'Empire et témoigne du lien fort entre l'Empire et l'Autriche. On pourrait peut-être suggérer une autre explication: le »Teutscher Kriegs-Kurier« est le périodique faisant la plus large place à l'information concernant la »guerre de Hollande«, ce qui peut entraîner une focalisation des rédacteurs et des lecteurs sur des problèmes proches et menaçants (Nuremberg n'était finalement pas loin du théâtre des opérations et restait à portée des armées françaises).

À côté des informations militaires, les autres domaines (symptomatiquement regroupés sous l'appellation »Weitere Zeitungsinhalte«) n'ont qu'une importance quantitative modeste, à l'exception des nouvelles concernant les cours et la diplomatie. La »Gazette« française occupe ici une place à part, témoignant du rôle majeur détenu en France par la cour et (surtout) le roi, dont la sacralité est régulièrement réaffirmée.

Le point de vue quantitatif qui caractérise ces analyses s'avère inopérant lorsqu'il s'agit d'étudier l'information dans sa dimension axiologique, c'est-à-dire en fonction des jugements de valeur qu'elle recèle. L'auteur fait observer que la dimension axiologique n'est pas inscrite au programme des gazettes, dont les auteurs affirment vouloir livrer une information impartiale. Mais la proximité du pouvoir suffit à expliquer la présence de traits qui relèvent de ce qu'on est bien obligé d'appeler (même si le terme avait un sens différent au XVIIe siècle, ce qui ne signifie pas que la réalité ait été ignorée) la propagande. La nécessité de la manipulation des opinions avait été affirmée sans ambages dans les »Considérations politiques sur les coups d'État« de Gabriel Naudé (1639). Naudé présente le peuple comme une »bête à plusieurs têtes, vagabonde, errante, folle, étourdie, sans conduite, sans esprit, ni jugement« et juge légitime, voire indispensable, »que les princes ou leurs ministres s'étudient à le manier et persuader par bonnes paroles, le séduire et tromper par les apparences, le gagner et tourner à ses desseins« de manière à »lui faire approuver ou condamner sur l'étiquette du sac tout ce qu'il contient«.

Certes, l'information marquée axiologiquement n'occupe qu'une place restreinte: des jugements de valeur (positifs ou négatifs) n'apparaissent que dans 5 à 10% des nouvelles. Mais cette proportion (cela ne saurait surprendre) augmente assez nettement dans le cadre de l'information sur les guerres. Celles-ci, comme le rappelle l'auteur, n'étaient pas seulement menées sur le champ de bataille, mais aussi par la plume.

Les trois périodiques véhiculent des jugements et des représentations visant à légitimer certains modes d'action et à en discréditer d'autres. Il est remarquable qu'il existe une relation étroite entre les images de soi (positives) et les images de l'autre, de l'ennemi (négatives). Parmi les trois périodiques étudiés, la »London Gazette« se signale par une relative modération et une impartialité plus marquée. La dimension axiologique est plus affirmée dans le »Teutscher Kriegs-Kurier« et dans la »Gazette« française. Le périodique allemand met en évidence la justice de la guerre menée par Léopold Ier et l'Empire et surtout, il s'attache à diffuser une image très discréditante de l'ennemi français. Sachant que de très nombreux pamphlets furent publiés en cette période, qui condamnaient la France en termes véhéments, on constatera que les périodiques pouvaient se situer, par le ton, dans la proximité du pamphlet: cela est d'ailleurs corroboré par le fait que le »Teutscher Kriegs-Kurier« publiait à l'occasion en annexe des reproductions de pamphlets anti-français. La frontière entre les deux formes était donc floue. L'ensemble des registres discréditants est mis en œuvre contre la France: on insiste sur le manque d'organisation de ses armées, sur le comportement inhumain des soldats français vis-à-vis des populations civiles, sur leur infériorité morale. L'un des moyens les plus remarquables, également largement utilisé dans les pamphlets, était la suggestion d'une large similitude entre la France et l'Empire ottoman, ce qui permettait de faire rejaillir sur le royaume du roi Très-Chrétien l'animosité qui visait traditionnellement l'»Infidèle«, »Ennemi du nom chrétien«. La dimension axiologique est également marquée dans la »Gazette«, mais, peut-on dire, dans une perspective inversée. Les rédacteurs parisiens ne se sont que secondairement attachés à diffuser une image négative de l'ennemi; en revanche, ils ont veillé à donner du camp français une représentation aussi flatteuse que possible. L'un des concepts massivement utilisés dans ce contexte est celui de »gloire« bien évidemment rapporté à Louis XIV et à ses armées. Il est d'ailleurs un rapprochement très éclairant. Alors que la gazette allemande développe un appel pathétique à l'attachement à l'Allemagne, à la »patrie«, le périodique français se concentre sur l'exaltation de la personne du souverain et la mise en évidence de son lien avec la sphère sacrée.

L'examen de l'information livrée par ces trois périodiques permet de mettre en évidence des convergences et des différences. Les convergences concernent la structure générale de l'information: dans l'Empire, en France et en Angleterre, on relève la prédominance d'une information centrée sur les événements guerriers et la politique étrangère; les nouvelles locales (à l'exception – surtout pour la France – de celles qui concernent la cour) n'occupent qu'une place modeste et la politique intérieure n'est guère envisagée que dans ses relations avec la scène européenne; les statistiques révèlent des différences qui sont parfois révélatrices, comme l'intérêt plus marqué de la France pour l'Europe centrale ou la présence beaucoup plus importante d'annonces dans la »London Gazette«.

Et l'auteur peut montrer que, contrairement à une opinion largement diffusée, contrairement aussi aux affirmations des rédacteurs, les périodiques ne sont pas des moyens d'information neutres: la dimension axiologique de l'information y est nette, leur but n'est pas uniquement d'informer, mais aussi d'influencer les opinions et de mobiliser celles-ci au service d'une politique.

Jean SCHILLINGER, Nancy

Céline BORELLO, Les protestants de Provence au XVIIe siècle, Paris (Honoré Champion) 2004, 548 p. (La vie des huguenots, 32), ISBN 2-7453-0883-1, EUR 100,00.

On pourrait penser de ce livre qu'il est une nouvelle étude régionale, mais il s'agit en réalité d'une histoire de la Réforme en Provence au XVIIe siècle et cela manquait. Précisons que le texte aborde la question de l'espace temporel de l'Édit de Nantes et celle des protestants de Provence. Pour ce faire, l'auteur utilise un nombre remarquable de sources, et soulève d'emblée la question de savoir si cet édit a effectivement profité à la communauté réformée.

Sous la forme d'une enquête, C. Borello cerne la vie quotidienne, la religion, les réseaux de parenté et les critères discriminants de l'appartenance confessionnelle des communautés huguenotes. Trois axes d'étude conduisent son propos: tout d'abord un axe quantitatif, qui pose la question de savoir qui sont ces provençaux; puis un axe socio-économique, qui s'appuie sur une étude anthropologique permettant de dégager les réseaux de sociabilité; enfin, un troisième axe religieux, l'étude de la communauté en elle-même.

C. Borello choisit dès le départ des critères autorisant la sélection de quatre sites représentatifs: Lourmarin, La Roque d'Anthéron, la vallée des Baux, et Marseille.

Ces lieux sont étudiés sur toute la période du XVIIe siècle. La question qui se pose alors est de savoir ce qui motive la population nouvellement convertie à résider sur ces lieux et, parallèlement de comprendre ce qui fait son environnement géographique et social au quotidien et quelle est, parmi cette population, la proportion des protestants étrangers.

L'auteur construit sa recherche en trois parties qui éclairent les comportements huguenots durant le XVIIe siècle, en évitant délibérément la forme monographique.

Son étude lui permet de remonter à la genèse du protestantisme. Elle démontre comment cette première génération est composée de deux groupes, dont l'un rassemble les catholiques convertis et l'autre, particulier à la Provence, concerne les Vaudois convertis. Ce sont des migrants essentiellement venus du Dauphiné et du Piémont. Ils ont connus les mêmes étapes au cours de l'implantation de la Réforme: avec la mise en place des Églises, les troubles et l'accalmie permettant l'acceptation. C. Borello analyse les différents foyers protestants, rencontrant à cette occasion les obstacles classiques inhérents à la nature des sources utilisées pour sa recherche.

Dans la deuxième partie, l'auteur s'approche du thème principal et décrit la communauté réformée. La construction de tous les temples, dont on dénombre une vingtaine (les bâtiments légitimes – Lourmarin, Cabrières, La Motte et les clandestins – Baux) est plus difficile à recenser que leur destruction en 1663. Seuls deux registres des consistoires sont conservés, Riez-Roumoules et Gordes. Malgré le manque d'informations, la région est connue pour être pauvre et manquant d'organisation. Les assemblées nationales l'attestent. Les synodes régionaux montrent, quant à eux, l'importance donnée à l'instruction des fidèles. La Provence comptait alors 8000 huguenots. L'auteur continue par une étude des hommes de l'Église souvent formés à Genève et originaires de la région, avant de présenter l'étude des anciens et des diacres. Ce n'est qu'à la page 210 que C. Borello traite du sujet de son livre: »les fidèles: des provencaux« Elle propose une étude statistique et dynamique et conclut qu'il n'y a pas de critères d'identité particuliers permettant d'identifier ces fidèles selon des variables non religieuses. Page 233, l'auteur entame la partie la plus intéressante de son œuvre: »Les signes d'une appartenance, une piété protestante«. Elle se fonde sur les contrats de mariage et les testaments pour étudier l'expression religieuse de ces textes. A travers l'étude des testaments, une piété multiple apparaît. Face au mariage et à la mort, les protestants de souche vaudoise ne sont pas imprégnés de l'héritage de leurs ancêtres, ce qui n'est pas non plus le cas des catholiques. Le passé vaudois se retrouve dans les patronymes et dans le réseau géographique. Il y a donc bien, selon l'auteur, un processus d'intégration social et religieux des vaudois au XVIIe siècle, qui passe par la Réforme.

Dans une dernière étape, C. Borello place le protestantisme face au catholicisme, avec bien sûr la réaction des réformés jusqu'à la Révocation. La lutte contre l'hérésie protestante, qui s'inscrit dans le contexte de la contre Réforme, comprend l'amélioration de l'encadrement pastoral, le renouveau spirituel et le poids du parlement d'Aix en Provence – bien qu'il existe, depuis l'Édit de Nantes, le parlement dauphinois pour les affaires protestantes. Cette hostilité contre l'autre religion, est réciproque, y compris au sein des familles. Le comportement huguenot, illustré par l'exemple du notaire de la vallée de Baux, Jean David, révélant la confiance et la fidélité dans sa religion, explique le peu d'abjurations, l'entraide entre religionnaires au niveau humain et ecclésiastique et la stratégie d'adaptation et de contournement de la législation en vigueur. Cette attitude de persistance disparaît en 1685 avec les abjurations massives. L'auteur relève cependant que »catholiques et protestants vivaient ensemble, en relative bonne intelligence« (p. 426) bien que la coexistence soit fragile. L'auteur dresse alors la chronologie provençale suivante: 1600–1633 application correcte de l'Édit; 1633–1663: premières frictions entre le parlement et les réformés; 1663–1684: application »à la rigueur« de l'Édit, ouverte par la campagne de démolition des temples; 1685: Révocation. Les dragonnades ne présentent rien de spécifique bien que les listes d'abjuration dénombrent des communautés entières – Marseille faisant exception.

Dominique Guillemenot-Ehrmantraut, Landau

Françoise Bouchard, Sainte Jeanne de Chantal ou la puissance d'aimer. Préface du Cardinal Philippe Barbarin, Paris (Salvator Éditions) 2004, 288 S., ISBN 2-7067-0366-0, EUR 19,00.

Jeanne Françoise Frémyot de Chantal (1572–1641) gehört zu den interessantesten Frauen im Katholizismus der Frühen Neuzeit. In die Geschichte eingegangen ist sie durch ihre enge Beziehung zu François de Sales, mit dem sie gemeinsam den Frauenorden der Visitandinnen (Salesianerinnen) gründete. Bouchard beschreibt ihr Leben als einen von

Gott bestimmten geistlichen Weg, der in der Begegnung mit François de Sales seine entscheidende Wende erhielt und in der Ordensgründung schließlich sein Ziel fand. Eher zwischen den Zeilen erschließt sich das Bild einer aktiven, engagierten Frau, die sich mit viel Energie und Organisationstalent den vorgegebenen Lebensmustern zu entziehen wußte und ihren eigenen Weg verfolgte.

Geboren in Dijon wuchs Jeanne Frémyot in einem wohlhabenden katholischen Elternhaus auf. 1592 heiratete sie den verarmten Adeligen Christophe Baron de Chantal, der sich Dank ihrer Mitgift sein gesellschaftliches Ansehen sichern konnte. In ihrer Ehe, aus der vier Kinder hervorgingen, hatte Jeanne de Chantal die Rolle der Hausherrin inne, die, weil ihr Mann häufig abwesend war, Familie, Haushalt und Finanzen souverän leitete. Bereits in dieser Zeit habe sie sich, so die Darstellung der Vita aus dem 17. Jh., durch eine besondere Frömmigkeit ausgezeichnet. Durch die politischen Aktivitäten ihres Vaters wie auch ihres Ehemanns war sie zugleich involviert in die politisch-konfessionellen Konflikte, die in den Hugenottenkriegen einen Höhepunkt erlebten.

1602 wurde Jeanne de Chantal Witwe, 1604 lernte sie François de Sales kennen. Von da an gehörte sie zu den reformgesinnten, an einer spirituellen Erneuerung interessierten Katholikinnen, den sogenannten *dévotes*, die für das kirchliche und gesellschaftliche Leben im Frankreich des frühen 17. Jhs. prägend wurden (vgl. dazu Elizabeth Rapley, The Dévotes. Women and Church in Seventeenth-Century France, Montréal 1990). François de Sales spielte für diesen Kreis als charismatischer Geistlicher eine führende Rolle. Gemeinsam mit ihm entwickelte Jeanne de Chantal die Idee einer religiösen Gemeinschaft, die Frauen eine neue geistliche Lebensform bieten konnte. Der Name »Filles de la Visitation« bezog sich auf die biblische Erzählung über den Besuch der schwangeren Maria bei Elisabeth (Lk 1,39-56): Wie Maria zu Elisabeth sollten die Schwestern zu anderen Menschen, vor allem zu Frauen, gehen, sie besuchen, ihnen dienen und dadurch im (katholischen) Glauben festigen. 1610 wurde die erste Gemeinschaft in Annecy gegründet, 1640 bestanden über 80 Häuser. Konkret orientierte sich die Gründung am Vorbild ähnlicher Gemeinschaften, die in Italien von Carlo Borromeo gefördert worden waren. Ihr Leitgedanke war ein Leben im Geist der »Göttlichen Liebe«, das zum einen durch Gebet und Kontemplation, zum anderen in der Hinwendung zum Mitmenschen, etwa durch Armenfürsorge und Krankenpflege, verwirklicht werden sollte. Letzteres entsprach dem konfessionspolitisch motivierten apostolischen Wirken in der Welt, das für den Katholizismus im 16. und 17. Jh. kennzeichnend wurde. Wie problematisch dieses Selbstverständnis für katholische Frauen werden konnte, erfuhren die Visitandinnen bereits 1618, als anläßlich der Gründung in Lyon der dortige Erzbischof gegen den heftigen Protest seines Bischofkollegen François de Sales den Frauen die Einhaltung strenger Klausurvorschriften auferlegte und sie so zu einem monastisch-kontemplativen Leben verpflichtete (vgl. dazu Roger Devos: L'origine sociale des Visitandines d'Annecy aux XVIIe et XVIIIe siècles, Annecy 1973). Daß die Gemeinschaft trotz solcher Regulierungen eine eigene Identität entwickeln und allgemein anerkannt apostolisch wirksam bleiben konnte, ist ein Beispiel dafür, wie die engen Vorgaben des Kirchenrechts subversiv unterlaufen werden konnten.

Zweifellos hat Jeanne de Chantal, seit 1767 heiliggesprochen, durch ihr Leben und Werk Zeichen gesetzt und neue Entwicklungen angebahnt. Dennoch fehlt bislang eine historisch-kritische Auswertung der Quellen wie auch eine dem wissenschaftlichen Standard entsprechende neuere Biographie. Leider füllt auch Bouchards Monographie diese Lücke nicht. Bouchard bezieht sich zwar auf Quellen aus dem 17. Jh., allerdings ohne zu berücksichtigen, daß diese hagiographisch überformt und entsprechend kritisch zu lesen sind. So ist eine detailreich geschriebene, aber leider recht einseitige, Konflikte weitgehend ausklammernde Darstellung des Lebens einer mystisch begabten und religiös sensiblen Frau entstanden, die viele Fragen offenläßt.

Anne Conrad, Saarbrücken

Christian PLATH, Konfessionskampf und fremde Besatzung. Stadt und Hochstift Hildesheim im Zeitalter der Gegenreformation und des Dreißigjährigen Krieges (ca. 1580–1660), Münster (Aschendorff) 2005, XIII–732 p. (Reformationsgeschichtliche Studien und Texte, 147), ISBN 3-402-03814-5, EUR 89,00.

Voici un livre dans l'air du temps. La volumineuse étude de Christian Plath, consacrée à la ville et au chapitre d'Hildesheim au temps de la Contre-Réforme et de la guerre de Trente Ans, s'insère en effet dans la réflexion historiographique actuelle, tant allemande que française, sur les représentations de la guerre, aussi bien militaire que confessionnelle[1]. Les préoccupations et les conclusions de l'auteur, qui s'intéresse à l'espace géographique autour de Hildesheim, près de Hannovre, au nord de l'Allemagne, ont été copieusement et judicieusement alimentées par les réflexions issues du séminaire de Tübingen, intitulé »guerre et religion«, dirigé par le professeur Anton Schindling.

L'un des grands intérêts du livre de Christian Plath est d'étudier, au sein d'un même corpus à la fois protestants, catholiques et … juifs. La démarche, de plus en plus courante, traduit bien la volonté de s'écarter du carcan monofessionnel forcément réducteur. Et le souci d'intégrer les relations (forcément conflictuelles?) avec les juifs témoigne d'une réelle ouverture d'esprit, tant la chape de plomb sur le sujet paraît pesante en Allemagne, comme en témoigne un récent colloque à Tübingen en 2003.

Quels sont les principaux résultats obtenus par Christian Plath? Suivons le cheminement de l'auteur. Dans une première partie, la période de la Contre-Réforme et de la guerre de Trente Ans est présentée comme un sommet de la lutte confessionnelle. L'Église catholique, à la suite du concile de Trente, s'engage résolument dans la polémique (p. 61–72), impulsant un souffle nouveau dans les institutions et obtenant l'appui d'Ernest de Bavière (p. 78–80). La situation du clergé catholique et des fidèles est alors bien connue par la visite pastorale de 1608 à 1609, que Christian Plath décortique avec bonheur (p. 88–110). De belles pages sont consacrées à l'œuvre des jésuites à Hildesheim même (p. 111–153). Les »bêtes noires« des protestants, sans mauvais jeu de mots, méritent bien cette animosité, tant leur zèle et leur amour pour un Dieu »catholique« transparaît dans leur œuvre quotidienne, sanctifiée par de spectaculaires conversions. Comme on peut s'y attendre et comme on le constate ailleurs, les contraintes envers les autres religions surgissent lors des processions, devenues des parades militantes plus qu'une louange au Créateur (p. 156–158). On en vient même à perturber le culte ou à s'en prendre au clergé (p. 161–162).

L'Église luthérienne résiste. Ses prédicateurs enflammés se font les garants de l'orthodoxie (p. 166–168). Surtout les pamphlets fleurissent (p. 183–188), engendrant la réponse catholique. L'auteur évoque alors finement le monde des éditeurs et des imprimeurs. Christian Plath consacre un long paragraphe au chapitre de Hildesheim, en butte à la »menace protestante« (p. 214–258). Et termine sa première partie par un nouvel examen des forces en présence avec, pour les catholiques, l'exploitation de la visite pastorale du XVIIIe siècle (p. 343–355).

Si l'auteur s'est intéressé uniquement au fait religieux dans la première partie, il fait faire irruption à la guerre dans la seconde. Un parti-pris, destiné au lecteur, pour faire comprendre que la religion est plus importante que l'événement militaire à Hildesheim? Après avoir évoqué les nobles et l'évéché, Christian Plath s'attarde aux conséquences de la présence militaire: contributions de guerre (p. 402–404), pillage (p. 428–430), migrations (p. 431–438), faits militaires, destinées diverses (p. 464), casernement (p. 485–491), distribution de pain (p. 509–514), discipline (p. 528–530), sorts des juifs et des femmes (p. 545–553), »les exclues de l'histoire«. Cette partie se termine par la question essentielle: la guerre de Trente Ans est-elle une guerre confessionnelle? Mais, à mon sens, la réponse n'est pas suffisamment approfondie. Faute de sources? Il aurait été en effet intéressant de savoir si la sol-

1 Voir p. e. Olivier CHALINE, La bataille comme objet d'histoire, Francia 32/2 (2005), p. 1–14.

datesque est, au XVIIe siècle, déjà anticléricale, comme au XVIIIe siècle, ou si elle n'est que le bras séculier d'une des Églises ou si, en définitive, elle ne suit que ses propres intérêts loin de tout souci de Dieu.

Concluons ce compte-rendu par une remarque générale, qui concerne tous les pays connaissant cohabitations, coexistences et donc confrontations. Pendant très longtemps, on a cherché, non dans la vie courante, mais dans les ouvrages historiques, à éviter tout ce qui fâche en matière confessionnelle. L'historien élégant minimisait la polémique si ardente au temps de la Réforme. L'historiographie contemporaine, en soulignant à l'envie les crises et les tensions, fait opportunément jaillir tous les sujets qui fâchent comme les exactions de la religion dominante, la traversée du désert des religions minoritaires, les conversions. Elle démontre bien les difficultés à vivre ensemble, loin d'une Allemagne (ou d'une France), riante et tolérante.

Une telle démarche se justifie amplement, parce que les fonds d'archives quels qu'ils soient et donc universels, regorgent, en règle générale, de textes plus acariâtres que conciliants. On prend sa plume pour protester ou pour soulever un problème. On ne la prend pas pour écrire que tout va bien. Suivre consciencieusement les archives aboutit à un effet de trompe-l'œil. Les documents permettent-ils de saisir la vie de tous les jours? Les archives ne disent pas (ou très peu) qu'après l'enterrement d'un catholique, on invite au repas des funérailles un protestant; qu'on parle à une personne de religion juive et que l'on peut se lier d'amitié avec elle, malgré ce signe distinctif qu'elle porte; que l'on se rend service au-delà du clivage confessionnel; que l'on s'aime parfois, en dépit des extravagantes contraintes du XVIIe siècle. Il y aurait donc intérêt à contrebalancer le discours guerrier, une réalité dans les faits, par des indices de sociabilité, très rares mais pas inexistants, qui devront de toute évidence alimenter la recherche historique future.

Remarque ultime. Le remarquable travail de Christian Plath bénéficie, pour sa parution, d'une aide financière à la fois de l'évêché d'Hildesheim et du »consistoire« protestant de Hannovre. Un exemple totalement improbable dans la France laïque et dans l'Alsace concordataire, qui mérite d'être relevé et suivi.

Claude MULLER, Colmar

Acta Pacis Westphalicae. Serie II B: Die französischen Korrespondenten, Band 6: 1647. Bearbeitet von Michael ROHRSCHNEIDER, unter der Benutzung der Vorarbeiten von Kriemhild GORONZY und unter Mithilfe von Rita BOHLEN, Münster (Aschendorff) 2003, CXI–937 p., ISBN 3-402-04996-1, EUR 138,00.

Michael Rohrschneider nous donne, avec le volume 6 de la correspondance de la délégation française au congrès de Westphalie, la suite de la publication de Mme A. Tischer (Die französischen Korrespondenzen,Tome 4/2, 1 vol., 1999, CXI–975 p.), qui couvrait la période du 9 juin au 23 novembre 1646, travail poursuivi en 2002 par G. Braun avec le volume 5, 1ère partie: 1646–1647 et, 2e partie, 1647 qui couvraient la période novembre 1646 à juin 1647 et totalisaient 1691 pages. Cet ouvrage est donc la suite de l'impressionnante publication des »Acta Pacis Westphalicae«. Le lecteur français ne peut qu'admirer le travail de ces trois historiens et leur connaissance de la langue française. Il est d'autre part inutile d'insister sur la qualité de l'édition de ce volume qui ne le cède en rien aux autres ouvrages de la série: typographie particulièrement élégante, abondance et précision des notes érudites.

Les 59 pages d'introduction (p. LII–CXI) de M. Rohrschneider exposent clairement la situation de l'été 1647 où Mazarin qui croyait avoir gagné la partie, se heurta à de grosses difficultés. Sur le plan des opérations militaires, il avait cru pouvoir utiliser les Weimariens, mais les régiments de cavalerie se mutinèrent et refusèrent d'aller combattre aux

Pays-Bas espagnols. La mutinerie de l'armée de Turenne priva la France de l'avantage que lui procurait l'armistice signé à Ulm avec Maximilien de Bavière. La victoire décisive que Mazarin croyait pouvoir remporter sur l'armée du Roi Catholique, malgré la défection des Provinces-Unies, qui avaient cessé de combattre les Espagnols, ne fut donc pas au rendez-vous et les négociations de paix à Münster ne progressèrent pas autant que les Français l'avaient espéré. Un des obstacles majeurs demeurait la paix avec le royaume de Portugal, dont Philippe IV refusait obstinément de reconnaître l'indépendance et que Mazarin soutenait sans avoir pu obtenir la présence de délégués du roi de Portugal à la table des négociations.

La délégation française est au cours de l'été 1647 partagée. D'une part Abel Servien, l'homme de confiance de Mazarin, poursuit son séjour à La Haye pour sauver l'alliance franco-néerlandaise et empêcher la conclusion d'une paix séparée entre l'Espagne et les Provinces-Unies. On sait que cette mission s'est soldée par un échec car s'il obtint non sans mal la signature d'un traité de garantie le 29 juillet 1647, ce dernier ne devait jamais entrer en vigueur. Servien, s'il a sauvé les apparences, ne se fait aucune illusion sur les orientations réelles de la politique néerlandaise et les deux délégués des Provinces-Unies à Münster ont reçu les pleins pouvoirs des États généraux des Provinces-Unies. On connaît les résultats: le 30 janvier 1648, les Espagnols signèrent un traité de paix séparé avec leurs anciens sujets qui s'étaient révoltés contre le Roi Catholique 80 ans plus tôt.

D'autre part le comte d'Avaux a poursuivi les négociations avec le principal ministre de l'empereur Ferdinand III, le comte Maximilien de Trauttmansdorf jusqu'au retour de ce dernier à Vienne le 16 juillet 1647. Dorénavant les négociations entre les délégations françaises et impériales vont piétiner, d'autant plus que celle-ci refuse toujours de garantir la neutralité de l'Empereur à l'égard de l'Espagne en cas de paix séparée. Néanmoins le comte d'Avaux est soulagé par le départ de Trauttmansdorf pour Vienne parce que celui-ci n'a pas réussi à signer une paix séparée avec les plénipotentiaires suédois, ce qu'il redoutait tout comme Servien redoutait la conclusion d'une paix séparée hispano-hollandaise. Les négociations des Français avec la délégation impériale ont repris à l'automne et ont abouti à l'échange d'un traité préliminaire entre le Roi Très Chrétien et l'empereur en novembre 1647.

En même temps, Maximilien de Bavière n'avait cessé de jouer double jeu et de compromettre la conclusion rapide de la paix. Malgré l'armistice signé à Ulm, ses troupes commandées par Jean de Werth ont rejoint les Impériaux, ce qui n'a pas empêché les Suédois de Königsmarck d'assiéger et de prendre Eger. On évoque au cours de l'été la reprise des hostilités avec les Bavarois, ce qui sera une réalité à la fin du mois de septembre. Mazarin décide de renvoyer en Allemagne Turenne, pour qu'il se joigne, avec son armée diminuée par la mutinerie, à ses alliés traditionnels, les troupes de la landgrave de Hesse-Cassel et les Suédois.

On voit donc qu'au cours de l'été 1647 le système d'alliance de la France demeure fragile et que si la Suède n'a pas abandonné le Roi Très Chrétien,comme le redoutait le comte d'Avaux, les Néerlandais se préparent à le faire. En outre la vielle illusion de Mazarin, faire passer la Bavière dans le camp français pour mieux défendre les intérêts du catholicisme en Allemagne, ne résiste pas aux intrigues de Maximilien de Bavière. Il faudra vaincre militairement l'Électeur de Bavière pour faire cesser sa collaboration avec l'Empereur et ce sera chose faite au printemps de 1648

Ce volume confirme l'impression que le lecteur retire des volumes précédents de la série: comme en 1646 et au premier semestre de 1647, les négociations de Westphalie ne se ramènent pas à la résolution du conflit entre les branches allemandes et espagnoles de la maison d'Autriche d'une part, la France et ses alliés (Suède, Provinces-Unies et princes protestants allemands) d'autre part. En réalité les Provinces-Unies, dominées désormais par un parti de la paix, n'ont plus guère d'intérêts communs avec la France et désirent mettre fin le plus vite possible aux hostilités. La Suède, au contraire, dominée par un parti belliciste veut tirer parti de sa position militaire avantageuse dans l'Empire, ce qui aggrava les tensions avec la Cour de France.

Il est donc plus que jamais souhaitable que la publication de ces magnifiques volumes et en particulier celle du travail de M. Rohrschneider donne une impulsion nouvelle à la recherche sur la politique étrangère de la France durant la dernière période de la guerre de Trente ans, puisque les documents publiés remettent en cause bien des points tenus pour acquis par l'historiographie française.

Jean BÉRENGER, Paris

Joseph BERGIN, Crown, Church and Episcopate under Louis XIV, New Haven, Londres (Yale University Press) 2004, IX–526 p., ISBN 0-300-10356-5, USD 60,00.

Joseph Bergin avait naguère publié une étude fondamentale sur l'épiscopat français entre la fin des guerres de religion et le règne personnel de Louis XIV (The Making of the French Episcopate. 1589–1661, Yale University Press, 1996; voir compte rendu dans Francia 25/2 (1998), p. 244–246); aujourd'hui, avec la même rigueur et la même précision documentaire, il poursuit son enquête en étudiant cet épiscopat à partir de 1661 et jusqu'à la mort du roi en 1715. Elle lui permet, tout en dissipant de fausses évidences, d'apporter des conclusions tout à fait convaincantes sur les rapports entre l'épiscopat et la société (rang des futurs évêques dans une société très hiérarchisée, rapports avec la Cour, influences qui jouaient dans la désignation des évêques, influences familiales, locales et/ou centrales, etc.), sur la culture théologique des évêques, sur la conception qu'ils se faisaient de leur rôle dans leur diocèse, de la conscience qu'ils avaient, ou qu'ils acquirent peu à peu, de leur place et de leurs devoirs dans la hiérarchie ecclésiastique. Ainsi c'est un ensemble de 250 évêques qui est ici objet d'étude, J. Bergin associant toujours une fine analyse quantitative (que de très précieux tableaux rendent parlante) et l'étude des cas particuliers ou des exceptions: difficile équilibre entre la série et le cas que l'auteur parvient à tenir de façon exemplaire et qui peut servir de modèle pour étudier quelques-uns des grands groupes (parlements, officiers, financiers, etc.) qui structuraient la société d'Ancien Régime. Cette articulation entre la particularité du cas et la généralité du groupe permet à la fois d'élaborer une prosopographie des 250 évêques en un »dictionnaire biographique« de 130 pages extrêmement utile, et de poser les problèmes d'un corps qui n'eut jamais, ni dans son recrutement, ni dans sa plus ou moins grande proximité du pouvoir, ni dans son rapport à des familles et à des lieux, une réelle homogénéité, mais dans lequel se forma peu à peu une conscience ecclésiologique (donc théologique et politique), dont le gallicanisme était un des aspects, pouvant susciter, à la fin du règne, au temps de la bulle *Unigenitus*, des options contradictoires: soutien à Rome par hostilité à toute possible hérésie et partialité, ou bien affirmation, même en face de Rome, de la responsabilité épiscopale et du pouvoir comme du devoir de juger en matière théologique. Corps possédant une conscience commune ou »tour de Babel« (p. 352)? Ni l'un ni l'autre exclusivement, mais un ensemble d'hommes possédant un office qui ne se transmettait ni par hérédité ni par vénalité, mais dans la transmission duquel les liens familiaux, la proximité avec la Cour ou les ministres, la participation à des réseaux s'articulaient avec le mérite personnel; même si l'épiscopat était loin de refléter le résultat d'une promotion au seul mérite au détriment de la naissance ou de la faveur, la présence d'un certain nombre d'outsiders permet de nuancer les classiques jugements sur la rigidité du système de Cour ou l'enthousiasme apologétique sur la promotion posttridentine d'un corps de pasteurs uniformément édifiant.

L'irremplaçable travail de J. Bergin part d'une sorte de géographie de l'Église de France entre 1661 et la mort de Louis XIV avec les créations ou modifications de diocèses, pour consacrer un chapitre-clef portant sur l'origine sociale des évêques (familles, lieu d'origine, divers niveaux de noblesse, parenté avec d'autres dignitaires ecclésiastiques, etc.), puis un autre chapitre sur les études poursuivies par les futurs prélats. Là émerge déjà un élément, repris plus loin dans le livre, l'importance de Saint-Sulpice et la discussion des lieux communs historiographiques issus des injustes remarques de Saint-Simon sur cette Compagnie qu'il appréciait peu. Deux questions organisent alors l'analyse: les étapes de l'avancement ou la reconstitution de diverses formes de curriculum vitæ et les différentes fonctions par lesquelles pouvait passer un futur évêque (grands-vicaires, aumôniers du roi ou des princes, agents-généraux du Clergé, vicaires-généraux, etc.), la participation aux assemblées du Clergé étant un moyen de nouer des relations et de se faire connaître et apprécier. La seconde question porte sur le patronage: qui jouait un rôle décisif dans le choix? La réponse n'est pas univoque: le confesseur du roi, les ministres, le roi lui-même, la femme du roi? En tout cas, sensible à la possibilité d'une évolution dans le temps, J. Bergin consacre des pages décisives à la décennie 1680 où les crises de la régale, des Quatre Articles de 1682, la lutte contre les protestants ébranlèrent l'équilibre de l'institution, aboutissant à une vacance de 34 évêchés dans la décennie, crise majeure qui, malgré sa résolution sous Alexandre VIII et surtout Innocent XII, fera sentir ses échos tout au long du siècle suivant. Il est vrai que les décennies suivantes, marquées par les crises du quiétisme (un archevêque en lutte contre un évêque!) et du jansénisme, verront croître l'influence de Mme de Maintenon et du groupe (composite lui-même) des dévots, influence sur laquelle J. Bergin apporte des lumières décisives: si la bulle *Unigenitus* à partir de 1713 fut la cause de ruptures radicales dans cet épiscopat (évêques appelants, évêques soumis à Rome), c'est que ce corps était bien moins monolithique qu'on pouvait le penser et que les recrutements, les itinéraires individuels, les évolutions l'emportaient sur les influences centralisatrices. En tout cas, le livre de J. Bergin poursuit magistralement la fresque que celui de 1996 avait élaborée à propos du premier XVIIe siècle et renouvelle, à partir d'une érudition de première main et de toutes les sources envisageables, l'histoire religieuse et sociale du siècle de Louis XIV.

Jacques LE BRUN, Paris

Claude NIVELON, Vie de Charles Le Brun et description détaillée de ses ouvrages. Édition critique et introduction par Lorenzo PERICOLO, Genève (Droz) 2004, XIII–600 S. (Hautes Études médiévales et modernes, 86), ISBN 2-600-00935-3, CHF 128,00.

Wer einmal in der Bibliothèque nationale vor der Handschrift der nur auf Mikrofilm einsehbaren »Vie de Charles Le Brun« von Nivelon gesessen und versucht hat, die zerflossene Schrift auf dem matten Bildschirm zu entziffern, ist Lorenzo Pericolo, Herausgeber der bei Droz erschienenen kritischen Ausgabe eben jenes Werkes, dankbar, endlich eine lesbare Version der mehr als 400 Jahre alten Handschrift zu erhalten. Pericolo ist ein profunder Kenner der Materie. Der *maître de conférence* der Université de Haute Bretagne veröffentlichte neben seiner Dissertation zu »Peinture et Doctrine académique sous Louis XIV. La vie de Charles Le Brun par Claude Nivelon« zu Charles Le Brun und Künstlern des 17. Jhs. zahlreiche weitere Studien[1]. Die von Pericolo im November 2004 herausgegebene Edition des Manuskriptes zu Leben und Werk des Malers, Dekorateurs und Kunst-

1 Unter anderem: Lorenzo PERICOLO, Le Brun moraliste: le paradigme physiognomique et ses distorsions, in: L'optique des moralistes. Actes du colloque international, Grenoble mars 2004; DERS., Le roi et le favori. Essai d'interprétation des »Reines de Perses« par Charles Le Brun, o. O. 2004; DERS., Le portrait de Le Brun par Nivelon ou la Perfection en peinture, in: La naissance de la théorie de l'art en France: 1640–1720. Revue d'estéthique 31/32 (1997), S. 221–235.

theoretikers Charles Le Brun entstand Ende des 17. Jhs., sein Autor ist der Maler Claude Nivelon. Er gilt als der erste umfassende Biograph des *premier peintre du roi*.

Charles Le Brun (1619–1690), zu Beginn seiner Karriere von Pierre Séguier protegiert, der ihm zwischen 1643 und 1646 einen Italienaufenthalt ermöglichte, erhielt nach seiner Rückkehr zunächst zahlreiche Aufträge aus der Pariser Regierungselite, die ihm als Dekorateur vieler Pariser *Hôtels* einen Namen machten. Zu seinen bekanntesten Aufträgen gehörte die Ausstattung der Galerie d'Hercule des Hôtel Lambert (1658) sowie seine Arbeit in Vaux-le-Vicomte, wo er von dem Finanzminister Nicolas Fouquet nicht nur mit der malerischen Ausgestaltung der Schloßräume, sondern zudem mit der Leitung einer Tapisseriemanufaktur und zahlreicher Festlichkeiten beauftragt wurde. Seine beständige Arbeit an königlichen Projekten begann im Jahre 1660. Vier Jahre später avancierte er zum *premier peintre du roi* und wurde fortan vom König auch mit administrativen Aufgaben sowie der Leitung der neu gegründeten Gobelinmanufaktur betraut. Die Ausstattung der Galerie des Glaces in Versailles sowie des heute im Louvre zu findenden Alexanderzyklus sind zwei der zahlreichen Werke, die er im Auftrag Ludwigs XIV. anfertigte. Le Brun gehörte zudem zu den Mitbegründern der Académie de peinture et de sculpture, der er ab 1663 als *chancelier à vie* und seit 1668 als *recteur* vorstand. In seine Schaffensphase fällt nicht nur die Herausbildung eines eigenen französischen Stils in der Malerei, sondern auch der Beginn einer kunsttheoretischen Debatte in Frankreich.

Charles Le Brun verstarb 1690, ohne eine theoretische Abhandlung seiner Werke oder eine publizierte Ausgabe seiner 1668 in der Académie de peinture et de sculpture vorgetragenen *conférences* hinterlassen zu haben[2]. Nivelon, Le Bruns Schüler und Hörer seiner *conférences*, beschloß um 1698, eine Lebens- und Werkbeschreibung seines Lehrers zu erstellen. Aus unbekannten Gründen wurde dieser Text, den Pericolo als »une immense mine de renseignements sur le peintre« (S. 18) bezeichnet, niemals gedruckt. Erst 1889 erschien eine Biographie von Henri Jouin auf der Basis der Handschrift Nivelons unter dem Titel »Charles Le Brun et les arts sous Louis XIV. Le premier peintre, sa vie, son œuvre, ses écrits, ses contemporains, ses influences, d'après le manuscrit de Nivelon et de nombreuses pièces inédites«.

Nivelon liefert in seiner Schrift weniger eine ausführliche Lebens- als vielmehr eine Werkbeschreibung des Malers Le Brun: »Mon intention [est] [...] d'expliquer de suite les beaux travaux de M. Le Brun avec plus de simplicité et de vérité qu'il me sera possible, en représentant les observations historiques, allégoriques et mystiques« (S. 101). Er geht chronologisch vor und gruppiert die Werke des Meisters um biographische Schlüsselereignisse, die, durchsetzt von Anekdoten, auf seine jahrzehntelange Zusammenarbeit mit Le Brun anspielen. Beschrieben werden rund 140 Arbeiten Le Bruns auf 376 Folien (hier: 470 Buchseiten). Die Werkbeschreibungen variieren in ihrer Länge, füllen meist aber nicht mehr als eine Seite. Nivelon erklärt den Aufbau der Werke, ihre wichtigsten Gestaltungselemente, die mythologische Herkunft sowie die Grundzüge der Figuren und die Besonderheiten der Lichtführung. Der seinem Text eingefügte und wahrscheinlich auf einem nicht überlieferten Manuskript von Le Brun basierende »Traité des passions«gehört zu den Grundlagenwerken der französischen Kunsttheorie.

Der Herausgeber Lorenzo Pericolo hat das Werk Nivelons auf eine behutsame Weise für den Leser aufbereitet. Durch sparsames Einsetzen von Fußnoten versucht er, den »style simple« Nivelons zu ergänzen und den Text dem heutigen Leser verständlich zu machen. Dabei entwickelt er einen doppelten Anmerkungsapparat: Ziffern kommentieren und korrigieren die formale, Lettern die inhaltliche Ebene des edierten Manuskriptes. Ein Namens-

2 Die im Jahre 1667 vorgetragenen *conférences* wurden von André Félibien veröffentlicht: André Félibien, Conférences de l'Académie royale de Peinture et de Sculpture pendant l'année 1667, Paris 1668.

und Werkregister erleichtert die Arbeit mit dem Text, rund 130 von Pericolo beigefügte Stiche nach dem Werk Le Bruns geben zusätzliches Anschauungsmaterial.

Doch Pericolo bietet dem Leser nicht nur eine kritische Ausgabe der Schrift Nivelons, sondern auch eine Einführung in die Umstände der Werkentstehung. Der Edition geht eine circa 80seitige und in fünf Abschnitte gegliederte Einleitung Pericolos voran, in der nicht Charles Le Brun im Vordergrund steht, sondern sein Biograph Claude Nivelon. Der Herausgeber fragt zunächst nach der Lebensgeschichte des Autors. Dabei kann er sich, trotz eingehender Recherchen in Kommunalarchiven, nur auf einen sehr geringen Quellenfundus berufen. Über den Maler und Autor Claude Nivelon ist daher wenig zu erfahren: Er entstammt einer Familie, die seit Generationen der Malerzunft angehörte. Seine Zusammenarbeit mit Le Brun begann im Jahre 1667, als er in die Gobelins einzog, und endete mit dessen Tod.

Im zweiten Abschnitt der Einleitung versucht Pericolo, die Umstände der Entstehung des Mauskriptes, dessen Original nicht überliefert ist, zu rekonstruieren. Noch 1778 in der Pariser Bibliothek M. Beaucousins nachgewiesen und 1806 in Gault de Saint-Germains »Vie de Nicolas Poussin« zitiert, verliert sich seine Spur in den folgenden Jahren. Bei dem heutigen in der Bibliothèque nationale einsehbaren Manuskript (ms. fr. 12 987) handelt es sich um eine zwischen 1832 und 1833 angefertigte vollständige Transkription des Textes durch einen Kopisten. Der Verbleib einer zweiten, von Henri Jouin Ende des 19. Jhs. angefertigten Kopie, die zur Entschlüsselung der ersten Abschrift hilfreich wäre, ist ebenso unbekannt wie im Falle des Originals. Den Grund für die Entstehung der Biographie vermutet Pericolo in der aufkommenden Kritik an den Werken Le Bruns seit Beginn der unter den Akademiemitgliedern ab 1671 ausgetragenen *querelle des colories*, die sich letztendlich auf einen Disput zwischen dem *premier peintre* und seinem Kollegen Pierre Mignard reduzierte. Bereits vor seinem Tod soll es von Le Brun befürwortete Überlegungen zu einer umfassenden Biographie des Meisters gegeben haben, die jedoch daran scheiterten, daß die Initiatoren Guérin und Guillet, beide als Sekretäre in der Akademie tätig, zwar über die literarische Bildung, nicht aber über den notwendigen kunsttheoretischen Sachverstand verfügten. Nach dem Tod Le Bruns und der Bekanntgabe des Projektes einer Mignard-Biographie wurde der Wunsch nach einer Werkbeschreibung des Meisters unter seinen Anhängern stärker, wie ein Eintrag im »Mercure Galant« vom Februar 1690 belegt. Claude Nivelon, »qui sût regarder l'œuvre de l'intérieur« und der somit »une explication analytique de ses ouvrages« (S. 35) geben konnte, schien für dieses Vorhaben als Autor geeignet. Obwohl etwa zeitgleich einige weitere Beschreibungen ausgewählter Werke Le Bruns entstanden, ist der Text Nivelons der umfangreichste, und zweifellos wäre ein Großteil des Schaffens von Le Brun ohne ihn unbekannt geblieben.

Zum besseren Verständnis des Entstehungsprozesses der Biographie fragt Pericolo im dritten Abschnitt zu Ausbildung und Bildung Nivelons nach den Besonderheiten der Sprache des Autors, die sich in dessen Text widerspiegeln und zudem Aufschluß über die künstlerische Erziehung seiner Zeit geben. Der Stil des Textes, der sich einer Sprache bedient, die – so Pericolo – von Vaugelas wohl niemals toleriert worden wäre (S. 43), läßt den allgemein üblichen Bildungsstand eines Künstlers der Zeit erkennen. Pericolo, der den Text zum Anlaß nimmt, »de sonder les structures et la portée d'une éducation artistique plus courante, moins exceptionnelle et pour ainsi dire moyenne« (S. 42), versucht im folgenden, die kulturelle Umwelt Nivelons zu rekonstruieren und bietet mit seinen 40seitigen zunächst allgemeinen Überlegungen zur Bildung im 17. Jh. einen allerdings sehr weitgehenden Exkurs. Nivelons Orthographie sei beeinflußt von einer populären Mündlichkeit, doch auch wieder zu spezialisiert, um der »langue populaire« wirklich anzugehören. Seine Ausbildung beschränke sich vor allem auf eine »éducation iconique«, sicherlich beeinflußt von der Schule Fontainebleaus, wo Nivelon seine Kindheit und Jugend verbrachte. Zugleich wird die religiöse Bildung Nivelons als für die Interpretation der Werke Le Bruns und allgemein der Arbeit als *dessinateur du roi* unabdingbar beurteilt: »Sans une instruction religieuse comme celle que pouvaient lui offrir les mathurins de Fontainebleau, il est inimaginable que Nivelon ait pu déchiffrer autant d'allusions et de mystères allégoriques« (S. 65).

Im vierten Abschnitt seiner Einleitung geht Pericolo ausführlich auf den »Traité des passions« von 1668 und die Frage ein, warum diese Schrift von Nivelon in sein Werk aufgenommen wurde. Der »Traité« basiert wahrscheinlich vollständig auf dem Manuskript Le Bruns, Nivelon ist demnach nicht sein Autor, der Text keine Werkbeschreibung. Für Nivelon muß er dennoch so bedeutend gewesen sein, daß er Aufnahme in die Biographie fand. Bei den ersten, 1667 von Le Brun in der Akademie gehaltenen *conférences* handelte es sich um Werkbeschreibungen. Im Disput der Akademiemitglieder um die rechte Art der bildlichen Darstellung wurden die vorgetragenen *conférences* zu einem Mittel »à catalyser les désaccords des maîtres« (S. 79). Der »Traité« von 1668 hingegen ist eine theoretische Abhandlung, in der Le Brun 35 menschliche Gefühlsregungen vor allem in ihrem für den Betrachter erkennbaren äußeren Gesichtsausdruck beschreibt. Seine theoretischen Ausführungen begleitete er mit diversen Zeichnungen, die sich heute zum größten Teil im Louvre befinden. Der »Traité« ist die erste Vorlesung mit kunsttheoretischem Anspruch und war zudem bis 1698 noch nicht veröffentlicht worden. Die Herausgabe in Nivelons Biographie wurde von zahlreichen Zeitgenossen, wie dem schwedischen Architekten Nicodemus Tessin, mit äußerster Dringlichkeit erwartet. Für Nivelon muß der »Traité« den Schlüssel zum Werk Le Bruns dargestellt haben: Er erklärt die Darstellung der Figuren und erlaubt Rückschlüsse auf den Bildinhalt.

Wie Pericolo im letzten Abschnitt seiner Einleitung erläutert, fand er sich durch die Edition mehrfach vor Probleme gestellt. Der Verlust des Originalmanuskriptes wog um so schwerer, da man davon ausgehen mußte, daß der Kopist selbst Fehler in den Text eingebracht hatte, die aufgrund der orthographischen und stilistischen Unsicherheiten des Originaltextes nur schwer aufzuspüren waren. Um zum einen die »fraîche naïveté dans la prose de Nivelon« (S. 89) zu bewahren, zugleich aber den Text von Unverständlichkeiten zu reinigen, veränderte Pericolo Satzstruktur und Vokabular in dezenten Eingriffen und kennzeichnete sie mit Hilfe von Hervorhebungen und Anmerkungen. Die Bearbeitung des »Traité« erforderte eine etwas abweichende philologische Methode, da Pericolo hier zum Vergleich auf zwei weitere Textgrundlagen zurückgreifen konnte[3], deren Varianten im kritischen Apparat entsprechend gekennzeichnet werden mußten.

Den an Le Brun interessierten Leser enttäuscht die Einleitung auf den ersten Blick. Gerne hätte er mehr über Leben und Werk des großen Meisters und den neuesten Forschungsstand zur Rezeption seines Werkes erfahren. Doch gerade dies möchte Pericolo ihm nicht bieten, sein Ziel ist es vielmehr, »[d'] éclairer le texte de Nivelon« (S. 59). Dies ist ihm mit seiner ausführlichen Einführung und der solide gearbeiteten Edition bestens gelungen, so daß künftig kein Leser mehr seine Augen beim Entziffern des Manuskriptes strapazieren muß.

Christine Howald, Berlin

3 Es handelt sich zum einen um ein in der École nationale supérieure des Arts befindliches Manuskript (ms. 130) und zum anderen um die gedruckte Fassung eines alten Manuskriptes aus dem ehemaligen Besitz Henri Jouins.

Bertrand JEANMOUGIN, Louis XIV à la conquête des Pays-Bas Espagnols. La guerre oubliée 1678–1684, Paris (Éditions Économica) 2005, XII–235 S. (Campagnes & Stratégies), ISBN 2-7178-5044-9, EUR 29,00.

Gegenstand von Jeanmougins Buch, dem eine bei Lucien Bély angefertigte Magisterarbeit zugrunde liegt, ist der von der Forschung weitgehend vergessene französisch-spanische Krieg 1683–1684. Dieser Konflikt hatte seinen Ursprung in ungeklärten bzw. in der Schwebe gehaltenen Regelungen des Nymwegener Friedensvertrags hinsichtlich der Grenze zwischen Frankreich und den Spanischen Niederlanden. Ludwig XIV. provozierte geradezu diesen Krieg, indem er jegliche einvernehmliche Regelung der offenen Fragen verhinderte. Dies begann mit der mutwilligen Behinderung der Arbeit einer in Nymwegen verabredeten französisch-spanischen Kommission zur Festsetzung des Grenzverlaufs in Flandern. So wurden die Vollmachten der spanischen Gesandtschaft nicht akzeptiert oder der vom spanischen König seit dem 16. Jh. geführte Titel eines Herzogs von Burgund nicht mehr anerkannt. Parallel zu diesen Obstruktionen setzten im flandrisch-luxemburgischen Grenzgebiet mehr oder weniger gewaltsame Reunionen ein, die weit über die Inbesitznahme der im Nymwegener Frieden zugesprochen Territorien hinausgingen. Die französischen Aggressionen konzentrierten sich dabei zunehmend auf das Herzogtum Luxemburg, um eine allzu heftige Provokation der Vereinigten Niederlande zu vermeiden, und sie gipfelten in einer ersten Blockade der Festung Luxemburg 1682. Angesichts einer sich gegen ihn formierenden europäischen Koalition zog sich Ludwig XIV. jedoch vorerst zurück, rief dabei Karl II. von England als Arbiter an, und zwang Madrid vorerst zur Anerkennung des neugeschaffenen Status quo.

Ludwigs XIV. Praxis des »faire la guerre dans la paix« (S. 86) erwies sich als erfolgreich: Nicht nur, daß es ihm gelang, die sich gegen ihn gebildete Allianz aufzuspalten, er erreichte auch die Isolierung Spaniens, das sich durch die fortgesetzten Provokationen und Grenzverletzungen so herausgefordert sah, daß es Frankreich – einseitig – am 11. Dezember 1683 (und nicht schon am 26. Oktober, S. 138). den Krieg erklärte. Darauf hatte man in Versailles nur gewartet. Binnen kurzem setzte sich eine in allen Belangen den Spaniern überlegene Armee in Bewegung und erneuerte die Belagerung von Luxemburg, das sich am 7. Juni 1684, nach einer erbitterten Verteidigung, ergab. Dies war zugleich die letzte nennenswerte Aktion in diesem Krieg. In den bald darauf unter niederländischer Vermittlung eingeleiteten Friedensverhandlungen mußten die Unterhändler Karls II. von Spanien demütigende Bedingungen akzeptieren. Der wenige Monate später abgeschlossene Regensburger Stillstand war eine unmittelbare Konsequenz der Eroberung Luxemburgs: Kaiser und Reich anerkannten die französischen Reunionen im Reich.

Soweit die wichtigsten Fakten. Jeanmougin gelingt es, die Praxis der Reunionen und der französisch-spanischen Verhandlungen detailliert zu schildern, ohne darüber die »große« Politik und die Interessen der anderen Akteure (bes. die Vereinigten Niederlande, England und der Kaiser) aus den Augen zu verlieren. Seine Darstellung besticht in ihren Kapiteln zu den Reunionen und zur Belagerung von Luxemburg durch eine aus den Quellen geschöpfte »dichte Beschreibung«, während das Referat der multilateralen Verhandlungen etwas einseitig nur aus der französischen Perspektive (Quellen und Literatur) erfolgt. Trotzdem ist die Verbindung von Detailstudie mit den großen Linien und Fragen internationaler Politik der Epoche gelungen. Damit liefert Jeanmougin einen wichtigen Beitrag zur Erhellung einer wesentlichen Etappe des »grand tournant« der 1680er Jahre, insbesondere weil er einen gegenüber der Geschichte der Reunionen im Reich weniger intensiv erforschten Bereich in den Blick nimmt.

Jeanmougin hätte durchaus etwas interpretations- und wertungsfreudiger sein können: Denn seine Studie führt dem Leser den Höhe- und Wendepunkt der ludovizianischen Hegemonialpolitik war Augen. Ludwig XIV. drehte mit der Reunionspraxis die Schraube der Provokationen gegenüber Europa bis zum Anschlag: Spanien wurde ultimativ gedemütigt, die sich gegen ihn formierende Koalition blieb, nicht zuletzt dank des heimlichen Verbündeten Karl II. von England, *noch* zerstritten und unfähig zur gemeinsamen Aktion. In den Augen von Louvois waren die spanischen Habsburger als Gegner Frankreichs mit dem Frieden von 1684 endgültig ausgeschaltet, und damit die ins späte 15. Jh. zurückreichende Gefahr einer »Umklammerung« durch die spanischen Habsburger aus der Welt. Jetzt gelte es, sich der Bedrohung durch den Kaiser und das Reich zu stellen, die einzigen, die – so Louvois – Frankreich noch gefährden könnten (173f.). Anzunehmen, mit dem Kaiser auf Dauer genauso verfahren zu können wie mit Spanien, war jedoch ein folgenschwerer Irrtum: Bei der nächsten Konfrontation, der Frage der pfälzischen Erbfolge, formierte sich eine Koalition, die nicht zuletzt deshalb handlungsfähig wurde, weil sich England nach der *Glorious Revolution* nicht mehr als trojanisches Pferd Frankreichs instrumentieren ließ. Dies war der Anfang vom Ende der französischen Hegemonie in Europa, was auch die Zeitgenossen im Rückblick erkannten, so der Herzog von Saint-Simon: »Ici finit l'apogée de règne et ce comble de gloire et de prospérité« (S. 192).

Sven Externbrink, Lahntal

Emmanuel Pénicaut, Faveur et pouvoir au tournant du Grand Siècle. Michel Chamillart, ministre et secrétaire d'État de la guerre de Louis XIV. Préface de Lucien Bély, Paris (École nationale des chartes) 2004, XI–518 S. (Mémoires et documents de l'École des chartes, 76).

Die Galerie von Versailles füllt sich – mit dieser zufriedenen und durchaus positiven Beobachtung kann man wohl am besten das Erscheinen der ausführlichen, detaillierten und kenntnisreichen Studie E. Pénicauts über Michel de Chamillart (1652–1721) anzeigen. Generalkontrolleur der königlichen Finanzen ab 1699, im Jahr darauf Staatsminister und Kriegsminister just zu Ausbruch des Spanischen Krieges (ernannt am 7. Januar 1701), ist Chamillart ohne Zweifel eine der bedeutendsten Gestalten in der zweiten Hälfte der langen Regierungszeit Ludwigs XIV. Zu einem Eklat – und damit zu einer Stellung *sui generis* innerhalb der langen Liste königlicher Minister – aber führte das Ende der ministeriellen Tätigkeiten Chamillarts durch Entzug der Portefeuilles 1709. Die Analyse dieses bedeutsamen Lebensweges war daher dem Autor gleichsam vorgegeben, galt es doch einerseits die Vita an sich, andererseits aber eben auch dieses spektakuläre Ende näher zu untersuchen und – auf entsprechende Quellenbasis gestützt – der Leserschaft zu vermitteln. Dies ist – es sei gleich zu Eingang festgestellt – dem Autor bestens gelungen. Nach einer Einleitung gibt ein erster Teil (Histoire d'un favori, S. 9–164) einen Überblick über das Leben, den Aufstieg und die familiären Hintergründe (L'ascension des Chamillart, S. 9–53), vor allem des berühmten Vaters Guy de Chamillart, Generaladvokat im Grand Conseil (1664–1661) und Intendant von Caen (1665–1675, vgl. S. 33–53). Der letzte Abschnitt dieses Teils (L'échec et la chute, S. 142–160) ist schließlich dem Ende und Sturz des Ministers gewidmet. Die große Leistung der vorliegenden Arbeit besteht aber darin, daß Pénicaut sich nun keineswegs darauf beschränkt, quasi in Fortsetzung einzelner kleinerer Studien des 19. und der ersten Hälfte des 20. Jhs. (E. de Barthélemy 1868, L. Denis 1895, L. Léon 1924, M. Langlois 1925), sowie einer unveröffentlichten Magisterarbeit B. Rupprechts[1] ein reines Lebensbild Chamillarts zu zeichnen. Vielmehr werden darüberhinaus sowohl dessen ministerielle Tätigkeit (Un ministre au travail: S. 165–263) als auch – hier deutlich in der Nachfolge der bahnbrechenden Studien D. Desserts stehend – sein Privatvermögen (La fortune de Michel Chamillart: S. 267–409) einer Analyse *en détail*, stets auf breitester Quellenbasis aufgebaut und schlüssig vermittelt, unterzogen. So sehr dieser letzte Teil, vor allem in der ungemein faszi-

1 B. Rupprecht, Michel Chamillart, contrôleur général des finances, thèse de maîtrise, Sorbonne 1997.

nierenden Auswertung der finanziellen Situation Chamillarts ein getreues Bild eines königlichen Favoriten um 1700 entwirft, dessen Geschmack, Präferenzen und Finanzgebaren somit nicht nur vor dem ansonsten im Vordergrund stehenden öffentlichen Wirken, sondern besonders und gerade im Hinblick auf die private Verwendung seines Vermögens deutlich sichtbar hervortreten, so möchte ich doch den zweiten Teil, die Untersuchung der ministeriellen Arbeit, als den stärksten Abschnitt des Werkes hervorheben.

Wie führt man einen teuren Krieg des Barockzeitalters – weniger im Hinblick auf die strategischen Überlegungen, sondern vielmehr auf dessen unentbehrliche finanzielle Grundlage? Diese in so vielfacher historiographischer wie methodischer Hinsicht fundamentale Frage beantwortet Pénicaut zunächst durch eine Erläuterung der Nominierung Chamillarts, seinem Verhältnis zum König und zu seinen Vorgängern. Wie aber wurden die Entscheidungen *in concreto* getroffen? Hier nun öffnet sich durch die ungemein aufschlußreiche detaillierte Beschreibung des Arbeitsalltags wahrhaft die Möglichkeit, »de mieux connaître un monde qui a disparu«, wie L. Bély es in seinem lesenswerten Vorwort (S. X) ausdrückt. Sowohl das Arbeiten mit Louis XIV, sei es »par correspondance« (S. 188–192) als auch im direkten Kontakt (S. 193–201) wird hier ebenso berücksichtigt, wie der Weg der einmal getroffenen Entscheidungen »nach unten«, hinein in diese gewaltige Kriegs- und Verwaltungsmaschinerie der französischen Armee. Diese steht in einem zweiten Abschnitt im Mittelpunkt (L'administration de la guerre: S. 217–262), ausgehend von der obersten Ebene (Intendanten und Kommissare, S. 217f.) bis hinein in die Welt der »commis de la guerre«, S. 243–262). Damit sprengt Pénicaut bei weitem den Rahmen einer konventionellen biographischen Studie, läßt dabei aber Wesen, Charakter und Initiativen Chamillarts nur um so deutlicher hervortreten, vor allem das bislang in der Rezeption noch nicht hinlänglich gewürdigte Reglement von 1708. Allein schon diese ca. hundert Seiten der vorliegenden Arbeit stellen also eine mehr als willkommene, fundierte Erweiterung des historischen Bildes dar, welche die bislang maßgeblichen Arbeiten etwa eines John A. Lynn (Giant of the Grand Siècle: the French Army 1610–1715, Cambridge 1997), entworfen hatten. Pénicaut folgt hierin einer erfreulichen, vor allem von André Corvisier vorgezeichneten Tradition der französischen Geschichtsschreibung, die Militärgeschichte des Grand Siècle im Kontext von kulturellen, sozialen und biographischen Parametern der Zeit zu schreiben.

Doch war es just der Krieg, jener um Spanien nämlich, welcher schließlich, gepaart mit den Folgen des Katastrophenwinters 1708/09 zur Entlassung Chamillarts führen sollte. Dieser Punkt aber ist in der Darstellung der vorliegenden Arbeit meines Erachtens der umstrittenste. Denn Chamillart war nicht – worauf Pénicaut auch deutlich hinweist – ein beliebiger Minister, verfügte er doch etwa in Versailles über ein »appartement, auprès du comte de Toulouse, envié des grands seigneurs«[2]. Er gehörte zum intimen Kreis um Ludwig XIV., dessen persönlicher Freundschaft er sich lange Zeit sicher sein konnte, wobei »le ›peu de naissance‹ n'est pas un obstacle«[3]. In zwei Punkten, »le premier tient à la personne royale et au système de gouvernement louisquatorzien; le second, à la personne et à la fonction de secrétaire d'Éat ou de ministre« (S. 154f.), versucht Pénicaut nun den Ursachen dieses wenig glorreichen Endes nachzugehen, widmet aber diesem, vor allem im Hinblick auf den im Titel des Buches angestrebten generellen Aussagegehalt für Politik und Gesellschaft um 1700, essentiellen Punkt nur sechs von insgesamt 417 Textseiten. Darüber hinaus scheinen Methodik und Kriterien der Quellenauswahl hier mitunter zweifelhaft. So blieb der berüchtigte Memoralist Saint-Simon zwar nach außen einer der Getreuen Chamillarts auch nach dessen Entlassung, doch sind Wert und Wahrheitsgehalt der Stellungnahmen dieses

2 François SOLNON, La Cour de France, Paris 1987, S. 355.
3 Ibid., S. 359.

ausgewiesenen Agitators gegenüber dem »système de la Cour«[4] mehr denn zweifelhaft (hier v. a. 155, Anm. 234). Erstaunlich bleibt auch die Einordnung der königlichen Ungnade, die der Autor – ohne Nachweis – als »troisième disgrâce du règne« (S. 156) bezeichnet. Dabei zeigt doch schon ein kleiner Blick auf die leicht zugängliche einschlägige Literatur[5], daß diese Zahl vollkommen aus der Luft gegriffen ist. Bluche weist z. B. zurecht darauf hin, daß der königliche Gnadenentzug bei dem für seine Loyalität – übrigens: nach innen, wie nach außen – bekannten Ludwig XIV. nicht gerade häufig anzutreffen war, folglich »entre 1685 et 1715, on ne trouve, dans le Journal de Dangeau, que 188 cas de disgrâce, frappant 182 personnes«[6]. Die Diskrepanz zwischen drei und 188 ist doch erheblich, zudem beziehen sich letztere nur auf den angegebenen Zeitraum ... Natürlich handelte es sich dabei um Entlassungen und Verbannungen (im Sinne des Ancien Régimes) von unterschiedlicher Gewichtung und Härte, oft mit gnädiger Wiederaufnahme schon nach geraumer Zeit; dennoch bleibt das von Pénicaut gezeichnete Bild hier schief. Was war etwa mit jenem echten »Umsturzversuch« der höfischen Ordnung 1698, als unter Führung Fénelons die Partei der »Frömmler« (wohl unter Mitwisserschaft Mme de Maintenons) versucht hatte, das ganze Hof- und Regierungspersonal auszuwechseln, was die »disgrâce« aller Beteiligten nach sich zog[7]? Sollte man nicht eher versuchen, den »Fall Chamillart« von jenen vom Autor durchaus beschriebenen extremen Umständen der Jahre 1708 und folgender her zu verstehen, wo die Schlacht bei Malplaquet zwar den völligen Zusammenbruch Frankreichs verhindert hatte [vgl. André CORVISIER, La bataille de Malplaquet – l'effondrement de la France evité, Paris 1997], Kriegsfolgen und -fortgang (Niederlage bei Oudenarde, 11. Juli 1708; Fall von Lille, 23. Oktober 1708), sowie die Belastungen des bereits angesprochenen Katastrophenwinters aber schwer auf Staatsschatz und Bevölkerung lasteten. All dies hatte auch der König bei der Ernennung Chamillarts nicht voraussehen können, nun aber waren diese Schwierigkeiten vielleicht zuviel für die Schultern eines Mannes, der zwar aufgrund unzweifelhafter Begabungen und Talent bis hinauf zu den Positionen eines Colbert und Louvois *zusammen* gestiegen war, dies aber eben doch auch seinen familiären Beziehungen, einem persönlich gewinnenden Wesen, nicht zuletzt seinem gekonnten Billardspiel (vgl. Solnon, Court 1987, S. 286) verdankte. Dies alles war jetzt aber wenig hilfreich, als sich zeigte, daß das angelegte Kleid vielleicht etwas zu groß für seinen Träger war. Chamillart war, bei aller von Pénicaut dankenswerter Weise so detail- und kenntnisreich dargebotenen Leistungen, eben kein Colbert und auch kein Louvois – wenngleich ehrlicherweise hinzugefügt werden sollte, daß diese beiden auch niemals mit einer derart gehäuften Verantwortung wie jener von 1708ff. konfrontiert worden waren. Könnte man die Entlassung Chamillarts nach seiner eigenen demütig klingenden, aber vielleicht realistischen Einschätzung (*Le Roi est le maître; j'ai tâché de le servir de mon mieux, je souhaite qu'un autre le fasse plus à son gré et plus heureusement* [...], S. 157, nach Saint-Simon, ohne Quellenangabe!) nicht auch als Rücktritt verstehen? Müssen unbedingt die Schlagworte von einem ersten vermeintlichen Sieg der »öffentlichen Meinung« in jener »sich abzeichnenden Krise des Ancien Régimes« als Erklärungsmodus bemüht werden? Wurde Chamillart wirklich von Louis XIV aus Rücksicht auf die Öffentlichkeit fallengelassen, oder war er nicht eher, eben aufgrund der besonderen Lage und seiner sich nunmehr offenbarenden beschränkten Fähigkeiten *contraint d'abbandoner le département de la guerre* (Bluche, Louis XIV 1986, S. 978), was etwas anderes ist? Enthalten nicht vielmehr die Worte des Duc de Bourgogne, der bestimmt kein antimonarchischer Querulant war, die Lösung, wenn er zwar zugibt –

4 Émmanuel LE ROY LADURIE, Saint-Simon ou le système de la cour, Paris 1997; s. a. die treffenden Bemerkungen bei François BLUCHE, Louis XIV, Paris 1986, S. 12f.
5 Etwa: François BLUCHE, Disgrâce, in: DERS. (Hg.), Dictionnaire du Grand Siècle, Paris 1990, S. 484.
6 Ibid.
7 SOLNON, La Cour de France, S. 347.

was angesichts der historischen Situation nur normal erscheint – *le monde étoit trop déchaîné contre M. Chamillart pour qu'il pût être utile dans ce poste*, aber hinzufügt: *entre vous et moi, je crois M. Voysin, qui l'occupe présentement, beaucoup plus capable de le remplir* (S. 159, Anm. 250). Dies ist natürlich keine schöne Bilanz für einen Biographen, welcher immer geneigt ist, seinem ›Helden‹ zur Seite zu stehen – aber vielleicht doch historisch korrekter? Es erscheint zumindest logischer, als die zahlreich bemühten methodisch-strukturellen Erklärungsversuche ...

Zumal scheint das »Exil« Chamillarts doch sehr gemildert gewesen zu sein, was ein Blick auf die erheblichen nach 1709 getätigten Finanzgeschäfte und Immobilienkäufe belegt (S. 367–378). Hinzu kamen in dieser Zeit allerdings schwere Schicksalsschläge (Tod dreier Kinder), was nun jedoch Ludwig XIV. nicht anzulasten ist. Vielmehr zeigte gerade die Deszendenz des Ministers, wie zweifelhaft die finalen Schlußfolgerungen Pénicauts doch klingen. Deutete der »Fall Chamillart« wirklich auf die »crise ultime de l'ancienne monarchie« (S. 417, Schlußsatz) voraus, oder zeigte nicht gerade die wohlwollende Behandlung seiner Kinder durch Ludwig XIV. (etwa Michel II de Chamillart, Marquis de Cany: heiratete 1708 Marie-Françoise de Rochechouart-Mortemar, 1709 Colonel im Régiment de la Marine, 1716 Grand Maréchal des Logis de la Maison du Roy), den definitiven Aufstieg eines Dienstadelsgeschlechts in die Ränge des Hofadels? – »Ainsi, les Chamillart, après une seule génération au ministère, sont-ils passés, en un temps difficile, pour les finances et la guerre, de la robe à la noblesse de Cour, accomplissant une promotion sociale rapide et exceptionnelle«[8].

Die Sicht Pénicauts kann ein abschließendes Urteil über Michel Chamillart sein, muß es aber nicht; vor allem die Schlußfolgerungen über Periodisierung und Schicksal der Monarchie muß man bestimmt nicht übernehmen. Dies schmälert aber keineswegs das immense Verdienst des Autors, diese interessante Figur in ermüdender Kleinarbeit erschlossen und in erfreulicher, kompetenter und – dies sei nicht verschwiegen – auch stilistisch ansprechender Form vorgelegt zu haben. Ein reicher Anhang an Dokumenten, Genealogien, sowie eine treffende, leider nur in Schwarz/Weiß gehaltene Bilddokumentation ergänzen die Ausführungen; das umfangreiche Quellenverzeichnis läßt die Arbeit erahnen, die bewältigt wurde.

Bilanzierend kann man also durchaus L. Bély zustimmen, der sein Vorwort zu vorliegender Arbeit mit dem vielsagenden Satz beschließt, sie öffne neue Einsichten als »magistrale leçon d'histoire qui enrichit notre connaissance d'un moment crucial, tout en ouvrant de belles perspectives et des débats passionnants« (S. X) – dem ist nichts hinzuzufügen.

Josef J. SCHMID, Mainz

Marcus JUNKELMANN, »*Das greulichste Spectaculum*«. Die Schlacht von Höchstedt 1704, München (Haus der Bayerischen Geschichte) 2004, 84 p. (Hefte zur Bayerischen Geschichte und Kultur), ISBN 3-927233-90-0, EUR 5,00.

Le 13 août 1704, sur la rive gauche du Danube, eut lieu près d'Höchstädt, au village de Blindheim, une bataille qui tourna au carnage et fut un désastre pour le roi Louis XIV et, avant tout, pour son allié Maximilien II, l'Électeur de Bavière. Les historiens, à la suite des contemporains des débuts de la guerre de succession d'Espagne, ultime conflit du règne de ce »roi de guerre« que fut Louis XIV, s'accordent à reconnaître que le maréchal de Tallard, successeur de Villars à la tête des troupes envoyées en renfort vers la Bavière, ne fut pas à la hauteur de ses responsabilités aux côtés de l'Électeur et face à deux adversaires de grand

8 Louis TRENARD, Chamillart, Michel de, in: François BLUCHE (Hg.), Dictionnaire du Grand Siècle, Paris 1990, S. 294.

talent, premiers stratèges de leur temps: le prince Eugène et le duc de Marlborough. Pire encore, Tallard fut fait prisonnier avec plus de 1200 officiers et 13 000 soldats. La bataille avait coûté au moins 20 000 morts dont 12 000 du côté des Français et des Bavarois, sans oublier les milliers de blessés promis à une disparition prochaine faute de soins appropriés pour les sauver de la gangrène. Marlborough dans le bulletin de victoire adressé à la reine Anne d'Angleterre qu'il avait encouragée à continuer la guerre à la mort du roi Guillaume III en 1702, ne cache pas sa fierté au soir de la bataille tout en soulignant que sa tâche n'est pas achevée: »Je n'ai pas le temps de vous rien dire davantage, sinon que je vous prie d'assurer la reine de mes respects et d'annoncer à Sa Majesté que son Armée a remporté une glorieuse Victoire; le maréchal de Tallard et deux autres généraux sont dans nos carrosses; et je suis occupé à poursuivre le reste«. Jubilation et jugement sans appel du vainqueur à l'égard de vaincus harcelés dans leur retraite et réduits à la dimension d'un »reste«!

Mais comment en est-on arrivé là en quelques mois puisque, au même endroit, moins d'un an auparavant, le 20 septembre 1703, les troupes de Villars et de l'Électeur, enfin réunies, avaient remporté la première bataille d'Höchstädt contre les Impériaux du comte de Styrum? Le présent ouvrage fournit non seulement toutes les explications d'un tel revirement mais aussi toute la mise en scène qui précède le déroulement de la bataille après l'avoir resituée dans la trame du conflit de la Succession d'Espagne qui débute en mai 1702 lorsque les Alliés (Angleterre, Provinces-Unies, Empereur) déclarent la guerre à la France et à l'Espagne. C'est à la mi-novembre 1700 que Louis XIV, alors âgé de 62 ans, accepte le testament du roi d'Espagne Charles II, mort le premier novembre, qui instituait pour son héritier universel son petit-neveu, le duc d'Anjou, second fils du Grand Dauphin et petit-fils de Louis XIV. Ce testament interdisait tout démembrement des États espagnols et l'union sous une même couronne de la France et de l'Espagne. Cette ultime décision du roi d'Espagne lui avait été dictée par la mort soudaine, le 6 février 1699, du premier prétendant à sa succession qui n'était autre que le jeune Joseph-Ferdinand, fils aîné de l'Électeur de Bavière, né de son premier mariage avec Maria-Antonia, fille de l'empereur Léopold Ier, et petit-fils de l'infante Marguerite Thérèse, épouse de Léopold Ier. Espérance éphémère d'un bel héritage qui aurait pu préserver la paix et que traduit dans l'ouvrage le portrait émouvant de cet enfant aux traits d'un jeune adulte qui, tout en regardant le peintre Joseph Vivien, montre de sa main droite la puissance qui lui est promise et reconnue par l'accord de La Haye conclu entre Louis XIV et Guillaume III: près de lui un globe terrestre, au second plan, deux navires ancrés au port et, dans le lointain, la silhouette d'un château en Espagne.

Nous voilà au cœur des liens familiaux et diplomatiques de l'Europe d'Ancien Régime, celle des rois et des princes, sujette à la fois aux déchirements de successions capables d'en compromettre le fragile équilibre et aux réconciliations matrimoniales qui tentent de mettre un point final aux clauses difficilement négociées des traités, à l'issue de conflits de plus en plus coûteux en hommes et en argent. Aux traités de Ryswick qui scellent la fin de la guerre de la Ligue d'Augsbourg, à l'automne 1697, Louis XIV avait maintenu ses prétentions à la succession d'Espagne, tout en reconnaissant Guillaume III comme roi d'Angleterre et en s'engageant à ne plus soutenir Jacques II afin de ne pas attiser les braises entre leurs deux nations. Dès cette date, il devenait évident que la prépondérance française de la seconde moitié du Grand Siècle, du traité des Pyrénées de 1659 à ceux de Ryswick, ne résisterait pas au changement de siècle. Côté français, il n'était plus temps de faire des conquêtes mais de les préserver et de les fortifier avec l'aide des meilleurs ingénieurs, dont Vauban reste le maître, et grâce à l'appui d'alliances de revers comme celle de la Bavière dans la guerre qui débutait. Sachant bien que pour l'Électeur, isolé face aux Impériaux, toute défaite sur ses terres ou à proximité, pour cause d'encerclement adverse ou de retard des renforts venus de France, risquait de se solder par une dépossession et par l'exil. Louis XIV en est parfaitement conscient lorsqu'il adresse, le 21 août 1704, quelques jours après la bataille d'Höchstädt, cette lettre au maréchal de Marsin: »Je mande au maréchal de Villeroy de s'avancer le plus loin qu'il pourra pour vous soutenir et favoriser votre retraite [...]. L'état où se trouve l'électeur de Bavière me fait beaucoup plus de peine que la perte que j'ai faite. S'il trouve des dispositions pour faire un accommodement ou pour conserver sa famille et son pays, quel qu'il soit, il lui serait avantageux que de le voir exposé à être ravagé [...] s'il trouve les ennemis déterminés à ne lui accorder aucune condition, le seul parti qui lui convienne est de repasser les montagnes avec mes troupes.« La suite confirme ces craintes royales: les troupes de l'Électeur ou ce qu'il en reste quittent la Bavière, opérant leur retraite en direction de l'armée de Villeroy. Arrivées à Strasbourg le premier septembre, elles prennent la route des Flandres. Avant son départ, le 17 août 1704, Maximilien II a confié à son épouse, Thérèse-Cunégonde de Pologne, la régence de la Bavière avec la tâche délicate de négocier avec l'Empereur, Léopold Ier. Ce dernier, après son refus de rencontrer lui-même les envoyés de la régente, en charge son fils, le futur Joseph Ier, qui lui succède en mai 1705. En résidence à Namur, l'Électeur devra attendre la fin de la guerre et la signature des traités de 1714 pour rentrer dans ses États.

Dès lors on saisit mieux le rôle et l'importance de la seule bataille d'Höchstädt. Pour la reconstituer dans toutes ses dimensions, Marcus Junkelmann a réuni une documentation qui cumule les avantages d'un reportage et d'un pèlerinage. Le point de départ en est fourni par des photographies d'aujourd'hui: celles de paysages d'un calme à toute épreuve avec leurs champs cultivés, leurs prairies, leurs ruisseaux aux eaux vives ou dormantes, leurs villages aux églises pimpantes. Comme si la nature avait tenu à effacer toutes les traces d'un affrontement sans merci, ne laissant subsister que des reliques patiemment ramassées et rassemblées à la façon de ces boulets et de ces morceaux d'étrier et d'armes rouillés dont la photographie sert de couverture à l'ouvrage, en toute modestie et recueillement. Dès lors, plus de doute à avoir, si la nature a redonné aux paysages de la plaine et des bords du Danube leur tranquillité d'avant la bataille, les hommes d'aujourd'hui ne doivent pas oublier mais se souvenir qu'à cet endroit, en un jour, vainqueurs et vaincus n'ont pas été départagés par la mort et que les survivants étaient promis à d'autres batailles encore plus meurtrières telle celle de Malplaquet en 1709. Comme on est loin de la guerre en dentelles d'ordinaire attribuée au XVIIIe siècle. En même temps, l'ouvrage révèle l'ampleur et la variété de la documentation liée aux origines, au déroulement et aux conséquences de la bataille avec une priorité aux cartes et aux croquis qu'elles ont permis d'établir pour une reconstitution précise de la marche des armées, de leur progression vers le champ de bataille et de leurs mouvements aux différentes heures de la journée. Quant aux héros du jour, Marlborough et le prince Eugène, ils ont droit aux grands tableaux qui les met en valeur au sein de leur état-major et face à l'ordonnancement matinal des armées prêtes à se battre ou à la mêlée des combattants et des chevaux au soir de la bataille. Peintures classiques dans leur composition et que Louis XIV affectionnait particulièrement quand il était vainqueur et quand il avait encore l'âge d'être un roi combattant. Revanche de la vie, revanche de la Fortune, ce sont désormais ses adversaires qui trouvent dans la confrontation des armes l'occasion de la mise en scène de leur gloire. Moins recherchées mais tellement plus précises et plus riches, les gravures fournissent sans doute la meilleure illustration des conditions de la vie militaire et des souffrances accumulées des populations civiles, livrées à tous les dommages des gens de guerre.

Cette même année 1704, quelques mois après la bataille, le jeune François Marie Arouet, futur Voltaire, entre au collège Louis-le-Grand. Nous ne savons rien de la façon dont lui et ses camarades connurent et évaluèrent l'étendue des désastres contemporains de leur jeunesse, mais nous pouvons mesurer, grâce au témoignage de la princesse Palatine, combien la nouvelle du désastre d'Höchstädt émut la cour de Versailles: *On ne voit partout que visages désolés et soucieux. Ce sont les parents de ceux qu'on sait être prisonniers, et de tous ceux dont on n'a pas encore de nouvelles. Ils me font de la peine* [...] *On voit de tous côtés des mères qui courent pour avoir des nouvelles de leurs enfants.* Ce n'est que plus tard, dans »Le siècle de Louis XIV«, que Voltaire fera le bilan de la bataille, à sa manière et dans une perspective qui rejoint celle du présent ouvrage: »Les vainqueurs y eurent près de cinq mille morts, et près de huit mille blessés, et le plus grand nombre du côté du prince Eugène. L'armée française y fut presque entièrement détruite. De soixante mille hommes, si longtemps victorieux, on n'en rassembla pas plus de vingt mille effectifs. Environ douze mille morts, quatorze mille prisonniers, tout le canon, un nombre prodigieux d'étendards et de drapeaux, les tentes, les équipages, le général de l'armée et douze cents officiers de marque au pouvoir du vainqueur, signalèrent cette journée. Les fuyards se dispersèrent; près de cent lieues du pays furent perdues en moins d'un mois [...]. Personne n'osait apprendre au roi une vérité si cruelle. Il fallut que madame de Maintenon se chargeât de lui dire qu'il n'était plus invincible«.

Anne-Marie COCULA, Villenave-d'Ornon

Early Modern Natural Law Theories. Contexts and Strategies in the Early Enlightment, ed. by T. J. HOCHSTRASSER and P. SCHRÖDER, Dordrecht, Boston, London (Kluwer Academic Publishers) 2003, 332 S. (Archives Internationales d'histoire des idées/International Archives of the History of Ideas, 186), ISBN 1-402-01569-0, EUR 133,70.

Le colloque de l'université de Londres des 2–3 septembre 1999 voulut réexaminer la littérature sur le droit naturel, redonner cohérence à la notion, la recontextualiser à partir de l'héritage antique et médiéval et des expériences empiriques du temps (l'Empire après la guerre de Trente ans, les révolutions anglaises) et pour finir en faire un élément de définition intellectuelle des pré-Lumières qui ne seraient pas qu'une simple plage chronologique. Il faut d'abord opposer les conceptions ancienne et moderne du droit naturel, ce à quoi s'applique Merio SCATTOLA. Dans l'Antiquité et au Moyen Âge, le droit naturel est un droit inné. Pour Thomas d'Aquin, le droit naturel, c'est la lumière de Dieu gravée en tout être humain, signifiée par les dix commandements. C'est une pluralité de principes qui forment un tout, sans pour autant constituer un système déductif. Cette loi naturelle est une part de l'ordre universel de la justice qui gouverne la création. Tout humain connaît cet ordre et le souverain qui l'enfreint est un tyran. Cet ordre universel n'est pas visible dans son essence, mais dans ses effets et se décline en loi naturelle, loi divine et loi humaine. L'âge moderne refuse l'innéité de la loi naturelle. Ce qui est inné, ce sont les instincts que l'homme partage avec l'animal. La loi naturelle nous vient de la raison, et la volonté libre de l'homme désire nécessairement ce que la raison indique être le bien. De la rationalité de la loi naturelle dérive le fait qu'elle se construit en système à partir d'un principe universel et fondamental. Le pur état de nature, c'est la guerre. On en sort par le contrat qui transfert au souverain les volontés particulières; lui obéir, c'est obéir à soi-même. Seule l'autorité civile préserve les droits de l'état de nature. La loi naturelle est donc doublement fondée, dans l'état de nature imaginé et dans la société civile. Dès qu'il y a contrat, la société est une personne et la loi naturelle vaut indifféremment pour l'individu et pour la société. Jon PARKIN s'intéresse à la réception plurielle de Hobbes par ses contemporains et montre que sa méthode implique le lecteur dans une démarche critique qui, à partir de concepts familiers, peut avoir des effets dévastateurs. Il y a chez Hobbes une façon de s'arrêter au seuil de l'hétérodoxie, tout en y poussant son lecteur. Parkin discute l'accueil de Hobbes aux Provinces-Unies où il comble le vide laissé par Descartes dans le champ du politique: Velthuysen, un cartésien très hostile au calvinisme orthodoxe, les frères de Court qui le tirent vers le républicanisme et non la monarchie, les universités. Le chapitre 16 du »Tractatus Theologico-Politicus« de Spinoza doit beaucoup à Hobbes. En Angleterre, son anticléricalisme est utilisé par les Indépendants contre l'orthodoxie presbytérienne; la période de Clarendon marquée par le monopole anglican est très hostile au penseur, athée, immoral, épicurien et misanthrope; il est critiqué par Scargill, Wolseley et suscite le trouble chez les latitudinaristes qui utilisent ses arguments. Après la chute du ministre (1667), il est invoqué par tous les défenseurs de la tolérance. La critique essentielle se lit chez Richard Cumberland et chez Pufendorf: Hobbes a raison de commencer sa démonstration avec la prémisse de la conservation de l'individu par lui-même, mais tort d'affirmer que cela conduit inéluctablement à l'état de guerre, car il y a une sociabilité naturelle. Dans les années 1670, Hobbes est très connu, mais le scandale qui s'attache à son œuvre fait que ceux qui l'utilisent de façon oblique pratiquent honteusement l'appropriation silencieuse. La France est demeurée un peu à l'écart de ce courant du droit naturel. Il convient pourtant d'explorer l'œuvre de Malebranche (Patrick RILEY), un théocentriste radical entre Descartes et Leibniz qui, dans son dernier ouvrage (1715) remplace la volonté générale de Dieu qui veut le bien, et permet seulement le mal comme conséquence inévitable des lois, par la loi éternelle. »Dieu aime davantage sa sagesse que son ouvrage«, sa sagesse s'exprime dans des lois générales dont les conséquences, parfois mauvaises, ne sont pas voulues en elles-mêmes et ne peuvent servir d'argument contre l'injustice. Pour Malebranche, un monde parfait n'agissant que par des lois générales, ne peut mener qu'au déisme; si Dieu autorise la corruption du monde, c'est que le monde sauvé par le Christ est de plus grand prix. Riley discute les thèses occasionnalistes de Malebranche et son influence sur Montesquieu, dans la »Lettre persane 83« où, reprenant le philosophe oratorien, son auteur émet l'idée que les lois morales sont des relations de perfection, dans l'»Esprit des lois« où les lois sont des rapports nécessaires qui surviennent de la nature des choses. Grotius est au point de départ de cette histoire moderne du droit naturel et Franz GRUNERT suit la réception de son »De jure belli et pacis« dans l'Empire. Toute une littérature secondaire fleurit à propos de l'ouvrage, pour les uns conduisant à Pufendorf, pour les autres obscurcissant son contenu, jusqu'à ce que Wolff publie en 1734 une édition sans commentaire. L'œuvre fut à la fois très louée, et très critiquée pour sa pesante érudition, ses erreurs logiques, ses exemples inappropriés, ses propositions provocatrices: que la loi naturelle existe indépendamment de la volonté divine et que l'obligation d'obéir à des normes morales vient d'une constitution morale de nature et non de la nécessité d'obéir à une autorité supérieure. Pufendorf, qui avait un grand respect pour Grotius, affirmait, lui, que c'était Dieu qui commandait de suivre la loi naturelle et s'inspirant de Hobbes, il faisait de la loi l'ordre d'un supérieur qui avait le droit de contraindre un inférieur; mais il reconnaissait en Grotius celui qui avait distingué la loi naturelle des diverses formes de lois positives et l'avait organisée systématiquement en une future discipline académique. Quant à Thomasius, traducteur du »De jure belli et pacis« en allemand (1707), il fut le créateur de la »légende« de Grotius: les guerres de religion avaient éteint les lumières naturelles; enfin Grotius vint, véritable instrument de la sagesse divine, pour mettre fin à cette confusion; il était le premier maillon de la chaîne menant à Thomasius par Pufendorf interposé. Grotius fut aussi très lu en Écosse, ce que décrit Clare JACKSON en analysant l'œuvre de Francis Grant, né en 1660, étudiant de Voet à Leyde de 1684 à 1687, avocat, titré lord Cullen en 1709. Sir Grant justifie l'avènement de Guillaume III en montrant que le prince a mené une guerre juste (le *bellum justum* de Grotius) pour la défense des sujets du royaume et que Jacques II a nullifié sa souveraineté en violant les lois naturelles et en désertant. S'appuyant sur la théorie des deux contrats, le premier liant les familles en société politique, le second remettant l'autorité publique au souverain, Sir Grant montre qu'il n'est pas licite de résister au nouveau roi puisque seul le second pacte a été violé, le peuple écossais demeurant uni par le premier; le corps reste, on change la tête. Sir Grant, un latitudinariste, mais opposé aux déistes rejetant la révélation, applique les préceptes du *jus naturae aut gentium* à une grande variété de contextes comme le pluralisme religieux, l'acte d'Union de 1707, la jurisprudence écossaise. En 1707 furent créées à l'université d'Édimbourg une chaire de droit public, droit naturel et des nations, et à celle de Glasgow en 1713 une de droit civil. Les trois fils de Grant continuèrent dans cette direction qui rattachait l'Écosse au monde des Lumières: William traduisit les »Directions pour la conscience d'un prince« de Fénelon.

Les communications suivantes nous ramènent dans le Saint-Empire. Robert von FRIEDEBERG montre combien la réfutation de l'œuvre de l'absolutiste Schlösser par Gottlieb Samuel Treuer (1719), élève de Thomasius et professeur à Helmstedt, est originale en ce qu'elle articule les droits et les devoirs de l'homme possédés par nature avec la constitution empirique du *Reich*. Schlösser, très inspiré par Hobbes et Filmer, reprenait les arguments de Jacques 1er dans ses »True Law of Free Monarchy«, niait la théorie du contrat et défendait l'absolutisme des princes. Treuer répliqua que la monarchie non limitée était une tyrannie, que les hommes par naissance étaient libres et égaux en droit et que la violation du contrat autorisait la résistance à l'oppression. La polémique se greffait sur l'affaire du Mecklembourg où la volonté absolutiste du prince en matière fiscale fut brisée par la résistance des états qui obtinrent en 1719 un arrêt du Conseil aulique de Charles VI, exécuté par le duc de Brunswick-Wolfenbüttel et l'électeur de Hanovre appuyés par Vienne et Londres: Karl-Leopold dut quitter son trône de 1721 à 1730. C'est l'occasion de réexaminer la nature de cette opposition des états aux princes de l'Empire dans une perspective historiographique. À la suite des historiens prussiens qui ne virent le progrès que dans l'absolutisme territorial, vint le temps où l'opposition des villes et des noblesses fut interprétée comme une alternative proto-libérale et pré-constitutionnelle. Cette thèse n'a plus cours depuis les travaux de Asch, Durchhardt et Dreitzel sur l'absolutisme et la constitution impériale. Il faut recontextualiser le mot »représentation«: celle par les états était la défense des privilèges nobiliaires aux dépens du prince, mais aussi des sujets; la victoire des états mecklembourgeois eut comme résultat un des pires servages de l'Allemagne. Ian HUNTER, dans une très subtile analyse, confronte la théorie du droit naturel chez Leibniz et Pufendorf. Au départ, deux conceptions anthropologiques opposées: le rationalisme transcendantal de Leibniz, argumentant à partir du néo-platonisme, de la métaphysique scolastique et du droit romain pose un être pensant, *civitas Dei*, capable de se perfectionner, connecté par son intelligence à la divine intelligence des formes; Leibniz a une conception totale d'une loi naturelle qui doit suivre les enseignements du christianisme. Le prince sage qui réunit le pouvoir et la raison est un héros de Dieu qui réalise sa volonté dans tous les domaines, y compris confessionnel et impose sa loi à tous ceux qui n'ont pas atteint le degré de perfection morale. Leibniz resacralise le politique et fournit une nouvelle version de l'État confessionnel. Tout au contraire Pufendorf argumente à partir de Bodin, de l'histoire, du droit d'État allemand. Pour lui, l'homme est dominé par ses passions et a donc besoin d'une autorité supérieure; il a assez de raison pour savoir qu'il ne peut s'épanouir qu'en société; il n'est pas un animal politique par une aptitude naturelle, mais parce qu'il sait que sa sécurité ne peut être assurée que dans la société civile. Le prince est un supérieur qui impose des devoirs aux inférieurs et même use de coercition pour obtenir l'obéissance, non pas en vertu de la pureté de sa volonté, mais conformément au contrat qui l'a placé là où il est. Mais l'État n'est absolu que dans le domaine du politique; il n'intervient pas dans le spirituel, il est neutre en matière de religion, l'Église est en dehors de l'État, la liberté religieuse est au bout du chemin. À la resacralisation du politique par Leibniz s'oppose la détranscendantalisation de Pufenforf. Nous retrouvons nos deux protagonistes avec Petter KORKMAN qui réexamine la réplique que Barbeyrac opposa à la critique de Pufendorf par Leibniz. Ce dernier fit de Pufendorf le champion du volontarisme selon lequel Dieu, seul créateur, libre de toute contrainte, aurait, dans un acte de pur arbitraire, inventé *ex nihilo* la loi naturelle. Qu'est-ce que ce Dieu juste, réplique Leibniz, qui a lui-même imposé le critère dont nous usons pour dire qu'il est juste? À cette conception tautologique, qui aboutirait au constat que l'obéissance à Dieu ne serait qu'esclavage aveugle, Leibniz opposa une loi naturelle, universelle, rationnelle, indépendante de la volonté divine, une loi naturelle qui, comme les mathématiques, était la même pour Dieu, les anges et les hommes. De fait, pour Pufendorf, la liberté absolue de Dieu ne signifiait pas qu'elle fût arbitraire, Dieu était lié par sa propre perfection et s'il ne voulait pas certaine chose, ce n'était pas parce qu'il n'était pas libre ou ne pouvait pas, ou parce qu'il était limité par des contraintes extérieures, mais parce qu'il ne voulait pas. Barbeyrac insista sur le fait que Dieu ne pouvait agir que de façon juste et que la loi naturelle n'était pas arbitraire, elle était liée à la nature humaine et Dieu ne pouvait la changer sans changer cette nature de l'homme, animal raisonnable et social. C'est maintenant à Locke qu'est confronté Pufendorf à propos de la tolérance, dans la contribution de Michael J. SEIDLER. Si Locke avait accepté l'ambassade de Berlin, il aurait pu rencontrer Pufendorf. Ce dernier est-il un *Staatskirchler* et Locke un *Freikirchler*, comme le voudrait de façon un peu simplifiée F. Lezius dans un ouvrage de 1900? Pufendorf est opposé à l'autoritarisme clérical, l'État n'a pas à intervenir dans la croyance. Mais l'Église est une force sociale et peut devenir subversive. Il faut préserver l'État des groupes fanatiques dont les membres sont inaptes à la vie de citoyen. Pufendorf soutiendra des mesures coercitives contre deux fonctionnaires de l'État prussien, un socinien et un crypto-catholique. La position de Locke est suivie dans ses divers ouvrages. Si le danger, en 1660, vient des divers zélotes, en 1667 il émane d'une magistrature orthodoxe (anglicane) qui veut contrôler les consciences. Locke affirme les droits de la conscience même en cas de conflit avec l'État, il en arrive à l'idée que tout individu est orthodoxe envers lui même (»orthodox to himself«), toute conscience sincère doit être respectée, même si elle est dans l'erreur. Mais le magistrat ne peut tolérer ce qui va contre la préservation de la société. Locke comme Pufendorf est contre la coercition contre productive, contre la trop grande emprise des prêtres et pour la sauvegarde de l'État. Les deux articles suivants sont consacrés à Thomasius. Thomas AHNERT prouve que sa vision du droit naturel est inséparable de ses conceptions scientifiques, bien plus proches de Paracelse et de Comenius que des Lumières, et de son hétérodoxie luthérienne et piétiste. Thomasius a commencé par être volontariste, à la manière de Pufendorf; il s'en est détaché, mais pas parce qu'il attribuait à la doctrine l'idée d'un Dieu despote, dont était responsable, selon lui, toute la tradition scolastique. Thomasius était totalement opposé à Descartes en ce qui concerne la matière (pour lui, l'air et la lumière n'étaient pas de la matière subtile mais des principes fondamentaux, des esprits actifs dans toute la nature) et l'âme humaine; il distinguait l'*anima*, esprit naturel existant en toute chose, du minéral à l'homme, et le *spiritus*, esprit supra-naturel, propre de l'être pensant. Après la chute, l'*anima* l'emporta sur le *spiritus*, et le vouloir humain ne fut pas un acte de l'intellect se projetant dans la pulsion de la matière étendue, mais le résultat des forces antithétiques de la sympathie et de l'antipathie. Quant à ses conceptions religieuses, il pensait qu'il ne pouvait y avoir de doctrine orthodoxe, les mystères de la foi étant impénétrables; d'où une adhésion à l'amour mystique de Dieu qui le rapprochait des millénaristes et suscitait l'hostilité de l'orthodoxie luthérienne et même de certains milieux de Halle. À Descartes comme aux théologiens luthériens, il reprochait le rôle sur-dimensionné qu'ils accordaient à l'intellect humain. Thomasius est aussi un théoricien du processus de civilisation (Simone ZURBUCHEN). Constatant le retard de l'Allemagne sur la France dans le domaine de la culture et de la civilité, il prôna l'imitation des Français, non parce qu'ils étaient Français, mais très avancés dans les arts et les sciences, porteurs de civilisation, d'une politesse qu'il transcrivit par le terme de *decorum*: le *decorum*, c'est l'honnêteté, le savoir, le bon goût, le bel esprit, la galanterie. Ce *decorum* qui n'a jamais été enseigné *in formam disciplinae vel artis*, Thomasius le relia d'abord à la notion de sociabilité, principe de la loi naturelle; quand il eut renoncé à cette notion, il articula le concept de *decorum* sur le développement des sociétés, depuis l'Ancien Testament jusqu'à la société de cour et de la ville: respect des supérieurs, amitié et bienveillance pour les égaux et les inférieurs. C'est aux universités d'enseigner cette civilité, le progrès de la civilisation dépend de la formation d'une élite. La dernière communication concerne la réception contrastée de Pufendorf en France et en Écosse (Peter SCHRÖDER). Les entrées »Sociabilité«,»Égalité naturelle«,»Liberté«, »Souveraineté« de l'Encyclopédie, dues au chevalier de Jaucourt, reprennent Pufendorf sans nuance, tandis que celles de Diderot (dont »droit naturel«) discutent la notion de citoyen entre les thèses de Hobbes et de Rousseau. En Écosse,

Hutcheson dit suivre Pufendorf, alors qu'il s'en démarque souvent car il le trouve trop proche de Hobbes et porteur d'une vision trop négative de l'état de nature. Hutcheson met au cœur de son système la vertu comme sentiment naturel de l'homme et moteur de ses actes, indépendamment de la loi civile. Contre Mandeville, il affirme que l'intérêt personnel n'est pas la principale motivation des actions humaines.

Est-il nécessaire de souligner la richesse extraordinaire de ce recueil? La contextualisation dans le temps et dans l'espace fait ressortir tous les aspects que la loi naturelle peut revêtir et combien ce concept juridique est une des composantes principales de l'arsenal d'idées des premières Lumières.

Claude MICHAUD, Orléans

Gottfried Wilhelm LEIBNIZ, Allgemeiner politischer und historischer Briefwechsel. Bearbeitet, kommentiert und hg. von Malte-Ludolf BABIN und Gerd VAN DEN HEUVEL. Achtzehnter Band, Januar – August 1700, Berlin (Akademie Verlag) 2005, LXI–943 p., ISBN 3-05-003736-9, EUR 258,00.

On ne peut que saluer la tâche entreprise par Malte-Ludolf Babin et Gerd van den Heuvel pour attirer l'attention sur une des dimensions encore trop négligées à ce jour de l'œuvre de Leibniz: l'histoire. Non que cet aspect ait été entièrement ignoré, mais sa perception, à l'horizon, essentiellement de la philosophie, avait relégué au second plan son travail d'historien proprement dit. Et lorsque ce dernier était évoqué, c'était soit en dénigrant le rôle de Leibniz, soit, au contraire, dans une perspective quasi hagiographique. Les éditeurs du beau recueil des »Schriften und Briefe zur Geschichte« de Leibniz ont souhaité eux, jeter un regard plus serein sur cet aspect de son œuvre et montrer ainsi le rôle qu'il a joué dans l'élaboration des sciences historiques.

En effet, au moment où Leibniz commence son œuvre d'historien, l'historiographie est un domaine encore hybride, tant dans ses principes d'écriture que dans ses aspirations. D'une part, en effet, l'écriture de l'histoire peut être alors motivée de manière confessionnelle ou servir à des intérêts dynastiques, à moins qu'elle soit perçue comme une science ancillaire de la jurisprudence. D'autre part, les historiens se partagent en deux groupes, les uns se contentant de rassembler des documents, laissant à d'autres le soin de les compiler.

Leibniz ne refuse pas ces deux modes d'écriture, pas plus qu'il ne se détache tout à fait des trois perspectives dans lesquelles on écrivait l'histoire. Son mérite revient, bien plutôt, à avoir combiné ces différentes facettes de l'écriture de l'histoire, comme le montre bien, précisément, le judicieux choix de textes opéré par M.-L. Babin et G. van den Heuvel. Comme l'indiquent les textes rassemblés dans la seconde section du recueil (intitulée Éditions des sources, Section III), Leibniz s'est efforcé sans cesse de préserver les manuscrits pour la postérité grâce à de nombreuses éditions dont la qualité philologique n'est, il est vrai, pas toujours aussi rigoureuse que lui même l'aurait souhaité (il est en outre le premier à le déplorer). Mais il n'agit pas, ce faisant, en simple collectionneur, mais s'efforce, bien davantage, de répondre aux exigences d'une science historique sur les principes et les sujets de laquelle il réfléchit intensément (Concept de l'histoire et objets de la science historique, Section I). Bien que conscient de la relativité du savoir historique, il refuse en effet de céder à la tentation du scepticisme, s'efforçant, bien plus, de jeter les fondements d'une forme de certitude historique et, par conséquent, de fonder sur une *ars critica* la *fides historica*. Cela l'amène, par exemple, à établir une distinction entre un discours historique visant, en établissant les faits, à ne rien dire de faux et un autre, plus interprétatif, qui cherche à les expliquer ou à reprendre les techniques développées pour la diplomatique par Mabillon ou à (Méthodes de l'historiographie, Section II). Le souci d'établir la vérité historique implique évidemment une réflexion sur les sciences ancillaires dont il établit une hiérarchie aboutissant, justement, à la diplomatique et intégrant tant la linguistique que l'épigraphie et la numismatique (Sciences ancillaires, Section IV).

Ce travail de synthèse auquel se livre Leibniz à propos de la méthode de l'écriture de l'histoire se retrouve aussi dans les fins assignées à l'écriture de l'histoire. Peut-être même faudrait-il parler ici, plus encore d'une synthèse, d'un dépassement. S'il reprend les trois dimensions caractéristiques de l'historiographie baroque, c'est, en effet, en faisant éclater leurs cadres respectifs: le lien entre l'histoire et la jurisprudence s'avère ainsi, chez lui, le prélude à une réflexion sur des questions générales de l'historiographie (Histoire et droit public, Section V); la rédaction de l'histoire des Guelfes – le principal ouvrage de Leibniz relevant de l'historiographie dynastique – ne se résout pas en un discours hagiographique, comme cela était, auparavant, la règle – mais est le point de départ d'une recherche intense sur la période médiévale (Histoire des Guelfes, Section IX) qui finit par dépasser les frontières de la Principauté des Hanovre pour traiter de sujets menant jusqu'à l'aube d'un Moyen Âge, à la classification chronologique il contribue largement (Traités et lettres sur l'Histoire de l'Antiquité et du Moyen Âge, section IX). Pour ce qui est, enfin, du discours historique sur l'histoire de l'église, Leibniz n'est aucunement astreint à un discours confessionnel précis. Bien au contraire, c'est le souci constant, chez lui, de retrouver une forme d'harmonie au sein des différentes confessions qui l'anime sans relâche. Il est, à ce titre, un heureux hasard que la publication des »Schriften und Briefe zur Geschichte« tombe pratiquement en même temps que celle du dix-huitième tome de la Correspondance, dans laquelle cette problématique joue un rôle capital (De la théologie historique à la philosophie de l'histoire, Section VII). Ce faisant, Leibniz reste ancré, cependant, dans son siècle, dans la mesure où son propos n'est pas de soumettre par exemple, la Bible à une critique rationnelle délétère, mais a une évidente et avouée dimension apologétique. Pareillement, l'histoire conserve chez lui la dimension d'une *magistra vitae*.

Le travail de synthèse caractérisant l'œuvre historique de Leibniz s'exprime aussi dans une perspective institutionnelle car, toujours, il s'efforce de coordonner les recherches historiques au sein du Saint-Empire, que ce soit par la réalisation du Historisches Reichskolleg conçu par Paullini ou par la création, à Vienne, d'une Académie des Sciences. L'un des objectifs de ces deux institutions était la collection et la mise en archive de tous les documents de l'histoire de l'Empire, ce qui témoigne de la cohérence profonde que montre, au delà de sa diversité, le travail d'historien déployé par Leibniz.

Avoir montré tant cette diversité que cette cohérence, par le choix des textes et des lettres, d'une part, mais aussi par une lumineuse introduction, n'est pas le moindre mérite des éditeurs des »Schriften und Briefe zur Geschichte«. L'admirable précision philologique avec laquelle ils ont rédigé ce recueil, auquel ils ont adjoint plusieurs registres qui en rendent l'utilisation plus facile, fait de cette édition une lecture incontournable pour tous les spécialistes de l'époque baroque et des débuts des Lumières.

Christophe LOSFELD, Halle

Michaela HOHKAMP, Claudia ULBRICH (dir.), Der Staatsbürger als Spitzel. Denunziation während des 18. und 19. Jahrhunderts aus europäischer Perspektive, Leipzig (Leipziger Universitätsverlag) 2001, 413 p. (Deutsch-Französische Kulturbibliothek, 19), ISBN 3-935693-13-3, EUR 46,00.

Longtemps associée par les historiens aux régimes dictatoriaux et totalitaires, la dénonciation était considérée comme le propre de la »modernité«. L'ouverture des archives de la Stasi après 1989 sembla confirmer cette théorie. Dans les démocraties, la pratique dénonciatrice ne paraissait émerger que dans des périodes de »crise« (comme au moment de l'affaire Dreyfus en France ou du Maccarthysme aux États-Unis). Quant à l'encouragement à la délation pendant la Révolution française, elle était associée essentiellement à l'époque de la Terreur.

L'ouvrage de Michaela Hohkamp et de Claudia Ulbrich se propose d'élargir la perspective, sans tomber dans l'écueil qui ferait de cette pratique une constante anthropologique. C'est à une forme de sociohistoire de la dénonciation que se livrent ici les auteurs, utilisant très largement les instruments de la sociologie pour tenter de définir l'activité dénonciatrice, d'en déterminer la fonction, les contenus et les motivations.

Issu d'un colloque tenu en mars 1998 dans le cadre d'un projet de recherche sur l'espionnage et les pratiques de dénonciation considérés comme instruments de pouvoir dans la *Sattelzeit*, cet ouvrage rassemble quinze contributions centrées pour l'essentiel sur la région rhénane. Cet espace offre la possibilité de mener, à l'échelle régionale, une comparaison transnationale certes contrastée, et parfois même délicate (la différence de statut de la dénonciation ayant pour conséquence une différence radicale de l'archivage mais extrêmement féconde. Le tournant des XVIIIe et XIXe siècles a été retenu car les auteurs usent de la délation comme lunette d'approche, comme »objet empirique« permettant d'étudier la construction de l'État moderne dans cette phase clé du processus d'étatisation des relations de pouvoir. La dénonciation est, en effet, définie par les auteurs comme point de contact entre la population et les détenteurs du pouvoir, le lieu où se négocient clairement les conflits de loyauté, entre horizon local et horizon national, voire supra-national. L'introduction replace l'ensemble des contributions dans cette problématique et présente également la démarche suivie tout au long du projet, dans son évolution comme dans les difficultés rencontrées.

La première difficulté à laquelle les auteurs ont été confrontés est celle de la définition de l'activité dénonciatrice. Est-elle mode de communication entre gouvernés et gouvernants, forme de pratique politique au quotidien, mode d'apprentissage de la citoyenneté? Faut-il distinguer dénonciation et délation, dans un débat que La Harpe et Camille Desmoulins n'avaient pas pu trancher à l'époque révolutionnaire? Les auteurs ont eu le souci de ne pas clôturer arbitrairement l'objet de recherche sans pour autant renoncer à le délimiter, ce qui a donné lieu à une réévaluation régulière de sa définition.

Le terme est, en effet, à historiciser comme le souligne fortement Renate Blickle par une analyse sémantique. La pratique doit être analysée dans son contexte socio-économique, culturel, et surtout politique. Gudrun Gersmann montre bien, à propos de la police du livre dans le Paris des Lumières, que les changements de régimes politiques peuvent aboutir à la modification du statut de la dénonciation et de l'informateur: les écrivains qui avaient dénoncé leurs pairs sous l'Ancien Régime se présentèrent, après 1789, comme les victimes d'un pouvoir tyrannique. C'est à la même époque que les révolutionnaires firent de la dénonciation une vertu et un devoir civiques en réponse à la nouvelle exigence de transparence et de perfection du personnel politique, rappelle Christiane Kohser-Spohn. Son article analyse l'adhésion très progressive de la population strasbourgeoise à cette rhétorique révolutionnaire à la faveur, notamment, des luttes locales suscitées par la constitution civile du clergé, dans un climat fortement marqué par les conflits confessionnels et »ethniques« antérieurs. L'auteur s'intéresse à toutes les facettes du phénomène, aux délateurs et aux délatrices (montrant que la parole des secondes n'avait pas la même validité que celle des premiers), aux formes et aux contenus des dénonciations, aux procédures d'enregistrement officiel de l'information puis à son traitement par la justice.

Sheila Fitzpatrick (dans un très bel article où l'auteur tire parti de son expérience de l'espace soviétique pour replacer celui-ci dans une réflexion plus générale sur les pratiques dénonciatrices) propose de définir la dénonciation comme transmission volontaire d'une information à l'État (ou à toute autre autorité comme l'Église) dans le but de dénoncer une malversation et appelant – implicitement ou explicitement – à une sanction. Ceci soulève deux questions: l'une concernant le face-à-face entre gouvernants et gouvernés, dans une optique weberienne de la construction de l'État moderne, l'autre concernant les motivations.

Le face-à-face entre détenteurs du pouvoir et population est ainsi perturbé lorsque l'État se fait dénonciateur de ses propres pratiques, comme à Coblence (Wolfgang Hans STEIN sur les recrutements forcés pour l'armée coloniale napoléonienne en 1803). Surtout, la relation à l'État est bien souvent tripartite et non binaire: l'individu doit négocier entre son appartenance à une communauté locale et sa relation à une autorité plus lointaine, qu'elle soit nationale ou supra-nationale. Il ne s'agit donc plus d'un face-à-face dominants/dominés, monarchie/sujets ou fonctionnaires/population mais d'une relation où les intérêts particuliers de l'individu peuvent entrer en concurrence avec les intérêts de la communauté et/ou avec ceux de l'État. C'est ce dont témoigne parfaitement l'article d'André HOLENSTEIN (sur le margraviat de Bade-Durlach dans la deuxième moitié du XVIIIe siècle). Même constat dans l'analyse que Gerhard SÄLTER fait de la pratique des lettres de cachet à Paris (1697–1715): c'est sous une pression sociale et culturelle immédiate qu'une famille en venait à se défaire de l'un de ses membres en le livrant à l'État.

Ces conflits de loyauté participent de l'ambivalence des motivations qui conduisent à la délation. Les motifs les plus personnels (par exemple lorsque le corps physique intervient, ce qu'analyse Gunter MAHLERWEIN dans le Palatinat à l'époque de la Révolution française) sont rarement clairement distincts des motifs politiques (Andreas WÜRGLER, La dénonciation comme expression d'un positionnement politique à Berne en 1749). Ceci est d'autant plus difficile à déterminer que l'information n'a été retenue (et archivée), que si le délateur a su se conformer aux critères qui validaient sa dénonciation, c'est-à-dire en plaçant l'État – ou le bien général – au-dessus des intérêts particuliers, car le singulier décrédibilise la dénonciation. Cette nécessaire conformité aux attentes des autorités publiques permet à Dietlind HÜCHTKER (Bade, fin du XVIIIe siècle) d'arriver à une conclusion forte: ce n'est pas le contenu et la forme de la délation qui en déterminent l'usage politique, c'est l'usage politique qui détermine la forme et le contenu de l'information transmise.

Enfin, la relation au pouvoir par le biais de la dénonciation se nourrit d'une part d'imaginaire comme le montre Alf LÜDTKE. Les théories de Cassirer sont utilisées dans cet article pour introduire l'affect dans la perspective weberienne des relations de pouvoir. À mesure que l'horizon des individus s'ouvrait du local vers le national et que les sociétés se démocratisaient par l'introduction du suffrage universel, les individus auraient eu une relation toujours plus abstraite et bureaucratique à l'autorité publique. La dissolution du lien social résultant de ce processus aurait participé d'un rapport à l'État très ambivalent, entre désir de protection et peur d'une perte de contrôle. Cette analyse qui propose un vaste panorama de la question (aussi bien du point de vue des références convoquées que des exemples utilisés) se conclut sur la prégnance de l'affect, d'une politique »par amour«. L'imaginaire était également largement présent sous l'Ancien Régime, lorsque, par exemple, des particuliers dénonçaient de faux complots contre le roi de France (Jens Ivo ENGELS). Ces dénonciateurs imaginaient des scénarios mettant en jeu la vie du monarque, personne concrète vers laquelle pouvaient s'orienter des émotions provoquant des réactions parfois irrationnelles. Un processus similaire est en jeu lorsque la peur du complot intervient, dans le Strasbourg révolutionnaire notamment.

L'étroite relation entre dénonciation et politique induit un effet collatéral. En effet, dans la mesure où ce sont les autorités qui décident de la validité d'une information, le travail de l'historien est totalement tributaire des choix opérés par celles-ci. Le silence des archives ne peut donc en aucun cas signifier absence d'activités dénonciatrices (Michaela HOHKAMP, Constance à la fin du XVIIIe siècle). De même, l'évolution du statut de la délation selon les époques et les régimes politiques peut susciter une modification dans les modes d'archivage, comme en France, lorsque la dénonciation redevint une pratique réprouvée dans l'espace public, mais toujours autant utilisée en réalité (Édouard EBEL, l'Alsace au XIXe siècle).

Les différentes contributions se font écho les unes aux autres, donnant une véritable cohérence à l'ensemble de l'ouvrage. Elles soulèvent des questions passionnantes. Ainsi les références à l'»Ami du Peuple« de Marat et à d'autres journaux posent le problème de la relation entre journalisme d'investigation et délation. En tout état de cause, ce livre s'inscrit pleinement dans le renouvellement d'un courant de recherche sur le secret en politique.

Karine Rance, Paris

Stefan Samerski, »Wie im Himmel so auf Erden«? Selig- und Heiligsprechung in der Katholischen Kirche 1740 bis 1870, Stuttgart (Kohlhammer) 2002, 510 S. (Münchener Kirchenhistorische Studien, 10), ISNB 3-17-016977-7, EUR 50,00.

Die vorliegende Untersuchung, die im Sommersemester 2000 von der Katholisch-Theologischen Fakultät der Ludwig-Maximilians-Universität München als Habilitationsschrift angenommen wurde, betrachtet die Praxis der Selig- und Heiligsprechung in der Katholischen Kirche. Sie »stellt [...] nicht Selige und Heilige in den Vordergrund der Darstellung, sondern die konstitutiven Rahmenbedingungen, die häufig auftretenden Instrumentalisierungen und die regionalen Spezifika von Beatifikation und Kanonisation im Wandel der Epochen« (S. 6). Die Studie behandelt den Zeitraum von 1740 bis 1870. Am Beginn des Untersuchungszeitraums steht Papst Benedikt XIV., der als versierter Kanonist die bis heute nachwirkende Grundlagen des Heiligsprechungsverfahrens gelegt hat; das Ende wird durch das Erste Vatikanische Konzil und den Verlust des Kirchenstaates markiert.

Die Studie, die durch ihre Materialfülle und analytische Klarheit besticht, umfaßt fünf Teile. Der erste Teil (S. 61–83) zeigt die Entwicklung des Prozeßverfahrens auf und stellt die zuständige Behörde, die Ritenkongregation, vor. Des weiteren wird der idealtypische Ablauf des Selig- und Heiligsprechungsverfahrens dargestellt. Der zweite Teil (S. 85–169) behandelt anhand der Pontifikate Benedikts XIV., Clemens' XIII., Pius' VI. und Pius' IX. die Heiligsprechungsverfahren. Der dritte und ausführlichste Teil der Arbeit (S. 171–396), von Samerski mit »Typologie«bezeichnet, beschreibt die unterschiedlichen Funktionalisierungen des Selig- und Heiligsprechungsverfahren für politische und religiöse Zwecke. Der Pfarrer Jan Sarkander von Holleschau, der unter Folter nach dem böhmischen Aufstand Mitte März 1620 starb, wurde zuerst lokal verehrt – aus seiner Folterkammer wurde eine Kapelle –, ehe das österreichische Kaiserhaus ihn im Sinne der »Pietas austriaca« förderte (erstes Kapitel). Die politische Situation in den Ländern der böhmischen Krone führte zur Verschleppung des bereits 1715 begonnenen Seligsprechungsprozesses. Im 19. Jh. wurde Sarkander zum zwischen Österreich und Mähren umstrittenen Nationalpatron. »Die Causa Sarkander beweist exemplarisch, daß ein weltlicher Alleingang nie zum Ziele führte; bei Sarkander hing alles letztendlich am Olmützer Oberhirten. Zudem führte die Ritenkongregation ein relatives Eigenleben, das nur durch innerkirchliche Einflußnahme steuerbar war. Der finanzielle Hintergrund war ein weiterer entscheidender Faktor für den glücklichen Verlauf einer Causa« (S. 197). Im zweiten Kapitel (Farmacia Vaticana) wird an einigen Beispielen aufgezeigt, wie Heilige bewußt funktionalisiert wurden. Bei der Seligsprechung des Juan Grande (1546–1600) 1853 ging es um die Reorganisation des Hospitalwesens. Die 26 japanischen Märtyrer, die 1826 heilig gesprochen wurden, sollten als Vorbilder für Missionare dienen. Die Seligsprechung des Theatiner-Kardinals Giuseppe Maria Tomasi (1649–1713) zeigt den mangelnden Zusammenhang zwischen Volksverehrung und Sanktionspraxis auf, indem von der Ritenkongregation eine lebendige Verehrung des Grabes vorgetäuscht wurde. Das dritte Kapitel stellt Familienheilige als »die Zuspitzung eines besonderen sozialen Beziehungsgeflechts« (S. 217) vor. Der Wunsch, einen Seligen oder

Heiligen in der Familie zu haben, war – wie Samerski nachweist – ein erheblicher Faktor für das Prozeßverfahren. An den Jesuitenheiligen (viertes Kapitel) läßt sich zeigen, daß die »Selig- und Heiligsprechung als Indikator für den innerkirchlichen Einfluß eines straff organisierten Großordens« (S. 247) anzusehen ist. »Wurde die Kanonisationspraxis der Kirche des 17. Jahrhunderts noch ganz von den Kandidaten der Gesellschaft Jesu dominiert, so läßt sich auch der ordensspezifische Niedergang in der zweiten Hälfte des 18. Jahrhunderts und sein kometenhafter Aufstieg seit den dreißiger Jahren des 19. Jahrhunderts, der im Pontifikat Pius' IX. kulminierte, an der Zahl der zur Ehre der Altäre Erhobenen ablesen« (S. 247). Nach der Französischen Revolution ist ein neuer Heiligentypus entstanden. Da die im Rahmen des Selig- und Heiligsprechungsprozesses vorgesehene Tugenddiskussion erst 50 Jahre nach dem Tod des Kandidaten begonnen werden konnte, schieden Revolutionsmärtyrer aus. Die Ritenkongregation wählte zwei »antirevolutionäre Kampftypen« aus, den neapolitanischen Jesuiten Francesco de Gerolamo und den Begründer des Redemptoristenordens Alfons von Liguori. Trotzdem wurde aus dem kleinen Hirtenmädchen Germaine Cousin (1579–1601), über dessen Leben kaum etwas überliefert ist, eine »Revolutions-Heilige« kreiert. »Aus dem verschwindend geringen historischen Befund der Germaine Cousin entwarf Pius IX. unbekümmert eine introvertierte Kämpfernatur – ein Paradoxon in sich« (S. 343). »Daß dabei die historische Gestalt des entsprechenden Kandidaten Verzerrungen erfuhr und teilweise stark entstellt wurde, um der politischen Botschaft Raum zu gewähren, konnte nicht ausbleiben« (S. 493). Das sechste Kapitel (Rom spricht für die Welt) behandelt die im 19. Jh. erfolgte Entwicklung des weltkirchlichen Selbstbewußtseins, das sich an der Selig- und Heiligsprechungspraxis der römischen Kurie erkennen läßt. »Das romzentrierte kuriale Interesse, das allenfalls die italienische Halbinsel miteinbezog, wurde erst um 1850 gesprengt. Zunächst war nämlich keineswegs selbstverständlich, daß eine Beatifikation bzw. Kanonisation nicht nur *urbi* sondern auch *orbi* galt. Außerdem war der Prozentsatz nichtitalienischer Causen sehr gering« (S. 345). Unter Pius IX. »sprach Rom tatsächlich für die Welt« (S. 497). Das siebte Kapitel behandelt das »wiederentdeckte Martyrium«. »Der letzte Schritt zum endgültigen Durchbruch des Martyriums im Selig- und Heiligsprechungsverfahren ereignete sich im Pontifikat Pius' IX. Nun war der Erfolg dank der Modifizierung der Verfahrensweise so durchschlagend, daß man in seiner Regierungszeit von einer Dominanz von Blutzeugen sprechen muß« (S. 387).

Die Ergebnisse der bisherigen Darstellung werden im vierten Teil (S. 397–453) nach vier Grundkonstanten der Kanonisierungspraxis dargeboten: Die Dominanz der Ordensheiligen, die überproportionale Häufigkeit von Heiligen aus Süditalien, der Bonus des »Adels« und der »Romanitas«. »Die überdurchschnittlich hohe Adelsquote mag im Ancien Régime nicht überraschen, sie ist jedoch durchgängig bis zum Ersten Vaticanum zu beobachten, und zwar ohne Einbußen« (S. 438). Bis zur universalistischen Öffnung unter Pius IX. bevorzugte die Kurie Kandidaten mit Verbindung nach Rom.

Im fünften und letzten Teil (S. 455–491) wendet sich Samerski intensiv dem immer wieder von ihm angesprochenen Aspekt der Finanzierung zu. Eine Selig- und Heiligsprechung ist ein ökonomisch aufwendiges Unterfangen. Die tatsächlichen Prozeßkosten sind zwar schwer zu ermitteln, doch schränkten sie den Kreis der Kandidaten erheblich ein. Eine Selig- und Heiligsprechung konnten »sich nur die finanzkräftigsten Großorden leisten« (S. 490).

Samerskis gründliche, gut lesbare Untersuchung stellt eine bedeutende Leistung dar, die auch aufgrund der Fülle der Aspekte Anregungen zu weiteren Forschungen vermittelt. Archivische Grundlage sind die Akten der Ritenkongregation in Rom, bei der die angesprochenen Verfahren anhängig waren. Samerski verweist in seiner Zusammenfassung auch auf weiterführende Fragestellungen wie beispielsweise auf »die Untersuchung der nicht zum Abschluß gekommenen Causen oder – auf Bistumsseite – der Verfahren, die nie von der Ritenkongregation als Causen aufgenommen wurden. Der gesamte Bereich der Vorgeschichte, das heißt die Phase vor dem Bistumsprozeß, bedeutet gewiß ein ebenso spannendes wie weiterführendes Desiderat, ist aber quellenmäßig gesichert schwer zu erfassen, da zuverlässiges Material weit verstreut und häufig nicht ohne Schwierigkeiten einsehbar ist« (S. 499).

Hans AMMERICH, Landau

Ségolène DE DAINVILLE-BARBICHE, Devenir curé à Paris. Institutions et carrières ecclésiastiques (1695–1789), Paris (PUF) 2005, 512 S. (Le nœud gordien), ISBN 2-13-054340-5, EUR 36,00.

»Devenir curé à Paris ...« – es mag etwas nach geistlicher Ambition und Karrieredenken anmuten, jenes Sujet, welches Mme de Dainville-Barbiche vor dem Leser ausbreitet. Dieses eventuelle Mißverständnis sei sofort korrigiert. Die Autorin, welche bereits 1992 mit einer vielbeachteten Untersuchung über den Klerus in der Zeit der revolutionären Wirren hervorgetreten war, hat keineswegs die Absicht, hier eingespielte historiographische Vorurteile zu bedienen. Im Gegenteil – jede Seite der vorliegenden beeindruckenden Studie belegt die Novität und Notwendigkeit der Tatsache, sich endlich seriös mit dieser gesellschaftspolitisch wie kirchlich-hierarchisch so wichtigen Elite zu beschäftigen, welche die Pariser Pfarrgeistlichkeit des 18. Jhs. zweifellos darstellt.

Schon die einleitenden Kapitel zeigen, wie wenig dazu selbst an Grundlagenforschung, sieht man einmal von wenigen Pionierstudien des 19. Jhs. ab, bislang geleistet wurde. Worauf gründen sich die Pariser Pfarrstellen? Welche Pfarreien existieren überhaupt in der Hauptstadt, welche werden aufgehoben oder neu errichtet? Wer hat das Patronat, d. h. ernennt den Pfarrer und entscheidet (mit) über Einkünfte und Baumaßnahmen? Welche Bedeutung haben die einzelnen Pfarren – hinsichtlich ihrer territorialen Ausdehnung, ihrer Bevölkerung, ihrer historischen Symbolik? Antworten auf all diese Fragen erhält der Leser im ersten Kapitel, sie sind fundamental und in dieser Zusammenstellung sonst nirgends verfügbar, sie allein würden die Existenz des Bandes rechtfertigen.

Diese Präliminarien führen jedoch weiter zu jenem viel heikleren Komplex der Finanzen (Einnahmen, Ausgaben, Lasten und Besteuerung der Pfarren) und den daraus resultierenden entscheidenden Fragen: inwieweit sie nämlich Ernennung und persönliche finanzielle Situation des Pfarrers beeinflußten – kurz: »les cures de Paris, sources d'enrichissement personnel?«

Es sei als besondere Leistung der Autorin gewürdigt, daß sie aber keineswegs bei diesen so interessanten wie statistisch-unbelebten Ergebnissen haltmacht und sich so um die entscheidende Frage nach Bedeutung und Rolle des Pfarrklerus im Jahrhundert der »Lumières« herumstiehlt. Vielmehr bringt ein weiterer zentraler Komplex der Untersuchung – immerhin einhundert Seiten der Druckfassung – eine detaillierte, auf das Anliegen fokussierte Schilderung der religiösen Verhältnisse der Hauptstadt im 18. Jh., welche für sich allein schon einer der gewichtigsten neueren Beiträge zu diesem umstrittenen Forschungsfeld wäre. Nicht zu Unrecht hat ihn die Verfasserin mit »L'hypothèque janséniste« überschrieben, bestimmte dieser Streit, dessen Grundlagen hier noch einmal exemplarisch zusammengefaßt werden, doch weitgehend das geistige Klima der Epoche. So erlebt der Leser den Kampf der jansenistischen Pfarrherren, mit oder gegen Bischof, Parlement und Sorbonne, erfährt von ihrer Taktik, ihrem Zögern, oft auch von ihrem geistlichen Ringen. Schlagwörter von epochaler Tragweite – der Kampf um *Unigenitus*, der Aufruf an das allgemeine Konzil, die Umtriebe des undurchsichtigen Cardinals de Noailles, die Vorgänge um den Diakon Pâris – passieren Revue, gefolgt von den Konsequenzen unter Noailles' Nachfolgern auf dem Pariser Bischofsstuhl: Pfarrbesetzung als Mittel des kircheninternen Kampfes, Ver- im schlimmsten Falle Absetzungen. Schließlich die vielleicht größte Krise der letzten Regierungsjahre Ludwigs XV., die Verweigerung der Sakramente, dann, nach 1789, ein Ausblick auf den Pfarr_klerus vor der Alternative der konstitutionellen Eidesleistung.

Selten hat man bei der Lektüre »wissenschaftlicher« Texte einen derartig lebendigen Eindruck von den Auseinandersetzungen der Zeit, selten erfahren deren Ausmaß und Folgen eine derart eindringliche, in Sprache und Stil meisterliche Darstellung, selten auch wurde eine der wesentlichen Ursachen der »Revolution« so überzeugend geschildert.

Dies gilt auch für die letzten beiden Kapitel der Untersuchung, den Fragen nach den Modalitäten des eigentlichen Erwerbs einer Pfarrstelle einerseits, wie auch jener nach Auswahl und möglichen geistlichen wie sozialen Reibungspunkten (u. a. Auswahlkriterien, Patronage, soziale und geographische Herkunft der Kandidaten).

Ergänzt werden diese Ausführungen – neben den bereits zahlreich im Text vertretenen signifikanten Statistiken und Tabellen – durch ausführliche Anhänge, darunter eine komplette Liste der Pariser Pfarren im Betrachtungszeitraum mit Angabe des jeweiligen Pfarrerwechsels, wie einer Gesamtprosopographie der Pariser Pfarrherren von 1695–1789. Eine allein zehnseitige Auflistung der bearbeiteten Archivalien läßt die der Studie zugrundeliegende Forschungsarbeit erkennen.

Bilanzierend kann der Rezensent seine Freude nicht verhehlen, mit dem vorliegenden Band ein Werk dem Leser anempfehlen zu können, welches in all den oben genannten Kriterien durchwegs und ohne Abstriche den Charakter eines Standardwerkes beanspruchen kann. Niemand, der sich mit der Kirchen- und Sozialgeschichte Frankreichs im 18. Jh. beschäftigt, kann dieses Werk und seine Ergebnisse, welche manche Vorurteile korrigieren, fürderhin ignorieren. Ebensowenig sollte es in den Bibliotheken allgemein kulturhistorisch, beziehungsweise an der Stadtgeschichte von Paris Interessierter fehlen.

Der Wunsch nach zahlreichen Folgewerken für andere historische Kontexte liegt nahe – die Meßlatte dafür wurde von Mme de Dainville Barbiche hinsichtlich Anspruch, Eleganz und Seriosität auf einem erfreulich hohen Niveau vorgegeben.

Josef Johannes Schmid, Mainz

Pierre-Yves Beaurepaire, L'Europe des Lumières, Paris (PUF) 2004, 128 S. (Que sais-je?, 3715), ISBN 2-13-054535-1, EUR 8,00.

Da der Rezensent gerade ebenfalls die Aufgabe zu bewältigen hatte, ein großes Thema auf 128 kleinen Seiten abzuhandeln, ist er weit davon entfernt, auf die offenbar sehr seltenen Ungenauigkeiten oder Fehler näher einzugehen, die auch einem anerkannten Spezialisten – P.-Y. Beaurepaire hat vor allem über die Freimaurerei gearbeitet – unterlaufen können. Auch wäre es bei einem derartig geringen Umfang der Darstellung unsinnig, »Vollständigkeit« anzumahnen. Doch kann man sicherlich über die Auswahl und die Gewichtung der einzelnen Themenfelder streiten. Ist das »Europa der Aufklärung« zu frankreichlastig gestaltet worden? Ich denke: insgesamt gesehen keineswegs, auch wenn es z. B. S. 32–37 so klingt, als habe es Salons nur in Paris gegeben. Allein die Tatsache, daß die Seiten 99–104 sich hauptsächlich dem Wirken von Ignaz v. Born widmen – dessen Verbindung von freimaurerischem und reformerischem Engagement als charakteristisch für die Logentätigkeit in der Habsburgermonarchie bezeichnet wird – beweist, daß der Aufklärung im deutschsprachigen Raum großes Gewicht eingeräumt wird. Vielleicht aber sogar ein zu großes, denn die englische und vor allem die schottische Aufklärung (trotz der Ausführungen auf S. 5f.) bleiben etwas »unterbelichtet«, und von Spanien ist kaum die Rede (anders als von Rußland!).

Auch die Auswahl der Sachthemen zeigt m. E. eine gewisse Unausgewogenheit. Man erfährt Vieles und Gehaltvolles über Akademien, Logen, Reisetätigkeit, Publizistik und Presse. Der Aspekt »Kommunikation« steht ganz im Vordergrund. Das ist natürlich ein wesentlicher Gesichtspunkt. Aber wo bleiben die Werke der Philosophen, von Hume oder

Kant, die Errungenschaften der Naturforscher? Man erfährt, daß der Jude, der Moslem oder, auf den Antillen, der »Mischling« nicht in das Profil des »geborenen Freimaurers« paßten (S. 97). Man hört aber nichts davon, daß dies auch allgemein für Frauen galt. Wenn diverse bedeutsame Aspekte völlig unter den Tisch gefallen sind, hängt dies wohl auch damit zusammen, daß die eingefügten Zitate des öfteren etwas zu lang geraten sind. Freilich wird man einräumen müssen, daß Zitate die Anschaulichkeit von Inhalten fördern und somit auch die leichtere Lesbarkeit für ein breiteres Publikum, wie sie die Reihe zweifellos anstrebt.

So bilden m. E. die geistvolle Einleitung – welche bereits die Komplexität der europäischen Aufklärung betont – sowie das letzte (4.) Kapitel: »Unité et divisions de l'Europe des Lumières« die stärksten Teile des Buches. Insbesondere wird hier überzeugend herausgearbeitet, was zum Abschluß festgehalten wird (S. 123): »Les Lumières ont porté le projet cosmopolite en même temps qu'elles ouvraient la voie au nationalisme«.

Walter DEMEL, München

Anneliese KLINGENBERG, Katharina MIDDELL, Ludwig STOCKINGER (dir.), Sächsische Aufklärung, Leipzig (Leipziger Universitätsverlag) 2001, 280 p. (Leipziger Studien zur Erforschung von regionenbezogenen Indentifikationsprozessen, 7), ISBN 3-935693-24-9, EUR 46,00.

Les contributeurs du présent volume le notent avec insistance: une histoire complète de la Saxe reste à écrire. Ce »Territoire«, tantôt duché, tantôt royaume, mainte fois dépecé, qui avait fourni à l'Empire la prestigieuse dynastie des Ottoniens, obtenu au XIVe siècle la dignité électorale, et qui, *last but not least*, fut le berceau de la Réforme, était devenu après la fin de la guerre de Trente Ans un enjeu géopolitique dans une partie compliquée, pour ne pas dire hasardeuse, dont le joueur principal s'appelait au XVIIIe siècle la Prusse. Ayant coutume d'ouvrir ses campagnes militaires par l'invasion de la Saxe, le Grand Frédéric n'en avait pas moins réussi à confisquer à son profit le prestige lié à sa réputation de souverain »éclairé«, au point que tout le monde sait qu'il y eut une Aufklärung prussienne, mais qu'on oublie parfois qu'il y eut aussi une Aufklärung saxonne. Ou une »Aufklärung en Saxe«: la recherche, qui commence à s'y intéresser, n'est pas encore bien fixée sur ce point. C'est dire que les travaux ici présentés, issus d'un colloque international réunissant en mars 2000 des spécialistes de Potsdam et de Leipzig ainsi que le réseau franco-allemand animé par Michel Espagne et al. travaillant sur les transferts culturels, ne pouvaient se borner à signaler la part que tel ou tel »érudit« ou souverain saxon a prise aux Lumières allemandes.

Le fil conducteur des contributions se rattache explicitement aux recherches sur les transferts culturels. La problématique générale de l'Aufklärung en Saxe est développée dans quatre études, assez substantielles, consacrées à la Saxe en tant que telle, puis centrées sur Christian Felix Weiße et la »Neue Bibliothek der schönen Wissenschaften und freyen Künste«, qu'il publia à Leipzig de 1765 à 1782 (entreprise poursuivie de 1783 à 1806 par Johann Gottfried Dyk).

Le premier apport du volume est de considérer la Saxe non comme un »Territoire« du Saint-Empire, mais comme une »région« au cœur de l'Europe. Il en ressort qu'elle ne pouvait (et ne voulut pas) rester en dehors du mouvement des Lumières, qu'elle fut un lieu d'échanges culturels au sein de ce qu'il faut appeler un »espace large«. L'époque étudiée se situe d'autre part à la charnière constituée par la catastrophe que fut pour ce pays la guerre de Sept ans, suivie du *Rétablissement* qui lui permit de continuer à exister.

Dans une étude (non dénuée de sous-entendus polémiques) à la fois thématique et théorique, M. MIDDELL explique que »le phénomène de l'Aufklärung« ne peut être appréhendé selon les méthodes narratives traditionnelles, de surcroît tributaires, dans le cas présent, d'objectifs souvent inscrits dans les plans de carrière d'historiens en mal de reconnaissance qui entendaient glorifier, selon l'époque, l'État territorial ou la nation qui l'avait privé de son identité propre. Il note la difficulté des sciences humaines à conceptualiser la notion de »lien régional«. L'Aufklärung ne saurait selon lui se comprendre en dehors du concept de »centres de l'Aufklärung« *(Aufklärungszentren)*, qui seul permet de percevoir l'importance des réseaux culturels et des modes de diffusion qui font de l'Aufklärung dans un lieu donné un élément du maillage dessiné par les Lumières européennes. Les lieux d'où sont partis et ont, en quelque sorte, rebondi des impulsions essentielles à la pensée de l'Aufklärung (par exemple l'ensemble Halle/Leipzig/Weimar), ainsi que les représentations spécifiques qui motivaient ses représentants structurent les processus de transfert qui caractérisent globalement le phénomène lui-même. S. SAMMLER présente la Saxe comme une »région« exemplaire du Saint-Empire finissant, dans laquelle ont été expérimentées les réformes »éclairées« affectant en particulier les domaines politique et économique, dans le souci toutefois de ne pas détruire complètement le cadre ancien de la »pyramide sociale«. Trois études de cas illustrent les efforts de transition entre l'État étroitement »territorial« et l'intégration dans un espace plus vaste, que la longue fidélité du roi à Napoléon fit (provisoirement) échouer. Cette perspective fédéraliste, conforme à notre sensibilité culturelle actuelle, ouvre des voies intéressantes, qui conduisent L. STOCKINGER à voir dans l'Aufklärung saxonne le »modèle d'une variante de l'Aufklärung allemande«, dont le porte-parole le plus représentatif fut Gottsched. Stockinger voit par ailleurs dans la »Neue Bibliothek« le modèle d'une professionnalisation des rôles assumés par le couple auteur/critique dans la combinaison d'un »métier bourgeois« et de la production littéraire. L'auteur examine également les drames de Weiße qui, bien oubliés aujourd'hui, ont pourtant fourni par exemple à Goethe et à Herder les éléments d'une approche moderne de l'identité sociale et de la philosophie de l'histoire.

Quatre contributions abordent ensuite des domaines particuliers. A. SCHÖNE présente la »Société économique« de Leipzig. D. DÖRING étudie l'université de Leipzig entre la fin de la guerre de Sept Ans et la Révolution française. Les deux auteurs expliquent que cette période, qui par un côté marque le déclin irréversible des vieilles traditions, a été aussi celle d'une ouverture vers la modernité dans la mesure où un réformisme modéré pouvait faciliter l'accès aux évolutions futures dans l'ordre politique, mais aussi scientifique et technologique. K. MIDDELL note le rôle joué par les minorités (en particulier les Réformés) dans la diffusion de l'Aufklärung (grâce notamment aux deux foires annuelles). B. RATSCHKE évoque la personnalité de l'Électrice Maria Antonia, qui correspondait avec Voltaire et Frédéric II, discutant des positions radicales des Lumières françaises en matière de religion ou de morale, des théories de Mme de Lambert sur l'égalité ou de l'image du prince idéal.

La seconde moitié du volume est consacrée à Weiße, en particulier à la »Neue Bibliothek«, dont J. KRÄTZER étudie d'abord la réception dans la germanistique allemande. Dramaturge à succès, mais aussi librettiste, poète lyrique, auteur de livres pour enfants, traducteur, éditeur, très populaire de son vivant, puis tombé dans l'oubli à partir du XIXe siècle, Weiße n'a encore eu droit qu'à une seule monographie, qui date de 1880. Le XXe siècle, obstinément fixé sur le »classicisme«, continua à le marginaliser. En ce sens, le présent volume, qui lui consacre 9 études, contribue à une »réhabilitation« (p. 151; le terme est juste, même s'il n'est guère agréable: l'histoire littéraire n'a pas à faire de procès ...) qu'il faut saluer, d'autant plus qu'elle met en lumière la place de la »Neue Bibliothek« dans l'Aufklärung saxonne. La contribution de M. ESPAGNE sur le séjour de Weiße à Paris (1759–1760) dégage les éléments constitutifs (langue, étendue des relations, réception de la »culture parisienne«, intérêt pour les arts plastiques) d'un transfert culturel qui permet de parler d'une »Aufklärung bilatérale«.

La NBWK est présentée par A. KLINGENBERG comme la revue programmatique d'une »République des Lettres européenne«, dont les centres d'intérêt, les débats et la diffusion s'inscrivent dans la naissance d'un »paysage culturel européen«. Les six dernières contributions sont consacrées à la réception par la »Neue Bibliothek« et le public allemand des Lumières anglaises (plus exactement anglo-écossaises, K. REK) et de l'art anglais (T. CLAYTON), des littératures romanes (D. SCHOLLER) ou italienne (G. CANTARUTTI), de la peinture espagnole (M. WENZEL), enfin des progrès dans les techniques graphiques (A. BÄHR). Toutes sont pensées en fonction du concept de transfert culturel et mettent en avant l'importance de l'»espace large« non seulement au niveau de la réception, mais aussi comme condition créatrice d'une conscience culturelle transnationale.

Si ces perspectives sont plus modernes que vraiment nouvelles, elles ont d'abord le mérite d'être développées avec un louable souci de précision. Mais, plus encore, elles nous font découvrir la place que la Saxe occupe dans l'histoire culturelle allemande et européenne, que son destin politique nous avait fait quelque peu oublier.

Le seul regret du lecteur sera le style de plusieurs contributions, souvent artificiellement compliqué, dont des phrases de dix lignes, voire davantage, semblent être la norme et rendent la lecture souvent ardue – petit reproche à prendre *cum grano salis* ...

Pierre-André BOIS, Reims

Jeremy BLACK, France and the Grand Tour, Basingstoke (Palgrave Macmillan) 2003, XII–234 p., ISBN 1-403-90690-4, GBP 50,00.

L'auteur de »The British Abroad. The Grand Tour in the Eighteenth Century« (Stroud, 1992) est reparti sur nouveaux frais, avec de nouvelles archives, pour une étude des voyages britanniques en France au cours du XVIIIe siècle. On croit souvent que le »Grand Tour« concerne essentiellement l'Italie; de fait, il consiste souvent en un tour d'Europe, dont l'Italie est l'un des buts, mais non le seul. De toute manière, avant de l'atteindre, il faut parcourir d'autres pays pour le voyageur d'outre-Manche. Par ailleurs, le Grand Tour se réoriente souvent au XVIIIe siècle, vers d'autres buts que les sources antiques de la civilisation occidentale; on voit se développer des voyages d'information sur le progrès des arts, des sciences et des techniques: c'est en ce sens que l'Angleterre elle-même peut devenir le but d'un Grand Tour de nouvelle génération. Le livre de J. Black traite des voyageurs anglais en visite vers ce qu'il appelle »the nation's enemy«, cette France, ancienne puissance dominante de l'Europe dont l'Angleterre se targue de ravir la place. Relations imprimées et manuscrites, correspondance ou récits en forme, les sources exploitées par l'auteur (listes des fonds d'archives consultés, p. 221–222) sont pour l'essentiel inédites. L'ouvrage structure son propos autour des réalités du voyage (conditions de déplacement, hébergement et nourriture, dépenses, etc.) et des expériences qu'il suscite chez les voyageurs (réflexions politiques et sociales, singularités »continentales«). Le voyageur anglais qui a laissé des traces écrites appartient évidemment aux classes sociales les plus élevées. Paris est, de même, la destination inévitable pour les Yorick d'un voyage sentimental réel: la cité des plaisirs les plus variés a tout pour accueillir et retenir le touriste britannique. Prenant ici ou là dans les archives, l'auteur accompagne le voyageur depuis Douvres vers la côte française, puis dans la pérégrination à travers une France qui n'est pas toujours la destination ultime. D'où un itinéraire qui va souvent vers l'Italie par la Bourgogne, la vallée du Rhône et la Provence. La vallée de la Loire apparaît déjà comme une destination, préambule aux flux touristiques de notre époque qui allie souvent Paris et les châteaux de la Loire. Les Britanniques sont les premiers à s'intéresser aux régions de montagne, les Alpes, mais aussi les Pyrénées. Autant les conditions d'hébergement sont assez sévèrement jugés – et les voyageurs britanniques ne sont pas les seuls à porter ce jugement –, autant la nourriture et la boisson – spécialités françaises – sont reconnues. On mesure mal ce qu'il y a dans ces propos d'idées reçues et de jugements originaux. Il reste quelques irréductibles qui tiennent pour supérieure la manière britannique de se restaurer (»roasted beef«,»bacon and poach eggs *à l'an-*

glaise«, »english pudding« offert à Ferney par Voltaire à un voyageur anglais); ils détestent l'art des sauces à la française. En revanche, ils rendent hommage à l'excellence des routes et des voies d'eau. Tout cela coûte cher et les Anglais commencent à voyager de façon moderne en utilisant des lettres de change qui leur évitent de transporter avec eux de l'argent liquide. Quelques-uns évoquent des attaques de bandits de grand chemin, ainsi que les Sirènes parisiennes qui peuvent mettre à mal un budget. En général, les Anglais sont bien reçus, mais, selon les époques et les conflits latents entre les deux nations, les voyageurs notent plus ou moins d'hostilité à leur égard. Le catholicisme et l'absolutisme royal leur renvoient une image négative de la France. La peinture comme l'opéra français sont incompréhensibles de la plupart des voyageurs pour qui ces arts sont d'essence italienne. La France visitée confirme donc le voyageur anglais dans ses préjugés. 1789 va réveiller son intérêt pour un temps; mais la Révolution ne favorisera pas le tourisme. Cette synthèse fondée sur des documents manuscrits originaux est une agréable promenade entre préjugés, réalités vécues et tourisme naissant.

François MOUREAU, Paris

Guy CHAUSSINAND-NOGARET, Le cardinal de Fleury. Le Richelieu de Louis XV, Paris (Payot & Rivages) 2002, 241 S. (Biographie Payot), ISBN 2-228-89652-7, EUR 18,00.

Ohne Zweifel zählt der aus dem Bürgertum stammende Fleury, Bischof von Fréjus, Erzieher Ludwig XV. und spätere Kardinal, der 17 Jahre lang als erster Minister weitgehend die Geschichte Frankreichs bestimmt hat, zu den bedeutendsten französischen Staatsmännern des 18. Jhs. Dem im hohen Alter von 73 Jahren an die Regierung gekommenen Kirchenmann und Politiker gelang es nämlich, Frankreich nach sehr schweren Zeiten eine Epoche äußeren und inneren Friedens und damit verbundenen wirtschaftlichen und finanziellen Aufschwungs mit Geldstabilität zu bescheren. Deshalb ist es sehr erfreulich, daß ein durch so viele einschlägige Veröffentlichungen ausgewiesener und bekannter Historiker sich im vorliegenden Buch dem Staatsmann Kardinal Fleury widmet. Das gut bebilderte, mit Anmerkungen versehene Buch geht im einzelnen auf die Fragestellung »Geschichte und Biographie« ein, ferner auf den Lebensweg Fleurys, seine Rolle als wichtigster Erzieher des jungen Ludwig XV., der von jüngstem Kindesalter an Vollwaise war. Deshalb formte Fleury den jungen Monarchen in besonderer Weise. Der Autor behandelt sodann eingehend das wirtschaftliche Wachstum und den Wohlstand, die sich in der Regierungszeit Fleurys gut entwickeln konnten, aber auch seine politischen Fehler. Er versucht hier aufzuzeigen, daß seine Maßnahmen gegen die Jansenisten und Intellektuellen den Keim zur Revolte gesät hatten. Auch die Tatsache, daß er sich in zwei Kriege hat hineinziehen lassen, wird als Negativum herausgestellt, wobei nicht genügend betont wird, daß sich 1740 die Kriegspartei um Belle-Isle gegen seine Wünsche und Politik durchsetzen konnte, er also wider Willen zustimmen mußte.

In der Beurteilung der schlechten Seiten der Regierungszeit Fleurys erscheint mir der Autor etwas einseitig kritisch. Man sollte z. B. mehr die negativen Weichenstellungen berücksichtigen, die unter der Régence längst vor Fleurys Wirken gestellt worden waren, wie es Jean Meyer sehr gut herausarbeitet. Außerdem ist nicht zu übersehen, daß die Staatsmänner Richelieu und Mazarin oder Ludwig XIV., denen überall Größe bescheinigt wird, Frankreich durch ihre Kriegspolitik wirtschaftlich und finanziell weitgehend zugrunde gerichtet haben. Es bleibt demgegenüber beachtlich, wie Fleury in Frankreich trotzdem eine Epoche relativer innerer Ruhe und großenteils äußeren Friedens herbeiführte, wie sie das 18. Jh. sonst nicht kannte. Mit Recht weist Chaussinand-Nogaret allerdings auf der relativen Immobilismus hin, da Fleury die Chancen sozialer und steuerrechtlicher Reformen nicht genügend zu nutzen versucht hat.

So fällt das Urteil des Autors über Fleury, einen »Vrai-faux Grand homme«, recht kritisch aus, nach meinem Ermessen zu negativ. Allein schon die Tatsache, daß er Frankreich eine lange Friedenszeit bescherte und sich, im Gegensatz zu den meisten »Großen« Frankreichs im Ancien Regime nicht bereichert hat, spricht von politischer Größe und Integrität, die man nicht mit »mittelmäßigen Tugenden« abtun sollte. Ihn als Mann zu bezeichnen, der ohne »die Gnade geistiger Klarsicht« (privé des grâces de la lucidité) sei, der den Bankrott von Talenten in Frankreich eingeleitet habe, halte ich angesichts seiner großen Leistungen für etwas anmaßend und einseitig negativ. Trotz dieser vorgebrachten Einwände gegen die hier vorgenommene m. E. zu einseitig negative Beurteilung Fleurys ist das vorliegende Buch ohne Zweifel anregend, instruktiv, lesenswert und gut geschrieben.

Peter Claus Hartmann, München

Antoine Pecquet, Discourse on the Art of Negotiation. Translated by Aleksandra Gruzinska and Murray D. Sirkis, New York, Washington DC, Baltimore (Peter Lang) 2004, XLVIII–93 S., 1 Abb., ISBN 0-8204-7436-3, EUR 48,20.

Zu den zahlreichen diplomatietheoretischen Schriften der Frühen Neuzeit zählt der hier in einer modernen englischen Übersetzung vorliegende »Discours sur l'art de négocier« des Antoine Pecquet (1700–1762). Pecquet war kein »Berufsdiplomat«, aber als *premier commis* im Staatssekretariat für die Auswärtigen Angelegenheiten hatte er das Gesandtenwesen über Jahrzehnte studieren können.

Seine einzigen Erfahrungen im Ausland sammelte Pecquet, als er seinen Vater Antoine Pecquet père (1668–1728), ebenfalls *premier commis* im Außenministerium, und den Herzog von Saint-Simon 1721 nach Madrid begleitete, wo die (später fehlgeschlagene Hochzeit) zwischen Ludwig XV. und einer Infantin ausgehandelt werden sollte. Der junge Pecquet gewann die Gunst des Herzogs, was die Übernahme der Position erleichterten sollte. Von 1723 bis 1740 war Pecquet *premier commis* und genoß insbesondere während der Amtszeit von Chauvelin das besondere Vertrauen des Staatssekretärs. Dessen Sturz blieb auch für Pecquet nicht ohne Folgen. Zum Nachfolger Amelot de Chaillou konnte er kein vergleichbares Vertrauensverhältnis aufbauen. Die nicht enden wollenden Konflikte zwischen den beiden mündeten in einem Eklat: Pecquet wurde entlassen, verhaftet und für zwei Jahre inhaftiert (1740–1742). Auslöser dafür war eine allzu freimütige Kritik an der Politik Fleurys und seine wohl allzu sehr an den Tag gelegte Arroganz gegenüber den außenpolitisch unerfahrenen Amelot. Pecquet kam frei, mußte sich auf seinen Landsitz zurückziehen und erwarb, dank der Protektion durch den Herzog von Belle-Isle, das Amt eines *grand-maître des eaux et forêts* (1749–1756) und später das des *intendant de l'école royale militaire.*

Pecquet publizierte seinen »Discours« 1737, auf dem Höhepunkt seiner Karriere als *premier commis.* Thema der Vorrede sind die Voraussetzungen oder die Ausbildung die ein Gesandter bedarf, Gegenstand des Hauptteils einerseits eine detaillierte Charakterkunde des Gesandten, die Elemente der Einleitung wieder aufnimmt, andererseits ein Abriß der Aufgaben, die eine Mission dem Gesandten abverlangt.

Pecquets Bild eines Gesandten entspricht dem Ideal eines *honnête homme*. Erwartet werden von ihm neben Sprachkenntnissen und umfassenden historischen Wissen vor allem ein makelloser Charakter, der sich durch Ehrlichkeit, Wahrhaftigkeit und Redlichkeit (S. 23) auszeichnet. Weiterhin wird von ihm verlangt, frei von Eitelkeit zu sein, über eine überragende Urteilskraft zu verfügen sowie eine perfekte Selbstbeherrschung. Diese Anforderungen erfüllte in Pecquets Augen nur jemand von »Stand«.

Der ausführlichen Entwicklung des Anforderungsprofils folgt die Beschreibung der Tätigkeit: Was erwartet einen Gesandten, der einen Souverän repräsentiert, wie muß er seine Mission vorbereiten, was ist zu beachten beim Umgang am fremden Hof, was verlangen seine Auftraggeber von ihm etc. Der *négociateur* – so betont Pecquet wiederholt – muß vor allem beobachten (S. 52) und mit seinen Depeschen zur »Aufklärung« seines Herren beitragen (S. 57). Pecquet schließt mit einem Ausblick auf die Hierarchie der Gesandten, die er in Botschafter, Gesandte und Residenten teilt, sowie auf deren Privilegien, die ihnen im Völkerrecht zugestanden werden.

Der »Discours« ermöglicht einen Einblick in frühneuzeitliches »politisch-diplomatisches« Denken in Theorie und Praxis, wobei anzumerken ist, daß Pecquets Äußerungen über die Nützlichkeit und Bedeutung historischer Bildung und von Sprachkenntnissen noch immer aktuell sind. Die Edition wird abgerundet durch einige Quellen zum Leben Pecquets und durch eine Bibliographie. Bedauerlich ist, daß auf den Abdruck des Originals verzichtet wurde.

Sven EXTERNBRINK, Lahntal

Vanessa DE SENARCLENS, Montesquieu. Historien de Rome. Un tournant pour la réflexion sur le statut de l'histoire au XVIIIe siècle, Genf (Droz) 2003, 292 S. (Bibliothèque des Lumières, LXII), ISBN 2-600-00856-X, CHF 60,00.

War Montesquieu ein Historist avant la lettre? Wenn man darunter einen Historiker versteht, der die menschlichen Mentalitäten in ihrer Mannigfaltigkeit und ihrer Zeitbedingtheit betrachtet (S. 14), trifft, so die These von Vanessa de Senarclens, diese Bezeichnung auf den berühmten Juristen und Historiker aus Bordeaux durchaus zu. Gegen eine zahlreich und hochkarätig vertretene Forschungsmeinung – von Raymond Aron über Georges Benrekassa, Richard Myers bis Francois Furet – die in Montesquieu nur den frühen Soziologen, den Forscher historischer und gesellschaftlicher Gesetzmäßigkeiten sehen – vertritt die Verfasserin mutig und überzeugend die These, daß Montesquieu in seinen geschichtlichen Werken vielmehr die historische Besonderheit und die Abhängigkeit staatlicher Ordnung, Gesetze und gesellschaftlicher Strukturen von den zeitgenössischen Mentalitäten, den »esprits«, in den Mittelpunkt seiner Überlegungen stellt. Keineswegs sei der berühmte Bordelaiser, wie Raymond Aron es behauptet hat, als Historiker ein Vorläufer von Max Weber gewesen. Er habe nicht wie dieser nach einer einsehbaren Ordnung im Haufen inkohärenter Fakten gesucht. (S. 148f.). Der Montesquieu von Vanessa de Senarclens ist stattdessen ein Historiker der Alteritäten und historischen Besonderheiten, nicht der Gesetzmäßigkeiten. Seine Charakterisierung als »Newton du monde humain« sei damit völlig unzutreffend (S. 166). Montesquieu habe auch keine Philosophie der Geschichte vertreten. Im Gegensatz zu vielen Autoren des 18. Jhs., von Voltaire bis Condorcet, habe er nicht den verborgenen Sinn der Geschichte gesucht. Er sei zugleich ein Vorläufer der Kulturhistoriker, weil er als wichtigste gesellschaftlich Faktoren die Vorstellungen der Menschen, ihren Wertekanon und ihr Selbstverständnis ansehe. Die Menschen seien nicht nur Objekte in der Geschichte, sondern zugleich auch Schöpfer, vor allem durch die Produktion von Vorstellungen. Auf die römische Geschichte zum Beispiel bezogen, bedeutet dies: »La puissance de l'imaginaire dépasse tous les atouts tangibles et concrets dont disposaient les Romains.« (S. 179). Nicht die Großen Männer machten die Geschichte, sondern vor allem der »esprit de la nation«. Dabei gehe Montesquieu von der Wandelbarkeit der menschlichen Natur aus. Er sei sich auch, so die Autorin, der Standpunktgebundenheit des Historikers selbst bewußt gewesen. Dieser arbeite induktiv, könne nur abgesicherte Wahrscheinlichkeiten formulieren, und er konstruiere aus den Quellen ein Geschichtsbild: »Ainsi, l'histoire est récit du passé, mais aussi l'expression d'une subjectivité contemporaine, celle de l'historien ... « (S. 245). Darin, daß er sich von einer naiven Objektivität befreit habe, habe sich Montesquieu von den positivistischen »érudits« seiner Zeit unterschieden (S. 225). – Montesquieus historiographischer Ansatz hat

Konsequenzen für sein Rombild, wie er es vor allem in den »Considérations sur les causes de la grandeur des Romains et de leur décadence« entwickelt. Die Geschichte des Aufstiegs und Niedergangs der römischen Herrschaft nämlich sei in diesem Werk keineswegs eine Ansammlung von moralischen und politischen Exempla: eine Rolle, die sie nur zu oft auch zur Abstützung politischer Positionen erfüllte. »Rom« sei bei Montesquieu auch nicht wie bei Bonnot und Mably der historische Parallelfall zu Frankreich, das die römische Größe inkarniert habe. Überzeugend setzt sich die Autorin von den gängigen Interpretationen ab, Montesquieu habe in der römischen Geschichte eine abstrakte, allgemeingültige Wahrheit gesucht: so etwa die Lesart Georges Benrekassas. – Sicherlich, man hätte die These auf weniger Seiten abhandeln können. De Senarclens' Buch hat überflüssige Längen. Einige Kapitel, zum Beispiel über den Gebrauch Roms als Reservoir historischer Exempla oder über die »érudits« des 18. Jhs., stören in ihrer Elaboriertheit den Gedankengang der Studie. Aber dies sind Marginalien. Schwerer wiegt, daß Montesquieu merkwürdig isoliert erscheint. Zwar werden methodologische Vorläufer in der humanistischen Jurisprudenz kurz erwähnt. Aber dieses wichtige Thema wird in wenigen Sätzen abgehandelt. Der Leser hätte gerne gewußt, wie sich die historische Kritik des positiven Rechts von der Renaissance bis zu dem Juristen Montesquieu entwickelte und Auswirkungen auf Historiographie erlangte. Auch im 18. Jh. steht Montesquieu einsam da. Dem Abbé Raynal, der Montesquieu darin nahesteht, daß Rom nicht mehr als moralische und politische Referenz dient (S. 73), und Dubos, der in seiner Weigerung, die antike Geschichte an modernen Maßstäben zu messen, Montesquieu stark beeinflußte (S. 154), steht eine überwältigende Phalanx von Autoren gegenüber, die »philosophie de l'histoire« betrieben. Allen voran Voltaire, der bei Vanessa de Senclens geradezu zum Gegenspieler Montesquieus wird: Prototyp eines Geschichtsschreibers, der nach Gesetzen sucht und deshalb aus der Masse der Ereignisse den Gang der Wahrheit destilliert: darin einem Bossuet methodisch ganz verwandt, nur daß anstelle der göttlichen *providence* die menschliche Vernunft getreten ist. Mit ihrer dichotomischen Entgegensetzung von Montesquieu als dem Historiker der Alterität und der methodologischen Reflexivität auf der einen und den Geschichtsphilosophen auf der anderen Seite werden letztere in eine Nacht verbannt, in der alle Katzen grau sind. Die Unterschiede der Geschichtskonzeption eines Voltaire und Diderot zum Beispiel werden nicht thematisiert. Vor allem aber entgeht Vanessa de Senarclens dadurch, daß sie den »philosophes de l'histoire« nichts abgewinnen kann, deren Bedeutung für die Entwicklung des Historismus. Wie Reinhart Koselleck aufgezeigt hat, hat die Entwicklung des Bewußtseins von der einen Geschichte zur Folge, daß zwar ihr Verlauf lehrreich sein kann, jedoch das Einzelereignis seiner Exemplarität gerade durch die Geschichte selbst beraubt wird. Vanessa de Senarclens sieht nicht, daß die Geschichtsphilosophie damit gleichfalls die Vorstellung, zum Beispiel die Geschichte Roms könne ein Lehrstück sein, unterlief. Der Historismus des 19. Jhs. teilte mit der Geschichtsphilosophie der Aufklärung die Vorstellung von der einen Geschichte und konnte in der Folge gerade deshalb das historische Ereignis in seiner Besonderheit freisetzen. Seine Modernität lag darin, daß er Alterität und Entwicklung zusammendenken konnte. Die Entgegensetzung von Aufklärungshistoriographie und Historismus, lange genug Gemeinplatz in der Historiographie- und Philosophiegeschichte, verdunkelt wichtige Kontinuitäten. Interessant jedoch ist, daß die Besonderheit der montesquieuschen Geschichtsschreibung bisher kaum beachtet worden ist, und er bisher zumeist umstandslos in die aufklärerische Geschichtsphilosophie des 18. Jhs. eingereiht worden ist. Offen bleibt bei de Sencarclens auch das Verhältnis des Historikers Montesquieu zum Autor der »Esprits des lois« – ein Werk zweifellos soziologischen Zuschnitts. Es ist aber ein unbestreibares Verdienst der Studie von Vanessa de Senarclens das Bild des Historikers Montesquieu mutig und überzeugend korrigiert und damit auch unser Wissen über die Historiographie des 18. Jhs. um ein wichtiges Detail ergänzt zu haben.

Martin Papenheim, Düsseldorf

François QUESNAY. Œuvres économiques complètes et autres textes, 2 Bde., hg. von Christine THÉRÉ, Loïc CHARLES und Jean-Claude PERROT, Paris (Éditions de l'INED) 2005, ISBN 2-7332-1031-9, EUR 68,00.

Die letzte Gesamtausgabe der ökonomischen Schriften Quesnays ist 1958 in der von Alfred Sauvy ins Leben gerufenen Reihe des Institut national d'études démographiques (INED) erschienen. Vorwort und ausführliche Begleitkommentare schrieben damals u. a. Luigi Einaudi, Jacqueline Hecht, Alfred Sauvy und Joseph. J. Spengler. Diesen Kommentaren wurde eine ausführliche Bibliographie von mehr als 300 Titeln hinzugefügt, die auch jetzt noch äußerst nützlich bleibt.

Die vorliegende neue Edition ist vornehmlich Jean-Claude Perrot zu verdanken, der 1978 in einem vielbeachteten Artikel in den »Annales E. S .C.« auf die Ökonomie der Physiokraten und ihre Rolle in der vorindustriellen Periode eingegangen war[1]. Methodisch und dokumentarisch unterscheidet sich die Neuausgabe deutlich von der älteren Version der früheren Werkausgabe. Die zwei umfangreichen Bände greifen auf die Archivbestände des Fonds Mirabeau und der Archives nationales zurück und liefern damit zum ersten Mal eine auf einer Manuskriptfassung beruhende Version des »Despotisme de la Chine« – ein Text in dem Quesnay seine politische Theorie entwickelt, die für die französischen Reformer in der Mitte des 18. Jhs. eine wichtige Rolle spielen sollte. Daneben werden Quesnays Beiträge zu den erkenntnistheoretischen Auseinandersetzungen, der Psychologie und des Naturrechts seiner Zeit wie seine zahlreichen Artikel für die Enzyklopädie d'Alemberts und Diderots dokumentiert. Nicht weniger wichtig sind die Auszüge aus den Korrespondenzen Quesnays, die ein Netzwerk erkennen lassen hinter dem sich die *potestas indirecta* der Ökonomen in der Vorphase der französischen Revolution verbirgt. Der spannende Aspekt dieser Neuausgabe liegt im Wesentlichen in diesen Querverweisen.

Christine Théré und Loïc Charles haben wesentlich dazu beigetragen, daß der kritische Apparat dieser Edition die anhaltende Auseinandersetzung um ökonomische Fragen in der Mitte des 18. Jhs. auf eben dieser Ebene wiederspiegelt. Der beständige Rückverweis zwischen Text und Fußnoten öffnet dem Leser den Blick auf eine Debatte, die Perrot 1992 in einer Reihe wichtiger Artikel erörtert hat[2]. Quesnay wird in einen weiteren geistesgeschichtlichen Zusammenhang eingeordnet als das bisher üblich war. Damit verschiebt sich der Stellenwert des ökonomischen Diskurses überhaupt, den die klassische Dogmengeschichte, etwa J. A. Schumpeter, auf eine einfache Vorläuferfunktion zu reduzieren neigte. Die Lektüre der beiden Bände rückt damit mehr als das Bild eines Autors zurecht. Daß die sozialgeschichtliche Dimension dahinter etwas zurücktritt mag man bedauern. Welche Beziehungen agrarische Kostenrechnung, das Kalkül von Investitionsquoten und Abschreibungsraten in dieser entscheidenden vorindustriellen Phase in der Wahrnehmung und den Verhaltensweisen der Akteure gespielt haben, bleibt zu klären. Das Verhältnis Quesnay's, eines Mannes des Hofes, zu Forbonnais oder Turgot, den angehenden »Verwaltern«, gehört in diesem Punkt schon zur Geschichte des modernen Staates.

Gute Bücher sind Bücher, die Fragen stellen bzw. offen lassen. Genau das gilt für diese neue Edition des Œuvre Quesnays.

Jochen HOOCK, Paris

1 La comptabilité des entreprises agricoles dans l'économie physiocratique, in: Annales E. S. C., Mai–Juin 1978, S. 559–579.

2 Une histoire intellectuelle de l'économie politique (XVIIe–XVIIIe siècle), Paris 1992, 496 S.

Michel Henri Kowalewicz, Lessing et la culture du Moyen Âge, Hildesheim (Olms) 2003, 416 S., 34 Abb. (Spolia Berolinensia, Berliner Beiträge zur Geistes- und Kulturgeschichte des Mittelalters und der Neuzeit, 23), ISBN 3-615-00280-6, EUR 49,80.

Das Thema dieser in den Literaturangaben ergänzten Dissertation (Metz 1995) ist, wie der Verfasser in einer präzisen Forschungsübersicht darlegt, noch nie in größeren oder übergreifenden Zusammenhängen bearbeitet worden. Insofern stellt er sich einem Desiderat, und zwar einem ziemlich relevanten, das steht außer jeglichem Zweifel. Seine Ausgangsthese lautet, im Unterschied zu Zeitgenossen wie Bodmer und Gottsched sei die Entdeckung des ›europäischen‹ Mittelalters bei Lessing als interdisziplinärer Vorgang erfolgt, als komplementäre Wechselbeziehung »entre la littérature, la langue, l'art, la philosophie, l'histoire ou ses sciences auxiliaires« (S. 35). Folglich müsse es darum gehen, die tradierte vereinzelte Betrachtung dieses Forschungsgegenstandes zu überwinden, beispielsweise mittels eines adäquat umgreifenden kulturgeschichtlichen Zugriffs. Ein solcher wird hier in exemplarischer Weise angebahnt und in einem Dreischritt überschaubar durchgeführt.

In einer Art werkbiographischen Durchlaufs, intendiert als »portrait d'un médiéviste« (S. 36; mit der etwas mechanistischen Stufenfolge: »explorateur«, »chercheur«, »connaisseur«) wird zunächst vergegenwärtigt, wie Lessing allmählich charakterische aufklärungszeitliche Vorstellungen vom dunklen Mittelalter zurückdrängte und sich ihm von aufklärerischen Positionen her mehr oder weniger vorurteilslos zuwandte, sukzessive annäherte. Im Mittelpunkt der Arbeit steht sodann eine eingehende Rekonstruktion der Vorgehensweisen des Mediävisten Lessing, präziser: seiner Handhabung der zeitgenössischen polymathischen Methoden, während des Wolfenbütteler Jahrzehnts, das heißt in der Periode der vollen Entfaltung seiner mediävistischen Interessen und Betätigungen. Lessings Umgang mit mittelalterlichen Manuskripten und Büchern (von denen einige anhangsweise abgebildet sind) wird anhand zweier Großbeispiele vorgeführt; zum einen anhand der Entdeckung zu Berengar von Tours, die ihn erstmals zu einer Textpublikation aus jener Vergangenheit anregte, und zum anderen anhand seiner Beschäftigung mit Fabeln, die fast das ganze Jahrzehnt ab 1770 durchzog. In ähnlicher Art, stets bedeutungsvolle Exempel heranziehend, werden daraufhin Lessings Auseinandersetzungen mit Kunst, Sprache und Literatur des Mittelalters untersucht. Am Schluß steht eine Analyse der Widerspiegelung mittelalterlicher Kultur und Geschichte in »Nathan der Weise«, eine Werkbetrachtung zur »démonstration qu'il existe une application théâtrale des connaissances polymathiques de Lessing« (S. 36).

Hinsichtlich dieses letzteren, äußerst schwierigen Problems der Vermittlung kulturgeschichtlicher, wissenschaftlicher und poetischer Elemente ist der Erkenntniszuwachs geringer als im Kernstück der Untersuchung. Das gilt auch für die wirkungsgeschichtliche Aussage: »Le fait que Lessing cherche dans l'époque des croisades des idéaux de tolérance devait accentuer l'effet du choc que Lessing infligea à l'orthodoxie luthérienne« (S. 346). Im übrigen hatte Lessing die zeittypische Antithetik von aufgeklärter Gegenwart und finsterem Mittelalter längst problematisiert, am entschiedensten durch seine nachdrücklichen Hinweise zu einer Aufklärung *sui generis* des mittelalterlichen Kalifats, dessen Kultur er auf eine Stufe mit der der Antike stellte (siehe Ausgabe Lachmann, Muncker, Bd. 5, S. 414f.).

Zu gering veranschlagt, jedenfalls zu wenig berücksichtigt, bleibt im vorliegenden Buch – gegenüber der klar herausgestellten Abgrenzung Lessings namentlich von Bodmer und Gottsched – leider der Aspekt kooperativen Gelehrtentums im mediävistischen Bereich. Gemeint ist die Zusammenarbeit Lessings vor allem mit seinen Braunschweiger Freunden Johann Joachim Eschenburg und Conrad Arnold Schmid, zu der sich im Briefwechsel zahlreiche untersuchenswerte Bekundungen finden. Hierzu gehören auch die ausgeblendeten Versuche Lessings und seiner Freunde, Datierungen vorzunehmen und Autorschaften zu bestimmen. Nähere Blicke darauf hätten die Feststellungen über Lessings Synthese von Kritik und Analyse, Einfühlung und historisch-genetischer Sicht noch facettenreicher machen können.

Allemal jedoch bestens fundiert und durch mannigfache Belege konkret nachvollziehbar ist das Fazit, »on ne peut absolument pas parler d'influence directe du Moyen Âge chez Lessing«, der gleichwohl als »véritable connaisseur du Moyen Âge« (S. 341) anzusprechen sei. Daran kann nach der empfehlenswerten Studie von Kowalewicz keinerlei Zweifel mehr bestehen.

Wolfgang ALBRECHT, Weimar

Jean-Paul BLED, Frédéric le Grand, Paris (Fayard) 2004, 639 S., ISBN 2-213-62086-5, EUR 26,00.

Die Biographie ist eines der ältesten Genres historischer Schriften und sie hat sich allen Anfeindungen zum Trotz behauptet. Sie zieht ihren Reiz aus der dem Historiker gestellten Aufgabe, das Leben eines Menschen in einer bestimmten Zeit zu rekonstruieren. Dabei besteht die Herausforderung für den Autor nicht zuletzt in der Wahl seines Vorgehens: Dominierte lange die chronologische Erzählung – von der Geburt bis zum Tode – die biographische Methode, so wird mittlerweile auch das Aufbrechen der Chronologie als Möglichkeit der Darstellung eines individuellen Lebenswegs in der Vergangenheit aufgegriffen. Damit soll der Weg geöffnet werden zu einer neuen Form der Biographie, die über das spezifisch Individuelle immer auch versucht, allgemeine Züge der gesamten Epoche zu erhellen. Als eines der bekanntesten Beispiele hierfür hat Jacques Le Goffs monumentale Studie über Saint Louis (1996) zu gelten.

Ehedem zählte auch Friedrich der Große zu den »Favoriten« der Biographen: der Preußenkönig, der seinen Staat in den Kreis der Großmächte führte, einer scheinbar übermächtigen Koalition widerstand und als Ahnherr der deutschen Einheit gefeiert wurde. Doch diese Sichtweise ist schon seit langem der Hervorhebung von Friedrichs »Königtum der Widersprüche« gewichen: Philosoph und Machtpolitiker, Literat und zynischer, seine Soldaten rücksichtslos ins Feuer schickender Feldherr – dies sind die Pole, um die unser heutiges Friedrichbild kreist.

Nachdem Theodor Schieders Friedrichstudie aus dem Jahre 1983, die ja keine Biographie im herkömmlichen Sinne war, sondern eher eine »problemorientierte« Biographie im Sinne Le Goffs, lange keine Fortsetzung gefunden hatte, erschienen beinahe zeitgleich in Deutschland (Johannes Kunisch) und in Frankreich (Jean-Paul Bled) neue biographische Würdigungen des Preußenkönigs. Während Kunisch sich über Jahrzehnte mit dem Preußenkönig beschäftigt hat, kommt Bled eher von der »gegnerischen Seite«, ist er doch ausgewiesen durch Studien zur Donaumonarchie des 19. Jhs. sowie durch Biographien über Kaiser Franz Joseph (1987) und Maria Theresia (2001) sowie eine Geschichte Wiens (1998).

Nachdem Bled einleitend die schillernden Facetten des Friedrich-Bildes beiderseits des Rheins skizziert, folgt er im wesentlichen – wie übrigens auch Kunisch – der Chronologie von Friedrichs Leben. Eine über das biographische hinausgehende Frage- bzw. Problemstellung entwickeln beide nicht. Die gewählten Zäsuren sind die bekannten: beginnend mit dem Porträt des preußischen Staates unter den beiden ersten Königen, die frühe Jugend und die langsam eskalierende Auseinandersetzung mit dem tyrannischen Vater, gipfelnd im Fluchtversuch, dem Katte-Prozeß und der Unterwerfung des Thronfolgers samt der langsamen Aussöhnung, schließlich die Rheinsberger Jahre, in denen Friedrich sein Image als *prince-philosophe* aufbaut und damit in den Zirkeln aufgeklärter Intellektueller in ganz Europa große Erwartungen weckt. Erwartungen, die noch verstärkt wurden durch den »Antimachiavell« des Jahres 1740 und noch im selben Jahr bitter enttäuscht wurden. Es folgen die Kriegsjahre bis 1748, in denen sich der junge König als Meister in der Verfolgung der eigenen Interessen erweist und die Eroberung Schlesiens auch vertraglich absichern kann. Die Jahre nach dem Aachener Frieden stellen zweifellos den Höhepunkt der Regierung und des Lebens des *roi-philosophe* dar. Es war dies die Epoche der »nouvelle Arcadie«

in Sans-Souci (S. 306), die gekrönt wurde vom Aufenthalt Voltaires in Berlin und Potsdam. Der Eklat, in dem dieser Besuch endet, ist gleichsam ein Menetekel auf das, was Preußen 1756 erwartet: das Ende der Idylle, ein vom König übereilt ausgelöster Krieg, der den Staat an den Rand des Ruins treibt. Der König, der 1763 aus dem Krieg zurückkehrt, ist nicht mehr der von 1756: zum Stoiker geworden, unterwirft sich Friedrich einer eisernen Disziplin, verschreibt sich ganz dem Wiederaufbau des Staates und hält sich (mit einer Ausnahme) von militärischen Abenteuern fern. Als Friedrich der Große am 17. August 1786 stirbt, ist er längst zum Monument eines »Zeitalters der Aufklärung« oder des »Jahrhunderts Friedrichs« (Kant) geworden.

All dies berichtet Bled weitgehend zuverlässig und stützt sich dabei – was die Einzelbelege betrifft – im wesentlichen auf die große Biographie Kosers[1] und auf die publizierten Quellen, d. h. die Werke Friedrichs des Großen sowie die Berichte der Zeitgenossen. Damit kann das französische Publikum auf eine gut lesbare und flüssig geschriebene Biographie Friedrichs des Großen zugreifen. Eine ambitionierte Biographie wie die obengenannte von Le Goff über Saint-Louis liegt jedoch nicht vor, dafür setzt sich Bled zu wenig mit Forschungsfragen auseinander und versucht nicht, einmal andere Wege der Darstellung zu gehen.

So gut wie unsichtbar ist bei Bled das Alte Reich, dessen Existenz Friedrich 1756 in Frage stellte und zu dessen Verteidigung Maria Theresia die Garanten des Westfälischen Friedens um Hilfe bat. Zwar erwähnt Bled die im Januar 1757 beschlossene Reichsexekution gegen den Preußenkönig, den Versuch einer Darstellung und Bewertung der friderizianischen Reichspolitik sucht man vergeblich. Entsprechend vermißt man in Bleds Literaturliste die Reichsgeschichte Aretins wie auch manche neuere Literatur. So findet sich überraschenderweise weder ein Verweis auf die Studien Kunischs noch auf die jetzt maßgebliche Edition der Politischen Testamente von Richard Dietrich[2]. Ein Fehler sollte bei weiteren Auflagen getilgt werden: nicht der Herzog von Newcastle kapitulierte im September 1757 bei Kloster Zeven vor der französischen Armee, sondern der Herzog von Cumberland, ein Sohn König Georgs II. von England (S. 399).

Zu Recht erteilt Bled allen Versuchen eine Absage, in Friedrich dem Großen einen Vorläufer und Vorkämpfer der Schaffung eines kleindeutschen Einheitsstaates zu sehen (z. B. S. 579). Folgerichtig schließt seine Darstellung nicht mit dem Tode des Protagonisten, sondern mit einer nicht nur für den französischen Leser interessanten Skizze über die Versuche im 19. und frühen 20. Jh., Friedrich eben doch als Urvater der deutschen Einheit zu präsentieren (Les métamorphoses de Frédéric le Grand, S. 583–601). Nicht nur die Historiker des 19. Jhs. konstruierten ein Friedrichbild, in dem er am Beginn des Einheitsprozesses steht, auch die Politiker beriefen sich auf ihn: so Bismarck, so das Kaiserreich 1914 als es den Angriff auf das neutrale Belgien mit dem Überfall auf Sachsen 1756 gleichsetzte. Der wohl bekannteste Verfechter dieser These war niemand geringeres als Thomas Mann mit seiner Schrift über »Friedrich und die große Koalition« (1915).

Die nationalistische Friedrich-Verherrlichung erlebte weitere Höhepunkte in den 1920er und 1930er Jahren mit einer Welle von »Fridericus Rex« Filmen, in denen Friedrichs Kosmopolitismus und vor allem seine Frankophilie konsequent ausgeblendet wurden. Die politische Instrumentalisierung des Preußenkönigs gipfelte im Wahn Hitlers, der im April 1945 noch auf ein zweites »Mirakel des Hauses Brandenburg« wartete. Nach 1945 galt Friedrich lange als persona non grata der deutschen Geschichte, als Inkarnation des preußisch-deutschen Militarismus. Dies änderte sich erst in den 1980er Jahren, als man

1 Reinhold Koser, Geschichte Friedrichs des Großen, 2 Bde., Berlin, Stuttgart 1893–1903, 4 Bde. ⁴1912–1914 (von Bled zitiert), ⁷1921–1925, letztere als Nachdr. Darmstadt 1963.

2 Richard Dietrich (Hg.), Die politischen Testamente der Hohenzollern (Veröffentlichungen aus den Archiven preußischer Kulturbesitz, 20), Köln, Wien 1986.

sowohl in der BRD als auch in der DDR Preußen »wiederentdeckte« – hingewiesen sei nur auf die große Preußen-Ausstellung von 1981 und die zahlreichen Publikationen anläßlich seines 200. Todestages[3]. Die Wiedervereinigung beendete die Konkurrenz der beiden deutschen Staaten um das preußische Erbe und verhalf Friedrich nun endlich dorthin, wo er schon immer ruhen wollte: neben den geliebten Jagdhunden.

Sven EXTERNBRINK, Lahntal

Claudia SCHRÖDER, »Siècle de Frédéric II« und »Zeitalter der Aufklärung«. Epochenbegriffe im geschichtlichen Selbstverständnis der Aufklärung, Berlin (Duncker & Humblot) 2002, 207 p. (Quellen und Forschungen zur Brandenburgischen und Preußischen Geschichte, 21), ISBN 3-428-10808-6, EUR 64,00.

L'ouvrage, une thèse soutenue à Halle en 2001, s'interroge sur la signification et les délimitations sémantiques réciproques d'expressions telles que »siècle de Louis XIV«, »de Frédéric II«, »siècle de philosophes« ou »de la Prusse«, ainsi que sur leur adoption ou leurs »traductions« outre-Rhin: »philosophisches Jahrhundert«, »Zeitalter Friedrichs« etc. Fondée sur une riche documentation passant en revue de très nombreuses occurrences de ces expressions, l'analyse, d'une grande sûreté philologique, révèle la complexité des contextes et des enjeux de ces emplois, écrivant ainsi, dans une perspective de transferts culturels, un important chapitre d'histoire des concepts et des idées qui implique d'éminents penseurs de l'époque, parmi lesquels Voltaire, Frédéric II, d'Alembert, Herder, Archenholz, Kant, Hertzberg.

Si Voltaire fut le premier à parler d'un »siècle de Frédéric« en 1742, puis en 1775 d'un »siècle de la Prusse«, c'est bien avant lui Charles Perrault qui évoqua le premier un »siècle de Louis XIV«, en 1687, dans le contexte de la Querelle des Anciens et des Modernes (de même que Bayle parle dès 1684 de »siècle éclairé«), pour désigner une époque dans laquelle coïncident en France grandeur politique et essor des arts. C. Schröder montre que »siècle de …« s'applique particulièrement à des époques brillantes à la fois sur le plan politique et culturel, à des moments où un pays atteint ce qui est perçu comme un apogée, une période de »classicisme«. L'arrière-plan de l'emploi de ces expressions est formé des deux théories concurrentes, la *translatio imperii ad Germanos,* qui constitue un modèle de l'historiographie politique et connut sa principale diffusion dans le Saint-Empire, et la *translatio artium*, venue d'Italie et de France, qui discerne plusieurs »sommets« dans l'histoire culturelle, les »grands siècles« de la Grèce classique, de la Rome d'Auguste, de la Florence des Médicis, puis de la France de Louis XIV.

Les allusions à des »siècles« impliquent, au-delà des différences, quelques perspectives récurrentes. Elles suggèrent en particulier la réalisation d'une alliance de l'art et de la politique: c'est pour cette raison que Frédéric II, qui n'estime guère la littérature allemande et qui croit la Prusse au début d'un processus susceptible de la mener vers son plein développement, ne peut voir dans le XVIIIe siècle un »siècle de l'Allemagne«. Mais qu'il propose de parler d'un »siècle de Voltaire« ou d'un »siècle de philosophes«, sublimant ainsi les frontières nationales, révèle un autre critère, lui aussi récurrent de ces emplois: un siècle éponyme d'un souverain ou d'un philosophe le campe dans le rôle d'»éducateur« des nations. C'est pour cela sans doute que Voltaire peut parler d'un siècle de Louis XIV ou de Frédéric, mais non d'un »siècle de Pierre le Grand«, ni d'ailleurs d'un »siècle de Louis XV«. En par-

3 Die Friedrichliteratur bis 1988 findet sich zusammengestellt bei: Herzeleide u. Eckhart HENNING (Hg.), Bibliographie Friedrich der Große 1786–1986. Das Schrifttum des deutschen Sprachraums und die Übersetzungen aus Fremdsprachen, Berlin, New York 1988.

lant d'un siècle de Frédéric II, Voltaire désigne à la fois aux autres souverains d'Europe et à Frédéric lui-même le modèle à suivre.

C. Schröder montre de façon convaincante qu'aux interférences des deux *translationes* se superposent les interpénétrations des deux grands idéaltypes d'appréhension de l'histoire universelle, qui, contrairement à ce qu'on lit parfois, souvent à fin de polémique, ne s'opposent jamais sommairement: un modèle cyclique, à l'arrière-plan de la *translatio artium*, qui domine en France jusqu'à l'aube des Lumières et un autre, modèle plus linéaire et téléologique, qui fonde la *translatio imperii* et qui gagne du terrain au XVIIIe siècle. Aux nombreux exemples allégués par C. S., on en ajouterait volontiers un supplémentaire à l'appui de sa thèse: malgré tout ce qui les oppose, Voltaire se rapproche étrangement de Herder quand il écrit en 1775: »Chaque peuple à son tour a régné sur cette terre / Par les lois par les arts et surtout par la guerre. / Le siècle de la Prusse est à la fin venu« (lettre D 19681).

L'angle d'attaque choisi permet de balayer un assez vaste champ d'histoire des idées touchant principalement à la pratique politique dans ses relations avec la philosophie de l'histoire (i.e. la place de la France et de la Prusse dans le continuum historique), singulièrement le rôle du souverain ainsi que l'image qu'il doit donner de lui, pour son temps et la postérité, ainsi que le rôle social des philosophes. Au fil des pages, C. Schröder parvient à consolider ou à réviser certaines thèses, à commencer par celles relatives à l'évolution intellectuelle de Frédéric II: si sa méfiance augmente envers les mouvements philosophiques français postérieurs à 1750, plus nettement antimonarchiques, et qu'elle culmine dans son hostilité envers d'Holbach, il demeure indéfectiblement attaché aux formes littéraires et aux idées de la *Frühaufklärung* et au droit naturel. C. Schröder étudie ainsi longuement ses échanges avec d'Alembert (qui ne conduisirent pas seulement en 1780 à la célèbre question sur l'opportunité de tromper le peuple); d'Alembert s'entretient avec Frédéric II du mouvement de l'histoire qu'il voit à la fois cyclique et en spirale, puisqu'il croit le XVIIIe siècle marqué d'un déclin de la littérature compensé par un progrès de la philosophie *(Discours préliminaire)*. Il aurait été bienvenu de faire sur ce point une brève analyse contrastive des positions des encyclopédistes et de leurs adversaires, beaucoup mieux connues depuis quelques travaux récents, car ces derniers parlent aussi d'un déclin des lettres, mais bien sûr non »compensé«.

L'étude débouche sur une analyse des positions de Herder, Kant et Hertzberg. Le fait même que »Jahrhundert Friedrichs« apparaisse pour la première fois en 1753 dans un poème de Lessing (dont l'opinion envers le roi de Prusse changera radicalement) inscrit d'emblée cette expression dans une complexité contradictoire, très apparente chez Herder, qui a une vision totalement double de l'Etat frédéricien, lequel est à ses yeux porteur d'idées auxquelles il adhère ainsi que l'enveloppe avantageuse d'un inquiétant Etat-machine.

Si les passages consacrés aux réactions de Herder et de Kant envers la Révolution française, nécessaires à la démonstration, n'offrent guère qu'un bon compte rendu d'idées connues, l'étude minutieuse du contexte de la rédaction de »Was ist Aufklärung?« est d'autant plus très intéressante qu'elle est rarement entreprise: les *Aufklärer* berlinois autour de Biester, Gedike et la »Berlinische Monatsschrift« multiplient alors les éloges de Frédéric II pour répondre aux manœuvres de l'entourage du futur Frédéric-Guillaume II et pour contrer l'influence de Woellner. Les analyses consacrées à Hertzberg, influent ministre de Frédéric II et archiviste, nous paraissent totalement nouvelles.

Avec Herder et Kant, plus encore avec Hertzberg, on peut parler d'une politisation de l'idée de »siècle de Frédéric«. Si Kant analyse les progrès politiques et éthiques liés aux Lumières, puis à la Révolution française, Hertzberg poursuit un autre objectif: s'appuyant sur l'idée d'Etats dominants qui fonde la théorie des quatre monarchies et l'analogie »monarchie universelle« / »paix universelle« qui la sous-tend, il parle de siècle de Frédéric en vue de légitimer la Prusse dans un rôle d'arbitre des conflits européens, auquel il a incité Frédéric II puis son successeur. Après avoir vu d'abord dans la Révolution un accomplissement juridique de la gestion politique frédéricienne, cet adepte des Lumières, qui rejoint

Kant dans l'adhésion à l'idée de gestion républicaine d'un Etat de forme monarchique, engagera le roi, après 1793 et après être devenu hostile à la Révolution, à reconnaître la constitution française car cette reconnaissance conditionne à ses yeux l'établissement de la paix en Europe.

Quelques imprécisions de détails (sur les théories de l'histoire et les quatre monarchies) et une bibliographie quelque peu labyrinthique (qui ignore curieusement les ouvrages d'A. Philonenko et de J.M. Muglioni sur la philosophie de l'histoire de Kant) n'altèrent nullement les qualités de cette très belle analyse, qui utilise de façon pertinente les résultats de la recherche et qui s'organise de surcroît selon une intéressante structure narrative, dont le chapitre sur Hertzberg constitue »l'acmè«. Enfin, cette thèse s'achève sur l'analyse du renversement sémantique subi par l'expression »Jahrhundert Friedrichs« auprès de théoriciens du XIXe siècle hostiles aux Lumières comme Adam Müller. Elle touche ainsi, dans ses dernières pages, des thématiques en relation avec des études récentes sur la réception de la Révolution française en Allemagne ainsi que sur la formation d'une »sémantique nationale« allemande et opposée en tous points aux principes des Lumières et de la Révolution.

Gérard LAUDIN, Paris

Jan GOLDSTEIN, The Post-Revolutionary Self. Politics and Psyche in France, 1750–1850, Cambridge (MA), London (Harvard University Press) 2005, XIV–414 p., ISBN 0-674-01680-7, EUR 41,50.

Lire un siècle d'histoire de France sous l'angle des avatars de la conception philosophique du Moi, telle est l'hypothèse initiale de ce livre. En d'autres temps, on aurait pu croire qu'il s'agirait d'une tentative d'interprétation des secousses sismiques de nature économique ou sociale par le biais des superstructures. Il n'en est rien, l'auteur se réclamant de Michel Foucauld bien plus que de Marx, même si les données matérielles ne sont pas absentes de son propos. Ainsi des curieuses corrélations qu'il établit entre doctrines philosophiques et événements politiques, sur lesquelles nous reviendrons.

Pour le dire d'un mot, le lecteur est invité à suivre le grand combat qui oppose sur un siècle deux conceptions du Moi qui ont pourtant en commun de s'écarter conjointement de la séculaire vision chrétienne de l'individu, ce qui leur vaudra une égale suspicion de la part de la pensée orthodoxe, voire des persécutions. Elles ont chacune leur champion, s'affrontant par-delà les années: Condillac d'une part, Victor Cousin de l'autre.

Au départ, on trouvera la fameuse théorie sensualiste établie dans l'»Essai sur l'origine des connaissances humaines« (1754), puis le »Traité des sensations« (1756) œuvres fondatrices du premier nommé: l'être est à l'origine un pur agglomérat de sensations qui peu à peu s'enrichit et se complexifie jusqu'à devenir un Moi autonome. La doctrine est bien connue; l'originalité ici réside dans sa mise en rapport avec un contexte qui la dépasse et la justifie: celui d'une méfiance face à l'imagination, voire d'une hantise de ses débordements éventuels, cette folle du logis étant toujours soupçonnée de vouloir »battre la campagne« ou de »construire des châteaux en Espagne«. Ainsi le sensualisme sera la clé qui permettra d'interpréter des phénomènes déviants aussi éloignés en apparence que la folie spéculative au temps du Système de Law, la pratique solitaire de la masturbation ou le baquet de Mesmer. C'est cette crainte qui motiverait également l'inquiétude née en 1776 de la suppression décrétée par Turgot des corporations: l'artisan, désormais détaché du carcan protecteur des associations professionnelles, ne risque-t-il pas de s'abandonner aux vagabondages de son imagination, débouchant à terme sur des troubles sociaux ?

À l'inverse, puisque l'être social est conçu par la doctrine condillacienne comme ouvert par excellence aux sollicitations de ses sens, la Révolution inventera toute une pédagogie destinée à favoriser la naissance du nouveau citoyen. C'est à quoi serviront des symboles frappants comme les grandes réunions festives, l'usage de nouveaux uniformes, le changement du nom des rues ou le calendrier rénové. Frapper les sens pour changer l'homme, tel serait le mot d'ordre implicite de l'éducation révolutionnaire

Cette volonté de propager l'idéologie dominante trouvera sa traduction à l'usage des jeunes générations dans les écoles centrales où s'enseigne la grammaire générale, version vulgarisée de la théorie sensualiste. Malgré un retour de bâton lié aux bouleversements politiques, la doctrine de Condillac aura encore des beaux jours devant elle; le nombre élevé des éditions du maître atteste de son succès persistant jusqu'au milieu du siècle suivant.

Elle n'avait cependant jamais été admise de tous. »Le Moi n'est rien d'autre que la collection de ses sensations« disait Condillac. De bons esprits se sont dès les origines révoltés contre ce »moi minimal«. Il faudra cependant attendre Victor Cousin, porte-drapeau d'une génération postrévolutionnaire conservatrice, pour que ce retour à un Moi autonome, présent dès l'origine de l'individu, prenne forme de doctrine. Tout se tient, nous dit-on: l'éclectisme philosophique, un juste milieu politique et un conservatisme social sans faille. Avec, au centre du système, une forte image d'un Moi, qui se découvre à partir de ses trois composantes: la sensibilité, la raison, la volonté. Dans cette optique un rôle essentiel sera dévolu à la psychologie; l'introspection sera prônée, à condition qu'elle ne dévie pas vers des enquêtes troubles ou des divagations.

L'éclectisme a rarement eu bonne presse auprès des philosophes professionnels qui ont toujours considéré avec condescendance cette doctrine à leurs yeux faite de bric et de broc. Un des principaux apports du livre est de rappeler, à l'inverse, son étonnante longévité et son règne sans partage dans l'enseignement officiel de la philosophie au XIXe siècle, enseignement qu'elle a d'ailleurs plus que personne contribué à créer. En particulier est souligné l'aspect de secte que revêt la doctrine avec son gourou, un Victor Cousin qui truste postes et fonctions, place ses élèves, fait régner une discipline de fer, allant jusqu'à décider du mariage ou non de ses disciples. À côté des bien connus hussards noirs de la république, il y eut le »régiment« cousinien tout aussi efficace dans le domaine de l'enseignement secondaire et universitaire. La doctrine éclectique a exercé une hégémonie de fait, qui survécut à son fondateur, et était si bien ancrée dans les mentalités qu'elle paraissait aller de soi. Il ne faudra rien moins que la révolution freudienne pour mettre à bas le Moi cousinien.

Tel serait le mouvement qui a dominé le monde philosophique français entre ces deux milieux de siècle (1750–1850) et même au-delà. Les limites d'un compte rendu interdisent d'entrer dans les détails de cette vaste enquête qui ne craint pas les détours, pour suivre par exemple le douloureux chemin du jeune Renan, en rupture de séminaire, qui passe, destin exemplaire, de la vie intérieure propre à la spiritualité bérullienne à l'introspection pratiquée par la méthode éclectique. Ou à un chapitre fort curieux sur les aléas de la phrénologie, dédaignée des savants, regardée avec grande méfiance par les pouvoirs conservateurs successifs pour ses sympathies à l'égard des sensibilités progressistes, et qui eut aussi sa conception originale du Moi, un peu vite cataloguée matérialiste, voire »fataliste«.

On peut être déconcerté par une hypothèse de départ aussi originale; on peut de même être parfois réticent en face de raisonnements quelque peu problématiques, ou de simplifications pour les besoins de la cause. Pour ne prendre qu'un exemple, on aimerait s'interroger sur le parti pris de rabattre l'éclectisme cousinien sur sa seule donnée psychologique: placer l'introspection au cœur de la doctrine, ignorer, sauf allusion rapide, sa dépendance vis-à-vis de l'idéalisme allemand peut donner matière à discussion. Mais on est séduit par l'aspect neuf de la discussion, l'intérêt de rapprochements auxquels ont n'aurait jamais songé, le tout s'appuyant sur une très sérieuse documentation, bien que presque exclusivement anglo-saxonne pour sa partie critique. En somme une lecture stimulante, qui n'emporte pas toujours l'adhésion, mais qui a l'immense mérite de susciter la réflexion et un retour critique sur des données qu'on croyait à tort définitivement assurées.

Henri DURANTON, Bron

Michel MARTY, Voyageurs français en Pologne durant la seconde moitié du XVIIIe siècle. Écriture, Lumières et altérité, Paris (Honoré Champion) 2004, 365 S. (Les Dix-Huitièmes Siècles, 80), ISBN 2-7453-0926-9, EUR 65,00.

Die historische Reiseforschung nahm ihren Aufschwung in den frühen achtziger Jahren des 20. Jhs. Seitdem ist eine kaum zu überblickende Vielzahl von geschichtswissenschaftlichen und literaturwissenschaftlichen Arbeiten entstanden. Aber auch andere Bereiche wie Geographie oder Ethnologie haben sich der Reiseforschung und des Reiseberichts als Quellengattung angenommen. Einen wesentlichen Beitrag zur historisch-literaturwissenschaftlichen Reiseforschung in Frankreich liefert seit Jahren das »Centre de Recherche sur la Littérature des Voyages« (CRLV), angesiedelt um François Moureau an der Université Paris IV. Aus diesem Umfeld entstammt auch die Studie von Michel Marty, die die französische Reiseliteratur über Polen vom frühen 18. Jh. bis zur Dritten Teilung Polens 1795 untersucht.

Mit dem gewählten Zeitraum folgt die Arbeit dem Schwerpunkt der französischen wie internationalen Reiseforschung, die sich auf das 18. Jh. und hier vor allem auf die zweite Jahrhunderthälfte konzentriert. Daher liegt der Ertrag der Studie weniger in dem gewählten Zeitraum, als vielmehr in der noch zu füllenden Lücke über Reisen ins östliche Europa. Die vorliegende Untersuchung vermag diese Lücke zwar nicht vollständig zu füllen, dennoch liefert sie einen entscheidenden Beitrag zu der noch zu schreibenden Geschichte des Reisens nach und in Osteuropa.

Die Reisenden des späten 18. Jhs. zog es überwiegend nach Frankreich, England, die Niederlande, Italien und in die Schweiz. Andere Teile Europas, darunter Skandinavien, die Iberische Halbinsel und das gesamte östliche Europa, blieben bis ins frühe 19. Jh. weitgehend unentdeckt. Die Forschung zum Thema Reisen folgt bislang im Wesentlichen den Spuren der Zeitgenossen und konzentriert sich auf das westliche Europa. Daß es jedoch auch jenseits der ausgetretenen Pfade etwas zu entdecken gibt, zeigt die Studie von Michel Marty bereits auf quantitativer Ebene. Denn der Autor stützt sich auf rund siebzig Reiseberichte französischer Provenienz über Polen. Teils bestehen diese aus archivalischen Quellen, zumeist handelt es sich um Briefe aus verschiedenen Formen der Korrespondenz. Darüber hinaus hat der Autor über vierzig gedruckte Berichte als Grundlage herangezogen.

Die Vielfalt der Reiseberichterstattung, deren wesentliches Element für Marty in der Authentizität besteht (S. 10, 57), wird im ersten Teil der Untersuchung »Voyager et écrire« vorgestellt. Neben den genannten Formen reicht die französische Reiseberichterstattung über Polen bis hin zu Reiseführern und vereinzelten Pamphleten aus der Zeit der Teilungen. Als wichtigste Formen der Veröffentlichung nennt Marty »relation« und »essai«. Im wesentlichen, so der Autor, folgen die Berichte den üblichen Regeln des Genres im späten 18. Jh., d. h. dem Versichern der Authentizität, dem Anspruch an Objektivität unter gleichzeitiger Berücksichtung eines reichen, unterhaltsamen Stils, den das Publikum verlangte.

Die Vielzahl der Formen der Berichterstattung ergab sich aus einer Reihe unterschiedlicher Reisemotive, die der Autor im Anschluß an einen kurzen Abriß über die politischen und kulturellen Beziehungen zwischen Polen und Frankreich seit Henri III., der 1573 zum König von Polen gekrönt wurde, über Marie-Casimire d'Arquine, die mit Jan III. Sobieski verheiratet war, bis zu Stanisław Leszczynski vorstellt. Die Gründe für Reisen nach Polen oder längere Aufenthalte in der »république du Nord« (S. 22) reichen von der Suche nach Glück (»fortune«, S. 41), über militärische Posten bis hin zu Tätigkeiten als Hauslehrer oder Erzieher beim polnischen Adel. Andere gingen aus Gründen purer Notwendigkeit. Hierzu gehörten Jesuiten, die nach dem Verbot des Ordens in Frankreich 1764 nach Polen gingen, oder vereinzelte Emigranten zu Beginn der Französischen Revolution. Darüber hinaus führt Marty eine Reihe von »missions« an. Hierunter fallen sowohl geheime Aufträge an Agenten, die im Dienste Frankreichs in der Zeit nach der ersten Teilung 1772 nach Polen reisten, als auch Physiokraten, die Stanisław August II. Poniatowski bei dessen

Reformversuchen berieten. Je nach Motiv, so Marty, variierten die Bilder, die die Reisenden über Polen nach Frankreich vermittelten. Vor allem die Physiokraten um Samuel Dupont de Nemours ergriffen für die Reformkräfte um Poniatowski Partei und stellten sich damit explizit gegen das von Voltaire propagierte positive Bild Rußlands und Katharinas, das gleichzeitig ein negatives Polenbild war (S. 53–56).

Der zweite Teil der Studie behandelt unter der Überschrift »Aux confins des Lumières« zunächst Reisepraxis, Routen und Infrastruktur. Anschließend widmet sich der Autor den natürlichen Gegebenheiten der polnisch-litauischen Union, die v. a. für die Physiokraten wichtiger Gegenstand der Beschreibung waren. Das dritte Kapitel geht auf die Einwohner ein. Es beschreibt zunächst den Sarmatismus und dessen Wahrnehmung als spezifisch polnisches Element, bevor die Bevölkerung entlang der Gruppen »le noble«, »le paysan« und »le juif« behandelt werden.

Für viele Reisende, dies zeigt das erste Kapitel, war Polen lediglich ein Durchgangsland auf dem Weg Richtung Rußland und kein Reiseziel an sich, wodurch die Passagen in den Berichten zu Polen oft nur kursorisch blieben. Die Tatsache, daß die Gebiete der polnisch-litauischen Union nur wenig bereist wurden, lag nur teilweise an den Reisebedingungen und der Infrastruktur. Diese seien zwar schwierig gewesen, aber Marty betont zu Recht, daß das Reisen im späten 18. Jh. generell problematisch gewesen sei. Dies gelte auch für andere Länder wie Deutschland oder Frankreich, mit denen die Polenreisenden die Reisebedingungen verglichen (S. 113). Insofern könne von Rückständigkeit in dieser Hinsicht kaum gesprochen werden.

So genau die Reisenden die besuchten Regionen und Landschaften beobachteten – dies gilt v. a. für die physiokratische Perspektive – beschrieben sie kaum Grenzen. Auch in der Zeit der Teilungen, in der die Grenzen der Adelsrepublik revidiert wurden, spielten diese in der Wahrnehmung der Reisenden kaum eine Rolle. Vielmehr beschrieben sie aus Frankreich kommend sukzessive den Übergang Richtung Norden, zu dem Polen neben Skandinavien und Rußland aus der Sicht der Zeitgenossen gehörte. Gerade diese Zugehörigkeit zum Norden, so Marty, sei ein wesentlicher Bestandteil des nicht ausschließlich, aber überwiegend negativen Bildes von Polen. Denn pittoreske Ideallandschaften fanden die Zeitgenossen am Ende des 18. Jhs. in Italien oder in der Schweiz. Der Norden hingegen wurde als Region ohne Landschaft, ohne Dramatik und ohne Bilder (S. 140, 147) wahrgenommen. Oft sogar sprachen die Reisenden von einer feindlichen Landschaft. Diese konnte die Zeitgenossen lediglich im Winter faszinieren, da der Schnee sie harmonisierte und zu einem Spektakel machte (S. 149f.). Zu der überwiegend negativen Wahrnehmung Polens trug bei, daß das Land zwar als fruchtbar beschrieben wurde, jedoch kaum oder unzureichend Nutzen aus den Segnungen der Natur geschlagen wurde. Anders als in Frankreich, das den Zeitgenossen stets als Vergleichs- und Kontrastfolie diente, bestand in Polen somit ein Widerspruch zwischen der Natur und ihrer Ausbeutung. Dieser Widerspruch wurde von den aufklärerischen Reisenden scharf kritisiert, gleichzeitig waren aber einige der Franzosen, die in beratender Funktion in Polen waren, an der Behebung dieser Mißstände in Polen beteiligt. Unter den Aspekten Agrarkultur, Industrie, Handel und Städte ist diese Kritik der Hauptgegenstand des zweiten Kapitels im dritten Teil der Arbeit.

Der abschließende dritte Teil behandelt unter der Überschrift »Au cœur du sujet: l'anarchie polonaise« zunächst die Beschreibung der Polen, des Nationalcharakters sowie der Kleidung, Sitten und Umgangsformen. Das zweite Kapitel widmet sich Agrarkultur, Städten, politischen Institutionen und Religion. Das letzte Kapitel geht aus französischer Perspektive auf die politischen Ereignisse von der Ersten bis zur Dritten Teilung ein.

Besonders die ersten beiden Kapitel machen deutlich, daß die Adelsrepublik oft in scharfen Gegensätzen und Antithesen (S. 201) wahrgenommen wurde. Auf der einen Seite stand der polnische Adel mit all seinen Freiheiten, auf der anderen die Masse der Bevölkerung bestehend aus Bauern und Juden, die »Sklaverei« und »Despotismus« des politischen

Systems der Republik zu ertragen hatten. Auf der einen Seite fand sich der potentielle Reichtum des Landes, der sich jedoch auf die kleine Schicht der Magnaten beschränkte, auf der anderen stand die Armut des Großteils der Bevölkerung. Viele der französischen Beobachter bewunderten einerseits die hohe Bildung und Kultur des Adels. Unwissenheit und Unbildung weiter Teile der Bevölkerung waren in den Augen der aufklärerischen Beobachter andererseits ein wesentlicher Grund für mangelnde Impulse für Industrie und Handel. Das letzte Kapitel, das den politischen Ereignissen von der Ersten Teilung, über die Maiverfassung von 1791 bis hin zum Aufstand von 1794 und zur endgültigen Teilung 1795 folgt, deutet ebenfalls auf eine Wahrnehmung der Adelsrepublik in Extremen hin. So sahen die Beobachter in der Maiverfassung je nach politischem Standpunkt eine Bedrohung des monarchischen Europa, einen revolutionären Akt parallel zu den Ereignissen in Frankreich oder den vorbildlichen Höhepunkt aufgeklärter Politik.

Das Verdienst der Untersuchung von Michel Marty liegt ohne Zweifel darin, einen bislang von der Reiseforschung weitgehend unbeachteten geographischen Bereich nicht nur erschlossen, sondern auch überzeugend dargestellt zu haben. Angenehm wirkt darüber hinaus die knapp gehaltene Einleitung, die auf den beinahe obligatorischen methodischen, theoretischen und begrifflichen Ballast zwischen Diskurs, Narrativität oder Alterität weitgehend verzichtet, um sich rasch dem Gegenstand zuzuwenden. Gerade weil Marty geographisches Neuland betritt, hätten die vielfältigen Teilergebnisse jedoch stärker in den Kontext der Reiseforschung eingeordnet werden können. So hätten sich Besonderheiten der Beschreibung Polens, aber auch Ähnlichkeiten zu anderen Regionen deutlicher herausarbeiten lassen. Letzteres geschieht eher am Rande, so in den Beschreibungen des Nordens, die implizit mit der Wahrnehmung des Südens verglichen werden. So verwundert es, daß Marty zwar die viel beachtete Arbeit von Larry Wolff »Inventing Eastern Europe. The Map of Civilization on the Mind of Enlightenment« (Stanford 1994) zur Kenntnis nimmt, aber nicht weiter diskutiert.

Maßgeblich auf der Basis von Reiseberichten englischer und französischer Provenienz vertritt Wolff die These der Erfindung Osteuropas und damit eines Gegensatzes von West- und Osteuropa seit der Aufklärung entlang normativer Dichotomien wie Forschritt und Rückständigkeit, Zentrum und Peripherie oder Kultur und Barbarei. Ein solch einseitiges Bild des östlichen Europas, hier am Beispiel der Adelsrepublik, findet sich in den von Marty zitierten Quellen nicht bestätigt. Zunächst sprechen die Quellen nicht von Osten, sondern sehen Polen im Norden Europas angesiedelt. Darüber hinaus wurde Polen, zumindest aus französischer Sicht, als sehr heterogen beschrieben und das, was in den Berichten als rückständig ausgelegt wird, scheint vielmehr Teil eines breiten aufklärerischen Diskurses und der Gesellschaftskritik der »philosophes« gewesen zu sein denn spezifisch osteuropäische Rückständigkeit. Die deskriptiv angelegte Arbeit versäumt jedoch leider, die Einzelergebnisse in den breiteren Forschungskontext einzuordnen und sich zu positionieren.

Bernhard Struck, St. Andrews

Johannes Koll, ›Die belgische Nation‹. Patriotismus und Nationalbewußtsein in den Südlichen Niederlanden im späten 18. Jahrhundert, Münster (Waxmann) 2003, 440 S. (Niederlande-Studien, 33), ISBN 3-8309-1209-9, EUR 39,90.

Das Königreich der Belgier, das 2005 mit mehr oder auch weniger Enthusiasmus den 175. Jahrestag seiner Gründung feierte, ist keiner der bevorzugten Gegenstände der deutschen Geschichtswissenschaft. Dies ist insofern recht bedauerlich, als das heutige Belgien in der gesamten Frühen Neuzeit einen zwar weitgehend inaktiven, aber doch nicht zu vernachlässigenden Teil des Alten Reiches bzw. der habsburgischen Hausmacht darstellte und ganz grundsätzlich das Land eine der historisch und kulturell »reichsten« Großregionen Europas bildet. Auch in der belgischen Geschichtswissenschaft ist allerdings die frühneuzeitliche Vorgeschichte des Königreichs alles andere als überforscht, was seinen Grund nicht zuletzt darin findet, daß es im politisch föderalisierten und gesellschaftlich fragmentarisierten Belgien eine »belgische Geschichtswissenschaft« eigentlich kaum mehr gibt. Die hier anzuzeigende Arbeit von Johannes Koll zur Genese der »belgischen Nation« im späten 18. Jh., eine an der Universität Köln von Otto Dann betreute Dissertation, stößt also in eine große Lücke und setzt die »Vorgeschichte« Belgiens neu auf das Tableau des Faches und dies keineswegs nur in Deutschland.

Nach einer Umschreibung des Begriffsfeldes »Belgien/Niederlande« im frühneuzeitlichen Sprachgebrauch bietet denn auch das Tableau der Geschichtswissenschaft den ersten Ansatzpunkt für Kolls Untersuchung bzw. den Ausgangspunkt belgischer Natiogenese, war doch die zweite Hälfte des 18. Jhs. in den Österreichischen Niederlanden geprägt von kultur- und gerade auch geschichtspolitischen Initiativen der Brüsseler Regierung im Auftrage Wiens. Der Landesherrschaft ging es darum, die Kohäsion der entlegenen Provinzen zu stärken, und sie setzte hierfür auf die Förderung von Wissenschaft und Künsten auf »gesamtbelgischem« Niveau. In diesen Kontext gehörten die neubegründete Brüsseler Akademie der Wissenschaften ebenso wie ein Projekt zu belgischen Geschichtsquellen und ein anderes zur Abfassung einer »Histoire Générale des Pays-Bas autrichiens«, die der Verfasser als den ersten Versuch einer belgischen Nationalgeschichte einstuft. Die eingangs angesprochene Desintegration der belgischen Universitätslandschaft unserer Tage zeigt sich in dieser Perspektive als ein sehr zentrales Moment von Staats- bzw. Nationszerfall, alles andere als ein Epiphänomen.

Erkennbar ging es in Belgien im späten 18. Jh. darum, wie dies auch in anderen Nationsbildungsprozessen beobachtet wurde, mit wissenschaftlicher Unterstützung eine nationale Gemeinschaft zu imaginieren und gemeinsame Traditionen vielleicht nicht zu »erfinden«, aber doch das Bewußtsein dafür zu schärfen. Daß diese Nation also, wie alle anderen auch, zunächst eine Sache der Gebildeten war, versteht sich von selbst. Als Teil der Nation imaginiert wurden jedoch alle Stände, wie Koll in seiner Analyse eines Programmes zur belgischen Nationalerziehung deutlich macht, mit dem, so könnte man angelehnt an Eugen Weber sagen, »peasants into Belgians« verwandelt werden sollten bzw., richtiger gesagt, »into Austro-Belgians«, denn diese erste Phase der belgischen Nationsbildung spielte sich in vollkommenem Einverständnis mit der österreichischen Landesherrschaft ab.

Dieses Einverständnis war bekanntermaßen von da an nicht mehr gegeben, als der – Koll hält am traditionellen Begriff fest – »Aufgeklärte Absolutismus« Josephs II. mit den Verfassungstraditionen der südlichen Niederlande brach. Wie in Ungarn schuf sich der gekrönte Revolutionär so auch in Belgien jene Opposition selbst, an der er letztlich scheitern sollte, und er radikalisierte sie. Standen zunächst nach eingeübtem Muster nur »Neuerungen« und die »schlechten Berater« des Kaisers in der Kritik, geriet dieser ab 1789 selbst in die Schußlinie, wurde als Urheber der Mißstände ausgemacht und persönlich attackiert. Die erste belgische Revolution war also eigentlich zunächst eine Gegenrevolution: konservativ motiviert und aus den Traditionen alteuropäischen Widerstandsrechts gespeist. Zu Recht sieht Koll vielfach Parallelen zum Aufstand gegen Philipp II., und ebenso zeigte die Szenerie des englischen Bürgerkrieges ähnliche Züge. Auch der vom Verfasser etwas vernachlässigte Aspekt einer typischen »provincial rebellion« (Perez Zagorin) gegen die entlegene, entfremdete Zentralgewalt unterstreicht diese konservative Grundfärbung; daß in Belgien, anders als gleichzeitig im revolutionären Frankreich, Adel und Geistlichkeit nicht in der Kritik standen, kann also nicht sonderlich überraschen (S. 159).

Die durch Radikalität und Intransingenz der Regierung Josephs II. bedingte Eskalation des Konflikts zeichnet Koll sensibel und detailliert nach. Inwieweit die revolutionären Ereignisse in Paris bzw. ihre Wahrnehmung den Prozeß beeinflußten, wird allerdings nicht klar. Von der amerikanischen Revolution und Verfassungsgebung grenzten sich die belgischen Revolutionäre jedenfalls deutlich ab. In jedem Fall auch, scheint die Leichtigkeit des ersten Erfolges über das kaiserliche Militär Forderungen in die Höhe getrieben und politische Phantasie mobilisiert zu haben: Leistete man 1788 noch im Namen des politischen Körpers des Landesherrn Widerstand gegen den natürlichen Körper Josephs II., so war Mitte 1789 der Punkt erreicht, in dem, auch vom Hochadel, nicht mehr und nicht weniger als eine Republik der belgischen Nation angestrebt war – einer Republik, die allerdings jemand wie der Herzog von Arenberg weiterhin im Reichsverband verankert sehen wollte (S. 319).

Dies war zwar nicht *communis opinio* der Revolutionäre, wie die schön ausgewählte, leider nur wenig kommentierte Abbildung eines zeitgenössischen »Löwenspiels« verdeutlicht, auf der der flämische Löwe versucht, den Reichsadler mit dem Schwert zu zerteilen (S. 268). Festzuhalten bleibt aber, daß die belgische Nation sich offenkundig nicht in heftiger Reaktion auf angebliche oder tatsächliche »Fremdherrschaft« konstituierte. Von entsprechenden Stimmen und Versuchen »nationaler« Feindbildkonstruktion ist nicht die Rede; Beharren auf dem Indigenat gegenüber »fremden« Postenjägern war normales Bestandteil der politischen Kultur Alteuropas. (Die ausführliche Begründung, es sei dies nicht als Fremdenfeindlichkeit im modernen Sinne zu verstehen, erscheint etwas unmotiviert, S. 128).

In bezug auf die Deutschen in Moderne und gerade auch Vormoderne ist vor einiger Zeit von Georg Schmidt und Dieter Langewiesche das Interpretament der »föderativen Nation« vorgeschlagen worden, eine Position, die in die Arbeit Kolls keinen Eingang mehr finden konnte. Für die Belgier des späten 18. Jhs. zeichnet Koll ein nicht unähnliches Bild, insistiert aber, mit Blick auf eine der die Revolution tragenden Faktionen und aus guten Gründen stärker auf dem »ständisch-korporativen« Nationsverständnis (S. 326, 382). Es ließe sich hier also für das revolutionäre Belgien der Jahre 1789/90 von einer noch immer »korporativen Nation« sprechen, freilich bereits mit demokratisch-egalitärem Entwicklungspotenzial (S. 234–236).

Koll verdeutlicht nachdrücklich die Doppelgesichtigkeit sowohl der belgischen Revolution als auch der belgischen Nation des späten 18. Jhs., die jeweils gezeichnet waren von zunächst stark traditionalen, konservativen Momenten bzw. Strukturen, diese jedoch zugleich mit beachtlicher Dynamik in Richtung auf Radikalisierung und »Modernisierung« von Politik und Gesellschaft verbanden. Die belgische Revolution ist insofern ein Musterbeispiel dafür – und dies dank der Arbeit Kolls sehr viel klarer als die Entwicklung in Frankreich – wie aus »Altem« »Neues« entsteht. Denn es war die Postulierung und Imaginierung der »belgischen Nation« als eines zusammengesetzten, aber doch einigen Subjekts, das schließlich sogar die nicht-habsburgischen Territorien (von »Staaten« sollte man nicht ernsthaft sprechen, z. B. S. 371) Lüttich, Stavelot und Bouillon einschloß, die der belgischen Revolution ihre, gemessen an älteren Stände- oder Provinzrevolten dann letztlich doch »neue« Qualität verlieh.

Die Arbeit beschreibt und analysiert also einen exemplarischen Nationsbildungsprozeß zwischen dem 18. und 19. Jh. und dies auf durchaus exemplarische Weise. Dem stets gut lesbaren, sinnvoll illustrierten Buch sind zahlreiche Leser gerade auch in Belgien zu wünschen.

Verschiedentlich irritierend ist allerdings – und das sei dann doch angemerkt –, daß Kolls Perspektive sehr stark die des 19. Jhs. ist. Ihm geht es darum, das »Moderne« und »Zeitgemäße« herauszuarbeiten, es gegen das »Anachronistische« abzusetzen (S. 184, 212).

Was allerdings 1788 »zeitgemäß« war, ist eine Frage die, wenn sie denn so überhaupt gestellt werden kann, nicht unbedingt aus einer Perspektive bzw. nach Maßstäben von 1791, 1815 oder gar 1830 beantwortet werden sollte.

Martin Wrede, Gießen

Nigel Aston, The French Revolution, 1789–1804. Authority, Liberty, and the Search for Stability, Basingstoke (Palgrave Macmillan) 2004, XX–310 S. (European History in Perspective), ISBN 0-333-61175-6, GBP 49,50.

»Die Französische Revolution ist beendet.« Dieses Diktum des späten François Furet hat sich auf erstaunliche Weise in Frankreich bewahrheitet. Zwar quellen immer noch im Heimatland der Revolution die Detailstudien (darunter die des Furet-Schülers Patrice Guennifey), aber seit Furets und Sobouls Tod ist keine Gesamtdeutung mehr erschienen. Sollte vielleicht der Anstoß von außen kommen müssen, wie dies in früheren Zeiten schon gelegentlich der Fall war (man denke an Sybel, Cobban oder Palmer)? Das einzige Werk, das dies zum *bicentenaire* zu leisten versprach – Simon Schamas »Citizens« – blieb in Frankreich und wohl als Folge davon auch in Deutschland auffallend wenig beachtet. Dabei hatte Schama den beachtlichen Versuch unternommen, nicht nur die letzten Bastionen der jakobinisch-marxistischen Geschichtsschreibung zu schleifen, sondern auch das Revolutionsthema für die Narration zurückzugewinnen, wobei ihm freilich, wie so manchem vor ihm, im Verlaufe der Erzählung die ›Puste‹ ausging, so daß die Zeit der Terreur vergleichsweise zu kurz kam und mit dem Tod Robespierres wieder einmal zu früh der Vorhang fiel …

Von dem hier anzuzeigenden Buch »The French Revolution 1789–1804« des in Leicester lehrenden Historikers Nigel Aston ist eine solche neue Gesamtschau schon von seiner Konzeption her nicht zu erwarten. An ein studentisches Publikum gewandt und in gleicher Weise als Lesehilfe wie als Bündelung von gesicherten Wissensbeständen geeignet, bietet es gleichwohl die interessante Gelegenheit zu sehen, von welchen Voraussetzungen her eine solche Neubetrachtung der Französischen Revolution zu bewerkstelligen wäre. Es erfüllt damit eine ähnliche Aufgabe, wie es für den deutschen Bereich die ebenso lesenswerten wie hilfreichen Darstellungen von Schulin und Reichardt bieten.

Noch stärker als diese weicht der englische Historiker einer chronologischen Konzeption aus und ordnet das Thema in vier Blöcken: Auf einen faktengeschichtlichen Überblick von 60 Seiten folgt ein zweiter Teil (»the creation of a new political culture«) sowie eine Analyse der gesellschaftlichen Veränderungen (»the revolution and its social impact«) und schließlich eine abschließende Beurteilung der Französischen Revolution als europäisches und transatlantisches Ereignis (»the revolution and the wider world«). Innerhalb der Einheiten folgt die Darstellung im wesentlichen der zeitlichen Progression, wobei es Aston gelingt, auf vergleichsweise kleinem Raum die Ereignisse verschiedenster Forschungsstränge zu bündeln. So erfährt der Leser ebenso interessante Details über die Beziehung der Französischen Revolution zur Antike wie über die fortschreitende Militarisierung der politischen Symbolwelt (wobei die Armee und nicht die Klubs den eigentlichen Transmissionsriemen für die Ausbildung eines neuen politischen Bewußtseins bildete), aber auch über die Emigration, über die, wie Aston zurecht beklagt, immer noch völlig falsche Vorstellungen im Umlauf sind, obwohl sie doch für Zehntausende von Franzosen (und zwar nicht nur Angehörige des Adels und des Klerus) eine elementare Erfahrung darstellte, deren Folgephänomene zu den Grundtatsachen gehören, die die moderne Welt kennzeichneten. Ebenso sind auch die Ausführungen über das Ausmaß und das Gesicht der »grande terreur« als sehr ausgewogen und differenziert zu bezeichnen; zudem bietet der Text dem Leser hier wie auch an anderen Stellen des Buches eine rasche Orientierung über die neueste, also besonders die nach 1989 erschienene Literatur.

Es mag enttäuschen, daß der Autor – sieht man von der Aufsplitterung der Chronologie auf drei Ebenen ab – bei der Aufbereitung der riesigen Stoffmasse eher traditionell vorgeht. Weder die Umkehrung des Anfangs wie bei Schulin noch die Veränderung der Perspektive hin auf eine konsequente Nicht-Paris-Sicht der Französischen Revolution wie bei Reichardt finden sich hier. Auch die Hereinnahme des Konsulats entpuppt sich bei genauerem Hinsehen als Déjà-Vu-Phänomen: Altmeister Alphonse Aulard ging bekanntlich schon so vor, und das scheint kein Zufall zu sein, denn wie dessen »Histoire politique de la Révolution française« setzt sich Astons Buch zum Ziel, eine Darstellung zu sein, die über die Gräben der Vergangenheit hinweg die gemeinsame – positive – Basis der Revolution umreißt. Nur tut sie das nicht mehr, wie die Deutung des Paradehistoriographen der Dritten Republik, unter vorrangig politik- und verfassungsgeschichtlichem Blickwinkel, sondern sie versammelt die sozialen und kulturellen Errungenschaften, die auch der grimmigste Revisionist der Französischen Revolution nicht streitig machen kann, und setzt Bonaparte als vermeintlichen Schlußpunkt dieser gesellschaftlichen Metamorphose obendrauf.

Die Bilanz ist dennoch ernüchternd genug. In seiner Schlußbetrachtung kommt der Autor zu der Feststellung, daß keines der traditionellen Argumente, das die Blockthese absichern sollte, wirklich sticht: Weder war der Krieg unvermeidlich, um die Revolution nach außen und nach innen durchzusetzen, noch hat die Gesetzgebung des Konvents der Masse der Bauern wirklich geholfen. Diese erlebten den Staat vielmehr in einem Maße wie nie zuvor als Bedrohung ihrer bäuerlichen Existenz: sei es als Eintreiber neuer Steuern, als effeziente Terrormaschine, die ihr Vieh und ihre Ernte requirierte, oder schließlich als Leviathan, der ihre Söhne verschlang.

»Wäre die Revolution doch früher zum Abschluß gekommen«: in diesen Seufzer liberaler Historiker fällt Aston gleichwohl nicht ein. Vielmehr zeigt er mit großer Luzidität, wie die Entwicklung seit den von den Zeitgenossen als traumatisch erlebten Oktobertagen 1789 (ein Ereignis, das gerade die ausländischen Beobachter stärker beeindruckte als der Fall der Bastille) auf einen Kulturkampf zulief, den der König in dem Maße, wie sich die Kirchenfrage verschärfte, als ihm aufgezwungenes Martyrium begriff, während er die große Masse der ländlichen Bevölkerung der Revolution entfremdete. So wurde die Französische Revolution zur ersten Erprobung eines für die Moderne maßgebenden Erfolgsmodells: der Errichtung der Herrschaft einer Minorität im Namen aller. Damit allerdings, so Aston, sei die weitere Entwicklung hin zu einer Militärdiktatur vorgegeben gewesen, denn nur eine solche sei langfristig imstande gewesen, die durch die Revolution aufgeworfenen Gräben wenn nicht zu schließen, so doch notdürftig zu überbrücken. »Having once opened Pandora's Box closure was always going to be problematic, with the army, responsive to a charismatic general, the most likely instrument of restoring authoritiy and ending the experiment with liberty, which tended for too many to chaos rather than enhaunced personal choices« (S. 254).

Mit dieser Feststellung sichert Aston zugleich seine Hereinnahme des Konsulats ab. Die sich anschließende Frage, ob denn die Chance einer Stabilisierung, die der Regierungsantritt Napoleons (für Aston der Sieg des Unpolitischen über die Politik) bedeutete, nur durch dessen fatale Persönlichkeit verdorben wurde oder durch ›systemische‹ Faktoren zum Scheitern verurteilt war, kann er im Rahmen seiner Untersuchung natürlich nicht beantworten. So bleibt das Fazit, daß die Französische Revolution, ungeachtet ihres nach wie vor positiven Bildes von sich selbst, vor allem eine elementare Verunsicherung bedeutete: »The Revolution offered disruption rather than opportunitiy, death rather than life … It permanently changed the map of Europa and, for the first time since the classical world, revived the viability of republicanism as a form of government at the same time as it showed that a european state need not be confessionally Christian, indeed could be confessionally anti-Christian. If one seeks to be in at the birth of the modern world it is hard to avoid starting with the French Revolution« (S. 259f.).

Festzuhalten bleibt, daß Astons Buch zwar noch nicht die große Darstellung ist, die die postmoderne Sicht auf die Französische Revolution in eine stringente Erzählung umwandelt (wenn man denn die Französische Revolution heute überhaupt noch erzählen kann), daß hier aber eine Studie vorliegt, die den aktuellen Stand der Forschung in imponierender Weise bündelt, die durch ihre Sicht auf die weniger ausgeleuchteten Pfade des großen Geschehens besticht und die dem deutschen Benutzer ein gutes Werkzeug an die Hand gibt, um sich im französischen und im anglo-amerikanischen Schrifttum, die beide nach wie vor den Löwenanteil der Revolutionshistoriographie ausmachen, schnell und zuverlässig zurecht zu finden.

Klaus DEINET, Wuppertal

Laurent DINGLI, Robespierre, Paris (Flammarion) 2004, 605 S. (Grandes biographies), ISBN 2-08-068199-0, EUR 25,00.

An der Gestalt des »Unbestechlichen« scheiden sich nun seit über 200 Jahren die Geister, und keine andere Persönlichkeit der Französischen Revolution ist mit einer vergleichbaren Zahl und Vielfalt von Biographien, wissenschaftlichen Einzelbeiträgen, Pamphleten und mehr oder weniger fundiert geführten Polemiken bedacht worden. Mit seinem umfangreichen und auf einer beachtlichen Quellen- und Literaturbasis beruhenden »Robespierre« reiht sich Laurent Dingli, der sich zuvor bereits als Biograph erfolgreich an so unterschiedlichen Sujets wie Jean-Baptiste Colbert, den Sohn des berühmten Ministers Ludwigs XIV., und den Industriellen Louis Renault versucht hat, in die nicht abreißende Reihe von Deutern und Kritikern dieser umstrittenen Gestalt ein.

Was sind die Gründe für diese Attraktivität Robespierre, die hier erneut zu einem ihm gewidmeten Opus von über 600 Seiten geführt hat? Nüchtern betrachtet, ist diese nicht ohne weiteres selbstverständlich: Trotz einiger vielbeachteter und ideologisch bedeutsamer Stellungnahmen zu Schlüsselfragen der Revolution seit der Anfängen, gelangte Robespierre erst während der Wohlfahrtsdiktatur und der Terreur 1793/94 zu wirklicher politischer Macht und unmittelbarer Verantwortung für die Geschicke der jungen Französischen Republik. Doch auch als führendes Mitglied des Wohlfahrtsausschusses blieb er – trotz aller gegen ihn erhobenen Vorwürfe einer persönlichen Diktatur – wesentlich vom politischen Rückhalt unter den Abgeordneten des Konvents und seitens seiner Kollegen im Wohlfahrtsausschuß abhängig. Aus ideologischer Sicht gehörte Robespierre nicht zu den radikalsten Gestalten der Revolution, man denke etwa an Babeuf, Marat oder in gewisser Hinsicht auch Saint-Just, und hinsichtlich des Reformwerkes der Revolution hatten einige seiner politischen Kollegen einen sehr viel nachhaltigeren Einfluß, wie z. B. Emmanuel Joseph Sieyès auf die verfassungtheoretischen Konzepte der Revolutionszeit oder Lazare Carnot hinsichtlich des Aufbaus und der Organisation des revolutionären Massenheeres.

Wenn Robespierre dennoch Historiker, Publizisten und gelegentlich auch noch den einen oder anderen Politiker nicht zu Ruhe kommen läßt, so ist dies daher nur zum Teil auf seine tatsächliche Rolle in diesen Schlüsseljahren der französischen Geschichte zurückzuführen. Zwei andere Faktoren haben dazu beigetragen, daß der »Unbestechliche« als Gestalt eine seine historische Rolle zumindest teilweise transzendierende Bedeutung gewonnen hat, die immer wieder neue Deutungsversuche und Stellungnahmen hervorruft:

Der erste dieser Faktoren ist, daß Robespierre aufgrund der unbeugsamen Vertretung seiner ideologischen Prinzipien, der ideologisch gerechtfertigten und bis zur Vernichtung getriebenen unbarmherzigen Verfolgung des politischen Gegners, der versuchten völligen Verschmelzung von Person und Idee und des letztendlichen Scheiterns an dem unüberbrückbar gewordenen Graben zwischen Utopie und politischer Realität zu einer Symbolfigur für den Typus des sich an der Macht versuchenden und scheiternden radikalen politische Ideologen in der Moderne geworden ist. Wer immer sich mit dem Ausftieg und Verfall revolutionärer Ideoligien und ihrer Träger im 19. und 20. Jahrhundert befaßt, kommt an einer Beschäftigung mit Robespierre als Referenzpunkt einfach nicht vorbei, wobei dessen bis zur Selbstopferung getriebene Identifizierung mit den eigenen politischen Idealvorstellungen eine gewisse Aura der Unbedingtheit hinzufügt, die die einen mit Erschrecken und die anderen mit (zumindest heimlicher) Faszination erfüllt.

Der zweite Faktor ist die Tatsache, daß Persönlichkeit und Ideologie Robespierres durchaus in enger Verbindung mit den machtvollen politischen und sozialen Veränderungen und der kollektiven Werteveränderung und -krise während der Revolutionszeit standen und in erheblichem Maße von diesen getragen wurden. Obwohl der »Unbestechliche« selbst immer wieder gerne das Bild des einsam-heroischen Verteidigers der revolutionären Prinzipien für sich beschwor, war er eben in wesentlichem Maße kein »Einzeltäter«, sondern Protagonist eines weite Teile der Gesellschaft und der neuen politischen Eliten erfassenden Umbruchprozesses und erfuhr als solcher auch zumindest in Teilen der Bevölkerung eine vorübergehende echte Popularität ebenso wie eine beträchtliche Unterstützung unter den neuen politischen Eliten des revolutionären Frankreich. Dies ist in Frankreich später immer mit einem gewissen Unbehagen zur Kenntnis genommen worden, das sich auch teilweise noch in der von François Furet und Denis Richet in den sechziger Jahren entwickelten These von der »Entgleisung« *(dérapage)* der Revolution während der Wohlfahrtsdiktatur entdecken läßt.

Es ist offenkundig vor allem dieser zweite Faktor, der Laurent Dingli in seiner gehaltvollen Biographie beschäftigt hat. Obwohl sich das Werk aller Aspekte der Lebens und Wirkens von Robespierre annimmt, liegt seine primäre Stärke in einer erhellenden kritischen Analyse und Bewertung der Wechselbeziehung zwischen der Persönlichkeit, den Ideen und dem politischem Handeln des »Unbestechlichen« einerseits und dem der massenpsychologischen Dynamik der Revolution mit ihren spezifischen kollektiven Erwartungen, Ängsten und zerstörerischen Tendenzen andererseits.

Während Robespierre selbst sich immer gern als einsamer Mahner und Kämpfer präsentierte und auch in der Historiographie oft genug als Ausnahmegestalt (mit teilweise psychopathischen Zügen) dargestellt worden ist, macht Dingli deutlich, daß es in vielerlei Hinsicht eine symbiotische Beziehung zwischen der Persönlichkeit des Unbestechlichen und dem revolutionären Umbruch von 1789 gab. So arbeitet Dingli im ersten, der Jugend und dem Aufstieg gewidmeten Teil überzeugend heraus, daß Robespierre aufgrund seiner unglücklichen Kindheit (früher Verlust der Mutter, Verschwinden des Vaters) mit erheblichen Verlassenheits- und Identitätsängsten zu kämpfen hatte, die in gewisser Weise ähnlichen kollektiven Ängsten in Frankreich am Vorabend der Revolution entsprachen, die durch die offenkundig im Verfall begriffener staatlichen, gesellschaftlichen und religiösen Strukturen bedingt waren. Deutlich wird, daß der von Robespierre seit seinen politischen Anfängen immer wieder beschworene Kontrast zwischen einer sozial und politisch korrumpierten Gegenwart und einer verlorenen idealen Welt, die es durch moralische Erneuerung wiederherzustellen galt, durchaus gängigen Vorstellungen in dem teilweise von stark messianischen Katastrophen- und Heilserwartungen durchdrungenen geistigen Klima am Vorabend der Revolution entsprach.

Die nachfolgenden verschiedenen Phasen der politischen Karriere des »Unbestechlichen« werden umfassend und mit sorgfältigen politischen Kontextanalysen dargestellt, wobei der häufige Rückgriff auf die Originalquellen – der heute bei Biographien rar geworden ist – zur Qualität beiträgt. Dingli argumentiert schlüssig, daß ein wesentlicher Grund für den Aufstieg und den bis zur Massenwirksamkeit reichenden Einfluß Robespierres in der Parallelität zwischen seiner persönlichen und der kollektiver Verunsicherung und der Antworten hierauf zu suchen ist: Mit seinem persönliche Verunsicherungen und Ängste kompensierendem starren Festhalten an der chaotisch-unbefriedigenden Realität entgegengesetzten sozialen und politischen Idealvorstellungen entsprach der »Unbestechliche« entsprechenden kollektiven Verunsicherungen und Bedürfnissen nach kompensatorischen Gewißheiten. Die heute teilweise befremdlich anmutende pathetisch-moralisierende Tugendideologie mit ihrem manichäischen Weltbild konnte daher sowohl dem »Unbestechlichen« persönlichen Halt und Rechtfertigung als auch vielen seiner Mitbürger eine Chaos, Wertezerfall und Zukunftsangst entgegengesetzte Deutung der Ereignisse und des noch zu gehenden Weges bieten. Dasselbe gilt nach Dingli auch für die in der Terreur gipfelnde

Gewaltbereitschaft: Den persönlichen Bedrohungs- und Verschwörungsängsten Robespierres, die in der Märtyrer-Rhetorik seiner Reden vor dem Konvent besonders deutlich zum Vorschein kamen, entsprachen durchaus ähnliche kollektive Ängste einer durch den revolutionären Umbruch, den Zerfall der etablierten Werte und den Krieg zutiefst verunsicherten Bevölkerung. Sowohl die persönliche als auch die kollektive Antwort hierauf war eine Eskalation der Gewalt gegen alle, die tatsächlich oder vermeintlich mit dieser Bedrohung in Zusammenhang gebracht werden konnten, dies nicht zuletzt auch – wie sorgfälig herausgearbeitet witrd – mit besonderen Elementen des Fremdenhasses. Vor diesem Hintergrund muß die Terreur nach Dingli denn auch als ein kollektives Phänomen betrachtet werden, das Robespierre zwar ideologisch verschärfte und gegen bestimmte Gruppen politischer Gegner kanalisierte – und insoweit auch dafür die Verantwortung trug –, das ihn zugleich aber auch gefühlsmäßig und intellektuell voll selbst einbezog und erfaßte.

Ein interessantes, wenn auch etwas abstrakteres Argument Dinglis in diesem Zusammenhang ist, daß Robespierre mit seinem »Kult der Märtyrer« der Revolution und seinem später zunehmend in Bezug auf sich selbst beschworenen Opfertod für die Tugenden und Prinzipien der revolutionären Republik eine persönliche und kollektive Antwort auf eine Ende des 18. Jhs. durch den Zerfall des dem Tod vormals einen Sinn verleihenden religiösen Werterahmens zu geben. So habe die Dechristianisierung vor und während der Revolution den Einzelnen in einer zuvor unerhörten Weise mit seiner Endlichkeit konfrontiert und eine neue Angst vor einem Tod ohne Sinn und Weiterleben im Jenseits erzeugt. Der revolutionäre »Kult des Höchsten Wesens« und das ewige Weiterleben der revolutionären Märtyer in der kollektiven Erinnerung der Republik erscheint vor diesem Hintergrund als ein Versuch, diese so erschreckende Leere durch ein neues Wertesystem und die Idee eines »sinnvollen« Todes zu füllen.

Obwohl aber Robespierre fraglos »seinen« Tod im Sinne eines vor allem auch durch die eigene Realitätsverweigerung und Kompromißunfähigkeit hervorgerufenen Endes erreicht hat, ist dies nach Dingli dennoch nicht der von ihm propagierte und wohl auch persönlich angestrebte *belle mort* gewesen. Schließlich triumphierten am Ende doch die »Korrumpierten« und wurde er selbst unter den Hochrufen der Masse auf die Nation am 10. Thermidor als ein Verräter an der Republik hingerichtet. Zu Recht verweist Dingli auch darauf, daß zwar Robespierres Ziel, den Ärmsten und Entrechteten des Landes eine politische Stimme zu verleihen, 1792 bis 1794 teilweise erreicht wurde, daß aber die Maßnahmen zur Verbesserung ihrer sozialen und wirtschaftlichen Situation weitgehend wirkungslos und in jedem Fall weit hinter dem ideologischen Anspruch zurückblieben. Obsediert von den großen Prinzipien und gänzlich davon beansprucht, diese gegen tatsächliche und imaginäre Feinde zu verteidigen, ist es Robespierre nicht gelungen, in diesem zentralen Aspekt seiner Ideologie den Graben zwischen utopischem Anspruch und praktischer Umsetzung zu überwinden.

Der Band ist chronologisch aufgebaut, mit sechs Teilen, die von der Jugend und den Anfängen der politischen Karriere in Arras bis zur in den 9. Thermidor mündenden Krise der Terreur die verschiedenen Abschnitte von Robespierre Leben und Wirken behandeln. Die letztlich immer etwas artifizelle Untergliederung eines kontinuierlich »gelebten« Lebens hat immer ihre Tücken, und auch Dingli kann diesen nicht gänzlich entgehen. So fragt man sich beispeilsweise, warum wesentliche Aspekte des Privatlebens Robespierres und seiner Einstellung zu Frauen, die teilweise mehrere Jahre zurückgehen, erst im letzten, in der Thermidorkrise gipfelnden Teil des Bandes behandelt werden. Insgesamt aber ist die chronologische Struktur überzeugend und wird durch eine gelungene Untergliederung in thematisch orientierte Kapitel und Unterkapitel aufgelockert und bereichert.

Man könnte sich in einigen Teilen der Biographie etwas mehr Analyse des politischen Kontextes des Handelns Robespierres, so etwa zur komplexen und fragilen Dynamik des Machtdreiecks von Konvent, Wohlfahrtsausschuß und Jakobinerklub wünschen. Gelegentlich greift Dingli auch etwas überreichlich auf direkte Zitate aus den Reden zurück. Insgesamt aber handelt es sich um ein sehr gehaltvolles Werk, das vor allem das Verdienst hat, Robespierre als zugleich Treibenden und Getriebenen des gewaltigen kollektiven Umbruchs der Revolution verständlich zu machen, und dem Titel der Reihe »Grandes biographies« des Verlages Flammarion durchaus Ehre macht.

Jörg Monar, Straßburg

Les Physiocrates et la Révolution française, par Reinhard Bach, Florence Gauthier, Éric Gojosso et al., Paris (Picard) 2004, 224–447 S. (Revue française d'histoire des idées politiques, 20), ISBN 2-7084-0727-9, EUR 28,00.

Die wichtigste ökonomische Theorie der letzten Jahrzehnte des Ancien Régime, die Physiokratie, versuchte mehrfach Einfluß auf die französische Politik auszuüben: Die durch den Gründers der physiokratischen Schule, François Quesnay (1694–1774), Leibarzt Ludwigs XV. und Protegé der Madame de Pompadour, formulierte Kritik am politisch noch immer vorherrschenden Colbertismus, oder die ambitionierten physiokratischen Reformen Turgots als Generalkontrolleur der Finanzen in den ersten beiden Regierungsjahren Ludwigs XVI. sind dafür nur die bekanntesten Beispiele. Jedoch gelang es auch mit Hilfe des physiokratischen Ansatzes nicht, eine nachhaltige Gesundung der französischen Wirtschafts- und Haushaltslage noch vor 1789 zu bewirken.

Nicht zuletzt dieses mit der Entlassung Turgots 1776 verbundene Scheitern der Physiokratie schien lange Zeit die in der wirtschafts- und ideengeschichtlichen Forschung vorherrschende Meinung zu belegen, wonach die Bedeutung der physiokratischen Ansichten für politisches Denken und Handeln im wesentlichen auf die vorrevolutionäre Zeit beschränkt geblieben sei. Einflüsse der Physiokraten auf die Politik der Französischen Revolution ab 1789 sind deshalb bisher nur am Rande berücksichtigt worden. Daß sie jedoch durchaus bestanden, hatte Tocqueville schon 1856 festgestellt: »Toutes les institutions que la Révolution devait abolir sans retour ont été l'objet particulier de leurs attaques«[1]. Es besteht also weiterer Klärungsbedarf sowohl bezüglich der exakten ideengeschichtlichen Einordnung der durch naturrechtliche Vorstellungen, monarchisch ausgerichtete Staatsauffassung und Kritik des Ancien Régime zugleich gekennzeichneten Physiokratie, als auch im Hinblick auf die Frage nach der Bedeutung der physiokratischen Ideen in den politischen Debatten der Revolutionszeit.

Deshalb ist es erfreulich, daß das zweite Heft des Jahres 2004 der »Revue française d'histoire des idées politiques« sich ausschließlich diesem Fragenkomplex widmet. Einleitend scheint jedoch eine Präzisierung des sehr allgemein gehaltenen Titels des Bandes »Les Physiocrates et la Révolution française« notwendig: Im Mittelpunkt der hier versammelten Studien stehen zwei physiokratische Autoren, ihr Werk und teilweise dessen Rezeption: Pierre-Paul Le Mercier de La Rivière (1719–1801), Autor des einflußreichen »L'Ordre naturel et essentiel des sociétés politiques«, eines Hauptwerkes der physiokratischen Schule, und Pierre Samuel Dupont de Nemours (1739–1817), Quesnay-Schüler und zeitweiliger Mitarbeiter Turgots.

Der Greifswalder Romanist Reinhard Bach eröffnet den Band mit einem Überblick über »Les Physiocrates et la science politique de leur temps« (S. 229–259). Ein Großteil seiner Analyse basiert auf einem Vergleich des besagten »L'Ordre naturel et essentiel des sociétés politiques« Le Merciers von 1767 mit dem nur fünf Jahre zuvor erschienenen »Contrat social« Jean-Jacques Rousseaus. Bach betont zu Recht, es handele sich bei der Physiokratie

1 Alexis de Tocqueville, L'Ancien Régime et la Révolution, hg. von Françoise Mélonio, Paris 1988, S. 249.

um die zweite, Rousseau ebenbürtige »impulsion innovatrice« (S. 229) der französischen politischen Theorie der zweiten Hälfte des 18. Jhs. Beide Ansätze seien in einem Spannungsverhältnis zu sehen, so daß das Werk Le Merciers gleichsam eine erste ausgreifende Rousseaukritik dargestellt habe.

Trotz unübersehbarer konzeptioneller Inkompatibilitäten gingen die aufgeklärten Rousseauschen und die physiokratischen Vorstellungen von Gesellschaft und Politik gegen Ende des 18. Jhs. bei verschiedenen Autoren amalgamhafte Verbindungen ein. Bach zeigt an Schlüsselbegriffen wie »égalité«, »utilité« oder »opinion publique« Differenzen, aber auch die – vor allem terminologischen – Berührungspunkte beider Lehren auf. Nicht nur die Schriften Sieyès' und Condorcets stünden unter physiokratischem Einfluß, sondern auch Teile des Gedankenguts maßgeblicher Materialisten wie d'Holbach und Helvétius fänden hier ihren Ursprung. Aufschlußreich sind dabei auch die Ausführungen zur Übernahme von Anschauungen physiokratischer Provenienz in den sogenannten Revolutionskatechismen, wie sie zum Beispiel von Mirabeau (1791) und Volney (1793) überliefert sind.

Abschließend wirft Bach einen kurzen Blick auf Sieyès' »Qu'est–ce que le Tiers État?«, um hier das Fortdauern von rousseauistisch überformten »invariants essentiels de la pensée physiocrate« (S. 256) zu konstatieren. Sieyès' Vorstellungen widersprachen jedoch der physiokratischen Lehre in grundsätzlichen Punkten. Die Annahme Bachs, es handele sich bei diesem Schlüsseltext des Jahres 1789 um eine Fortsetzung der Auseinandersetzung Le Merciers mit Rousseau müßte noch durch weitere Textanalysen erhärtet werden.

Florence GAUTHIER (Paris) widmet sich einem wesentlichen Aspekt der bisher nur lückenhaft bekannten Biographie Le Merciers: seinem Wirken für die französischen Kolonien in Amerika (Le Mercier de la Rivière et les colonies d'Amérique, S. 261–283). Le Mercier war in den Jahren 1759 bis 1764 Intendant von La Martinique und in den folgenden Jahren bis 1784 im für die Kolonien der französischen Krone verantwortlichen Marineministerium tätig. Gauthier zufolge erweist sich Le Mercier in seinen für die Kolonialgebiete bestimmten Legislativprojekten als ein Anhänger strikter Segregation zwischen schwarzer Sklavenbevölkerung und freien weißen Landeigentümern (S. 267, 274).

Gauthier skizziert nicht nur den Niederschlag der Kolonialerfahrungen in »L'Ordre naturel et essentiel des sociétés politiques«, sondern betrachtet auch Le Merciers Rolle in den Revolutionsjahren. Le Mercier – selbst Plantagenbesitzer – sei im Umfeld des »Club Massiac« zu verorten, der die Interessen der »planteurs« gegen die drohende Aufhebung der Sklaverei verteidigte.

Éric GOJOSSO (Poitiers) unterzieht das staatsphilosophische Denken Le Merciers bis zur Französischen Revolution einer rechtshistorisch ausgerichteten Analyse (Le Mercier de la Rivière et l'établissement d'une hierarchie normative. Entre droit naturel et droit positif, S. 285–305). Le Merciers Schriften fielen zwar in eine Phase der grundsätzlichen Neudefinition des öffentlichen Rechts des Ancien Régime, doch blieben seine Ansichten bis 1780 noch weitgehend der klassischen Tradition Bodins und eines »ordre naturel« (S. 298) verhaftet. Erst in den Jahren 1788/89 unterzog Le Mercier sein physiokratisches System einer behutsamen Revision, die Gojosso anhand der weniger bekannten Schriften »Les vœux d'un Français« (1788) und »Essais sur les maximes et lois fondamentales« (1789) detailliert nachzuzeichnen vermag. Folge dieser neuen Einschätzungen sei einerseits eine größere Ausdifferenzierung der Rechtshierarchie, besonders eine Hinwendung zum positiven Recht, andererseits Überlegungen zur politischen Kontrolle von übergeordneten, verfassungsrechtlichen Normen gewesen – eine »innovation capitale« (S. 302) der physiokratischen Literatur, die in der damaligen politischen Situation wohl vor allem auf eine Aufwertung des Pariser »Parlement« zielte.

Mit seinem Beitrag »Une économie politique de la nation agricole sous la Constituante?« (S. 307–333) leistet Thierry DEMALS (Lille) einen der wertvollsten Beiträge zum Thema des vorliegenden Bandes. Demals eröffnet mit einer gelungenen, knappen Darstellung des Ansatzes Quesnays, dessen Konzept der »nation agricole« nicht nur die gesamte Wirtschaftsverfassung, sondern ebenso Staat und Gesellschaft nach den Bedingungen und Erfordernissen der landwirtschaftlichen Grundlagen eines Landes einrichtete. Ein solcher, »physiokratisch« gedachter Staat stellte sich als freihändlerisch, sozial statisch und – zumindest im Falle eines großen, bevölkerungsreichen Landes wie Frankreich – als monarchisch verfaßt dar.

Zwar wurde Quesnays damit einhergehender Versuch der Neufassung der Monarchie als »despotisme légal« (S. 314) als Terminus bereits von den Physiokraten im Umkreis Turgots aufgegeben, doch spürt Demals wichtige Elemente dieser Konzeptionen in den Debatten der Revolution, besonders in der Phase der Constituante, wieder auf. Tonangebend seien dort jedoch nicht die eigentlichen Vertreter der Physiokratie gewesen: In der Tat stand der Quesnay-Schüler Pierre Samuel Dupont de Nemours (1739–1817) in der Constituante weitgehend allein. Demals verweist hingegen auf indirekte Rezeptionswege, die er an Sieyès' physiokratisch motivierter Kritik der gemischten englischen Verfassung und besonders bei Condorcets zeitweiser Übernahme der Idee der »citoyenneté propriétaire« und den ökonomischen Abschnitten seines unvollendeten »Tableau général de la science« (1795) festmacht – prominente Beispiele für die »dépouilles opimes de la physiocratie« (S. 317) inmitten des revolutionären Geschehens.

Besondere Aufmerksamkeit verdient ebenfalls der instruktive und gut strukturierte Aufsatz von Richard Whatmore (Sussex) über »Dupont de Nemours et la politique révolutionnaire« (S. 335–351). Während der Forschung Duponts politisches Wirken unter dem Direktorium ab 1795 bereits besser bekannt ist, kann Whatmore mit seinen Ausführungen zu Duponts Positionen im Vorfeld und in der ersten Phase der Revolution eine Forschungslücke füllen. Dupont habe demnach in mehrfacher Hinsicht eine Sonderstellung unter den Physiokraten eingenommen: Seine ausgeprägte Anglophobie ließ ihn im handels- und machtpolitischen Aufstieg des Inselreiches eine erhebliche Gefahr für Frankreich sehen (S. 340–346). Da für Dupont die Probleme Frankreichs vor 1789 von unheilsamen englischen Einflüssen herrührten, begrüßte er, im Gegensatz zu seinen physiokratischen Kollegen wie etwa Le Mercier, die Ereignisse von 1789 ausdrücklich: Schien die Revolution doch die Chance zu bieten, die steckengebliebenen ökonomischen Reformen Turgots weiterzuführen und sich deutlich gegen das britische Wirtschaftmodell abzugrenzen. Whatmore kann dies anhand der konstitutionellen Entwürfe Duponts von 1789 auf überzeugende Weise darlegen. Mit dem Fortgang der Revolution und dem zunehmenden Einfluß der Massen auf die Politik habe Dupont jedoch erkennen müssen, daß seine Interpretation der Ereignisse nicht mehr mit der Wirklichkeit in Einklang zu bringen war. Die Phase der Terreur verbrachte er in Verstecken und in Gefangenschaft.

Whatmore zeigt hier nicht nur ein Einzelschicksal auf. Vielmehr wird durch die Erörterung der Positionen Duponts auch die deutliche Differenz zwischen der weniger beachteten, »physiokratischen« Interpretationen der Revolution und der geläufigeren Bewertung des Geschehens aus aufklärerischer Perspektive anschaulich gemacht.

Manuela Albertone (Turin) betrachtet schließlich einen anderen Aspekt des Wirkens Duponts: sein Engagement für ein öffentliches Bildungssystem (Dupont de Nemours et l'instruction publique pendant la Révolution. De la science économique à la formation du citoyen, S. 353–371). Die Physiokratie maß ausreichender allgemeiner Schulbildung grundsätzlich einen hohen Stellenwert bei. Albertone stellt Dupont als einen Autor heraus, der nicht nur besonders nachhaltig auf dem Bildungsaspekt insistierte, sondern diese Forderung auch der revolutionären Realität ab 1789 anzupassen versucht habe (S. 355). Primärschulen und die vollständige Alphabetisierung der Nation galten Dupont als »garantie libérale« (S. 369) und als Voraussetzung erfolgreicher physiokratischer Reformen. Bereits 1774 hatte Dupont beim Umbau des polnischen Bildungswesens (nach dem Verbot des Jesuitenordens) erste Erfahrungen gesammelt und selbst als Verfolgter der Terreur wendete er sich 1793 anonym mit Vorschlägen zur Etablierung des Elementarschulwesens an das

Pariser Comité de l'instruction publique. Wie weit die bildungspolitischen Überlegungen Duponts zu seiner Zeit ausstrahlten, belegt nicht zuletzt sein späterer Kontakt mit dem amerikanischen Präsidenten Thomas Jefferson, der ihn mit Plänen zur Gründung der Universität von Virginia beauftragte.

Dem Band ist eine durch Pierre-Henri GOUTTE (Lyon) besorgte, kritische Edition des »Mémoire lu au comité des impositions le 26 février 1790« des Abbé André Morellet beigegeben. Morellet war zu jenem Zeitpunkt Mitglied der Assemblée Nationale und widmete sich dort der Neugestaltung des französischen Steuersystems. Der deutlich unter dem Einfluß der Physiokratie stehende Text ist ein beredtes Beispiel für die Ausstrahlung dieser ökonomisch-staatsphilosophischen Denkrichtung in die revolutionären Diskussionen.

Bei einem abschließenden Blick auf den gesamten Band wird zwar deutlich, daß sich aus den Ergebnissen noch keine eindeutige, zusammenfassende Neubewertung des Verhältnisses von Physiokratie und revolutionärer Politik ablesen läßt. Aber den hier vereinigten sechs Einzelstudien gelingt es, aufschlußreiche Aspekte eines bisher zu sehr im Dunkeln gebliebenen Segments der Ideengeschichte der Revolution deutlich besser auszuleuchten. Dabei erweisen sich gerade die sehr unterschiedlichen wirtschafts-, rechts- und ideengeschichtlichen Ansätze der Autoren als anregend. Dies kommt insbesondere der Erforschung des Wirkens Le Mercier de La Rivières und Dupont de Nemours, beide Zeitgenossen der Revolution, zugute. Der vorliegende Band leistet so einen Beitrag zum Gesamtbild des ideengeschichtlichen Spektrums des späten 18. Jhs. und erweitert unser Wissen über die Kontinuitäten und Verwerfungen, die die intellektuelle Landschaft der Französischen Revolution kennzeichnen.

Johannes BRONISCH, Erfurt

Un révolutionnaire allemand. Georg Forster (1754–1794), édité et traduit par Marita GILLI, Paris (Éditions du CTHS) 2005, 736 p. (Format, 55), ISBN 2-7355-0586-3, EUR 18,00.

Destin météorique que celui de Georg Forster! Ce fils d'un pasteur érudit accompagne son père dans un voyage savant en Russie; il a onze ans. À treize, il le suit encore dans un exil passager à Londres; c'est pour lui l'occasion de faire imprimer sa première traduction d'un ouvrage d'histoire … du russe vers l'anglais. Toujours fidèle compagnon du père, il est auprès de lui dans un voyage de trois ans autour du monde lors de la seconde expédition du capitaine Cook. Il en fait une relation circonstanciée dans un ouvrage (A Voyage round the World / Reise um die Welt, 1778–1780) qu'on s'accorde à saluer comme un des plus remarquables récits de voyage jamais écrits, au point de départ d'une riche tradition ethnographique, très supérieur en tout cas au trop fameux récit de Bougainville, qui avait moins vu que rêvé les mers du Sud. Revenu en Allemagne, malgré de nombreuses traductions, des publications dans des domaines scientifiques variés, des postes occupés à Cassel, puis en Pologne, (Vilna), enfin à Mayence, des relations avec rien moins que Lichtenberg, Herder, Wieland ou Goethe, il vit dans des conditions matérielles difficiles. Il est vrai qu'il professe des idées avancées qui ne peuvent que le desservir. Arrive la Révolution française qu'il accueille avec enthousiasme; il sera un acteur de premier plan dans l'éphémère république de Mayence (octobre 1792–juillet 1793). Envoyé comme ambassadeur de cette république sœur auprès du grand modèle parisien, un retour de bâton politique ferme le chemin du retour au trop zélé propagandiste des idées révolutionnaires. Condamné à rester dans le Paris de la Terreur, il y meurt peu après. Il n'avait pas encore quarante ans.

Son destin posthume fut également chaotique. Longtemps considéré comme traître à la patrie allemande, il ne fut guère en odeur de sainteté auprès de la critique. Au XXe siècle encore, il est devenu un enjeu entre les deux Allemagnes: toujours regardé avec quelque suspicion à l'ouest, et au contraire salué comme un modèle de l'autre côté où fut mise en chantier une édition monumentale de ses œuvres complètes.

Pour le public français, inutile de dire qu'en dehors du milieu des germanistes, il n'est guère plus qu'un nom, même si récemment une de ses œuvres majeures a été traduite en français (Voyage autour du monde, traduction de Joël Lefebvre, 2004). On doit donc se réjouir de l'initiative de Marita Gilli qui propose de larges extraits de cette œuvre protéiforme, en mettant l'accent sur les écrits politiques. Sont donc, pour l'essentiel, reproduits dans une soigneuse traduction un certain nombre de discours tenus à l'occasion d'événements qui ont ponctué la courte existence de la république de Mayence. Également des »Tableaux parisiens«, destinés à informer le public allemand des événements inouïs qui se déroulaient dans la capitale française. Enfin plus de la moitié du volume est consacrée à la correspondance active de Forster dans le court laps de temps qui va du 20 octobre 1792 à la mort prématurée de l'épistolier, sans d'ailleurs justification de ce choix.

Il ne faut pas compter sur Forster pour proposer à son lecteur un tableau pittoresque des terribles épisodes dont il est le témoin direct. La Révolution française est d'abord pour lui un terrain d'expérimentation, l'occasion d'évaluer *in vivo* un jeu de forces antagonistes qui dépassent les individus qui les incarnent. L'analyste politique l'emporte chez lui, et de loin, sur le spectateur, ce qui donne à son texte, même dans les lettres à la famille, un ton raisonneur et abstrait, une sorte de détachement assez étonnant chez un homme qui s'est personnellement si fort impliqué dans la lutte.

On lira avec intérêt ces réflexions sur l'histoire en train de se faire. On en aurait encore davantage profité si l'appareil critique avait été plus abondant, car il faut avouer que l'on peine parfois à bien comprendre de quoi ou de qui il est question. On aurait pu également souhaiter une introduction plus nourrie, notamment sur tout ce qui concerne la relation de Forster à la France, qui est en définitive le thème conducteur de ces pages. Mais le texte est là, dont les historiens de la Révolution sauront bien à l'avenir tirer profit.

Henri DURANTON, Bron

Suzanne DESAN, The Family on Trial in Revolutionary France, Berkeley (University of California Press) 2004, XIV–456 S., 16 Abb., ISBN 0-520-23859-1, USD 50,00.

Daß die Französische Revolution letztendlich vor allem eine Kulturrevolution war, haben in den letzten zwei Jahrzehnten Michel Vovelle und Rolf Reichardt zu Recht immer wieder betont[1]. Nun ist vor allem im Rahmen des *Bicentenaire* 1989 viel zur Französischen Revolution veröffentlicht worden. Seit Mitte der 90er Jahre ist es vor allem von deutscher, aber auch von französischer Seite merklich ruhiger geworden. Konjunktur in der Geschichtswissenschaft haben nun weniger Themen wie die Französische Revolution als vielmehr Napoleon oder das Kriegsende 1945. Von amerikanischer Seite jedoch scheint der Impetus im Bereich Revolutionsforschung weniger gewissen Konjunkturen unterworfen zu sein. Und hier sind in den letzten Jahren einige interessante Studien zu Aspekten der Französischen Revolution als Kultur- und Sozialrevolution auf den Markt gekommen, die Beachtung verdienen.

Suzanne Desans Studie »The Family on Trial in Revolutionary France« ist eine davon. Suzanne Desan, Professorin für Geschichte an der University of Wisconsin, Madison, Autorin des preisgekrönten »Reclaiming the Sacred: Lay Religion and Popular Politics in

1 Vgl. M. VOVELLE, La mentalité révolutionnaire, Paris 1985; R. REICHARDT, Von der politisch-ideengeschichtlichen zur sozio-kulturellen Deutung der französischen Revolution. Deutschsprachiges Schrifttum 1946–1988, in: Geschichte und Gesellschaft 15 (1989), S. 115–143.

Revolutionary France« (1990) hat eine Arbeit vorgelegt, in der minutiös nachvollzogen wird, wie die Französische Revolution die Institution Familie und die Rolle der Frau neu zu definieren suchte. In acht Kapiteln zeigt Desan, wie die revolutionäre Politik und Gesetzgebung eine Sozialrevolution heraufbeschwor, die neue soziale Praktiken im Bereich Familie möglich machte: Scheidung, die Beschneidung der paternalistischen Autorität, Gleichheit im Erbrecht für Söhne und Töchter und Rechtsgleichheit für illegitime Kinder. Desans zentrale These ist, daß dies revolutionäre Gesetzgebung Frauen neue Möglichkeiten eröffnete, Macht, Eigentum und Unabhängigkeit innerhalb und außerhalb der Familie zu erwerben. Damit stellt Desan die herkömmliche Lehrmeinung, wie sie von Lynn Hunt, Joan Landes u. a. vertreten wird, in Frage. Hunt und Landes argumentieren, daß die Französische Revolution und ihre herausragendsten Politiker Frauen von jeglicher Partizipation an politischen Entscheidungen fernzuhalten suchten, und damit den Platz der Frau für die nächsten hundertfünfzig Jahre im Privaten, »am Herd« zementierten. Desans Studie hingegen zeigt, daß Frauen, obwohl sie offiziell von politischer Partizipation ausgeschlossen waren, da ihnen weder das aktive noch passive Wahl- noch das Versammlungsrecht gewährt worden war, trotzdem am politischen Diskurs teilnahmen und ihnen über die Revolutionierung des Familien- und Erbrechts neue Wege eröffnet wurden, ihre Stimmen geltend zu machen.

Laut Desan waren die revolutionären Veränderungen im Familien- und Erbrecht nicht Teil einer Reform von oben, sondern Ergebnis eines öffentlichen Diskurses im Frankreich der Revolutionszeit, an dem nicht nur Regierung und Gesetzgeber, Juristen, Journalisten und Moralphilosophen, sondern auch Frauen, illegitime Kinder und unzufriedene Ehemänner gleichermaßen beteiligt waren. Im Sinne einer grundlegenden Revolutionierung von Staat, Gesellschaft und Kultur sei es als notwendig erkannt worden, die Prinzipien von Freiheit und Gleichheit auch in der kleinsten funktionalen Einheit im Staat, d. h. in der Familie, durchzusetzen (Desan, S. 1, 3–4).

So enthält Desans Studie nicht nur eine Chronologie der Gesetzgebung im Bereich Familien- und Erbrecht, sondern sie untersucht anhand unterschiedlichster Quellen wie Petitionen, Bildquellen, »Cahiers des doléances« – von Frauen verfaßt – Festreden, Reden in Jakobinerklubs, Zeitungen und Zeitschriften den öffentlichen und privaten Diskurs zum Bereich Frau und Familie und seine Auswirkungen auf die revolutionäre Gesetzgebung.

Während Kapitel eins sich mit der zunehmenden Kritik von französischen Bürgern und Bürgerinnen an der Institution Ehe bzw. dem Eherecht beschäftigt, fokussiert Kapitel zwei die Reformen von Eherecht und Geschlechterbeziehungen als integralem Bestandteil der revolutionären Bemühungen um einen neuen Nationalstaat und einen patriotischen Staatsbürger. Kapitel drei untersucht anhand von Gerichtsprotokollen für das Departement Calvados, wie städtische Frauen mittels Scheidung einen öffentlichen Diskurs über die Rolle von Frauen und Männern in Ehe und Familie heraufbeschworen. Kapitel vier beschäftigt sich mit Streitfällen zwischen Brüdern und Schwestern in der Normandie in Reaktion auf die Etablierung von Rechtsgleichheit im Erbrecht. Kapitel fünf beschreibt Veränderungen, die sich durch die revolutionäre Gesetzgebung für den Bereich »Brautwerbung«, die Zahl illegitimer Geburten und Rechte von unverheirateten Müttern ergaben. Kapitel sechs beschäftigt sich konsequenterweise mit der Neudefinition von Vater- und Mutterschaft anhand von Vaterschaftsprozessen und Erbrechtsfällen illegitimer Kinder. Kapitel sieben zeigt die nachthermidorianische und napoleonische Reaktion im Bereich Familien- und Erbrecht und macht deutlich, daß viele der sozialen Errungenschaften der Revolution bereits vor ihrem »offiziellen« Ende 1799 wieder zurückgenommen wurden. Kapitel acht beschäftigt sich abschließend mit der Genese des »code civil« und den ›reaktionäreren‹ Formen von Familien- und Erbrecht, wie sie unter Napoleon zementiert wurden.

Zwar benutzt Desan für ihre Studie unterschiedlichste Quellen, doch fokussiert sie in vielen Kapiteln auf Quellen, die sich allein auf das Departement Calvados beziehen. Daß die hier gewonnenen Ergebnisse nicht auf andere Departements übertragbar sind, ist sich

Desan bewußt. Ihre Studie lädt damit ein, anhand von Lokal- und Regionalstudien zu Ehe und Familie unter dem Einfluß der revolutionären Gesetzgebung zu überprüfen, ob es zu einer grundlegenden Neudefinition von Ehe, Familie und Geschlechterbeziehungen und – wenn auch nur kurzfristig – zu einem neuen Selbstbewußtsein der Frau kam. Napoleons Code civil müsste dann als ein reaktionärer Gegenschlag gegen ein revolutionäres Sozialrecht zu werten sein, in dem Eigentum, die Rolle des Mannes und eine bis 1789 paternalistische Gesellschaft grundlegender in Frage gestellt wurden, als dies die Zuerkennung des Wahlrechts für Frauen vermocht hätte.

Auch wenn Desan an manchen Stellen ihre Argumentation straffer und konsequenter hätte führen können, so bleiben die 472 Seiten nichtsdestotrotz lesenswert, gerade weil sie in differenzierter Weise lange unangefochtene Stereotypen in der Revolutionsforschung in Frage stellen und neue, wichtige Forschungsperspektiven eröffnen.

Susanne Lachenicht, Hamburg

Friedrich Wilhelm von Ketelhodt, Das Tagebuch einer Reise der Schwarzburg-Rudolstädtischen Prinzen Ludwig Friedrich und Karl Günther durch Deutschland, die Schweiz und Frankreich in den Jahren 1789 und 1790. Bearbeitet und kommentiert von Joachim Rees und Winfried Siebers. Hg. von der Gesellschaft für Buchkultur und Geschichte e. V. Rudolstadt und der Historischen Bibliothek Rudolstadt, Weimar (Hain Verlag) 2004, 462 p., ISBN 3-89807-072-7, EUR 24,80.

Rédigé par le secrétaire-accompagnateur, Friedrich Wilhelm von Ketelhodt, ce journal d'un grand tour princier dans des années climatériques qui virent vaciller le trône des rois est d'abord l'un de ces voyages de formation dont les relations manuscrites dorment au fond des bibliothèques. Celui des princes héritiers de la principauté de Rudolstadt en Thuringe ne déroge pas à quelques règles simples: les jeunes gens sont accompagnés de deux hommes d'expérience chargés d'éviter aux jeunes gens les errements d'une adolescence trop bouillante, le conseiller von Beulwitz et son confrère von Ketelhodt; on n'est pas là pour se divertir; le secrétaire tient son registre pour des lecteurs privilégiés: des parents qui ont beaucoup investi pour ces leçons de choses sur le terrain et qui ont confié au Conseil secret de la principauté le soin de »planifier« ce voyage. Le champ d'action en cette fin de siècle n'est plus, comme le plus souvent auparavant, l'Italie, c'est l'Europe de la modernité qui se situe plus au Nord, d'autant que la sensibilité protestante des princes régnants n'est guère en phase avec le catholicisme mêlé de quelques fantaisies transalpines qui règne dans la péninsule italique. L'Allemagne, la Suisse et la France – pour d'autres raisons – sont les étapes de ce grand tour princier. Âgés respectivement de 22 et de 18 ans, les deux princes quittent Rudolstadt le 4 mai 1789 pour un voyage qui durera 444 jours: le printemps s'annonce chaud. Des extraits du journal personnel du prince Ludwig Friedrich, orné joliment de croquis pris sur le vif, fournissent une voix moins convenue que celle du secrétaire. Le périple sera pour l'essentiel en territoire allemand ou alémanique, puisque il se dirige d'abord vers le Sud, Stuttgart, oblique vers l'Est, Zurich, Genève, Chambéry et entre en France par Lyon, mais remonte aussitôt vers le Nord, Chalon et Dijon, puis la Lorraine, avant de repartir vers l'Est et Strasbourg. Ensuite le voyage se fera totalement en territoire allemand, vers le Nord, de Francfort à Lübeck, puis retour par Berlin, Dresde et Weimar et arrivée à Rudolstadt, le 21 juillet 1790. Les événements révolutionnaires perturbent les projets français des deux princes, qui quittent Genève le 15 mars 1790. Assez discrète sur les sentiments des jeunes gens, la relation est écrite sur un ton très officiel qui tend à prouver que Leurs Altesses ne manquent à aucun de leurs devoirs: heures d'études comme visites nécessaires à leur statut chez les personnalités importantes, dont on retrouve le nom sous la plume de la plupart des voyageurs: il n'y pas que les monuments que l'on visite (Lavater à

Zurich, Klopstock à Hambourg, Wieland, Herder, Goethe, Charlotte von Stein à Weimar, etc.). Tout cela permet aussi de nourrir le *Liber amicorum* d'autographes plus ou moins illustres et, dans les pays francophones, de s'exercer à »l'heure française«, ces moments de conversation dans la langue de Voltaire, dont on visite Ferney et le cénotaphe le 9 juillet 1789. Les notations sensibles sont rares, ce n'est guère l'affaire du relateur, dont le devoir d'état est de rendre compte des actions convenables des deux princes; un peu de »romantisme« (p. 79) n'est cependant pas hors de propos dans les montagnes suisses ou à »Chamouni« devant le spectacle de la mer de glace. S'il est assez souvent question, dans le journal de Ketelhodt, de bibliothèques et de leur raretés imprimées ou manuscrites, il n'est pas sûr que cela témoigne de l'intérêt des jeunes princes, qui, en revanche, fréquentent volontiers les théâtres où l'on soupçonne quelques occasions de s'amuser, outre celle de voir jouer des nouveautés (»Kabale und Liebe« à Hambourg). Ce récit très collet monté n'accorde à l'émotion du voyage que le minimum nécessaire à un exotisme culturel ou social qu'il n'est pas malséant de souligner. Quelques mots de français parsèment çà et là la relation, en particulier à Berlin où la reine Friederike Luise »zum Dejeuner invitirt«, mais nos jeunes gens apprennent aussi l'anglais, une langue d'avenir et protestante. Divers documents, dont les réflexions inscrites par les deux princes et leurs compagnons sur le *Liber amicorum* de Lavater, complètent la moisson faite dans les archives. Une solide annotation, un index des noms rendent très utilisable cette édition pour de futures comparaisons avec d'autres voyages du même type.

François MOUREAU, Paris

Owen CONNELLY, The Wars of French Revolution and Napoleon, 1792–1815, Abingdon (Routledge) 2005, IX–270 p., 20 cartes, ISBN 0-415-23984-2, GBP 18,99.

On ne pourra faire à O. Connelly le reproche qu'adressent parfois les historiens de l'Europe continentale à leurs collègues anglo-saxons de n'utiliser que des ouvrages en langue anglaise. Non seulement il cite De Gaulle et Giap, mais sa considérable bibliographie comporte la mention de nombre d'ouvrages en français, allemand espagnol (et même catalan), italien, russe. Aussi est-on surpris de ne pas voir apparaître les noms des historiens J. Delmas (Français) ou D. Reichel (Suisse) dont les travaux sur Napoléon et Davout ne peuvent être négligés. De même, seuls sont cités les fonds d'archives publiés, comme les Archives de la Bastille. Le nom même de Service historique de l'Armée de Terre (devenu Service historique de la Défense) n'est pas cité.

Manifestement l'ouvrage de O. Connelly répond au besoin de connaissance d'un large public américain peu informé de l'histoire des pays européens. Affirmer que les guerres de la Révolution sont moins connues que celles de Napoléon est vrai en ce qui concerne la littérature pour grand public, mais beaucoup moins pour la production scientifique du dernier demi-siècle. De plus, quelques jugements abrupts ne laissent pas d'étonner. Ainsi lit-on page 13: »Louis XIV a négligé sa marine.« Cela dit, l'ouvrage témoigne d'une louable rigueur de précision et d'exactitude de l'exposé relatives aux noms, effectifs, organigrammes, opérations, dates (voire heures) et sur ce plan constitue une estimable mise au point de nos connaissances des opérations avec quelquefois un éclairage original, utile aux lecteurs français parfois figés dans une vision traditionnelle. Si l'auteur reprend la plupart des »mots« restés célèbres, il s'efforce de présenter un Napoléon plus sensible que le masque qu'il s'est donné et qu'on lui a donné. Au lieu du propos cynique qu'il aurait tenu devant le charnier d'Eylau, on le voit témoigner d'une réelle émotion. Le génie de Napoléon est la faculté d'improvisation, aussi »bien dans la victoire stratégique d'Ulm que dans la victoire tactique d'Austerlitz«, mais à partir de 1810, l'empereur éteint le général et O. Connelly insiste à juste titre sur les effets de l'âge, ce qui n'exclut pas le sursaut de 1814 dans la campagne de France. Les succès de Napoléon sont dûs en partie au métier acquis par ses généraux, héritiers des structures militaires léguées par l'Ancien Régime et de l'impétus révolutionnaire. Napoléon reconnaissait que les facteurs moraux sont pour les trois-quarts la cause des victoires. Cependant à partir de la cinquième coalition, face à des adversaires ayant tiré la leçon de leurs échecs, Napoléon a de plus en plus recours au nombre et à la puissance de feu, l'action de l'artillerie remplaçant celle des voltigeurs. Or les possibilités matérielles comportent toujours des limites. En 1809, Napoléon peut encore maîtriser une armée de 250 000 hommes. Il n'en est plus de même en Russie avec 611 000 hommes, 250 000 chevaux, 2000 canons, d'autant plus que si l'espace s'est accru, la vitesse des déplacements n'a pas augmenté. Il a été démontré que le désordre avait commencé dès le départ.

Pour O. Connelly, les guerres de la Révolution et de l'Empire ne marquent guère un point tournant dans l'évolution de l'art militaire, mais bien une étape vers la guerre de masse dont 1914 est l'apogée.

André Corvisier, Paris

Goethes Weimar und die Französische Revolution. Dokumente der Krisenjahre, sous la dir. de W. Daniel Wilson, Cologne, Weimar, Vienne (Böhlau) 2004, VI–741 p., ISBN 3-412-14203-4, EUR 59,90.

Depuis 1985, grâce à plusieurs études et à la publication de documents, W. D. Wilson cherche à corriger l'image traditionnelle de Weimar et à éclairer d'une façon nouvelle personnages et problèmes de ce cercle. Le présent ouvrage s'inscrit dans la même ligne; il présente dans un ordre chronologique 572 documents, qui vont de quelques lignes à une dizaine de pages; 361 sont inédits, d'autres avaient déjà été publiés, parfois de façon partielle seulement.

D'origine diverse, les uns sont tirés du Hauptstaatsarchiv de Thuringe, les autres de la correspondance politique de Charles-Auguste de Saxe-Weimar-Eisenach et de celle que le duc entretenait avec Goethe, de l'édition des papiers administratifs de ce dernier, de l'importante correspondance du conseiller Christian Gottlob Voigt, publiée par H. Tümmler, le tout complété par des lettres d'autres Conseillers, de Wieland, Herder, Schiller, Knebel, Charlotte von Stein et de bien d'autres personnages ainsi que de messages provenant de sources diverses.

Ce qui surprend à première vue, c'est que ces documents, qui couvrent 614 pages, ne concernent qu'une courte période, allant de janvier 1792 à décembre 1793. Le choix de ces dates s'explique d'une part par le fait qu'elles sont jugées »décisives pour le jugement porté sur la révolution par des ›Außenstehende‹« (p. 2) et sans doute aussi par le fait que la crise, au cours de laquelle les étudiants s'opposèrent aux autorités de l'Université de Iéna et du gouvernement de Saxe-Weimar, occupe toute cette période. À l'origine de cette crise, qui culmine avec l'exode des étudiants en juillet 1792, se trouve l'interdiction ducale d'un tribunal d'honneur estudiantin et surtout des sociétés secrètes organisées par les étudiants. Bien que celles-ci soient combattues par d'autres étudiants et qu'elles n'aient concerné au début qu'environ deux cents personnes, la punition et la relégation de quelques agitateurs et responsables leur permirent d'organiser d'importants rassemblements avec tapage nocturne et chants libertaires. À l'appel des habitants ou des professeurs apeurés, le Conseil secret envoya un détachement de hussards, ce qui suscita de nouveaux conflits, les étudiants projetant d'en découdre avec les soldats. En fait ce sont des bagatelles, conduisant à une affaire d'honneur (p. ex. l'étudiant qui marchait sur l'éperon d'un camarade et qui se faisait traiter de malotru) qui faisaient problème et suscitaient des remous. Ce qui est surprenant, ce n'est pas tant l'importance que les étudiants leur attribuent, mais le fait que de telles affaires remontent jusqu'au commissaire du gouvernement, voire jusqu'au duc.

Wilson se propose surtout de corriger l'image trop idyllique de Weimar à l'époque de Goethe que transmettent les travaux de H. Tümmler, dont il a éclairé le passé national-socialiste dans un article de la DVLG de 1996. À cet effet, il veut montrer »les importants effets qu'y a exercé alors la Révolution française« (p. 5), et il rassemble de nombreux exemples devant prouver que le duché avait connu bien des troubles à l'époque. Et d'évoquer la révolte que la misère, connue notamment grâce à une lettre de Goethe de mars 1779 déjà, provoqua en février 1792 chez les ouvriers du textile d'Apolda. Le Conseil secret n'avait apparemment d'autre solution à leur proposer qu'une maison de travail obligatoire. À leur tour, les paysans protestaient à plusieurs reprises contre les servitudes. D. Wilson ne se contente cependant pas d'évoquer ces troubles, il accuse aussi ceux qu'il en juge responsables: ici les propriétaires des machines, qui, confrontés à la mévente des produits, cherchaient à exploiter les ouvriers, là les états de province, qui s'opposaient aux demandes de crédits du duc en faveur d'un nouvel entrepreneur ou pour alléger les corvées.

À Weimar les journaux français, notamment »Le Moniteur«, étaient accessibles. Au moins l'élite sachant le français pouvait être bien informée des événements et des idées de la révolution. Apparemment c'est moins la ›Campagne de France‹ de 1792 que les répercussions de la guerre qui posaient problème aux habitants du duché, déjà à cause du passage des troupes prussiennes avec le cantonnement, des réquisitions et le renchérissement des denrées. Et lorsque la guerre fut déclarée par la diète de Ratisbonne il y avait le contingent à fournir. Les documents présentés en donnent un intéressant aperçu: fallait-il envoyer des soldats ou payer une contribution et/ou même vendre des chasseurs aux autres princes, une question qui éclaire bien les avis du duc, prêt à opter pour la dernière solution, et des Conseillers, hostiles à ce troc. En outre, suite à l'occupation de Mayence et de Francfort, se propageait la peur d'une invasion par les armées révolutionnaires.

Se référant à plus d'un document, Wilson pose la question de l'influence des idées révolutionnaires. Quelques étudiants s'en réclamaient, parfois implicitement, comme quand ils faisaient l'apologie de la liberté, empruntée à un chant des »Räuber« de Schiller, ou quand, en écho au »Contrat social de Rousseau«, un étudiant prétendait ne se soumettre qu'à des règles auxquelles il avait donné son consentement. Après Alain Ruiz (1979), Wilson évoque aussi l'existence d'un club jacobin à Iéna, mais, tout en précisant qu'il n'y a pas de documents précis à ce sujet, il affirme qu'il n'existait pas de lien avec les ordres d'étudiants (p. 29). Et naturellement, selon la »Jakobinerriecherei« d'alors, – qui connaîtra encore de beaux jours au XIXe siècle, avant qu'elle ne soit reprise à l'envers par la critique moderne, soucieuse de montrer que les Allemands de l'époque révolutionnaire n'étaient pas tous des moutons, – dans les missives de tel ou tel conseiller surgissait l'accusation de menées jacobines estudiantines. Quelques semaines après le retour des étudiants, la propagande continuait de faire la guerre à »nos jacobins de Iéna« (Voigt, p. 29). Et le conseiller Schnauß de traiter les tisserands d'Apolda de »sans-culottes«. Après F. Valjavec (1951), et A. Körner, »Die Wiener Jakobiner« (1972), Wilson présente le texte du pamphlet d'Andreas Riedel, un jacobin autrichien, qui appelait les Allemands à la révolution (p. 372–379), et il l'illustre en montrant les réactions des conseillers de Weimar, soucieux d'en connaître l'impact dans le duché et la diffusion dans les pays limitrophes.

Wilson a raison de rappeler que les témoignages des couches populaires sont sous-représentés, mais il s'en autorise pour tirer parfois une conclusion générale d'exemples isolés. L'agitation estudiantine était certes favorisée par les échos qui parvenaient de la Révolution française, mais elle ne suffit pas à suggérer que le duché de Weimar était imprégné alors d'esprit révolutionnaire. Il a beau multiplier les documents attestant des troubles, ceux-ci y contribuent d'autant moins qu'il donne parfois trop d'importance à des bagatelles, comme quand des habitants de Weimar réclamaient l'extension du droit de pacage à leur profit (p. 157) ou quand, entorse au sacro-saint privilège de la chasse, tel propriétaire demande au duc le droit de tirer les lapins dans son jardin (p. 55). N'oublions pas qu'à côté de la contestation, il y avait aussi de la part des habitants des manifestations d'attachement à leur duc. Ils étaient même prêts à apporter une contribution supplémentaire à la guerre (p. 49).

Grâce à une longue introduction et des notes bien informatives, les documents sont bien expliqués. Certes, le conflit des étudiants d'Iéna avait déjà été étudié à plusieurs reprises, mais W. D. Wilson a l'avantage de présenter les documents dans leur contexte historique et régional et d'en montrer les répercussions sur le plan de l'Empire. D'autre part, il souligne la subjectivité des expressions en faisant suivre les documents émanant d'étudiants d'autres textes dus à des autorités universitaires et ducales. Ainsi le lecteur assiste pour ainsi dire à la polémique. Les Conseillers prétendaient certes opposer le récit ›véridique‹ des faits aux ›mensonges‹ que les étudiants et les journaux étaient censé répandre, Wilson estime cependant non sans raison que la vérité se trouve plutôt dans le »rapport authentique« très détaillé (p. 273–294), signé ›Magister Forberg‹, c'est-à-dire dans le camp des étudiants, et cela d'autant plus que, ne perdant pas de vue l'enjeu économique que représentait le départ des étudiants, les Conseillers étaient surtout soucieux de sauver la face, y compris vis-à-vis des parents d'étudiants et des princes de l'Empire, dont des journaux avaient diffusé des rapports reposant parfois sur des pamphlets.

Manifestement Wilson, qui dans une étude antérieure se dit de gauche, veut se montrer le plus objectif possible. Comme les faits ne sont pas toujours bien avérés, il avance des hypothèses, ce qui l'amène à multiplier les expressions comme »möglich« et »wahrscheinlich«, On peut être à peu près d'accord avec sa thèse: »daß die Französische Revolution eine wichtige Rolle in der Entwicklung der Weimarer (Hoch-)Klassik spielte.« (p. 4). Mais en ce qui concerne la Révolution française et sa réception en Allemagne, sa bibliographie est pauvre et ancienne. À quoi bon citer 15 volumes des »Guerres de la Révolution« d'Arthur Chuquet (en fait il n'y en a que onze), quand seulement les trois premiers avaient trait à l'époque évoquée et que Wilson ne s'y réfère pas? Il suit par contre volontiers Axel Kuhn (2002), spécialiste des régions rhénanes à l'époque révolutionnaire, qui dans le passé multipliait le nombre des jacobins allemands. À sa suite Wilson affirme: »Die Revolution unterbrach die Reformen nicht, sondern im Gegenteil: Sie setzte sie wieder auf die Tagesordnung oder beschleunigte ihre Durchführung. […] die Deutschen brauchten eine Revolution nicht; aber die Revolution kam vielen Territorien zu Gute, die nur durch sie erneuert und modernisiert wurden« (p. 1). Cette thèse est certes exagérée, mais elle mériterait d'être examinée de près. Si dans les régions limitrophes, notamment dans le Palatinat, les princes pouvaient craindre que les paysans fussent prêts à accueillir les armées révolutionnaires en libérateurs, à Eisenach ils n'ont sans doute pas été très nombreux à penser de même (par contre p. 8). En tout cas, les documents présentés ne suffisent pas à le prouver. Et Wilson de suivre Ute Planert 2002, quand il affirme: »Mehr und mehr begannen diese [Bürger] das ›Recht auf Mitgestaltung‹ zu behaupten« (p. 7)? Certes, même éclairé, le despotisme rognait l'autonomie de l'Université, espionnait les personnes qu'il jugeait dangereuses ou exerçait des pressions morales sur elles, mais peut-on en conclure que la guerre de 1792–1793 avait conduit »zur schlimmsten Knebelung und Unterdrückung« (p. 6) et que les Weimariens étaient nombreux à demander la restriction ou l'abolition du pouvoir princier voire à se référer à la ›souveraineté populaire‹ (p. 4 et 7)? Là aussi les conclusions dépassent de beaucoup la documentation. Comme les critiques conservateurs Wilson insiste sur le revirement des partisans allemands de la Révolution après le 10 août et l'exécution de Louis XVI et mentionne les reproches que les habitants adressaient alors à la France révolutionnaire, mais peut-on dire qu'il n'y avait plus traces de francophilie dans le duché après 1792 (p. 63 sq.)?

L'éditeur a certes le mérite d'associer documents officiels et missives privées, mais il ne tient pas compte de la différence de nature de ceux-ci. Tandis que les lettres de Wieland, de Schiller ou de Herder, quand elles sont destinés à quelques intimes, témoignent au mieux de l'opinion de l'élite intellectuelle, les missives des Conseillers par contre éclairent leurs intentions et leurs actes; parfois ils édulcoraient aussi les faits pour ne pas provoquer l'ire du duc, qui représente la dernière instance décisionnelle. Les écrits des uns et des autres n'ont donc pas la même portée politique. Or l'éditeur en tire les mêmes conclusions.

Certes, les documents n'apportent rien de nouveau sur Herder, mais ils éclairent l'attitude de Schiller face aux étudiants et à la Révolution. Non moins intéressante est l'image de Wieland, bien différente de celle qui se dégage de ses articles politiques: ne fut-il pas considéré comme un républicain subversif au même titre que Knebel et Herder! Grâce à ses liens particuliers avec Charles-Auguste, Goethe apparaît comme l'éminence grise, et ses collègues du Conseil secret cherchaient parfois à en tirer parti en l'associant à des propositions délicates. Son attitude dans le conflit de l'Université est variable, d'une part il se montre compréhensif, d'autre part il est paternaliste et rigoureux. Sur ce point, il y a pourtant une grande différence entre le duc et son ami, car en prince absolu, le premier n'était pas prêt à partager la moindre parcelle d'autorité avec des particuliers et rejetait de ce fait catégoriquement l'institution d'un tribunal d'honneur auquel seraient associés des représentants étudiants.

Bref, le recueil est très riche, mais parfois trop riche, car encombré de détails sans grande importance, qui font que le titre n'est pas vraiment exact. Ce n'est pas une étude sur ›Weimar et la Révolution à l'époque de Goethe‹, c'est un ensemble hétéroclite, qui, par le mélange des problèmes évoqués dans l'ordre chronologique, risque d'égarer le lecteur, qui de ce fait a intérêt à suivre le fil que Wilson lui tend dans son introduction, en renvoyant chaque fois aux documents selon le sujet traité alors. Cet important travail laisse finalement une impression mitigée; on admire le zèle et les connaissances de l'éditeur, et on est agacé par ses exagérations et sa manie d'insister quand il apporte une correction sur des points de détail qui ne modifient pas sensiblement les données, mais qu'il présente comme susceptibles de renouveler l'image de Weimar.

Gonthier-Louis Fink, Strasbourg

Bernward Kröger, Der französische Exilkurs im Fürstbistum Münster (1794–1802), Mainz (Philipp von Zabern) 2005, XII–299 p. (Veröffentlichungen des Instituts für Europäische Geschichte Mainz. Abteilung für abendländische Religionsgeschichte, 203), ISBN 3-8053-3401-X, EUR 39,90.

C'est avec une délectation gourmande que l'historien intéressé par le thème »religion et révolution« prendra connaissance du beau travail de Bernward Kröger, consacré au clergé français exilé dans l'évêché de Munster, en Westphalie, entre 1794 et 1802. L'ouvrage répond heureusement à la batterie de questions que l'on peut, à juste titre, se poser. Qui sont ces prêtres? Combien sont-ils? Comment vivent-ils loin de chez eux? Qui les hébergent? Sont-ils bien accueillis? Quelles sont leurs activités spirituelles sur place?

Avant d'entrer immédiatement dans le vif du sujet, il convient de rappeler l'essentiel. L'exil des clercs correspond à une question de vie ou de mort. Et souligne les outrances de la Révolution française, avec la question sous-jacente: défendre à tout prix un idéal justifie-t-il l'injustice?

Dans une nécessaire, mais sobre introduction, l'auteur s'appuyant sur les travaux fondamentaux de Michel Vovelle, Bernard Cousin, Bernard Plongeron, Claude Langlois et Thimothy Tackett, rappelle les déboires de l'Église catholique au commencement de la Révolution et comment, petit à petit, le clergé, ordre privilégié, devient un ramassis de hors-la-loi. Utilisant le travail pionnier, déjà séculaire, de Louis Calendi, puis plus récent de Peter Veddeler, Bernard Kroger enrichit, approfondit, renouvelle totalement nos connaissances sur le sujet. Quelles sont ses principales conclusions?

Commençons d'abord par les indispensables statistiques, puisque, suivant Pierre Chaunu, »les chiffres sont têtus«. Entre 1794 et 1802, l'auteur dénombre, dans l'évêché de Munster,

2186 prêtres au moins en exil (p. 134). Parmi ceux-ci, 165 membres du haut clergé, dont 16 évêques, 41 vicaires généraux et 108 chanoines. Le gros bataillon est composé du bas clergé séculier, avec 875 curés et 377 vicaires, alors que les religieux sont 338, dont 7 abbés. Bref, surprise, le très septentrional évêché de Munster est littéralement plein à ras bord de clercs français exilés, originaires pour la plupart du nord de la France, grosso modo de Bayeux et le Mans à Boulogne et Cambrai (p. 48–149).

Comment s'explique ce phénomène? La présence sur le trône épiscopal du prince Maximilien François de Habsbourg Lorraine, le propre frère de la reine de France, Marie-Antoinette, »l'Autrichienne«, n'est évidemment pas étrangère à l'afflux observé et au bon accueil réservé aux »contre-révolutionnaires«. Si le prince Max Franz ne réussit pas, et pour cause, à éviter que la tête de sa sœur ne tombe, du moins sauve-t-il, faut-il insister, la vie des prêtres français réfugiés chez lui. Une deuxième explication réside dans la géographie. Pour le clergé du nord de la France, en tenant compte de la situation particulière de la Belgique envahie, le chemin vers Munster est direct, tout comme la proche Grande-Bretagne (remarquable comparaison p. 153, 155, 167) et la ville hollandaise de Maastricht (p. 157), comme le souligne pertinemment l'auteur.

Le travail de Bernward Kröger vaut donc par l'exceptionnelle quantification d'un phénomène. Il est aussi enrichi de bon nombre de cas personnels exploités dans un cadre général: la mort en exil de l'évêque de Séez, Jean Baptiste du Plessis d'Argentré; celle de Matthieu Denis de la Forge, curé d'Auzelsofe en Normandie; celle du cardinal Dominique de la Rochefoucauld. En signalant n'avoir pas trouvé de traces de l'archevêque de Cambrai, Ferdinand Maximilien Mériadec de Rohan Guéménée (p. 142), l'auteur nous amène au paradoxe historique de la Révolution française.

En effet, aucune autre période n'a généré une telle paperasse administrative, bénédiction de l'historien. Tout a priori se trouve dans les archives révolutionnaires, hormis ce que les renseignements généraux n'ont jamais trouvé: le parcours d'un prêtre. Affinons notre propos. Plus d'un érudit régional s'est échiné à reconstituer des biographies ecclésiastiques. Malgré bien des investigations, apparaît tout à coup un blanc. Où se cache ou se réfugie un clerc à cette époque? Or voici que tout à coup, pour quelques jours ou quelques nuits, un ministre du culte, déclaré déporté ou émigré (la nuance est-elle importante?), est signalé en France. Puis il réapparaît, un peu plus tard, un peu plus loin. Surgit un va-et-vient perpétuel, épisodique ou incessant, aux alentours des frontières. Dès lors, un prêtre ne reste pas forcément, ni constamment en place. Il bouge, ce qui rend le thème traité difficile, voire inabordable.

Bernward Kröger s'est visiblement heurté à ce problème. Les exilés de son corpus sont-ils tous restés, du premier (quand?) au dernier (quand?) jour en Westphalie? Certains sont-ils revenus, pour un temps, plusieurs fois, au pays? D'autres n'ont-ils que transité par l'évêché de Munster? Qui n'est resté que quelques jours? Quelques mois? Quelques années? Certes l'auteur évoque la question du retour (p. 235–264), mais en s'appuyant sur des données générales. Des renseignements lui font donc défaut dans les sources allemandes. Se pose donc l'ultime question: l'historien peut-il se montrer plus perspicace, avec deux siècles de recul, que la police de l'époque?

Claude MULLER, Colmar

Stuart SEMMEL, Napoleon and the British, New Haven, London (Yale University Press) 2004, XII–354 p., 14 ill., ISBN 0-300-09001-3, USD 40,00.

L'historiographie napoléonienne s'est enrichie ces dernières années de plusieurs travaux importants concernant la »réception« de l'empereur par l'opinion française, savante ou populaire, celle des contemporains, mais surtout celle des générations ultérieures[1]. Le présent ouvrage se place dans la même veine, en examinant cette fois l'attitude de ses ennemis les plus constants à l'égard d'un personnage qui marqua fortement leur histoire: »Inutile de préciser«, pouvait-on lire en 1843 dans le catalogue d'une exposition organisée à Londres, et cité ici, »que tout ce qui a trait à feu l'empereur Napoléon appartient à l'histoire britannique.« La période couverte par ce livre est plus limitée néanmoins que celle qu'embrassent les travaux susdits relatifs à la France, puisqu'elle se limite pour l'essentiel à la première moitié du XIXe siècle. En contrepartie, l'auteur mobilise une documentation particulièrement vaste, pour ne pas dire exhaustive – et quelquefois inattendue, voire ingénieuse –, tirant parti des écrits les plus divers, depuis les feuilles anonymes et les brochures naïves jusqu'aux discours les plus élaborés des historiens et des théoriciens du droit politique – une longue liste chronologique des imprimés utilisés est fournie en appendice. Ce faisant, il sollicite sans doute davantage les textes émanant du côté radical de l'opinion que ceux reflétant le point de vue officiel – souvent répétitifs et gagés, il est vrai –, mais il ne néglige nullement ces derniers, éclairant fort bien la logique des arguments contradictoires à propos de différents sujets de débat.

La perception de Napoléon par les Britanniques ne peut se réduire à un schéma simple, même si elle présente une courbe parallèle à celle des rapports politiques franco-anglais et des besoins du gouvernement de Londres. Incertaine avant la prise du pouvoir de brumaire, mais déjà noircie par suite de l'expédition d'Égypte, elle s'améliore fortement lors de l'intermède pacifique de 1801–1803. Puis la propagande de guerre accrédite dans la plus grande partie de l'opinion l'image d'un »Boney« criminel et vaguement ridicule, exprimée de façon particulièrement forte par les caricaturistes, à commencer par le redoutable Gillray. Enfin, on assiste après 1815 à une révision spectaculaire: Napoléon prisonnier rencontre une large sympathie, et son geôlier Hudson Lowe suscite autant d'horreur en Angleterre qu'en France. Tout cela est connu depuis longtemps, et l'ouvrage de Stuart Semmel serait d'un assez médiocre intérêt s'il se bornait à rafraîchir nos connaissances à ce sujet. Mais l'objet de son livre est beaucoup plus ambitieux.

D'une part, il brouille quelque peu les césures chronologiques et instrumentales trop simples, en montrant la persistance sous l'empire, *sotto voce*, d'un courant réfractaire au discours officiel, résidu certes très minoritaire du grand mouvement »jacobin« et anti-guerre des années antérieures[2]. Il montre aussi l'instabilité d'un certain nombre d'opinions individuelles face au phénomène composite et mystérieux que représente le pouvoir napoléonien: des adversaires résolus se muent en sympathisants au plus fort de la guerre (Cobbett), tandis que des partisans traversent la ligne dans l'autre sens, quitte à revenir ensuite sur leurs pas (Haydon). D'autre part et surtout, l'auteur propose un modèle tout à fait stimulant et convaincant pour rendre compte des divergences et des perplexités britanniques face à Napoléon: ce dernier servirait en quelque sorte de révélateur à une inquiétude assez géné-

1 Bernard MÉNAGER, Les Napoléon du peuple, Paris, 1988; Natalie PETITEAU, Napoléon de la mythologie à l'histoire, Paris, 1999; Sudhir HAZAREESINGH, The Saint Napoleon. Celebrations of Sovereignty in 19th century France, Harvard, 2004; ID., The legend of Napoleon, London, 2004 (trad. fr., Paris, 2005).

2 De ce point de vue, l'auteur complète et nuance les travaux de J. E. COOKSON, The friends of peace. Antiwar liberalism in England (1793–1815), Cambridge, 1982; H. T. DICKINSON, British Radicalism and the French Revolution (1789–1815), Oxford, 1985. Ces deux ouvrages, en dépit de leurs titres, se concentraient avant tout sur la période révolutionnaire.

rale, chez ses contempteurs comme chez ses défenseurs, sur l'identité britannique et l'avenir de la nation.

Sans doute ne faut-il pas exagérer le trouble suscité par la distinction nouvelle entre *England* et *Britain*, ni les effets psychologiques du changement de titulature royale: même si le roi d'Angleterre devient en 1801 celui du Royaume-Uni de Grande-Bretagne et d'Irlande, Britannia ne détrône pas l'Anglais John Bull dans les représentations collectives. En pratique, ces deux figures paraissent interchangeables, ou plutôt complémentaires, pour exprimer l'âme du pays. Mais une sorte de doute paraît s'emparer des esprits à la fin de l'époque géorgienne, quant à la pérennité du caractère national, à l'avenir des libertés, à la santé morale et même physique du peuple et de ses dirigeants, guettés par la décadence. La Révolution française avait brouillé toutes les certitudes, montrant qu'un peuple pouvait changer soudain de caractère: ces Français raillés naguère comme légers, frivoles, efféminés, prédestinés à l'esclavage de la monarchie absolue, bref l'antithèse des solides vertus anglaises, venaient de se révéler tout différents. Ne pouvait-on craindre un renversement symétrique en Angleterre? La confrontation avec la nation française régénérée, conduite par un chef énergique et imaginatif, pouvait constituer l'épreuve décisive où se refonderait le pays, ou signaler au contraire son abdication définitive. Ce fil conducteur permet, selon Semmel, de décrypter les différents discours tant conservateurs que radicaux, qu'il analyse avec brio tout au long de cinq chapitres mi-chronologiques, mi-thématiques.

Cette dimension récurrente n'empêche pas l'auteur d'examiner pour eux-mêmes un certain nombre de débats relatifs à Napoléon. On lira avec curiosité les pages concernant l'assassinat politique, justifié par quelques-uns, mais écarté avec horreur par une majorité – ne serait-ce que pour ne pas créer un précédent préjudiciable pour tous les souverains. Le débat le plus intéressant concerne sans doute la »légitimité«, notion qui prend alors le sens que nous lui connaissons. Inventée pour décrier Bonaparte l'usurpateur, elle pouvait être retournée contre le roi Georges, héritier de la révolution qui avait dépossédé les Stuarts en deux temps, en 1689 et 1714. Les radicaux ne manquèrent pas d'observer que la légitimité ainsi invoquée n'était rien d'autre que le droit divin invoqué naguère par l'absolutisme bourbonien, et dénoncé alors à l'envi par la libre Angleterre, fière quant à elle d'avoir choisi son roi par une sorte d'élection. Il fallait beaucoup de subtilité à leurs adversaires pour récuser l'argument et distinguer entre la »légère« déviation successorale de 1714 et l'usurpation de Bonaparte. Et la polémique se révélait d'autant plus piquante que les whigs et les tories devaient se battre à fronts renversés sur cette question. Elle eut en tout cas le mérite de susciter une réflexion en profondeur sur les fondements d'une légitimité authentique, et rebondit évidemment en 1815, lorsque le retour triomphal de Napoléon revenu de l'île d'Elbe manifesta le peu de soutien dont bénéficiaient les Bourbons dans la nation française.

Il semble bien qu'à cette date, la majorité de l'opinion s'était retournée, et que seule l'obstination des dirigeants provoqua la nouvelle guerre qui conduisit à Waterloo. Puis la captivité ne put que renforcer le courant de sympathie en faveur de Napoléon, qui ne cessa de croître au cours des trente années suivantes. Mais au-delà de la compassion pour la victime, c'est encore une comparaison qui sous-tend certaines réflexions proprement politiques: au vu des désillusions provoquées par l'après-guerre, tandis que les réformes s'enlisent et que la gloire de Waterloo s'abîme dans la honte du massacre de »Peterloo«, certains en viennent à défendre hautement le modèle de la monarchie éclairée napoléonienne, décrié autrefois comme militaire et tyrannique, mais soudain réévaluée devant l'horizon sans espoir de l'Angleterre oligarchique.

On le voit, l'opinion britannique face à Napoléon ne se résume pas aux caricatures de Gillray, même si l'auteur leur fait aussi une part importante. On lui saura gré d'avoir sorti de l'ombre de nombreux textes oubliés et d'en avoir donné une interprétation que l'on pourra peut-être discuter, mais qui a le mérite d'une incontestable cohérence.

Michel KERAUTRET, Paris

Jean TULARD, Le Sacre de l'empereur Napoléon. Histoire et légende, Paris (Fayard) 2004, 200 S., ISBN 2-213-62098-9, EUR 48,00.

Zum 200jährigen Jubiläum der Kaiserkrönung legte der bekannte Napoleon-Experte Jean Tulard einen wunderschönen Bildband vor, in dem zwei der wichtigsten zeitgenössischen Text- und Bildquellen präsentiert werden: Die offizielle Beschreibung (procès-verbal) der Haupt- und Staatsaktion durch den Großzeremonienmeister Louis-Philippe de Ségur und das nach den Vorbildern des Ancien Régime und der Beschreibung des Ägyptenfeldzugs gestalte Buchprojekt des »Livre du Sacre«. Dessen Text stammt von Étienne Aignan, die 7 historischen Ansichten der Krönungszeremonien und die 31 dazugehörigen Kostümbilder von Jean-Baptiste Isabey, Pierre-François-Léonard Fontaine und Charles Percier. Tulard benutzte zur Reproduktion des niemals publizierten Buches das kolorierte Exemplar in der Bibliothèque nationale. Die originalen Kupferstichplatten befinden sich noch heute im Louvre.

Umrahmt werden diese beiden Hauptquellen durch weitere textliche und bildliche Zeugnisse. Ségurs Bericht wird ergänzt durch die damaligen Pressestimmen, hauptsächlich das Journal des Débats, und Augenzeugenberichte aller Art von Stendhal bis Hortense de Beauharnais. Die Bilder des »Livre du Sacre« haben ihre Entsprechung in 12 weiteren Darstellungen des Ereignisses von Percier und Fontaine. Ihre grandiose Überhöhung findet in dem berühmten Gemälde von Jacques-Louis David statt, auf das nur kurz bei der Weiterverarbeitung des Staatsaktes durch ihn selbst und andere Maler wie Baron François Gérard, Jean-Auguste-Dominique Ingres, Anne Louis Girodet und Jean-Baptiste Isabey oder Bildhauer wie Claude Ramey père und Guido Righetti eingegangen wird, nicht zu vergessen die Medaillenproduktion unter Vivant Denon.

Den Weg vom Konsulat zum Kaiserreich beschreibt Tulard ausgezeichnet in seiner Einleitung. Hier werden die Entführung des Herzogs von Enghien, die Attentatspläne von Georges Cadoudal, die Konstitution von 1804, die Verhandlungen mit dem Heiligen Stuhl über die Teilnahme des Papstes und die spezifischen Interessen Josephines in ihren jeweiligen Kontext eingeordnet. Besonders erhellend ist dabei die stenographische Mitschrift der Erörterungen im Staatsrat.

Etwas sehr knapp ist leider der vierseitige Schluß geraten, in dem man genauere Ausführungen zur eigentlichen Legendenbildung, zur Rezeption und Nachwirkung des Geschehens hätte erwarten dürfen. Zu Recht betont Tulard den Primat der Politik über die Religion, wie er in Napoleons Verfassungseid und seiner fortgesetzten Wohlfahrtsdiktatur zum Ausdruck kommt, erwähnt zudem die insgesamt wenig enthusiastische Haltung der Bevölkerung. Mochte sich die Diktatur auch an ihrer antiken Formensprache berauschen und mit ihren Modekreationen zum Paradies der Schneider werden, so blieben doch die Reaktionen in Europa vielfältig und kontrovers, und nicht nur Ludwig van Beethoven war enttäuscht. Vielleicht hätten bei aller Jubiläumsstimmung noch andere Quellen zu Wort kommen können, um vor allem die Wirkung der kaiserlichen Propaganda historisch besser zu verorten. Die bekannte Karikatur des Krönungszuges von James Gillray, die bei Napoleon Wutanfälle auslöste, hätte es wohl verdient, nicht in einer kleinen Ecke, sondern in voller Größe dem Werk Davids gegenübergestellt zu werden. Denn in der Tat ist es nur ein Schritt vom Erhabenen zum Lächerlichen – und der Anachronismus der Krönung war allen Beteiligten bewußt. Die auf Napoleon III. gemünzte Marxsche Sentenz, wonach sich die Tragödie als Farce wiederhole, stimmt indessen nicht ganz, denn Louis Bonaparte war klug genug, auf eine derartige Inszenierung zu verzichten. Diese sollte der erstaunten Welt erst wieder im Jahre 1977 in Zentralafrika durch den französischen Schützling Jean-Bédel Bokassa geboten werden, der die napoleonische Kaiserkrönung mit all ihrem Prunk nachspielte. – Wer heute aber das welthistorische Ereignis vom 2. Dezember 1804 noch einmal in Augenschein nehmen möchte, der greife zu dem wunderbaren Band von Jean Tulard!

Rainer BRÜNING, Karlsruhe

Iwan-Michelangelo D'APRILE (Hg.), Europäische Ansichten. Brandenburg-Preußen um 1800 in der Wahrnehmung europäischer Reisender und Zuwanderer, Berlin (BWV) 2004, 301 S. (Aufklärung und Europa, 17), ISBN 3-8305-0562-0, EUR 42,00.

Heutzutage begnügt man sich nur noch selten mit einem allein aus Akten und anderen zeitnahen Dokumenten geschöpften Abbild der Vergangenheit. Die Wissenshorizonte bzw. die Wahrnehmung einer Epoche durch den Zeitgenossen haben verstärkt unsere Aufmerksamkeit gefunden. Die Subjektivität der Wahrnehmung verstanden als eine verkürzte, gar entstellende Auffassung vergangener Wirklichkeiten, welche als Argument oftmals gegen die Memoirenliteratur ins Feld geführt wurde, hat ihren einstigen Makel verloren, zumal man bei deren Interpretation und Würdigung vielfach methodisch neue Wege eingeschlagen hat. Es interessiert den Historiker mehr denn je nicht zuletzt als ein Korrektiv unserer Rekonstruktionen vergangener Realitäten, wie man in der Zeit seine Umwelt registrierte. Der vorliegende Sammelband verdeutlicht am Beispiel des altpreußischen Staates durch einige Beiträge diese veränderte Herangehensweise.

Gewiß zählte Preußen im 18. Jh. nicht zu den bevorzugten Reisezielen der Grand Tour, daher ist die Zahl der zeitgenössischen Berichterstatter überschaubar. Die hier genannten Autoren sind nicht unbekannt, deshalb seien im Folgenden nur einige der Beiträge dieses Bandes beispielhaft herausgegriffen. Englische Reisende verirrten sich selten in das Land der Hohenzollern, wenn auch die friderizianische Waffenhilfe auf der Insel lebhafte Begeisterung ausgelöst hatte. Armut und die Rolle des Militärs bestimmten vor dem Hintergrund englischer Verhältnisse die Eindrücke dieser Touristen (Frauke GEYKEN). Als 1763/64 für Monate eine türkische Gesandtschaft nach Berlin kam, wurde natürlich eifrig Buch geführt. Die Aufzeichnungen des türkischen Gesandten fügen sich in das Wahrnehmungsmuster der Gesandtenberichte ein, allerdings sind auf Grund des anderen kulturellen Hintergrunds doch einige Beobachtungen zu Konfession und Militärleben abweichend akzentuiert (Winfried SIEBERS). Die soziale Kälte des preußischen Militärsystems wurde aufmerksam registriert. Besonderes Gewicht kommt in diesem Band französischen Autoren zu. Mirabeau und Madame de Stael zeichneten von Preußen ein positives Bild (Iwan D'APRILE, Brunhilde WEHINGER). Es diente ihnen als idealisiertes Beispiel für ein wohl geordnetes Gemeinwesen, um jeweils das ihnen gegenwärtige Frankreich in dunklen Farbe zu kennzeichnen. Ihre Einblicke bewegten sich im Rahmen des in aufgeklärten Kreisen verbreiteten Preußenbildes. Zusätzliche Eindrücke vermitteln die wenig bekannten kühlen Ausführungen eines Chateaubriand aus dem Jahre 1821 (Vanessa DE SENARCLENS). Die Distanz zur Aufklärung gab seinen Ausführungen eine andere Richtung. Bemerkenswert ist auch der Beitrag zu dem katholischen Geistlichen und Befürworter der Aufklärung, dem Abt Carlo Denina, welcher aus wohlwollender Distanz die Berliner Verhältnisse nicht ohne einen Seitenblick auf die Lage der Katholiken würdigte (Alessandro COSTAZZA).

Es sind nicht neue Einsichten in preußische Realitäten, welche dieser Band seinem Leser vermittelt, es ist vielmehr eine eher vage zu formulierende Vorstellung von dem Gewicht der veröffentlichten Meinung im Zeitalter der Aufklärung. Es bedurfte schon besonderer kultureller Prägungen, etwa durch Herkunft oder Konfession, eines Autors, um Preußen nicht in den gewohnten Mustern wahrzunehmen.

Peter-Michael HAHN, Potsdam

Gerhard AMMERER, Alfred Stefan WEISS (Hg.), Die Säkularisation Salzburgs 1803. Voraussetzungen – Ereignisse – Folgen. Protokoll der Salzburger Tagung vom 19.–21. Juni 2003, Frankfurt a. M., Berlin, Bern u. a. (Peter Lang) 2005, 320 S. (Wissenschaft und Religion, 11), ISBN 3-631-51918-4, EUR 48,10.

Der vorliegende Band enthält Beiträge einer Tagung, die 2003 anläßlich des zweihundertsten Jahrestages der Säkularisation des geistlichen Reichsfürstentums Salzburg veranstaltet wurde. Obwohl dieses Ereignis seine Ursache in der Weltgeschichte hatte, wird es, wie schon die Teilnehmerauswahl erahnen läßt, fast ausschließlich lokalhistorisch abgehandelt (11 der 12 Referenten sind in Österreich tätig, 9 davon in Salzburg).

Der Festvortrag von Helmut RUMPLER aus Klagenfurt beklagt zwar die »Tragödie« der Säkularisation, erklärt aber nicht, wie und warum es dazu gekommen ist. Harm KLUETING aus Köln beschränkt sich in seinem Artikel über die Salzburger Spätaufklärung darauf, die Sekundärliteratur (hauptsächlich Hammermayer) zu referieren. Thomas WEIDENHOLZER präsentiert zwar in seinem Beitrag über »Aufklärung und Säkularisierung in Salzburg« neues Quellenmaterial, integriert es aber nicht in die Sekundärliteratur. Einem originellen Thema, »Hundekonflikte und Menschenrechte«, widmet sich Norbert SCHINDLER; der Zusammenhang mit der Thematik des Symposiums ist jedoch nur schwer ersichtlich. Alfred Stefan WEISS behandelt den Kampf Colloredos gegen die »Feinde« der Aufklärung. Er zeigt das harte Vorgehen des Erzbischofs gegen Kritiker seiner Reformen, läßt dabei allerdings offen, ob diese Maßnahmen gesetzlich gedeckt waren oder absolutistischer Willkür entsprangen. Peter PUTZER und Alfred RINNERTHALER beschreiben die Säkularisation und ihre Folgen bis zur Eingliederung Salzburgs in die Habsburgermonarchie 1816 auf rechtshistorischer bzw. kirchenrechtlicher Ebene. Christian DIRNINGER analysiert die wirtschaftlichen Folgen. Sabine VEITS-FALK widmet sich in einem gut recherchierten Artikel den Auswirkungen der Säkularisation auf die Salzburger Bevölkerung unter Kurfürst Ferdinand. Rupert KLIEBER befaßt sich mit Salzburgs Kirche und dem katholischen »Milieu« im späten 19. Jh. Den meiner Meinung nach besten Artikel – ausgewogen, sorgfältig recherchiert und eindrucksvoll illustriert – steuert Ingonda HANNESSCHLÄGER mit ihrem Beitrag über die »geraubten« Salzburger Kunstschätze bei. Sie zeigt, daß jeder neue Landesherr sich an Salzburg zu bereichern wußte. Ferdinand III., Bayern und Österreich requirierten die für sie interessantesten Gegenstände und standen dabei den französischen Okkupanten von 1801 und 1805 um nichts nach.

Die meisten Beiträge gehen aufgrund ihrer Thematik mehr oder weniger auf die Aufklärung ein, aber auf eine Weise, die die Bedeutung der Salzburger Aufklärung in Frage, wenn nicht in Abrede, zu stellen scheint. Weidenholzer z. B. schreibt (S. 75): »Die vielgerühmte Blüte der Spätaufklärung in Salzburg genügte sich … selbst und beschränkte sich auf einen schmalen Kreis«. Für Klueting und Weiß scheint die Salzburger Aufklärung fast ausschließlich aus dem schon lange bekannten und oft abgehandelten Hirtenbrief Colloredos (1782) zu bestehen. Schindler polemisiert gegen angebliche Behauptungen von »jakobinischen Agitatoren« unter den Bauern und stellt bereits Bekanntes über den bäuerlichen Widerstand als eigene Forschungsergebnisse dar. Weidenholzer befaßt sich mit der Salzburger »Medienpolitik« unter Colloredo, aber aus einer geradezu gegenaufklärerisch anmutenden Perspektive. Denn er sieht in »naturwissenschaftlichem Denken, Vertragstheorie, Naturrecht und Publizität« den Grund für den »Rückgang des Einflusses religiöser Ethik auf die Sphären sozialen Handelns« (S. 57) und für die darauffolgende »Moral- und Sittenlosigkeit«. In diesem Zusammenhang sieht Weidenholzer auch »Freiheit, Natur, Menschen- und Völkerrecht, Toleranz, Aufklärung und Publizität«. Seine Hinweise auf »libidinöse Zusammenkünfte«, »Hang zur Wohllust« etc. stammen auch aus gegenaufklärerischen Quellen. Mit dieser Fixierung auf die (sexuelle) »Immoralität« wird der Blick auf die für Zeitgenossen überlebenswichtige Frage »Krieg oder Frieden mit der französischen Republik?« verstellt. Doch nur wenn man im Auge behält, daß es diese Thematik war, die zu jener Zeit den Trennstrich zwischen Anhängern und Gegnern der Aufklärung zog, kann man den Konflikt zwischen Aufklärern und Gegenaufklärern richtig einordnen. Unzufriedenheit, Kritik an der Obrigkeit und Aufstände sind dann nämlich nicht mehr Folgen der angeblich von der Aufklärung provozierten Unmoral, sondern Folgen des Interventionskrieges gegen Frankreich, an dem auch Salzburg als eigener Reichsstand teilnahm. Nur unter diesem Gesichtspunkt kann auch die Furcht Colloredos vor einem »revolutionären Zentrum« im Erzstift verstanden werden. Dieser selbst war es ja (und nicht, wie Weidenholzer behauptet, die Rezensentin) der die These von der Existenz eines solchen aufstellte und damit den aufgeklärten Sinn der Salzburger Bevölkerung bezeugte. Dank einer liberalen Pressepolitik war diese Bevölkerung durchaus im Stande, sich ihr eigenes kritisches Urteil über die »hohe (Kriegs-)Politik« zu machen. Die Anhänger der Kriegspartei deuteten eine solche subversive Haltung natürlich als einen beklagenswerten Sittenverfall – eine Deutung, die aber in einer wissenschaftlichen Arbeit nicht, wie hier geschieht, unreflektiert übernommen werden sollte.

Auszustellen ist auch die bewußte Ausklammerung des emanzipierten Bürgertums aus jeder Protestbewegung. Im ganzen wird der Eindruck erweckt, daß noch heute in Salzburg angesehene Forscher und Gelehrte, wie z. B. Judas Thadäus Zauner, sich niemals etwas so Anrüchiges wie »Kritik an der Obrigkeit« hätten zuschulden kommen lassen.

Diese Beispiele zeigen deutlich, wie in diesem Band das Thema Aufklärung – immerhin die dominierende Strömung Ende des 18. Jhs. – abgehandelt wird. Die Wortwahl in anderen Artikeln bestätigen diesen Trend: »Überwinder der aufklärerischen Positionen« (Klueting, S. 47 für Gegenaufklärer), »Feinde« der Aufklärung« einmal mit, einmal ohne Anführungszeichen (Weiß). Wenn Rinnerthaler die »Situation der Salzburger Kirche … damals [1810] mehr als trist« nennt und darin »eine Folge der Aufklärung« (S. 204) sieht, bezieht er Positionen, deren Unhaltbarkeit Sebastian Merkle schon vor fast hundert Jahren demonstrierte. Dasselbe gilt für seine Bewertung der Übergabe Salzburgs an Ferdinand III.: Sie sei für die »Salzburger Kirche« ein »Glück im Unglück« gewesen, galt Ferdinand doch »als frommer Katholik, dem sogar eine »ultramontane« Gesinnung nachgesagt wurde« (S. 198). Wird hier »Glück« nicht einfach mit der Unterwerfung der »Salzburger Kirche« unter die damalige päpstliche Autorität gleichgesetzt und wird der Reformkatholizismus nicht gänzlich negiert?

Ähnlich auch die Vorgangsweise von Heinz Dopsch: Er zitiert aus einer Broschüre, die, ganz im Geiste des Reformkatholizismus, das Unwesen der Bettelmönche kritisiert, um so die Meinung vieler Zeitgenossen zu illustrieren. Dem setzt er die »moderne Forschung« entgegen, die gezeigt hätte, »wie einseitig dieses Urteil ist«, und bringt darauf positive Beispiele aus den geistlichen Staaten. Daß diese Beispiele den Bestrebungen des Reformkatholizismus entsprungen sind, wird nicht erwähnt.

Die katholische Aufklärung kam in dieser Tagung schlicht und einfach zu kurz. Einige Schnitzer hätten den Herausgebern nicht entgehen dürfen. Rumpler macht aus dem Reichsvizekanzler Franz Gundaccar Graf Colloredo-Mansfeld und dem früheren Kabinettsminister von Franz II., Franz Graf Colloredo-Wallsee, eine Person. Weidenholzer verwechselt als Briefadressaten Hieronymus Colloredo mit der Justitzkommission in Wien (Anm. 127). Ammerer, der in der Einleitung von »Salzburgs Degradierung zum kleinsten Kreis Oberösterreichs« spricht (S. 15), hätte bei seiner Durchsicht als Herausgeber bemerken müssen, daß Dopsch in seinem Artikel die »bis heute oft nachzulesende irrtümliche Ansicht, Salzburg sei […] der kleinste Kreis Österreichs ob der Enns gewesen« (S. 294), richtigstellt.

Abschließend kann man nur bedauern, daß sich die Organisatoren dieser von der Salzburger Landesregierung großzügig subventionierten Tagung die Chance entgehen ließen, sich mit der gesamten neuesten Forschung und der ganzen Bandbreite der Standpunkte offen auseinanderzusetzen. Was Weidenholzer von der Salzburger Aufklärung behauptet, trifft daher eher auf die Urheber und Organisatoren dieser Tagung zu: Sie genügten sich selbst und beschränkten sich auf einen schmalen Kreis.

Gilda Pasetzky, Besançon

Angelika ERNST, Die Einführung des napoleonischen Steuer- und Verwaltungssystems in Lüneburg 1810/1811 unter Ablösung der alten Rechtsnormen, Seth (Hüsterlo Verlag) 2004, 232 S., ISBN 3-9806800-3-7, EUR 39,90.

Der nicht eben mitreißende Titel dieser in relativ aufwendiger Aufmachung erschienenen Hamburger Dissertation ist geeignet, auf den wissenschaftlich, an auf das Arrondissement Lüneburg bezogenen Detailerkenntnissen interessierten Leser doch aber attraktiv zu wirken. Insbesondere dann, wenn er die zuvor schon auf ähnliche Weise veröffentlichte Magisterarbeit der Verfasserin kennt (Lüneburg in der Franzosenzeit 1803–1813. Schicksal einer besetzten Stadt, Seth [2]2000), erhofft er sich, daß er nunmehr mit profunden Informationen über speziell die Auswirkungen des französischen Steuersystems in einem Arrondissement des Generalgouvernements der Hanseatischen Departements versorgt werde. Die größeren Zusammenhänge und allgemeinen Umstände der Annexionsokkupation der Jahre 1811–1813/14 sind ja kein Geheimnis mehr, auch nicht die Grundzüge der napoleonischen Verwaltung und Steuergesetzgebung. Jetzt kommt es darauf an, im einzelnen deren Realisierung und ihre Auswirkung auf die Lebensumstände der Okkupierten zu untersuchen: Wie stark belastete sie der okkupationsinduzierte soziokulturelle Wandel? Hier also: Wie wirkte sich die Einführung des französischen Steuersystems aus? War Gelegenheit für die Okkupierten da, eventuelle Vorteile kennenzulernen, oder fehlte diese so gut wie ganz, da die Auswirkungen des neuen Abgabensystems nicht automatisch bedeutete, daß althergebrachte Abgaben einfach verschwanden, und da es neben den regulären Belastungen auch irreguläre, mit der Kriegsführung zusammenhängende gab, die für Zeitgenossen wie Historiker schwer von einander zu differenzieren waren und sind? Hat das neue Steuersystem – im Zusammenwirken mit anderen Arrangements – zumindest ansatzweise dazu geführt, daß der Pariser Staat im Bereich des Arrondissements Lüneburg mehr Ressourcen mobilisieren konnte, als dies zuvor unter kurhannoverscher und königlich-westphälischer Ägide der Fall gewesen war? Welche Verhaltensänderungen und Gegenreaktionen sind ausgelöst worden? Diese – wirklich nicht leichten – Aufgaben sind von der Verfasserin wohl ansatzweise erkannt, aber kaum einer Lösung näher gebracht worden. Das Urteil der Verfasserin (S. 159, Anm. 94), daß die steuerliche Belastung im Elbmündungendepartement 1811/12 geringer ausgefallen sei als die über Hamburg und Lübeck 1813 verhängte Strafkontribution, verleiht einer Selbstverständlichkeit Ausdruck.

Überwiegend handelt das Buch von den präokkupationalen Zuständen in Lüneburg und von der Annexion großer Teile Norddeutschlands durch Napoleon. Sodann gibt das Lüneburger Archiv (in seiner Bedeutung von der Verfasserin, die wohl kaum ein anderes kennt, überschätzt) einige wertvolle, anschauliche Mosaiksteine her: zur Türen- und Fenstersteuer, zur Patentsteuer (S. 156ff.), zum Kommunal-Octroi (S. 164ff.); verdienstvoll ist die Übersichtstabelle betreffend die Organisation der *droits réunis* im Arrondissement (nach S. 172). Unter der Überschrift »Die Steuerlast der Lüneburger von 1810/11 – napoleonische Steuern« wird eine Tabelle geboten (S. 175), die eine Auflistung der Steuerarten enthält, aber keinerlei Hinweis auf das Ausmaß der Belastung dadurch gibt. Die Bedeutung der in den Jahren vor 1811 im hannoverschen, dann westphälischen Lüneburg und seiner Umgebung eingerichteten Dotationsdomänen im Zeitraum 1811–1813 bleibt ungeklärt, und wie in der ersten, obengenannten Arbeit der Verfasserin, entsteht auch hier der Eindruck, sie vermöge zwischen westphälischer und französischer Zeit nur unvollkommen zu unterscheiden (ein Beleg dafür ist das Verzeichnis der Magistratsangehörigen aus dem Jahre 1810, S. 197).

Gelohnt hätte es sich für die Verfasserin, die Berichte des mitteilsamen Unterpräfekten Barthélemy in den Archives nationales auszuwerten. Daraus hätte sie beispielsweise entnehmen können, daß es Steuern nicht allein in der *Mairie de Lunebourg*, sondern ebenso auf der Ebene des Arrondissements gleichen Namens zu verteilen galt; daß auch 1811/12 noch weiterhin Steuern alter Ordnung erhoben wurden; welche Probleme es bereitete, das gemeindliche Rechnungswesen auf einen »altfranzösisch« schon erreichten Stand zu heben. Während der Titel der Abhandlung sich vorsichtshalber auf den Umbruch des Jahres 1810/11 beschränkt, wird darin dann aber ein Kapitel über »Die Akzeptanz des neuen Regierungssystems in der Bevölkerung« geboten, das naturgemäß im Sande verläuft, denn um es schreiben zu können, hätte der Zeitraum bis zum Ende der Annexionsokkupation Ende 1813 ins Auge gefaßt werden müssen. Die am Schluß gebotene Zusammenfassung hätte auch ohne alles das geschrieben werden können, was vorher als Hauptteil angeboten worden ist.

Im Dokumentenanhang findet sich Einschlägiges kaum, und es stellt sich unter anderem die Frage, was eine Aufstellung der Kandidaten für den *Conseil général* des Departements der Elbmündungen (1812) da zu suchen haben mag; angesichts dieser Systemlosigkeit wundert man sich auch nicht, die Stammtafel der Herzöge von Braunschweig-Lüneburg anzutreffen. Das Personenregister umfaßt neun biographische Kurzartikel (aber keinen Hinweis darauf, wo im Buch denn nun die dazugehörigen Namen aufzufinden sein sollten); warum wir hier über das informiert werden, was aus dem »Dictionnaire Napoléon« oder aus dem »Großen Brockhaus« über die Marschälle Berthier und Ney zu erlesen ist, über Fouché oder Georg III., bleibt schleierhaft. Den *Maire* von Lüneburg, Kruckenberg, den schon genannten Unterpräfekten oder das Lüneburger Mitglied im Pariser *Corps législatif*, Hans Werner von Meding, suchen wir vergeblich.

Der Wert des Buches liegt darin, daß Lüneburger Archivalien genannt und ausgewertet worden sind, die wichtige Informationen über das politische Führungspersonal vor und nach 1811 betreffen, allerlei Folgen der Patent- und Patentsteuerregelungen für einzelne Betroffene; diverse Einzelheiten, die unser Vorstellungsvermögen dafür stärken, wie sich der Ablauf der Verwaltung und des Steuerwesens gestaltet haben mag. Dies hätte unschwer und übersichtlicher in einem Zeitschriftenartikel untergebracht werden können.

Helmut STUBBE DA LUZ, Hamburg

Heinz DUCHHARDT, Karl TEPPE (dir.), Karl vom und zum Stein. Der Akteur, der Autor, seine Wirkungs- und Rezeptionsgeschichte, Mayence (Philipp von Zabern) 2003, 261 p. (Veröffentlichungen des Instituts für Europäische Geschichte Mainz, Abteilung für Universalgeschichte, Beiheft 58), ISBN 3-8053-3102-9, EUR 34,90.

Heinz Duchhardt et Karl Teppe publient les travaux d'un colloque consacré à Karl von Stein, qui avait été organisé en 2002 par la Société Freiherr von Stein et l'Institut d'Histoire européenne de Mayence, dans le château de Cappenberg, où Stein passa les dernières années de son existence.

L'ouvrage comporte 10 contributions, outre la préface et les conclusions rédigées par les éditeurs, les professeurs Heinz DUCHHARDT et Karl TEPPE. Le colloque comme l'ouvrage avaient pour but de réactualiser l'image de Stein (1757–1831), grand homme d'État prussien et figure emblématique de l'ère napoléonienne, puisqu'il fut l'un des grands réformateurs de l'État prussien après le désastre de 1806. D'abord dans le domaine historiographique, Stein a été pendant longtemps objet d'étude comme le montre Thomas STAMM-KUHLMANN (Die Stein-Rezeption in der Historiographie des langen 19. Jahrhunderts, p. 159–178). Si Stein fut dans les années 1930 l'objet d'importants travaux scientifiques, comme sa biographie par Moritz Ritter, ce succès s'explique par le prestige dont il jouissait chez les conservateurs allemands, qui cherchaient dans son œuvre l'inspiration de leur politique. Wolfgang STELBRINK a bien montré dans son étude sur la réforme municipale de 1935 (Freiherr von Stein und die Deutsche Gemeindeordnung von 1935, p. 193–220) que si elle avait été imposée par les Nazis, elle avait aussi eu la totale approbation du bourgmestre de Leipzig, Karl Goerdeler, opposant notoire au régime. Les difficultés d'accès aux archives de Stein, imparfaitement publiées au XIXe siècle, n'incitaient pas non plus, après la seconde guerre mondiale à réexaminer le dossier du ministre prussien, qui durant 4 ans prépara, avec Hardenberg et les militaires, la renaissance de la Prusse comme grande puissance européenne. Stein fut d'ailleurs pendant longtemps une figure controversée, malgré les efforts de la Société Freiherr von Stein (Freiherr-von-Stein-Gesellschaft), fondée en 1952.

Après quelques inévitables contributions à des aspects méthodologiques sur le »mémoire« comme genre littéraire (Theo STAMMEN, Denkschrift als literarische Form, p. 105–124) ou sur les concepts politiques (Thomas KLEINKNECHT, Einrichtungen/Institutionen – Zum Aspekt der Prozeßkategorie in Steins politischen Grundbegriffen, p. 49–64), l'ouvrage se divise en deux parties. La première partie de l'ouvrage est consacrée au rôle qu'il a joué de son vivant dans la politique allemande et dans la politique européenne de son temps. Dans la seconde partie, il est surtout question de l'influence exercée par Stein sur les institutions allemandes en général et prussiennes en particulier.

W. STEINMETZ, dans une première étude (Steins Institutionenbegriff und das Beispiel des englischen Parlaments, p. 1–28) s'interroge sur l'importance du modèle anglais dans les projets de Stein. Celui-ci est fasciné par les représentations parlementaires d'Europe occidentale et plus particulièrement par le Parlement britannique, bien qu'il n'ait jamais eu de contact direct avec ce dernier lors de son voyage d'études en Angleterre, avant la Révolution française. Dès les années 1770, lorsqu'il était étudiant à Göttingen, Stein multiplia les lectures sur le sujet et ultérieurement ses réactions ont beaucoup varié selon les témoignages qu'il recueillait, car il ne se laissa pas s'éblouir par les traits spécifiques du Parlement anglais, dont la prépondérance s'est peu à peu imposée en 4 étapes, du XIIIe au XIXe siècle, selon un processus brillamment décrit par l'auteur (p. 12–19). Stein voit les faiblesses du modèle avant la réforme électorale de 1832 mais il meurt avant qu'elle n'entre en vigueur. En 1790, les travaux de l'Assemblée nationale l'avaient passionné au point qu'il songea à faire un voyage à Paris. Finalement, ses réflexions sur les moyens d'adapter le système parlementaire à la société prussienne et aux diètes locales *(Landstände)* restent vagues.

Beaucoup plus précises sont ses réformes municipales qu'il a exposées dans le »Memorandum de Nassau« de juin 1807 (Peter BURG, Steins »Nassauer Denkschrift« und die preußische Kommunalverfassung, p. 125–138). Son but était de corriger les graves défauts de l'administration prussienne en développant l'autonomie locale et en réformant l'administration provinciale. Le texte plaide pour la participation des »propriétaires« (nobles et paysans) à l'administration locale, tout en réservant les compétences de l'État monarchique en matière de police, de fiscalité et d'armée. Il s'éloigne considérablement du concept traditionnel de société d'Ordres, dont les États provinciaux sont la représentation politique. La nouvelle constitution communale correspond à ses principes: les propriétaires éliront des délégués municipaux *(Stadtverordnete)*, qui eux-mêmes confieront la gestion de l'exécutif au magistrat. Les diètes locales *(Landstände)* seront désormais élues par les délégués municipaux. Cette réforme permettra en outre à l'État prussien de supprimer de nombreux fonctionnaires et d'épargner chaque année 150 000 *Thaler*. L'ordonnance du 19 novembre 1808 établit la réforme communale dans les villes, abolissant les privilèges des corporations et faisant des commerçants, artisans, fonctionnaires et enseignants des citoyens munis de droits politiques. Dorénavant les communes étaient autonomes et l'État n'avait plus qu'un droit de contrôle. Après le Congrès de Vienne et les annexions territoriales qui s'ensuivirent, il y eut un droit municipal différent selon les provinces, qui fut seulement unifié en 1831.

La presse en Allemagne a toujours été plus ou moins contrôlée, selon les États et les circonstances, même durant l'Ère des Lumières et le principe de la liberté de la presse n'a jamais été proclamé comme en France en 1791. Même si la presse en Prusse à l'époque des Réformes jouissait d'une étroite marge de manœuvre comme le montre Andrea HOFMEISTER (Presse und Staatsform in der Reformzeit, p. 29–48), les partisans des réformes eurent recours à la presse après 1806 pour faire connaître leurs idées aux élites éclairées et patriotes. Dans un premier temps par exemple, Stein, alors ministre, proposa la réforme des États provinciaux *(Landstände)*, afin de mieux communiquer avec les sujets du roi de Prusse après la défaite et d'éduquer progressivement l'opinion publique. Par la suite, lorsqu'il était conseiller du tsar Alexandre Ier, il prit en mains la propagande des Alliés pendant la guerre de libération.

Au même moment Stein songeait à la reconstruction de l'Allemagne après la victoire des Alliés et la contribution de Wolfram PYTA, (Stein und die europäische Friedensordnung seit dem Wiener Kongreß, p. 65–84), qui montre que Stein avait des projets raisonnables pour l'Allemagne libérée du joug napoléonien, est particulièrement séduisante. Si Stein ne souhaitait pas rétablir le Saint-Empire, il pensait que l'Allemagne avait besoin d'une constitution fédérale et d'une armée commune pour se défendre en cas d'agression; il voulait en particulier empêcher la France de se mêler en permanence des affaires allemandes en s'alliant aux États moyens, comme ce fut le cas au XVIIIe siècle. Stein a été déçu par la Confédération germanique qui a résulté de l'acte final du Congrès de Vienne. W. Pyta montre bien le rôle joué par le tsar Alexandre 1er, le plus européen de tous les Romanov, qui s'inspirait beaucoup des conseils de Stein durant la période 1812–1814. Durant la période qui a précédé la défaite de Napoléon, on a beaucoup discuté sur l'avenir de l'Allemagne. Comment passerait-on du monde cosmopolite du XVIIIe siècle, désormais révolu, à celui de l'État national qui s'est imposé au XIXe siècle?

Les conceptions de Stein et de son ami Münster, ministre hanovrien, se sont opposé, comme le montre l'étude de leur correspondance à laquelle nous convie Anke JOHN (Wunschbilder und realpolitische Visionen. Münsters und Steins Deutschlandpläne im Vergleich, p. 85–104). Münster était traditionnellement représenté comme un défenseur des intérêts du Hanovre, qui souhaitait revenir au morcellement de naguère *(Kleinstaaterei)*, alors que Stein était décrit par l'historiographie »petit-allemande« comme un grand patriote, le prophète de l'avenir et de l'unité allemande à direction prussienne. Leur point commun était une semblable haine de Napoléon. Münster, réfugié à Londres depuis l'annexion de sa petite patrie par le France en 1806, était ministre du roi Georges III, mais se considérait toujours comme un »bon Allemand«. Stein proposait de créer un État d'Allemagne du Nord à direction prussienne, tandis que les États d'Allemagne du Sud seraient des satellites de l'Empire d'Autriche. Dans son »Memorandum« de janvier 1813, Münster avait rejeté les propositions de Stein, car donner les États allemands à l'Autriche serait dommageable à l'équilibre européen. Münster, qui considérait la restauration pure et simple du Saint-Empire comme la meilleure solution, tenait au moins la vieille Constitution du *Reich* pour une bonne base de discussion, car selon lui l'abdication de l'empereur François II en 1806, n'avait aucune valeur légale. Il préconisait en fait la création d'un État fédéral avec un monarque élu à sa tête, alors que les innovations proposées par Stein lui semblaient dangereuses, de sorte qu'il cessait de le critiquer. Les États allemands devraient conserver leur autonomie et il souhaitait rétablir les diètes dans la plénitude de leurs pouvoirs traditionnels (vote des impôts, contrôle du budget, droit de remontrance et participation au pouvoir législatif). La création d'une Confédération germanique par les diplomates du Congrès de Vienne était finalement plus proche des idées de Münster que de celles de Stein.

Mais surtout les réformes ou les projets de réformes de Stein n'ont cessé d'inspirer ultérieurement les hommes politiques allemands, avec des succès variés, comme le montre Paul NOLTE (Stände, Selbstverwaltung und politische Nation. Die Ordnungsvorstellung Steins in der deutschen Geschichte (1800–1945), p. 139–158). Pendant très longtemps, Stein est apparu dans l'historiographie allemande comme le personnage central des réformes en Prusse, y compris en République fédérale et en République démocratique allemande, mais l'on s'est peu intéressé aux réalisations concrètes de Stein ni aux résultats ou aux échecs de celle-ci; en 1960, l'historien Kurt von Raumer estimait encore que cela n'avait guère d'importance. Or en 1807–1808 Stein était membre d'une équipe et l'on peut se demander s'il n'a pas joué un plus grand rôle en Westphalie après 1815. D'autre part ses positions théoriques n'ont cessé d'évoluer après 1815, il est devenu plus conservateur et s'est rapproché des »féodaux« et des agrariens. Il devient partisan de la société d'Ordres, à condition que ceux-ci ne soient pas fermés. Il est toujours demeuré un partisan de l'autonomie communale. Il est partisan d'une Constitution pour mettre un terme à la toute-puissance de la bureaucratie et il pense que la représentation doit se faire à 4 niveaux avec des représentants élus au suffrage indirect, mais ce modèle a été complètement abandonné à partir de 1821 et ce n'est qu'après la révolution de 1848 et au moment de la fondation du second *Reich* que ses idées ont retrouvé une certaine actualité.

Par la suite il est devenu l'inspirateur des conservateurs et comme le montre Heinz DUCHHARDT (Die Stein-Jubiläen des 20. Jahrhunderts, p. 179–192), les jubilés ont permis d'instrumentaliser Stein, en particulier celui de 1931 qui en fit, dans une période difficile, un héros national allemand à l'occasion du centième anniversaire de sa mort. De même après 1945, 25 personnalités ont décidé de fonder une société Freiherr von Stein (Thomas KLEINKNECHT, Karl TEPPE, Konsens als Programm. Wissenschaft und staatspolitische Bildungsarbeit der Freiherr-von-Stein-Gesellschaft zwischen »konservativer Revolution« und Verfassungspatriotismus in der Bundesrepublik Deutschland, p. 221–252).

Jean BÉRENGER, Paris

Thierry LENTZ, Nouvelle histoire du Premier Empire. L'effondrement du système napoléonien (1810–1814), Paris (Fayard) 2004, 681 S., ISBN 2-213-61944-1, EUR 26,00.

Die Geschichte Napoleons und seiner Zeit ist ein Schwerpunkt der französischen Historiographie, der weiterhin ein breites Publikum anzieht. Der Verfasser des vorliegenden Bandes ist Direktor der 1987 gegründeten Fondation Napoléon und Autor mehrerer Bücher zur Geschichte der beiden Napoleone, so auch Herausgeber der neuen »Correspondance générale de Napoléon Bonaparte« (2004ff.). Nach einem ersten Band über Napoleons Konsulat (Le Grand Consulat 1799–1804, 1999) legt er jetzt den 2. Band einer umfassenden dreibändigen »Nouvelle histoire du Premier Empire« vor. Der 1. Band (Napoléon et la conquête de l'Europe 1804–1810, 2002) behandelte den Aufstieg Napoleons; der hier vorliegende Band stellt den Zusammenbruch seiner Herrschaft in Europa und in Frankreich dar. Hier wird fast ausschließlich Außenpolitik behandelt, d. h. Napoleons militärische und diplomatische Aktivitäten. Es ist Ereignisgeschichte im überkommenen Sinn. Einzelne Kapitel wie das über die Wirtschaftskrise 1810 (I, 3) oder über seinen Konflikt mit dem Papst (I, 4) verändern den Schwerpunkt der Darstellung nicht.

Die militärisch-diplomatische Geschichte wird sehr gründlich an Hand der Sekundärliteratur bis zu den jüngsten Neuerscheinungen behandelt. So wird auch der Kolonialkrieg Frankreichs und Englands, der erst mit dem Verlust der letzten französischen Stützpunkte in der Karibik und im Indischen Ozean 1810/11 endete, und die phantastischen Kriegspläne Napoleons in Übersee ausführlich berücksichtigt. Allerdings beschränkt sich der Verfasser auf die französische Literatur (bzw. ins Französische übersetzte Literatur) und englischsprachige Arbeiten. Die Ergebnisse und Urteile der berücksichtigten Autoren werden zitiert und kommentiert. Gedruckte Quellen werden mit der Auswertung der alten »Correspondance« von Napoleon (1858ff.), ferner mit dem »Bulletin des lois« intensiv herangezogen. Allerdings fragt sich der Leser, ob der Autor mit langen Zitaten aus dem *Bulletin* der Großen Armee oder diplomatischen Noten, die offenkundig propagandistischen Charakter haben, nicht des Guten zuviel tut. Flüchtigkeitsfehler unterlaufen ihm kaum und sind ohne Belang (so gehört z. B. das ehemalige Bessarabien nicht zum heutigen Rumänien, S. 209. Oder der Vater des badischen Großherzogs Karl (1811–1818) war nicht Ludwig; dieser war sein Onkel und Nachfolger (1818–1830), S. 55).

In der Darstellung fällt auf, daß der Autor dem Zaren eine Mitschuld am Ausbruch des französisch-russischen Krieges 1812 – dem Kern des gesamten Bandes – gibt: »Quoiqu'il en soit des ambitions de Napoléon, on ne saurait cependant minimiser la responsabilité du tsar dans la dégradation accélérée des relations franco-russes« (S. 229). Im Mittelpunkt der Betrachtung steht das napoleonische System, das der Autor als Alternative zum europäischen System des Gleichgewichts der Mächte sieht, ja in dem er eine Verteidigung Europas gegen die Übermacht Rußlands erkennt (und in der Kontinentalsperre einen Gemeinsamen Markt avant la lettre, S. 617). Napoleon ist für ihn jedenfalls nicht ein genialer Militär, der sich in die Politik verirrt bzw. Außenpolitik mit ungebremstem Ehrgeiz, jedem Kompromiß mit England abhold , betreibt, sondern ein Politiker, der die Hegemonie Frankreichs in Europa auf der Basis der sogenannten natürlichen Grenzen, abgesichert durch Tochterrepubliken bzw. Napoleonidenstaaten, aufgab zugunsten einer Vision der Wiedererrichtung des Karolingerreiches bzw. des Imperium Romanum. Für dieses Ziel habe er die Erfolge der französischen Revolution, nämlich die Rheingrenze, verspielt.

Während die Erfolge der napoleonischen Außenpolitik sich mit seiner Niederlage spurlos verflüchtigten, sieht der Vf. seine bleibenden Erfolge in der Innenpolitik, der er anscheinend mit seiner liberalen Herrschaft der 100 Tage – auch sie auf Band 3 verschoben – den Weg gewiesen habe. Wie der Verfasser nun die Innenpolitik Napoleons, »la civilisation de la France napoléonienne« (A. Sorel), behandeln wird, ob als Verfassungsgeschichte, Sozial- und Wirtschaftsgeschichte oder Mentalitätsgeschichte mit einem kulturwissenschaftlichen Ansatz, dies bleibt dem angekündigten dritten Band vorbehalten. Ob er dabei die frankozentrische Sicht seiner Darstellung verläßt und wie er die europäische Bedeutung Napoleons herausarbeitet (unter Einbeziehung von nichtfranzösischen Arbeiten?), die Antwort auf diese Fragen muß der geneigte Leser auf die Lektüre des letzten Bandes – »La France et l'Europe de Napoléon (1804–1815)« – verschieben. Dann wird sich auch zeigen, ob die Gesamtdarstellung den ambitionierten Anspruch einer ›neuen‹ Geschichte verdient, – denn der hier vorliegende 2. Band ist, wie vom Gegenstand vorgegeben, ausgesprochen traditionell geraten.

Bernd WUNDER, Konstanz

Jean-Baptiste BARRÈS, Souvenirs d'un officier de la Grande Armée, publiés par Maurice BARRÈS, son petit-fils, Paris (Tallandier) 2004, 240 S. (Bibliothèque napoléonienne), ISBN 2-84734-145-5.

Auch bei der von ihm besorgten Erstpublikation (1923) der »Souvenirs d'un officier de la Grande Armée« hat es der Enkel von Jean-Baptiste Barrès unterlassen, den genauen Offiziersrang seines Großvaters festzustellen. Dabei ist es auch beim Nachdruck von 2004, dessen Herausgeber nicht genannt wird, geblieben.

Für das 1804 beschlossene »corps des vélites à pied de la Garde consulaire« sollten sich 25 Rekruten pro Departement melden. Da Jean-Baptiste Barrès die fünf Voraussetzungen (S. 23: Bildung, Alter, Größe, Familie, 200 francs) erfüllte, wurde seine Meldung angenommen. Allen war klar, daß es sich bei der aus zwei Bataillonen von je 800 Mann bestehenden »garde consulaire« um eine »troupe d'élite« handeln würde. Kenner des napoleonischen Ehrgeizes sahen in der Garde eine regelrechte »pépinière d'officiers«.

Seit Juli 1804 besuchten die Gardisten, denen noch ein organisatorischer Rahmen verpaßt wurde, die »École militaire« in Paris. Unmittelbar vor einer ziemlich kurzen, aber durchaus kriegerischen Reise nach Italien (Januar–Juli 1805) beschloß Barrès am 17.1.1805, regelmäßig ein Tagebuch zu schreiben. Dem kann man nun entnehmen, daß er erst nach der »campagne d'Allemagne«, nämlich genau am 31.12.1807, seine Ernennung zum »sous-lieutenant« erhielt. Einer ergänzenden Bemerkung des kommandierenden Generals (S. 98: »Vous êtes maintenant officier«) kann man entnehmen, daß Barrès damit die erste Offiziers-Stufe erklommen hatte. Etwa gleichzeitig wurde er aus der Garde, in der er dreieinhalb Jahre gedient hatte, entlassen und dem 16. Regiment der »infanterie légère« zugewiesen. Weitere Beförderungen erfolgten vor und nach 1815.

Dies kann man jedenfalls aus den nicht selten anzutreffenden Kursiv-Sätzen erfahren, die nicht im Inhaltsverzeichnis, sondern vor oder zwischen den Kapiteln stehen. Sie stammen wohl vom Erstherausgeber, sind aber durchweg anonym: Ohne jede Begründung werden längere (oder für uninteressant gehaltene) Sachverhalte zusammengefaßt. Immerhin geben vier solcher Notizen Auskunft über die weiteren Beförderungen des »officier de la Grande Armée«:

1. Notiz (S. 124): »Détaché à l'île de Groix, Barrès est promus capitaine le 19 avril 1812. [...] Et en qualité de capitaine des voltigeurs du 3e bataillon de la 47e, reprend pour la troisième fois, en avril, la route de l'Allemagne«. 2. Notiz (S. 170): »J.-B. Barrès [...] est cependant nommé capitaine de grenadier du 2e bataillon. [...] successive en 1818 et 1819 il tient garnison au Puy, à Grenoble, et à Montlouis, près de la frontière espagnol«. 3. Notiz (S. 220): »En 1830, Barrès est devenu, par rang d'ancienneté, le plus ancien des commandants du 15e. Son bataillon est le premier à partir pour l'Alsace, le 1er octobre«. 4. Notiz (S. 233): »Proposé pour le grade de lieutenant-colonel, Barrès change [...] de garnison. Son bataillon dirige sur Haguenau. Avant de quitter Strasbourg, le 5 octobre (1832) [...]«.

Zwischen 1804 und 1815 hat Barrès so gut wie alle »Campagnen« der napoleonischen Epoche mitgemacht. Der Rezensent war erfreut, daß er auch die Aufenthalte des Kaisers in Potsdam (»affreux pavé«) und Berlin (»Je fus de garde au palais«) erwähnt (S. 70–72; vgl. auch Francia 31/2 (2004), S.121–146). Kaum informiert wird man jedoch über die Zeit zwischen dem Rückmarsch aus Spanien (April 1811) und den Feldzügen von 1813/14: Über den Rußlandfeldzug verliert Barrès kein Wort. Nachdem er Anfang 1813 wieder zur Grande Armée gestoßen war und sich seiner Einheit erneut angeschlossen hatte, nahm er an nicht wenigen »Rückzugsschlachten« teil.

Daß er insgesamt weniger die glanzvollen Siege registriert, sondern vor allem die unsäglichen Strapazen der Soldaten und ihre vielfachen Belastungen (Fußmärsche, Krankenhäuser, Verwundungen, Fremdenfeindlichkeit u. v. a.) schildert, setzt seine Memoiren unter diejenigen, die das napoleonische Soldatenleben ohne jede Schönfärberei darstellen. Dazu trägt auch die Tatsache bei, daß Barrès seine schriftlichen Aufzeichnungen nicht korrigierte: »Je n'apporte aucun changement important dans sa rédaction primitive« (S. 35).

Das Memoirenwerk endet 1834 (S. 235–239): »Après trente ans de service«. Die Jahre 1823–1830 verlebte Barrès in Paris. Neben den Aufzeichnungen der besonderen Ereignisse erzählt er von seinem Lieblingsspaziergang und berichtet über die wechselnden Namen des »Place de la Concorde« (S. 217). Auch den neuen König, Louis-Philippe, lernte er kennen. Zu seiner Begleitung gehörten der Bankier und Minister Laffitte (vgl. Francia 28/3 (2001), S. 207–209) »et d'autres personnages politiques que la Révolution venait élever aux premières fonctions« (S. 214). Als der »Bürgerkönig« 1831 das Elsaß besuchte und Barrès einen Orden verlieh, zählte er alle früheren genauestens auf (S. 227).

In Erinnerung an die Niederschlagung zweier Aufstandsversuche in Straßburg (Oktober 1831, Juni 1832) berichtet Barrès über einige spätere bonapartistische Aufstände (S. 230: Straßburg 1837, Boulogne 1840). Er war zu dieser Zeit längst im Ruhestand, weil er, als »homme de devoir«, viele Jahre der französischen Monarchie »avec obéissance et loyauté« gedient hatte (Umschlagseite 4). Für eine seiner letzten Dienstreisen benutzte er übrigens erstmals die Eisenbahn (1832, S. 237).

Wegen der großen Zahl der erwähnten Personen, Orte und Sachverhalte wäre ein Register zur Auswertung des Textes sehr willkommen gewesen. Auch die zum Teil fehlerhaften deutschen Ortsnamen hätte ein aufmerksamer Herausgeber korrigiert.

Ilja Mieck, Berlin

[Narcisse FAUCHEUR], Souvenirs de campagnes du sergent Faucheur. Fourrier dans la Grande Armée. Texte présenté par Jacques JOURQUIN, Paris (Tallandier) 2004, 368 S. (Bibliothèque napoléonienne), ISBN 2-84734-167-6, EUR 25,00.

Die Erstauflage dieser Erinnerungsschrift erschien zwar schon 1886, doch empfahl sich ein Nachdruck aus mehreren Gründen: Erstens war der Titel »Mon histoire« sehr allgemein, und zweitens umfaßte der Druck nur »un très petit nombre d'exemplaires destinés aux proches de l'auteur« (S. 9, note 1). Ein sehr beschränkter Leserkreis ergibt sich auch aus dem (ebenfalls nachgedruckten) Vorwort des Autors, das sich »À mes chers enfants et petits-enfants« wendet. Dazu kam, daß die Memoiren wirklich als »témoignage exceptionel« gelten können, weil der Autor jenseits des Schlachtengetümmels auf positive und auch negative Begleiterscheinungen des soldatischen Lebens eingeht. Außerdem zeichnen sich die 26 Kapitel durch eine klare Chronologie und präzise Überschriften aus. Für den Nachdruck sprach auch, daß der Autor seine Memoiren nicht auf die napoleonische Zeit beschränkt: Während die Kapitel XXII bis XXV die Zeit nach 1815 behandeln (S. 315–353), berichtet ein Epilog des Sohnes Edmond Faucheur (S. 355–364) über die letzten Jahre seines Vaters, der 1875 verstorben ist. Aus all diesen Gründen hat sich der Verlag Tallandier entschlossen, eine Neuauflage zu besorgen und in der Bibliothèque napoléonienne zu publizieren, die mittlerweile fast 20 Bände umfaßt.

Der »sergent Faucheur« gehörte nicht von Anfang an zur napoleonischen Armee. Geboren am 20.2.1794 in Clermont-Ferrand, ging er erst 1812 zur Armee, weil es sich die durch die Revolution verarmte Familie nicht leisten konnte, dem offensichtlich begabten Sohn eine vierjährige Schulzeit (École polytechnique, École d'application) in Paris zu finanzieren. Ein der Familie bekannter General schlug dem Jungen stattdessen vor, sich als *fourrier* bei der Armee zu bewerben. Da der *fourrier* im Rang eines Unteroffiziers stand, ließ sich Faucheur von einem tüchtigen *sergent de la garde départemental* in allen Handgriffen, die ein guter *sous-officier* beherrschen mußte, unterweisen. Er betont, daß diese Kenntnis »fut pour moi d'une grande utilité« (S. 45f.). Das vom General Sauret versprochene Empfehlungsschreiben des Kriegsministers traf Anfang März 1812 ein. Da er inzwischen 18 Jahre alt war, befahl man ihm, sich als *fourrier* bei dem in Napoléon-Vendée stationierten 26. Linienregiment zu melden. Zugesagt wurde Faucheur eine Wegzehrung von 3 sols pro Meile.

Bereits die damaligen Reisemöglichkeiten von Clermont nach Napoléon-Vendée sind von großem Interesse. Aus mehreren Gründen entschied sich Faucheur für den Fußweg mit einem von der Mutter genähten »sac au dos«. Während er über manche Etappenorte (Pontgibaud, Saint-Avis, Aubusson und Limoges) ausführlich berichtet, werden andere wenigstens erwähnt, wieder andere aber totgeschwiegen (S. 84: »À Fontenay il me restait encore trois étapes pour me rendre à Napoléon«). Das genaue Ankunftsdatum ließ sich zwar nicht ermitteln, doch werden die ersten Tage in der neuen Garnisonsstadt ausführlich behandelt (VII.: »Mon arrivée en Napoléon-Vendée. – Mon incorporation au 26e de ligne«, S. 83–06).

Weil seine Einheit auch am Rußland-Feldzug teilnehmen sollte, mußte das 26. Linienregiment auf einem Fußmarsch von 40 Tagen zum Sammelplatz Mainz gelangen. Faucheur nennt zwar die Etappenorte, verzichtet aber auf fast alle Daten. Das hängt wohl damit zusammen, daß er in den 1860er Jahren schreibt und sich nicht auf genaue Aufzeichnungen stützen kann. Jede entsprechende Angabe des Autors muß also überprüft werden. Das betrifft vor allem die Zeit des Rußlandfeldzuges.

Dessen Bedeutung beurteilt Faucheur im Abstand von einigen Jahren in einem übergreifenden Kapitel (IX.: »Situation de l'Empire français au début de la campagne de Russie«, S. 114–123). Obwohl er mit Einzelheiten äußerst sparsam ist (S. 151–153), hat er wohl vom Spätsommer 1812 am Rußlandfeldzug teilgenommen. Seine zahlreichen on-Sätze sprechen dafür (S. 152: »Lorsqu'on quitta Smolensk, vers le 14 novembre, il y avait vingt-et-un degrés [Réaumur] de froid«). Auch das brennende Moskau, der Beresina-Übergang und die Opferzahlen (S. 153: »Les calculs les plus moderés portent au trois cent mille le nombre des soldats français ou alliés [...]«) werden ebenso erwähnt wie Preußen und »la défection du général d'York« (ibid.).

Die folgenden Kapitel behandeln die Rückzugsgefechte, an denen sein Regiment teilnahm und seine Verwundung in der Schlacht von Leipzig. Über Mainz (Krankenhausaufenthalt wegen Typhus) ging es im Frühsommer 1814 über Cholet und Napoléon-Vendée nach Hause.

Bei den Darstellungen des militärischen Lebens erwähnt Faucheur viele Details, die sein Memoirenwerk auszeichnen: Die damaligen Reisemöglichkeiten, die speziellen Aufgaben eines *fourrier*, das »cantonnement« bei Frankfurt und in Schlesien, das Biwakieren in Thüringen, die unendlich langen Märsche der Grande Armée (oft bei schlechtem Wetter), die medizinische »Betreuung« im Krankenhaus, die Apothekenpraxis usw. Dennoch werden manche Leser eine kritische Durchsicht vermissen. Der Text enthält nämlich eine ganze Reihe von Unachtsamkeiten, die der Herausgeber, immerhin der »secrétaire général de l'Institut Napoléon«, ohne große Mühe hätte korrigieren können. Ein Beispiel ist das Gespräch mit dem Offizier Herviė (S. 56–59), in dem derselbe über das wenig erfreuliche Schicksal des 26. Linienregiments in Spanien (»votre régiment est en Espagne«) berichtet. Zwar dauerte der Kampf gegen das aufständische Spanien bis 1814, doch sprach Faucheur kurz nach seiner Ankunft in Napoléon-Vendée von den beiden »bataillons du régiment rentrés nouvellement d'Espagne« (S. 105). Dem Herausgeber müßte es eigentlich leicht fallen, den Rückmarsch des 26. Linienregiments genau zu datieren.

Ähnliches gilt für die anderen Daten, die man bei der Lektüre des Memoirenwerkes öfter vermißt. Wenig leserfreundlich ist auch der längst vergessene Ortsname Napoléon-Vendée. Seitenweise erscheint dieser Name, obwohl die Stadt im Jahr der Erstauflage längst La Roche-sur-Yon hieß. Die von Napoleon 1804 als Aufmarschzentrum gegründete Stadt hieß bis 1814 und wieder ab 1848 Napoléon-Vendée, dazwischen Bourbon-Vendée und nach 1870 La Roche-sur-Yon. Falsch geschrieben ist dagegen die thüringische Messer- und Pfeifenstadt »Rulha« (S. 141); wenigstens bei den Ersterwähnungen hätte man eine knappe Erklärung erwartet.

Das Buch endet mit einem »Index«, der leider nur die Personen umfaßt. Merkwürdig, daß der eigentliche Sieger von Waterloo, Blücher, als »général autrichien« bezeichnet wird.

Ilja MIECK, Berlin

Guillaume BACOT (dir.), Les Idéologues et le groupe de Coppet, Paris (Picard) 2003, 447 S. (Revue française d'histoire des idées politiques, 18), ISBN 2-7084-0709-0, EUR 28,00.

Die »Revue française d'histoire des idées politiques« hat zwei wichtigen Gruppierungen des französischen Liberalismus ein Heft gewidmet. In insgesamt sechs Beiträgen werden die *idéologues* und die Coppet-Gruppe, benannt nach dem Schloß in der Schweiz, das Germaine Necker de Staël von 1802 bis 1812 als Asyl diente, thematisiert. Den Begriff *idéologue* machte erst Napoleon Bonaparte zu Beginn des Konsulats gebräuchlich und zwar als abwertende Bezeichnung für einen bestimmten Zirkel von Intellektuellen, der im Direktorium als politisch einflußreich gegolten hatte. Wie Chinatsu TAKEDA herausarbeitet, besaßen beide Zirkel schon zur Zeit des Ancien Régime bei allen Gemeinsamkeiten an freiheitlicher Programmatik unterschiedliche intellektuelle Profile und gesellschaftliche Netzwerke. Im Salon von Madame Helvétius dominierten Mitglieder der französischen Elite, radikal in ihrer philosophischen Kritik und nicht selten atheistisch, während im Salon der Mutter von Madame de Staël Schweizer Protestanten hervorstachen. Die Revolution wurde 1789 in beiden Kreisen begrüßt und ihre spätere Radikalisierung kritisiert, aber de Staël und ihre Wegbegleiter setzten, so Takeda, nach 1795 stärker auf die institutionelle Sicherung des Kräftegleichgewichts zwischen den Gewalten, während die *idéologues* der Kultur- und Bildungspolitik des Direktoriums besondere Aufmerksamkeit schenkten. Die Freiheitsbegriffe der beiden Gruppen divergierten dementsprechend. Auch in den Vorstellungen von Geselligkeit zeigen, wie Gérard GENGEMBRE feststellt, Unterschiede. In ihrem Verfassungsdenken betonten, so zeigt Pierre-Xavier BOYER, die *idéologues* die Rolle der Vernunft im politischen Entscheidungsprozeß, während es der Coppet-Gruppe darum ging, mit den Mitteln der Verfassungsordnung die Partikularinteressen in Schach zu halten und die politischen Leidenschaften zu zügeln. Der französische Liberalismus hat, das demonstrieren die Beiträge, zwar gemeinsame Wurzeln in Aufklärung und der Kultur der Geselligkeit des Ancien Régime, aber von früh an bereits deutlich unterscheidbare Richtungen.

Günther KRONENBITTER, Augsburg

Joseph de Maistre: Acteur et penseur politique. Varia, Paris (Honoré Champion) 2004, 500 S. (Revue des études maistriennes, 14), ISBN 2-7453-0958-7, EUR 44,00.

Joseph de Maistre ist einer jener politischen Schriftsteller des späten 18. und frühen 19. Jhs., die sowohl ideengeschichtlich wie literaturhistorisch besondere Aufmerksamkeit verdienen. In der Reihe der »Revue des études maistriennes« ist nun ein Band erschienen, der Beiträge einer interdisziplinären Tagung versammelt, die vom Centre d'Études franco-italiennes der Université de Savoie und den Archives départementales organisiert worden ist. Die 21 Texte befassen sich mit de Maistre als Praktiker der Politik sowie als politischer Schriftsteller und Denker. Als savoyardischer Jurist betrat de Maistre den öffentlichen Raum. Den beruflichen und intellektuellen Entwicklungsweg de Maistres bis 1792 zeichnet Bruno BERTHIER nach. Michael KOHLHAUER beschäftigt sich mit den literarischen Strategien de Maistres, vor allem am Beispiel der »Soirées de Saint-Pétersbourg«. Unter den Autoren, die sich mit den Quellen für de Maistres politisches Denken auseinandersetzen, geht Emmanuelle REBARDY-JULIA der Frage nach, welche Spuren die Freimaurerei in de Maistres politischen Reflexionen hinterlassen hat. De Maistre taucht 1778 in den Quellen als Mitglied der Loge La Sincérité in Chambery auf und eine seiner ersten Schriften war der Freimaurerei gewidmet. Rebardy-Julia sieht beispielsweise in der eschatologischen Interpretation der Revolution in den »Considérations sur la France« eine Anverwandlung freimaurerischer Denkfiguren. Der spezifischen Theologie, die de Maistres Werken eingeschrieben ist, widmet sich Jean-Luc CHABOT und zeigt dabei, wie oberflächlich und selektiv de Maistres Aneignung christlicher Philosophie erscheint. Yvon LE GALL analysiert die Reflexionen de Maistres über die Tyrannei vor allem anhand von »Du Pape«. Im Kern handelt es sich bei der Betrachtung der Gefahren der Tyrannis wie der Gegenmittel aus den überlieferten Elementen der politischen Kultur Europas, so Le Gall, um eine reaktionäre Utopie. In diesen und den übrigen Beiträgen werden dem vertrauten Bild von de Maistre einige Facetten hinzugefügt; Konturen einer umfassenden Neubewertung läßt der Sammelband nicht erkennen, aber das liegt jenseits dessen, was von Tagungsbänden erwartet werden darf.

Günther KRONENBITTER, Augsburg

Jean-Yves PRANCHÈRE, L'autorité contre les Lumières. La Philosophie de Joseph de Maistre, Genève (Droz) 2004, 472 S., ISBN 2-600-00804-7, CHF 52,00.

Joseph de Maistre (1753–1821) zählte zu den schärfsten Kritikern der Französischen Revolution. Mit den »Considérations sur la France« trat er als entschiedener Revolutionsgegner vor die Öffentlichkeit. Er sah in den Wortführern und Verteidigern der Revolution unter Frankreichs Gebildeten die Feinde, auch wenn er die Revolution selbst als Werk der Vorsehung bezeichnete und so den Revolutionären – anders als die konterevolutionären Schriftsteller vor ihm – den Ruhm raubte, den Umsturz der gesellschaftlich-politischen

Ordnung bewirkt zu haben. Wie bereits in den »Réflexions sur le protestantisme dans ses rapports avec la souveraineté« von 1798 deutlich wird, sah de Maistre nur in einem als streng autoritär bestimmten Katholizismus den Ansatzpunkt einer Regeneration politischer Ordnung. In »Du pape«, seinem neben den »Considérations sur la France« bekanntesten Werk, hat de Maistre diese Vorstellung zur Grundlage seiner politiktheoretischen Reflexionen gemacht. Der Kampf gegen das Gedankengut der Aufklärung, der bis in sein postum erschienenes Spätwerk »Les Soirées de Saint-Pétersbourg« de Maistres Schriften charakterisiert, war als Verteidigung der religiös-politischen Autorität als Fundament stabiler Ordnung gedacht. Jean-Yves Pranchère hat ein Buch geschrieben, das die dezidierte Stellungnahme für das von de Maistre diffamierte Gedankengut der Aufklärung mit einer luziden Würdigung von de Maistres »Philosophie der Autorität« verbindet. In der überarbeiteten Fassung seiner Dissertation stellt Pranchère dabei die Beziehung von erkenntnistheoretischer Reflexion und politischer Theologie heraus und mißt sie am Maßstab der Philosophie Kants. So treten die Aporien der dezisionistischen und autoritär-traditionalistischen Argumentation de Maistres deutlich hervor, ohne damit die intellektuelle Anziehungskraft seines radikalen Denkens zu verleugnen. Im Anschluß an Adorno und Horkheimer arbeitet Pranchère mit dem Konzept einer Dialektik der Aufklärung, um de Maistres Werk zu erschließen: als Antwort auf eine rationalistische Ideologie und zugleich als verkürzte Form rationaler Theoriebildung.

Günther KRONENBITTER, Augsburg

Mameluck ALI, Journal inédit du Retour des Cendres 1840. Journal inédit du Voyage de Sainte-Hélène en 1840 avec les lettres d'Ali à sa femme, précédé du récit inédit du Retour de Sainte-Hélène en 1821. Introduction générale sur le mamelouk Ali et ses manuscrits. Annexes, reproductions et index. Édition établie par Jacques JOURQUIN, Paris (Tallandier) 2004, 302 S. (Bibliothèque napoléonienne), ISBN 2-84734-122-6, EUR 27,00.

Da den französischsprechenden Deutschen für das Wort *cendre* als Hauptübersetzung der Begriff *Asche* vertraut ist, sollte man einleitend darauf hinweisen, daß im französischen Sprachgebrauch die Pluralform *les cendres* mit *Gebeine* oder *sterbliche Überreste* zu übersetzen ist. Die historisch zu erklärende Wortbildung *les cendres* hat nichts mit *Einäscherung* oder *Totenverbrennung* zu tun; man findet noch einen Anklang an die ursprüngliche Bedeutung in den Wörtern *mercredi des Cendres* (Aschermittwoch) oder *Cendrillon* (Aschenbrödel).

Um Näheres über den etwas ungewohnten Namen des Autors zu erfahren, sollte sich der Leser mit folgender biographischer Kurzinformation vertraut machen (Umschlagseite 4): »Le mameluck Ali (de son vrai nom Louis-Étienne Saint-Denis, né à Versailles en 1788, mort à Sens en 1856) fut second mameluck de Napoléon en 1811, chasseur à l'île d'Elbe et aux Cent-Jours et, à Sainte-Hélène, valet de chambre, copiste et bibliothécaire.«

Anschließend sollte sich der Leser dem sehr gut differenzierten Inhaltsverzeichnis zuwenden, um einen Eindruck über die Vielzahl von Informationen zu gewinnen. Eine dreiteilige »Introduction générale« (S. 17–60) präsentiert (I) Ali und seine Familie, (II) seine Manskripte und (III) die Quellenlage für die »expédition du Retour des Cendres«. Der anschließende »Prologue 1821« (S. 61–70) enthält den Rückreisebericht Alis und einiger Kameraden nach dem Tod Napoleons: »Récit inédit du Retour de Sainte-Hélène en 1821«.

Die den Hauptteil eröffnende »Première partie« umfaßt »La décision politique« und mehrere Briefe Alis (1830: 1; 1840: 5). In den vier Kapiteln der »Deuxième partie« werden aus dem »Journal« und aus »Lettres« die Etappen der Hinfahrt (Paris, Toulon, Bahia, Sainte-Hélène) erörtert. In Toulon bestieg die *expédition* eine Neukonstruktion der »Belle-Poule«, die auch die Rückfahrt (bis Rouen) vornahm. An der Stelle des kaiserlichen Sarges wurde später eine Kupfermedaille angebracht. Die »Troisième partie« berichtet – nur aus dem »Journal« – in drei Kapiteln von dem Aufenthalt in Saint-Hélène, wo der Besuch des Grabes, die Exhumierung und die Absegelung vom 8.–17.10.1840 stattfanden. Über die Rückfahrt orientieren die vier Kapitel der »Quatrième partie«. Die Etappenorte waren diesmal Sainte-Hélène, Cherbourg, Rouen, Paris. Faßt man die drei Partien, die sich mit dem »Retour des Cendres« befassen, zusammen, so kommen die Seiten 85–217 in Betracht. Wer über den Gemütszustand Alis etwas mehr erfahren will, kann noch den »Épilogue« lesen (S. 221–225), der knapp berichtet, warum sich Ali eher »déçu et amer« fühlte (S. 223).

Nach der Lektüre des Inhaltsverzeichnisses kann der Leser von einer zielgerichteten Lektüre ohne Zweifel besser profitieren. Liest man beispielsweise die Kapitel I/4/10 und 11 (Von Cherbourg über Rouen nach Paris), kann man feststellen, daß immerhin eine Flottille von 10 kleineren Schiffen nach Paris fuhr, Ali aber von den Begrüßungsabsichten des Bankiers Laffitte offensichtlich nichts wußte (vgl. Francia 28/3 (2001), S. 209). Generell gilt, daß in den Aufzeichnungen Alis sehr viele Sachverhalte angesprochen werden, vom Wetter (2.11.1840: »Calme plat, pluie«) bis zu persönlichen Dingen (17.10.1840: »J'avais laissé mon manteau chez [...]«).

Sehr nützlich sind auch die diversen Anhänge (S. 229–283). Von den nicht weniger als neun »Annexes« werden vor allem die mit der Rückführung zusammenhängenden »Membres de l'expédition«, »Bâtiments de l'expédition« (offensichtlich lückenhaft), »Les cercueils de Napoléon« u. a. viele interessierte Leser finden.

Das Buch endet mit einer sehr restriktiven Literaturauswahl, einem Personenregister und Danksagungen des Herausgebers. Viele der benutzten Quellen finden sich übrigens im fonds Jacques Jourquin (J. J.), im fonds André Damien (A. D.) und in der Bibliothèque municipale de Versailles (B. M. V.). Auskunft über die Herkunft der Quellen gibt der kurze Hinweis »Provenances« (S. 11). Die 18 Schwarz-Weiß-Fotografien, die nicht im Inhaltsverzeichnis stehen, finden sich zwischen den Seiten 176 und 177.

Ilja MIECK, Berlin

Livres reçus pour recension en 2005

– Ingmar AHL, Humanistische Politik zwischen Reformation und Gegenreformation. Der Fürstenspiegel des Jakob Omphalius, Stuttgart (Franz Steiner) 2005, 349 S. (Frankfurter Historische Abhandlungen), ISBN 3-515-07969-6, EUR 65,00.
– Olaf ASBACH, Staat und Politik zwischen Absolutismus und Aufklärung. Der Abbé de Saint-Pierre und die Herausbildung der französischen Aufklärung bis zur Mitte des 18. Jahrhunderts, Hildesheim, Zürich, New York (Olms) 2005, 332 S. (Europaea Memoria. Reihe I: Studien, 37), ISBN 3-487-12813-6, EUR 34,80.
– Jeremy BLACK (Hg.), Warfare in Europe 1650–1792, Aldershot (Ashgate) 2005, 588 S., ISBN 0-7546-2464-1, GBP 100,00.
– Manuela BÖHM, Jens HÄSLER, Robert VIOLET (Hg.), Hugenotten zwischen Migration und Integration. Neue Forschungen zum Refuge in Berlin und Brandenburg, Berlin (Metropol) 2005, 280 S., ISBN 3-936411-73-5, EUR 19,00.
– Albrecht BURKARDT, Les clients des saints. Maladie et quête du miracle à travers les procès de canonisation de la première moitié du XVIIe siècle en France, Rom (École française de Rome) 2004, 624 S. (Collection de l'École française de Rome, 338), ISBN 2-7283-0681-8, EUR 66,00.
– Richard CADOUX, Bérulle et la question de l'homme. Servitude et liberté, Paris (Les Éditions du Cerf) 2005, 196 S. (Théologies), ISBN 2-204-07621-X, EUR 38,00.
– Charles Quint face aux Réformes. Colloque international organisé par le Centre d'Histoire des Réformes et du Protestantisme (XIe colloque Jean Boiset), Montpellier, 8–9 juin 2001, Université Paul Valéry – Montpellier III. Textes recueillis par Guy LE THIEC et Alain TALLON, Paris (Honoré Champion) 2004, 216 S. (Colloques, congrès et conférences sur la Renaissance, 49), ISBN 2-7453-1204-9, EUR 49,00.
– Pierre-François CHIFFLET, Charles Du Cange et les Bollandistes. Correspondance. Présentation, édition et commentaire par Bernard JOASSARD, Bruxelles (Société des Bollandistes) 2005, 305 S. (Tabularium hagiographicum, 4), ISBN 2-87365-017-6, EUR 60,00.
– André CORVISIER, Hervé COUTEAU-BÉGAIRE, La Guerre. Essais historiques, Paris (Perrin) 2005, 429 S. (Pour l'histoire), ISBN 2-262-02333-6, EUR 23,00.
– Sylvie DAUBRESSE, Le Parlement de Paris ou la voix de la Raison (1559–1589), Genève (Droz) 2005, XV–558 S. (Travaux d'Humanisme et Renaissance, CCCXCVIII), ISBN 2-600-00988-4, CHF 152,00.
– Paul DELSALLE, Les Franc-Comtoises à la Renaissance, Saint-Cyr-sur-Loire (Éditions Alan Sutton) 2005, 256 S. (Histoire et archéologie), ISBN 2-84910-194-X, EUR 24,00.
– Écrivains de Théâtre 1600–1649. Documents réunis par Alan HOWE, à partir des analyses de Madeleine JURGENS. Avant propos de Gérard ERMISSE. Préface de Jean MESNARD, Paris (Archives nationales) 2005, XIII–340 S. (Documents du Minutier central des notaires de Paris), ISBN 2-11-005867-6, EUR 35,00.
– Birgit EMICH, Territoriale Integration in der Frühen Neuzeit. Ferrara und der Kirchenstaat, Köln, Weimar, Wien (Böhlau) 2005, XIII–1178 S., ISBN 3-412-12705-1, EUR 99,00.
– Amy Louise ERICKSON, Women and Property in Early Modern England, Abingdon (Routledge) [5]2005, 320 S., ISBN 0-415-13340-8, GBP 21,99.
– Geneviève ESPAGNE, Bénédicte SAVOY (Hg.), Aubin-Louis Millin et l'Allemagne. Le Magasin encyclopédique – Les lettres à Karl August Böttiger, Hildesheim (Olms) 2005, XII–594 S. (Europaea Memoria. Studien und Texte der europäischen Ideen. Reihe I: Studien, 41), ISBN 3-487-12871-3, EUR 88,00.
– L'Europe de l'exégèse au XVIe siècle. Interprétations de la parabole des ouvriers à la vigne (Matthieu 20, 1–16), par Jean-Pierre DELVILLE, Leuven (Presses universitaires de Louvain) 2005, XLII–774 S. (Bibliotheca Ephemeridum Theologicarum Lovaniensium, 174), ISBN 90-5867-439-8, EUR 70,00.

– Expansionen in der Frühen Neuzeit, hg. von Renate DÜRR, Gisela ENGEL, Johannes SÜSSMANN, Berlin (Duncker & Humblot) 2005, 392 S. (Zeitschrift für historische Forschung. Beiheft 34), ISBN 3-428-11701-8, EUR 54,00.
– Francesca FIORANI, The marvel of maps. Art, cartography and politics in Renaissance Italy, London (Yale University Press) 2005, X–347 S., ISBN 0-300-10727-7, GBP 40,00.
– Elliott FORSYTH, La justice de Dieu. Les Tragiques d'Agrippa d'Aubigné et la Réforme protestante en France au XVIe siècle, Paris (Honoré Champion) 2005, 567 S. (Études et essais sur la Renaissance, 57), ISBN 2-7453-1128-X, EUR 105,00.
– Guy GUEUDET, L'art de la lettre humaniste. Textes réunis par Francine WILD, Paris (Honoré Champion) 2004, 723 S. (Bibliothèque littéraire de la Renaissance, LX), ISBN 2-7453-1009-7, EUR 129,00.
– Hallers Netz. Ein europäischer Gelehrtenbriefwechsel zur Zeit der Aufklärung, hg. von Martin STUBER, Stefan HÄCHLER, Luc LIENHARD, Basel (Schwabe Verlag Basel) 2005, X–592 S., ISBN 3-7965-1327-1, EUR 68,50.
– Irmgard HANTSCHE (Hg.), Johann Moritz von Nassau-Siegen (1604–1679) als Vermittler. Politik und Kultur am Niederrhein im 17. Jahrhundert, Münster (Waxmann) 2005, 244 S. (Studien zur Geschichte und Kultur Nordwesteuropas, 13), ISBN 3-8309-1528-4, EUR 28,00.
– Mark HENGERER (Hg.), Macht und Memoria. Begräbniskultur europäischer Oberschichten in der Frühen Neuzeit, Köln, Weimar, Wien (Böhlau) 2005, IX–525 S., ISBN 3-412-16804-1, EUR 59,90.
– Um Himmels Willen. Religion in Katastrophenzeiten, hg. von Manfred JAKUBOWSKI-TIESSEN, und HARTMUT LEHMANN, Göttingen (Vandenhoeck & Ruprecht) 2003, 358 S., 16 Abb u. 1 Karte, ISNB 3-525-36271-4, EUR 29,90.
– Histoire institutionnelle, économique et financière: questions de méthode (XVIIe–XVIIIe siècles). Actes de la journée d'études tenue à Ségur le 7 février 2002, sous la dir. scientifique de François MONNIER, Paris (Comité pour l'histoire économique et financière de la France) 2004, 120 S., ISBN 2-11-094614-8, EUR 12,00.
– Grégoire HOLTZ, Isabelle MOREAU (Hg.), Parler librement. La liberté de parole au tournant du XVIe et du XVIIe siècle, Lyon (ENS Éditions) 2005, 182 S., ISBN 2-84788-068-2, EUR 24,00.
– Der Innsbrucker Hof. Residenz und höfische Gesellschaft in Tirol vom 15. bis 19. Jahrhundert, hg. von Heinz NOFLATSCHER und Jan Paul NIEDERKORN, Wien (Verlag der Österreichischen Akademie der Wissenschaften) 2004, 441 S., 16 Abb. (Archiv für Österreichische Geschichte, 138), ISBN 3-7001-3327-8, EUR 39,00.
– Sébastian JAHAN, Les renaissances du corps en Occident. 1450–1650, Paris (Éditions Belin) 2004, 318 S., ISBN 2-7011-3237-1, EUR 23,00.
– Angela KULENKAMPFF, Österreich und das Alte Reich. Die Reichspolitik des Staatskanzlers Kaunitz unter Maria Theresia und Joseph II., Köln, Weimar, Wien (Böhlau) 2005, XII–213 S., 8 Abb., ISBN 3-412-10305-5, EUR 27,90.
– Leichenpredigten als Quelle historischer Wissenschaften, Band 4, hg. von Rudolf LENZ, Akademie der Wissenschaften und der Literatur Mainz. Im Auftrag der Kommission für Personalschriften, Stuttgart (Franz Steiner) 2004, XIV–644 S., ISBN 3-515-08561-0, EUR 68,00.
– Frank LESTRINGANT, Jean de Léry ou l'invention du sauvage. Essai sur l'Histoire d'un voyage faict en la terre du Brésil. 2e édition revue et augmentée, Paris (Honoré Champion) 2005, 287 S., ISBN 2-7453-1267-7, EUR 37,00.
– Rebekka von MALLINCKRODT, Struktur und kollektiver Eigensinn. Kölner Laienbruderschaften im Zeitalter der Konfessionalisierung, Göttingen (Vandenhoeck & Ruprecht) 2004, 513 S., 6 Abb. (Veröffentlichungen des Max-Planck-Instituts für Geschichte, 209), ISBN 3-525-35861-X, EUR 69,00.

– Philip Mansel, Dressed to rule. Royal and court costume Louis XIV to Elizabeth II, New Haven, London (Yale University Press) 2005, XVII–237 S., ISBN0-300-10697-1, GBP 19,95.
– Dominique Margairaz, François de Neufchâteau. Biographie intellectuelle, Paris (Publications de la Sorbonne) 2005, 557 S. (Histoire moderne. Université Paris I Panthéon-Sorbonne, 51), ISBN 2-85944-525-0, EUR 32,00.
– Jean-Clément Martin (Hg.), La Révolution à l'œuvre. Perspectives actuelles dans l'histoire de la Révolution française, Rennes (Presses universitaires de Rennes) 2005, 375 S. (Histoire), ISBN 2-7535-0055-X, EUR 22,00.
– Melanchthon und der Calvinismus, hg. von Günter Frank und Herman J. Selderhuis, Stuttgart (frommann-holzboog Verlag) 2004, 375 S. (Melanchthon-Schriften der Stadt Bretten, 9), ISBN 3-7728-2236-3, EUR 68,00.
– Daniel Ménager, La Renaissance et la nuit, Genève (Droz) 2005, 270 S. (Les seuils de la modernité), ISBN 2-600-00990-6, CHF 80,00.
– H. C. Eric Midelfort, Exorcism an enlightment. Johann Joseph Gassner and the demons of Eighteenth-Century Germany, London (Yale University Press) 2005, XIII–219 S., ISBN 0-300-10669-6, EUR 25,00.
– Römische Mikropolitik unter Papst Paul V. Borghese (1605–1621) zwischen Spanien, Neapel, Mailand und Genua, von Julia Zunckel, Hillard von Thiessen, Guido Metzler und Jan-Christoph Kitzler. Eingeleitet und hg. von Wolfgang Reinhard, Tübingen (Max Niemeyer Verlag) 2004, 790 S. (Bibliothek des Deutschen Historischen Instituts in Rom, 107), ISBN 3-484-82107-8, EUR 116,00.
– Frühe Neuzeit. Festschrift für Ernst Hinrichs, hg. von Karl-Heinz Ziessow, Christoph Reinders-Düselder, Heinrich Schmidt, Bielefeld (Verlag für Regionalgeschichte) 2004, 414 S., 20 Abb. (Studien zur Regionalgeschichte, 17), ISBN 3-89534-507-5, EUR 55,50.
– Malyn Newitt, A History of Portuguese Overseas Expansion 1400–1668, Abingdon (Routledge) 2004, 300 S., 6 Abb., ISBN 0-415-23980-X, GBP 16,99.
– Normes culturelles et construction de la déviance. Accusations et procès antijudaïques et antisémites à l'époque moderne et contemporaine. Actes des journées d'études organisées à Paris, à la maison Heinrich-Heine (Cité internationale universitaire) les 6 et 7 juin 2003 par le Collège doctoral européen »Ordres institutionnels, écrit et symbole«, École pratique des hautes Études et Technische Universität Dresden. Édités par Julliette Guilbaud, Nicolas Le Moigne et Thomas Lüttenberger. Préface de Jacques le Rider et Gerd Schwerhoff, Paris (École pratique des hautes études) 2004, 248 S., ISBN 2-9521563-0-1, EUR 20,00.
– Orden und Klöster im Zeitalter von Reformation und katholischer Reform 1500–1700. Band 1, hg. von Friedhelm Jürgensmeier, Regina Elisabeth Schwerdtfeger, Münster (Aschendorff) 2005, 254 S. (Katholisches Leben und Kirchenreform im Zeitalter der Glaubensspaltung, 65), ISBN 3-402-02986-3, EUR 22,80.
– Passage Frankreich–Sachsen. Kulturgeschichte einer Beziehung 1700 bis 2000. Katalog zur gleichnamigen Ausstellung des Zentrums für Höhere Studien der Universität Leipzig, des Stadtgeschichtlichen Museums Leipzig, des Sächsischen Hauptstaatsarchivs Dresden und der Staatlichen Schlösser, Gärten und Burgen Sachsens mit Schloss Moritzburg, Redaktion Alke Hollwedel, Jörg Ludwig und Katharina Middell, Halle (Saale) (mdv Mitteldeutscher Verlag) 2004, 272 S., ISBN 3-89812-217-4, EUR 25,00.
– Père des journalistes et médecin des pauvres, Théophraste Renaudot (1586–1653). Corpus de textes établi, présenté et annoté par Gérard Jubert, Paris (Honoré Champion) 2004, LXXVIII–659 S., ISBN 2-7453-0970-6, EUR 32,00.
– Le peuplement du Canada aux XVIIe et XVIIIe siècles. Actes des premières journées d'étude du Programme de recherche sur l'émigration des Français en Nouvelle-France (PREFEN), publié sous la direction d'Yves Landry, Caen (Presses universitaires de Caen) 2004, 117 S., ISBN 2-9519438-2-2, EUR 15,00.

– Christine PFLÜGER, Kommissare und Korrespondenzen. Politische Kommunikation im Alten Reich (1552–1558), Köln, Weimar, Wien (Böhlau) 2004, 365 S. (Norm und Struktur. Studien zum sozialen Wandel in Mittelalter und Früher Neuzeit, 24), ISBN 3-412-13404-X, EUR 39,90.
– Pomp, power, and politics. Essays on German and Scandinavian Court Culture and their Contexts. Ed. by Mara R. WADE, Amsterdam (Rodopi) 2004, 380 S. (Daphnis – Zeitschrift für Mittlere Deutsche Literatur und Kultur der Frühen Neuzeit, 32, Heft 1–2), ISBN 90-420-1711-2, EUR 80,00.
– Gilbert PY, L'idée de l'Europe au siècle des Lumières, Paris (Éditions Vuibert) 2004, 255 S., ISBN 2-7117-7273-X, EUR 23,00.
– Das Osmanische Reich und die Habsburgermonarchie. Akten des internationalen Kongresses zum 150-jährigen Bestehen des Instituts für Österreichische Geschichtsforschung Wien, 22.–25. September 2004, hg. von Marlene KURZ, Martin SCHEUTZ, Karl VOCELKA und Thomas WINKELBAUER, München (Oldenbourg) 2005, 650 S. (Mitteilungen des Instituts für Österreichische Geschichtsforschung, Ergänzungsband 3), ISBN 3-7029-0488-3, EUR 69,80.
– Isabelle RICHEFORT, Adam-François Van der Meulen (1632–1690). Peintre flamand au service de Louis XIV, Bruxelles (Fonds Mercator) 2004, 313 S., ISBN 90-6153-551-4, EUR 43,00.
– Wolfgang SCHMALE, Rolf FELBINGER, Günter KASTNER und Josef KÖSTELBAUER, Studien zur europäischen Identität im 17. Jahrhundert, Bochum (Verlag Dr. Dieter Winkler) 2004, 234 S. (Herausforderungen. Historisch-politische Analysen, 15), ISBN 3-89911-021-8, EUR 29,50.
– Rüdiger SCHNELL (Hg.), Zivilisationsprozesse. Zu den Erziehungsschriften in der Vormoderne, Köln, Weimar, Wien (Böhlau) 2004, 347 S., ISBN 3-412-13904-1, EUR 34,90.
– Tom SCOTT, Town, Country, and Regions in Reformation Germany, Leiden (Brill) 2005, 447 S. (Studies in Medieval and Reformation Traditions, 106), ISBN 90-04-14321-1, EUR 166,00.
– Les Sociétés rurales en Allemagne et en France (XVIIIe–XIXe siècles). Actes du colloque de Göttingen (23–25 novembre 2000), éd. par Gérard BÉAUR, Christophe DUHAMELLE, Reiner PRASS et Jürgen SCHLUMBOHM, Rennes (Presses universitaires de Rennes) 2004, 302 S. (Bibliothèque d'Histoire rurale, 8), ISBN 2-911369-07-6, EUR 32,00.
– Helmut STUBBE DA LUZ, Okkupanten und Okkupierte. Napoleons Statthalterregimes in den Hansestädten. Band 2: Kontinentalsperre – Occupatia pacifica – Assimilationspolitik, München (Martin Meidenbauer) 2005, 584 S., ISBN 3-89975-530-8, EUR 59,90.
– Denise TURREL, Le Blanc de France. La construction des signes identitaires pendant les guerres de Religion (1562–1629), Genf (Droz) 2005, 256 S., 24 Abb. (Travaux d'Humanisme et Renaissance, CCCXCVI), ISBN 2-600-00981-7, EUR 77,70.
– Axel E. WALTER, Späthumanismus und Konfessionspolitik, Tübingen (Max Niemeyer) 2004, 675 S., ISBN 3-484-36595-1, EUR 138,00.
– Carlos Watzka, Vom Hospital zum Krankenhaus. Zum Umgang mit psychisch und somatisch Kranken im frühneuzeitlichen Europa, Köln, Weimar, Wien (Böhlau) 2005, 385 S., 14 Abb. (Menschen und Kulturen. Beihefte zum Saeculum. Jahrbuch für Universalgeschichte, 1), ISBN 3-412-25205-0, EUR 42,90.
– Wegmarken südwestdeutscher Geschichte, hg. von Hans-Georg WEHLING und Rosemarie WEHLING, Stuttgart (Kohlhammer) 2004, 336 S., ISBN 3-17-017447-9 EUR 39,80.
– Eberhard WEIS, Montgelas. Zweiter Band: Der Architekt des modernen bayerischen Staates 1799–1838, München (C. H. Beck) 2005, 872 S., 5 Abb., ISBN 3-406-03567-1, EUR 69,90.
– Martin WREDE, Das Reich und seine Feinde. Politische Feindbilder in der reichspatriotischen Publizistik zwischen Westfälischem Frieden und Siebenjährigem Krieg, Mainz (Philipp von Zabern) 2005, VII–669 S. (Veröffentlichungen des Instituts für Europäische Geschichte Mainz, 196), ISBN 3-8053-3431-1, EUR 55,50.

– The World of Emperor Charles V, ed. by Wim BLOCKMANS and Nicolette MOUT (Royal Netherlands Academy of Arts and Sciences) 2005, VIII–364 S., ISBN 90-6984-420-6, EUR 49,00.
– La volonté de comprendre. Hommage à Roland Krebs. Études réunies par Maurice GODÉ et Michel GRUNEWALD, Bern, Berlin, Brüssel u. a. (Peter Lang) 2005, XII–558 S., ISBN 3-03910-411-X, CHF 104,00.
– Württemberg 1797–1816/19. Quellen und Studien zur Entstehung des modernen württembergischen Staates, von Ina Ulrike PAUL, Teilband 2, München (Oldenbourg) 2005, 645–1424 S., ISBN 3-486-56827-2, EUR 148,00.
– 200 Jahre Reichsdeputationshauptschluss. Säkularisation, Mediatisierung und Modernisierung zwischen Altem Reich und neuer Staatlichkeit. Tagung der Historischen Kommission für Westfalen vom 3.–5. April 2003 in Corvey, hg. von Harm KLUETING, Münster (Aschendorff) 2005, 432 S. (Schriften der Historischen Kommission für Westfalen, 19), ISBN 3-402-05616-X, EUR 32,00.

Verzeichnis der Mitarbeiter

PD Dr. Wolfgang ALBRECHT, Stiftung Weimarer Klassik, Burgplatz 4, D-99423 Weimar
Dr. Hans AMMERICH, Am Schlössel 11A, D-76829 Landau 14
M. Bernard BARBICHE, Professeur émérite de l'École nationale des chartes, 289 rue Lecourbe, F-75015 Paris
Prof. Dr. Karin BECKER, Schubertstr. 3, D-70771 Leinfelden-Echterdingen
M. Jean BÉRENGER, Professeur émérite de l'Université de Paris IV, 29 rue de Bellefond, F-75009 Paris
M. Pierre-André BOIS, Professeur à l'Université de Reims, 47 rue de Venise, F-51100 Reims
Dr. Guido BRAUN, Deutsches Historisches Institut Paris, 8, rue du Parc Royal, F-75003 Paris
Johannes BRONISCH, Historisches Seminar der Universität Leipzig, Beethovenstr. 15, D-04107 Leipzig
Dr. Rainer BRÜNING, Generallandesarchiv, Nördliche Hildapromenade 2, D-76133 Karlsruhe
Prof. Dr. Eberhard BUSCH, Lindenstr. 13, D-37133 Friedland (Kl. Schneen)
M. Roger CHARTIER, Directeur d'Études à l'École des Hautes Études en Sciences Sociales, 54 boulevard Raspail, F-75270 Paris CEDEX 06
Mme Anne-Marie COCULA, Professeur à l'Université de Bordeaux 3, 20 place Édouard Herriot, F-33140 Villenave-d'Ornon
Dr. des. Christiane COESTER, Freie Universität Berlin, Friedrich-Meinecke-Institut, Koserstr. 20, D-14195 Berlin
Dr. Anne CONRAD, Universität des Saarlandes, Fr. 3.3. – Institut für Katholische Theologie, Postfach 15 1150, D-66041 Saarbrücken
M. André CORVISIER, Professeur émérite de l'Université de Paris IV, 12 rue Émile Faguet, F-75014 Paris
PD Dr. Klaus DEINET, Liegnitzer Str. 44, D-42277 Wuppertal
Prof. Dr. Walter DEMEL, Senftenauerstr. 115, D-80689 München
M. Vincent DEMONT, 162 rue du Faubourg Poissonnière, F-75010 Paris
M. Christophe DUHAMELLE, Directeur de la Mission Historique Française en Allemagne, Hermann-Föge-Weg 12, D-37073 Göttingen
M. Henri DURANTON, Professeur à l'Université de Saint-Étienne, 90bis rue de la Pagère, F-69500 Bron
Dr. Ulf Christian EWERT, Technische Universität Chemnitz, FB Geschichte – Geschichte des Mittelalters, Reichenhainer Straße 39, D-09126 Chemnitz
Dr. Sven EXTERNBRINK, Am Buchholz 9, D-35094 Lahntal-Goßfelden
M. Gonthier-Louis FINK, Professeur émérite de l'Université Marc Bloch, Strasbourg, Rosseler Weg 50, D-66130 Saarbrücken-Güdingen
Prof. Dr. Axel GOTTHARD, Universität Erlangen-Nürnberg, Lehrstuhl für Neuere Geschichte I, Kochstr. 4 / BK 11, D-91054 Erlangen
Dr. Dominique GUILLEMENOT-EHRMANTRAUT, Westring 3B, D-76829 Landau
Prof. Dr. Peter-Michael HAHN, Universität Potsdam, Historisches Institut, Am Neuen Palais, 10, Haus 11, D-14469 Potsdam
Prof. Dr. Dr. Peter C. HARTMANN, Böcklinstraße 4a, D-80638 München

M. Frédéric HARTWEG, Professeur à l'Université Marc Bloch, Strasbourg, 26 route de Saverne, F-67205 Oberhausbergen
M. Jochen HOOCK, Professeur à l'Université de Paris VII, 1 villa des Platanes, F-95880 Enghien les Bains
Christine HOWALD, Markobrunner Straße 20 A, D-14197 Berlin
Prof. Dr. Robert JÜTTE, Institut für Geschichte der Medizin der Robert Bosch Stiftung, Straussweg 1, D-70184 Stuttgart
M. Michel KERAUTRET, 119 rue Notre Dame des Champs, F-75006 Paris
Prof. Dr. Andreas KÖSTLER, Institut für Künste und Medien der Universität Potsdam, Lehrstuhl Kunstgeschichte, Postfach 601553, D-14415 Potsdam
PD Dr. Günther KRONENBITTER, Universität Augsburg, Lehrstuhl für Neuere und Neueste Geschichte, Philologisch-Historische Fakultät, D-86135 Augsburg
Dr. Susanne LACHENICHT, Universität Hamburg, Historisches Seminar, von-Melle-Park 6, D-20146 Hamburg
M. Gérard LAUDIN, Professeur à l'Université de Paris X, 4 rue Michel Peter, F-75013 Paris
M. Jacques LE BRUN, Directeur d'Études à l'École Pratique des Hautes Études, 57 rue du Paradis, F-75010 Paris
M. Nicolas LE ROUX, Maître de conférences d'histoire moderne, Centre Roland Mousnier, Université Paris IV, 30 rue Jean Rey, F-78220 Viroflay
Prof. Dr. Francisca LOETZ, Universität Zürich, Historisches Seminar, Karl Schmid Strasse 4, CH-8006 Zürich
Dr. Christophe LOSFELD, Martin-Luther-Universität Halle-Wittenberg, Franckeplatz 1, D-06099 Halle
Univ.-Doz. Dr. Maria-Christina LUTTER, Bundesministerium für Bildung, Wissenschaft und Kultur, Forschungsschwerpunkt Kulturwissenschaften / Cultural Studies, Rosengasse 2–6, A-1014 Wien
M. Claude MICHAUD, Professeur à l'Université de Paris I, 8 rue Saint-Étienne, F-45000 Orléans
Prof. Dr. Ilja MIECK, Schwalbachstr. 45 a, D-12305 Berlin-Lichtenrade
M. Jörg MONAR, Professeur à l'Université Robert Schuman de Strasbourg, 5, rue Schiller, F-67000 Strasbourg
M. François MOUREAU, Professeur à l'Université de Paris IV, 14bis rue de Milan, F-75009 Paris
M. Claude MULLER, 62 rue d'Éguisheim, F-68000 Colmar
Dr. Bernhard MUNDT, Wasgaustr. 28, D-67065 Ludwigshafen/Rh.-Mundenheim
PD Dr. Thomas NICKLAS, Spinnereistraße 14, D-91052 Erlangen
Prof. Dr. Dorothea NOLDE, Universität Bremen, Institut für Geschichte, Bibliotheksstraße 1, D-28359 Bremen
Prof. Dr. Claudia OPITZ-BELAKHAL, Universität Basel, Hauriweg 15, D-79110 Freiburg i. Br.
PD Dr. Martin PAPENHEIM, Rather Broich 28, D-40472 Düsseldorf
Dr. David PARROTT, New College, Oxford University, GB-Oxford OX1 3BN
Dr. Gilda PASETZKY, 9, rue Grosjean, F-25000 Besançon
Mme Marie-Louise PELUS-KAPLAN, Professeur à l'Université de Paris VII, 8 rue Ferdinand Lot, F-92260 Fontenay-aux-Roses
M. René PILLORGET, Professeur émérite de l'Université de Lille, 95 boulevard Jourdan, F-75014 Paris
Dr. Christian PLATH, Corveyer Straße 8, D-36039 Fulda
Michael QUISINSKY, Universität Freiburg i. Br., Institut für systematische Theologie Werthmannplatz 3, D-79085 Freiburg
Mme Karine RANCE, Institut d'histoire de la Révolution française, 17 rue de la Sorbonne, F-75005 Paris

Dr. Markus Reinbold, Am Gonsenheimer Spieß 2, D-55122 Mainz
Prof. Dr. Volker Rödel, Generallandesarchiv Karlsruhe, Nördliche Hildapromenade 2, D-76133 Karlsruhe
PD Dr. Michael Rohrschneider, Rheinische Friedrich-Wilhelms-Universität Bonn, Historisches Seminar, Konviktstr. 11, D-53113 Bonn
M. Jean Schillinger, Professeur à l'Université de Nancy 2, 3 Place de Godefroi de Bouillon, BP 3317, F-54015 Nancy CEDEX
PD Dr. Josef Johannes Schmid, Universität Mainz, Abteilung I: Allgemeine und Neuere Geschichte, Historisches Seminar, Jakob-Welder-Weg 18, D-55128 Mainz
PD Dr. Helmut Stubbe da Luz, Bredenbekstieg 6, D-22397 Hamburg
Dr. des. Bernhard Struck, Historisches Seminar der Universität Gießen, Otto-Behagel-Str. 10c, D-35394 Gießen
PD Dr. Christine Tauber, Kunsthistorisches Institut der Universität Bonn, Regina-Pacis-Weg 1, D-53113 Bonn
M. Jörg Ulbert, Lanfiacre, F-29790 Mahalon
M. Bernard Vogler, Professeur émérite de l'Université de Strasbourg, 49 boulevard Clémenceau, F-67000 Strasbourg
Prof. Dr. Peter Walter, Universität Freiburg i. Br., Institut für systematische Theologie, Werthmannplatz 3, D-79085 Freiburg i. Br.
Mme Monique Weis, Chargée de recherches au FNRS, 197 rue du Moulin, B-1210 Bruxelles
Dr. Martin Wrede, University of St. Andrews, School of History, St. Katharine's Lodge, The Scores, St. Andrews, Fife, KY16 9AL
Prof. Dr. Bernd Wunder, Werner-Sombart-Straße 4, D-78464 Konstanz
Gesa zur Nieden, Fehrbelliner Str. 96, D-10119 Berlin